中国法治建设60年

CONSTRUCTION OF RULE OF LAW IN CHINA IN THE PAST SIXTY YEARS

李　林　主编

中国社会科学出版社

图书在版编目（CIP）数据

中国法治建设60年／李林主编．—北京：中国社会科学出版社，2010.10
ISBN 978－7－5004－8716－6

Ⅰ.①中… Ⅱ.①李… Ⅲ.①社会主义法制－法制史－中国－1949～2009 Ⅳ.①D929.7

中国版本图书馆CIP数据核字（2010）第075513号

出版策划 任 明
特邀编辑 成 树
责任校对 张 青
技术编辑 李 建

出版发行 中国社会科学出版社
社 址 北京鼓楼西大街甲158号 邮 编 100720
电 话 010－84029450（邮购）
网 址 http://www.csspw.cn
经 销 新华书店
印 刷 北京奥隆印刷厂 装 订 广增装订厂
版 次 2010年10月第1版 印 次 2010年10月第1次印刷
开 本 710×1000 1/16
印 张 33 插 页 2
字 数 591千字
定 价 68.00元

序

王家福*

1949年新中国的成立开辟了中华民族的新纪元，也创造了中国法治建设的新时代。经过全体中国人民的艰苦奋斗、锐意进取、开拓创新，建设起了中国特色社会主义法治。在这60年不平凡的岁月中，中国特色社会主义法治建设经历了创立初期百事待举的勃勃生机，经历了"左"的思潮猖獗下的法律无用论的困扰，经历了十年动乱的破坏，也经历了改革开放春风化雨下第一次将"中国实行法治"写入党的文件的喜悦，更经历了依法治国基本方略确立以来中国特色社会主义法治建设的繁荣与发展。

在当代中国，确立依法治国基本方略和建设社会主义法治国家目标是中国特色社会主义法治建设最重要的成就，是对马克思主义重要组成部分的科学社会主义理论的划时代发展。它标志着中国彻底地摈弃人治思想，坚定不移地走上了依法治国的康庄大道。以依法治国为核心内容，以执法为民为本质要求，以公平正义为价值追求，以服务大局为重要使命，以中国共产党的领导为根本保证的社会主义法治理念业已成为全社会的共识和全国人民的共同信念。

中国具有两千多年的封建社会历史，人治思想影响深远。要彻底清除人治思想、实行社会主义法治，是一项极其艰巨的任务，需要经过相当长时间的探索和锲而不舍的努力。以毛泽东同志为核心的党的第一代领导集体制定了新中国第一部社会主义宪法，实行社会主义宪制，提出了有法可依、有法必依的法治原则。但是，20世纪50年代后期开始盛行的个人崇拜和无法无天的"文化大革命"浩劫，对处于初创阶段的中国法治建设造成了严重的破坏。1978年改革开放的伟大实践使中国社会主义法治建设重新走上了蓬勃发展的道路。党的第二代领导集体的核心邓小平同志总结了"文化大革命"践踏法治的沉痛教训，代表广大人民的意愿明确指出，为了保障人民民主，必须加强法治，使民主制度化、法律化。不能把领导人的话当成法，不能把不赞成领导人的话叫做违法。人人有依照法律规定的平等权利和义

---

* 中国社会科学院学部委员，法学研究所终身研究员。

务，谁也不能犯法。属于法律范围的问题，要用法制来解决，由党直接管不合适。只有法制靠得住。要加强检察机关和司法机关，做到有法可依、有法必依、执法必严、违法必究。邓小平的以法治为核心的民主法制光辉思想指引我们国家沿着法治道路胜利前进。以江泽民同志为核心的党的第三代领导集体，继承和发展了邓小平的民主法制理论，从社会主义民主法治建设的实际出发，顺应改革开放和现代化建设的要求，把中国的社会主义法治建设进一步推向前进。江泽民同志在十五大报告中第一次明确提出，依法治国是党领导人民治理国家的基本方略，科学地界定了依法治国的内涵，提出了建设社会主义法治国家的伟大目标和原则，把依法治国，建设社会主义法治国家作为我们党社会主义初级阶段基本纲领的重要组成部分和政治体制改革的重要内容，科学论证了依法治国与党的领导和人民民主的关系。这一切使中国社会主义法治建设上升到了一个新的水平。十六大以来，以胡锦涛同志为总书记的党中央领导集体坚持以邓小平理论和"三个代表"重要思想为指导，提出了坚持以人为本、全面协调可持续的科学发展观和构建社会主义和谐社会的奋斗目标，为中国法治建设注入了新的活力。胡锦涛同志提出的依宪治国、科学执政、民主执政、依法执政、弘扬法治精神、社会主义法治理念、把党的领导、人民民主和依法治国有机结合起来等重大理论创新，把中国社会主义法治建设推向了更加全面、更加深化、更加坚实的新的发展阶段。中国的历史经验已经充分证明：中国法治建设的科学理论是数代中国共产党人在治国理政的实践中探索而获得的宝贵经验，坚持走中国特色社会主义法治道路是当代中国实现科学发展、社会和谐的必由之路。

60年来，中国人民在党的领导下，以科学的思想和独立的精神，创造了中国特色社会主义法治建设的历史性巨大成就。我国建立起了人民代表大会的根本政治制度。作为最高权力机关的人民代表大会代表人民依法有效地行使立法权、重大问题决定权、人事任免权、监督权。通过科学立法、民主立法，不断提高立法质量，使中国特色的社会主义法律体系日臻完善，向着良法善治的目标大踏步地迈进。我国创建了完善的社会主义行政制度，积极推进行政体制改革和行政机制创新，严格实行政企分开、政资分开、政事分开，进一步减少和规范行政审批，推进政府依法行政，使政府依法、有效地实行对经济和社会的管理，尽快建成法治政府。我国建立了健全的社会主义司法制度，不断深化司法体制和工作机制改革，合理配置司法职权，加强对审判活动的监督，健全错案追究制度，保证司法公正，促进独立公正权威的司法制度建设。我国进行了创造性的普法教育，竭力推进法律服务事业发展，培育了法治文化，提高了全民的法治观念，运用法律救济权利成为全社会的共识，大力促进了法治社会的建设。

党的十七大报告高瞻远瞩地提出了全面落实依法治国方略，加快社会主义法治国家建设，这是我国社会主义法治建设事业的战略目标，也是我国进行社会主义法治建设的历史任务。为了全面推进中国特色社会主义法治建设，我们需要认真做好以下工作：第一，要高举中国特色社会主义旗帜。要切实以中国特色社会主义理论体系为指导，坚定地走中国特色社会主义道路，保证中国法治建设沿着中国特色社会主义的正确的政治方向前行。第二，要弘扬法治精神。法治的状况如何，关乎经济的发展、政治的昌明、文化的繁荣、社会的进步，直接影响到党的执政地位的巩固和国家的长治久安。整个国家，特别是党和国家的领导机构和领导人，都应该从历史责任感的高度不断地弘扬法治精神，充分发挥上行下效的榜样作用，使自觉遵守法律、自觉依法活动和自觉依法办事在全国蔚然成风，使实行法治成为每一个人、每一个组织的自觉行动。第三，要制约和监督权力。权力是法律授予的，不受监督的权力必然导致腐败。法治的重点就在于治权、治官，只有权力得到有效的制约和监督，才能保证权力在法治的范围内正确行使，才能铲除权力腐败滋生的土壤，确保社会主义人民国家永不褪色。第四，要推进法治科学发展。科学发展观的第一要义是发展，核心是以人为本，基本要求是全面协调可持续发展，根本的方法是统筹兼顾。要把科学发展观入宪，使科学发展观法治化，推动法治科学发展。用科学的法治化解矛盾，协调社会关系，促进城乡之间、地区之间、经济社会之间、人与自然之间协调发展，实现社会公平正义，推动和谐社会的建设。第五，要进一步发扬社会主义民主。社会主义法治是人民的法治，是民主的法治。人民民主是社会主义法治的基础，同时法治也是建设社会主义政治文明，发展社会主义民主的保障。我们应当在法治轨道上促进社会主义民主循序渐进地发展，同时通过社会主义民主的发展不断提高法治的人民性和民主性。第六，要更好地尊重和保障人权。人权是人根据其本质属性要求应当具有的权利，关系到亿万人民的切身利益。尊重和保障人权是国家的神圣职责，也是法治的最高价值。我们要进一步健全人权法治，把人民的各种权利发展好、实现好、维护好。惟如此，国家才能兴盛、社会才能和谐、人民才能幸福。第七，要坚持改善党的领导。社会主义法治建设是一项艰巨而光荣的伟大事业，共产党的领导是社会主义法治建设的根本保证，要把党的领导、人民当家作主和依法治国有机统一起来，从制度上和法律上保证党的基本路线和基本方针的贯彻实施，保证党始终发挥统揽全局、协调各方的领导核心作用。

中国社会科学院法学研究所是1958年在董必武同志的关怀下成立的国家级法学研究机构，是作为国家智囊团和思想库的中国社会科学院的重要组成部分。自成立以来，法学研究所的同志们就以感恩人民之情、报效祖国之志，积极探索中国社会主义法治建设中的理论和实践问题，为中国依法治国方略的形成和确立提供了智力支持和理论帮助。法学研究所所长李林同志领衔，由法学研究所数位同志共同撰写的《中国法治建设60年》，集他们多年勤奋耕耘的学术成果之精华，洋洋数十万言，涵盖了对中国社会主义法治建设各个领域的研究。作者们怀着对祖国和人民的拳拳赤子之心和对中国法治建设事业的满腔热忱，在书中全面展示了60年中国社会主义法治建设巨大成就的画卷，深入总结了60年中国社会主义法治建设的经验与教训，满怀希望地规划了中国社会主义法治建设的美好未来。该著作资料翔实、论证充分、理论功底深厚，具有很强的实证性、现实性、学术性和创造性，是一部蕴含着作者真知灼见、充满时代精神的优秀学术著作。我相信该著作的出版，将对我国全面落实依法治国基本方略，加快社会主义法治国家建设的伟业具有重要的推动意义。

是为序。

目　录

第一章　中国法治建设60年总论 ……………………………… 李　林（1）
一、60年法治建设的历史回顾 ……………………………………………（1）
二、60年中国法治建设的主要成就……………………………………（18）
三、60年中国法治建设的基本经验……………………………………（33）
四、未来中国法治建设的主要任务……………………………………（43）

第二章　中国共产党领导法治建设60年 ………………… 蒋熙辉（53）
一、新中国成立初期的积极探索……………………………………（53）
二、法治式微期的艰难探索 …………………………………………（58）
三、改革开放时期的法治探索 ………………………………………（61）
四、十六大以来的科学发展与和谐法治……………………………（73）
五、基本经验与执政规律 ……………………………………………（82）

第三章　中国立法60年 ………………………………………… 李　林（87）
一、新中国立法体制的历史演变……………………………………（87）
二、改革开放以来的立法发展………………………………………（94）
三、中国特色社会主义法律体系 …………………………………（101）
四、新中国立法的主要经验 ………………………………………（109）

第四章　行政法制60年：回顾与思考 ……………………… 冯　军（124）
一、改革开放之前行政法制建设的历史教训 ……………………（124）
二、行政法的产生与行政法治基本格局的奠定 …………………（128）
三、90年代行政法治的积淀与发展………………………………（135）
四、新世纪行政法治的深化与成熟………………………………（141）
五、关于中国特色行政法治的思考………………………………（148）

第五章　中国司法建设60年 ………………………………… 熊秋红（154）
一、司法制度发展历程概述 …………………………………………（154）

二、司法建设基本脉络梳理 …………………………………… (158)
三、司法建设的历史成因 …………………………………… (171)
四、司法建设与司法现代化 …………………………………… (174)
五、司法建设与人权保障 …………………………………… (178)
六、司法建设与依法治国 …………………………………… (184)
七、司法建设的成效评价 …………………………………… (188)
八、司法建设的未来展望 …………………………………… (195)

第六章 中国法律服务发展60年 ………………… 冉井富 (199)
前言 …………………………………………………… (199)
一、改革开放以前的法律服务发展 …………………………… (202)
二、改革开放以来法律服务的发展：律师业 ……………………… (208)
三、改革开放以来法律服务的发展：非律师法律服务 ……………… (221)
四、改革开放以来法律服务的发展：法律援助 …………………… (228)
五、问题总结与未来展望 …………………………………… (232)

第七章 中国宪法发展60年 ………………………… 莫纪宏 (239)
一、新中国的建立与共同纲领 ……………………………… (239)
二、新中国第一部宪法的诞生 ……………………………… (266)
三、新中国宪法经过了曲折发展时期 ………………………… (267)
四、1982年现行宪法的产生过程、主要内容和特点 …………… (271)
五、以宪法修改为契机，全面贯彻落实十七大的基本精神 ……… (291)

第八章 新中国人权法治发展60年 ………………… 刘海年 (297)
一、中国人民长期为人权而奋斗 …………………………… (297)
二、新中国成立后中国人权事业实现了历史性的发展 …………… (308)
三、十一届三中全会后谱写了人权事业的新篇章 ……………… (319)

第九章 中国经济法治60年 ……………………… 陈 甦等 (338)
一、高度集中统一的计划经济体制下的经济法治（1949—1978） … (339)
二、改革开放起步年代的经济法治（1978—1984） ……………… (345)
三、社会主义商品经济体制下的经济法治（1984—1992） ……… (357)
四、社会主义市场经济体制确立时期的经济法治（1992—2001） … (370)

五、市场经济体制趋向完善进程中的经济法治（2001—2008） …（384）
结语：简要的展望 ……………………………………………………（398）

第十章　中国社会法治60年 ……………………………… 常纪文等（399）
一、劳动法治60年 ……………………………………………………（399）
二、社会保障法治60年 ………………………………………………（407）
三、卫生法治60年 ……………………………………………………（416）
四、特殊群体保护法治60年 …………………………………………（423）
五、未成年人法治60年 ………………………………………………（426）
六、环境法治60年 ……………………………………………………（433）

第十一章　60年法治建设的中国经验……………… 李　林　冉井富（456）
一、前言：什么是60年法治建设的中国经验 ………………………（456）
二、坚持中国共产党的领导 …………………………………………（457）
三、实行人民代表大会制度 …………………………………………（461）
四、法的自治性日益增强 ……………………………………………（464）
五、政府主导推动法治发展 …………………………………………（470）
六、经济发展带动法治进步 …………………………………………（474）
七、法律移植与自主创新相结合 ……………………………………（483）
八、中国特色与国际标准和谐统一 …………………………………（487）
九、社会主义法治理念演化生成 ……………………………………（491）
十、总结：迈向中国共产党领导下的法律自治 ……………………（495）

第十二章　中国法治建设的问题、挑战与走势
…………………………………… 李　林　李洪雷　胡水君（497）
一、当前我国社会主义法治建设中存在的主要问题 ………………（497）
二、我国社会主义法治建设面临的挑战 ……………………………（499）
三、进一步推进我国法治建设、实施依法治国方略的总体思路 …（501）
四、推进我国社会主义法治建设、实施依法治国方略的战略重点 …（505）
五、推进社会主义法治建设、实施依法治国方略的保障 …………（517）

第一章 中国法治建设60年总论*

李 林**

一、60年法治建设的历史回顾

新中国法治是在彻底摧毁国民党政权旧法统前提下，根据马克思主义国家与法的理论和中国新民主主义革命实际，借鉴苏联社会主义法制模式建立起来的。1949年中华人民共和国成立后，伴随着中国政治、经济、社会和文化的曲折发展，新中国法治建设大致经历了两个阶段、六个时期。

（一）新中国成立到改革开放前的法制建设

1. 新中国法制奠基：中华人民共和国成立至1954年9月1954年宪法颁布前

从1949年10月中华人民共和国成立到1954年宪法颁布前，是中国社会主义法制的奠基时期。新中国建立初期，法制主要起着维护新生政权、巩固无产阶级专政、镇压阶级敌人的作用。新中国成立前的1949年2月，中共中央发布了《关于废除国民党的六法全书与确定解放区的司法原则的指示》，宣布“在无产阶级领导的工农联盟为主体的人民民主专政的政权下，国民党的六法全书应该废除，人民的司法工作不能再以国民党的六法全书为依据，而应该以人民的新的法律为依据”。这一规定，为彻底废除国民党政权的伪法统、六法全书及其立法、执法、司法制度，确立中华人民共和国政治制度的合法性，建立新中国的法律体系及其立法、执法、司法制度，廓清了障碍，奠定了基础。张友渔先生曾经指出：“解放初，我们废除国民党的‘六法全书’，这是完全正确的，因为‘六法全书’代表国民党的法统，不

---

* 参与本课题研究并提供部分初稿或资料的学者包括：刘作翔研究员、熊秋红研究员、李洪雷副研究员、吕艳滨副研究员、冉井富副研究员、蒋熙辉副研究员、高汉成副研究员、钟瑞华博士、刘洪岩副教授等人。对于他们的辛勤劳动和卓越贡献，笔者在此致以最诚挚的谢意！李林

** 中国社会科学院法学研究所研究员。

废除这个法统，我们就不能确立自己的革命法制。”

1949年9月，召开了中国人民政治协商会议第一届全体会议，通过了具有临时宪法性质的《共同纲领》，制定了《中央人民政府组织法》。《共同纲领》第17条明确规定：“废除国民党反动派政府一切压迫人民的法律、法令，制定保护人民的法律、法令，建立人民司法制度。”这两个宪法性法律及其他相关法律，奠定了新中国建国初期法律制度的基础。

为适应新中国成立初期政治斗争及其法制建设的需要，国家确立了政权过渡时期“多元性的立法体制”：中国人民政治协商会议制定根本法；中央人民政府制定并解释国家的法律、法令并监督其执行；政务院有权颁布决议和命令并审查其执行，废除或修改所属各部、委、署、院和各级地方政府与国家的法律、法令和政务院的决议、命令相抵触的决议和命令，向中央人民政府提出议案；根据地方政府组织通则，大行政区、省、市、县的人民政府委员会可制定法令、条例和单行法规，民族自治机关可制定单行法规。

这种立法体制提高了立法效率，从中央到地方的立法速度明显加快。例如，为组织建立国家政权方面的法律主要有：共同纲领、中国人民政治协商会议组织法、中央人民政府组织法、各界人民代表会议组织通则、大行政区人民政府委员会组织通则、政务院及所属各机关组织通则、人民法院暂行组织条例、最高人民检察署暂行组织条例、省各界人民代表会议组织通则、市各界人民代表会议组织通则、县各界人民代表会议组织通则等。为剿匪和镇压反革命以巩固政权、维护社会秩序方面的法律主要有：惩治反革命条例、管制反革命暂行办法、惩治土匪暂行条例、城市治安条例、农村治安条例。为恢复发展国民经济，稳定经济秩序，惩治贪污腐化行为方面的主要法律有：全国税政实施要则，关于统一财政经济工作的决定，妨碍国家货币治罪条例，禁止国家货币出入境暂行办法，救济失业工人暂行办法，劳动保险条例，私营企业暂行条例，惩治贪污条例，关于处理贪污、浪费及克服官僚主义错误的若干规定，暂行海关法等。土地改革、社会民主改革方面的法律有：土地改革法、关于划分农村阶级成分的决定、关于土地改革中对华侨土地财产的处理办法、婚姻法等。

新中国的司法制度是同新生人民政权一起建立的。1949年10月1日，中央人民政府委员会第一次会议任命沈钧儒为最高人民法院院长、罗荣桓为最高人民检察署署长。10月22日，最高人民法院和最高人民检察署举行成立大会，沈钧儒、罗荣桓分别就职。1951年，中央人民政府颁布了人民法院暂行组织条例、最高人民检察署暂行组织条例、地方各级人民检察署组织通则等法律，规定了人民法院和人民检察署的体制和职权，开始自上而下地建立各级人民法院和人民检察署的组织体系。

基层选举工作于1953年3月开始，到1954年5月胜利完成。到1954年8月，县级以上地方各级人民代表大会先后全部建立。“除台湾省尚未解放外，我国人民已经在25个省、内蒙古自治区、西藏地方、昌都地区，3个直辖市，2216个县和相当于县的行政单位，163个市，821个市辖区和224660个乡建立了自己的政权，此外还建立了65个县级以上民族自治地方的自治机关。”① 新中国成立后的五年中，人民民主政权建设的成就，使人民从未享有政治权利的地位转化为国家的主人、行使当家作主的权力，管理自己的国家。

2. 社会主义法制创立：1954年宪法颁布至1957年“反右”运动前

1954—1957年是中国社会主义法制的创立时期。这一时期颁布了新中国第一部社会主义类型的宪法。1953年初，中央人民政府委员会决定成立中华人民共和国宪法起草委员会，毛泽东任委员会主席，朱德、宋庆龄等32人任委员。1954年9月15日，宪法草案提交第一届全国人民代表大会第一次全体会议审议通过，为社会主义法制建立和发展提供了宪法基础，标志着新中国法制正式建立。

在1954年宪法制定前后，毛泽东说，一个团体要有一个章程，一个国家也要有一个章程，宪法就是一个总章程，是根本大法。宪法草案通过以后，全国人民每一个人都要实行，特别是国家机关工作人员要带头实行，首先是在座的各位（指参加中央人民政府委员会第22次会议的各位委员）要实行，不实行就是违反宪法。

这一时期，党的工作重心从阶级斗争转向经济建设。1956年中共八大召开，刘少奇在八大政治报告中指出：“我们目前在国家工作中的迫切任务之一，是着手系统地制定比较完备的法律，健全我们国家的法制”，“革命的暴风雨时期已经过去了，新的生产关系已经建立起来，斗争的任务已经变为保护社会生产力的顺利发展，因此社会主义革命的方法也就必须跟着改变，完备的法制就是完全必要的了。”

——开展立法工作。1954年宪法颁布后，宪法明确全国人大为行使国家立法权的唯一机关（1955年全国人大一届二次会议通过了《关于授权常务委员会制定单行法规的决议》，使全国人大常委会获得了立法授权），立

① 楼邦彦：《中华人民共和国宪法基本知识》，新知识出版社1955年版，第32页。

法权趋于集中统一。据统计，从1954年到1957年反右派斗争前，全国人大及其常委会、国务院制定的法律、法规和国务院各部委制定的较重要法规性文件共731件。[①] 这些法律、法规、条例的制定，充实了中国的法律体系，为新中国建立之初的经济、政治和社会建设步入法制轨道提供了法律依据和法治保障。一些重要的基本法律，如刑法、民法、民事诉讼法等也在抓紧起草。刑法到1957年已修改22稿，并发给人大代表征求意见；民法已完成大部分起草任务，并开始向有关单位征求意见；刑事诉讼法开始起草，并于1957年6月写出初稿。

——建立司法制度。在第一届全国人大第一次会议上，重新制定了《人民法院组织法》和《人民检察院组织法》。根据新的法院组织法，法院组织体系由三级（县级、省级、最高人民法院）改为四级（基层、中级、省高级、最高人民法院），并规定设立军事、铁路、水上运输等专门人民法院，实行四级二审制。最高人民法院是国家最高审判机关，负责监督地方各级人民法院和专门人民法院的审判工作。各级人民法院内设审判委员会，其任务是总结审判经验，讨论重大或疑难案件和其他有关审判工作的问题。

根据检察院组织法的规定，检察机关的领导体制由过去的"双重领导"（上级检察署和同级人民政府委员会）改为"垂直领导"（地方各级检察院和专门检察院在上级检察院的领导下，并且一律在最高检察院的统一领导下，进行工作），从上至下设立四级检察院，检察机关内部实行检察长领导下的检察委员会制。检察机关是国家的法律监督机关，负责一般法律监督、侦查监督、审判监督和监所监督等。

中国司法工作的一些基本原则和制度建立和发展起来。这些制度包括：公安、检察和法院三机关分工负责、互相监督、互相制约的制度，检察机关和审判机关独立行使职权的制度，法律面前人人平等原则，人民陪审员制度，公开审判和辩护制，合议庭制度和回避制度，两审终审制和死刑复核制，审判监督制等。这些制度至今仍是我国司法体制的重要基础。

加强公安建设。新中国成立初公安队伍是由军队转过来的。1954年宪法颁布后，公安力量实现了普通警察与武装警察的分离，主要负责维护社会治安。1957年全国人大常委会制定了《人民警察条例》，对人民警察的性质、任务和职权做了明确规定，从而使人民警察建设走上了正轨。

---

① 如城市居民委员会组织条例、户口登记条例、农业生产合作社示范章程、逮捕拘留条例、治安管理处罚条例等。

建立劳动改造制度。政府颁布了《劳动改造条例》和《劳动改造罪犯刑满释放及安置就业暂行处理办法》。这两个条例建立了我国的劳动改造制度，对劳动改造机关，劳动改造的方针、政策、办法以及劳改人员释放后的就业安置等做了具体规定。国务院发布《劳动教养问题的决定》，对收容审查和劳动教养的对象范围和方法做了规定。

——推进监察和法制工作。根据国务院组织法和地方人民代表大会、地方人民委员会组织法，在国务院设立监察部，在省、直辖市、设区的市人民委员会和专员公署设置监察机关，在工作特别需要的县和不设区的市由专署或省的监察机关重点派监察组，并受委派机关的垂直领导。1955 年 11 月，国务院颁布了《监察部组织简则》，对监察体制等做了具体规定，从而使国家监察工作开始走上程序化、法制化轨道。

1954 年 11 月，第一届全国人大常委会第二次会议批准设立国务院法制局。国务院颁布《国务院法制局组织简则》，对国务院法制局的任务、内部机构设置、体制、审议法规、会议制度等做了专门规定。

新中国的律师制度、公证制度相继建立起来。到 1957 年 6 月，全国已建立 19 个律师协会，817 个法律顾问处，有 2500 多名专职律师和 300 多名兼职律师；到 1957 年底，全国有 51 个市设立公证处，1200 多个市、县法院受理公证业务，有专职公证员近千名，共办理公证事项 29 万多件。国家仲裁制度初步建立，有关部门制定了《中国国际贸易仲裁委员会对外贸易仲裁委员会仲裁程序暂行规定》，对仲裁范围、仲裁员的产生、仲裁组织、裁决及执行等做了详尽规定。

——建立发展政法教育。政法教育是从培训干部开始的。1949 年 11 月，将朝阳大学改建成新中国第一所培养司法专门人才的大学——中国政法大学；[①] 1950 年创建了中国人民大学，该校法律系成为新中国建立的第一所正规法律教育系，本科法律教育开始启动。到 1957 年，全国高等政法院系已发展到 10 个，招生人数达到 8245 人。新中国成立后的 8 年中，政法院系毕业生达 13090 人，研究生 263 人。

---

① 朝阳大学创办于 1912 年，是民国曾经存在过的一所法律类大学。朝阳大学的法科当时非常出名，有“南东吴、北朝阳”的说法。1949 年，华北人民政府接管朝阳大学，在原址上成立了中国政法大学（与现在的中国政法大学没有传承关系）。1950 年 2 月，中国政法大学与华北大学、华北人民革命大学合并成立了中国人民大学，朝阳大学的校址校舍、教师、学生、图书等都归入中国人民大学法律系。

3. 社会主义法制受挫："反右"运动至"文化大革命"结束前

1957—1976年是中华人民共和国历史由曲折走向挫折的20年。由于在国家工作的指导上出现了"左"倾错误，特别是"文化大革命"的"左"倾严重错误，人民代表大会制度一度遭到严重破坏，党和国家的工作、社会主义民主法制建设都受到严重影响，给我们留下了深刻教训。

1957年下半年，毛泽东同志对法治的态度和看法发生了根本改变。在1958年8月召开的北戴河（中共中央政治局扩大）会议上，毛泽东说：法律这个东西没有也不行，但我们有我们这一套，还是马青天那一套好，调查研究，就地解决，调解为主……大跃进以来都搞生产，大鸣大放大字报，就没有时间犯法了。对付盗窃犯不靠群众不行。不能靠法律治多数人，大多数人靠养成习惯。军队靠军法治不了人，实际上是1400人的大会（指中央军委扩大会议）治了人，民法、刑法那么多条，谁记得了。宪法是我参加制定的，我也记不得……我们的各种规章制度，大多数、百分之九十是司局搞的，我们基本上不靠那些，主要靠决议、开会，一年搞四次，不靠民法、刑法来维持秩序。人民代表大会、国务院开会有它们那一套，我们还是靠我们那一套，刘少奇提出，到底是法治还是人治？看来实际靠人，法律只能作为办事的参考。①

此后，中国社会主义法制建设逐渐倒退，主要表现：

其一，社会主义法制基本原则（如法律面前人人平等原则；公检法机关分工负责、互相制约原则；法院依法独立审判原则；检察院行使一般法律监督权，依法独立行使检察权原则；被告人有权获得辩护原则）遭到批判。

其二，立法工作逐步趋于停滞。全国人大及其常委会、国务院及其所属部门发布的规范性文件，1958年为143件，1965年仅有14件。从1958—1966年，不仅比较重要的法律一部都没有制定出来，而且刑法、刑事诉讼法、民法、民事诉讼法等基本法律的起草也停了下来。

其三，一些法制机构被撤销。1959年撤销了司法部、监察部、国务院法制局；律师、公证队伍被解散；公检法三机关来分工负责互相监督的司法制度被取消，代之以公检法三机关的合署办公。

其四，从1957年开始，破坏法制、侵犯公民权利、乱抓人、乱捕人的做法日渐盛行起来。

---

① 参见全国人大常委会办公厅编著《人民代表大会制度建设四十年》，中国民主法制出版社1991年版，第102页。

进入十年史无前例的“文化大革命”时期，新中国建立的民主法制设施几乎被全面摧毁，社会主义法制受到严重破坏：全国人大及其常务委会的活动被停止，中央文革小组成为事实上的最高权力机构；全国各地踢开党委、政府闹革命，合法的政权机关被革命委员会所代替；公民权利遭到严重侵害，个人的生命自由财产得不到法制保障。“文化大革命”期间，从国家主席到普通公民，无数人被批斗、抄家、囚禁甚至被毒打致死。国家主席刘少奇在被揪斗时，拿出宪法义正词严地抗议说：“我是中华人民共和国的主席，你们怎么对待我个人，这无关紧要，但我要捍卫国家主席的尊严。谁罢免了我国家主席？要审判，也要通过人民代表大会。你们这样做，是在污辱我们的国家。我个人也是一个公民，为什么不让我讲话？宪法保障每一个公民的人身权利不受侵犯。破坏宪法的人是要受到法律制裁的。”但是，这时宪法已经不起任何作用了。“文化大革命”期间，公检法机关被彻底砸烂；1969年，人民检察院被正式宣布撤销；公安部、最高人民法院只留下少数人，事实上陷入了瘫痪状态。

（二）改革开放以来的法治建设

改革开放以来的法治建设经历了三个发展时期。

1. *法治恢复和重建：“文化大革命”结束至1982年12月宪法颁布前*

1976年“文化大革命”结束，党和国家开始了拨乱反正的工作。

1978年12月13日，邓小平在中共中央工作会议闭幕会上做了题为《解放思想，实事求是，团结一致向前看》的重要讲话。在这个具有重大意义的讲话中，邓小平强调指出：“为了保障人民民主，必须加强法治。必须使民主制度化、法律化，使这种制度和法律不因领导人的改变而改变，不因领导人的看法和注意力的改变而改变。现在的问题是法律很不完备，很多法律还没有制定出来。应该集中力量制定刑法、民法、诉讼法和其他各种必要的法律，例如工厂法、人民公社法、森林法、草原法、环境保护法、劳动法、外国人投资法等等，经过一定的民主程序讨论通过，并且加强检察机关和司法机关，做到有法可依，有法必依，执法必严，违法必究”；他指出，“国家和企业、企业和企业、企业和个人等等之间的关系，也要用法律的形式来确定；它们之间的矛盾，也有不少要通过法律来解决。现在立法的工作量很大，人力很不够，因此法律条文开始可以粗一点，逐步完善。有的法规地方可以先试搞，然后经过总结提高，制定全国通行的法律。修改补充法律，成熟一条就修改补充一条，不要等待‘成套设备’。总之，有比没有好，快搞比慢搞好。”① 这些思想，符合当时实际，成为1978年以后一段时间内中国法治工作的指导方针，对于加快法治建设步伐、及时解决“无法可依”的问题具有重要的指导意义。

1978年12月18日，党的十一届三中全会召开。全会解放思想，深刻总结历史经验教训，特别是“文化大革命”的历史教训，② 将民主法治建设提到崭新的高度，在新中国法治史上具有里程碑意义。全会认为，为了保障

① 邓小平：《解放思想，实事求是，团结一致向前看》，《邓小平文选》第2卷，人民出版社1994年版，第147页。

② “‘文化大革命’的10年，是社会主义法制荡然无存，公检法机关被林彪、‘四人帮’一伙肆意践踏的10年。一些同志在发言中谈到了这一情况。华北组在讨论中提到，林彪、‘四人帮’砸烂公检法，公安机关至今还未恢复元气。公安部原有9个正副部长，被整了7个。该组还有人介绍说，北京市公安局10名正副局长全被定为‘反革命’，其中7名被逮捕法办，使北京市的公安工作遭到严重破坏。鉴于‘文化大革命’的惨痛教训，许多人都提出了恢复健全法制，严格实行法制的建议。徐向前在西北组发言提出，动员全党全国人民实现四化，一方面要加强政治思想工作，另一方面也要加强法制的施行。有的同志在发言中提出，要使群众有讲话的条件和机会，要保证宪法规定的民主权利得以实现，无论什么人违法，都要受到法律制裁。叶剑英在大会的讲话中专门讲了发扬民主，加强法制的问题。他指出，我国的法制从建国以来还没有很好地健全起来。林彪、‘四人帮’所以能够为所欲为也是钻了我们这个空子。他们砸烂公、检、法，践踏社会主义法制，有多少人被整死，这是一个血的教训。这使我们从反面懂得，一个国家非有法律和制度不可。这种法律和制度要有稳定性、连续性，它是人民制订的，代表社会主义和无产阶级专政的最高利益，一定要具有极大的权威，只有经过法律程序才能修改，而不以任何领导人个人的意志为转移。在人民自己的法律面前，一定要实行人人平等，不允许任何人有超于法律之上的特权。我们党、国家、人民受林彪、‘四人帮’之流个人特权的灾难太深重了。如何来加强法制呢？叶剑英认为必须充分发挥人大常委会的作用。他说，人大常委要立即着手研究、修改、制订民法、诉讼法、刑法、婚姻法和各种经济法，等等，尽快完善法制。人大常委如果不能尽快担负起制定法律、完善社会主义法制的责任，那人大常委就是有名无实，有职无权，尸位素餐，那我这个人大委员长就没有当好，就愧对全党和全国人民。邓小平也在大会上讲了这个问题。另外，各个组在讨论中还普遍提出了对林彪、‘四人帮’反党集团主犯依法在全国公开进行审判，以体现社会主义法制权威的建议。三中全会根据大家的上述意见，专门做出了加强法制的决定。全会公报提出：从现在起，应当把立法工作摆到全国人民代表大会及其常务委员会的重要议程上来。检察机关和司法机关要保持应有的独立性；要忠实于法律和制度，忠实于人民利益，忠实于事实真相；要保证人民在自己的法律面前人人平等，不允许任何人有超于法律之上的特权。这一决定，标志着我国的社会主义法制建设开始走上了一个新阶段”。见《中共十一届三中全会》，http：//njdj. longhoo. net/dj80/ca16601. htm.，访问时间2001年6月22日。于光远在回忆十一届三中全会历史时写道：“邓小平还提出要建立必要的法律，他列举了六个法律名词，并且说要研究国际法，不懂外国法，国际交往越多，将来要栽很大跟头。”于光远：《1978：我亲历的那次历史大转折》，中央编译出版社2008年版。

人民民主，必须加强社会主义法制，使民主制度化、法律化，使这种制度和法律具有稳定性、连续性和极大的权威，做到有法可依，有法必依，执法必严，违法必究。从现在起，应当把立法工作摆到全国人民代表大会及其常务委员会的重要议程上来。检察机关和司法机关要保持应有的独立性；要忠实于法律和制度，忠实于人民利益，忠实于事实真相；要保证人民在自己的法律面前人人平等，不允许任何人有超于法律之上的特权。

新时期法治建设开端最明显的标志是1979年的大规模立法。1979年7月，五届全国人大二次会议审议通过了刑法、刑事诉讼法、地方各级人大和地方各级政府组织法、全国人大和地方各级人大选举法、法院组织法、检察院组织法、中外合资经营企业法等七个重要法律。“在一次会议上通过这样多的重要法律，这在我国社会主义立法史上还是第一次”。[①] 邓小平在人大会议期间指出：“这次全国人大开会制定了七个法律……这是建立安定团结政治局面的必要保障……这次会议以后，要接着制定一系列的法律。我们的民法还没有，要制定；经济方面的很多法律，比如工厂法等等，也要制定。我们的法律是太少了，成百个法律总要有的……现在只是开端。”[②]

1979年9月，中共中央发出《关于坚决保证刑法、刑事诉讼法切实实施的指示》（中发［1979］64号文件），指出刑法和刑事诉讼法的颁布，对加强社会主义法制具有特别重要的意义。它们能否严格执行，是衡量中国是否实行社会主义法治的重要标志。《指示》批评了过去长期存在的轻视法制、有了政策就不要法律、以言代法、以权压法等现象，对党委如何领导司法工作提出了明确要求：（1）严格按照刑法和刑事诉讼法办事，坚决改变和纠正一切违反刑法、刑事诉讼法的错误思想和做法。各级党委领导人都不得把个人意见当作法律，强令别人执行。（2）党对司法工作的领导，主要是方针、政策的领导。加强党的领导，最重要的一条，就是切实保证人民检察院独立行使检察权，人民法院独立行使审判权，使之不受行政机关、团体和个人的干涉。（3）迅速健全各级司法机关，努力建设一支坚强的司法工作队伍。（4）广泛、深入地宣传法律，为正式实施刑法和刑事诉讼法做准备。（5）党的各级组织，领导干部和全体党员，都要带头遵守法律。必须

① 吴大英、刘瀚等：《中国社会主义立法问题》，群众出版社1984年版，第64页。

② 邓小平：《民主和法制两手都不能削弱》，《邓小平文选》第2卷，人民出版社1994年版，第189页。

坚持法律面前人人平等的原则，绝不允许有不受法律约束的公民，绝不允许有凌驾于法律之上的特权。取消各级党委审批案件的制度。中央64号文件被认为是中国社会主义法制建设新阶段的重要标志。①

应当怎样对待改革开放前近30年制定的法律、法令和行政法规？1980年，彭真副委员长在五届全国人大常委会第15次会议的报告中重申，②新中国成立以来制定的法律、法令，除同第五届全国人大和全国人大常委会制定的宪法、法律、法令相抵触的以外，继续有效。新中国成立后的17年，国家制定的法律、法令和行政法规有1500多件。其中许多法规现在仍然是适用的或者基本适用的。重申过去法规的效力，使我们在立法任务十分繁重、力量不足的情况下，可以集中力量去制定那些当前最急需、而过去又没有的法规，特别是经济方面的法规。这是健全社会主义法制的一项重要措施。过去制定的法律、法令和行政法规，大体可以分为三种情况：一是由于历史的发展，已经完成了自己的历史使命，自然失去了效力。如土地改革法、私营企业暂行条例等。有些已为新的法律所代替，如1953年制定的选举法、1954年制定的人民法院组织法、人民检察院组织法等，已为五届全国人大二次会议制定的相应法律所代替。二是现在仍然适用或者基本适用、但需稍加修改、补充的。属于这种情况的很多，如治安管理处罚条例、关于劳动教养问题的决定、关于国家行政机关工作人员的奖惩暂行规定、城市居民委员会组织条例等。三是需要做根本性的修改或废止的。这种情况是比较

---

① 时任最高人民法院院长的江华说：中共中央64号文件下达后，广大法院干部欢欣鼓舞。我认为这个文件是建国以来甚至建党以来关于政法工作的第一个最重要的最深刻的最好的文件，是中国社会主义法制建设新阶段的重要标志。要贯彻执行各族人民同心同德搞四化的政治路线，就必须加强社会主义法制。我们人民法院坚决贯彻执行这个文件，就是执行党的十一届三中全会的政治路线的具体体现。中央指示，党委对司法工作的领导主要是方针、政策的领导，同时决定取消党委审批案件的制度，这是加强和改善党对司法工作领导的一次重大改革，改变了党委包揽司法业务的习惯做法。1954年宪法和人民法院组织法公布以后，人民法院依法独立审判的原则已经确立，就应该有步骤地改变党委审批案件的制度，但是由于种种原因没有做到这一点。随着社会主义经济建设的不断发展和社会主义法制建设的不断完善，党委审批案件的制度已经没有必要了，应当取消。实现这样一项改革是不容易的。三十年来一直是党委审批案件，实际上往往是党委书记或主管政法的书记一个人说了算，不是集体领导决定的。三十年来人民法院独立审判没有真正实行过，法制的权威没有树立起来。中央这个文件要求各级党委切实保证人民检察院独立行使检察权、人民法院独立行使审判权。审判权是国家权力的一部分，只能由人民法院行使。人民法院独立行使审判权必须有两个基本条件，第一是党委保证，不仅自己不审批案件，而且使人民法院的审判工作不受行政机关、团体和个人的干涉。第二是人民法院认真贯彻执行党的思想路线和政治路线，在审判工作中严格依法办事，同时接受党和人民的监督。

② 彭真：《中华人民共和国第五届全国人民代表大会常务委员会报告》（1980年）。

少的。哪些法规现在仍然适用，哪些法规要加以修改或补充，需要进行大量的调查研究，按照当前实际情况来决定。全国人大常务委员会、国务院及其所属各主管部门正在根据这个精神审查整理。对既有法律、法规进行必要清理，明确它们是否继续有效、是否需要修改或废除，对于大规模开展新时期的立法工作，具有重要的奠基意义。

在不断加强立法工作的同时，社会主义法治的其他方面得到恢复和重建。

1979年9月9日，中共中央发出批示，强调“加强中国共产党对司法工作的领导，切实保证司法机关行使宪法和法律规定的职权。中央对司法工作的领导，主要是文件、政策的领导”。[①] 同时，中央批示要“迅速健全各级司法机构，努力建设一支坚强的司法工作队伍”，[②] 在中国共产党的领导下，具有中国特色的社会主义司法制度日趋完善。1979年第五届全国人民代表大会第十二次会议和1983年第六届全国人民代表大会常务委员会第二次会议先后对人民法院组织法进行了若干补充和修改，人民法院组织得到进一步健全。

1978年3月第五届全国人民代表大会第一次会议通过的《中华人民共和国宪法》第43条规定重新设立人民检察院，同年6月1日最高人民检察院正式办公。根据宪法规定，第五届全国人民代表大会第二次会议于1979年7月1日审议通过了《中华人民共和国人民检察院组织法》。

公安、司法行政和安全等机构得到恢复或者重建。1979年6月15日中共中央政法小组向中共中央报送了《关于恢复司法机构的建议》。1979年9月13日，第五届全国人民代表大会常务委员会第十一次会议在充分准备的基础上，“为了适应社会主义法治建设的需要，加强司法行政工作”，[③] 决定重建司法部。司法部组建后，地方各级司法厅（局）也相续组建起来，司法行政工作得以恢复。

1979年7月颁布的刑事诉讼法和人民法院组织法明确规定被告人可以委托律师辩护。1979年初，黑龙江呼兰县开始配备律师承办刑事辩护工作。紧接着北京市、上海市及黑龙江的大庆、哈尔滨、四川的壁山等七个市、县先后恢复了律师组织，开展起部分律师业务。到1980年10月，全国已有河

---

① 《当代中国的审判工作》上册，当代中国出版社1993年版，第155页。

② 同上书，第155页。

③ 参见《当代中国的司法行政工作》上册，当代中国出版社1995年版，第57页。

南、陕西、山东3省成立了律师协会；北京、天津、上海、辽宁、黑龙江、江苏、甘肃等17个省、市成立了律师协会筹备会或筹备领导小组；全国共建立了381个法律顾问处，有专职律师人员3000多名。1980年8月，第五届全国人民代表大会第十五次会议讨论通过了《中华人民共和国律师暂行条例》。①

1980年1月，中央恢复成立了中央政法委员会。

1982年7月，中国法学会成立。被“文化大革命”砸烂的法学研究机构、法学教育机构迅速得到重建并有所发展。《法学研究》、《民主与法制》、《中国法制报》等法学主要期刊报纸也在这一时期恢复或创刊。

1983年6月，国务院提请六届全国人大一次会议批准成立国家安全部，以加强对国家安全工作的领导。7月1日，国家安全部召开成立大会。国家安全部由原中共中央调查部整体、公安部政治保卫局以及中共中央统战部部分单位、国防科工委部分单位合并而成。

新时期法治建设开端的另一个重要标志，是对林彪、江青两个反革命集团的历史审判。1980年11月20日，最高人民法院特别法庭对两个反革命集团的主犯进行公开审判，分别判处江青、张春桥死刑，缓期二年执行，剥夺政治权利终身。判处王洪文无期徒刑，剥夺政治权利终身。判处姚文元有期徒刑20年，其他主犯也被判处有期徒刑。从1980年底至1983年初，一些地方和军队也审判了林彪和江青两个“反革命集团案”在各地的一批骨干分子以及军内骨干分子。两案审判对中国法治建设具有意义重大，它给“文化大革命”画上了一个句号，表明不要法治的时代结束了，中国今后要走上依法办事的道路。

“到1982年底，全国大规模的平反冤假错案工作基本结束，据不完全统计，经中共中央批准平反的影响较大的冤假错案有30多件，全国共平反纠正了约300万名干部的冤假错案，47万多名共产党员恢复了党籍，数以千万计的无故受株连的干部和群众得到了解脱”，并“给错划成右派的53万人进行了摘帽平反”。②

2. 法治发展：1982年宪法颁布至1992年党的十四大

十一届三中全会为新时期法治建设扫除了思想障碍，全面修改宪法就成

① 参见韩延龙主编《中华人民共和国法制通史》（下），中共中央党校出版社1998年版，第794—795页。

② 《国史通鉴》第4卷，红旗出版社1993年版，第42页。

为当务之急。1980年9月，全国人大成立以叶剑英为主任委员的宪法修改委员会，在充分发扬民主的基础上，1982年12月4日五届全国人大五次会议通过了新宪法。1982年宪法包括序言和4章，共有138条。1982年宪法继承了1954年宪法的基本原则，并根据新时期社会主义建设的需要，有许多重要改革和发展。例如，鉴于“文化大革命”肆意践踏宪法的历史教训，宪法序言和总纲第五条确立社会主义法治原则，规定了宪法的根本地位和宪法保障制度，以维护法治的统一和尊严。加强了最高国家权力机关常设机关的建设，扩大了全国人大常委会的职权，从而大大强化了全国人大的立法和监督职能。加强地方政权建设，规定县级以上地方各级人大设常委会，并赋予其保障宪法、法律在本行政区域内实施的职责。省、自治区、直辖市人大及其常委会有权制定地方性法规，还有监督地方“一府两院”的职责。通过总结“文化大革命”任意践踏公民权利的历史教训，宪法对公民的基本权利作了新的充实和更明确的规定，并加强了保障性措施。另外，宪法在加强国家政权建设，健全国家制度方面，还有许多其他改革。

1982年宪法是新中国法治史上的重要里程碑，为新时期法治建设的大厦立起了支柱，对新时期法治建设起到了极大的推动和保障作用。

1982年宪法第三十一条明确规定“国家在必要时得设立特别行政区。在特别行政区内实行的制度按照具体情况由全国人民代表大会制定”。1984年12月，中英两国政府签署了关于香港问题的联合声明，确认中华人民共和国政府于1997年7月1日恢复对香港行使主权，从而实现了一百多年来全国人民收回香港的共同愿望。[①] 1985年4月10日，第六届全国人民代表大会第三次会议在正式批准《中英联合声明》的同时，决定成立香港特别行政区基本法起草委员会，负责香港特别行政区基本法的起草工作。1990年4月4日，七届全国人大会议第三次会议通过了《中华人民共和国香港特别行政区基本法》。1987年4月13日，中葡两国政府签署了《关于澳门问题的联合声明》，澳门特别行政区基本法的起草被提上议事日程。1988年4月13日，七届全国人大一次会议通过了《关于成立中华人民共和国澳门特别行政区基本法起草委员会的决定》。1993年3月31日，八届全国人大第一次会议通过了《中华人民共和国澳门特别行政区基本法》。香港特别行政区基本法和澳门特别行政区基本法的颁布，是我国国家生活的大事，也是我国法治建设的大事。它把“一国两制”原则用基本法的形式确立，是我国

① 参见《中国法律年鉴》(1987年)，法律出版社1987年版，第522页。

立法史上的创举；它以法典确立了香港和澳门回归后的根本制度，是未来香港和澳门各方面生活所必须遵循的基本法典，为香港和澳门的经济发展和政治稳定提供了重要法律保障。

1988年2月，中共中央正式提出修改宪法的建议，承认私有制经济的合法性，肯定了土地可以依法实行转让。因为1982年宪法第六条规定的经济制度有一个严重缺陷——“中华人民共和国的社会主义经济制度的基础是生产资料的公有制，即全民所有制和劳动群众集体所有制。社会主义公有制消灭人剥削人的制度，实行各尽所能，按劳分配的原则”。这就意味着，只有全民所有制和劳动群众集体所有制才是合法的，宪法只承认公有制经济合法。1988年4月，七届全国人大第一次会议审议通过了宪法修正案，规定“国家允许私营经济在法律规定的范围内存在和发展”；“土地的使用权可以依照法律的规定转让”。随后，1990年5月19日，由国务院55号令颁行的《城镇国有土地使用权出让和转让暂行条例》，则成为土地使用权上市交易的具体规则。

1985年11月5日，第六届全国人大常委会第十三次会议作出了《关于在公民中基本普及法律常识的决议》，普法工作有了长足的发展，人民群众的法治观念、法律意识有了明显的提高。

这一时期，为了保障社会主义现代化建设的顺利进行，全国人大和全国人大常委会把制定经济方面的法律作为立法工作的重点，先后制定了经济合同法、统计法、环境保护法（试行）、海洋环境保护法、水污染防治法、食品卫生法（试行）、海上交通安全法，并批准了国家建设征用土地条例。同时，为了适应对外开放的需要，有利于引进外国资本和技术，还制定了中外合资经营企业法、中外合资经营企业所得税法、外国企业所得税法、个人所得税法、商标法和专利法，并批准了广东省经济特区条例。中国经济领域已有一些基本的法律，但是还不完备，还需要进一步制定一批重要的经济法律和对外经济合作方面的法律，保障对外开放和经济体制改革的顺利进行。[①] 1993年，彭冲副委员长在总结七届全国人大的立法工作时说，五年来，全国人大及其常委会通过了宪法修正案和59个法律，27个关于法律问题的决定，共计87个。1988年修改了宪法的个别条款，肯定了私营经济的地位，允许土地使用权依法转让，对中国改革开放和经济建设产生了积极的影响。常委会始终把制定有关经济建设和改革开放方面的法律作为立法工作的重

① 陈丕显：《中华人民共和国第六届全国人民代表大会常务委员会报告》（1985年）。

点，制定了有关经济方面的法律21个，对民事诉讼法（试行）进行了补充和修改，对土地管理法、中外合资经营企业法、环境保护法、专利法、商标法等法律作了修改和完善。[①]

3. 建设社会主义市场经济法治和实施依法治国基本方略：1992年党的十四大至今

1992年至1997年，有两大事件必将永载史册。一是社会主义市场经济体制得以确立，社会主义市场经济法律体系初步构建；二是依法治国、建设社会主义法治国家的基本方略得以确立，法治观念初步在全党和全国人民中形成共识。在人类探索社会主义的道路上，第一次把市场经济和社会主义制度结合起来，第一次把人民当家作主、党的领导和依法治国结合起来，开创了有中国特色社会主义理论和实践新的道路。

1992年，党的十四大报告明确指出，中国经济体制改革的目标是在坚持公有制和按劳分配为主体、其他经济成分和分配方式为补充的基础上，建立和完善社会主义市场经济体制。确立了建设社会主义市场经济体制的总体改革目标。与此相适应，要高度重视法治建设，加强立法工作，建立和完善社会主义市场经济法律体系，特别是抓紧制定与完善保障改革开放、加强宏观经济管理、规范微观经济行为的法律和法规，这是建立社会主义市场经济体制的迫切要求。

1993年，随着我国改革开放的深入，宪法修改再次成为一项紧迫的任务。1993年3月，八届全国人大一次会议通过宪法修正案，阐述了中国正处于社会主义初级阶段，并把建设有中国特色社会主义的理论和改革开放、社会主义市场经济等以根本大法的形式固定下来，有利于国家建设从实际情况出发；有利于吸引外资和引进先进的科学技术为中国服务，推动生产力的发展。确定社会主义市场经济在宪法中的地位，意味着中国开始大规模完善以宪法为依据的各种经济法律法规，从而把以市场为取向的改革完全纳入以宪法为核心的法治体系中。实践证明，1988年和1993年这两次修改对我国改革开放和现代化建设都发挥了重要的促进和保障作用。为维护宪法的权威性和稳定性，自1988年起，我国开始采用审议和公布“宪法修正案”，并在宪法正文后附录的方式。

1993年11月，党的十四届三中全会第一次明确提出了社会主义市场经济的基本框架，“建立适应市场经济要求，产权清晰、权责明确、政企分

---

① 彭冲：《中华人民共和国第八届全国人民代表大会常务委员会报告》（1993年）。

开、管理科学的现代企业制度”，从而促进了我国国有企业的改革向着理顺产权关系、实现现代企业制度的方向发展。这一变革使我国经济体制改革中的两大任务——政企分开和转换企业经营机制找到了落实的杠杆。这两大任务的实现离不开适应现代企业制度运行的公司法、证券法、金融法、破产法、失业救济法等一整套法律制度。社会主义市场经济体制的框架中重要的一条就是建立社会主义市场经济法律体系的框架。

1997年7月1日和1999年12月20日，中国政府分别对香港、澳门恢复行使主权。这是“一国两制”构想的伟大胜利。“一国两制”方针的基本含义，就是“一个国家、两种制度、高度自治”。“一个国家”是指香港、澳门都在中华人民共和国之内；“两种制度”是指国家主体坚持实行社会主义制度，香港、澳门回归祖国后设立直辖于中央人民政府的特别行政区，继续保持原有的资本主义制度；高度自治是指香港、澳门依照香港、澳门特别行政区基本法实行高度自治。基本法是调整中央与特别行政区以及特别行政区内部的基本关系的宪法性法律，它较好地解决了“主权”与“治权”的关系，具有独创性，在特别行政区创设了一种新型的自治形式和独特的政治体制，形成了独立的司法制度和相对独立的法律体系，并建立起了新的中央与地方关系。[①] 香港学者分析认为，基本法是中国历史的创举，它为“一国两制”的成功奠下稳固的基石，它是两地法律体系的结晶，它的成功代表着“一国两制”的成功。[②] 特别行政区设立后实行的制度、政策和法律，必须以特别行政区基本法为依据。正如邓小平指出：你们经过将近五年的辛勤劳动，写出了一部具有历史意义和国际意义的法律。说它具有历史意义，不只对过去、现在，而且包括将来；说国际意义，不只对第三世界，而且对全人类都具有长远意义。这是一个具有创造性的杰作。[③] 香港和澳门相继回归祖国以来，基本法已经在港澳地区实施。

1996年，八届全国人大四次会议制定的《关于国民经济和社会发展“九五”计划和2010年远景目标纲要》，第一次以具有国家法律效力的文件形式，规定了“依法治国，建设社会主义法制国家”的内容，与此同时，法学界关于依法治国的探讨形成热潮，有关“法制”与“法治”的讨论成

---

① 文正邦：《关于我国法制发展战略的思考》，载《现代法学》1993年第2期。

② 王贵国、梁美芬：《一国两制：从理论到实践》，载《太平洋法律和政策期刊》1998年第2期。

③ 《邓小平文选》第3卷，人民出版社1993年版，第352页。

为一大焦点。

1997年，党的十五大把依法治国确立为党领导人民治国理政的基本方略。1999年3月九届全国人大二次会议通过的宪法修正案，把邓小平理论的指导思想地位、依法治国基本方略、国家现阶段基本经济制度和分配制度以及非公有制经济的重要作用等写进了宪法。中国是一个封建历史很长的国家，历史上缺乏民主法治传统。确立依法治国基本治国方略，从人治到法治，是一个历史性跨越。

1999年春，中共中央向全国人大常委会提出修改宪法的建议。这次修宪是我国对1982年宪法的第三次修改。此次修宪主要内容有：在序言中写进“邓小平理论”；第五条增加一款：实行依法治国，建设社会主义法治国家；第六条规定基本经济制度为以公有制为主体，多种所有制经济共同发展；第八条规定农村集体经济实行家庭承包经营为基础、多种分配方式并存；第十一条明确个体经济、私营经济是社会主义市场经济的重要组成部分，国家保护个体经济、私营经济的合法权利的利益。国家对个体经济、私营经济实行引导、监督和管理；第二十八条将“反革命的活动”改为“危害国家安全的犯罪活动”。

中国是一个封建历史很长的国家，历史上缺乏民主法治传统。确立依法治国基本治国方略，从人治到法治，是一个历史性跨越。

2002年，党的十六大明确提出，发展社会主义民主政治，最根本的是要把坚持党的领导、人民当家作主和依法治国有机统一起来。党的领导是人民当家作主和依法治国的根本保证，人民当家作主是社会主义民主政治的本质要求，依法治国是党领导人民治理国家的基本方略。“三者有机统一”是社会主义政治文明的本质特征，是发展社会主义民主政治、建设社会主义法治国家必须始终坚持的政治方向。

2004年，十届全国人大二次会议通过了宪法修正案。这次修宪突出了“以人为本”的理念和保障人权的原则，对宪法所规定的许多重要的制度都作了修改和完善。尤其是将“三个代表”重要思想、尊重保障人权、保障合法私有财产权等重要内容载入宪法，又一次以根本大法的形式确认了改革开放理论创新与实践发展的重大成果。

2007年，党的十七大对未来民主法治建设作出战略部署，提出全面落实依法治国基本方略，加快建设社会主义法治国家的总任务，要求必须坚持科学立法、民主立法，完善中国特色社会主义法律体系；加强宪法和法律实施，坚持公民在法律面前一律平等，维护社会公平正义，维护社会主义法治的统一、尊严、权威；推进依法行政，深化司法体制改革，加强政法队伍建设；深入开展法治宣传教育，弘扬法治精神；尊重和保障人权，维护宪法和法律的权威，等等。

二、60 年中国法治建设的主要成就

60 年来，尤其是改革开放 30 年来，新中国法治建设取得巨大成就：法治观念日益深入人心，民主法治理论不断丰富，社会主义法治实践不断发展，依法治国基本方略得到重视和实施，在中国共产党的领导下，中国人民经过革命、建设、改革和发展，逐步走上了建设社会主义法治国家的道路。

（一）确立了依法治国基本方略

实行依法治国，建设社会主义法治国家，成为国家基本方略和全社会共识。以依法治国为核心内容、以执法为民为本质要求、以公平正义为价值追求、以服务大局为重要使命、以中国共产党的领导为根本保证的社会主义法治理念逐步确立。全社会法律意识和法治观念普遍增强，自觉学法守法用法的社会氛围正在形成。

（二）全民接受依法治国理念，弘扬社会主义法治精神

法治观念的转变和更新，是 60 年法治建设取得成功的重要条件：从“人治到法治”、“从法制到法治”，依法治国的精神理念得到传播和弘扬。依法治国在改变中国社会的同时，也改变着中国人的观念，法治、民主、自由、人权、公平、正义等理念正在潜移默化地影响着人们的价值观念，融入人们的生活方式。

从 1985 年起，全国人大常委会先后通过了五个在全民中普及法律知识的决定，并已连续实施了四个五年的普法规划。“一五”（1986—1990 年）普法期间，有 7 亿多公民学习了相关的初级法律知识；“二五”（1991—1995 年）普法期间，有 96 个行业制定了普法规划，组织学习专业法律法规 200 多部；“三五”（1996—2000 年）普法期间，30 个省、自治区、直辖市结合普法活动开展了依法治理工作，95% 的地级市、87% 的县（区、市）、75% 的基层单位开展依法治理工作；“四五”（2001—2005 年）普法期间，有 8.5 亿公民接受了各种形式的法治教育。目前，“五五”普法正在如火如荼地进行中。

普及法律知识的对象是全体公民，重点是国家公务人员。对普通公民，普及法律知识的目的不仅是要让每个公民知法守法，更重要的是让广大公民学会运用法律的武器维护自己的合法权益；对国家公务人员，要求他们牢固树立社会主义法治观念，更加自觉地依法办事；对于全社会，则要求弘扬法治精神，培育法治文化，形成良好的法治氛围。

中国始终强调普及法律知识与依法治理相结合，广泛开展“依法治省”、“依法治市”等活动，使法治建设融入各地方、各部门、各单位的日常工作和公民的生产生活之中，努力提高全社会的法治水平，实现学法和用法的结合。当今中国，普及法律知识已经成为全社会共同参与的行动。

党的十六大以来，中共中央政治局先后组织了20多次有关法治的集体学习，对推动全社会特别是国家公务人员学习法律知识、树立法治观念，起到良好示范作用。全国人大常委会、国务院常务会议、全国政协常委会组成人员举行了一系列法治学习，各级党组织和国家机关集体学习法律知识已形成制度。

（三）国家坚持以人为本，尊重和保障人权

1982年宪法突出了对公民基本权利的保障，将“公民的基本权利与义务”从1954年宪法第三章改为第二章，放在更加显著的位置。2004年修宪，将“国家尊重和保障人权”载入宪法，成为宪法原则，体现了中国特色社会主义制度的本质特征。

政治权利是公民参与国家事务管理的权利。宪法规定，国家的一切权力属于人民。人民行使国家权力的机关是全国人大和地方各级人大。宪法和法律规定了公民的选举权和被选举权。法律规定县、乡两级人大的代表由选民直接选举，全国人大代表和省、自治区、直辖市的人大代表由下一级人民代表大会选举。各级人大代表、地方各级人大常委会副主任和人民政府副职领导人员，一律由差额选举产生。为了加强对国家机关及其工作人员的监督，公民对于任何国家机关工作人员，有提出批评和建议的权利，对于其违法和失职行为，有向国家机关提出申诉、控告或者检举的权利。

人身权是关于人身、人身健康、人身自由和人格尊严等权利，是享有其他基本人权的前提。宪法明确规定，公民的人身自由不受侵犯。任何公民非经人民检察院批准或者决定或者由人民法院决定，并由公安机关执行，不受逮捕；禁止非法拘禁和以其他方法非法剥夺或者限制公民的人身自由，禁止非法搜查公民的身体。公民的人格尊严、住宅不受侵犯，通讯自由和通信秘

密受法律保护。刑事诉讼法明确禁止刑讯逼供，对于拘留、逮捕、搜查、取证等涉及人身自由和安全的强制方法和手段作了严格规定。1996 年和 1997 年我国先后对刑事诉讼法和刑法进行了修改。有关人权保障的两点重要修改，一是刑法总则规定了罪刑法定原则；二是刑事诉讼法总则规定了无罪推定原则。为了保证司法公正，宪法和刑事诉讼法规定，人民法院依照法律规定独立行使审判权，人民检察院依照法律规定独立行使检察权，不受行政机关、社会团体和个人的干涉。国家还通过修改法律，改革司法体制，逐步建立和完善了公开审判制度、人民陪审员制度、辩护制度、法律监督制度、死刑复核制度、诉讼代理制度和司法救助制度。

重视人民的经济、社会和文化权利保障，是社会主义的本质要求。在经济权利方面，宪法规定，国家坚持公有制为主体、多种所有制共同发展的基本经济制度，坚持按劳分配为主体、多种分配方式并存的分配制度。还规定社会主义公共财产神圣不可侵犯；公民的合法的私有财产不可侵犯；国家依照法律规定保护公民的私有财产权和继承权。在社会权利和文化权利方面，宪法规定，国家通过发展社会生产力，“合理安排积累和消费，兼顾国家、集体和个人的利益，在发展生产的基础上，逐步改善人民的物质生活和文化生活。国家建立健全同国民经济发展水平相适应的社会保障制度”。“国家发展社会主义的教育事业，提高全民的科学文化水平”。“国家发展自然科学和社会科学事业，普及科学和技术知识，奖励科学研究成果和技术发明创造。”依据宪法，国家制定了劳动法、劳动合同法、就业促进法等法律，以保障劳动就业、生产安全和退休、失业职工以及城镇居民的基本生活。国家制定了产品质量法、食品质量法、消费者权益保护法、环境保护法、大气污染防治法、防沙治沙法等，以保障人民的生存环境和健康权。国家制定了教育法、高等教育法、教师法、科学教育普及法、体育法等，以普及九年制义务教育，发展中等教育、职业教育和高等教育，提高公民的文化素质和科学技术知识。

少数民族权利的法律保障。我国是一个统一的多民族国家，有 56 个民族。汉族占全国人口的 92%，其他 55 个民族占 8%。国家一贯重视各民族平等和团结，宪法对少数民族的事务和权利作了更详细的规定。依据宪法制定的民族区域自治法，标志着我国的民族区域自治制度进入法治化阶段。依照宪法和民族区域自治法规定，自治机关既有一般地方国家机关的共性，也有其特殊性。自治机关享有较其他地方国家机关大的地方法规和单行条例的制定权和经济管理权。少数民族参加最高国家权力机关和地方各级权力机关的权利，一直受到特殊照顾，在最高国家权力机关的代表每届均大大高于占全国总人口8%的比例。

妇女、儿童和残疾人权利的法律保障。宪法规定：妇女在政治的、经济的、文化的、社会的和家庭生活等各方面享有同男子平等的权利。婚姻家庭、母亲和儿童受国家保护。禁止破坏婚姻自由，禁止虐待老人、妇女和儿童。依据宪法规定，国家颁行婚姻法、继承法、选举法、民法通则、民事诉讼法、未成年人保护法、妇女权益保障法、母婴保健法等法律，对妇女、儿童的权利保障作了重要规定。

（四）坚持依法治国和依法执政，民主法治向着“三者有机统一”的方向迈进

依法治国，建设社会主义法治国家，既是社会主义初级阶段基本纲领的重要内容，又是实现社会主义初级阶段基本纲领、构建社会主义和谐社会的重要保证。坚持和实行依法治国具有重要意义：第一，依法治国有利于促进社会主义市场经济发展，促进生产力发展。第二，依法治国有利于促进社会主义民主政治建设，实现人民当家作主。第三，依法治国有利于促进社会主义精神文明建设，推动先进文化按照人民的期待和要求进行。第四，依法治国有利于党和国家的长治久安，提供稳定和谐的社会发展氛围。

党的十六届四中全会通过的《关于加强党的执政能力建设的决定》，以提高党的执政能力、加强与改善党的领导为目标，提出科学执政、民主执政和依法执政的三大目标。依法执政是党执政转型的三大目标之一，是党在新的历史时期对依法治国理论的进一步探索和深化，是从依法治国出发对党执政转型提出的必然要求，是党执政方式的历史性跨越。依法执政是对依法治国基本方略的丰富和发展，为依法治国基本方略注入了新的活力，拓展了新的发展空间。中国共产党是执政党，应当领导人民制定和实施法律，在法治建设过程中要总揽全局、协调各方，要坚持在宪法和法律的范围内活动，不能以党代政、以党代法。这是建设社会主义法治国家的关键一环。① 首先，依法执政是依法治国的核心。依法治国要求树立法律至高无上的权威，在全社会形成尊崇法治的氛围；而依法执政则要求执政党在宪法和法律的范围内活动，模范地遵守宪法和法律，使制度和法律不因领导人的改变而改变，不因领导人看法和注意力的改变而改变。其次，依法执政是依法治国的前提。

---

① 李步云：《中国法治历史进程的回顾与展望》，《法学》2007年第9期。

中国共产党在革命战争时期和新中国成立后很长一段时期，长期重视政策而轻视法律，依靠政策而不是法律治理国家，依靠人治而不是法治推动社会变迁，最终导致“文化大革命”悲剧的产生。只有作为执政党的中国共产党坚持依法执政，依法治国才可能成为人民管理国家、社会事务的治国理政方略。第三，依法治国为依法执政提供氛围，对依法执政提出新的时代要求。依法执政随着依法治国的发展而形成和不断完善。从革命党到执政党的转变，是党对社会主义现代化建设规律的深化认识，伴随的是从人治到法制再到法治的转型。真正落实依法执政，我们党在执政方式上应当实现三大转变：即从主要依政策执政向主要依法律执政转变；从强调严格遵守法律执政向既严格遵守法律、又主动创制和运用法律执政转变；从加强自身制度建设与领导国家法治建设分头实施向两者同步推进，统一于依法治国、建设社会主义法治国家转变。[①] 依法治国理论和实践的发展为促进依法执政，促进党的民主法治建设提供了源源不断的动力，不断提出新的时代要求和使命。

坚持党的领导、人民当家作主和依法治国三者有机统一，是中国社会主义政治文明的本质特征。在“三者有机统一”原则和思想的指导下，从实践中探索出中国政治体制改革循序渐进的成功模式，政治体制改革的思路、路径、内容、原则更加清晰了。

（五）立法成绩显著

新中国成立后，尤其是改革开放以来，我们制定了大量法律法规，目前以宪法为核心的中国特色社会主义法律体系初步形成。截至2008年2月，全国人大及其常委会制定了229件现行有效的法律，国务院制定了600多件现行有效的行政法规，地方人大及其常委会制定了近7000多件现行有效的地方性法规，民族自治地方制定了600多件自治条例和单行条例。国家政治、经济和社会生活的主要方面基本做到有法可依。依照全国人大及其常委会制定的现行有效法律各部门立法数量的多少来排序，它们所占的百分比分别是：行政法79件，占现行有效法律的34.49%；经济法54件，占现行有效法律的23.58%；宪法及宪法相关法39件，占现行有效法律的17.03%；民商法32件，占现行有效法律的13.97%；社会法17件，占现行有效法律总数的7.42%；诉讼与非诉讼程序法7件，占现行有效法律的3.0%；刑法

① 杨绍华：《十六大以来我国依法治国的新发展——访国家行政学院副院长、中国法学会副会长袁曙宏》，《求是》2007年第14期。

1件，占现行有效法律的0.43%。

（六）依法行政稳步展开

依法行政是依法治国的重要环节。2004年3月，国务院颁布了《全面推进依法行政实施纲要》，明确了用十年左右的时间基本实现建设法治政府的目标。依法行政从多方面稳步展开并取得了巨大成绩。

从1979年到2008年11月底，国务院共提请全国人大及其常委会审议法律议案226件，制定行政法规1116件；国务院部门和有立法权的地方政府共制定规章26000多件。其中，1989年的行政诉讼法规定法院可以审查具体行政行为的合法性，行政诉讼与日俱增，“民告官”作为一项诉讼制度与刑事诉讼、民事诉讼并列；1994年的国家赔偿法首次明确行政机关的违法行政行为给当事人造成损失的要承担赔偿责任，为政府责任和人权保障提供了法律依据；1996年的行政处罚法规范了行政处罚的设定权、行政处罚的程序，为行政处罚确立规矩，建章立制；1999年的行政复议法规定当事人可以就具体行政行为向上级部门申请复议；[①] 2003年的行政许可法明确了行政许可的创设以及范围，规范了政府的行政许可行为，推动了行政审批制度改革；2005年的公务员法规定竞争上岗、公开选拔、领导干部引咎辞职等制度，充分体现了“责任行政”的理念。行政立法在行政组织法、行政行为法和行政救济法三个领域都构建了基础性的法律，而且在国防、外交、海关、人事、民政、侨务、公安、安全、教育、科技、文化、体育、旅游、城市管理、环境保护、医药卫生、食品安全等各个领域都已制定了相应的行政法律法规，形成了相对完善的行政法律体系，体现了规范行政权力、制约行政权力的行政法治理念。权力来自人民，应当为人民服务，因此要通过立法加强权力的制约和监督，保障权力为民所用，为民谋利。

1999年，国务院召开全面推进依法行政工作会议，通过了《国务院关

---

① 行政审批制度改革是促进政府职能转变，创新行政管理方式的重要切入点。2001年9月，国务院开始推进行政审批制度改革，并组织起草了行政许可法草案。2003年8月，十届全国人大常委会审议通过了这部法律。各地方、各部门按照国务院的要求，认真贯彻实施行政许可法，取得了重要成果。一是取消、调整了一半以上的行政审批项目。截至2007年10月，国务院分四批取消、调整1992项行政审批，各级政府共取消、调整22000多项行政审批。二是全面清理了行政许可依据和实施主体。各地方和58个国务院部门共清理行政许可依据25554件，废止3981件，修改2493件；清理行政许可实施主体2389个，保留1932个，取消302个，调整71个。曹康泰：《我国政府法制建设30年》，《求是》2008年第24期。

于推进依法行政的决定》，将依法行政的各项要求具体化。2004年3月，国务院颁行《全面推进依法行政实施纲要》，对依法行政、建设法治政府进行整体布局。纲要对严格行政执法提出明确要求：合法行政，合理行政，程序正当，高效便民，诚实守信，权责统一。纲要规定要采取措施，理顺行政执法体制，加快行政程序建设，规范行政执法行为。主要措施包括：深化行政执法体制改革。加快建立权责明确、行为规范、监督有效、保障有力的行政执法体制；严格按照法定程序行使权力、履行职责；健全行政执法案卷评查制度；建立健全行政执法主体资格制度；推行行政执法责任制；加强清理和监督红头文件。改革开放30年来，尤其是近五年来，行政复议、行政诉讼飞速发展，继续推动廉政高效的政府法治向前发展。行政复议和行政诉讼是我国为行政行为提供法律救济、矫正行政失误的重要机制。根据纲要的要求，建设法治政府必须推进行政管理体制改革，提高制度建设质量，理顺执法体制，提高执法人员的法律素养。[①] 这也是今后法治政府建设的方向和道路。

在建设法治政府进程中，加强对制定法规、规章和规范性文件等抽象行政行为的监督。2008年1月15日，国务院总理签署国务院令，公布《国务院关于废止部分行政法规的决定》，对截至2006年底仍在适用的行政法规共655件进行了全面清理，对主要内容被新的法律或者行政法规所代替的49件行政法规予以废止；对适用期已过或者调整对象已经消失，实际上已经失效的43件行政法规，宣布失效。国务院在加强法规、规章备案审查的基础上，进一步健全省、市、县、乡“四级政府、三级备案”的规章、规范性文件备案体制，促进地方各级政府依法行政。2003年3月至2007年底，国务院对有立法权的地方和国务院部门报送备案的8402件地方性法规、自治条例和单行条例、地方政府规章和国务院部门规章进行了审查，对存在问题的323件法规、规章依法进行了处理。国务院制定了《行政复议法实施条例》，并积极探索行政复议体制改革，加强各级行政复议工作人员能力建设。自1999年行政复议法实施以来，全国平均每年通过行政复议解决8万多起行政争议。

（七）司法改革初见成效

20世纪90年代中期，司法改革主要是学术界和媒体谈论的话题。1997

① 汪永清：《坚持依法行政　建设法治政府》，《求是》2005年第2期。

年，党的十五大明确提出了“推进司法改革，从制度上保证司法机关独立公正地行使审判权和检察权”的任务。此后，各个部门开始出台系统的改革方案，如1999年10月，最高法院推出了《人民法院五年改革纲要》(1999—2003)；2000年1月，最高检察院推出了《检察改革三年实施意见》(2000—2004)；各地方法院、检察院也纷纷出台了相关的改革方案。2002年，党的十六大提出要“加强对执法活动的监督，推进依法行政，维护司法公正，防止和克服地方和部门的保护主义。推进司法体制改革，按照公正司法和严格执法的要求，完善司法机关的机构设置、职权划分和管理制度”。根据党的十六大关于推进司法体制改革的战略决策，中央司法体制改革领导小组于2004年底出台了中央司法体制改革领导小组《关于司法体制和工作机制改革的初步意见》，对推进司法体制改革作出了全面部署。最高法院、最高检察院分别成立了司法改革领导小组，分别推出了《人民法院第二个五年改革纲要》(2004—2008)和《关于进一步深化检察改革的三年实施意见》(2005—2008)。2006年5月，中央作出了《关于进一步加强人民法院、人民检察院工作的决定》。2007年党的十七大报告提出要“深化司法体制改革，优化司法职权配置，规范司法行为，建设公正高效权威的社会主义司法制度，保证审判机关、检察机关依法独立公正地行使审判权、检察权”。目前司法改革已成为中央主导的、各部门紧密配合的、社会各界广泛参与讨论的国家统一行动。司法改革是改革开放的逻辑结果，是我国经济体制由计划向市场体制转轨和民主与法治建设发展的一个必然过程。在某种意义上，司法改革是中国法治进程的集中体现，是透视中国法治发展状况的一个聚焦点。

中国不断建立和完善司法体制和工作机制，加强司法民主建设，努力通过公正司法保障公民和法人的合法权益，实现公平正义，司法改革初见成效。2007年9月，中央司法体制改革领导小组办公室认为，十六大以来司法体制机制改革取得明显成效，主要体现在以下几个方面：

1. 加强了对司法权的监督制约，一些影响司法公正的突出问题得到有效解决

通过进一步完善审判公开、检务公开、警务公开、狱（所）务公开等司法公开制度，人民群众的参与权、知情权、诉讼权有了更好的保障。法律监督机制逐步健全，司法机关接受监督的自觉性进一步提高。全国绝大多数检察机关办理贪污贿赂犯罪案件在讯问嫌疑人时实行了全程同步录音录像，进一步规范了执法行为，涉及检察人员办案不文明、不规范的投诉明显减

少。加强职务犯罪侦查工作，司法腐败犯罪得到遏制。人民监督员试点工作平稳推进，人民陪审员制度进一步完善。

2. 通过改革完善刑事司法制度，在尊重和保障人权上取得了新进展

改革死刑核准制度，从2007年1月1日起，死刑案件核准权统一收归最高人民法院行使，确保死刑只适用于极少数罪行极其严重的犯罪分子，体现了惩罚犯罪与保障人权相结合的原则。宽严相济的刑事政策进一步落实，未成年人司法制度进一步完善，适合未成年人特点的侦查、批捕、起诉和审判方式逐步建立。刑罚执行的法律监督更加规范，超期羁押由2004年的4947人（次）下降为2006年的210人（次）。监狱体制改革试点稳妥推进，监狱科学文明执法的能力进一步增强，教育改造质量进一步提高，依法维护了在押犯人的合法权益，罪犯脱逃率和狱内发案率大幅度下降。积极推进社区矫正试点工作，社区服刑人员重新犯罪率仅为0.21%。加强和改进劳动教养审批工作，推出律师代理、全面实行聆询制度、缩短劳教期限、扩大所外执行范围及强化监督等改革措施，有效维护了劳教人员的合法权益。

3. 通过改革和完善工作机制，进一步提高了司法效率

目前，法院适用简易程序审理刑事案件已达38.87%，适用简易程序审理民商事案件达到71.26%。全国绝大多数人民法庭实现了直接立案，设置了11220个固定巡回审判点，方便了当事人尤其是偏远地区当事人的诉讼。建立健全人民调解、行政调解、司法调解的多元化矛盾纠纷解决机制，2006年，全国各类人民调解组织共调解民间纠纷400多万件，95%以上的矛盾纠纷得到及时化解。积极推进司法鉴定体制改革，全国人大常委会作出了《关于司法鉴定管理问题的决定》，统一的司法鉴定管理体制正在逐步形成，多头鉴定、重复鉴定的现象得到初步改变。大力开展信息化建设，以科技促效率。

4. 进一步加大司法救助和法律援助力度，有效缓解了打官司难、执行难问题

2007年施行的《诉讼费用交纳办法》平均降低诉讼费用60%，全国每年约减收诉讼费80亿元。2006年施行的《律师服务收费管理办法》，严格收费程序，严惩违法违规收费行为。中央政法机关发布了刑事、民事诉讼法律援助工作规定，进一步扩大了法律援助和司法救助的范围，全国法院在降低诉讼费用的同时，进一步加大司法救助力度，仅从2005年5月至2006年9月，就为经济确有困难的当事人提供司法救助393271人（次），减免缓诉讼费22.6亿元。2006年，司法行政部门的法律援助机构共办理法律援助案

件318514件，接受法律援助咨询3193801人（次），同比分别增加256%、19.9%，其中为125290名农民工提供了法律援助服务，同比增加65%。采取这些举措，缓解了人民群众，特别是困难群众打不起官司和打官司难的问题。各地通过改革和完善执行体制，开展清理执行积案专项活动，下大力气解决执行难。

5. 改革和完善干部管理体制，政法队伍的政治素质进一步提高

党中央印发了《关于进一步加强和改进党对政法工作领导的意见》、《关于进一步加强和改进公安工作的决定》、《关于进一步加强人民法院、人民检察院工作的决定》，对加强和改进新形势下党对政法工作的领导，加强政法队伍建设提出明确要求。中央组织部印发了地方公安机关领导干部任职条件》，把政治上强、熟悉业务、作风务实、实绩突出的干部及时提拔到各级政法领导岗位。《关于缓解西部及贫困地区基层人民法院、人民检察院法官、检察官短缺问题的意见》，对初任法官、检察官选拔任用作出具体规定。最高人民法院、最高人民检察院进一步完善了司法行政工作与审判、检察业务相分离的管理制度。颁布实施的《公安机关组织管理条例》，对公安机关工作人员实行科学的分类管理。中央政法部门相继制定完善了公开招考、竞争上岗、干部交流等制度，制定实施了干部教育培训规划，切实加强党风廉政建设，严肃查处违法违纪案件，确保政法队伍清正廉洁。

6. 改革和完善司法保障机制，为政法机关履行职责提供了更多保障

司法机关所需经费由县级以上财政保证，公安派出所、人民法庭、司法所经费列入县级财政预算。为了更好地保障县级特别是中西部地区县级政法机关的正常运行，财政部与中央政法部门联合下发通知，要求制定县级政法经费基本保障标准，凡地方财政达不到保障标准的，由省级和中央财政予以补助。中央财政进一步完善了专项转移支付方式，并制定了相应的管理办法。近年来，国家和地方财政对政法机关的投入大幅度增加，为政法机关履行职责提供了更多的物质保障。中央和地方编制部门为各级政法机关增加了编制，有效缓解了警力不足的状况。

进入新世纪以来，我国的司法改革又有新进展。

首先是死刑复核制度的改革。根据中央关于司法体制改革的部署和法律规定，2007年1月，最高人民法院结束部分死刑案件核准权下放26年的历史，顺利实现死刑复核权的回收。2月，最高人民法院公布《关于复核死刑案件若干问题的规定》，对死刑复核裁判方式作出重大改革，规定对于报请复核的死刑案件，最高人民法院原则上只能作出核准死刑或者不核准死刑的

裁定；只有在少数特定情况下，可以依法改判。3月，最高人民法院、最高人民检察院、公安部、司法部联合出台《关于进一步严格依法办案确保办理死刑案件质量的意见》，要求切实把好死刑案件的事实关、证据关、程序关、适用法律关，使办理的每一起死刑案件都经得起历史的检验。规定还要求，执行死刑应当公布，禁止游街示众或者其他有辱被执行人人格的行为，禁止侮辱尸体。死刑复核权收回是中国司法改革的突破性举措，标志着司法改革在朝向公平正义目标上又迈出了实质性的一步，标志着中国人权的巨大进步。

其次是宽严相济刑事政策。2004年12月，中央政法工作会议提出："正确适用宽严相济的刑事政策，对严重危害社会治安的犯罪活动严厉打击，决不手软；同时，要坚持惩办与宽大相结合，才能取得更好的法律和社会效果。"2006年10月，十六届六中全会《关于构建社会主义和谐社会若干重大问题的决定》指出，要"实施宽严相济的刑事司法政策"。宽严相济刑事政策包括刑事立法政策、司法政策和行刑政策。① 近年来刑事司法都是围绕宽严相济展开的，而且它是今后司法改革的一个重要方面。宽严相济刑事政策的提出是构建和谐社会的要求，是对严打刑事政策的反思，是刑法机制改革的回应，也是刑事政策合理性的追求。从逻辑和历史发展来看，宽严相济刑事政策是惩办与宽大相结合刑事政策的延续与改革。②

（八）法律服务日益增多

改革开放以来，我国法律服务的发展，主要体现了三条主线：一是专业化，即对法律服务人员的学历、专业知识有越来越高的要求。二是正规化，即加强了法律服务的制度化建设，在机构设置、职业准入、执业许可、市场监管、纪律惩戒等方面，都加强了规范化建设。三是市场化，法律服务业从国家机关逐步转变为社会服务行业，人事管理、经营机制方面逐步实现市场化。

1. 律师制度

2007年10月，十届全国人大常委会第三十次会议通过了律师法修改草案，对律师机构的设置再度作出了重大调整：一是取消了合作制律师事务所的形式；二是明确规定可以设置个人律师事务所。由此，我国律师事务所将

---

① 马克昌：《论宽严相济刑事政策的定位》，《中国法学》2007年第4期。

② 蒋熙辉：《宽严相济刑事政策与刑事法治改革》，《中央党校学报》2008年第3期。

由传统的“老三制”（国资、合作、合伙）逐步转变为“新三制”（国资、合伙、个人）。律师机构的变化，还体现为律师机构数量的增长上。律师机构在1981—2006年间，存在着显著的增长趋势。

2. 基层法律服务

在我国，基层法律服务是特指在广大农村的乡镇以及城市的街道社区所设立的基层法律服务所，通过其工作人员——基层法律服务工作者——为当地的政府机关、群众自治组织、企业事业单位、社会团体和承包经营户、个体工商户、合伙组织以及公民提供法律服务。基层法律服务的历史发展具有三个特点：

其一，2000年以前呈发展的趋势。2000年以前，在机构数量、人员增长和业务增长三个方面，基层法律服务都呈显著的增长趋势。其中，机构数量从1988年的28241个，增长到1998年的35872个，此后两年略有下降；人员则从1988年的61823人增加到2000年的121904人，达到历史最大值；在业务方面，担任法律顾问、民事诉讼代理、民事非诉讼代理以及代书等几大业务都呈显著的增长趋势。

其二，2000年以前规模超过律师。对比起来看，在2000年以前的各年中，无论是机构数量，人员规模，还是业务数量，基层法律服务都超过了律师的水平。以2000年为例，律师事务所的数量是9541家，基层法律服务所的数量是34219家；律师工作人员是117260人，基层法律服务工作者是121904人；律师担任法律顾问247160处，基层法律服务担任法律顾问515608处；律师办理民事诉讼代理640610件，基层法律服务办理民事诉讼代理71.3万件。在这些指标的对比中，基层法律服务都超过了律师。当然，这仅仅是数量上超过，不意味着基层法律服务实际承担的社会功能一定超过了律师。

其三，2001年以后基层法律服务迅速衰落。2001年以后，在机构、队伍、业务办理等方面，基层法律服务迅速衰落。甚至在2004年以后，有关部门不再发布有关基层法律服务的全国性统计数据。导致这种衰落的原因，当然主要是政策调整的结果。基于法律服务发展的战略考虑，从2002年开始，国家停止了对基层法律服务工作者的资格考试以及对基层法律服务所的审批。2004年5月，国务院发布《关于第三批取消和调整行政审批项目的决定》（国发［2004］16号），取消了基层法律服务工作者执业资格认可和基层法律服务所设立核准这两个行政审批项目。正是政策上的这种调整，导致了基层法律服务迅速衰落。

3. 公证制度

公证制度是国家的一项重要法律制度，具有法律服务制度和司法制度的双重属性。国家于2005年8月制定和颁布了公证法，于2006年3月1日起施行。公证法对公证机构的性质和设置作出明确规定：（1）公证机构是依法设立，不以营利为目的，依法独立行使公证职能、承担民事责任的证明机构；（2）公证机构按照统筹规划、合理布局的原则设立，不按行政区划层层设立；（3）全国设立中国公证协会，省、自治区、直辖市设立地方公证协会，公证协会是公证业的自律性组织，依据章程开展活动，对公证机构、公证员的执业活动进行监督；（4）司法行政部门和公证机构之间是监督、指导的关系。

公证法对公证员的职业准入作出更加严格的规定。公证员的任职条件包括：（1）具有中华人民共和国国籍；（2）年龄二十五周岁以上六十五周岁以下；（3）公道正派，遵纪守法，品行良好；（4）通过国家司法考试；（5）在公证机构实习二年以上或者具有三年以上其他法律职业经历并在公证机构实习一年以上，经考核合格。此外，从事法学教学、研究工作，具有高级职称的人员，或者具有本科以上学历，从事审判、检察、法治工作、法律服务满十年的公务员、律师，已经离开原工作岗位，经考核合格的，可以担任公证员。

改革开放以来，公证业务总体上呈增长的趋势。公证业务的增长具有两个特点：一是国内公证业务总体上呈增长的趋势，但是其中有两次幅度很大的波动，而且自1999年以来，一直有下降的趋势；二是涉外公证增长显著，而且波动较小。

4. 法律援助制度

1994年初，司法部提出探索建立中国法律援助制度，并首先在一些大中城市开展了法律援助工作的试点。1995年2月28日，广州市法律援助中心获批准，11月19日正式挂牌成立，成为全国最早成立的法律援助机构。其后，深圳、上海、北京、武汉、南京、郑州、青岛等一些大中城市也陆续开展了法律援助工作的试点，为法律援助工作在全国更大范围内的开展打下了基础。2003年9月，国务院颁布了《法律援助条例》。2004年9月，司法部与民政部、财政部、劳动和社会保障等九部门联合下发的《关于贯彻落实〈法律援助条例〉切实解决困难群众打官司难问题的意见》。依据有关法律法规，我国从中央到地方，按照现有行政区划与法院的设置相对应，设立了政府法律援助机构，形成了中央、省（自治区、直辖市）、地（市）、县

(区) 四级构架的法律援助机构体系。

自从1994年法律援助制度建立以来，全国各地不断建立法律援助机构，法律援助的机构和人员的规模不断增长。在1996—2006年之间，全国法律援助机构从1235个增加到3149，增长了155%，平均每年递增20.6%；全国法律援助工作人员3920人增加到12038人，增加了207%，平均每年递增25.2%。

截至2007年底，全国共设立法律援助机构3259个，其中地市和县区级机构3176个，除西藏等地个别县区外，所有的县区都设有法律援助机构。目前，全国共有法律援助专职人员12285名，其中具有法律职业资格或律师资格的人员达到5927人。各地法律援助机构依托乡镇街道司法所和工、青、妇、老、残、高校等社会组织设立法律援助工作站54976个，在各法律援助机构注册的法律援助志愿者达到76890人，法律援助组织框架已经基本形成，有效解决了困难群众法律援助需求。五年来，全国法律援助机构组织办案135万余件，近237万困难群众获得法律援助，提供或解答法律咨询近1580万人次。2007年办案量达42万件，是2002年的3倍，平均每年以30%的幅度递增。①

中国法律援助有两个基本的资金来源：政府出资（财政拨款）和社会捐赠。法律援助首先是政府的责任，因此，各级财政预算必须对此作出专门安排。从统计数据上看，全国法律援助的经费增长趋势十分明显，在1999—2006年间，全国法律援助经费从2758万元增加到37029万元，增长了12倍多，平均每年递增68.1%。而在经费总额中，财政拨款占了绝大部分，自2001年以来，一直维持90%以上的水平。② 为了规范法律援助的社会捐赠工作，司法部设立了中国法律援助基金会负责接受捐赠。自1999年以来，社会捐赠而来的法律援助经费大概占总经费的10%左右，绝对金额在2006年达到最大值，为3550万元。

在1999—2006年间，法律援助的业绩总体呈增长趋势，但是存在一定

① 林广华：《法律援助与和谐社会建设》，《中国发展观察》2009年第1期。

② 2005年以来，中央财政连续4年对25个省份投入了1.6亿元法律援助办案补助专款，用于支持中西部地市和县区法律援助机构支付办案补贴。2007年财政拨款5.2亿元，平均每年以30%的幅度递增。多数地方政府将法律援助经费纳入财政预算，有25个省（区、市）建立了省级财政法律援助专项资金，10个省（区、市）拨付了农民工法律援助专项经费，多数省（区、市）建立了死刑二审案件法律援助专项经费。林广华：《法律援助与和谐社会建设》，《中国发展观察》2009年第1期。

的波动。具体从受理案件数来看，1999年是132097件，2006年是318514件，增长了141%，平均年增长率为19.2%；具体从受援人数来看，1999年是190545人，2006年是540162人，增长了183%，平均年增长率为23.2%%。

（九）法学教育迅猛发展

在1977年恢复高考前，全国只有北京大学法律系和吉林大学法律系尚在培养法学专业学生，1978—1987年，中国法学教育进入全面恢复和快速发展时期，招收法学本科专业学生的院校从1978年的6所迅速增加到1988年的106所，10年间增长了17.67倍；到1998年，法学院系增加到214所，较10年前增长了2.02倍；截至2008年10月，法学院系达634所，较10年前增长了2.96倍，改革开放30年增长了105.67倍。

1978年，全国6所院校录取法学本科专业学生1299名，1988年，当年本科在校生达28325人，10年增长了21.80倍；至1998年，当年法学本科在校生达87977人，10年增长了3.11倍；至2002年，当年法学本科在校生达264039人，5年增长了3.00倍。据不完全统计，目前法学本科在校生在30万人左右，改革开放30年增长了200多倍。

1978年，中国社会科学院研究生院（法学研究所）等院校首批招收法学硕士研究生228人。1988年，在校法学硕士研究生达3847人；1998年，在校法学硕士研究生达12180人，较10年前增长了3.17倍；截至目前，106所拥有法学硕士学位授予权的院校设有387个硕士专业点，在校法学硕士研究生6万多人，在校法学硕士研究生人数较10年前增长了5倍多，较1978年增长了260多倍。

1984年，中国法学博士研究生开始招生时只录取1人。至1998年，在校法学博士研究生达1340人；至2002年，在校法学博士研究生达4157人。2008年，中国法学博士毕业生人数1700余人，法学博士招生人数2500余人，法学博士在校学生人数8500余人。据统计，1990—2004年，在校法学博士研究生数量的年平均增长率为28.34%，高于同期全国各学科研究生在校生数量年平均增长速度的16.82%。[①] 近3年，法学博士研究生的招生人数趋于稳定。截至目前，35所拥有法学博士学位授权的院校设有111个博

① 参见朱景文主编《中国法律发展报告数据库和指标体系》，中国人民大学出版社2007年版，第526页。

士专业点。有13个法学教育机构设有法学博士后科研流动站。

三、60年中国法治建设的基本经验

（一）中国法治建设水平的比较与评价

可从纵向与横向两个维度对新中国法治建设作出评价。在纵向上，从今天我国法治建设的发展水平与我国10年前、30年前、50年前的水平相比，无论在社会主义法治理念还是在社会主义民主法治实践方面，无论在立法执法司法还是在学法用法守法方面，无论在法律制度法律程序还是在法治精神法治机制方面，无论在领导干部依法办事的能力和水平还是在公民的法律意识和法治观念方面，都取得了举世瞩目的成就。在横向上，从我国60年法治建设发展到今天的巨大成就，与当代西方发达国家的法治水平相比，我们在许多方面并不比西方法治逊色。

以下是国际上和我国香港及内地关于评价法治状况（水平）的指数情况，可作为我们评估当下我国法治水平的参照系。

1. “世界正义工程”（the World Justice Project）的法治评价指数

“世界正义工程”是由美国律师协会、联合国际律师协会、泛美律师协会、泛太平洋律师协会等律师组织发起成立的，它们计划于2008年7月3—5日，在维也纳举办“世界正义论坛”。论坛将有来自不同国家和地区、不同行业的500—700名领导人和专家出席，目的是厘清法治的观念，提出“法治指数”作为评估一个国家法治状况的标准。“法治指数”旨在形成一个全球的统一规范，用以衡量一个国家遵循法治的程度。

“世界正义工程”提出评价法治的四个基本原则：第一，法治是一个所有人，包括政府都受之约束的体系；第二，法治是以公正制定、公开广泛被理解和稳定的法律为基础的体系；第三，法治具有强有力的、所有人都可以获取救济的执法渠道，能够公正地被执行；第四，法治体系拥有具备各方面知识的、胜任的、独立的、道德操行良好的律师和法官。以此为基础，“世界正义工程”提出法治指数的14种主要指标，分为三大部分：第一部分强调法治的宪法化和制度化，以保证执政权力受到约束；第二部分关于立法，包括议会立法和行政立法；第三部分关于执法，包括对法律法规的执行和管理。

“世界正义工程”的法治指数强调：衡量一个国家的法治状况，不能只着眼于法律条文，还应关注实际执行情况；法律制定过程必须公开，集思广益，并向普通公民、媒体和其他独立的渠道传递信息；法律对基本人权，包括公民权利和政治权利、经济社会和文化权利提供保护；法律必须清晰、连贯、易懂，并留有预见性；法治的公正无私，要靠独立并负责任的律师和法官来支撑。

2. 世界银行的法治评价标准

世界银行认为，法治的本质在于人民究竟在何种程度上信任和遵守该国的法律，法律是否公平和能否预期，财产权怎样得到保障。因此，衡量法治状况的主要指标应包括犯罪发生率、司法效率、法律的可预测性和契约履行状况。在世界银行每年公布的“全球政府监管指数”中，“法治指数”是其中一个重要内容。

3. 香港的法治评价指数

香港是国内最先尝试用指数测评法治状况的城市。在香港的法治指数中，列举出七项法治要素及其要件。这些要素和要件被认为是达到法治标准应当具备的最低标准和要求（详见表1-1）。

表1-1　　香港的法治指数

	序号	法治的一级条件	法治的二级条件
法治的分类指数	1	现有法律符合健全法律的基本要求	法的一般要求；公开性要求；稳定性要求；明确性要求；法不溯及既往；不得要求不可能的行为；与一般社会价值相符合。
	2	政府依法行事	
	3	具有防止政府任意行使权力的规则程序	
	4	法律面前人人平等	
	5	执法公正	政府的行为与公布的法律相符合；司法独立。
	6	普遍的司法公正	法院审判公正；法官独立；起诉政府决定或者行政行为的程序。
	7	程序公正	无罪推定原则；自然正义原则；证据法则；公平审判。

香港法治指数评估采用精英打分为主，民众调查为补充。

4. 上海、北京、南京、余杭的法治评价体系

上海市法治指标评价体系分为10项：司法指标、执法指标、普法指标、法律监督指标、公共安全指标、社会参与指标、法律资源指标、法律服务指标、基础指标、其他指标。

北京市的法治环境评价指标体系：分为立法，执法和司法，物质投入保障，公民权利保障四个方面的层次结构。

南京市法治评价标准：以政府诚信、企业诚信、中介组织诚信、个人诚信为具体指标的诚心诚信评价标准体系；以城市政治安定、经济安全、市民生活安宁、城市生态安全为具体指标的安全评价标准体系；以城市政治生活法治化、经济生活法治化、文化生活法治化、社会生活法治化为具体指标的评价标准体系。

浙江省杭州市余杭区法治评价标准：党委依法执政，政府依法行政，司法公平正义，权利依法保障，市场规范有序，监督体系健全，民主政治完善，全民素质提升，社会平安和谐。

5. 比较（评价）法治发展水平的原则

在与外国法治发展水平进行比较时，可从三个层面来把握：

一是法治建设的政治指导思想。与西方资本主义法治国家比，我们建设的是社会主义法治国家，两者有本质的区别；与其他社会主义国家比，我们建设的是中国特色社会主义法治国家，我们的法治建设必须立足国情，从中国社会主义初级阶段的实际出发。从这个层面上进行定性比较，我们要着重把握法治的阶级性、政治性及其社会主义本质特征，决不能搞西方资本主义法治。

二是法治建设的历史文化条件。不同的历史传统和文化条件，影响并决定了不同文化特征的法治体系，如大陆法系、英美法系、斯堪的纳维亚法系、中华法系、伊斯兰法系等。我国法治体系既属于社会主义法系范畴，有具有明显的大陆法系特征。评价一个国家的法治状况，必须充分考虑其法治的历史文化传统与现实社会条件、政治因素与文化因素。在这个层面进行法治比较，应主张“异中求同、同中求异”，决不能妄自菲薄，也不要妄自尊大。

三是法治建设具体的原则、制度和程序。在法治实现形式及法治操作和技术层面上，世界法治具有某些共同的概念、价值、原则、规范和程序。在这个层面上，不同意识形态、不同文化传统和社会制度国家之间的法治，具有比较高的可比性和可借鉴性。与西方为参照系评价和判断中国法治发展水平，主要是从这个层面进行的，但同时要结合前述两个层面的内容和要求作出全面评价。

比较评价时，政治上必须立场明确：我国法治是中国特色社会主义民主法治，决不能搞资产阶级专政的西方法治；要坚持人民代表大会制度，决不能搞西方的三权分立、两院制；要坚持共产党领导的多党合作和政治协商的政党制度，决不能搞西方的两党制、多党制。总之要坚持共产党领导、人民当家作主和依法治国有机统一。从法治实现形式方面，我们提出从法治文化背景、法治发展道路、立法、行政执法、司法、守法六个维度，对中国与俄罗斯、日本、法国、德国、美国的法治进行初步比较（详见表1－2）。

表1－2　中国与俄罗斯法治发展比较

序号	比较事项	中　国	俄罗斯
1	法治文化背景	封建传统很长，历史上缺乏民主法治传统；新中国成立后坚持马克思主义政治法律观，学习苏联建设中国社会主义法律制度。改革开放以来，坚持从国情出发，学习借鉴包括西方法治文明在内的一切人类政治文明的有益成果，建设中国特色社会主义法治国家。	农奴制封建传统历史久远；十月革命后奉行马克思列宁主义的国家与法思想，建成了世界上第一个社会主义国家的法治体系；苏联解体后全盘接受西方法治理念和法律制度，普京在经济领域调整了全面学习西方的方向，但法治领域的调整较少。
2	法治构建标准	思想上：中国化的马克思主义和社会主义法治理念；方向道路上：中国特色社会主义民主政治发展道路和"三者有机统一"；主要原则上：人民主权、保障人权、法治统一权威、依法执政、民主立法、依法行政、公正司法、自觉守法、监督制约权力。	全盘采用西方标准：普选制、议会制、多党制、三权分立、媒体自由。
3	立法	全国人大制定和修改基本法律，全国人大常委会制定和修改法律，国务院制定行政法规，省级人大及其常委会制定地方性法规，较大市的人大及其常委会制定地方性法规，经济特区所在地的人大及其常委会根据授权制定特区法规。民族自治地方人大制定的自治条例和单行条例，可以对法律、行政法规的规定作出变通规定。国务院各部委制定部委规章，有立法权的地方人民政府制定地方规章。	联邦立法体系分系包括：俄罗斯联邦宪法，联邦宪法性法律，联邦条约，联邦法律、法典，联邦总统的规范性文件，联邦委员会和国家杜马、联邦政府、联邦各个部、国家委员会和其他主管部门的规范性文件，联邦向联邦主体授权的协议，联邦签署的国家间条约和政府间协定。联邦宪法和联邦法律在俄罗斯联邦全境地位最高，保障联邦法律体系的统一。 联邦立法体系分系进一步分为：共和国的宪法和法律体系，边疆区、州、联邦直辖市的宪章和法律体系，自治州和自治专区的宪章和法律体系。
4	行政执法	行政执法指导思想由管制型政府向服务型政府、由以行政手段管理向以法治方式管理的模式转变；制定具有行政拘束力的依法行政实施纲要，强调政府依法行政，建设服务型的法治政府；加强并完善行政立法，健全行政执法司法机制，保障行政权力依法行使，监督防止行政权力滥用。	(1) 行政执法指导思想经历了从苏联时代的"管理法"向俄罗斯时期的"控权—平衡法"的转变；(2) 行政法治内容：国家管理、地方自治、行政法主体、国家公务、行政违法、行政责任、行政处罚、行政强制、行政诉讼、行政程序、行政审理、行政司法等；(3) 执法依据：《对侵害公民权力和自由的行为及决定的法院控告法》、《俄罗斯联邦民事诉讼法》、《俄罗斯联邦仲裁程序法》；(4) 诉讼机关：普通法院审理的行政诉讼案件，仲裁法院审理的行政案件。

续表

序号	比较事项	中　国	俄罗斯
5	司法	单一制政体下，法治和司法体系都是全国统一的，设立最高法院、高级法院、中级法院和基层法院，实行两审终审制。 10年司法改革和司法体制改革，在观念、制度、程序、体制、机制等诸多方面进行了改革，取得了一定的成功，但也面临许多新的问题和挑战。 如何在深化政治体制改革和全面落实依法治国基本方略的过程中，深化司法体制改革，提高宪法法律实施的可诉性和实效性，建设公正高效权威的司法机关，是下一步司法建设和改革需要认真研究解决的重大问题。	联邦司法体系由联邦法院和联邦主体法院构成，其中联邦法院由三个分支体系组成：俄罗斯联邦宪法法院，普通法院系统，仲裁法院系统。 司法改革：（1）审判原则改革：多种审判形式同时并用原则（陪审团制、法官与人民陪审员制、独任制、合议庭制），陪审团参加法庭审理原则，保护被告权利原则，诉讼程序和发布文件使用俄语原则；（2）司法机关判决执行改革：设立司法警察制度和强制执行制度；（3）法官地位改革：法官具有独立的组织保障、法律保障、财政保障、社会物质保障以及继续教育保障；（4）法官监督体制改革：成立法官理事会和法官最高鉴定委员会，总统有法官任命权，没有对法官职务的解除权，法官鉴定委员会有该权利，每年大约50名左右法官被该委员会解职。 宪法法院：《俄罗斯联邦宪法法院法》和《俄罗斯联邦司法体系法》规定宪法法院是负责宪法监督的司法机关，是宪法解释机关。其职权范围：宪法诉讼案件的审理权（法律文件的合宪性、职权纠纷案件、具体案件适用法律的合宪性、审理与弹劾总统相关的案件），宪法解释权，立法提案权，其他权利。
6	守法	尽管存在一些不尽如人意的问题，但总体上是这些问题正在逐步得到解决的过程中，守法的法治状况向着好的方向发展。随着全面落实依法治国基本方略、深化司法体制改革和法治宣传教育，守法和法治实施状况将越来越好。	司法腐败，效率低下，执法环境恶劣，法律实施状况较差；治安不佳，人权得不到保障；公民主体意识丧失，信仰危机，泛自由主义和无政府主义抬头；民族主义、恐怖主义、分裂主义、种族矛盾严重制约着俄罗斯法治化进程；公民法律意识淡薄，尤其是年轻人丧失信仰、法律虚无主义盛行，酗酒、暴力、犯罪案件持续上升，媒体推波助澜（暴力、色情、凶杀等）严重破坏了俄罗斯青年一代身心。
相似点比较	（1）	过去同属于社会主义法系，法学理论和法律体系有较多相似的内容。	
	（2）	法治建设中存在人治色彩。	
	（3）	法治发展道路，借鉴西方法治理念和本国实际相结合。	

续表

序号	比较事项	中　国	俄罗斯
不同点比较	(1)	坚持、发展和创新社会主义法学理论。	摒弃社会主义法学理论，全盘西化。
	(2)	走中国特色社会主义民主法治发展道路。	按照西方法治社会标准构建。
	(3)	法治建设具有“欧美与国情”结合的特点。	法治发展趋向“融欧亲美”。
	(4)	实行国家控制的法治模式。	实行社会控制的法治模式。
总体评价	中国与俄罗斯法治发展比较，总体而言是各有千秋，但中国法治下的社会治安状况以及中国依法治国的发展趋势明显好于俄罗斯。		

表1－3　　中国与日本法治发展比较

序号	比较事项	中　国	日　本
1	法治文化背景	在儒家传统文化重义务轻权利、重国家（集体）轻个人、重人治轻法治、重调解轻诉讼等方面有较多相似的文化渊源。	明治维新前与中国很相似，之后越来越多地学习西方，但也在很多方面保留了自己的政治文化传统，如天皇制度、注重纠纷的调解解决等。
2	法治发展道路	清末法制改革开始大量向西方——主要是德国和日本学习；共产党领导的法制建设前期较多地学习了苏联的法制；改革开放以来学习西方法治明显增多。	明治维新以来，大量移植和继受西方法治文化与制度。二战前，法国法和英国法都对日本产生过影响，但主要是德国法，日本的许多法律制度和法学思想都直接来源于德国。二战后，美国法对日本产生了重要影响，许多制度按照美国模式进行了改革。经过多年发展，日本已成为兼具大陆法和英美法特征的现代法治国家。
3	立法	人民代表大会制度基础上的立法体制；立法中比较重视借鉴日本、德国、美国、英国等西方国家的立法经验。	三权分立前提下，学习德国和美国的立法较多，国会实行两院制立法，行政立法和地方自治立法权力增强，但注意从日本国情出发，不照搬照抄。
4	行政执法	缺乏明确稳定的行政编制法规范，行政法律的执行和对行政权力的监督有待加强。	为确保行政执法效果，对行政组织有严格规定；重视行政许可、行政处罚、行政强制等正式与非正式程序的运用；重视行政运行的公开度，对行政机关的活动实行严密监督机制。
5	司法	坚持中国特色社会主义司法制度的本质和特征，学习借鉴西方经验改革司法体制；违宪违法审查由立法机关负责。	学习西方现代司法制度，强调司法独立，实行统一司法考试制度，正在进行司法改革；实行美国式的违宪审查制度。
6	守法	轻规则，守法意识在加强过程中；重调解轻诉讼，大致是按照“情、理、法”的顺序解决纠纷。	重规则、重团体观念，守法意识很强；强调人与人之间的“和”，主张以和为贵，重视调解，大量纠纷通过调解解决。
7	基本结论	学习借鉴日本法治现代化的经验应当优于其他西方国家；坚持从国情和社会主义性质出发，发扬中国传统文化的优势和特点。	

表1－4　**中国与法国、德国法治发展比较**

<table>
<tr><th>序号</th><th>比较事项</th><th>中　国</th><th>法　国</th><th>德　国</th></tr>
<tr><td>1</td><td>法治文化背景</td><td rowspan="5">法国和德国的法律思想和法律制度，对中国法治都有不同程度的重要影响。
中国法治在性质上属于社会主义法系，但在法律形式上基本上可归为大陆法系范畴。
法国的政治法律思想家孟德斯鸠、卢梭、狄骥等人，《法兰西内战》、《人权宣言》、《民法典》等，对中国法治产生过重要影响。狄骥在20世纪30年代曾经来中国帮助国民党政府起草宪法。</td><td rowspan="2">法国是大陆法系的发源地之一，现代世界法律中的许多重要法典、制度和原则，如近代历史上最早的民法典、刑法典、商法典、刑事诉讼法典、民事诉讼法典等成文法典，现代法中的破产、公司、公证人、商标、民事代理、诉讼保全等制度，法律面前人人平等、三权分立、法不溯及既往、法官自由心证、正当防卫等原则，都起源于法国。</td><td rowspan="2">德国是大陆法系的典型代表国家之一。其法律体系按照罗马法的传统分为公法与私法。私法以个人意思自治为本位，根本任务是规范私人之间的关系，调整私人之间的利益冲突；公法以作为高权者的国家为本位，主要任务是确立国家权力的基础与界限。有关公法的纠纷由宪法法院和行政法院系统管辖；有关私法（民商法）的纠纷由普通法院管辖。</td></tr>
<tr><td>2</td><td>法治发展道路</td></tr>
<tr><td>3</td><td>立法</td><td>立法形式包括法律、紧急条例、条例和部门规章。议会平均每年通过100部法律，其中一半与国际条约相关，另一半是国内法律。通常，一部法律的相关实施细则约有10个左右，每年政府需要制定约500个实施细则。宪法委员会负责对法律的合宪性审查。</td><td>德国形成了宪法、刑法、州事诉讼法、民法、商法、民事诉讼法和行政法等基本的法律部门，各法律部门一般均有一部法典为其基础和核心，并以其他众多的单行法为补充。德国政党法是世界上最早的政党立法，意在限制和规范政党行为。</td></tr>
<tr><td>4</td><td>行政执法</td><td>行政法院已有二百多年历史，在控制行政权滥用、保护公民合法权益方面起着重要作用；判例在行政法占据重要地位；行政法治原则是法国行政法的核心原则；对行政执法监督效果明显。</td><td>二战后德国进入“社会法治国行政”时期，国家拥有广泛的社会管理职能。当代德国行政执法的主要发展：注重行政效率和服务行政；加强行政立法；经济行政法不断发展；改革行政组织，扩大政府及职能部门的社会经济职能，强化政府对社会经济的干预；改革行政手段，提高行政活动的效率性、透明性；改革公务员法；强化司法救济制度。</td></tr>
<tr><td>5</td><td>司法</td><td>设有两套相互独立的法院系统——行政法院系统和普通法院系统（司法法院系统）共存，并行运转。2001年，司法法院系统共处理刑事案件9936950件，民商事案件2297462件。行政法院系统共受理案件151371件，结案146181件。截至2005年11月，法院共有法官7402人，其中5584人为审判法官，占77.77%；1818人为检察官，占25.32%。2005年，在各律师公会注册的律师总数为44054人，其中大巴黎地区律师21473人，占律师总数的近一半。</td><td>法院奉行司法独立原则，司法权由独立的法院行使，审判只服从法律，法官实行终身制。司法权分为刑事、民事、行政、财政和社会五种司法权，分别由五种法院行使。普通法院分为初级、区域、州、联邦四级法院；行政法院分为初级、高级、联邦三级；财政法院分为州和联邦两级；劳工法院分为初级、州和联邦三级；福利法院分为初级、州和联邦三级。还设有联邦宪法法院，监督对联邦基本法的遵守，裁决联邦与州之间以及联邦各机构之间的纠纷。</td></tr>
</table>

续表

序号	比较事项	中国	法国	德国
6	守法	德国的思想家马克思、黑格尔、康德及法学家萨维尼、耶林等人，德国的《民法典》、《魏玛宪法》等重要法律，对中国法治产生过重要影响。 清廷修法大臣沈家本曾亲赴欧洲各国考察了解资本主义法治的历史和现状，引进西方法律。在其主持下，先后翻译了俄、法、德、荷、意、日、比、美、瑞士、芬兰等国的法典和著作共33种。	截至2006年1月，法国人口6100万。2006年发生在法国本土的犯罪案件总数为3725588件，犯罪率为61.03/千人。其中盗窃犯罪占案件总数的55.83%，诈骗和经济金融犯罪占8.97%，侵害人身犯罪占10.08%，包括毒品犯罪的其他犯罪占25.12%。在被追查的人中，男性占84.92%，女性占15.08%；成年人占81.67%，未成年人占18.33%；法国人占79.27%，外国人占20.73%。	德国人有着较高的法治意识和守法习惯，在遵纪守法方面具有很强的自觉性。这种意识和习惯，与德国的学校教育是分不开的。德国各州的教育法都有关于培养学生守法和讲公德的条款。德国学校能够指导学生了解他们应尽的公民义务和道德标准，培养公民的责任感。家庭教育深刻影响着子女人生观、道德观的形成。
7	总体评价		宪法委员会——合宪性审查制度；对公权力有效监督。立法创新，刑法承认法人犯罪体现出某种实用主义倾向。注重对英美法系和社会主义法系中一些制度的借鉴，如英美法国家刑事诉讼法中的辩诉交易制度，中国的调解制度等。	我国在立法方面与德国法治的差距亦在逐步缩小。但我国法治建设中仍然存在立法质量不高、执法不到位、司法不公正、公民法治意识不强、法律得不到有效实施等问题，这与德国法律实施较为有效、公民法治观念较强还有较大差距。

表1-5　　中国与美国法治发展比较

序号	比较事项	中国	美国
1	法治文化背景	在中国传统法律文化基础上，主要学习西方大陆法系经验；在社会主义制度基础上主要学习苏联社会主义法治经验。	普通法系、英国普通法传统，美国建国后的国情和实际需要，孟德斯鸠等的法治理想主义，开国元勋的努力。
2	法治发展道路	人民代表大会制度，共产党领导的多党合作和政治协商制度，人民民主，法治和法学坚持中国化马克思主义指导、坚持“三者有机统一”，民主、人权、法治发展的循序渐进。	实行三权分立、两党制、总统制、普选民主等制度，法治和法学中贯穿了个人自由主义和实用主义，权利实现和法治发展循序渐进。
3	立法	人民代表大会制度下的立法体制，行政立法趋强，司法解释对立法愈来愈大的补充作用，人大行使违宪违法审查权。	国会立法为主导，行政立法趋向增强，法官立法作用明显，违宪审查制度在很大程度上协调立法诸关系。
4	行政执法	依法行政、建设法治政府工作正在推进过程中，实现这个目标需要较长时间；执法违法现象时有发生。	总统权力大，执法机关重视依法行政，对行政权监督力度大，但警察等违法现象明显。

续表

序号	比较事项	中国	美国
5	司法	坚持中国特色社会主义司法制度的本质和特征，追求司法公正高效权威，法院无违宪审查权，司法解释作用过大，律师作用一般。	联邦与州的司法分权，司法独立（法官独立），法官造法，法院行使违宪审查权，律师的作用较大。
6	守法	历史上缺少民主法治传统，民众轻视规则，守法意识在加强过程中；重调解轻诉讼，大致是按照“情、理、法”的顺序解决纠纷。	法治文化基础深厚，公民、企业、社会组织的法治意识较强，通常按照情、理、法的顺序解决纠纷；违法犯罪较多，社会治安状况令人担忧。
7	总体评价	我国法治建设成绩显著，但在规范行政权力、司法独立性、律师队伍建设、法学研究教育水平等方面差距明显，美国教授认为，在技术、程序、法治实现程度上中国大致相当于美国20世纪前半叶的水平。	美国建国以来经过两百多年的时间，已形成较为成熟的法律结构、法律制度和法律职业群体，公民法律意识较强，法治水平已经发展到较高阶段。

通过与某些西方国家相比较，从总体上看，我们或许可以得出以下初步结论：中国在立法方面与西方法治国家相差不多，但在执法、司法、法律监督、守法和法治观念等方面，还有相当差距。

（二）60年中国法治建设的基本经验

新中国60年法治建设取得了举世瞩目的成就，积累了许多宝贵经验。

1. 始终坚持党对政法工作的领导

坚持党对政法工作的领导，是60年法治建设经验的科学总结，是改革和发展中国特色社会主义法治的内在要求和根本保障。同革命年代和新中国成立初期相比，现在我们党的中心任务、所处环境和队伍结构已经发生许多重大变化。这些重大变化，客观上要求必须加强和改善党的领导，把党对国家的领导同依法治国有机统一起来。坚持党对政法工作的领导，必须提高党的领导水平和执政水平，改进党的领导方式和执政方式。党要善于把管理国家和社会的主要方式，由过去主要运用命令和行政手段转变为主要采用民主和法治方式。党的领导主要是政治、思想和组织领导，通过制定大政方针，提出立法建议，推荐重要干部，进行思想宣传，保证党始终发挥总揽全局、协调各方的领导核心作用。

2. 始终坚持中国特色社会主义民主法治发展道路

人类政治文明几千年的历史，反复证明了一个道理：一个国家实行什么样的法律制度，走什么样的民主法治发展道路，必须与这个国家的国情相适应。中国的社会主义法治，植根于中华民族几千年来赖以生存和发展的广阔沃土，产生于中国共产党和中国人民为争取民族独立、人民解放和国家富强而进行的伟大实践，是适合中国国情和社会进步要求的法律制度。中国特色社会主义法治与资本主义法治相比，是社会主义类型的法治；与马克思恩格斯理想社会主义的国家与法治相比，是社会主义初级阶段的法治；与其他社会主义国家的法治相比，是具有中国特色的社会主义法治。坚持中国特色社会主义民主法治建设与发展道路，是历史的必然、人民的选择。

3. 始终高度重视法治在整个国家现代化建设中的战略地位和作用

法治作为人类创造的政治文明成果，在经济社会发展中越来越显示出不可或缺的重要作用。中国法治建设在新中国成立后的30年时间里，本来有可能得到很好发展，但却经历挫折并在“文化大革命”中被重创，究其原因，主要是没有正确认识法治建设在整个国家建设中的重要地位。十一届三中全会以后，法治建设引起了党和国家的高度重视。党的十五大第一次把依法治国确定为党领导人民治理国家的基本方略，提出了“依法治国，建设社会主义法治国家”的历史任务。依法治国既是社会主义现代化建设的一项根本任务，也是建设中国特色社会主义民主政治的一个重要内容，是实现社会主义现代化建设目标的重要保障。

4. 努力提高全民族的社会主义法治意识

由于中国封建社会法律意识传统的残留以及新中国成立以后极“左”思潮的影响，中国人民的法治意识和法治观念还有待增强和提高。“徒法不足以自行”。人是社会活动的主体，要建立完善的社会主义法治，离不开全国人民法律意识的提高。为此，必须转变观念，从人治观念转变到法治观念，从特权观念转变到平等观念，从法律虚无观念转变到信仰法治，从义务本位观念转到权利义务相结合观念，等等。

5. 始终坚持法治与经济社会协调发展

法治是社会关系的调整器、社会利益的分配器。法治建设要与经济社会发展相协调，不仅要适应经济社会发展的需要，适时进行法律的立、改、废，推进法治的改革完善，而且要引导、规范、促进经济社会发展，为社会主义经济建设、政治建设、社会建设和文化建设提供良好的法治环境，为化解矛盾、解决纠纷、打击犯罪、维护稳定、实现社会公平正义奠定行之有效的法治基础。

6. 始终坚持以人为本，尊重保障人权

人民民主的社会主义本质，决定了维护人民长远利益和根本利益是社会主义法治的历史使命，尊重保障人权是实现人民当家作主、维护人民利益的必然要求，坚持以人为本是发展社会主义民主政治、建设社会主义法治国家的内在要求。十七大报告明确指出，“尊重和保障人权，依法保证全体社会成员平等参与、平等发展的权利”，为中国法治发展指明了方向，也为人权建设提供了行动纲领和指南。只有坚持以人为本，尊重和保障人权，才能最大限度地调动人民的积极性，在全面发挥社会创造力的基础上，实现和谐社会。

7. 始终坚持党的领导、人民当家作主和依法治国有机统一

发展社会主义民主政治，深化政治体制改革，全面落实依法治国基本方略，加快建设社会主义法治国家，最根本的，是要始终不渝地坚持党的领导、人民当家作主和依法治国的有机统一。党的领导、人民当家作主和依法治国是一个密切联系、内在统一的整体。坚持三者的有机统一，是加强中国特色社会主义民主法治建设必须遵循的基本方针。

四、未来中国法治建设的主要任务

中国目前正处于社会转型的高位风险阶段，面临着三种不确定的秩序前景：一是通过包括法律手段在内的综合性的风险治理，在2020年左右，进入平稳快速协调发展的良性状态；二是高位风险因素爆发，导致社会总体性危机；三是虽无总体性的社会危机，但各种局部性危机接连出现，社会动荡长期化，即落入所谓“拉美化”陷阱。①

目前，中国的法治建设仍面临一些问题：民主法治建设与经济社会发展的要求还不完全适应；法律体系呈现一定的阶段性特点，有待进一步完善；有法不依、执法不严、违法不究的现象在一些地方和部门依然存在；地方保护主义、部门保护主义和执行难的问题时有发生；有的公职人员贪赃枉法、执法犯法、以言代法、以权压法，对社会主义法治造成损害；加强法治教育，提高全社会的法律意识和法治观念，仍是一项艰巨任务。

未来中国法治建设将在推进中国特色社会主义民主政治建设，深化政治体制改革的进程中，围绕着全面落实依法治国基本方略、加快建设社会主义

① 蒋立山：《中国的转型秩序与法治发展战略》，《法学研究》2007年第4期。

法治国家这个十七大的总体战略部署展开，其内容主要包括：坚持和实行依法执政；坚持民主立法、科学立法、完善中国特色社会主义法律体系；全面推进依法行政，建设法治政府；深化司法体制改革，建设高效权威公正的司法；深化法治宣传教育，树立社会主义法治理念，从制度上、程序上实现坚持党的领导、人民当家作主和依法治国的有机统一。

十七大对中国特色社会主义法治建设提出了一系列新任务，对全面落实依法治国基本方略、加快建设法治国家作出了一系列新部署。完成这些新任务，落实这些新部署，实现中国民主法治的科学发展，需要我们进一步把握中国民主法治发展的正确方向，进一步提高对中国特色社会主义民主法治建设理论、道路和实践的认识，从中国社会主义本质和初级阶段基本国情出发，学习借鉴人类法治文明的有益成果，推进中国特色社会主义法治不断进步。

我们应当全面总结60年来、尤其是改革开放30年来以及依法治国基本方略实施十多年来的基本经验，推进法治建设在思维方式、研究范式、研究重点等方面的转变。

一是应当从过去过于注重西方法治理论和法治经验，转变到以中国国情和实际为本、以合理学习借鉴外国法治经验为用上来，更多地关注中国经济社会实际，回应和解决中国现代化建设出现的各种法治问题。

二是应当从过去过于强调抽象的法治书本知识和逻辑认知，转变到法治理论研究与中国生动鲜活的法治实践的紧密结合上来，从中国悠久文化历史和丰富现实生活中寻找中国法治的根基，创造既能吸纳世界法治文明又具有中国风格、中国气派、中国特色的法学与法治。

三是应当从过去较多低水平的法治研究，转变到全面系统深入研究中国特色社会主义法治理论上来，使中国的法治研究摆脱多年来低水平徘徊的局面，从整体上提升到一个新层次。

四是在法治建设的战略规划方面，依法治国的重点应当从“以立法为中心”转变到立法与宪法法律实施协调发展上来，着力解决有法不依、违法不究、执法必严等问题。

五是在法治的功能方面，既要破除“法治无用”的法律虚无主义，也要防止“法治泛滥”的法律万能主义。社会主义法治应当成为中华民族的生活方式。

（一）进一步加强和改善党对依法治国的领导

党的领导是依法治国、建设社会主义法治国家的根本保证。要把党的领导、人民当家作主和依法治国有机统一起来，要善于把党的主张通过法定程序转化为国家意志，从制度上和法律上保证党的基本路线和基本方针的贯彻实施。十六大以来，以胡锦涛同志为总书记的党中央提出了依法执政、以人为本的科学发展观、构建和谐社会等新理论和重要战略思想，为通过法治加强和改善党的领导注入了新的活力、赋予了更为丰富的内涵。

加强和改善党的领导，依法执政，是推进依法治国方略、构建和谐社会的根本保障。党要实现科学、民主、依法执政。党的领导主要是政治、思想、组织领导。党通过把自己的主张、路线、方针、政策变成体现国家意志的法律，来实现对国家事务的领导，并从法律制度上保证党的路线方针长期稳定和切实贯彻实施。党要把党的领导人通过法定程序派到人大、政协、政府、司法机关担任领导，使党的政策、路线、方针得到贯彻，始终保持统揽全局、协调各方的核心作用，把党的领导、人民当家作主和依法治国有机统一起来。党应当在宪法和法律范围内活动。党领导人民制定了宪法和法律，也应当遵守宪法和法律，接受人民的监督和法律的监督。

坚持党的领导、人民当家作主和依法治国，是构成社会主义政治文明本质特征和社会主义宪政的三个基本要素。三者有机联系，相辅相成，辩证统一。在观念形态上，三者统一于中国化的马克思主义，统一于以人为本、全面协调可持续的科学发展观；在实践形态上，三者统一于中国特色社会主义民主政治建设的实践之中，统一于社会主义现代化建设的全过程；在制度形态上，三者统一于社会主义宪法及其构建的宪政体制。

通过社会主义宪政的制度化、宪法化安排，用根本大法和人民代表大会制度等民主制度形式，把坚持党的领导、人民当家作主和依法治国三者明确肯定下来，有机统一起来，进而从社会主义宪政体制上有效保证党的基本路线方针政策的贯彻实施，保证党的政治权威和执政地位，保证人民当家作主和依法治国的实现。从制度上、机制上实现“三者有机统一”，必须坚持和加强党的领导，这是前提也是保障。为了更有效更好地加强和改善党对社会主义民主法治建设的领导，必须改善党的领导，按照执政党建设的要求，不断提高民主执政、科学执政和依法执政的能力和水平，使党在民主法治建设中始终发挥统揽全局、协调各方、依法执政的领导核心作用。

在“三者有机统一”原则和思想的指导下，从实践中探索出中国政治体制改革循序渐进的成功模式，政治体制改革的思路、路径、内容、原则更加清晰了，主要表现为：在政治体制改革的思路上，由“党政分开”向“三者有机统一”转变。在政治体制改革的路径上，由解构主义向建构主义转变，由制度改革向制度建设转变。在政治体制改革的内容上，由比较注重政治体制的单一改革，向经济体制、行政体制、文化体制、社会体制、政党制度与政治体制的协调改革与完善转变。在政治体制改革的原则上，推进政治体制改革、发展社会主义民主政治，必须在党的统一领导下，分阶段有步骤地依法进行；必须坚持“五个有利于”，即政治体制改革必须有利于增强党和国家的活力，有利于调动人民群众的积极性、主动性和创造性，有利于维护国家统一、民族团结和社会稳定，有利于维护法治统一和宪法法律权威，有利于促进经济发展与社会和谐进步。

执政党加强依法治国方略的实施，要系统地总结法治的经验教训，研究方略实施的总体规划和具体途径。现阶段中国的依法治国是在以人治为特征的体制下进行的，必须凭借人治的权威和政治运作方式来推进和实现。[①] 因此，应当有一个明确的机构，统筹社会主义法治建设这一前无古人的伟大系统工程，协调立法、行政、司法、法治宣传教育、依法治理等各个法治环节的法治建设，建议设立依法治国领导小组，加强对依法治国的领导、组织和协调，制定依法治国的实施纲要，覆盖法治各个领域、各个部门，对依法治国方略实施作出总体布局、确定路标，按照实施纲要标定的路线图，按步骤稳步渐进推进，并在实践检验中不断丰富、发展和完善。

（二）进一步扩大公民有序参与，健全权力制约监督机制

改革开放以来，在党的领导下，中国公民的有序参与不断扩大。十七大召开后，中国民主法治建设继续加速，公民有序的政治参与继续扩大，权力制约监督机制不断健全。但是，实践中民主法治建设与人民民主不断扩大的客观要求还不相适应，人民群众的知情权、参与权、表达权、监督权还有待逐步实现，人民群众的有序参与、有序表达还未形成相应完备的法律秩序，侵犯人民民主权利的问题时有发生，尊重和保障人权的体制机制还需要进一步完善。[②] 当前，需要做到：

一是依法扩大公民有序参与。首先，健全基层民主法治。基层民主是民主的重要内容，是民主的基石。扩大基层民主，保证人民群众直接行使民主权利，依法管理自己的事情，是社会主义民主最广泛的实践，是社会主义民主政治建设的基础性工作。在党的领导下建设基层群众自治机制，扩大基层

① 李林：《实施依法治国的特点和需要解决的问题》，《法学》1998年第9期。

② 王胜俊：《加快建设社会主义法治国家》，《人民论坛》2007年第24期。

群众自治范围，完善民主管理制度，完善社区自治、村民自治，完善政务公开、村务公开等制度，增强社会自治功能。这是中国未来基层民主法治发展的方向。其次，继续完善人民代表制度。代表比例城乡平等是社会主义民主政治的巨大进步。政治平等首要的是选举权的平等，目前选举法规定，农村每一代表代表的人口数四倍于城市每一代表所代表的人口数。十七大报告基于社会主义民主的平等原则提出“逐步实行城乡按相同人口比例选举人大代表”的建议，这是一个大的发展趋势。其三，不断发展多层次民主协商。中国共产党领导下的多党合作的政治协商制度是中国特色的协商民主。政治协商、民主监督、肝胆相照、荣辱与共是多党合作必须遵循的发展方针。

二是依法治权，完善权力制约监督机制。对权力进行有效的监督和制约，是实施依法治国基本方略、建设社会主义法治国家的重要保障。十七大报告指出，确保权力正确行使，必须让权力在阳光下运行。加强依法治国基本方略的实施就是进一步为权力的运行设立程序和规范，建立和健全结构合理、配置科学、程序严密、制约有效的权力运行机制，把决策、执行等环节的权力纳入监督制约机制中，使决策权、执行权、监督权既相互制约又相互协调，保证权力沿着制度化、法律化的轨道运行。中国已经形成包括党内监督、人大监督、行政监督、司法监督以及舆论监督等多元的监督体系。应当承认，当前各类监督的工作机制正在完善之中，各类监督发展不平衡，监督合力有待形成。依法治权要求不断建立健全决策权、执行权、监督权既相互制约又相互协调的权力结构和运行机制，不断增强监督合力和实效。在监督渠道上，党内监督作为党内民主建设的重点有望发挥更大作用，有待形成专门化的监督机制和形式；各级人民代表大会及其常委会依法对本级人民政府和人民法院、人民检察院的监督有待制度化；人民政协的政治协商、民主监督功能与作用有待进一步充分发挥；司法监督未来有望强化权力，提升司法能力，对违法行为实施全面而有力的监督功效；公众和新闻舆论对政府及司法工作的监督渠道有待不断拓宽，以扩大人民有序参与，反映人民利益诉求，表达人民意志，保障人民当家作主。在监督制度上，日益健全质询、问责、经济责任审计、引咎辞职、罢免等制度，保证对国家公务人员的监督更为有力有效。

（三）全面落实依法治国基本方略，加快建设社会主义法治国家

全面落实依法治国基本方略，在观念上就是要树立社会主义法治理念，崇尚宪法法律至上的权威，弘扬法治精神；在行动上就是要认真贯彻、执

行、实施和遵守社会主义法治，严格依法办事。

全面落实依法治国基本方略：一要把社会主义法治建设视为一个系统工程，树立法治全面协调的科学发展观念；二要弱化各个部门主导法治改革的发展模式，强化在党的领导下推进中国法治的整体改革，实现法治的全面协调发展；三要使法治与经济建设、政治建设、文化建设、社会建设相适应，真正成为现代化建设的助推器和保护神；四要以切实保障宪法法律实施为全面落实依法治国基本方略的主要抓手，推动立法完善，促进依法执政和依法行政，带动公正司法和有效护法，引导公民信法守法。

建设社会主义法治国家必须加快而不能滞缓。加快法治国家建设：一要有建设法治国家的发展战略和目标追求，包括不同时期、不同阶段的目标和任务；二要有评价法治国家建设的具体明确可操作的指标体系；三要有建设法治国家、实现法治建设各项目标任务的具体时间表；四要在可能的条件下使建设法治国家的时间尽量提速、提前，以实现加快的目标。加快法治国家建设是有条件的、相对的。这里的加快，既不能脱离现阶段经济社会政治文化发展的水平，也不能脱离法治自身完善发展的主要轨迹和基本规律，更不能脱离亿万人民群众对法治的理解、认同、尊崇和遵守。相对于经济社会变动不居、变迁活跃的发展特点而言，法治具有某种滞后性和保守性，因此加快法治国家建设，一定要从法治发展战略高度把握好其加快的速度，欲速则不达。

（四）坚持科学立法、民主立法，完善中国特色社会主义法律体系

从十一届全国人大2008年3月任期起，在未来5年左右时间里，中国立法面临两项重要任务：一是进一步完善中国特色社会主义法律体系；二是认真落实十一届全国人大常委会的5年立法规划。未来中国立法发展的主要任务，是“完善中国特色社会主义法律体系”。目前中国法律体系进入到“基本形成中国特色社会主义法律体系”阶段；到2010年的目标是“形成中国特色社会主义法律体系”。在此之后的立法任务，就是“完善中国特色社会主义法律体系”。什么才是“完善”的法律体系？它应当具有以下特征：一是经济、政治、文化和社会生活的各个方面都有法可依；二是各类法律从精神到原则再到具体内容统一、协调、可行，将矛盾、冲突和漏洞减少到最低限度；三是无论法典还是单行法从形式到内容，各得其所；四是对过时、落后和冲突矛盾的法律能够及时发现，及时修改补充，做到法律变动与形势发展同步。

对照中国现行法律体系，在许多方面还存在明显缺陷。一是中国在一些基本的方面还存在无法可依的情形。比如，需要尽快制定粮食法、循环经济促进法、食品安全法、农村土地承包纠纷仲裁法等。二是完善社会主义市场经济体制迫切需要的侵权责任法、涉外民事关系法律适用法、企业国有资产法、促进经济社会协调发展和城乡协调发展及东中西部协调发展需要的财政转移支付法、西部开发促进法、完善社会保障和社会救济体制需要的社会保险法、社会救济法，以及进一步转变政府职能、规范行政行为、提高行政效率需要的行政收费法、行政强制法、行政程序法、政务信息公开法等，都还没有制定出来。三是随着社会进步和科技发展，一些新领域如与网络有关的一系列法律规范，在法律层面还存在空白。四是由于人权原则入宪以及人民民主的不断扩大，一些基本法律也需要进行修改补充，比如刑事诉讼法、行政诉讼法、选举法、全国人大组织法、国家赔偿法等，都陆续暴露出不少缺陷和不足，亟须进行完善。

因此，中国特色社会主义法律体系在2007年已经基本形成以后，应当抓紧制定在法律体系中起支架作用的法律，及时修改与经济社会发展不相适应的法律规定，督促有关方面尽快制定和修改与法律相配套的法规，确保到2010年形成中国特色社会主义法律体系，努力从制度上消除部门立法的弊端，稳定立法数量，提高立法质量，完善立法程序，改进立法技术，优化立法结构，进一步完善中国特色社会主义法律体系。首先，应当完善公民基本权利和自由、国家组织机构设置和中央与地方关系等方面的法律制度；完善维护社会公平，加强社会管理、社会保障和公共事业方面的法律制度；完善生态环境保护、税收调节、公共财政等方面的法律制度，促进经济社会全面协调可持续发展；完善各个法律部门、起支架作用的法律、实施性法规规章、立法技术。其次，根据改革发展进程，认真落实并及时完善立法规划。同时进一步增强立法的民主性、科学性和全局性，从源头上预防立法中的部门保护主义、地方保护主义。第三，提高立法透明度，扩大公众的立法参与。第四，建立立法机关评估、执法机关评估、专家学者评估、社会公众评估相结合的立法后评估机制，适时完善、修改相关法律法规，确保立法的适应性。

2008年10月，十一届全国人大常委会出台了5年立法规划，规划制定或者修改64件法律。64件法律分为两类。其中，列为一类项目，任期内提请审议的法律草案49件；列为二类项目，研究起草、条件成熟时安排审议的法律草案15件。

（五）进一步加强宪法和法律实施，维护社会主义法治的统一尊严和权威

经过60年的法治建设，我们已基本形成了中国特色社会主义法律体系，无法可依的问题已基本解决。现在中国法治建设的主要矛盾，是宪法法律实施不好的问题，主要表现为比较严重存在的有法不依、执法不严、违法不究。

据中国法学网的一项统计调查显示，中国法律实施状况令人堪忧。我们认为，未来应当把解决宪法法律有效实施问题作为未来法治建设的重点，法治建设工作应当从过去的“以立法为中心”尽快转向“立法与宪法法律实施”同步推进、法治体系协调发展上来。立法对于法治建设固然十分重要，但是，“一旦法治变成了立法者之治，那么这就为‘以法律之名’进行压制打开了大门”。[①] 为了实现法治、尤其是立法与法律实施协调科学发展，一要着力消除立法中的部门保护主义，保证立法的公开、公正，防止和消除“立法腐败”。二要消除司法中存在的地方保护主义，决不能使人民检察院、人民法院沦为地方保护主义的工具，更不能使它们成为为地方利益服务的“地方的检察院”、“地方的法院”，切实解决执行难的问题。三要努力从社会主义宪政制度上解决宪法法律监督问题，进一步加强全国人大常委会解释宪法和监督宪法实施的工作。

（六）全面推进依法行政，深化司法体制改革

推进依法行政、建设法治政府应当着力解决以下问题：（1）改革与完善中国的行政组织法治，合理确立行政管理职能，优化政府机构设置和管理体制合理界定政府职责范围，在履行好经济调节和市场监管职能的同时，加强社会管理和公共服务职能，建设服务型政府，防止政府职能“越位”、“错位”和“缺位”。（2）合理划分行政管理权限，理顺垂直部门与地方政府的关系，减少行政管理层次，推进行政管理体制改革。（3）进一步推进政企分开，改变一些垄断行业中政企不分的情况，明确和强化国有垄断企业的社会责任，加强政府对垄断行业的法律监管。（4）推进综合行政执法，纠正“自费”执法现象，合并行政执法机关，改变多头执法、重复执法问题。（5）严格行政执法程序，落实政府信息公开条例，全面推行政务公开，

---

① 转引自［英］弗里德利希·冯·哈耶克著，邓正来等译《法律、立法与自由》（第二、三卷），中国大百科全书出版社2000年版，第329页。

行政执法的依据、过程、结果都要公开。（6）控制行政执法机关的自由裁量权，建立裁量基准制度，对法律法规赋予行政机关的行政裁量权进行细化并予以公布，防止自由裁量权的滥用。（7）加强行政执法监督，扩大行政诉讼的受案范围，赋予法院审查行政规范性文件合法性的权力。

深化司法体制改革的基本思路是：（1）运用科学发展、和谐建设的理论来确立司法科学发展的思路，把深化司法体制改革的设计，纳入司法建设和司法发展的大格局之中，以“司法建设”作为司法权、司法体制和司法机关未来发展的主线和主题词，以深化司法体制改革作为实现司法建设的手段和途径之一。（2）根据科学发展、和谐建设的理论，把司法建设融入全面落实依法治国基本方略的大战略之中，形成依法执政、民主立法、依法行政、建设司法、强化护法、倡导守法的依法治国新局面；把深化司法体制改革纳入中国法治整体改革的大视野中，统筹考虑，全面规划，协调推进，实现司法建设及其司法体制改革的科学发展。（3）认真总结过去10年司法（体制）改革的经验教训，客观评估司法（体制）改革的利弊得失，在这个基础上，根据十七大报告精神和对司法工作的要求，深入研究中国特色社会主义司法权、司法制度和司法建设的理论，科学论证设计深化司法体制改革的实施规划，优化司法职权配置，规范司法行为，建设公正高效权威的社会主义司法制度，保证审判机关、检察机关依法独立公正地行使审判权、检察权。应当充分发挥党委在遏止司法权地方化、行政化和防治司法腐败中的领导监督作用。支持司法机关依法独立行使职权，改变司法机关向党委领导请示报告个案的做法，禁止任何组织和个人非法干预依法办案。适应“公检法”三机关在诉讼活动中相互配合、相互制约的需要，保持“公检法”三长在党内地位的适当平衡，避免法定制约机制失灵。

（七）深化法治宣传教育，弘扬法治精神，树立社会主义法治理念

法治宣传教育应当做好以下几个方面的紧密结合：（1）把法治宣传教育与走中国特色社会主义道路、全面贯彻科学发展观、深化改革开放紧密结合起来，充分发挥法治宣传教育在开创中国特色社会主义新局面中的重要作用；（2）把法治宣传教育与中国特色社会主义民主政治建设、尊重保障人权紧密结合起来，通过依法推进民主政治建设和深化政治体制改革，广泛传播社会主义法治理念，通过依法维护公民的权利、保证人民当家作主，树立社会主义法治权威；（3）把法治宣传教育与全面落实依法治国基本方略紧密结合起来，深入开展法治宣传教育，弘扬法治精神，培植法治文化，为全

面推进依法治国提供良好的文化观念范围；（4）把法治宣传教育与公民意识教育紧密结合起来，把树立社会主义法治理念与树立社会主义民主法治、自由平等、公平正义理念紧密结合起来。加强公民意识教育，一方面向公民灌输社会主义民主法治理念、法治精神、法律意识，另一方面向全社会传播法治文化、弘扬法治精神。

（八）坚持以人为本，进一步尊重保障人权

十一届三中全会以来，坚持解放思想，实事求是的思想路线，坚持实行改革开放的方针，中国特色社会主义事业和人权法治保障均达到了前所未有的水平。尽管如此，我们绝不能自满，更不能停步不前。这不仅是因为时代发展会就人权保障向我们提出新的要求，就是法律现在已规定的权利仍有许多尚待实现，同时，国际人权保障也将不断对我国提出殷切希望。我们必须继续前进。党的十七报告全面阐释了建设中国特色社会主义的方针，是中国人权建设的新宣示。只要坚持以人为本的科学发展观，在思想理论上加深对人权重要性的认识，在新的起点上继续努力奋斗，就会使13亿中国人的人权保障达到更高水平，从而为国际人权保障事业作出更大贡献。

尊重和保障人权是社会主义的本质要求，应当予以高度重视。一是应当把宪法宣示的各项基本权利法律化，全面完善人权保障的各项法律规定和制度；二是加强对《公民权利与政治权利国际公约》的研究工作，在充分准备的基础上加快审议批准这个公约；三是进一步修改刑法，大幅度减少死刑的刑种；四是抓紧修改刑事诉讼法和行政诉讼法，使之能够适应尊重保障人权与和谐社会建设的需要；五是进一步加强对公民的经济、社会和文化权利保障，着力解决“上学难”、“看病难”、“住房难”、“两极分化”、“贫富不均”等老大难问题，着力保障社会弱势群体的权利；六是认真实施《国家人权行动计划》。

第二章　中国共产党领导法治建设60年

蒋熙辉*

2009年，是新中国成立60周年，是中国共产党执政60年，也是中国共产党建党88周年。中国的民主法治建设取得了举世瞩目的成就，如同中国的经济社会高速发展已经成为发展的奇迹和典范，法治建设也成为中国特色社会主义道路的标志之一。作为长期执政的执政党，中国共产党善于学习，善于适应经济社会发展推动治理转型，不断加强和改善对法治建设的领导，才推动法治建设的巨大发展。党领导法治建设60年遵循马克思主义法律思想中国化的历史轨迹，适应中国的具体国情，最终走出一条中国特色的社会主义法治道路。

我们尝试将建国60年来党领导法治建设的理论与实践简略地分为四个时期：即新中国成立初期的除旧布新、百废待兴，重视政策之治时期的法律虚无、万马齐喑，改革开放时期的法治重逢春天，十六大之后的科学发展与和谐法治。我们希冀从变迁中寻找规律、从发展中获取经验，为党依法执政和领导法治建设提供参考。

一、新中国成立初期的积极探索

新中国成立初期，包括法治建设在内的一切都有待于除旧布新。这是一个百废待兴的时期。在新中国成立之后，以毛泽东为核心的第一代中央领导集体迅速从革命者的角色向建设者的角色转变，开始了治理国家的积极探索。在新中国成立初期的法律探索中，党通过废除六法全书破除了旧法统，直接领导通过了《共同纲领》，制定了1954年宪法，为新中国的政权建设奠定了宪政基础，给予了充分的法律保障。

（一）共同纲领的制定

1949年9月21日，在中国共产党的召集下，中国人民政治协商会议第一

---

* 中国社会科学院法学研究所副研究员，法学博士。

届全体会议宣告新民主主义革命在全国的胜利。会议代行全国人民代表大会职权，通过《共同纲领》和《中央人民政府组织法》。《共同纲领》被视为新中国成立初期的临时性宪法。自此，中国共产党领导下的政权得以建立。《共同纲领》确认了共产党的执政基础，为新的政权的建立奠定了基石。根据《共同纲领》，1949年10月1日中央人民政府委员会举行第一次会议，一致决议接受中国人民政治协商会议共同纲领为施政方针，选举沈钧儒为中央人民政府最高人民法院院长，罗荣桓为中央人民政府最高人民检察署检察长。

中国从半殖民地半封建社会进入新民主主义社会，开始向社会主义社会过渡。

过渡时期内，中国共产党适应形势发展需要和人民呼声制定婚姻法、土地改革法，开展“三反运动”、“五反斗争”，通过《惩治反革命条例》、《公私合营工业企业暂行条例》。

表2-1　过渡时期法制建设大事

时间	事件	部门	内容及意义
1950年4月13日	通过《中华人民共和国婚姻法》	中央人民政府	实行男女婚姻自由、保护妇女和子女的合法利益，扫除我国封建旧传统，实现妇女解放。
1950年6月28日	通过《中华人民共和国土地改革法》	中央人民政府	废除地主阶级封建剥削的土地所有制，实行农民的土地所有制，解放农村生产力，发展农业生产，为新中国的工业化开辟道路。
1950年6月29日	颁布《中华人民共和国工会法》	中央人民政府	肯定工会作用，维护工人切身利益。
1951年2月21日	颁布《中华人民共和国惩治反革命条例》	中央人民政府	规定处理反革命案件的原则和方法，使镇压反革命斗争有了法律武器和量刑标准，推动了运动的广泛深入发展。
1951年12月1日	发布《关于实行精兵简政、增产节约、反对贪污、反对浪费和反对官僚主义的决定》	中共中央	反贪污、反浪费、反官僚主义。
1952年1月26日	发布《关于在城市中限期展开大规模的坚决彻底的“五反”斗争的指示》	中共中央	反对行贿、反对偷税漏税、反对盗骗国家财产、反对偷工减料和反对盗窃经济情报。
1952年3月11日	颁布《关于处理贪污、浪费及克服官僚主义错误的若干规定》	中央人民政府政务院	根据“严肃与宽大相结合、改造与惩治相结合”的方针，规定了对贪污分子和违法工商业者的处理办法。

续表

时间	事件	部门	内容及意义
1952年3月28日	颁布《中华人民共和国惩治贪污条例》	中央人民政府政务院	根据“严肃与宽大相结合、改造与惩治相结合”的方针，规定了对贪污分子和违法工商业者的处理办法。
1953年1月5日	发布《关于反对官僚主义、反对命令主义和反对违法乱纪的指示》	中共中央	结合整党、建党及其他工作，从处理人民来信入手，检查一次官僚主义、命令主义和违法乱纪分子的情况，并向他们展开坚决的斗争。
1954年9月2日	通过《公私合营工业企业暂行条例》	中央人民政府政务院	对资本主义企业实行公私合营，应当根据国家的需要、企业改造的可能和资本家的自愿。

（二）1954年宪法的制定

1954年9月党领导召开的第一次全国人民代表大会制定了中华人民共和国宪法。史称“1954年宪法”。1954年宪法分为五大部分：序言，第一章总纲，第二章国家机构，第三章公民的基本权利和义务，第四章国旗、国徽、首都。1954年宪法为我们建设新中国奠定了社会主义的宪政基石。[①] 1954年宪法为我们制定1975宪法、1978宪法和1982宪法时继续参考。

回顾1954年宪法的制定过程，与中国共产党的领导密不可分：1952年，第一届政协任期届满。当时的政权建设必须面临选择：一是继续以政协会议代替全国人民代表大会作为权力机关，一是立即选举人大代表召开第一届全国人民代表大会。1952年12月1日，中共中央下发通知准备制定宪法。随后，周恩来受中央委托向全国政协提议起草宪法，政协接受了该提议，并向中央人民政府提出建议。1953年1月13日，中央人民政府成立宪法起草委员会，委员有毛泽东、宋庆龄、李济深等33人，包括了当时大陆所有的政治党派。为推动1954年宪法的制定，中央成立了宪法起草小组，成员四人：毛泽东、陈伯达、胡乔木、田家英。1953年12月27日，宪法起草小组集中到杭州西湖刘庄开展工作。1954年9月15日至28日，第一届全国人民代表大会第一次会议举行。刘少奇作《关于中华人民共和国宪法草案的报告》。大会通过了我国第一部社会主义类型的宪法——《中华人民

① 1954年9月20日，中华人民共和国第一届全国人民代表大会第一次会议，出席的1197名代表对《中华人民共和国宪法（草案）》进行投票表决：赞成1197票。新中国的第一部宪法以全票赞成的结果诞生。

共和国宪法》。1954年宪法为发扬社会主义民主和建立社会主义法制奠定了初步基础。

（三）废除六法全书

六法全书是国民党统治时期适用的法律，为维护国民党当时的反动统治而存在，刚刚成立的新中国必然要以废除六法全书为前提。中共中央提出在无产阶级领导的工农联盟为主体的人民民主专政的政权下，应该废除国民党的六法全书，司法工作应该以人民的新的法律作依据。在人民新的法律还没有系统地发布以前，应该以共产党政策以及人民政府与人民解放军所已发布的各种纲领、法律、条例、决议作依据。废除六法全书为破除旧法统、建立新法统奠定了基础。

《中共中央关于废除国民党的六法全书与确定解放区的司法原则的指示》(节选)

在无产阶级领导的工农联盟为主体的人民民主专政的政权下，国民党的六法全书应该废除，人民的司法工作不能再以国民党的六法全书为依据，而应该以人民的新的法律作依据。在人民新的法律还没有系统地发布以前，应该以共产党政策以及人民政府与人民解放军所已发布的各种纲领、法律、条例、决议作依据。目前在人民的法律还不完备的情况下，司法机关的办事原则应是：有纲领、法律、命令、条例、决议规定者，从纲领、法律、命令、条例、决议之规定；无纲领、法律、命令、条例、决议规定者，从新民主主义的政策。同时司法机关应该经常以蔑视和批判六法全书及国民党其他一切反动的法律、法令的精神，以蔑视和批判欧美日本资本主义国家一切反人民法律、法令的精神，以学习和掌握马列主义——毛泽东思想的国家观、法律观及新民主主义的政策、纲领、法律、命令、条例、决议的办法来教育和改造司法干部。

（四）八大的法律探索

1956年9月15日至27日召开的八大是在我国社会主义改造基本完成，党面临着新的形势和任务的情况下召开的。八大总结了过渡时期的经验，认为社会主义制度在我国已经基本建立，当时国内主要矛盾是人民对于经济文化迅速发展的需要同当前经济文化不能满足人民需要的状况之间的矛盾。全国人民的根本任务是在新的生产关系下保护和发展生产力。八大提出要逐步系统地制定完备的法律，健全社会主义法制。历史地看，中共八大的路线是正确的，对当时国内的经济社会发展的经验总结是科学的，路线方针也是正确的，但可惜的是，之后的政治运动接二连三地干扰了八大的路线方针的实施和执行。八大之后，党在法制建设方面的艰难探索继续进行。为加强对政法工作的领导，1958年6月10日中央发出《关于成立财经、政法、外事、科学、文教小组的通知》。通知指出，党中央成立财经、政法、外事、科学、文教小组，直属中央政治局和书记处，其中政法小组组长为彭真。

（五）简短的分析与评价

从新中国成立初期党领导的法制建设来看，凸显党对全局的掌控，凸显党对法制建设的高度重视，注重破旧立新，注重“打破旧世界，建立新世界”。党在新中国成立初期领导法制建设呈现如下特点：

第一，强调法律的阶级性，而忽视法律的继承性。中共中央发布《关于废除国民党的六法全书与确定解放区的司法原则的指示》，领导全国各党派各民族制定《中国人民政治协商会议共同纲领》。对旧的法权必须废除，这是一个新的政权必须做的事情。但是，法律是一门科学，具有自身的相对独立的科学体系。法律具有阶级性，但不能忽视法制的继承性。

第二，党领导人民搞法制建设，重视法制建设的理论和实践，重视把马克思主义法律思想运用到中国来解决人民集中关注的问题。比如，1950年3月3日，中央人民政府委员会适应婚姻制度改革的需要颁布《婚姻法》；[①] 1950年6月28日，中央人民政府委员会第八次会议通过《土地改革法》；1951年2月20日，适应镇反运动的需要发布《惩治反革命条例》，在“三反”运动中查处一批党的领导干部严重贪污盗窃国家资财案件，最为典型的如刘青山、张子善案件。

第三，法制建设具有高度的政治性。1951年2月21日，为推动镇反运动，中央人民政府公布《中华人民共和国惩治反革命条例》。条例根据党的镇压与宽大相结合的政策规定处理反革命案件的原则和方法，使镇压反革命斗争有了法律武器和量刑标准。董必武曾经回忆：土地改革法、惩治反革命条例、惩治贪污条例是从群众运动中产生的，都是在群众运动中总结了群众斗争的经验才制定出来的。[②] 党为加强对政法工作的领导，还于1958年专门成立政法小组，指定彭真负责小组工作。

---

① 这是新中国成立后颁布的第一部成文法。我们在研究新中国成立60年法治建设史时发现，婚姻制度的变迁是连续的，没有受到政治运动的影响。这与传统中国重视婚姻家庭有关，也与婚姻制度变迁与政治运动相对距离较远有关。

② 董必武：《论社会主义民主和法制》，人民出版社1979年版，第151—152页。

第四，法制草创时期的临时性。新中国成立初期出台许多法律，一般的程序是中共中央准备开展某项运动，作出指示，发布原则，然后由中央人民政府制定法律（后期是中央人民政府政务院），有的甚至没有相关的法律，直接适用或参照适用党的政策。建国初期的最高权力机关——人民政治协商会议在通过共同纲领和中央人民政府组织法之后就基本退场，没有继续履行立法职能。而在1954年第一届全国人大召开以后，到1957年的三年时间内，全国人民代表大会及其常务委员会、国务院及其各部委，共制定规范性法律文件700余件。这些法律文件，多为条例、单行法规，许多基本法都在研究制定之中。当时的法律和法令基本上是临时性的、纲领性的，而在没有法律的情况下，党更多地运用政策直接动员社会力量来处理和解决国家生活和社会生活中的基本的重大的问题。①

第五，重视法学教育与法学研究。当时全国面临解放，缺乏治理人才，旧秩序已经打破，新的秩序正在形成。党高度强调人民群众守法的重要性，并强烈呼吁重视法学教育和法学研究。正是在党的领导和倡议下，各高等院校纷纷建立法律院系来加强法学研究和教育，培养新中国自己的法律人才，1958年应中央的要求，中国科学院哲学社会科学学部建立唯一的国家级的法学研究机构——法学研究所，后来发展为中国社会科学院法学研究所。

我们必须认识到，以毛泽东为首的中共第一代领导集体提出人民民主专政，他们对法治的认知停留在法制的阶段，更多地将法律作为工具来看待，认为法律具有阶级专政功能，是对国内阶级敌人实行专政的工具。限于当时高度集中的计划体制和领导人的认识，法律多被视为工具，范围和效果并不理想。中共第一代领导集体选择人治，既有他们从革命战争年代过来带来的主观上的政策依赖性，也有当时客观环境的决定因素。

二、法治式微期的艰难探索

1956年党的八大之后，执政党的治理思想发生偏离，更为重视政治运动。这是新中国建立以来的法治式微期，可以说是法律虚无、万马齐喑。这一时期，已经启动的立法工作被迫停顿，已经制定的法律不能得到真正的实施，法制部门被“砸烂”甚至被撤销，法学教育被停止、法律研究人员受到批判，法治受到彻底的排挤。

① 石泰峰、张恒山：《论中国共产党依法执政》，《中国社会科学》2003年第1期。

（一）《公安六条》的出台

始自1966年的“文化大革命”对新中国的法制建设造成巨大的破坏。全国人大被中央文革小组无限期停止活动长达10年，已经启动的刑法、刑事诉讼法立法都被迫无限期停止。这对于一个正处于襁褓中的新中国法制建设是致命的，政策代替法律、党的机关代替立法司法部门直接立法、司法。这一时期，权力机关的立法不能出台，而1967年1月13日中共中央、国务院错误地颁布《关于在无产阶级文化大革命中加强公安工作的若干规定》（简称《公安六条》），规定凡是“攻击诬蔑伟大领袖毛主席和他的亲密战友林彪同志的，都是现行反革命行为，应当依法惩办”。实际上，《公安六条》在“文化大革命”时期被广泛应用，扩展到凡对江青、康生、陈伯达一伙略有不满者，它实际上是这样一个非常时期的定罪条例，成为打击政敌、迫害无辜的党内斗争的工具，也成为“文化大革命”中大量冤、假、错案的重要原因之一。

（二）法律专门机构的破坏

这一时期，法律专门机构受到破坏，不能履行职能。司法部、监察部被撤销，公检法机关被砸烂。1959年4月18日至28日，第二届全国人民代表大会第一次会议通过《关于撤销司法部、监察部的决议》。1967年8月7日，谢富治发表讲话，提出“砸烂公检法”的荒谬主张，致使在公检法部门工作的广大干部受到残酷迫害。破坏法律专门机构意味着法律建设中组织和队伍建设的停顿，这是法治式微的另外一个表征。

（三）1975年修宪与1978年修宪

1954年宪法的颁行为新中国的政权建设和各项国家基本制度确定了基础和框架。实践证明，这是一部好宪法。为适应“文化大革命”的需要，1954年宪法的修订提上日程。1970年3月17日至20日，中共中央召开工作会议讨论召开四届人大和修改宪法问题。1975年1月13日至17日，第四届全国人民代表大会第一次会议通过该部宪法，继承了1954年宪法的精神，但因为当时尚处于“文化大革命”时期，1975年宪法肯定了“文化大革命”中的非法专横。尽管“文化大革命”在1976年已经结束，但1978年的修宪仍然遗留有当时的阴影，比如确认了四大自由，直到1982年制定宪法时才得以清除。

（四）简短的评价和分析

在法治式微的这段时期，与当时政治运动高涨有关，法律虚无主义盛行。1957年春夏之交，反右斗争开始。党和国家最高领导人的法律理念开始出现偏差。毛泽东1958年指出：不能靠法律治多数人。民法刑法那么多条谁记得了。宪法是我参加制定的，我也记不得。我们的各种规章制度，大多数、90%是司局搞的，我们基本上不靠那些，主要靠决议，开会，一年搞四次，不靠民法、刑法来维持秩序。人民代表大会、国务院开会有他们那一套，我们还是靠我们那一套。刘少奇明确地谈到：到底是法治还是人治？看来实际靠人，法律只是作为办事的参考。

历史是一个时间更迭的过程。对于执政规律需要一代一代人的不断认识和总结。第一代党的领导人更多地主张采取人治的方法，这种错误的法律理念直接导致了随后法治式微的一系列严重后果：立法废弛、司法体制和司法程序破坏殆尽。如何认识这一阶段的法治式微的教训，1980年的《关于建国以来党的若干历史问题的决议》可以为鉴：

> 在我国，在人民民主专政的国家政权建立以后，尤其是社会主义改造基本完成、剥削阶级作为阶级已经消灭以后，虽然社会主义革命的任务还没有最后完成，但是革命的内容和方法已经同过去根本不同。对于党和国家肌体中确实存在的某些阴暗面，当然需要作出恰当的估计并运用符合宪法、法律和党章的正确措施加以解决，但决不应该采取“文化大革命”的理论和方法。在社会主义条件下进行所谓“一个阶级推翻一个阶级”的政治大革命，既没有经济基础，也没有政治基础。它必然提不出任何建设性的纲领，而只能造成严重的混乱、破坏和倒退。（《关于建国以来党的若干历史问题的决议》）

执政时期与革命时期不同，打江山与坐江山的规律不一样，不能靠革命时期的经验性认识来解决建设时期的新的问题。这一时期，党对法治建设的忽视既有革命时期对政策的习惯性依赖的必然性，也有领导人注意力的改变的偶然性。这一时期，党领导法治建设也有一定的小的发展，比如1971年10月25日，第二十六届联合国大会决议恢复中华人民共和国在联合国的一切合法权利。这是党领导下我国在国际法治建设方面的一个重大进展；1975年3月17日，第四届全国人民代表大会常委会举行第二次会议，决定对全部在押战争罪犯实行特赦释放，并给予公民权。这些法治进步与同一时期的法治倒退来说，完全不能相比，法治式微期间造成的法治破坏需要之后几十年来恢复和重建。

三、改革开放时期的法治探索

十一届三中全会之后，中国的民主法治建设迎来了新的春天，党领导法治建设渐渐走出一条中国特色的社会主义法治道路。十一届三中全会的召开、“两案”审判、1982年宪法制定、市场经济法律制度建立、依法治国基本方略确立、党的领导与法治建设、法治与德治兼顾、司法体制改革都是在党的领导下推动和发展的。

（一）十一届三中全会前后的法治认识

十一届三中全会的前奏是1978年12月召开的中央工作会议。邓小平在闭幕式上作《解放思想，实事求是，团结一致向前看》的重要讲话。邓小平指出：第一，必须坚决保障宪法和党章规定的公民权利、党员权利，任何人不得侵犯；第二，为了保障人民民主，必须加强法制，必须使民主制度化、法律化，使这种制度和法律不因领导人的改变而改变，不因领导人的看法和注意力的改变而改变。第三，首次概括社会主义法制建设的16字方针——有法可依，有法必依，执法必严，违法必究。这为1978年12月18—22日召开的党的十一届三中全会做好了充分的准备。三中全会公报明确指出：“为了保障人民民主，必须加强社会主义法制。”中国共产党是一个善于学习和反思的政党。正是基于对“文化大革命”的深刻反思，才有后来的第二代中央领导集体对民主法治的高度重视，才有对制度建设作为长期性、根本性和全局性问题的刻骨铭心的体会和认识。到1979年9月25日至28日召开的中共十一届四中全会，党明确地提出：改革和完善社会主义经济制度和政治制度，发展高度的社会主义民主和完备的社会主义法制。

（二）两案审判与法治重建

刚刚经历“文化大革命”洗礼的中国共产党面临的是解放思想，实事求是，更要面对的是如何处理林彪、“四人帮”留下的混乱局面，处理“四人帮”的违法犯罪和“文化大革命”期间形成的冤假错案。1980年，在中共中央的领导下，根据最高人民检察院和最高人民法院的建议，全国人大常委会决定成立最高人民检察院特别检察厅和最高人民法院特别法庭，对林彪、江青两个反革命集团案公开进行审判，依法开庭审判林彪、江青反革命集团。林彪、江青反革命集团案的公开审判（“两案”审判）是改革开放之初的重大事件，也对当时的民主法治提出了严峻的挑战。“两案”审判在中央直接领导下进行，“两案”的成功审判是人民的伟大胜利、民主和法制的伟大胜利、社会主义的伟大胜利。[①] 法治重建必须面对的是“文化大革命”期间造成的大量无辜者被迫害、冤假错案成堆累积的局面，面对的是当时有法不依、无法可依的局面，面对的是司法机关或被撤并，或实际不能发挥作用的局面。

在党中央领导下，冤假错案平反昭雪工作迅速开展。根据1979年12月31日中央批转最高人民法院党组的《关于善始善终地完成复查纠正冤假错案工作几个问题的请示报告》：1967年至1976年10年中的案件，已复查24.1万余件，约占总数的83%，纠正冤、假、错案13.13万余件，约占复查的54%。因反对林彪、“四人帮”和为邓小平受诬陷鸣不平而被判刑的案件，已复查结束，做了纠正。同时复查了普通刑事案件50.7万余件，纠正冤、假、错案3.58万余件，占已复查总数的7%。报告指出：复查任务仍相当繁重。全国还约有4.6万余件反革命案件、50多万件普通刑事案件没有复查。1980年9月22日，中央在批转最高人民法院党组《关于复查纠正“文化大革命”期间错判死刑案件的几点意见的请示报告》中指出：对“文化大革命”期间判处的死刑案件应全部复查，对其中冤杀、错杀的案件，要按照全错全平，部分错部分平的原则，实事求是地予以改判纠正。

启动废弛多年的立法工作是法治重建的必须。1979年6月18日至7月1日，五届全国人大二次会议审议和通过了《中华人民共和国地方各级人民代表大会和地方各级人民政府组织法》、《中华人民共和国全国人民代表大会和地方各级人民代表大会选举法》、《中华人民共和国人民法院组织法》、《中华人民共和国人民检察院组织法》、《中华人民共和国刑法》、《中华人民共和国刑事诉讼法》、《中华人民共和国中外合资经营企业法》等七部重要的法律。同年9月9日，中共中央以中发［1979］64号文件发出《中共中央关于坚决保证刑法、刑事诉讼法切实实施的指示》中明确指出，两法“能否严格执行，是衡量我国是否实行社会主义法治的重要标志”。这一历史性重要文件，第一次在党内提出了“社会主义法治”的概念。1986年全国人大制定《民法通则》，为民商事行为规定基本的法律制度。

恢复和设置相应的法制机构是法治重建的组织保障。1978年5月24

---

① 特约评论员文章：《社会主义民主和法制的里程碑——评审判林彪、江青反革命集团》，《人民日报》1980年12月22日。

日，中共中央发出通知，根据宪法规定，重新设置人民检察院，与公安机关、人民法院互相配合，又相互制约，同各种违法乱纪行为作斗争。1979年9月，五届全国人大常委会第十一次会议决定重建司法部。同年底，律师工作恢复。1979年2月17日至23日，第五届全国人大常委会第六次会议决定设立人大常委会法制委员会，并通过了以彭真为主任的法制委员会组成人选。为加强党对法制建设工作的领导，1980年1月24日，中共中央发出《关于成立中央政法委员会的通知》。中央政法委员会的职能是：在中央领导下研究处理全国政法工作中的重大问题。中央决定：彭真、黄火青、江华、赵苍璧、程子华、魏文伯、武新宇、黄玉昆、刘复之为中央政法委员会委员；彭真任书记，刘复之任秘书长。

（三）1982年宪法制定

1980年8月18日，邓小平在中央政治局扩大会议上作题为《党和国家领导制度的改革》的讲话，提出中央正考虑向五届全国人大三次会议提出修改宪法的建议。之所以在1978年之后迅速再次启动宪法修改，是因为1978年宪法受到“文化大革命”时期的重大影响，不能够指导改革开放时期的国家经济社会建设。[①] 1982年，党的十二大首次将“党必须在宪法和法律范围内活动”的原则写入党章。五届人大常委会第二十三次会议决定公布《中华人民共和国宪法修改草案》，交付全国各族人民讨论。五届全国人大五次会议审议并通过宪法修改草案报告和新修改的《中华人民共和国宪法》，并通过《中华人民共和国全国人民代表大会组织法》、《中华人民共和国国务院组织法》等法律。1982年宪法规定和阐明了我国的人民民主专政制度、社会主义经济制度、社会主义精神文明建设、国家机构、国家的统一和人民的团结、独立自主的对外政策等。1982年宪法明确规定：“一切国家机关和武装力量、各政党和各社会团体、各企业事业组织，都必须遵守宪法和法律。一切违反宪法和法律行为，必须予以追究。”“任何组织或者个人都不得有超越宪法和法律的特权”。直至今日，宪法经过1988年、1993年、1999年和2004年数次修改，仍然在基本制度、基本框架上维持1982年宪

---

① 1982年4月22日至5月4日，五届全国人大常委会第二十三次会议上，彭真受叶剑英委托在会上作《关于中华人民共和国宪法修改草案的说明》，指出：1975年和1978年的两部宪法限于当时的历史条件，都很不完善。在1978年底举行的党的十一届三中全会以后，国家形势已经有了很大变化和发展，1978年的宪法已经不能适应当前情况的需要，因此需要进行较大的修改。

法的基本精神。作为治国安邦的总章程，1982年宪法规定了国家的基本制度、人民的基本权利义务，为建构中国特色的社会主义法律体系奠定了根本法的基础。

（四）市场经济法律制度建立和完善

党领导全国人民从以阶级斗争为纲转向以经济建设为中心，这是十一届三中全会作出的决定。十一届三中全会后，我国逐渐在经济中融入市场的要素，从最初的有计划的商品经济到商品经济，再到市场经济，认识与实践都有一个较长的发展过程。在经济调控方法上，最初主要运用的是行政命令和政策，逐渐地认识到法律、经济等间接调控方法的弹性和灵活性。1989年11月6日至9日召开的中共十三届五中全会审议并通过《中共中央关于进一步治理整顿和深化改革的决定》，要求进一步深化和完善各项改革措施，逐步建立符合计划经济与市场调节相结合原则的，经济、行政、法律手段综合运用的宏观调控体系。1992年10月党的十四大正式确立我国经济体制改革的目标是实行社会主义市场经济。1993年3月，八届全国人大一次会议通过的宪法修正案规定“国家实行社会主义市场经济”。这标志着我国社会主义市场经济制度得以确立，亟待建立和完善中国特色的社会主义市场经济法律制度体系。

（五）依法治国基本方略的确立

1997年，党的十五大报告指出：“依法治国，就是广大人民群众在党的领导下，依照宪法和法律规定，通过各种途径和形式管理国家事务，管理经济文化事业，管理社会事务，保证国家各项工作都依法进行，逐步实现社会主义民主的制度化、法律化，使这种制度和法律不因领导人改变而改变，不因领导人看法和注意力的改变而改变。”通过向权力机关提出修宪建议，党建议宪法修改增加规定依法治国为治国基本方略。1999年3月15日，九届全国人大二次会议通过《中华人民共和国宪法修正案》，把“中华人民共和国实行依法治国，建设社会主义法治国家”载入宪法第五条第一款。这标志着依法治国作为基本治国方略在我国正式确立，也是保证其长期性和稳定性的需要，是对国家法治建设与发展的一个全面推进。

（六）加强党的领导与法治建设

1982年宪法明确规定：必须在宪法和法律的范围内活动，任何组织或者个人都不得有超越宪法和法律的特权。这是中国共产党对“文化大革命”

时期无法无天、法律虚无痛定思痛之后的睿智选择。从1980年的《关于建国以来党的若干历史问题的决议》中我们可以发现“文化大革命”之后的执政党的心路历程和对法治的珍视：

《决议》分析了法治缺乏权威和法治虚无的状况：

> 中国是一个封建历史很长的国家，我们党对封建主义特别是对封建土地制度和豪绅恶霸进行了最坚决最彻底的斗争，在反封建斗争中养成了优良的民主传统；但是长期封建专制主义在思想政治方面的遗毒仍然不是很容易肃清的，种种历史原因又使我们没有能把党内民主和国家政治社会生活的民主加以制度化，法律化，或者虽然制定了法律，却没有应有的权威。
>
> ——（《关于建国以来党的若干历史问题的决议》）

《决议》严格地把党限定在宪法法律允许的活动范围内，宪法和法律是执政党领导人民制定的，根据法律的普遍性和平等性，自然应当模范地遵守：

> 党在对国家事务和各项经济、文化、社会工作的领导中，必须正确处理党同其他组织的关系，从各方面保证国家权力机关、行政机关、司法机关和各种经济文化组织有效地行使自己的职权，保证工会、共青团、妇联、科协、文联等群众组织主动负责地进行工作。
>
> 党的各级组织同其他社会组织一样，都必须在宪法和法律的范围内活动。
>
> ——（《关于建国以来党的若干历史问题的决议》）

第二代中央领导集体已经确认“党在宪法和法律范围内活动”的原则，但对认识党的领导和法治建设的关系，尤其是党的领导和权力机关建设、司法机关的职能行使需要进一步探索和实践。1990年3月18日，江泽民在参加全国人大、全国政协两会的党员负责同志会议上讲话指出：坚持和完善人民代表大会制度，党的执政是通过党对政权机关的领导来实现的。加强党的领导同发挥国家权力机关的作用是一致的，党要尊重和支持人大依法行使职权。十五大报告提出：“依法治国把坚持党的领导、发扬人民民主和严格依法办事统一起来”；十五届六中全会明确要求“把坚持党的领导同发扬人民民主、严格依法办事、尊重客观规律有机地统一起来”。十六大第一次明确地提出党的领导、人民当家作主和依法治国的有机统一。“三者有机统一”是社会主义政治文明的本质特征，是发展社会主义民主政治、建设社会主义法治国家必须始终坚持的政治方向。

（七）依法治国与以德治国

法律虚无主义与法律万能主义是一种思想的两个极端。法治是一种治理技术，它具有自身的价值，但治国不能仅仅依靠法治。1985年10月23日，邓小平在会见美国高级企业家代表团时强调：对于改革中出现的一些消极现象，我们主要通过两个手段来解决，一个是教育，一个是法律。[①] 1986年3月28日，邓小平会见新西兰总理朗伊时指出："我们现在搞两个文明建设，一是物质文明，一是精神文明。实行开放政策必然会带来一些坏的东西，影响我们的人民。要说有风险，这是最大的风险。我们用法律和教育这两个手段来解决这个问题。"[②] 邓小平的教育与法律手段并用的思想，反映了党对法治局限性的认识，和对道德教育、精神文明建设的重视。

第三代中央领导集体创造性地概括为依法治国与以德治国的兼顾和并用。2000年6月28日，江泽民指出："法治以其权威性和强制手段规范社会成员的行为，德治以其说服力和劝导力提高社会成员的思想认识和道德觉悟。道德规范和法律规范应该互相结合，统一发挥作用。"[③] 2001年1月10日，江泽民在全国宣传部长会议上明确提出"把依法治国与以德治国紧密结合起来"的治国方略。同年7月1日，江泽民在庆祝建党八十周年大会上的讲话中，再次强调："要把依法治国同以德治国结合起来，为社会保持良好的秩序和风尚营造高尚的思想道德基础。"依法治国与以德治国，是对治理转型的升华性认识，把我国传统的治理技术和现代法治水乳交融，与时俱进地把"德"、"法"两种治理手段有机地结合在一起，标志着中国共产党治理技术的成熟，对法治认识的深化。

（八）"严打"与综合治理

没有稳定的政治局面和安定的社会环境，改革开放和经济社会发展都是空谈。改革开放之后，新中国迎来又一次犯罪高峰，社会治安形势严峻。社会治安领域的"严打"和综合治理是在党的领导下直接推动形成的。

邓小平同志1982年针对经济犯罪指出"现在刹这个风，一定要从快从严从

---

① 《邓小平文选》第3卷，人民出版社1993年版，第148页。

② 同上书，第156页。

③ 江泽民：《在全国思想政治工作会议上的讲话》（2000年6月28日）。

重”;[1] 1983年，他针对严重刑事犯罪活动指出：“解决刑事犯罪的问题是长期的斗争，需要做各方面的工作。现在是非常状态，必须依法从重从快集中打击，严才能治住。搞得不痛不痒，不得人心。”[2] 同年，他在和彭真谈话时指出：“刑事案件、恶性案件大幅度增长，这种情况很不得人心。”“主要是下不了手，对犯罪分子打击不严，不快，判得很轻”。“为什么不可以组织一次、二次、三次严厉打击刑事犯罪活动的战役？每个大中城市，都要在三年内组织几次战役”。“我们说过不搞运动，但集中打击严惩刑事犯罪活动还必须发动群众”。[3]邓小平同志高瞻远瞩的社会稳定思想为“严打”的顺利开展确定了基调。

1982年4月13日，中共中央、国务院出台《关于打击经济领域中严重犯罪活动的决定》，要求打击经济领域中的严重犯罪活动，正确掌握政策，严格区分和正确处理两类不同性质的矛盾，坚决不搞群众运动。中纪委派出154名司局级以上干部分赴各地，充实、加强办案力量，直接参与大案要案的调查处理工作。[4] 在这次打击经济发展的斗争中，“严打”渐成雏形，呼之欲出。1983年8月25日，中共中央发出《关于严厉打击刑事犯罪活动的决定》。《决定》指出：严厉打击刑事犯罪活动是政治领域中一场严重的敌我斗争。为迅速扭转社会治安的不正常状况，中共中央决定，以三年为期，组织一次、两次、三次战役，按照依法“从重从快，一网打尽”的精神，对刑事犯罪分子予以坚决打击。由此，开始我国历史上的“严打”斗争。

表2-2　全国性“严打”运动

时　间	内容与重点	效果与意义
1983—1986	中共中央发布《关于严厉打击刑事犯罪活动的决定》，全国人大六届二次会议通过《关于严惩严重危害社会治安的犯罪分子的决定》等4项法律，开展“三年为期，三个战役”的“严打”斗争，主要打击强奸、盗窃、流氓等犯罪团伙。	历时3年半，查获强奸、盗窃、流氓等团伙19.7万个，破获刑事案件164.7万余起。

---

① 《邓小平文选》第2卷，人民出版社1994年版，第403页。

② 《邓小平文选》第3卷，人民出版社1993年版，第34页。

③ 同上书，第33页。

④ 根据中纪委提交的《关于打击经济领域中严重犯罪活动工作的报告》：从1982年1月至1983年4月底，全国已揭露并依据党纪国法立案审查的各类经济犯罪案件共约19.2万多件，案件中涉及党员7.1万多人；现已结案13.1万多件，依法判刑近3万人，在案件所涉及的党员中被开除党籍的8500多人；全国投案自首、坦白交代各种经济违法犯罪问题的共有2.44万人；追缴赃款赃物4.1亿多元。

续表

时　间	内容与重点	效果与意义
1996—1997	八届人大通过《枪支管理法》，严打重点为杀人、抢劫、强奸等严重暴力犯罪、流氓犯罪、涉枪犯罪、毒品犯罪、流氓恶势力犯罪以及黑社会性质的犯罪等严重刑事犯罪。	1996年全国法院共审结刑事案件57万起，比上年上升14.9%，判处严重危害社会治安的犯罪分子32万多人，其中判处5年以上有期徒刑、无期徒刑、死刑（死缓）26万多人。
2001—2003	以打黑除恶为龙头，重点打击三类犯罪：有组织犯罪、带黑社会性质的团伙犯罪和流氓恶势力犯罪；爆炸、杀人、抢劫、绑架等严重暴力犯罪；盗窃等严重影响群众安全的多发性犯罪。	共破获刑事犯罪案件508.7万起，打掉黑社会性质组织629个、恶势力犯罪团伙14768个，成功破获了一批危害严重、影响恶劣的大案要案。

从历次全国性的“严打”来看，短时间内社会治安迅速好转，人们反映良好，但“严打”并非制度化、规范化的与犯罪作斗争的方式，一方面它需要继续规范；另一方面“严打”刑事政策需要反思，需要改进，需要寻找与犯罪作斗争的根本之策。①

1979年11月、1981年5月中旬召开的两次城市治安会议在明确提出“严打”的同时也提出了实现社会治安综合治理的思想，1981年6月14日中共中央以21号文件批转中央政法委《京、津、沪、穗、汉五大城市治安座谈会纪要》，第一次明确提出“综合治理”概念。1982年1月13日，中共中央发出《关于加强政法工作的指示》，要求全党动手，认真落实“综合治理 ”的方针，务使社会风气、社会治安在年内有明显的好转。1989年1月27日，中共中央政治局第十五次全体会议讨论在改革开放的新形势下加强政法工作、稳定社会治安的问题，认为解决社会治安问题，必须动员全社会的力量，通过教育、管理、法治等各种手段，消除危害社会治安的因素，实行综合治理。1990年4月2日，中共中央发出《关于维护社会稳定加强政法工作的通知》要求进行有效的综合治理，决定恢复中央政法委员会。1991年2月19日，中共中央、国务院作出《关于加强社会治安综合治理的决定》。同年3月2日，第七届全国人大常委会第十八次会议通过《全国人大常委会关于加强社会治安综合治理的决定》。为加强对全国社会治安综合治理工作的组织领导，中央决定成立中央社会治安综合治理委员会，作为协助党中央、国务院领导全国社会治安综合治理工作的常设机构，乔石任

① 蒋熙辉等：《刑事政策之反思与改进》，中国社会科学出版社2008年版。

主任。

（九）法制宣传教育

法制宣传教育是法治的重要环节。党一向非常重视法制宣传教育。1986年7月10日，中共中央发出《关于全党必须坚决维护社会主义法制的通知》，强调要提高全党的法制观念，提高全党维护法制的自觉性，认真贯彻落实“一手抓建设，一手抓法制”的思想。1987年1月22日，第六届全国人大常委会第十九次会议通过经中共中央政治局讨论并原则同意的《关于加强法制教育维护安定团结的决定》。自1986年起，中央启动五年普法工作。五年普法工作是党领导下法制宣传教育的全国性的五年规划和部署，每次都有重点，有针对性，多由中共中央、国务院发出共同批转中央宣传部和司法部的规划通知，继而由全国人大常委会通过决议。直至今日，已经成功实施四次五年普法工作，目前正处于五五普法阶段。

中央法制讲座是法制宣传教育领域中央领导集体重视学法用法的率先垂范。1994年12月9日，中共中央根据司法部党组的建议，开始为中央领导同志在中南海举办法律知识讲座。自此之后，中央举办法制讲座开始规范化、制度化。

表2-3　十四大至十六大期间中共中央历次法制讲座

场　次	时　间	学习内容	主讲人
第一次	1994年12月9日	国际商贸法律制度与关贸总协定	曹建明
第二次	1995年1月20日	社会主义市场经济法律制度建设问题	王家福
第三次	1996年2月8日	关于依法治国，建设社会主义法治国家的理论和实践问题	王家福
第四次	1996年12月9日	国际法在国际关系中的作用	卢　松
第五次	1997年5月6日	“一国两制”与香港基本法	吴建璠
第六次	1997年12月23日	科技进步与法制建设	罗玉中
第七次	1998年5月12日	金融安全与法制建设	曹建明
第八次	1998年12月14日	社会保障与法制建设	龙翼飞
第九次	1999年11月26日	依法保障和促进国有企业的改革与发展	王卫国
第十次	1999年6月11日	依法保障和促进农村的改革、发展与稳定	李昌麒
第十一次	2000年9月22日	西部开发与加快中西部发展的法治保障	夏　勇
第十二次	2001年7月11日	运用法律手段保障和促进信息网络健康发展	郑成思

正如江泽民同志1996年2月8日在中央领导同志第三次法律知识讲座上讲话指出：加强社会主义法制建设必须同时从两个方面着手，既要加强立法工作，不断地健全和完善法制；又要加强普法教育，不断地提高干部和群众的遵守法律、依法办事的素质和自觉性。二者缺一不可，任何时候都不可偏废。法制宣传教育在党的领导下，由司法主管部门负责，全国人民广泛参加而渐进推进。

（十）廉政法治建设

作为执政党，中国共产党对反腐败斗争和廉政法治建设向来重视，它将党内的法规建设与国家的廉政法治紧密结合，形成了以中纪委为核心的国家预防腐败局、行政监察部门、人民检察院反贪污贿赂部门各负其责、各司其职的具有中国特色的廉政法治体制机制。

1978年12月，党的十一届三中全会选举产生由陈云等100人组成的中央纪律检查委员会，恢复了党的监察机关的设置。1979年1月4日至22日，中纪委第一次全体会议讨论并拟定了《关于党内政治生活的若干准则（草稿）》；制定并通过了《中共中央纪律检查委员会关于工作任务、职权范围、机构设置的规定》。1988年6月1日，中共中央发出《关于党和国家机关必须保持廉洁的通知》。1997年2月27日，中共中央发布《中国共产党纪律处分条例（试行）》，共三编十三章一百七十二条，对党内各种违纪行为及其处分都作了具体、明确的规定。党的建设与改革开放紧密联系在一起，而反腐败和廉政建设是党的建设的关键一环。历次党的全会、中纪委全会都高度强调腐败问题，指出要从严治党，要高度重视反腐败斗争。

为加强廉政法治建设，在党的领导下，1979年刑法专门规定贪污贿赂等一系列犯罪，并配置最高达到死刑的严厉刑罚，1997年刑法修订更是采取设置贪污贿赂罪一章的方式全面系统地规定腐败犯罪的定罪量刑，体现了重典治贪、高压反腐的决心。在党的领导下，反腐败斗争持续深化，先后处理像陈希同、王宝森等一批党内蜕化变质的人，通过“惩前毖后，治病救人”，教育了一批人，挽救了一批人，为经济社会发展奠定了良好的政治和法治氛围。

（十一）一国两制与基本法

1997年7月1日和1999年12月20日，中国政府分别对香港、澳门恢复行使主权。这是“一国两制”构想的伟大胜利。“一国两制”的成功实施离不开两部基本法的制定和实施，而“一国两制”与基本法的制定都是在党的领导下推动的。

回顾“一国两制”的形成和发展，最初是针对台湾回顾提出的。① 1982年9月24日，邓小平在会见撒切尔夫人时，阐述中国政府对香港问题的基本立场，正式提出要通过“一国两制”来解决香港回归问题。1983年6月26日，邓小平在会见美国新泽西州西东大学杨力宇教授时进一步阐明实现大陆和台湾和平统一的方针政策，建议举行两党平等会谈，实行第三次合作，而不提中央与地方谈判。1984年9月26日，中英两国政府草签关于香港问题的联合声明以及3个附件。②

为实现“一国两制”的伟大构想，1990年4月和1993年3月，我国先后颁布了香港和澳门两个特别行政区基本法。制定基本法的日的在于以国内法的形式将“一国两制”法律化和制度化，以充分保障国家对港澳的基本方针政策的实施。基本法是中国历史的创举，它为“一国两制”的成功奠下稳固的基石，它是两地法律体系的结晶，它的成功代表着“一国两制”的成功。③ 港澳基本法正是根据宪法，按照香港、澳门的具体情况制定的，符合宪法与港澳的基本情况。特别行政区设立后实行的制度、政策和法律，必须以特别行政区基本法为依据。回归10年来，港澳同胞深切感受到“一国”的好处，两种社会制度保持不变，香港澳门实现了持续稳定繁荣，法治和人权保障取得长足的进步，政治民主稳步向前推进。“一国两制”的实践证明，港澳基本法是港澳地区维护稳定秩序、促进繁荣发展的基本法律制度。这一切归因于党在祖国统一问题上的坚定立场和灵活手段。

（十二）简略分析与评价

改革开放之后，我国民主法治迎来了新的春天。第二代中央领导集体在痛思“文化大革命”教训之后，高度重视法制，认为国家没有法制不行，

---

① 1981年9月30日，全国人大常委会委员长叶剑英发表谈话，就关于台湾回归祖国，实现和平统一问题提出九条方针政策，建议举行国共两党对等谈判，实行第三次合作，共同完成祖国统一大业。之后，邓小平在1984年12月19日与外宾谈话时说，叶剑英这九条声明，虽然没有概括为“一国两制”，但实际上就是这个意思。

② 附件一就中国政府对香港的基本方针政策作了具体说明，附件二就中英两国成立关于香港问题的联合联络小组的事宜作了规定，附件三就中英两国将成立土地委员会处理香港土地契约的问题作了规定。

③ 王贵国、梁美芬：《一国两制：从理论到实践》，《太平洋周边国家法律和政策期刊》1998年第2期。

但是，法律作为工具的观念仍然根深蒂固，法治更多地被视为法制，法治观念、法治文化有待进一步提炼和形成。第三代中央领导集体则开创性地继承并发展了邓小平的民主法制理论，从社会主义民主法治建设的实际出发，顺应改革开放和现代化建设的要求，与时俱进地作出“依法治国，建设社会主义法治国家”的新概括、新发展。第三代领导集体确立“依法治国，建设社会主义法治国家”为治国基本方略，并对法治与德治的关系、党的领导与依法治国的关系成功论证并积极探索，极大地丰富了邓小平理论的内容，取得了中国法治建设的巨大进步。

两代中央领导集体高度重视民主法治，推动了我国民主法治建设的大发展和大繁荣。两代中央领导集体的法治贡献主要表现为：

一是推动民主的制度化与法律化。改革开放要求从计划经济向市场经济转变，从教条主义向实事求是转变，从人治向法治转变。1978 年 12 月 13 日，邓小平第一次提出要将民主制度化、法律化，并强调制度是决定性因素，强调要处理好法治与人治的关系。他主张把法制与党的建设结合起来，要求通过整顿党的作风来促进法制建设，通过法制建设来端正党风，特别强调：“国要有国法，党要有党规党法。”[①] 他提出要“从制度上保证党和国家政治生活的民主化、经济管理的民主化、整个社会生活的民主化”。[②] 只有通过法治来规范民主，才能真正推动中国特色的社会主义民主政治建设。

二是确立依法治国为治国基本方略。依法治国作为治国方略在我国的正式确立，是巨大的法治进步。执政党逐渐深化认识，以法治取代人治，以法律替代政策，标志着执政理念、执政文化的巨大飞跃。这是对邓小平民主法制理论的继承、丰富和发展，是社会主义民主法治建设新的里程碑，是我们党领导方式、执政方式、治国方略的重大进步。

三是明确党的领导与依法治国的关系。在坚持“党在宪法和法律范围内活动”的原则的基础上，第三代中央领导集体继续探索权与法的关系、党的领导与依法治国的关系。党领导人民制定宪法和法律，在宪法和法律范围内活动并模范地遵守和执行宪法与法律；依法治国确保党的基本路线和基本方针的贯彻实施，保证党始终发挥总揽全局、协调各方的领导核心作用。党的领导、人民当家作主和依法治国存在有机统一的辩证关系。党的领导是人民当家作主和依法治国的根本保证，人民当家作主是社会主义民主政治的

① 《邓小平文选》第2卷，人民出版社1994年版，第147页。

② 同上书，第336页。

本质要求，依法治国是党领导人民治理国家的基本方略。

四是法治与德治的关系。法治并非万能，它必须与自律构成社会治理的两种手段。法治与德治二者互动，双方相互促进、相辅相成。党提出把依法治国同以德治国相结合，是对新时期党治国理政方式的新发展。① 把属于精神文明的道德建设和属于政治文明的法治建设都放到治理国家基本方略的高度来论述，并强调二者的结合，在我们党的历史上还是第一次，是第三代中央领导集体治国思想的新发展，是对马克思主义国家学说的丰富和贡献。② 治理国家要法治、德治兼顾，既要依靠法律的“他律”，也要依靠道德规范的“自律”。

四、十六大以来的科学发展与和谐法治

十六大以来，中国法治发展突飞猛进：科学发展观的确立与落实、依法执政与执政能力建设、市场经济法律制度的完善，知识产权战略的制定与实施、社会主义法治理念的树立与深化拓展、十七大召开，全面彰显共产党领导下法治建设取得的巨大进步。

（一）科学发展观与法治建设

科学发展观是一种以人为本，全面、协调、可持续的发展观。它是以胡锦涛同志为总书记的中国共产党坚持邓小平理论和“三个代表”重要思想为指导，从新世纪新阶段党和国家事业发展全局出发提出的重大战略思想。科学发展观作为当代中国马克思主义，是与毛泽东思想、邓小平理论和“三个代表”重要思想一脉相承的。

十六届三中全会明确提出坚持以人为本，树立全面、协调、可持续的发展观，促进经济社会和人的全面发展；按照统筹城乡发展、统筹区域发展、统筹经济社会发展、统筹人与自然和谐发展、统筹国内发展和对外开放的要求，推进改革和发展。十六届五中全会提出：“要坚定不移地以科学发展观统领经济社会发展全局，坚持以人为本，转变发展观念，创新发展模式，提高发展质量，把经济社会发展切实转入全面协调可持续发展的轨道。”国务院新闻办公室2008年2月28日发表的《中国的法治建设》白皮书第一次把

① 王胜俊：《加快建设社会主义法治国家》（下），《人民论坛》2008年第1期。

② 郝铁川：《论依法治国与以德治国》，《求是》2001年第6期。

法治建设与科学发展观联系起来，提出“坚持科学发展观，从完善立法、严格执法、公正司法、自觉守法等方面扎实推进，全面落实依法治国基本方略”。牢固树立和全面落实科学发展观，事关党和国家的工作大局，关系到中国特色社会主义现代化建设事业，也是中国法治建设能否继续前进，继续取得成就的关键。

（二）依法执政与提高执政能力

2004年9月，党的十六届四中全会审议通过了《中共中央关于加强党的执政能力建设的决定》，提出科学执政、民主执政、依法执政三大目标。依法执政是党执政转型的三大目标之一，是党在新的历史时期对依法治国理论的进一步探索和深化，是从依法治国出发对党执政转型提出的必然要求，是党执政方式的历史性跨越。依法执政是对依法治国基本方略的丰富和发展，为依法治国基本方略注入了新的活力，拓展了新的发展空间。

根据《决定》的精神，依法执政要求执政党改变领导方式，树立法治观念，推动法治建设：一是加强党对法治建设的领导，包括立法、司法、普法依法治理等，推动党的主张通过法定程序成为国家意志，支持审判机关和检察机关依法独立公正地行使审判权和检察权，在全社会范围内形成尊崇法治、依法办事的观念；二是切实树立社会主义法治理念，坚持在宪法和法律的范围内活动，带头维护宪法和法律的权威，通过法治建立权力的监督制约机制，依法行使权力，依法办事，依法保障公民和法人的合法权益；三是以保障司法公正为目标，逐步推进司法体制机制改革，夯实司法的各项保障，建设公正高效权威的司法制度，促进全社会公平正义的实现。

（三）社会主义市场经济法律制度的完善

党的十六届三中全会作出完善社会主义市场经济体制的决定，提出建成完善的社会主义市场经济体制是我们党在新世纪、新阶段作出的具有重大现实意义和深远历史意义的决策，是对全党新的重大考验。社会主义市场经济法律制度已经初步建立并在不断完善之中。适应市场经济的要求，法治需要进一步发展，才能为构建公平竞争有序的市场规则提供保障。在党的领导下，2007年我国制定反垄断法。反垄断法是保护市场竞争，防止和制止垄断行为，维护市场秩序的重要法律制度，是市场经济国家的基本法律制度。现代世界各国，反垄断法有“经济宪法”之美誉。作为我国维护市场竞争秩序的一部重要法律，反垄断法的出台将对中国未来的经济社会发展产生深远的影响。同年，我国通过物权法。它被视为我国立法民主化、科学化的典范，被视为民生立法的代表，被视为物权观念勃兴和私法精神生长的象征。物权法规定对公有财产和私有财产给予平等保护，保障一切市场主体的平等法律地位和发展权利，基本内容涵盖不动产登记、居民住宅权等方方面面。它的制定与实施对于建立与完善社会主义市场经济法律制度，推进中国经济社会发展、加快建设社会主义法治国家具有重大意义。

（四）社会主义法治理念的树立与深化拓展

社会主义法治理念是以胡锦涛同志为总书记的党中央，从我国社会主义现代化建设事业全局出发，坚持以马克思主义法学理论为指导，以科学发展观为统领，以构建社会主义和谐社会为目标，认真总结中国法治建设实践经验、借鉴世界法治文明优秀成果而作出的一项重大战略决策。[①] 社会主义法治理念的提出，标志着我们党对中国特色社会主义法治，对依法执政和通过法治实现社会和谐认识得更加深刻和全面。树立社会主义法治理念是法治发展经验的总结，也是对中国特色社会主义法治建设的总体要求。根据中央部署的社会主义法治理念教育，社会主义法治理念包括依法治国、执法为民、公平正义、服务大局、党的领导五个方面基本内容。五个方面相辅相成，体现了党的领导、人民当家作主和依法治国的有机统一。社会主义法治理念既是深入贯彻落实科学发展观的法治保障，又是构建社会主义和谐社会的法治基础，这是党对今后法制建设、法制宣传教育提出的新的要求和新的期待。正如党的十七大提出，要“深入开展法制宣传教育，弘扬法治精神，形成自觉守法用法的社会氛围”。这是我们党对全面落实依法治国基本方略的新要求，是社会主义法治理念深化拓展的又一重境界。

围绕科学发展观、依法执政和社会主义法治理念，中共中央延续了之前的中央法制讲座的传统，继续邀请著名法学家为中央领导讲法制课。以胡锦涛同志为总书记的党中央高度重视法制讲座，十六大以来，中央政治局集体学习48次，法律课题最多，多达8次，平均每年一次多。2002年十六大召开后的第一次集体学习以宪法为题；2007年十七大召开后的第一次集体学习仍然以法律为题。这为举国上下崇尚法律、树立法律权威确立了良好的典范。

---

① 杨绍华：《十六大以来我国依法治国的新发展——访国家行政学院副院长、中国法学会副会长袁曙宏》，《求是》2007年第14期。

表2-4 第十六届中共中央政治局集体学习（法制讲座）内容

场 次	时 间	学习内容	讲解人
第一次	2002年12月26日	学习宪法	许崇德、周叶中
第八次	2003年9月30日	坚持依法治国、建设社会主义政治文明	林尚立、李 林
第十二次	2004年4月26日	法制建设与完善社会主义市场经济体制	吴志攀、王利明
第二十七次	2005年12月20日	行政管理体制改革和完善经济法律制度	马怀德、史际春
第三十一次	2006年5月26日	国际知识产权保护和我国知识产权保护的法律和制度建设	郑成思、吴汉东
第三十二次	2006年6月29日	坚持科学执政、民主执政、依法执政	张志明、卓泽渊
第四十次	2007年3月23日	关于制定和实施物权法的若干问题	梁慧星、王利明

表2-5 第十七届中共中央政治局集体学习（法制讲座）内容

场 次	时 间	学习内容	讲解人
第一次	2007年11月27日	完善中国特色社会主义法律体系和全面落实依法治国基本方略	徐显明、信春鹰

从十六大以来的中央法制讲座来看，都是在第一次集体学习时就安排法制讲座，突出反映中央领导层高度重视民主法治的共识。讲座的安排具有科学性：一是注重法治建设重大事件的回顾与纪念，比如2002年安排宪法为主题的讲座，既契合修宪的时机，又更为契合2002年纪念1982年宪法。二是选择当时的法治热点作为题目，如2005年安排行政管理体制改革和完善经济法律制度的讲座，契合政府改革和法治政府建设的需要；2007年安排关于制定和实施物权法的若干问题的讲座，契合刚刚制定的物权法的需要。三是讲座的安排更为重视从战略的高度重视未来法治发展的讲座，如2006年安排国际知识产权保护和我国知识产权保护的法律和制度建设的讲座，契合国家知识产权战略的制定与实施；又如2007年安排完善中国特色社会主义法律体系和全面落实依法治国基本方略，契合十七大提出的“全面落实依法治国基本方略，加快建设社会主义法治国家”的需要。十六大以来，法制宣传教育更为突出地反映在2008年2月28日《中国的法治建设》白皮书发布。这是我国第一部关于法治建设的白皮书。

（五）2004年修宪

2004年修改宪法是继1999年修宪以来对宪法的再次修订。根据中央的部署，2004年修宪的任务是把十六大提出的理论创新、战略性的根本方针政策通过宪法上升为国家意志。2004年修宪是1982年宪法的第四次修改，是历次修改条数最多、涉及内容最广泛的一次。2004年宪法修改的主要内容包括：一是“三个代表”入宪；二是人权入宪，首次明确宣布“国家尊重和保障人权”；三是规定中国特色社会主义事业的建设者；四是规定物质文明、精神文明、政治文明三个文明的协调发展；五是规定私有财产权入宪。2004年修宪为中国宪法的与时俱进、中国的人权保障事业的发展和市场经济制度建设确立了新的坐标。

（六）知识产权战略的制定与实施

知识产权战略关系到国家的兴衰。世界各发达国家普遍高度重视知识产权，建立并不断健全法律制度以保护知识产权、促进科技创新。中央高度重视知识产权战略的制定，提出要建设自主创新型国家。国务院2005年决定成立国家知识产权战略制定工作领导小组，吴仪同志担任领导小组组长。战略制定工作从2005年7月开始启动。国家知识产权战略的内容包括20项专题和1个纲要，即“20+1”战略。当前，我国知识产权制度建设进入战略主动期和关键发展期。知识产权战略已经制定，眼下亟待解决的是实施问题。十七大明确提出“实施知识产权战略”。我国目前的知识产权立法，已经按照国际公约的要求调整，形成较为完备的知识产权法律体系，但必须认识到知识产权法的实施还是一个艰巨的任务。

（七）法治政府建设与依法行政路线图

依法行政和法治政府建设是我国法治建设的重要组成部分，为执政党高度重视。2004年3月，国务院颁布《全面推进依法行政实施纲要》。纲要作为我国第一部全面规划建设法治政府蓝图的纲领性文件，在推进依法行政的历史进程中具有里程碑意义。纲要坚持法治规律与中国国情的创造性结合，理论精髓体现为：监督、规范行政权与保护、扩展公民权相结合；依法行政理念与依法行政制度相结合；法治政府与形成法治社会相结合；自上而下政府推进与自下而上全民参与相结合。① 纲要第一次全面规划了建设法治政府的宏伟蓝图，确定了用10年左右时间基本实现建设法治政府的目标。作为我国今后10年全面推进依法行政、努力建设法治政府的总章程，纲要是法治的普遍规律与中国特定国情创造性结合的蓝本，它的颁行标志着中国政府在推进依

---

① 袁曙宏：《法治规律与中国国情创造性结合的蓝本——论〈全面推进依法行政实施纲要〉的理论精髓》，《中国法学》2004年第4期。

法行政的进程中实现了从宏观宣言到制度实践的跨越。① 《纲要》是我国第一部全面规划建设法治政府蓝图的纲领性文件，在推进依法行政的历史进程中具有里程碑的意义。与《纲要》相协调，2003年十届全国人大通过《行政许可法》，2007年国务院通过《政府信息公开条例》、《行政机关公务员处分条例》、《地方各级人民政府机构设置和编制管理条例》、《行政复议法实施条例》等。2007年，党的十七大总结依法行政和政府改革的经验，提出大部制改革，改革方案已经2008年的“两会”批准，各项改革正在陆续推进之中。

（八）司法改革全面启动

自2002年十六大提出要“推进司法体制改革，按照公正司法和严格执法的要求，完善司法机关的机构设置、职权划分和管理制度”之后，2003年，中共中央决定成立由中央政法委员会、全国人大内务司法委员会、政法各部门、国务院法制办及中央编制办的负责人组成的中央司法体制改革领导小组，全面领导司法体制改革工作。根据党的十六大关于推进司法体制改革的战略决策，中央司法体制改革领导小组于2004年底出台了《中央司法体制改革领导小组关于司法体制和工作机制改革的初步意见》，对推进司法体制改革作出了全面部署。最高人民法院、最高人民检察院分别成立了司法改革领导小组，分别推出《人民法院第二个五年改革纲要》（2004—2008）和《关于进一步深化检察改革的三年实施意见》（2005—2008）。2006年5月，中央作出了《关于进一步加强人民法院、人民检察院工作的决定》。

2007年党的十七大报告提出要“深化司法体制改革，优化司法职权配置，规范司法行为，建设公正高效权威的社会主义司法制度，保证审判机关、检察机关依法独立公正地行使审判权、检察权”。这标志着新一轮司法改革即将启航。中央政法委2009年提出《关于深化司法体制和工作机制改革若干问题的意见》，为2009年和今后一段时期政法工作和法治建设指明方向，各项工作正在积极稳妥地推进，着力于推进社会主义司法制度的完善和发展，目的是建设公正高效权威的社会主义司法制度，为中国特色社会主义事业提供可靠的法治保障。中央政法委为适应涉法涉诉信访工作的需要，还专门制定《关于进一步加强和改进涉法涉诉信访工作的意见》。最高人民法院发布《人民法院第三个五年改革纲要（2009—2013）》，最高人民检察院

---

① 袁曙宏：《法治规律与中国国情创造性结合的蓝本——论〈全面推进依法行政实施纲要〉的理论精髓》，《中国法学》2004年第4期。

印发《关于进一步深化检察改革的三年实施意见》，针对当前我国司法体制中存在的主要问题，系统部署今后两高改革的各项措施。

（九）反腐倡廉的深入开展

十六大以来，执政党高度重视反腐倡廉工作，着力于构建惩治和预防腐败体系。十六届三中、四中全会都提出，要“建立健全与社会主义市场经济体制相适应的教育、制度、监督并重的惩治和预防腐败体系”。中央更加注重从体制、机制和制度上研究解决反腐败和廉政建设问题：中纪委、监察部对反腐败相关的法规文件进行全面清理与科学分类，编制《2004—2007年党风廉政和反腐败法规制度建设工作规划》，构建起反腐倡廉法规制度体系的基本框架；中共中央先后颁布《中国共产党党内监督条例（试行）》、《中国共产党党员权利保障条例》，中央纪委发布《关于严格禁止利用职务上的便利谋取不正当利益的若干规定》，建立起巡视制度等，从组织机构上决定中央纪委监察部对派驻机构实行统一管理。根据中央指示，中纪委2004年会同有关部门组成研究实施《联合国反腐败公约》工作协调小组，统筹研究我国政府签约后的各项事宜。2005年，十届全国人大常委会第十八次会议批准公约。根据中央建议，全国人大制定了《反洗钱法》，国家专门设立了预防腐败局。2005年1月，中央正式颁布实施《关于建立健全教育、制度、监督并重的惩治和预防腐败体系实施纲要》，明确提出惩治和预防腐败体系建设的指导思想、基本原则、主要内容和工作目标，2008年还专门印发《建立健全惩治和预防腐败体系2008—2012年工作规划》。根据中央的部署，中央及时采取措施，惩处了一批贪污贿赂犯罪分子，如郑筱萸、邱晓华、刘志华、杜世成、李宝金、荆福生、王有杰、王昭耀、吴振汉、韩桂芝、王怀忠、高严、刘方仁、陈良宇、黄松有等，伸张了正义，警示了官员，教育了群众。

（十）简略的分析与评价

十六大以来，以胡锦涛同志为总书记的中央领导集体坚持以邓小平理论和“三个代表”重要思想为指导，坚持以人为本、全面协调可持续的科学发展观，提出构建社会主义和谐社会的奋斗目标，标志着党的执政理念有了重大的新发展，依法治国基本方略拥有更为坚实的理论和实践基础。[1] 我们

① 肖扬：《依法治国基本方略的提出、形成和发展》，《求是》2007年第20期。

认为，党的第四代中央领导集体在继承发展党的民主法治思想的基础上，以以人为本为基础，围绕和谐法治、依法执政、法治理念、民生法治，从数个方面大力推进了民主法治建设：

一是以科学发展观指导法治建设。科学发展观与和谐社会是第四代中央领导集体对当代中国马克思主义的新贡献，是对马克思主义的新的发展。坚持以人为本，便是要求“以实现人的全面发展为目标，从人民群众的根本利益出发谋发展、促发展，不断满足人民群众日益增长的物质文化需要，切实保障人民群众的经济、政治和文化权益，让发展的成果惠及全体人民”。[①]法治建设以人为本要求用以人为核心、以人为基础、以促进人的全面发展作为最终目的的思想来指导法治建设的理论与实践，制定出体现人民意志和根本利益的良法，执法和司法坚持为民宗旨。法治建设坚持科学发展观的立场，就是要求坚持贯彻以人为本的发展理念，把最广大人民的根本利益作为法治建设与促进发展的终极追求；着力实现党的领导、人民当家作主和依法治国的有机结合，制定良法、公正司法、规范执法、深化普法，实现国家的善治。

二是依宪治国。宪法是治国安邦的总章程。第四代中央领导集体高度重视学习宪法、遵守宪法、维护宪法。以胡锦涛为总书记的第四代中央领导集体提出：“依法治国首先要依宪治国。”[②] 2004年3月18日，胡锦涛同志主持中共中央政治局常委会议时对进一步学习和贯彻实施《中华人民共和国宪法》进行了研究部署，第一次以中共中央的名义发出进一步学习贯彻实施宪法的通知，强调要在全党全国集中开展学习和贯彻实施宪法的活动。

三是依法执政。十六届四中全会通过的《中共中央关于加强党的执政能力建设的决定》提出科学执政、民主执政、依法执政三大目标。依法执政是指执政党根据宪法和法律设计的国家政权体制、机制执掌政权、运行国家权力的执政方式。中国共产党能否坚持依法执政直接影响着国家权力能否依法行使，只有执政党坚持依法执政，才能保证行政机关依法行政，司法机关依法司法，保证依法治国基本方略的全面落实。[③] 依法执政是从依法治国出发对党执政转型提出的必然要求，是党执政方式的历史性跨越，是对依法

---

① 胡锦涛：《在中央人口资源环境工作座谈会上的讲话》（2004年3月10日），《十六大以来重要文献选编》（上），中央文献出版社2005年版。

② 胡锦涛：《在首都各界纪念中华人民共和国宪法公布施行二十周年大会上的讲话》，《人民日报》2002年12月5日。

③ 石泰峰：《坚持依法执政　提高执政水平》，《求是》2004年第13期。

治国基本方略的丰富和发展。

四是社会主义法治理念。社会主义法治理念是以胡锦涛同志为总书记的党中央，从我国社会主义现代化建设事业全局出发，坚持以马克思主义法学理论为指导，以科学发展观为统领，以构建社会主义和谐社会为目标，认真总结中国法治建设实践经验、借鉴世界法治文明优秀成果而作出的一项重大战略决策。[①] 社会主义法治理念的提出，标志着我们党对中国特色社会主义法治，对依法执政和通过法治实现社会和谐认识的更加深刻和全面。树立社会主义法治理念是法治发展经验的总结，也是对中国特色社会主义法治建设的总体要求。

五是务实创新地推进"一国两制"的法治实践。十六大提出在坚持一个中国原则基础上，暂时搁置某些政治争议，尽早恢复两岸对话与谈判，十七大提出既要在一个中国原则的基础上，协商正式结束两岸敌对状态，达成和平协议，构建两岸关系和平发展框架，开创两岸关系和平发展新局面；又要加强交往，加强经济文化交流，继续拓展领域、提高层次，推动直接"三通"；还要反对和遏制"台独"分裂活动。在务实创新的思想的指导下，执政党的对台政策更为务实和自信：一方面，两岸政党交流成功开启，两岸全面直接双向"三通"迈出历史性步伐，通过两岸务实协商合情合理地安排台湾同外国开展民间性经济文化往来；另一方面，反对"台独"分裂活动斗争取得重要成果，通过反分裂国家法旗帜鲜明地反对分裂国家的活动，坚决反对和遏制"台独"分裂势力，两岸关系和平发展呈现新的前景。这种对台政策的新思维与新思路为全力反对"台独"、捍卫国家主权和领土完整指明了方向和道路，规定了原则与方针，丰富和发展了"一国两制"的理论与实践。

六是国际法治领域提出和谐世界的理念。2003 年，胡锦涛在上海合作组织首脑会议上强调，中国主张国际关系民主化，各国平等参与国际事务，通过协商解决共同关注的国际问题。中国主张尊重公认的国际法和国际关系基本准则，维护联合国的权威和处理重大国际问题的主导地位。公正合理的国际政治经济新秩序，应该以相互安全为前提，以均衡发展为基础，以公认法理为保障，以对话合作为手段，以共同繁荣为目标。2005 年，胡锦涛在会见出席第二十二届世界法律大会部分代表时提出法治在建设国际和谐社会

① 杨绍华：《十六大以来我国依法治国的新发展——访国家行政学院副院长、中国法学会副会长袁曙宏》，《求是》2007 年第 14 期。

进程中具有重要作用，强调要通过加强法治建设，使联合国宪章的宗旨和原则以及公认的国际关系准则成为国际社会的行为准则，要构建国际和谐社会。同年，胡锦涛在联合国成立60周年首脑会议第二次全体会议上强调要遵守联合国宪章，和平解决国际争端，努力建设持久和平、共同繁荣的和谐世界。

五、基本经验与执政规律

新中国成立60年的法治发展是与中国共产党的法治探索分不开的。中国共产党在民主法治建设道路上积极探索，历经挫折，最终确立依法治国基本方略，并正在为全面落实依法治国基本方略和加快建设社会主义法治国家而努力。党在长达60年的法治探索中积累了宝贵的经验，值得我们今后推动依法治国理论与实践的借鉴和参考。

（一）执政党领导法治建设的基本经验

1. 走中国特色的社会主义法治道路

中国特色的社会主义法治道路是我们搞法治建设的必然选择。全面落实依法治国基本方略，一定要保证法治建设沿着中国特色社会主义道路前进。世界各国具有不同的国情，政治体制改革与法治建设不会只存在一种单一的模式。中国特色社会主义法治必须走自己的道路，不能照抄照搬西方法治理论与法治发展模式。法治既不能超越经济社会发展，也不能滞后于经济社会发展；法治既不应固守传统的城堡，也不应拒绝借鉴外来文化中的有利要素。

法治存在不同的模式，因文化的差异会形成不同的理念。东西方的法治如同民主一样，它们既具有共性之处，比如崇尚良法之治、法律至上，但是东西方的法治也会因为国家的历史发展、民族的文化传统和人们的思维习惯产生个性。历史上存在四种法治模式：一是欧陆法治，讲求严密的概念体系与逻辑，崇尚法学家之治，立法与行政分庭抗礼，司法权独立但不具有超然地位，主要有欧洲大陆各国法治为要；二是英美法治，讲求程序之治，追求严格的演绎逻辑，崇尚法官之治，立法高于行政，司法监督立法与行政具有超然地位，一般多在英美国家；三是教会法治，以教义统治社会、形成秩序，讲求教育与法治的规则互补，立法、行政与司法三权分离，但都受到教会的精神控制，这多存在于政教合一的南亚、西亚国家；四是东亚法治，以儒家道德为伦理基础，多有大陆法系的继受特征，法的伦理性表现突出，多在韩、日等亚洲国家存在。中国特色社会主义法治的“中国特色”体现为两点：一是社会主义；一是中国文明。社会主义代表现代化，意味着与时俱进的更新；中国文明象征传统性，意味着继承传统。从社会主义理解，主要是“人民性”，人民意志制定法律，法律保障人民权利，维护人民切身利益。从中国文明理解，主要是从儒家等统治人们心理的文化观念中寻求心灵的规则，才能实现“自律”，与法的“他律”构成和谐的屏障。[①] 法治建设与发展必须从中国国情出发，从社会主义初级阶段的实际出发，从中国特色社会主义的需要出发，吸收外来文化中的有利要素，挖掘整理传承中国文化传统中的有利要素，形成中国特色的法治文明。

2. 坚持党的领导、人民当家作主和依法治国的有机统一

坚持党的领导、人民当家作主和依法治国的有机统一是中国法治建设的核心命题。坚持并改善党的领导，完善人民当家作主，全面落实依法治国基本方略，三者必须并力推进。党的领导是人民当家作主和依法治国的根本保证。中国共产党是中国人民和中华民族的先锋队，代表着中国先进社会生产力的发展要求，代表着中国先进文化的前进方向，代表着中国最广大人民的根本利益。党是社会主义民主法治建设的领导核心，只有党才能集中全体人民的意志和力量，保证依法治国方略的实施，确保人民当家作主的地位。人民当家作主是社会主义民主政治的本质要求。人民民主是社会主义的本质属性。宪法明确规定：“中华人民共和国的一切权力属于人民。”人民当家作主是党的先进性的体现和要求，是党执政的基础与力量源泉，为法治建设提供政治前提，为法治改革准备民意基础。依法治国为党的领导和人民当家作主提供制度安排和保证，是党的领导和人民当家作主的重要体现和实现方式，确保党的长期执政，确保最广大人民根本利益的维护，确保人民充分行使民主选举、民主决策、民主管理、民主监督的权利。党必须在宪法和法律范围内活动，通过民主执政、科学执政、依法执政实现执政转型，才能不断巩固执政基础，才能不断推动民主的制度化、规范化、程序化，防止个别人超越宪法和法律的特权。坚持党的领导、人民当家作主和依法治国，是社会主义宪政的三个基本要素，是关系到民主法治建设的核心问题。三者统一于中国化的马克思主义，统一于以人为本、全面协调可持续的科学发展观，统

① 蒋熙辉：《通过法治实现社会和谐》，载李林主编：《依法治国与和谐社会建设》，中国法制出版社2006年版。

一于社会主义民主政治建设的实践。

3. *通过法治维护稳定、推动改革和促进发展*

选择法治，是执政党历经数十年的执政实践获得的历史经验。改革稳定发展是执政党关心的大局。中国共产党总是从实际出发，科学地把握历史规律和时代特征，不断探索如何执政、如何治理国家的道路。中国共产党从革命党向执政党转型，从30年改革开放和社会主义现代化建设的伟大实践逐步形成和发展起来的依法治国方略，是党和人民长期艰难探索获得的结晶。中国正致力于建设中国特色的社会主义法治国家。改革开放的伟大实践为法治提供了沃土，激发了法治的生机与活力；而法治发展推动改革开放的深入，为现代化事业的发展提供法理服务和法治保障。

（二）加强和改善党对法治建设的领导

党的领导是依法治国、建设社会主义法治国家的根本保证。要把党的领导、人民当家作主和依法治国有机统一起来，要善于把党的主张通过法定程序转化为国家意志，从制度上和法律上保证党的基本路线和基本方针的贯彻实施。十六大以来，以胡锦涛同志为总书记的党中央提出了依法执政、以人为本的科学发展观、构建和谐社会等新理论和重要战略思想，为通过法治加强和改善党的领导注入了新的活力、赋予了更为丰富的内涵。党要承担起人民和历史赋予的重大使命，必须认真研究自身建设遇到的新情况新问题，在领导改革发展中不断认识自己、加强自己、提高自己。① 我们认为，党要领导法治建设，要从如下若干方面加强和完善：

要继续贯彻落实科学发展观。科学发展观作为当代中国马克思主义，是与毛泽东思想、邓小平理论和“三个代表”重要思想一脉相承的。科学发展观是中国社会主义法治建设的指导思想，关系到中国法治的未来发展，它对我们认识、思考和把握社会主义法治建设的本质要求、根本目的、价值取向、发展基础、发展战略、发展模式和发展步骤具有重要的指导意义。要按照科学发展观的要求，适应法治转型（包括从国家型法治转向社会型法治、从权力型法治转向权利型法治、从单向型法治转向协调型法治、从批判型法治转向建构型法治）的要求，推动法治发展。科学发展观已经作为党的指导思想写进了党章。我们应当适时地修改宪法，把科学发展观写进宪法，使

① 胡锦涛：《在纪念党的十一届三中全会召开30周年大会上的讲话》（2008年12月18日），人民出版社2008年版。

它成为国家的指导思想，使之具有最高的法律效力，保障科学发展观的贯彻实施。

要继续推动依法执政。这是推进依法治国方略、构建和谐社会的根本保障。执政党领导人民制定和实施法律，更应当坚持在宪法和法律的范围内活动，不能以党代政、以党代法。这是建设社会主义法治国家的关键一环。[①]革命时期和新中国成立初期，执政党习惯于通过命令、政策等方式来治理国家。从1982年的“党必须在宪法和法律的范围内活动”，到1997年十五大依法治国确立为党领导人民治理国家的基本方略，再到2002年十六大提出要提高依法执政能力，再到2004年十六届四中全会将依法执政确立为党执政的基本方式。党选择了法治、选择了依法执政，必须按照统揽全局、协调各方的方针和原则来领导法治建设。党对法治建设的领导是思想、政治和组织的领导。党的领导权要法律化，对党管国家干部要法律化，对执政党的权力监督也要法律化。[②]要规范党委与人大、政府、司法机关、政协以及人民团体等各方面的关系，善于把党的主张、路线、方针、政策变成体现国家意志的法律以实现对国家事务的领导，要把党的领导人通过法定程序派到人大、政协、政府、司法机关担任领导，贯彻实施党的政策、路线、方针，要改革党的领导体制，保证国家机关依法行使职权。

要更为重视政法委的建设。1980年1月24日，中央决定设立中央政法委员会，研究处理全国政法工作中的重大问题。之后，历经变迁。1988年恢复中央政法领导小组，1990年恢复设置中央政法委。政法委是党委领导政法工作的职能部门，历史经验表明，政法委领导法治建设已经初步形成较为成熟的工作机制，积累了许多宝贵的经验：第一，坚持党管政法；第二，强化落实政法部门公正执法；第三，协调维护社会稳定；第四，坚持队伍建设，确保政法队伍的政治坚定性。面对现代社会的新的机遇和挑战，要进一步加强政法委的建设，解决影响和妨碍政法委工作的各种问题，从机构设置、人员编制、工作制度、工作范围以及经费保障等方面完善，完善党委政法委对政法工作的领导。

要系统地总结法治的经验教训，研究方略实施的总体规划和具体途径。应当有一个明确的机构，统筹社会主义法治建设这一前无古人的伟大系统工

---

① 李步云：《中国法治历史进程的回顾与展望》，《法学》2007年第9期。

② 宋树涛：《更好地实施党对国家和社会的领导——关于坚持依法执政的思考》，《求是》2004年第2期。

程，协调立法、行政、司法、法制宣传教育、依法治理等各个法治环节的法治建设，建议设立依法治国领导小组，加强对依法治国的领导、组织和协调，制定依法治国的实施纲要，覆盖法治各个领域、各个部门，对依法治国方略实施作出总体布局、确定路标，按照实施纲要标定的路线图，按步骤稳步渐进推进，并在实践检验中不断丰富、发展和完善。

正如胡锦涛总书记在纪念改革开放30周年大会讲话中指出：必须把推动经济基础变革同推动上层建筑改革结合起来，不断推进政治体制改革，为改革开放和社会主义现代化建设提供制度保证和法制保障。① 法治建设属于一个国家的上层建筑。中国共产党是一个学习型的政党，善于适应具体情况解决实际问题，把马克思主义的基本原理与中国的具体实际结合，走出一条中国特色的社会主义道路。这是30年改革开放的历史经验的归结，也是60年中国特色社会主义道路的归结。只有深入贯彻落实科学发展观，推动法治改革，全面落实依法治国基本方略，加快建设社会主义法治国家，才能真正把中国法治建设推向前进。

① 胡锦涛：《在纪念党的十一届三中全会召开30周年大会上的讲话》（2008年12月18日），人民出版社2008年版。

第三章　中国立法60年

李　林

2009年是中华人民共和国成立60周年。60年来，中国立法记载了新中国革命、建设和发展的足迹，确认了中国经济、政治、文化、社会进步的成果，在新中国民主法治建设中发挥了重要作用。

一、新中国立法体制的历史演变

在中华人民共和国成立前的1949年2月，中共中央发布了《关于废除国民党的六法全书与确定解放区的司法原则的指示》，明确规定："在无产阶级领导的工农联盟为主体的人民民主政权下，国民党六法全书应该废除，人民的司法工作不能再以国民党的六法全书为依据，而应该以人民的新法律为依据。在人民的新法律还没有系统的分布之前，应该以共产党的政策以及人民政府与人民解放军所分布的各种纲领、法律、条例、决议为依据。目前在人民的法律还不完备的情况下，司法机关的办事原则应该是：有纲领、法律、命令、条例、决议规定者，从纲领、法律、命令、条例、决议之规定；无纲领、法律、命令、条例、决议规定者，从新民主主义的政策。"① 这一规定，为废除国民党旧政权的伪法统、六法全书及其立法体制，确立中华人民共和国的政治体制，建立新中国的社会主义法统及其立法制度，廓清了障碍，奠定了基础。

---

① 在这个《指示》中，中国共产党对旧法律的态度做了最好的解释："我们在抗日战争时期，在各根据地曾经个别地利用过国民党法律中有利于人民的条款来保护或实现人民的利益，在反动统治下我们也常常利用反动法律中个别有利于群众的条款来保护和争取群众的利益，并向群众揭露反动法律的本质上的反动性，无疑这样做是正确的。但不能把我们这种一时的策略上的行动，解释为我们在基本上承认国民党的反动法律，或者认为在新民主主义的政权下能够在基本上采用国民党的反动的旧法律。"革命党必须否定旧法治、旧法统，否则就等于承认自己的革命是非法的，革命后自己建立的政权是非法的。在第一届全国人大召开前，起临时宪法作用的《中国人民政治协商会议共同纲领》第17条规定："废除国民党反动政府一切压迫人民的法律、法令和司法制度，制定保护人民的法律、法令，建立人民司法制度。"

（一）从新中国成立到1954年宪法颁布实施前的立法体制

1949年10月1日中华人民共和国成立，开创了人类社会的新纪元，逐步建立了人民当家作主的全国性政权的立法体制。在此之前的1949年9月，召开了中国人民政治协商会议第一届全体会议，通过了具有临时宪法性质的《中国人民政治协商会议共同纲领》，并通过了《中华人民共和国中央人民政府组织法》。这两个宪法性法律以及其他相关法律，奠定了新中国成立初期立法体制的基础。在上述立法体制中，国家的一切权力属于人民，人民行使国家权力的机关为各级人民代表大会和各级人民政府。在普选的全国人大召开以前，由中国人民政治协商会议的全体会议行使全国人大的职权，由中央人民政府委员会行使国家最高政权机关的职权，由地方各界人民代表会议代行地方人民代表大会的职权。

在普选的全国人大召开前，中国人民政治协商会议的立法职权包括：制定或者修改中国人民政治协商会议共同纲领；制定或者修改中国人民政治协商会议组织法；制定或者修改中华人民共和国中央人民政府组织法。

中央人民政府委员会对外代表中华人民共和国，对内领导国家政权，其立法职权包括：制定并解释法律，颁布法令，并监督法律、法令的执行；规定国家的施政方针；废除或者修改政务院与国家的法律、法令相抵触的决议和命令；批准或废除或修改中华人民共和国与外国订立的条约和协定；制定中央人民政府委员会组织条例；制定或者批准政务院及政务院各委、部、会、院、署、行、厅的组织条例；颁布国家的大赦令和特赦令。

政务院是国家政务的最高执行机关，对中央人民政府负责并报告工作，其立法职权包括：颁布决议和命令，并审查决议和命令的执行；废除或者修改各委、部、会、院、署、行和各级地方政府与国家法律、法令和政务院决议、命令相抵触的决议和命令；向中央人民政府委员会提出议案。

政务院的各部、会、院、署、行，在自己的权限内，得颁发决议和命令，并审查这些决议和命令的执行。

这一时期，地方政府享有一定的立法职权。根据1949年12月26日政务院制定的《大行政区人民政府委员会组织通则》的规定，大行政区人民政府有权拟定与地方政务有关的暂行法令条例，报政务院批准或者备案。

根据1950年1月6日政务院制定的《省、市、县人民政府组织通则》的规定，省人民政府有权拟定与本省政务有关的暂行法令条例，报主管大行政区人民政府转请政务院批准或者备案。直辖市、大行政区辖市和省辖市的人民政府，有权拟定与本市政有关的暂行条例，报上级人民政府批准。县人民政府有权拟定与县政有关的单行法规报请省人民政府批准或者备案。

根据《中华人民共和国民族区域自治实施纲要》的规定，各民族自治区的自治机关在中央人民政府和上级人民政府法令所规定的范围内，依其自治权限，可以制定本自治地方的单行法规，呈报上两级人民政府核准并报政务院备案。

1954年6月19日，由中央人民政府委员会第32次会议决定，撤销大行政区，大行政区一级的立法职权随之取消。

中华人民共和国成立初期，之所以赋予众多主体以立法职权，形成分散立法的格局，主要原因：一是形势变更的需要。中华人民共和国成立，百废待兴，革命和建设都需要秩序和规范，但由于彻底废除了国民党的伪法统，要依靠中央立法很快制定出能够满足和适应形势发展所需要的大量法律法令，是不可能的；二是此时期的立法体制“完全基于当时新老解放区的情况差别悬殊而确立的。对新解放的地区，不论其为省级或县级，都有必要给予立法的权力，以便因地制宜地实行各项改革，建立民主政权，恢复和发展国民经济”。①

在这个时期，中国采取的是分散立法体制，县以上各级人民政府都或多或少地享有立法职权，在其职权范围内对所辖行政区域内的部分或者全部事务依法行使立法职权来进行管理。在这种立法体制下，提高了立法效率，从中央到地方的立法速度大大加快。据统计，从1950—1953年，中央立法共435件，年均立法109件。地方立法虽无全面的详细统计数字，但从浙江、内蒙古以及上海的立法情况却可见一斑。浙江从1950—1953年，共制定暂行法令条例和单行法规653件，年均立法163件；内蒙古从1950—1954年，制定各种条例和规范性文件368件，年均立法73.5件；上海从1950—1954年9月，制定暂行法令条例和单行法规799件，年均立法159件。②

（二）从1954年宪法到1982年宪法颁布实施前的立法体制

1954年9月，经过普选产生的第一届全国人大第一次会议，通过了中华人民共和国的第一部宪法，全面规定了国家的基本制度，并将前一阶段实

① 张善恭主编：《立法学原理》，上海社会科学院出版社1991年版，第99页。

② 参见吴大英等《中国社会主义立法问题》，群众出版社1984年版，第36页以下、第241页。

行的中央与地方分享立法职权的制度，改为中央集权的立法体制。

根据1954年宪法的规定，全国人大是国家最高权力机关，也是行使国家立法权的唯一机关。全国人大的立法职权包括：修改宪法；制定法律；监督宪法的实施。后来，我国在1975年和1978年对1954年宪法先后进行的两次大的修改中，均删去了“全国人大是行使国家立法权的唯一机关”的规定。

全国人大常委会是全国人大的常设机关，1954年宪法规定的全国人大常委会的立法职权包括：解释法律；制定法令；撤销国务院的同宪法、法律和法令相抵触的决议和命令；改变或者撤销省、自治区、直辖市国家权力机关不适当的决议；决定同外国缔结的条约的批准和废除。

1955年第一届全国人大第二次会议通过的《关于授权常委会制定单行法规的决议》，把享有国家立法权的范围扩大到了全国人大常委会。该项授权决议解释的理由是，“随着社会主义建设和社会主义改造事业的进展，国家急需制定各项法律，以适应国家建设和国家工作的要求。在全国人大闭会期间，有些部分性质的法律，不可避免地急需常委会通过实施。为此，……授权常委会依照宪法的精神、根据实际需要，适时地制定部分性质的法律即单行法规”。①

1959年，第二届全国人大第一次会议，进一步授权全国人大常委会在全国人大闭会期间根据情况的发展和工作的需要，有权修改现行法律中已经不适用的条文。1954年宪法规定，国务院的行政立法职权包括：根据宪法、法律和法令，规定行政措施，发布决议和命令；审查国务院分布的决议和命令的实施情况；向全国人大或者全国人大常委会提出议案；改变或者撤销各部部长、各委员会主任的不适当的命令和指示；改变或者撤销地方各级国家行政机关的不适当的决议和命令。

国务院的各部部长和各委员会主任在本部门的权限内，根据法律、法令和国务院的决议、命令，可以发布命令和指示。

地方各级人民代表大会依照法律规定的权限通过和发布决议，改变或者撤销本级人民委员会的不适当的决议和命令；县级以上的人民代表大会有权改变或者撤销下一级人民代表大会的不适当的决议和下一级人民委员会的不适当的决议和命令。

民族自治区、自治州、自治县的自治机关依照宪法和法律规定的权限行

① 《中华人民共和国第一届全国人大第二次会议汇刊》，第995页。

使自治权；依照当地民族的政治、经济和文化的特点，制定自治条例和单行条例，报请全国人大常委会批准。

在上述时期，中国采取的是中央集权的立法体制。这是1954年宪法对立法权限划分规定的结果，即毛泽东讲的“立法权集中在中央”。[①] 立法的中央集权是这一时期中国实行高度集中的计划经济体制的政治需要和法律翻版。这种立法体制在“重人治、轻法治”的思想的配合下，严重阻碍了中国立法的发展进程。据统计，从1954年宪法颁布后到1979年，包括各种意见、办法、命令、决议、决定、通知、报告、答复、办法等在内的中央立法共1115件，年均59件，地方因无立法权所以记录为零。[②] 中央集权的立法体制强有力地保证了中央对全国各项事业的集中统一领导，但也在相当程度上影响了地方积极性的发挥，阻碍了中国社会主义法制的全面发展。

实行中央集权立法体制的利弊得失，在国际上尚无统一评判标准，通常因国家大小和政体不同而异。在单一制的中小国家实行中央立法集权体制，往往利大于弊，主要表现为实行中央立法集权体制：可以强化中央集权，维护国家高度统一，使中央得以法律统一号令全国；可以最大限度地防止法出多门，保持法律体系的统一性；有利于全休公民和社会组织统一遵守和执行法律。但对于一些大国来讲，实行中央集权立法体制的弊端是显而易见的：容易导致权力过分集中，有时还会出现专制独裁；对地方的行为束缚过多，影响地方因地制宜地实施管理，不利于调动地方的积极性；不利于地方对中央立法的补充和具体化，尤其是结合各地方的实际情况来实施宪法，补充和完善中央立法的不足。[③]

（三）从1982年宪法颁布至今的立法体制

中国1978年开始进行改革开放以来，为了适应现代化建设的需要，改变中央立法集权的被动状况，充分调动中央和地方的两个积极性，1979年7月，第五届全国人大第二次会议通过的《中华人民共和国地方各级人民代表大会和地方各级人民政府组织法》规定：省、自治区、直辖市的人民代表大会及其常委会，根据本行政区域的具体情况和实际需要，在和国家的宪法、法律、政策、法令、政令不抵触的前提下，可以制定和颁布地方性法

① 《毛泽东选集》第5卷，人民出版社1977年版，第276页。

② 参见吴大英等《中国社会主义立法问题》，群众出版社1984年版，第241页。

③ 参见吴大英、任允正、李林《比较立法制度》，群众出版社1992年版，第272页以下。

规，并报全国人大常委会和国务院备案。这一法律规定，把立法权的主体范围由中央的全国人大及其常委会一级，扩大到了省级人民代表大会及其常委会，是对过去立法体制的一个重要改革。

特别是1982年宪法的颁布施行，奠定了中国现行的中央与地方分享立法职权体制的宪法基础，基本上构成了从中央到地方、从权力机关到行政机关行使立法职权的立法体制。这一立法体制采取了立法集权的分权体制，其特点是在中央对立法的集中统一领导的前提下，适当地赋予地方以一定的立法职权，以作为对中央立法的补充和具体化。

从形式要件上来看，1982年宪法对有关立法主体的立法权限划分的规定包括：全国人大有权修改宪法并监督宪法实施，制定和修改刑事、民事、国家机构和其他的基本法律，改变或者撤销全国人大常委会不适当的决定等；全国人大常委会有权解释宪法、监督宪法的实施，制定和修改除基本法律以外的其他法律，对全国人大制定的法律进行部分补充和修改，解释法律，撤销国务院制定的同宪法、法律相抵触的行政法规、决定和命令，撤销地方国家权力机关制定的同宪法、法律和行政法规相抵触的地方性法规和决议；国务院有权制定行政法规；省级人大及其常委会有权制定地方性法规，报全国人大常委会备案；民族自治地方的人大有权制定自治条例和单行条例。

1986年第二次修改的《地方各级人民代表大会和地方各级人民政府组织法》第7条规定，省、自治区的人民政府所在地的市和经国务院批准的较大市的人民代表大会，可以制定地方性法规，报省、自治区的人大常委会批准后施行。

1988年3月，第七届全国人大第一次会议，授权海南省人民代表大会及其常委会根据海南经济特区的具体情况和实际需要制定法规，在海南经济特区实施。

1992年7月，第七届全国人大常委会第二十六次会议通过决定，授予深圳市的人大及其常委会以制定法规的权力。1994年和1996年又先后授予厦门市、珠海市及汕头市的人大及其常委会制定法规权。

2000年颁布的立法法，进一步完善了我国的立法体制，明确规定了只能由全国人大及其常委会制定法律事项的专属立法职权，并对全国人大及其常委会的授权立法作出原则规定：全国人大及其常委会的授权决定应当明确授权的目的、范围；被授权机关应当严格按照授权目的和范围行使该项权力；被授权机关不得将该项权力转授给其他机关；授权立法事项，制定法律的条件成熟时，由全国人大及其常委会及时制定法律；法律制定后，相应立法事项的授权终止。

立法法明确规定了全国人大和全国人大常委会的立法程序。立法法明确规定了法律解释的基本规则。立法法对行政法规的制定原则作出了规范。立法法对地方性法规、自治条例和单行条例、规章的制定原则作出了规范。

宪法、立法法等法律和立法授权决定的这些规定，使中国的立法权限在形式上得到了初步划分，加上从法律体系的构成上对行政规章制定权的确认，基本上构成了从中央到地方、从权力机关到行政机关行使立法职权的立法权限体系。

根据宪法、组织法和立法法等法律形成的中国特色立法体制，主要有两个特点：

首先，中国立法体制表现为“一个国家、两种制度、三个法系、四个域”。“一个国家是指中国；两种制度是指社会主义制度与资本主义；三个法系是指大陆属于社会主义法系，香港属于普通法系，澳门和台湾属于大陆法系；四个域包括中国大陆、香港、澳门、台湾。”

其次，中国立法体制表现为多元（层次）的立法主体结构，包括：全国人大行使修改宪法、制定基本法律的职权；全国人大常委会行使制定和修改法律的职权；国务院行使制定行政法规的职权；省、省会市、较大市的人大及其常委会行使制定地方法规的职权；经济特区的人大及其常委会根据全国人大及其常委会的特别授权行使制定经济特区法规的职权；民族自治地方人大行使制定自治条例和单行条例的职权，可以变通法律和法规；特别行政区行使特区的立法权（参见表3－1）。

表3－1　中国中央与地方分享立法职权的多元立法体制

序号	立法主体	立法职权
1	全国人大	修改宪法并监督宪法实施，制定和修改刑事、民事、国家机构和其他的基本法律，改变或者撤销全国人大常委会不适当的决定。
2	全国人大常委会	解释宪法、监督宪法的实施，制定和修改除基本法律以外的其他法律，对全国人大制定的法律进行部分补充和修改（但补充和修改不得同该法律的基本原则相抵触），解释法律，撤销国务院制定的同宪法、法律相抵触的行政法规、决定和命令，撤销地方国家权力机关制定的同宪法、法律和行政法规相抵触的地方性法规和决议。
3	国务院	制定和修改行政法规。

续表

序号	立法主体	立法职权
4	省、省会市、较大市的人大及其常委会	制定和修改地方性法规，报上级立法机关备案。
5	经济特区人大及其常委会	制定和修改特区法规并在本特区范围内实施。
6	民族自治地方人大	制定自治条例和单行条例，可变通法律和法规。
7	香港和澳门特别行政区	行使特别行政区立法权。

根据1982年宪法建构的多元立法体制，属于立法集权的分权体制，其特点是在中央对立法的集中统一领导的前提下，适当赋予地方以一定的立法职权，以作为对中央立法的补充和具体化。这种立法体制，适应我国地方大、经济社会发展不平衡的实际情况，有利于调动中央和地方两个方面的立法积极性，使我国立法工作取得了前所未有的成就。但这种立法体制也面临着如何维护法制统一的问题，存在不能满足地方经济社会发展对立法权力资源的需求，在某种程度上遏制了地方推进经济社会发展和政治体制改革的步伐等弊端。

二、改革开放以来的立法发展

1978年以来，新中国立法进入了新的发展时期。围绕着改革开放和现代化建设这个中心任务，新时期立法大致经历了四个发展阶段：1978年至1982年，立法的全面恢复和发展；1982年至1992年，有计划商品经济背景下的立法；1993年至2002年，建立社会主义市场经济体制背景下的立法；2003年至今，全面贯彻落实科学发展观背景下的立法。

（一）立法的全面恢复和发展（1978—1982）

1978年2月，五届全国人大一次会议在提出新时期总任务的同时，强调必须进一步加强法制，逐步制定和完善各项社会主义法律。1978年底，执政党明确提出，必须做到有法可依，从现在起，应当把立法工作摆到全国人大及其常委会的重要议程上来。

邓小平1978年在《解放思想，实事求是，团结一致向前看》中说过："现在的问题是法律很不完备，很多法律还没有制定出来……所以，应该集中力量制定刑法、民法、诉讼法和其他各种必要的法律，例如工厂法、人民公社法、森林法、草原法、环境保护法、劳动法、外国人投资法等等，经过一定的民主程序讨论通过……做到有法可依……国家和企业、企业和企业、企业和个人等等之间的关系，也要用法律的形式来确定；它们之间的矛盾，也有不少要通过法律来解决。现在立法的工作量很大，人力很不够，因此法律条文开始可以粗一点，逐步完善。有的法规地方可以先试搞，然后经过总结提高，制定全国通行的法律。修改补充法律，成熟一条就修改补充一条，不要等待'成套设备'。总之，有比没有好，快搞比慢搞好。"[①] 这些思想，符合当时实际，成为1978年以后一段时间内我国立法工作的指导方针，对于加快立法速度、及时解决"无法可依"的问题具有重要的指导意义。

新时期法制建设开端最明显的标志是1979年的大规模立法。1979年7月，五届全国人大二次会议审议通过了刑法、刑事诉讼法、地方各级人大和地方各级政府组织法、全国人大和地方各级人大选举法、法院组织法、检察院组织法、中外合资经营企业法等七个重要法律。"在一次会议上通过这样多的重要法律，这在我国社会主义立法史上还是第一次"。[②] 邓小平在人大会议期间指出："这次全国人大开会制定了七个法律……这是建立安定团结政治局面的必要保障。这次会议以后，要接着制定一系列的法律。我们的民法还没有，要制定；经济方面的很多法律，比如工厂法等等，也要制定。我们的法律是太少了，成百个法律总要有的……现在只是开端。"[③]

为了适应经济体制改革和对外开放的需要，全国人大和常委会一直把制定有关经济方面的法律，作为立法工作的重点。1980年全国人大常委会的工作报告提出，"随着四个现代化建设事业的发展，经济立法工作已越来越需要……今后随着经济的调整和经济体制改革工作的进展，需要进一步加强经济立法"。以经济建设为中心进行立法，始终是改革开放30年以来我国立法工作的主线和特色。

应当怎样对待改革开放前近30年制定的法律、法令和行政法规？1980

① 邓小平：《解放思想，实事求是，团结一致向前看》，《邓小平文选》第2卷，人民出版社1994年版，第146—147页。

② 吴大英、刘瀚等：《中国社会主义立法问题》，群众出版社1984年版，第64页。

③ 邓小平：《民主和法制两手都不能削弱》，《邓小平文选》第2卷，人民出版社1994年版，第189页。

年，彭真副委员长在五届全国人大常委会第15次会议的报告中重申，[①] 新中国成立以来制定的法律、法令，除同第五届全国人大和全国人大常委会制定的宪法、法律、法令相抵触的以外，继续有效。新中国成立后的17年，国家制定的法律、法令和行政法规有1500多件。其中许多法规现在仍然是适用的或者基本适用的。重申过去法规的效力，使我们在立法任务十分繁重、力量不足的情况下，可以集中力量去制定那些当前最急需、而过去又没有的法规，特别是经济方面的法规。这是健全社会主义法制的一项重要措施。过去制定的法律、法令和行政法规，大体可以分为三种情况：一是由于历史的发展，已经完成了自己的历史使命，自然失去了效力。如土地改革法、私营企业暂行条例等。有些已为新的法律所代替，如1953年制定的选举法、1954年制定的人民法院组织法、人民检察院组织法等，已为五届全国人大二次会议制定的相应法律所代替。二是现在仍然适用或者基本适用、但需稍加修改、补充的。属于这种情况的很多，如治安管理处罚条例、关于劳动教养问题的决定、关于国家行政机关工作人员的奖惩暂行规定、城市居民委员会组织条例等。三是需要做根本性的修改或废止的。这种情况是比较少的。哪些法规现在仍然适用，哪些法规要加以修改或补充，需要进行大量的调查研究，按照当前实际情况来决定。全国人大常委会、国务院及其所属各主管部门正在根据这个精神审查整理。对既有法律、法规进行必要清理，明确它们是否继续有效、是否需要修改或废除，对于大规模开展新时期的立法工作，具有重要的奠基意义。

在充分发扬民主的基础上，1982年12月4日五届全国人大五次会议通过了新宪法。1982年宪法确立了现行的中央和地方适当分权的立法体制，是新中国立法史上的重要里程碑，为新时期法制建设的全面展开和加快立法步伐奠定了根本法律基础。

这一时期，除全国人大全面修改颁布了1982年宪法外，全国人大及其常委会还制定颁布了现行有效的法律22件[②]（详见表3－2）。

---

① 彭真：《中华人民共和国第五届全国人大常委会工作报告》（1980年）。

② 根据国务院新闻办公室2008年2月29日发布的《中国的法治建设》白皮书，截至该白皮书发布时，全国人大及其常委会共制定现行有效的法律229件，其中有23件是1978—1982年间制定的，6件是1978年以前制定的：城市街道办事处组织条例（1954年），公安派出所组织条例（1954年），全国人大常委会批准国务院关于劳动教养问题的决定的决议（1957年），全国人大常委会批准国务院关于华侨捐资兴办学校办法的决议（1957年），户口登记条例（1958年），华侨申请使用国有的荒山荒地条例（1955年）。

表3－2　1978—1982年全国人大及其常委会制定颁布的法律

	宪法及宪法相关法	民商法	行政法	经济法	社会法	刑法	诉讼与非诉讼程序法
本时期立法数量（件）	7	3	6	2	2	1	1
占本时期22件立法的（%）	31.82	13.64	27.27	9.09	9.09	4.55	4.55
占所有同部门立法的（%）	17.95	9.38	7.59	3.70	11.76	100	14.29
占229件立法的（%）	3.06	1.31	2.62	0.87	0.87	0.44	0.44

（二）有计划商品经济背景下的立法（1983—1992）

在1982年宪法的基础上，我国立法进入了快速发展时期。1983年，明确提出计划经济为主、市场调节为辅的原则，强调继续注意发挥市场调节的作用，但决不能忽视和放松国家计划的统一领导。立法以经济建设为中心，就必须适应并作用于经济体制改革的需要。执政党的十二届三中全会作出了关于经济体制改革的决定，提出社会主义经济是公有制基础上的有计划商品经济，突破了把计划经济同商品经济对立起来的传统观念。同时要求，随着"经济体制的改革和国民经济的发展，使越来越多的经济关系和经济活动准则需要用法律形式固定下来"。为此，"国家立法机关要加快经济立法"。①1987年，执政党的十三大指出，我国以宪法为基础的社会主义法律体系初步形成；中国正处在社会主义的初级阶段，必须以公有制为主体，大力发展有计划的商品经济；必须加快建立和培育社会主义市场体系，抓紧建立完备的经济法规体系，尽快制定有关私营经济的政策和法律，保护它们的合法利益。总之，法制建设必须贯串于改革的全过程，国家的政治生活、经济生活和社会生活的各个方面，民主和专政的各个环节，都应做到有法可依，有法必依，执法必严，违法必究。十三届四中全会后，执政党提出要建立适应有计划商品经济发展的计划经济与市场调节相结合的经济体制和运行机制。

这一时期，我国立法工作沿着两条背景性的主线展开：一是大力推进经济体制、政治体制改革，加强民主法治建设和精神文明建设，这是我国立法工作面临的总体的历史任务和时代背景；二是以经济建设为中心，建立适应有计划商品经济发展的计划经济与市场调节相结合的经济体制。以经济建设为中心，是以建设有计划商品经济体制、机制为经济体制改革和建设的中心。立法要服从于、服务于经济建设这个中心。陈丕显副委员长1985年在

① 参见《中共中央关于经济体制改革的决定》，人民出版社1984年版。

六届全国人大三次会议上指出：为了保障社会主义现代化建设的顺利进行，全国人大和全国人大常委会把制定经济方面的法律作为立法工作的重点，先后制定了经济合同法、统计法、环境保护法（试行）海洋环境保护法、水污染防治法、食品卫生法（试行）、海上交通安全法，并批准了国家建设征用土地条例。同时，为了适应对外开放的需要，有利于引进外国资本和技术，还制定了中外合资经营企业法、中外合资经营企业所得税法、外国企业所得税法、个人所得税法、商标法和专利法，并批准了广东省经济特区条例。中国经济领域已有一些基本的法律，但是还不完备，还需要进一步制定一批重要的经济法律和对外经济合作方面的法律，保障对外开放和经济体制改革的顺利进行。[①] 1986年在六届人大四次会议上，他又指出，常委会进一步加强了立法工作，特别是经济立法。[②]

1993年，彭冲副委员长在总结七届全国人大的立法工作时说，五年来，全国人大及其常委会通过了宪法修正案和59个法律，27个关于法律问题的决定，共计87个。1988年修改了宪法的个别条款，肯定了私营经济的地位，允许土地使用权依法转让，对改革开放和经济建设产生了积极的影响。常委会始终把制定有关经济建设和改革开放方面的法律作为立法工作的重点，制定了有关经济方面的法律21个，对民事诉讼法（试行）进行了补充和修改，对土地管理法、中外合资经营企业法、环境保护法、专利法、商标法等法律作了修改和完善。[③]

这一时期，除全国人大于1988年对1982年宪法做了个别修改外，全国人大及其常委会还制定颁布了现行有效的法律70件（详见表3-3）。

表3-3　　1983—1992年全国人大及其常委会制定颁布的法律

	宪法及宪法相关法	民商法	行政法	经济法	社会法	刑法	诉讼与非诉讼程序法
本时期立法数量（件）	16	9	19	18	5	无	3
占本时期70件立法的（%）	22.85	12.85	27.14	25.71	7.14		4.28
占所有同部门立法的（%）	41.02	28.12	24.05	33.33	29.41		42.85
占229件立法的（%）	6.98	3.93	8.29	7.86	2.18		1.31

① 陈丕显：《中华人民共和国第六届全国人大常委会工作报告》（1985年）。

② 陈丕显：《中华人民共和国第六届全国人大常委会工作报告》（1986年）。

③ 彭冲：《中华人民共和国第八届全国人大常委会工作报告》（1993年）。

(三) 建立社会主义市场经济体制背景下的立法 (1993—2002)

邓小平南方讲话以后，建立社会主义市场经济体制的任务提上了我国改革开放的重要议事日程。1992年，我国提出，经济体制改革的目标是建立社会主义市场经济体制。与此相适应，要高度重视法制建设，加强立法工作，建立和完善社会主义市场经济法律体系，特别是抓紧制定与完善保障改革开放、加强宏观经济管理、规范微观经济行为的法律和法规。

由此，我国的经济建设和改革开放进入了一个蓬勃发展的新阶段。1993年八届全国人大一次会议通过宪法修正案，把“中国正处于社会主义初级阶段”、“建设有中国特色社会主义的理论”和“坚持改革开放”等内容载入了宪法，明确规定“国家实行社会主义市场经济”，“国家加强经济立法，完善宏观调控”。这就为建立和发展社会主义市场经济提供了宪法依据，具有重大意义。建立社会主义市场经济体制必须有比较完备的法制作保障。现在规范市场经济主体行为、维护市场经济秩序和完善宏观调控的一些急需的法律还没有制定出来，因此加快立法刻不容缓。①

全国人大八届二次会议的常委会工作报告指出，② 全国人大常委会应当“把经济立法作为第一位的任务，争取在本届任期内大体形成社会主义市场经济法律体系的框架”。1994年，立法步伐明显加快，全国人大常委会共制定、修改法律和通过有关法律问题的决定21个，其中有关社会主义市场经济方面的占13个。1995年，全国人大常委会继续把经济立法放在第一位，使立法适应发展社会主义市场经济的需要，在形成社会主义市场经济法律体系框架方面迈出了重要步伐。

1997年，执政党的十五大把依法治国确立为党领导人民治国理政的基本方略，并强调要加强立法工作，提高立法质量，到2010年形成有中国特色社会主义法律体系。

1998年，在九届全国人大第一次会议上，田纪云副委员长对过去5年立法进行总结时指出：全国人大常委会把加快经济立法作为第一位的任务，以改革的精神对待和解决立法中遇到的问题和难点，围绕市场经济体制的主要环节，努力构筑社会主义市场经济法律体系框架。在规范市场主体方面，制定了公司法、合伙企业法、商业银行法等法律。在确立市场规则、维护市

① 彭冲：《中华人民共和国第八届全国人大常委会工作报告》(1993年)。

② 田纪云：《中华人民共和国第八届全国人大常委会工作报告》(1994年)。

场秩序方面，制定了反不正当竞争法、城市房地产管理法、广告法、拍卖法、担保法、票据法、保险法、仲裁法等法律，并对经济合同法等法律作了修改。这些法律体现了市场经济公平、公正、公开、效率的原则，有利于形成全国统一、开放的市场体系。在完善宏观调控方面，制定了预算法、审计法、中国人民银行法、价格法等法律，并对统计法、个人所得税法等法律进行了修改。在建立社会保障制度方面，制定了劳动法等法律。在对外开放方面，制定了对外贸易法等法律。在振兴基础产业和支柱产业方面，制定了农业法、民用航空法、电力法、公路法、煤炭法、节约能源法、建筑法等法律，修改了矿产资源法等法律。五年来制定的有关市场经济方面的法律，连同以前制定的有关经济法律，初步构成社会主义市场经济法律体系框架，为社会主义市场经济的培育和发展提供了重要法制条件。①

1999年3月，九届全国人大二次会议通过的宪法修正案，把依法治国基本方略、国家现阶段基本经济制度和分配制度以及非公有制经济的重要作用等写进了宪法，为建立社会主义市场经济体制、发展人民民主、推进依法治国基本方略实施，进一步完善社会主义市场经济立法，提供了宪法依据和保障。

2002年，我国进一步提出，要适应社会主义市场经济发展、社会全面进步和加入世贸组织的新形势，加强立法工作，提高立法质量，到2010年形成中国特色社会主义法律体系。

这一时期，除全国人大于1993年、1999年对1982年宪法做了两次修改外，全国人大及其常委会还制定颁布了现行有效的法律98件（详见表3-4）。

表3-4　　1993—2002年全国人大及其常委会制定颁布的法律

	宪法及宪法相关法	民商法	行政法	经济法	社会法	刑法	诉讼与非诉讼程序法
本时期立法数量（件）	11	15	38	24	7	无	3
占本时期98件立法的（%）	11.22	15.30	38.77	24.48	7.14		3.06
占所有同部门立法的（%）	28.20	46.87	48.10	44.44	41.17		42.85
占229件立法的（%）	4.80	6.55	16.59	10.48	3.05		1.31

① 田纪云：《中华人民共和国第九届全国人大常委会工作报告》（1998年）。

（四）全面贯彻落实科学发展观背景下的立法（2003年至今）

科学发展观，是立足社会主义初级阶段基本国情，总结中国发展实践，借鉴国外发展经验，适应新的发展要求提出来的。2003年10月召开的十六届三中全会，审议通过的《关于完善社会主义市场经济体制若干问题的决定》，明确提出要完善社会主义市场经济体制，做到统筹城乡发展、统筹区域发展、统筹经济社会发展、统筹人与自然和谐发展、统筹国内发展和对外开放的要求，总起来说，就是要“坚持以人为本，树立全面、协调、可持续的发展观，促进经济社会和人的全面发展”。2007年，胡锦涛又进一步指出，科学发展观，第一要义是发展，核心是以人为本，基本要求是全面协调可持续，根本方法是统筹兼顾。

以法律的方式体现、保障和落实科学发展观的要求，是2002年以来中国立法工作逐步明确的指导思想和中心任务。这一时期，除全国人大于2004年对1982年宪法做了必要修改外，全国人大及其常委会还制定颁布了现行有效的法律32件（详见表3-5）。

表3-5　2003年至今全国人大及其常委会制定颁布的法律

	宪法及宪法相关法	民商法	行政法	经济法	社会法	刑法	诉讼与非诉讼程序法
本时期立法数量（件）	3	5	12	9	3	无	无
占本时期32件立法的（%）	9.37	15.62	37.50	28.12	9.37		
占所有同部门立法的（%）	7.69	5.62	15.18	16.66	17.64		
占229件立法的（%）	1.31	2.18	5.24	3.93	1.31		

三、中国特色社会主义法律体系

中国特色社会主义法律体系有两个主要参照系：一是与西方法律体系相比，中国强调其法律体系的社会主义性质；二是与苏联东欧的传统社会主义法律体系相比，中国强调其法律体系是中国特色的社会主义法律体系。

世界上多数国家将法律体系分为公法、私法和“社会法”，但是在我国，由于受到苏联的深刻影响，不以公法、私法为划分标准，因为革命导师列宁曾经说过，“我们不承认任何‘私法’，在我们看来，经济领域中的一切都属于公法范围，而不属于私法范围”。苏联学者根据列宁的这个教导，否定了公法和私法的划分，主张把法律体系分为十个法律部门，即国家法、行政法、劳动法、土地法、集体农庄法、财政预算法、家庭法、民法、刑法和诉讼法。

我国接受了苏联的经验，又根据自己的实际情况做了调整。目前，中国特色社会主义法律体系划分为七个法律部门，它们是宪法及宪法相关法、民法商法、行政法、经济法、社会法、刑法、诉讼与非诉讼程序法（参见表3-6）。

表3-6　苏联、新中国、旧中国法律体系构成比较

序号	苏　联	中华人民共和国	1949年以前的旧中国
1	国家法	宪法与宪法相关法	宪法
2	行政法	行政法	行政法
3	劳动法	社会法	
4	土地法	经济法	
5	集体农庄法		
6	财政预算法		
7	家庭法		
8	民法	民法商法	民法
9	刑法	刑法	刑法
10	诉讼法	诉讼与非诉讼程序法	民事诉讼法、刑事诉讼法

1997年，我国明确提出，“到2010年形成有中国特色的社会主义法律体系”。

到达这一目标的进程，大致可分为三个阶段。九届全国人大：“初步形成中国特色社会主义法律体系”；十届全国人大：“基本形成中国特色社会主义法律体系”；2010年：“形成中国特色社会主义法律体系。”

2002年10月，《中华人民共和国法典》首发之际，李鹏委员长即指出，中国已初步形成了有中国特色的社会主义法律体系。之所以称“初步形成”，是因为在九届全国人大及其常委会任期内，由七个部门、三个层次组成的法律体系框架已建立起来。2003年3月，十届全国人大提出，本届全国人大及其常委会立法工作的目标是“基本形成中国特色社会主义法律体系”。“基本形成”，就是在“初步形成”的基础上，将每个法律部门中支架性的、现实急需的、条件成熟的法律制定和修改完成。[①]

① 全国人大常委会法工委：《中国法律体系将如期形成》，《瞭望·新闻周刊》2007年第11期。

形成中国特色社会主义法律体系，应该达到以下基本标准：第一，法的门类要齐全（即宪法及宪法相关法、民法商法、行政法、经济法、社会法、刑法、诉讼与非诉讼程序法等不应当有缺项）。第二，不同法律部门内部基本的、主要的法律规范要齐备。第三，法律体系内部不同的法律门类之间、不同法律规范（如民事的、刑事的、行政的等）之间、不同层次法律规范（宪法、法律、行政法规、地方性法规和自治条例、单行条例等）之间，要做到逻辑严谨、结构合理、和谐统一。①

2008年3月，吴邦国委员长在十一届全国人大一次会议上指出，中国特色社会主义法律体系，是以宪法为核心、法律为主干，由宪法及宪法相关法、民法商法、行政法、经济法、社会法、刑法、诉讼与非诉讼程序法七个法律部门和法律、行政法规、地方性法规三个层次规范构成的统一整体。在前几届全国人大及其常委会立法工作的基础上，经过十届全国人大及其常委会的不懈努力，目前，我国现行有效的法律229件，加上现行有效的行政法规约600件、地方性法规7000多件，构成中国特色社会主义法律体系的各个法律部门已经齐全，各个法律部门中基本的、主要的法律及配套规定已经制定出来，中国特色社会主义法律体系已经基本形成，国家经济、政治、文化、社会生活的各个方面基本实现了有法可依（详见表3－7）。②

表3－7　按制定时间分类统计的中国特色社会主义法律体系（229件）

序号		1978—1982	1983—1992	1993—2002	2003—2008.03
1	宪法及宪法相关法(39件)	宪法（宪法修正案1988年、1993年、1999年、2004年）、城市街道办事处组织条例（1954年）、地方各级人大和地方各级政府组织法（修正1982年、1986年、1995年、2004年）、全国人大和地方各级人大选举法（修正1982年、1986年、1995年、2004年）、人民法院组织法（修正1983年、1986年、2006年）、人民检察院组织法（修正1983年、1986年）、国籍法、全国人大组织法、国务院组织法（9件）	全国人大常委会关于县级以下人大代表直接选举的若干规定、民族区域自治法（2001年修正）、全国人大常委会关于在沿海港口城市设立海事法院的决定、外交特权与豁免条例、全国人大常委会议事规则、全国人大常委会关于批准中央军事委员会《关于授予军队离休干部中国人民解放军功勋荣誉章的规定》的决定、全国人大议事规则、集会游行示威法、城市居民委员会组织法、香港特别行政区基本法、国旗法、领事特权与豁免条例、缔结条约程序法、国徽法、领海及毗连区法、全国人大和地方各级人大代表法（16件）	澳门特别行政区基本法、国家赔偿法、法官法（2001年修正）、检察官法（2001年修正）、戒严法、中国人民解放军选举全国人大和县级以上地方各级人大代表的办法（1996年修订，修改为现名称）、香港特别行政区驻军法、专属经济区和大陆架法、村民委员会组织法、澳门特别行政区驻军法、立法法（11件）	反分裂国家法、外国中央银行财产司法强制措施豁免法、各级人大常委会监督法（3件）

① 信春鹰：《构建社会主义法律体系，推进依法治国》，2007年9月14日在实施依法治国基本方略十周年座谈会上的发言。

② 国务院新闻办公室：《中国的法治建设》白皮书，2008年2月28日发表。

续表

序号		1978—1982	1983—1992	1993—2002	2003—2008.03
2	民商法(32件)	中外合资经营企业法（修正1990年、2001年）、婚姻法（2001年修正）、商标法（修正1993年、2001年）（3件）	专利法（修正1992年、2000年）、继承法、民法通则、外资企业法（2000年修正）、全民所有制工业企业法、中外合作经营企业法（2000年修正）、著作权法（2001年修正）、收养法（1998年修正）、海商法（9件）	反不正当竞争法、消费者权益保护法、公司法（修正1999年、2004年、2005年）、商业银行法（2003年修正）、票据法（2004年修正）、担保法、保险法（2002年修正）、拍卖法（2004年修正）、合伙企业法（2006年修订）、证券法（2004年修正、2005年修订）、合同法、个人独资企业法、招标投标法、信托法、农村土地承包法（15件）	证券投资基金法、电子签名法、企业破产法、农民专业合作社法、物权法（5件）
3	行政法(79件)	公安派出所组织条例（1954年）、全国人大常委会批准国务院关于劳动教养问题的决定的决议（1957年）、全国人大常委会批准国务院关于华侨捐资兴办学校办法的决议（1957年）、户口登记条例（1958年）、全国人大常委会关于批准《国务院关于安置老弱病残干部的暂行办法》的决议、全国人大常委会批准《国务院关于劳动教养的补充规定》的决议、学位条例（2004年修正）、全国人大常委会关于批准《国务院关于老干部离职休养的暂行规定》的决议（1980年）、海洋环境保护法（1999年修订）、文物保护法（修正1991年、2002年、2007年）（10件）	水污染防治法（1996年修正、2008年修订）、兵役法（1998年修正）、药品管理法（2001年修订）、外国人入境出境管理法、公民出境入境管理法、义务教育法（2006年修订）、国境卫生检疫法（2007年修正）、海关法（2000年修正）、大气污染防治法（1995年修正、2000年修订）、档案法（1996年修正）、中国人民解放军军官军衔条例（1994年修正）、保守国家秘密法、野生动物保护法（2004年修正）、传染病防治法（2004年修订）、环境保护法、军事设施保护法、归侨侨眷权益保护法（2000年修正）、人民警察警衔条例、测绘法（2002年修订）（19件）	国家安全法、科学技术进步法（2007年修订）、教师法、城市房地产管理法（2007年修正）、母婴保健法、监狱法、人民警察法、教育法、预备役军官法、体育法、固体废物污染环境防治法（2004年修订）、食品卫生法、行政处罚法、律师法（2001年修正、2007年修订）、促进科技成果转化法、职业教育法、枪支管理法、环境噪声污染防治法、人民防空法、国防法、行政监察法、建筑法、献血法、防震减灾法、消防法、执业医师法、高等教育法、行政复议法、气象法、国家通用语言文字法、现役军官法（1994年修正、2000年修正，修改为现名称）、国防教育法、防沙治沙法、人口与计划生育法、科学技术普及法、清洁生产促进法、环境影响评价法、民办教育促进法（38件）	海关关衔条例、居民身份证法、放射性污染防治法、行政许可法、道路交通安全法（2007年修正）、公务员法、治安管理处罚法、公证法、护照法、突发事件应对法、城乡规划法、禁毒法（12件）
4	经济法(54件)	华侨申请使用国有的荒山荒地条例（1955年）、全国人大常委会关于批准《广东省经济特区条例》的决议、个人所得税法（修正1993年、1999年、2005年、2007年两次）（3件）	海上交通安全法、统计法（1996年修正）、森林法（1998年修正）、会计法（1993年修正、1999年修订）、草原法（2002年修订）、计量法、渔业法（修正2000年、2004年）、矿产资源法（1996年修正）、土地管理法（1988年修正、1998年修订、2004年修正）、邮政法、水法（2002年修订）、标准化法、进出口商品检验法（2002年修正）、铁路法、烟草专卖法、水土保持法、进出境动植物检疫法、税收征收管理法（1995年修正、2001年修订）（18件）	产品质量法（2000年修正）、农业技术推广法、农业法（2002年修订）、注册会计师法、全国人大常委会关于外商投资企业和外国企业适用增值税、消费税、营业税等税收暂行条例的决定、台湾同胞投资保护法、预算法、对外贸易法（2004年修订）、审计法（2006年修正）、广告法、中国人民银行法（2003年修正）、民用航空法、电力法、煤炭法、乡镇企业法、公路法（修正1999年、2004年）、动物防疫法（2007年修订）、防洪法、节约能源法（2007年修订）、价格法、种子法（2004年修正）、海域使用管理法、政府采购法、中小企业促进法（24件）	港口法、银行业监督管理法（2006年修正）、农业机械化促进法、可再生能源法、畜牧法、农产品质量安全法、反洗钱法、企业所得税法、反垄断法（9件）

续表

序号		1978—1982	1983—1992	1993—2002	2003—2008.03
5	社会法(17件)	全国人大常委会关于批准《国务院关于工人退休、退职的暂行办法》的决议、全国人大常委会关于批准《国务院关于职工探亲待遇的规定》的决议（2件）	残疾人保障法、未成年人保护法（2006年修订）、工会法（2001年修正）、妇女权益保障法（2005年修正）、矿山安全法（5件）	红十字会法、劳动法、老年人权益保障法、预防未成年人犯罪法、公益事业捐赠法、职业病防治法、安全生产法（7件）	劳动合同法、就业促进法、劳动争议调解仲裁法（3件）
6	刑法(1件)	刑法（1997年修订）（1件）		全国人大常委会关于惩治骗购外汇、逃汇和非法买卖外汇犯罪的决定，刑法修正案、刑法修正案（二）、刑法修正案（三）、刑法修正案（四）	刑法修正案（五）、刑法修正案（六）
7	诉讼与非诉讼程序法(7件)	刑事诉讼法（1996年修正）（1件）	关于对缔结或者参加的国际条约所规定的罪行行使刑事管辖权的决定、行政诉讼法、民事诉讼法（2007年修正）（3件）	仲裁法、海事诉讼特别程序法、引渡法（3件）	
总计	229件	29件（其中6件是1978年以前制定的）	70件	98件	32件

表3-8　1979—2008年2月全国人大及其常委会的立法情况统计

年份	法律	法律问题的决定	解释	总数	备　注
1979	12	2		14	含修正1978年宪法的决议1件
1980	9	4		13	含修改1978年宪法的决议1件
1981	5	8		13	
1982	11	10		21	含宪法1件
1983	6	10		16	
1984	8	3		11	
1985	8	4		12	
1986	13	2		15	
1987	7	6		13	
1988	11	12		23	含宪法修正案1件
1989	8	3		11	
1990	10	10		20	
1991	9	7		16	
1992	10	7		17	
1993	18	16		34	含宪法修正案1件

续表

年份	法律	法律问题的决定	解释	总数	备　注
1994	14	6		20	
1995	19	5		24	
1996	19	2	1	22	
1997	12	11		23	
1998	11	8	1	20	
1999	16	7	1	24	含宪法修正案1件
2000	13	2	1	16	
2001	19	2	1	25	
2002	16	8	4	28	
2003	20	5		15	
2004	18	3	2	23	含宪法修正案1件
2005	12	5	3	20	
2006	13	2		15	
2007	20	7		27	
2008.3	1			1	
总数	358	180	14	552	
现行有效	229	87	14	330	

全国人大及其常委会制定的现行有效法律共计229件，依照各门类立法数量的多少来排序，可以看出它们的百分比分别是：行政法79件，占全国人大及其常委会立法总数的34.49%；经济法54件，占23.58%；宪法及宪法相关法39件，占17.03%；民商法32件，占13.97%；社会法17件，占7.42%；诉讼与非诉讼程序法7件，占3.0%；刑法1件，占0.43%。改革开放以来，经济立法始终是我国立法工作的重点，而社会立法则处于相对滞后状态。但2003年十届全国人大以来，社会立法的比重越来越大，经济立法与社会立法不协调、不平衡的问题，正在以人为本的科学发展观指导下逐步得到解决（参见表3-9）。

表3-9 全国人大及其常委会经济立法与社会立法比较统计表①

全国人大及其常委会（25年）	立法总数(件)	经济立法(件)	占立法总数的(%)	社会立法(件)	占立法总数的(%)
第六届全国人大（1983.03—1988.03）	37	22	59.5	1	3.7
第七届全国人大（1988.03—1993.03）	62	21	33.8	5	8.0
第八届全国人大（1993.03—1998.03）	118	35	29.6	6	5.0
第九届全国人大（1998.03—2003.03）	124	29	23.3	4	3.1
第十届全国人大（2003.03—2008.03）	100	23	23	7	7
总 计	441	130	29.47	23	5.21

其实，早在1987年执政党的十三大报告中就向全世界宣布，社会主义民主和法制的建设逐步发展，以宪法为基础的社会主义法律体系初步形成。1988年3月，陈丕显副委员长在七届全国人大一次会议上总结六届全国人大及其常委会任期内立法工作的成绩时，又一次指出："过去五年立法工作的重大进展，使我国在国家政治生活、经济生活、社会生活的基本方面，已经不再是无法可依，而是有法可依。以宪法为基础的社会主义法律体系已经初步形成。"李培传先生在《中国社会主义立法的理论与实践》一书也认为，1978年到1990年"是我国大规模立法活动开展的时期，也是我国立法取得令人瞩目的成果的时期。一个具有中国特色的，以宪法为核心，多层次的社会主义法律体系，在几乎是一片空白和荒芜的基础上，初步形成。……这些法律、行政法规、地方性法规和行政规章的制定，使我国的政治、经济、社会等方面，基本上有法可依了"。② 当然，截至2008年我们形成的是具有更高水平、门类更加齐全、数量更多、质量更高的中国特色社会主义法律体系。

未来我国立法发展的主要任务是"完善中国特色社会主义法律体系"。从这个意义上讲，将现阶段的法律体系定位于"基本形成"，是科学的和实事求是的。从这一阶段到"完善"阶段，尚需跨越"全面形成"阶段和"比较完善"阶段。当然，一国法律体系的完善是受许多主客观条件制约

① 该统计含已被废除和被修改的全部法律，而不是仅指现行有效的法律。

② 李培传主编：《中国社会主义立法的理论与实践》，中国法制出版社1991年版，第356页。

的，既有立法技术和能力的问题，也有社会政治经济发展水平和社会关系成熟度的问题。因此，在法律体系完善问题上，我们既不能消极坐等，也不能急躁冒进。从实践来看，立法的过于超前并不比滞后更有益。

什么才堪称“完善”？完善的中国特色社会主义法律体系，至少应当具有以下特征：一是经济、政治、文化和社会生活的各个方面都有法可依；二是各类法律从精神到原则再到具体内容统一、协调、可行，将矛盾、冲突和漏洞减少到最低限度；三是无论法典还是单行法从形式到内容，各得其所；四是对过时、落后和冲突矛盾的法律能够及时发现，及时修改补充，做到法律变动与形势发展同步。

对照我国现行法律体系，显然有许多方面还存在明显缺陷。一是我国在一些基本的方面还存在无法可依的情形。比如，需要尽快制定国有资产法、食品安全法、循环经济法、农村土地承包纠纷仲裁法等。二是完善社会主义市场经济体制迫切需要的侵权责任法、涉外民事关系的法律适用法、促进经济社会协调发展和城乡协调发展及东中西部协调发展需要的财政转移支付法、西部开发促进法、完善社会保障和社会救济体制需要的社会保险法、社会救济法，以及进一步转变政府职能、规范行政行为、提高行政效率需要的行政收费法、行政强制法、行政程序法、政务信息公开法等，都还没有制定出来。三是随着社会进步和科技发展，一些新领域如与网络有关的一系列法律规范，在法律层面还存在空白。四是由于人权原则入宪以及人民民主的不断扩大，一些基本法律也需要进行修改补充，比如刑事诉讼法、行政诉讼法、选举法、全国人大组织法、国家赔偿法等，都陆续暴露出不少缺陷和不足，亟须进行完善。

因此，在中国特色社会主义法律体系已基本形成以后，我们应当抓紧制定在法律体系中起支架作用的法律，及时修改与经济社会发展不相适应的法律规定，督促有关方面尽快制定和修改与法律相配套的法规，确保到2010年形成中国特色社会主义法律体系。努力从制度上消除部门立法的弊端，稳定立法数量，提高立法质量，完善立法程序，改进立法技术，优化立法结构，进一步完善中国特色社会主义法律体系。

首先，应当完善公民基本权利和自由、国家组织机构设置和中央与地方关系等方面的法律制度；完善维护社会公平，加强社会管理、社会保障和公共事业方面的法律制度；完善生态环境保护、税收调节、公共财政等方面的法律制度，促进经济社会全面协调可持续发展；完善各个法律部门、起支架作用的法律、实施性法规规章、立法技术。

其次，根据改革发展进程，及时完善制定立法规划，规划草案应经过科学论证并向全社会征求意见。增强立法的民主性、科学性和全局性，从源头上预防立法中的部门保护主义、地方保护主义。

第三，提高立法透明度，扩大公众的立法参与。

第四，建立立法机关评估、执法机关评估、专家学者评估、社会公众评估相结合的立法后评估机制，适时完善、修改相关法律法规，确保立法的适应性。

四、新中国立法的主要经验

反思60年来，尤其是改革开放30年来中国的立法进程，可以总结出以下六条主要立法经验。

（一）坚持以宪法为依据，以国家的整体利益和人民的根本利益为出发点

宪法是治国安邦的总章程，是国家的根本法，具有最高法律效力，一切立法必须以宪法为根本法律依据，不得同宪法精神、宪法原则以及宪法条文相抵触。坚持依宪立法，这既是依法治国的内在要求，也是保证法治统一和权威的重要前提。只有以宪法为依据，才能使制定的法律符合我国社会发展的规律，符合改革和建设的需要。① 在立法过程中，必须严格按照宪法的原则和精神，保障公民的各项权利，合理划分国家机构的权限，规范国家机关及其工作人员的行为，正确处理人民群众依法行使权利和国家机关依法管理的关系。立法立足于维护最大多数人的最大利益，注意防止不适当地扩大部门的权力和利益或损害公民的合法权益，努力使制定的法律符合各族人民的根本利益和国家的整体利益，有利于保护和促进生产力的发展。②

坚持依宪立法，应当正确处理中央和地方、全局和局部、长远和当前、发达地区和欠发达地区的利益关系，维护好国家的整体利益和人民的根本利益；应当坚持统筹兼顾，正确认识不同利益诉求，正确处理权力与权利的关系，保证公民、法人和其他组织的合法权益不受侵害。既给予行政机关必要的手段，以确保行政权力依法有效行使，又注意对行政权力进行规范、制约

① 田纪云：《中华人民共和国第八届全国人大常委会工作报告》（1996年）。

② 田纪云：《中华人民共和国第九届全国人大常委会工作报告》（1998年）。

和监督，促进行政机关正确行使权力，保持权力与权利之间的平衡；正确处理权力与权力的关系，坚持权力与责任相统一，体现权力与责任紧密挂钩、权力与利益彻底脱钩的原则；正确处理权利与权利的关系，统筹兼顾各方面的利益诉求，促进社会和谐稳定。

（二）坚持以经济建设为中心，把立法与改革发展的重大决策紧密结合起来

以经济建设为中心、坚持改革开放，是 30 年来我国经济社会发展的主旋律。立法要适应并服务于经济社会发展和改革开放的需要，是我国 30 年立法的又一基本经验。

我国的立法者清楚地认识到，应当坚持立法与改革发展和现代化建设进程相适应，为改革发展和现代化建设创造良好的法治环境；应当认真总结改革开放和现代化建设的基本经验，把实践证明是正确的经验用法律肯定下来，巩固改革开放和现代化建设的积极成果，保障和促进经济社会又好又快地发展。对于那些应兴应革的重大决策，尽可能作出法律规范，力求用立法引导、推进和保障改革开放和现代化建设的健康发展。[①] 采取积极、慎重的方针，严肃立法，成熟一个，制定一个，不成熟或没有把握的，不勉强制定，避免束缚改革的手脚，或因仓卒制定，被迫频繁修改，使制定的法律具有稳定性和权威性。

对于立法中遇到的问题，要区别不同情况作出处理：改革开放实践经验比较成熟的，通过立法加以深化、细化，作出具体规定；改革开放实践经验尚不成熟，又需要作规定的，立法作出原则规定，为进一步改革发展留下空间；对于实践经验缺乏，各方面意见又不一致的，暂不规定，待条件成熟时再行立法。

1986 年，国务院在《关于第七个五年计划的报告》中指出，“经济体制改革的深入进行和国民经济的进一步发展，越来越要求把更多的经济关系和经济活动的准则用法律的形式固定下来，使法律成为调解经济关系和经济活动的重要手段”。

1992 年，执政党提出必须“加强立法工作，特别是抓紧制订与完善保障改革开放、加强宏观经济管理、规范微观经济行为的法律和法规，这是建立社会主义市场经济体制的迫切要求”。1994 年，执政党提出“改革决策要

---

① 田纪云：《中华人民共和国第八届全国人大常委会工作报告》（1996 年）。

与立法决策紧密结合。立法要体现改革精神，用法律引导、推进和保障改革顺利进行”。1995年，执政党要求“坚持改革开放和法制建设的统一，做到改革决策、发展决策与立法决策紧密结合”。1997年和2002年，执政党又进一步明确提出，“要把改革和发展的重大决策同立法结合起来”，要“适应社会主义市场经济发展、社会全面进步和加入世贸组织的新形势，加强立法工作，提高立法质量，到2010年形成中国特色社会主义法律体系”。

立法与改革发展紧密结合，可从全国人大常委会的工作报告中略见一斑（详见表3－10）。

表3－10　从全国人大常委会工作报告看立法与改革发展相结合的内容

年份	关于立法与改革发展决策紧密结合的主要内容
1981	我们国家大，民族多，各地的政治、经济、文化的发展是不平衡的。立法应当注意全国千差万别的具体情况，避免一刀切。当前经济立法的重点，是围绕经济调整和体制改革来进行，以保障调整任务的顺利实现，巩固经济改革的成果。
1986	为了适应经济体制改革和社会主义现代化建设的需要，必须根据轻重缓急和具体条件，积极负责地加快经济立法的步伐。由于全面的经济体制改革和教育、科技体制改革和教育、科技体制改革正在开展，一些重要的改革还在实践和积累经验的过程中，因此这些法律还需要根据条件逐步制定，在总结经验的基础上，成熟一个制定一个。
1990	要把经过实践证明是正确的并长期适用的政策，通过法定程序转变为国家法律，要认真研究改革开放中出现的各种新情况、新问题，及时地把改革开放的成功经验用法律形式肯定下来。
1995	继续加快经济立法，在形成社会主义市场经济法律体系框架方面迈出重要步伐。按照立法决策和改革决策紧密结合的要求，把制定保障和促进改革开放、加快建立社会主义市场经济体制方面的法律作为立法的重点。
1996	立法要同改革和发展的实际紧密结合。要把实践证明是正确的东西，用法律形式肯定下来，巩固改革开放的成果，用法律引导、推进、保障改革和发展。
1998	加快立法步伐，抓紧制定社会主义市场经济方面的法律。在立法工作中，始终注意坚持立法同改革、发展的重大决策相结合。认真总结改革开放和现代化建设的经验，把实践证明是正确的经验用法律肯定下来，巩固改革开放的成果，推进和保障改革开放和现代化建设的健康发展。
2000	要把立法工作与国家改革、发展、稳定的重大决策更加紧密地结合起来，通过建立和完善有关法律制度，保障和促进各项事业的发展。
2001	要继续围绕国家的中心工作，坚持立法与改革、发展、稳定的重大决策紧密结合，通过立法，把党的主张转变为国家意志，使立法工作更好地服务于国家工作的大局。
2002	根据改革开放和建立社会主义市场经济体制的要求，适时制定、修改有关法律。把经过各地实践的成功做法和实施地方性法规的经验，上升为法律。
2003	不断加强和改进立法工作，坚持把立法与国家改革、发展、稳定的重大决策更加紧密地结合起来。紧紧围绕国家的中心工作开展立法，集中力量，保证急需制定和修改的法律，以及形成法律体系必不可少的重要法律适时出台，使立法工作服从和服务于国家工作的大局。既着眼于通过立法肯定改革成果，又注意为深化改革留有空间和余地。

续表

年份	关于立法与改革发展决策紧密结合的主要内容
2004	立法工作思路是坚持围绕党和国家工作大局，为改革发展服务。既注意及时把改革中取得的成功经验用法律形式确定下来，对现有法律中不适应实践发展的规定进行修改，为改革发展提供坚实的法制保障；又注意为继续深化改革留下空间。要坚持从我国的国情出发，始终把改革开放和现代化建设的伟大实践作为立法的基础。
2007	立法要准确把握改革开放和现代化建设的客观规律，统筹兼顾最广大人民的根本利益、现阶段群众的共同利益和不同群体的特殊利益，充分发挥法律在构建和谐社会中的规范、引导和保障作用。
2008	要按照国家的战略部署和重大决策，以改革开放和现代化建设伟大实践作为立法基础，根据经济社会发展的客观需要，把在中国特色法律体系中起支架作用、现实生活迫切需要、立法条件比较成熟的立法项目作为立法重点，将改革开放和现代化建设的成功经验以法律形式固定下来。要紧紧围绕全面建设小康社会的奋斗目标，紧紧围绕改革发展稳定的重大问题，紧紧围绕人民群众普遍关心的热点难点问题，全面部署和统筹安排立法工作。

坚持立法与改革发展和现代化建设相适应，把实践证明是正确的经验用法律肯定下来，巩固改革开放和现代化建设的积极成果，保障和促进经济社会又好又快地发展，为改革发展和现代化建设创造良好的法治环境。当然，立法与改革发展紧密结合也面临一些内在矛盾难以解决：一是法律应当具有统一性和协调性，但改革发展的不平衡性使改革时期的立法难以统一和协调；二是法律应当准确、具体，但改革发展的渐进性使改革时期的立法难以准确、具体；三是法律应当具有稳定性，但改革发展措施的探索性使改革时期的立法难以固定不变；四是法律应当具有国家强制性，但改革发展的复杂情况使立法难以相应作出强制规定。①

（三）坚持中国国情和特色，学习借鉴外国立法经验

立法必须从中国的基本国情出发，深刻认识和正确把握中国发展的阶段性特征，坚持以经济建设为中心，坚持改革开放，紧紧围绕全面建设小康社会的奋斗目标，围绕促进经济建设、政治建设、文化建设、社会建设协调发展来开展立法，促进各项事业的顺利发展。这是30年我国立法的一条基本经验。

我国正处于并将长期处于社会主义初级阶段，因此中国必须经历一个相

① 李培传主编：《中国社会主义立法的理论与实践》，中国法制出版社1991年版，第328—331页。

当长的历史时期，才能实现工业化和现代化。虽然改革开放30年来我们在各方面取得了巨大进步，但是，中国人口多、底子薄，城乡发展和地区发展很不平衡，生产力不发达的状况并没有根本改变，我国的市场经济体制还不够完善，民主法制还不够健全，社会不公、贪污腐败等问题仍然存在，社会主义制度还不够成熟；虽然“经过新中国成立以来特别是改革开放以来的不懈努力，中国取得了举世瞩目的发展成就，从生产力到生产关系、从经济基础到上层建筑都发生了意义深远的重大变化，但中国仍处于并将长期处于社会主义初级阶段的基本国情没有变，人民日益增长的物质文化需要同落后的社会生产之间的矛盾这一社会主要矛盾没有变”。[①] 中国今天仍然是一个发展中国家。立法工作必须始终牢记这一基本国情，从这一基本国情出发，坚定不移地走中国特色的立法发展道路。

立足于中国国情，从中国的实际情况出发，同时要借鉴古今中外好的、有益的东西，认真研究和借鉴国外立法的有益经验，但不照搬别国的立法体制。在制定各项法律时，要注意搜集、整理国外有关的法律规定，加以研究、比较，从中汲取对我有用的东西。对于其中反映市场经济规律性、共同性的内容，以及国际交往中形成的国际法规范和惯例，大胆地吸收和借鉴，有的适合中国实际的法律规定可以直接移植，在实践中逐步完善。[②] 例如，在民商法领域，民法通则、物权法、合同法等法律，兼采普通法系和大陆法系国家的诸多基本制度，吸收了国际通行的私法精神与立法原则。在行政法领域，吸收了现代行政法治中通行的比例原则、信赖保护等原则。在刑事法领域，刑法和刑事诉讼法借鉴和吸收了国外罪刑法定和公开审判等现代刑事法治的基本原则和精神。针对近年来刑事犯罪中出现的新情况，参照国外刑事立法经验，在刑事法律中规定了资助恐怖活动罪、洗钱罪、内幕交易罪、操纵证券期货交易价格罪、妨害信用卡管理罪等新罪名。在知识产权保护和环境保护的立法方面，也吸收了不少国外的立法经验。[③]

全国人大及其常委会在立法过程中学习、借鉴、吸收外国立法经验的情况（参见表3－11）。

---

① 胡锦涛：《高举中国特色社会主义伟大旗帜 为夺取全面建设小康社会新胜利而奋斗——在中国共产党第十七次全国代表大会上的报告》，人民出版社2007年版。

② 田纪云：《中华人民共和国第九届全国人大常委会工作报告》（1998年）。

③ 国务院新闻办公室：《中国的法治建设》白皮书，2008年2月28日发表。

表3－11　22部法律在立法过程中吸收借鉴外国法经验的情况

序号	中国法律名称	立法时间	立法借鉴外国法经验涉及的国家	借鉴外国立法经验涉及的主要内容
1	食品卫生法	1982年11月	日本、美国、德国、罗马尼亚	本法的适用范围，食品卫生监督，禁止销售的食品，营业场所和设施的卫生要求，行政处理和处罚，刑事处罚。
2	水污染防治法	1984年5月	美国、日本、苏联、罗马尼亚	主管机关，各类水质标准和污染物排放标准的制定，对超标排污和造成水污染危害的企业、设施实行限期改进及停工、停产的决定权，法律责任。
3	药政法	1984年6月	苏联、日本、美国、英国、新加坡	药品管理的主管机关，药品生产、销售许可证或执照及其有效期限，进口药品的管理，新药的管理，违法药品问题。
4	民法通则	1986年4月	美国、英国、德国、法国、日本	调整商品经济的主要法律——性质和作用：民法、商法、经济法、劳动法、社会法。
5	企业破产法(试行)	1986年12月	英国、法国、意大利、荷兰、比利时、德国、爱尔兰	破产的条件，破产程序的提出，破产程序的分类，破产诉讼的司法管辖权。
6	标准化法	1988年12月	波兰、匈牙利、捷克斯洛伐克、日本、法国、南斯拉夫。	标准体系和标准的制定，标准的执行，产品质量认证，标准实施的监督检查，法律责任。
7	环境保护法	1989年12月	美国、日本、苏联、罗马尼亚、韩国、德国	环境保护立法模式，关于“环境”的定义，污染物排放许可证制度，排污费，环境污染损害赔偿的诉讼时效，等等。
8	中外合资经营企业法（修正案）	1990年4月	美国、日本、德国、荷兰、卢森堡、法国、意大利、苏联、罗马尼亚、波兰、埃及、智利、印度尼西亚、韩国、泰国、新加坡、马来西亚	公司法或民法中关于公司期限的规定，外国投资法中关于合营企业经营期限的规定。
9	著作权法	1990年9月	美国、法国、德国、日本、苏联、意大利、英国、巴西、罗马尼亚、南斯拉夫、保加利亚、大陆法系、英美法系	著作权法保护的作品，作者，著作权的内容，著作权的归属，邻接权，对著作权的限制，著作权合同，侵权责任，职务作品版权归属，等等。
10	水土保持法	1991年6月	美国、印度、日本、苏联、澳大利亚、新西兰	水土流失情况，水土保持治理经验，水土保持治理措施，等等。

续表

序号	中国法律名称	立法时间	立法借鉴外国法经验涉及的国家	借鉴外国立法经验涉及的主要内容
11	税收征收管理法	1992年9月	美国、英国、法国、印度、荷兰、加拿大、日本、德国	查询纳税人银行账户，纳税人离境管理，对欠税人财产和欠税人在银行存款的强制执行，对逃避纳税嫌疑人实施强制措施，征税强制执行措施，偷税逃税构成犯罪的条件，等等。
12	海商法	1992年11月	国际海事组织和英国法律专家	国际海上货运合同，提单运输中合同成立时间问题，国际海上运输与国内沿海运输的法律适用问题，船舶所有权和抵押权登记的效力，提单运输承运人的基本义务，海上拖航中发生的损害赔偿责任，船舶优先权，对油轮救助的特别补偿，等等。
13	矿山安全法	1992年11月	美国、日本、印度、中国台湾	矿山安全的执法机关及其职权，矿山建设的安全保障，矿山事故的报告与处理，法律责任。
14	商标法（修正案）	1993年2月	美国、法国、德国、日本、意大利、泰国	对假冒他人注册商标行为的处罚，对伪造他人注册商标识别标志行为的处罚，对销售假冒他人注册商标的商品行为的处罚，对法人假冒、伪造注册商标行为的处罚，对假冒注册商标的商品的处理。
15	反不正当竞争法	1993年9月	美国、德国、日本、韩国、匈牙利	立法体例：分别立法、统一立法和分散立法，主管机关及其职权，不正当竞争行为，民事、行政和刑事法律责任，等等。
16	公司法	1993年12月	德国、日本、韩国、法国、英国、挪威、瑞典、意大利、瑞士、奥地利、美国、比利时、荷兰、丹麦等国家	股份有限公司、有限责任公司与无限责任公司的主要区别，公司的设立，股份、股票和公司债，股权的转让，公司的机构，股东会，董事会，监事会，公司的会计，年度会计报表及其审计，公积金，股息、控股公司和参与公司，公司的转化、合并、解散与清算，外国公司，法律中关于公司的罚则等。
17	预算法	1994年3月	苏联、罗马尼亚、西班牙、日本、德国、泰国、英国、韩国	预算的收支平衡和赤字问题，预算的审批，预算的调整，对预算执行情况和决算的监督，等等。
18	劳动法	1994年7月	美国、加拿大、英国、法国、日本、罗马尼亚、俄罗斯、保加利亚、波兰、匈牙利、蒙古、伊拉克等国家	劳动合同的内容，劳动合同的期限，劳动合同的形式，劳动合同的变更，劳动合同的终止，终止劳动合同的补偿等。

续表

序号	中国法律名称	立法时间	立法借鉴外国法经验涉及的国家	借鉴外国立法经验涉及的主要内容
19	仲裁法	1994年8月	荷兰、瑞士、瑞典、日本、国际商事制裁示范法	撤销裁决，不予执行裁决等。
20	审计法	1994年8月	美国、奥地利、西班牙、加拿大、土耳其、德国、法国、新加坡、日本、印度、瑞典、约旦、沙特阿拉伯等国家	审计机关的设置，审计监督范围，审计调查的权限等。
21	合同法	1999年3月	美国、加拿大、澳大利亚、德国、英国、意大利、西班牙、日本、法国、韩国等国家	合同法的发展情况，合同自由原则，合同效力，商务代理人，情势变更，公益捐赠，赠与合同，借贷合同，租赁合同，承揽制度，货物运输合同，旅游合同物的瑕疵担保，托收信贷合同，销售特许合同，委托合同，等等。
22	立法法	2000年3月	美国、德国、英国、法国、日本、意大利、俄罗斯、白俄罗斯	立法权限划分，立法制度，地方立法，立法程序，宪法关于立法制度的规定，立法体制，立法指导思想，立法基本原则，授权立法，立法技术，等等。

改革开放30年我国的立法发展，充分学习借鉴了包括西方立法经验在内的一切人类立法文明的有益成果，不仅大量学习借鉴了西方经济立法、民商事立法、环境保护和能源立法、社会立法等的经验，而且适量学习借鉴了西方民主政治立法、行政立法等的经验；不仅学习借鉴了西方大陆法系的立法经验，而且学习借鉴了普通法系和其他法系的立法经验；不仅学习借鉴了外国的立法经验，而且学习借鉴了中国香港、澳门和台湾的立法经验。如果立法的中国经验能够成立，那么，这种经验应当是中国国情与世界立法文明成果相结合的产物，它既是中国的，也是世界的。

（四）坚持民主立法、科学立法、高质立法

民主立法是人民当家作主的内在要求，是把人民的利益诉求和意志主张在民主法治框架下充分表达出来、有效汇集起来，通过立法程序上升为国家意志的重要途径。改革开放以来，在我国立法工作中，立法民主化、发扬立法民主等理念早已有所体现，但"民主立法"这个提法却是在进入21世纪后才正式使用的。九届全国人大四次会议的常委会工作报告提出："力争做到立法决策的民主化、科学化。"十届全国人大以来，第二次会议的常委会

工作报告提出“坚持立法为民”；第四次会议的常委会工作报告要求“立法民主化迈出新步伐”；第五次会议的常委会工作报告使用了“科学立法、民主立法继续推进”的提法。党的十七大进一步明确提出“要坚持科学立法、民主立法”。可见，民主立法在实践中已逐步成为我国立法工作的基本要求和应当长期坚持的重要经验。

坚持科学立法是我国立法的基本要求。毛泽东说过，“搞宪法是搞科学”。实现科学立法，要求立法工作应当秉持科学立法的精神、采用科学立法的方法、符合科学立法的规律、遵循科学立法的程序、完善科学立法的技术。坚持科学立法应当尊重立法工作自身的规律，立法工作既着眼于法律的现实可行性，又注意法律的前瞻性；既着眼于通过立法肯定改革成果，又注意为深化改革留有空间和余地；既着眼于加快国家立法的步伐，又注意发挥地方人大依法制定地方性法规的积极性；既着眼于立足于中国国情立法，又注意借鉴国外立法的有益做法。努力使法律内容科学规范，相互协调。[①] 改革开放以来的立法实践证明，只有坚持民主立法，才能保证人民意志、党的意志和国家意志的有机统一；只有坚持科学立法，才能保证立法符合自然规律、我国社会发展规律和立法自身规律的科学要求；只有坚持民主立法和科学立法，才能从根本上保证立法质量的提高。

加强民主立法是我国立法机关一向秉持的基本方针，但由于主客观多种原因，我国立法机关开门立法却是在20世纪90年代中后期逐步实行和推广的。

2008年3月，十一届全国人大一次会议强调，立法工作“要坚持国家一切权力属于人民，健全民主制度，丰富民主形式，拓宽民主渠道，从各个层次、各个领域扩大公民有序政治参与，保障人民依法实行民主选举、民主决策、民主管理、民主监督的权利”。2008年4月，全国人大常委会委员长会议决定，今后全国人大常委会审议的法律草案，一般都予以公开，向社会广泛征求意见。

1954年以来，全国人大及其常委会共有20部法律（宪法）草案向社会征求意见，其中，2000—2008年12月，公布10部法律草案，占公布总数的50%，平均每年公布1.11部；1990—1999年12月，公布4部法律草案，占公布总数的20%，平均每年公布0.40部；1978—1989年12月，公布5部法律草案，占公布总数的25%，平均每年公布0.41部。1954年公布宪法

① 李鹏：《中华人民共和国第十届全国人大常委会工作报告》（2003年）。

草案1部，占公布总数的5%（详见表3－12）。

表3－12 全国人大及其常委会20部向社会征求意见的法律草案

名　称	公布日期	征求意见的时间	收到意见	通过日期
社会保险法（草案）	2008年12月28日	至2009年2月15日	共收到70501件。其中通过中国人大网提出的意见68208件，通过主要报刊刊登的意见49件、来信2244件	
保险法	2008年12月28日	至2009年1月12日		2009年2月28日，十一届全国人大常委会第七次会议通过
防震减灾法	2008年10月29日	至当年11月30日	共收到意见建议7300多件	2008年12月27日，十一届全国人大常委会第六次会议修订通过
刑法修正案（七）	2008年8月29日	至2008年10月10日		2009年2月28日，十一届全国人大常委会第七次会议通过
食品安全法	2008年4月20日	至当年5月20日	共收到11327件，其中通过中国人大网反映的9556件，通过人民网等网站提出的1570件，群众来信164封，报刊刊登的37件	2009年2月28日，十一届全国人大常委会第七次会议通过
水污染防治法	2007年9月5日	至当年10月10日	2400多条群众意见，67件群众来信	2008年2月28日，十届全国人大常委会第三十二次会议通过
就业促进法	2007年3月25日	至当年4月25日	11020件意见，约70%来自基层群众	2007年8月30日，十届全国人大常委会第二十九次会议通过
劳动合同法	2006年3月20日	至当年4月20日	191849件，创人大立法史新纪录	2007年6月29日，十届全国人大常委会第二十八次会议通过
物权法	2005年7月10日	至当年8月20日	11543件意见，很多都得以吸纳	2007年3月16日，十届全国人大五次会议通过
婚姻法	2001年1月11日	至当年2月28日	草案根据征求意见作了许多修改	2001年4月28日，九届全国人大常委会第二十一次会议修正
合同法	1998年9月4日	至当年10月15日	草案根据征求意见作了修改	1999年3月15日，九届全国人大二次会议通过
村民委员会组织法	1998年6月26日	至当年8月1日	草案根据征求意见作了修改	1998年11月4日，九届全国人大常委会第五次会议通过

续表

名称	公布日期	征求意见的时间	收到意见	通过日期
土地管理法	1998年4月29日	至当年6月1日	草案根据征求意见作了许多修改	1998年8月29日，九届全国人大常委会第四次会议修订
澳门特别行政区基本法	征求意见稿1991年7月9日，草案1992年3月16日	征求意见稿4个月；基本法草案4个月	仅第一次就作了100多处修改和补充	1993年3月31日，八届全国人大一次会议通过
香港特别行政区基本法	征求意见稿1988年4月，草案1989年2月	征求意见稿5个月；基本法草案8个月	仅第一次就作了100多处修改	1990年4月4日，七届全国人大三次会议通过
集会游行示威法	1989年7月6日	至当年8月10日	根据各方意见进行了修改	1989年10月31日，七届全国人大常委会第十次会议通过
行政诉讼法	1988年11月9日	至当年12月底	根据各方意见作了较多修改和补充	1989年4月4日，七届全国人大二次会议通过
全民所有制工业企业法	1988年1月12日	至当年2月25日	提出的许多意见和建议被吸收	1988年4月13日，七届全国人大一次会议通过
1982年宪法	1982年4月26日	至当年8月底	许多意见被采纳，近百处补充修改	1982年12月4日，五届全国人大五次会议通过
1954年宪法	1954年6月15日	历时2个多月	对原来的草案再度作了修改	1954年9月20日，一届全国人大一次会议通过

立法听证是开门立法的又一种重要形式。2005年9月，在全国人大常委会初次审议的个人所得税法修正案草案规定个人所得税工资、薪金所得减除费用标准为1500元之前，全国人大法律委员会、财政经济委员会和全国人大常委会法制工作委员会在北京举行听证会，对这一减除费用标准是否适当，进一步广泛听取包括广大工薪收入者在内的社会各方面的意见和建议。这是国家立法机关第一次就立法问题举行立法听证会。

在地方立法机关层面上，立法听证的实践探索和制度建构早已展开。[①] 1999年9月，广东省人大常委会就《广东省建设工程招标投标管理条例》（修订草案）举行听证会，开创了全国地方立法听证之先河。据不完全统计，截至2006年1月，全国已有31个省、市、自治区人大常委会选择与群众利益密切相关的46件地方性法规草案，先后举行了45次立法听证会。

① 参见汪全胜《立法听证研究》，北京大学出版社2003年版。

尽管立法听证制度在充分征求民意、完善立法等方面，发挥了重要作用，但它也存在着听证人员代表性不够，听证程序设置不够合理，听证过程形同演戏，听证结果不受重视等问题。与地方立法的总数相比，仍然存在举行过立法听证会的数量不足1%的问题。上述问题在不同程度上影响了人民参与开门立法的民主质量。

（五）坚持制定法律与修改法律并重，不断完善法律体系

改革开放以来，由于经济社会关系不断变迁，加之法律观念的转变和立法技术的提高，导致法律修改的任务越来越重，制定法律与修改法律并重，成为30年立法的主要做法和基本经验。在全国人大及其常委会制定的现行有效的229件法律中，有71件法律被修改，占现行有效法律总数的31%。按照七个法律部门进行统计，其修改多寡的排序情况是：刑法1件，修改1件，修改率100%；民法商法32件，修改15件，修改率46.8%；经济法54件，修改21件，修改率28.8%；诉讼与非诉讼程序法7件，修改2件，修改率28.5%；行政法79件，修改22件，修改率27.8%；宪法及宪法相关法39件，修改7件，修改率17.9%；社会法17件，修改3件，修改率17.6%。

从年份来看，现行有效法律的修改情况是：1978—1982年制定法律22件，没有修改法律，制定与修改之比率为0；1983—1992年制定70件，修改1件，制定与修改之比率为1.42%；1993—2002年制定98件，修改33件，制定与修改之比率为33.67%；2003—2008年制定32件，修改37件，制定与修改之比率为115.62%（详见表3－13）。

表3－13 现行有效法律修改数量排序统计（71件）

排序		1978—1982	1983—1992	1993—2002	2003—2008
7	宪法及宪法相关法39件，修改7件，修改率17.9%		人民检察院组织法（1983、1986）（1件）	民族区域自治法（2001）、法官法（2001），检察官法（2001）（3件）	地方各级人大和地方各级政府组织法（1982、1986、1995、2004），全国人大和地方各级人大选举法（1982、1986、1995、2004），人民法院组织法（1983、1986、2006）（3件）

续表

排序		1978—1982	1983—1992	1993—2002	2003—2008
2	民法商法32件，修改15件，修改率46.8%			中外合资经营企业法（1990、2001），婚姻法（2001），商标法（1993、2001），专利法（1992、2000），外资企业法（2000），中外合作经营企业法（2000），著作权法（2001），收养法（1998），保险法（2002）（9件）	公司法（1999、2004、2005），商业银行法（2003），票据法（1995、2004）拍卖法（2004），合伙企业法（2006），证券法（2004、2005）（6件）
5	行政法79件，修改22件，修改率27.8%			兵役法（1998），药品管理法（2001），海关法（2000），大气污染防治法（1995、2000），档案法（1996），中国人民解放军军官军衔条例（1994），归侨侨眷权益保护法（2000），测绘法（2002），现役军官法（1994、2000）（9件）	义务教育法（2006），国境卫生检疫法（2007），学位条例（2004），海洋环境保护法（1999），文物保护法（1991、2002、2007），水污染防治法（1996、2008），野生动物保护法（2004），传染病防治法（2004），科学技术进步法（2007），城市房地产管理法（2007），固体废物污染环境防治法（2004），律师法（2001、2007），道路交通安全法（2007）（13件）
3	经济法54件，修改21件，修改率28.8%			统计法（1996），森林法（1998），会计法（1993、1999），草原法（2002），水法（2002），进出口商品检验法（2002），税收征收管理法（1995、2001），产品质量法（2000），农业法（2002）（9件）	对外贸易法（2004），审计法（2006），中国人民银行法（2003），公路法（1999、2004），动物防疫法（2007），节约能源法（2007），种子法（2004），银行业监督管理法（2006），渔业法（2000、2004），矿产资源法（1996），土地管理法（1988、1998、2004），个人所得税法（1993、1999、2005、2007）（12件）
6	社会法17件，修改3件，修改率17.6%			工会法（2001）（1件）	未成年人保护法（2006），妇女权益保障法（2005）（2件）

续表

排序		1978—1982	1983—1992	1993—2002	2003—2008
1	刑法1件，修改1件，修改率100%			刑法（1997）、全国人大常委会关于惩治骗购外汇、逃汇和非法买卖外汇犯罪的决定（1998），刑法修正案（1999），刑法修正案（二）（2001），刑法修正案（三）（2001），刑法修正案（四）（2002）（1件）	刑法修正案（五）（2005），刑法修正案（六）（2006）
4	诉讼与非诉讼程序法7件，修改2件，修改率28.5%			刑事诉讼法（1996）（1件）	民事诉讼法（2007）（1件）
总计	229件中有71件修改，修改率31%	无	1件	33件	37件

由以上统计可以看出，1978年以来，我国修改法律的数量越来越多。进入21世纪后，修改法律的数量，明显超过了制定法律的数量，表明我国的立法进入了一个大调整的时期。

从对现行有效法律的修改次数来看，1978年以来，修改五次及五次以上的法律有2件，占修改总数的2.8%；修改四次的有件2件，占修改总数的2.8%；修改三次的有4件，占修改总数的5.6%；修改两次的有14件，占修改总数的19.7%；修改一次的有49件，占修改总数的69%。

如果对七个部门法的修改情况分别进行统计，可以进一步看出法律修改的内容、时间和频率：（1）宪法及宪法相关法共修改7件，其中修改五次及以上的无；修改四次的2件，修改率为28.57%；修改三次的1件，修改率为14.28%；修改两次的1件，修改率为14.28%；修改一次的3件，修改率为42.80%。（2）民法商法共修改15件，其中修改五次及以上的无；修改四次的无；修改三次的1件，修改率为6.66%；修改两次的5件，修改率为33.33%；修改一次的9件，修改率为60%。（3）行政法共修改22件，其中修改五次及以上的无；修改四次的无；修改三次的1件，修改率为4.54%；修改两次的4件，修改率为18.18%；修改一次的17件，修改率为77.27%。（4）经济法共修改21件，其中修改五次及以上的1件，修改率为

4.76%；修改四次的无；修改三次的1件，修改率为4.76%；修改两次的4件，修改率为19.04%；修改一次的15件，修改率为71.42%。(5) 社会法共修改3件，诉讼与非诉讼程序法共修改2件，它们均为修改一次。(6) 刑法修改五次以上。

由上可见，我国对法律总体上是修改一次者居大多数，这表明立法机关对修改法律持比较谨慎的态度。

（六）坚持中国共产党的领导、人民民主和依法治国的有机统一

坚持"三者有机统一"是发展中国特色社会主义民主政治最重要、最根本的原则，也是30年来我国立法工作取得的最重要、最根本的经验。共产党的领导是人民当家作主和民主立法、科学立法、高质立法的根本保证，人民当家作主是社会主义民主政治和民主立法、科学立法、高质立法的本质要求；依法治国是党领导人民治理国家的基本方略，有法可依则是依法治国的前提条件。

在我国，法律是实践证明正确的、成熟的、需要长期执行的党的路线方针政策的具体化、规范化和法律化，立法则是把党的路线方针政策法律化的过程。党制定的大政方针，提出的立法建议，需要通过人大的法定程序，才能成为国家意志，成为全社会一体遵循的行为规范和准则。立法要坚持正确的政治方向，把党的领导、人民当家作主和依法治国有机统一起来，从制度上法律上保证党的路线方针政策的贯彻实施。在全面推进立法工作、完善中国特色社会主义法律体系的实践进程中，只有坚持这三者的有机统一，才能保证立法工作始终坚持正确方向，实现人民立法和立法为民。

第四章　行政法制 60 年：回顾与思考

冯　军*

2009 年是新中国成立 60 周年。60 年来，我国行政法制建设虽然取得了很大的成就，但其发展道路并非平坦。当前，我国行政法制建设已经进入由人治向法治转型的关键期，在继续保持良好发展势头的同时，也面临着一些深层次的矛盾和问题。在这一时代背景下，全面回顾新中国成立以来行政法制经受重大挫折而又拨乱反正、重回正轨的发展历程，深刻思考我国行政法制建设 60 年实践和探索带给我们的历史启迪，具有十分重要的现实意义。

我国行政法制建设的历史，以 1978 年改革开放重大国策的确立为分水岭，可分为前后两个阶段，行政法制在这两个阶段的命运截然不同。

一、改革开放之前行政法制建设的历史教训

在回顾我国行政法制建立和发展的历史过程之前，首先要明确行政管理法与行政法的区别，方能准确把握和评价我国行政法制建设的历史及其取得的成就。

对于什么是行政法制，可以有两种不同的理解。第一种理解：所谓行政法制，就是有关国家行政管理的法律制度。第二种理解：行政法制是由规范和约束国家行政活动的行政法规则所组成的法律制度。两种意义上的行政法制都与国家行政活动有关，但内在精神有本质差异。前者在法律与行政的关系上，法律从属于行政，是行政的手段和工具；后者则完全相反，行政从属于法律，法律起规范和约束行政的作用。第一种意义上的行政法制，自国家形成之时即已产生，而第二种意义上的行政法制，则伴随近现代行政法的产生而产生。法国是公认最早创立行政法的国家，其行政法在法国资产阶级革命胜利后的行政诉讼实践中逐步形成为一个独立的法律部门，19 世纪 70 年代法国行政法院独立审判权的最终确立正式宣告了行政法的诞生。这就是说，在人类历史漫长的奴隶制和封建君主专制时期，是没有第二种意义上的

* 中国社会科学院法学研究所研究员。

行政法制的，这种行政法制必须以民主和法治作为其产生和发展的前提和基础，并以法院对行政的司法审查为其核心内容之一。

我国改革开放前30年只有第一种意义上的行政法制，而无第二种意义上的行政法制，行政法的产生发展以及行政法体系的构建与完善，严格说来发生于改革开放以后。即便是第一种意义上的行政法制，也基本在“文化大革命”期间被破坏殆尽。

旧中国在民国时期曾经设立行政法院，在形式上建立了一套西方式的行政法制度。[①] 1949年10月1日新中国成立以后，一切旧法统均被废除。当时起临时宪法作用的《中国人民政治协商会议共同纲领》第17条规定：“废除国民党反动政府一切压迫人民的法律、法令和司法制度，制定保护人民的法律和法令，建立人民司法制度。”为迅速填补旧法律制度被废除后留下的法律真空，同时也是因为深受苏联法学理论和法制建设的影响，我国在20世纪50年代初中期出现了法制建设的第一个高潮。据统计，1949—1952年间我国颁布的行政法律法规有100多件，1953—1956年激增至700多件。[②]

不仅如此，《共同纲领》第19条第2款还规定：“人民和人民团体有权向人民监察机关或人民司法机关控告任何国家机关和任何公务人员的违法失职行为”，为行政诉讼制度的建立，也即为现代行政法的创设奠定了宪法基础。但遗憾的是，《共同纲领》第19条第2款所表现出的建立行政诉讼制度的法意，未能在1954年宪法中得到明确体现。1954年宪法第97条规定：“中华人民共和国公民对于任何违法失职的国家机关工作人员，有向各级国家机关提出书面控告或者口头控告的权利。由于国家机关工作人员侵犯公民权利而受到损失的人，有取得赔偿的权利。”这一规定没有像《共同纲领》第19条第2款那样赋予公民对行政机关的起诉权。

50年代至70年代末我国颁布的行政管理法律法规主要是单方面规定行政管理相对人的义务和责任，以及行政机关在行政管理过程中享有的权力，普遍缺少约束行政机关的法律规范和保护相对人的权利救济规范；立法文件的结构简单、条文也比较少。如1951年政务院颁布的《印铸刻字业暂行管

① “我国不曾有过纯粹资产阶级性质的行政法和行政法制度。国民党政权是一个半封建半殖民地性质的政权，它所颁布的行政法律文件和所建立的行政法制度都反映出半封建半殖民地的性质”。姜明安：《行政法学》，山西人民出版社1985年版，第40页。

② 引自张庆福主编《行政执法中的问题及对策》，中国人民公安大学出版社1996年版，第5—7页。

理规则》仅10条条文，1965年国务院颁布的《边防检查条例》共12条，这些立法文件因条文过少，故不分章节。

1954年12月国务院发布的《海港管理暂行条例》与1957年全国人大常委会制定的《治安管理处罚条例》是改革开放前30年我国行政法制建设难得的两个亮点。

改革开放前30年的法律、法规和法令一般没有关于行政诉讼的规定，而《海港管理暂行条例》则是一个罕见的特例。《海港管理暂行条例》第20条规定："港务局无任何法令依据，擅自下令禁止船舶离港，船舶得向港务局要求赔偿由于禁止离港所受之直接损失，并得保留对港务局之起诉权。"这里的港务局虽然是"企业经济核算单位"，但"依照本条例之规定负责执行海港行政管理工作与业务事项"，① 在法律地位上属于行政主体，故针对港务局的诉讼，即为行政诉讼。这一条例是我国最早明确规定行政诉讼的单行法规，可惜这样的立法例仅仅是昙花一现，未能普及和发展下去。

1957年《治安管理处罚条例》注重保障被处罚人的权利，在当时的历史条件下非常突出。《条例》第18条规定了公安机关执行治安管理处罚时应当遵守的基本程序（尽管以今天的眼光看来要求不高），明确规定治安管理被处罚人享有申诉权；规定"从违反治安管理的人提出申诉的时候起，原裁决暂缓执行"。第19条规定"违反治安管理行为过了三个月没有追究的，免予处罚"；"治安管理处罚，从裁决之日起，过了三个月没有执行的，免予执行"；条例还规定了从轻和免于处罚的法定情形。该条例是在改革开放前30年法制发展最好的时期制定的，是50年代我国法制建设短暂繁荣的一个缩影。

从50年代后期开始，在"左"的思想指导以及各种封建专制残余思想的影响下，我国开展了批判资产阶级法权的运动，法律虚无主义思想兴起并盛行，立法数量急剧减少：1958年行政法律法规的数量即由两年前的700多件锐减为147件，1960年减至50件，1966年仅为8件，而在1966年4月至1976年的10年间，除1975年1月有1件外，其余皆为零。② 在这种情

① 《中华人民共和国海港管理暂行条例》第2条。

② 引自张庆福主编《行政执法中的问题及对策》，中国人民公安大学出版社1996年版，第5—7页。

况下，行政的依据主要是上级的政策、命令、指示和决定，① 即便在工具论的意义上，行政对法律的需求也是低微的。行政既不以法律为依据，也不必借助法律而推行，发端于新中国成立初期的行政法制进程完全中断，行政法制遭到全面破坏。

改革开放前我国行政法制无法发展起来，主要有以下几个方面的原因：

第一，不具备形成依法行政观念和建设行政法制的经济基础。改革开放前，我国实行单一公有制基础上的计划经济体制，经济组织及其活动高度行政化，国家和社会高度融合，公民和社会组织均被整合到统一的国家组织体制之中，国家与公民、组织之间的关系不是实质意义上的外部关系，而是传统行政法不予调整或不加重视的内部关系，依法行政的必要性和可行性大为降低。②

第二，不具备形成依法行政观念和建设行政法制的政治环境。从20世纪50年代后期开始，我国政治运动持续不断。所谓“革命无法制”，在这样的政治环境和社会氛围下，一切问题都被高度政治化，正常的法制建设难以进行，更不用说形成法治和依法行政的观念。

第三，不具备形成依法行政观念和建设行政法制的理论基础。由于未能正确认识和把握社会主义建设时期社会的主要矛盾和国家的主要任务，党和国家错误地实行了“以阶级斗争为纲”和“无产阶级专政下继续革命”的政治指导，导致党政不分和党的绝对一元化领导，有关权力制约的理论受到彻底的批判和摒弃，显然不具备形成法治和依法行政观念的理论前提。

第四，不具备形成依法行政观念和建设行政法制的历史条件。我国是建立在革命战争取得胜利的基础之上的，因而新中国成立后各级领导干部普遍运用战争年代的观念、习惯和经验指导社会主义建设，对法治的治国方略和方式既不了解也不接受，加上我国有长达数千年的专制传统，从无实行法治的历史经验，这样的历史条件有利于人治观念的盛行而不利于包括依法在内的法治观念的培育和成长。

---

① 所谓“黑头（法律）不如红头（文件）、红头不如白头（特定范围的传阅件）、白头不如口头（领导口头指示）”，是一种在党政机关流传甚广的观念和说法，形象生动地描述了当时人治行政的主要特点。

② 1956年完成资本主义工商业的社会主义改造之前，我国所有制结构在公有制基础上具有多元性，正是在这一时期前后立法比较活跃，此后急剧衰减，及至计划经济发展到顶峰的“文化大革命”10年，国家几乎已无立法活动。这一事实印证了计划经济对法制需求不强甚至排斥法制的理论推断。

第五，中苏关系破裂的消极影响。苏联作为一个欧洲国家，具有重视法制的文化传统，创立和发展了一套较为完整的社会主义法学理论和法律体系，50年代在中苏关系友好时，我国基本上搬用了苏联的法学理论并以这种理论指导我国的法制建设。但是，当50年代末60年代初中苏关系逐步恶化时，情况就发生了变化。我国从50年代末开始摒弃法学理论，轻视法律的作用，在一定程度上也是受到当时国际形势的影响。

归根到底，我国改革开放前30年行政法制建设出现重大挫折的根本原因在于没有处理好党的领导与依法治国的关系，把依法治国与党的领导完全对立起来，致使法制失去了存在和发展的空间，并导致发生“文化大革命”的严重错误。前事不忘，后事之师。只要我们牢记历史的教训，改革开放前30年我国行政法制建设所走过的弯路，即可变成保障我国行政法治目标早日实现的巨大财富。

二、行政法的产生与行政法治基本格局的奠定

20世纪70年代末80年代初，我国进入改革开放的新时代。行政法制开始重建，但这时的行政法制与新中国成立初期的行政法制有重大区别，改革开放以后的行政法制建设尽管也带有很多人治的特点和色彩，但它从一开始就与行政法和行政诉讼制度的产生与发展紧密联系在一起。改革开放前的行政法制基本上不具有现代法治精神，而改革开放后的行政法制则坚定指向行政法治的发展方向，努力推进行政法制由人治向法治的转型和跨越。

（一）法对行政支配地位的确立

“文化大革命”的惨痛教训使新一代党和国家领导人深切认识到，只有痛下决心加强法制建设，切实维护宪法和法律的权威，才能避免“文化大革命”悲剧的重演。邓小平同志在“文化大革命”结束后不久即指出：“为了保障人民民主，必须加强法制。必须使民主制度化、法律化，使这种制度和法律不因领导人的改变而改变，不因领导人的看法和注意力的改变而改变”；要做到“有法可依，有法必依，执法必严，违法必究”，① 从而将法律的地位和法制建设提升到前所未有的高度。1978年12月党的十一届三中全

① 邓小平：《解放思想，实事求是，团结一致向前看》（1978年12月13日），《邓小平文选》第2卷，人民出版社1994年版，第146—147页。

会指出："为了保障人民民主，必须加强社会主义法制，使民主制度化、法律化，使这种制度和法律具有稳定性、连续性和极大的权威，做到有法可依，有法必依，执法必严，违法必究。"至此，有法可依、有法必依、执法必严、违法必究正式成为党领导和推进我国社会主义法制建设的指导方针。这十六字方针落实到国家行政管理领域就是要求依法行政。

党对行政的领导如何与法律对行政的支配地位相协调，关系到法律能否真正起到支配和约束行政的作用，对于这个十分关键的问题，党早在改革开放初期（1982 年 9 月）就在其党章中明确规定"党必须在宪法和法律的范围内活动"，从而回答了在社会主义条件下建设行政法治必然遇到的重大理论问题，在政治上进一步巩固了法律对行政的支配关系。

1982 年 12 月 4 日第五届全国人民代表大会第五次会议通过并颁布现行宪法，虽然在当时的历史条件下宪法文本中还不可能出现"法治"的用语，但已经充分体现和确立了"法律至上"的原则和精神，而这正是法治的基本要求和前提。现行宪法第 5 条第 1 款明确规定："国家维护社会主义法制的统一和尊严。"同条第 3 款规定："一切国家机关和武装力量、各政党和各社会团体、各企业事业组织都必须遵守宪法和法律。一切违反宪法和法律的行为，必须予以追究。"此外，宪法还规定了人民对政府享有批评、建议、申诉的权利，以及国家的侵权损害赔偿责任等。法律对行政的支配地位具备了确定无疑的宪法依据，尽管这一时期人们对行政法的理解以及对行政法治建设规律的认识还不够深刻，但行政法治建设已经具备了起步和发展的必要条件。

（二）中国特色的司法审查制度全面形成

我国 20 世纪 80 年代行政法治建设最大成就在于：系统建成了具有中国特色的人民法院对行政机关的司法审查（行政诉讼）体系，形成了我国行政法治的基本格局。司法审查是行政法治的核心内容之一。没有司法审查，法对行政的支配地位和作用就不可能真正落实，行政法治建设将流于形式。行政法的实质是规范和约束行政权力，而法院对行政的司法审查是确保行政法名至实归的最基础和最重要的机制，缺少这一机制，行政法治必然成为无源之水、无本之木。从世界范围内行政法产生的历史看，行政法的概念、原则和制度正是在行政诉讼的过程中孕育和发展起来的。行政法起源于法院行政法院的判例，而非立法机关制定的成文法。这就是说，一个国家如果没有关于行政的成文法规范，但只要存在司法对行政的审查机制，这个国家的行政法就能够存在并发展；反之，即使一个国家制定了很多有关行政的成文法规范，但若没有司法对行政的审查机制，这个国家也是没有行政法的。从这个意义上看，一个国家行政法以及行政法治建设的起点其实不在立法而在司法。20世纪80年代我国行政法律法规规章的立法活动十分频繁，成效显著，但行政法治建设最重要的进展并不在立法上，而在于逐步形成了一套全面的行政诉讼制度。我国行政法治建设的帷幕是在改革开放初期探索和创建行政诉讼制度的过程中拉开的。

我国探索和建立行政诉讼制度，也即法院对行政的司法审查制度，是从1982年开始的。1982年我国通过当时试行的《民事诉讼法》初步确立了“民告官”的制度，但其适用的条件严格，范围有限。公民能否起诉政府机关依赖于具体单行法律的规定，对行政行为没有一般的、普遍的诉权。[①] 在1987年以前法律允许起诉的行政案件均为经济行政案件，绝大多数为经济行政处罚案件。对于非经济性行政案件，如治安以及其他行政机关行使公权力对社会实施管理的行为，均不得起诉。1986年的《治安管理处罚条例》在我国行政法的发展史上具有重要意义。该法突破了行政案件仅限于经济行政事务的状态，将公民的诉权扩展至治安行政案件，是促成行政诉讼普遍化、行政诉讼与民事诉讼完全分离以及制定一部独立的《行政诉讼法》的重要因素。为审理治安行政诉讼，最高法院以及各地法院陆续成立了行政审判庭。至此，审理行政案件的审判机构从民事经济案件审判机构中分离出来。1989年制定并与1990年施行的《行政诉讼法》是我国行政法演进过程中最为重要的里程碑。它的直接意义是建立了普遍、独立的行政诉讼制度，深远的意义是使行政法的性质和作用发生了转折性的变化。在此之前，虽然已经产生和确立了政府也应当按照“法律面前人人平等的原则”遵守法律的一般理念和原则，但基本上没有促使和保障国家行政机关守法的系统的司法机制，以及需要行政机关遵守的具体法律规则，其时国家行政领域内的法律规范主要是指向行政管理相对人的，属于“行政管理法律规范”，而缺乏严格意义上的“行政法规范”。行政诉讼制度的普遍确立从根本上改变了行政法单向约束行政管理相对人的状况，强化了的“民告官”机制，不仅使政府守法从理论变成现实，而且更为重要的是拉动了以行政机关为对象、以

---

① 1982年《民事诉讼法》（试行）第3条第2款规定：“法律规定由人民法院审理的行政案件，适用本法规定。”自1982年至1989年《行政诉讼法》通过之前，我国已有130多个法律、法规规定了法院对行政案件的审判权限。

约束行政行为为目标的行政法规则的快速发展。在行政诉讼制度的带动下，行政复议制度和国家赔偿制度先后发展起来，有关行政机关需要遵守的实体法律规则不断增多和完善。

比较 1989 年《行政诉讼法》与 1982 年《民事诉讼法》（试行）有关行政诉讼的规定，可以发现我国现行行政诉讼体制机制与 80 年代初期建立在民事诉讼基础上的行政诉讼制度差别较大。80 年代初的行政诉讼制度在审判组织上与普通法系国家类似，即行政诉讼视为民事诉讼，由民事（经济）审判机构依照民事诉讼程序审理。80 年代中后期行政诉讼制度在发展完善的过程中，大陆法系行政法学关于行政诉讼本质上不同于民事诉讼，应当与民事诉讼分离分立的观点为我国行政法学界所接受和推崇，进而对《行政诉讼法》的制定产生重大影响。由于我国普通法院已经开展了行政案件的审判实践，故《行政诉讼法》虽贯穿了行政诉讼与民事诉讼相互独立、相互分离的精神，具有明显的大陆法系国家行政诉讼制度的特点，但却并未像大陆法系国家通行的那样在普通法院之外设立专门的行政法院，而是在普通法院内部设立专门的行政审判庭专事行政案件的审判。我国行政诉讼制度具有自己的特色，这种特色是历史形成的，尽管《行政诉讼法》实施以来一直有一些学者呼吁改革现行行政诉讼体制，设立行政法院，要改变现行行政诉讼体制几乎是不可能的。

（三）行政管理立法活跃、新型立法体制得到确立

改革开放前的特殊历史条件造成我国各领域普遍缺乏法制，因此，改革开放以后依法行政的首要任务是解决“无法可依”的问题，这是建立和发展行政法治、建设法治政府的必要步骤。由于现代行政的复杂性，行政法规范的主要起草者和制定者是行政机关自身，为此，我国 1982 年制定的现行宪法赋予国务院以及一定范围内高级别的行政机关分别制定行政法规和规章的立法权力，这是符合世界范围内行政法发展的规律和潮流的。考察改革开放最初 10 年间我国依法行政的状况，其中行政立法最为活跃，取得的成绩也最为突出。1989 年《中华人民共和国法律全书》[①] 收录的法律、法规、规章等立法文件即已达到 1224 件，其中绝大部分是改革开放以后颁布实施的行政立法文件，而行政管理法律也几乎全部由国务院提出草案。这一时期国务院制定了《行政法规制定程序暂行条例》，这是我国第一部专门规范行

① 吉林人民出版社 1989 年版。

政立法活动的立法文件，对于保障行政法规的立法水平，发挥行政法规对其他行政立法的示范作用，促进行政立法能力的不断提高，具有十分积极的意义。

在这一阶段，行政法法源体系与立法体制得到确立并延续至今。根据1982年现行宪法，1981年全国人大常委会《关于加强法律解释工作的决议》以及其他有关法律，我国形成了行政法的法律渊源体系，即宪法、基本法律与法律、行政法规、地方性法规（自治条例、单行条例）、规章、司法解释以及我国参加的国际条约与协定，与此同时，行政法的立法体制也得到确立。新中国第一部宪法，即1954年宪法最早确立了我国的法律渊源体系与立法体制，它强调全国人民代表大会是国家唯一的立法机关，规定只有全国人民代表大会才能制定法律，全国人民代表大会常务委员会只能解释法律和制定法令，而国务院只能“规定行政措施，发布决议和命令”。1975年和1978年两部宪法除删去1954年宪法关于“全国人民代表大会是行使国家立法权的唯一机关”的明文规定①外，承继了1954年宪法所确立的立法体制。1982年宪法对前三部宪法所确立的立法体制作了较大的调整和变革，除全国人民代表大会有权制定和修改“刑事、民事、国家机构的和其他的基本法律”外，还规定全国人民代表大会常务委员会有权制定法律、一定范围内的地方人民代表大会及其常务委员会有权制定地方性法规（自治条例、单行条例）、国务院有权制定行政法规、国务院部委以及一定范围内的地方人民政府有权制定规章，从而形成了一个全国人民代表大会行使国家最高立法权、立法主体多样多级的新的立法体制以及上述行政法的法源体系。关于规章的法律地位，在20世纪80年代曾存有争议，一种观点主张规章是行政法的法律渊源之一，能够成为行政行为的法律依据；另一种观点则反对将规章视为行政法的一种表现形式，认为规章不能充当行政行为的法律依据。两种观点相持不下，故1989年制定的《行政诉讼法》对规章的法律地位作了折中处理，规定人民法院不是“依照”而是“参照”规章审理行政案件。但这一时期行政法学的主流理论已将规章视为行政法法源体系的组成部分，2000年《立法法》明确将规章的制定纳入立法活动的范畴，规章的法律渊源地位至此在法律上得到完全的确立。

---

① 1954年宪法第22条。

（四）行政复议成为与行政诉讼相辅相成的行政救济渠道

行政复议是20世纪80年代中期首先在经济行政领域出现的一个新的行政法概念与新型行政法救济制度。在此之前，行政复议的概念尚未形成但制度雏形已开始出现。一些法律、法规规定公民、组织如对行政处罚决定不服，可向作出处罚决定的上一级行政机关提出申诉，由上一级行政机关作出裁决，[①] 这里的"申诉—裁决"制度实质上就是行政复议，只不过没有使用行政复议的法律术语而已。1988年前后，一些经济行政法律和行政法规开始使用行政复议的法律术语，正式确立行政复议这样一种新型的行政救济途径。如1988年《中华人民共和国水法》第48条规定："当事人对行政处罚决定不服的，可以在接到处罚通知之日起十五日内，向作出处罚决定的机关的上一级机关申请复议；对复议决定不服的，可以在接到复议决定之日起十五日内，向人民法院起诉。"对比此前颁布的自然资源方面的法律，如1984年《中华人民共和国森林法》、1985年《中华人民共和国草原法》、1986年《中华人民共和国渔业法》，以及1986年《中华人民共和国矿产资源法》等均未规定行政复议的救济方式，而仅向当事人提供行政诉讼的救济途径。

行政复议是在行政诉讼之后，立法机关在行政系统内部构建的一种新型行政救济渠道，它的出现进一步加强了行政法对行政相对人合法权益的保护，是80年代中后期我国行政法治建设取得明显进展的显著标志之一。当然，这一时期的行政复议制度与行政诉讼制度一样，已在局部形成但比较零散、尚未成为普遍、系统的法律制度。在行政复议与行政诉讼的关系上，法律和行政法规的规定没有采取统一的模式。依照行政复议与行政诉讼的关系，这一时期的行政复议主要有三种类型，即前置型行政复议（当事人提起行政诉讼之前必须先经过行政复议）、选择型行政复议（当事人可在行政复议与直接提起行政诉讼之间选择，又有两种不同情形：一是当事人在选择行政复议后还可以提起行政诉讼，一是当事人选择行政复议后就不能再提起行政诉讼），以及排他型行政复议（当事人只能选择行政复议，不能提起行政诉讼）。其中，选择型行政复议的立法例较多，排他型行政复议较少。前

① 例如，1985年《中华人民共和国外国人入境出境管理法》第29条第2款规定："受公安机关罚款或者拘留处罚的外国人，对处罚不服的，在接到通知之日起15日内，可以向上一级公安机关提出申诉，由上一级公安机关作出最后的裁决，也可以直接向当地人民法院提起诉讼。"

置型行政复议在立法上并未占据明显优势，但因尊重了行政首次判断权且有利于减轻行政诉讼负担，因而这一时期在理论上受到较多学者的推崇。

（五）行政组织法制化成绩显著

为行政组织内部活动有法可依，这一时期我国对行政组织内部活动的法制建设也十分重视。以宪法有关行政组织的规定为依据和基础，1982 年 12 月 10 日全国人民代表大会制定《国务院组织法》，1979 年 7 月 1 日全国人民代表大会制定《地方各级人民代表大会和地方各级人民政府组织法》（1982 年、1986 年、1995 年、2004 年四次修正），基本建成我国行政机关组织法体系。此外，国务院还制定了一系列行政法规，对行政机关内部事务以及行政机关工作人员的人事管理、组织纪律等作出规定，如《国家行政机关公文处理办法》（1987），《国家行政机关及其工作人员在国内公务活动中不得赠送和接受礼品的规定》（1988），《国家行政机关工作人员贪污贿赂行政处分暂行规定》（1988）等。

（六）政府法制工作专门化取得明显进展

依法行政必然导致政府法制工作成为国家行政活动的重要内容，有无专门的政府法制工作机构以及政府法制工作机构地位的高低，反映了依法行政受重视的程度。早在 20 世纪 80 年代初期国务院办公厅即设有法制局，作为国务院办公厅处理政府法制事务的内设机构。1986 年随着政府法制工作重要性和工作量的不断增强，国务院决定将国务院办公厅法制局和国务院经济法规研究中心两个机构合并，成立国务院法制局，负责国务院的法制工作。随后国务院各部委和直属机构以及地方各级政府及其工作部门也相继建立建立了自己的法制工作机构或设立专门的法制工作岗位，在全面范围内形成了专门的政府法制工作体系。政府法制工作的专门化对于推进依法行政、实现行政法治发挥着不可替代的作用，20 世纪 80 年代中期我国政府法制工作体系的构建及其工作的展开，是我国改革开放最初十年间行政法治建设不断取得进展的一个重要标志。

在 20 世纪 80 年代，我国经济模式的灵活性虽不断增强，但总体上仍属于计划经济，实行依法行政的基础总地说来比较薄弱，在行政领域人治的观念、习惯、做法还十分地流行，还不可能明确提出行政法治的概念与思想。依法行政、建设行政法治的动力主要来自对改革开放前特别是“文化大革命”历史教训的反思，这一点与 80 年代末及其以后的依法行政有所不同。

计划经济的衰微及其向市场经济快速转型的客观需要，为80年代末期以后的行政法治建设提供了坚实的基础和强大的动力。正因为改革开放初期，我国尚不完全具备深刻认识行政法治本质属性与重大意义的历史条件，因而这一时期的行政法治建设在取得显著成绩的同时，也不可避免地带有较大的局限性。

三、90年代行政法治的积淀与发展

（一）市场经济为行政法治开辟广阔前景

20世纪90年代是我国行政法治建设快速发展的时期，这一时期行政法治建设与80年代相比有两点重大区别或者说具备两个影响深远的有利条件，即从90年代初开始我国明确提出发展社会主义市场经济，市场经济体制逐步占据主导地位；以及全面确立我国行政诉讼制度的《行政诉讼法》顺利实施并在实践中不断发展完善。

1982年3月8日制定的《民事诉讼法》（试行）第3条第2款有条件地确立了我国行政诉讼制度，我国行政法治建设由此迈出历史性的一步，但这时我国的经济体制是建立在社会主义公有制基础上的计划经济，我国早期的行政法治建设其实并不具备必要的社会经济基础，更大程度上是对历史反思的产物。计划经济本身并不需要行政法治，在计划经济条件下不可能建成行政法治。

在计划经济条件下，国家与社会紧密结合，两者一体化的程度非常高，工厂、学校、医院等企事业单位以及其他社会组织实际上是国家组织的延伸，个人被整合到特定的社会组织体之中，形成个人依附于组织、组织依附于国家的格局。由于个人与组织、组织与国家之间存在一体化的组织隶属与管理关系，国家无需法律法规的特别授权，也可依照组织内部的管理关系规范个人和社会组织的行为，实现对个人和社会组织的管理。在计划经济模式下，组织和个人的职责就是执行国家计划和命令，所谓“计划就是法律”，经济发展目标不依赖于并且排斥通过组织、个人的自主行为加以实现，为此，对组织和个人行为的规范必须非常具体，这是法律法规无法做到的，只有具体的计划、指示、命令才能适应这种自上而下的经济和社会组织方式的需要。计划经济模式是权力高度集中的模式，对计划的解释只有处在权力塔形结构顶端的计划制订者才有权作出，这就排除了法院司法介入的可能。在计划经济社会，上下级之间以及个人、社会组织与政府和国家之间也会产生矛盾和利益冲突，对处于下级地位的个人、社会组织而言，唯一可行的救济方式是向上级或者上级的上级申诉，法院在处理这类矛盾和纠纷的过程中不起作用。现代法治的基本标志之一就是通过依法独立行使职权的法院处理和平衡不同法律主体之间的利益冲突，包括国家与个人、社会组织之间的冲突，而这一点在计划经济体制下是不可能实现的。计划经济的组织特点与运行模式决定了它不需要也不能容纳行政法治。

与计划经济相反，市场经济不仅能够包容而且必须依赖行政法治方能存在和发展。市场经济强调通过发挥个人、社会组织的自主性来实现国家经济和社会发展目标，而要做到这一点，就必须给予个人、组织独立、平等的市场主体地位，允许个人、组织有自己的利益追求，并在国家规定的范围内自由活动，同时对个人、组织的权利和自由给予切实有效的保障。在这种情况下，计划特别是指令性计划显然无法胜任，只有通过立法才能实现既规定一定的标准和界限，又赋予个人、组织必要自主权的使命；只有设置独立第三方担任的裁判机制，才能使个人、组织相信其权利和自由是得到切实保障的。显而易见，能够适应市场经济的国家治理机制只能是合乎民主和法治要求的机制。实行市场经济必然要求和必然导致国家与社会的分离，当个人和社会组织不再隶属和依附于国家时，国家和政府就无法依靠组织体内部的上下级关系实现对个人和社会组织的管理，而必须依据通过民主程序制定的法律规则才能对个人和社会组织发号施令。在市场经济条件下，没有法律，国家无法对社会进行管理；没有法治，个人和组织的权利和自由无法得到切实保障。法律和法治是市场经济存在和发展的基础和前提。市场经济不断发展成熟的过程同时也是它的法律、法治基础和前提不断巩固与完善的过程。

我国计划经济向市场经济的转型最早可以追溯到改革开放初期，当时在计划经济的框架内，市场经济在“发挥市场调节的辅助作用”和“有计划商品经济”的名义下萌发和生长，1992年初邓小平南方谈话①为确立市场经济扫除了思想和理论障碍。1992年10月党的十四大从政治上确立了市场经济的主导地位，明确阐明我国经济体制改革的目标是建立社会主义市场经济

① 邓小平：《在武昌、深圳、珠海、上海等地的谈话要点》，《邓小平文选》第3卷，人民出版社1993年版，第370—383页。

体制。[①] 1993年宪法修正案第7条删去1982年宪法第15条关于“国家在社会主义公有制基础上实行计划经济。国家通过经济计划的综合平衡和市场调节的辅助作用，保证国民经济按比例地协调发展”的规定，明确规定“国家实行社会主义市场经济”，确立了社会主义市场经济的宪法地位。90年代初期市场经济在思想理论、政治和宪法上取代计划经济，我国进入计划经济向市场经济全面转型、市场经济快速发展的阶段，这一历史背景对我国行政法治建设产生了积极、广泛而深刻的影响。在《行政诉讼法》司法实践全方位展开的带动下，我国行政法治建设的各个方面均取得明显进步。

（二）《行政诉讼法》推动行政法制全面发展

1990年10月1日《行政诉讼法》的施行，是我国行政法治进程中具有划时代意义的一件大事，对于推动我国行政法治建设的全面发展发挥了重要作用。为适应行政审判的需要，到1990年底，最高人民法院、全部高级人民法院以及90%以上的中级人民法院和基层人民法院建立了行政审判庭。1990年我国行政案件的数量首次突破1万件，同年10月至12月《行政诉讼法》实施以后的短短两个月间行政案件数量即达5258件，比上一年同期上升96.56%。[②] 1991年行政案件的数量比上年增长97.4%，达25667件，其中，治安、土地、林业、税务行政案件上升100%以上，许多过去没有或少有的行政案件，如水利、统计、烟草专卖、能源、劳动教养等被起诉到人民法院。[③] 此后行政案件的数量以较大的比率逐年增加，范围不断扩大，至21世纪初每年行政案件的数量已达10万件左右，案件种类已基本覆盖行政管理领域。[④] 从案件的审判结果看，《行政诉讼法》实施之前，法院对被诉具体行政行为的维持率较高，其中，1987—1988年间达49.9%，1989年为42.5%；《行政诉讼法》实施后被诉具体行政行为的维持率不断降低，1991年降至31.6%，1992年为34.1%，1993年为23.56%，1995年大幅降至17.34%。上述数据表明，法院在整体上做到了依法独立公正地审判案件，

---

① 参见江泽民《加快改革开放和现代化建设步伐，夺取有中国特色社会主义事业的更大胜利》（在中国共产党第十四次全国代表大会上的报告），1992年10月12日。

② 参见任建新《最高人民法院工作报告》（1991年4月3日在第七届全国人民代表大会第四次会议上）。

③ 参见任建新《最高人民法院工作报告》（1992年3月28日在第七届全国人民代表大会第五次会议上）。

④ 参见2002年和2003年《最高人民法院工作报告》。

在实施《行政诉讼法》时没有走过场，对行政机关保持了应有的司法监督的力度，这就促使国家行政机关工作人员普遍认识到必须认真对待行政法、切实增强依法行政的意识和增强依法行政的水平。可以说，20世纪90年代以后广泛的行政诉讼实践为我国国家行政管理由人治向法治转型、由人治不断走向法治提供了不可或缺的动力和保障。

在《行政诉讼法》实施之际，我国实体行政法和程序行政法远不够完善，如果不加快建设与《行政诉讼法》相配套的法律法规，《行政诉讼法》的实施很难取得预期的成效，甚至有落空的危险。例如，《行政诉讼法》第54条规定"超越职权"和"违反法定程序"是撤销被诉行政行为的法定情形，但是，在缺少规范行政职权的法律规则或者含义不清的情况下，法院很难以"超越职权"的法律手段对行政机关的越权行为进行有效的控制；同理，在法律法规几乎没有对行政机关应当遵守的程序规则作出规定的情况下，"违反法定程序"的规定很难发挥实际作用。《行政诉讼法》的实施使得全社会高度关注以行政主体为调整和规范对象的法律规范的立法工作，推动了一系列重要行政法律法规的出台。

1. 《行政复议条例》与《行政复议法》的制定

《行政复议条例》1990年12月24日国务院制定，1991年1月1日起施行。《行政复议法》1999年4月29日全国人民代表大会常务委员会制定，同年10月1日起施行，《行政复议条例》同时废止。1991年的《行政复议条例》全面构建了我国的行政复议制度，确立了行政复议既审查具体行政行为合法性又审查具体行政行为适当性、书面审以及一级复议的原则以及行政复议的体制，规定了行政复议的范围、程序和法律责任。《行政复议法》将《行政复议条例》上升为法律，基本上确认了《条例》所规定的行政复议制度。《行政复议法》第27条规定行政复议机关具有审查具体行政行为的依据是否合法的责任，第28条新增了"确认具体行政行为违法"的处理方式等，是《行政复议法》对《行政复议条例》所作的较为重要的修改和补充。

2. 《国家赔偿法》的制定

1994年5月12日全国人民代表大会常务委员会通过，1995年1月1日起施行。早在1982年，现行宪法第41条第3款即规定"由于国家机关和国家工作人员侵犯公民权利而受到损失的人，有依照法律规定取得赔偿的权利"。1986年《民法通则》第121条规定"国家机关或者国家机关工作人员在执行职务中，侵犯公民、法人的合法权益造成损害的，应当承担民事责任”。恰在这一时期，区分公法责任和私法责任的理论占据主导地位，并推动行政诉讼从民事诉讼中分离和独立出来。与此相适应，主流观点认为，国家赔偿不应当属于民事赔偿，而是一种与民事赔偿并列的公法上的赔偿责任。为此，1989年制定的《行政诉讼法》第9章专门对行政侵权赔偿责任作了规定，但比较笼统，没有涉及赔偿的具体条件、范围和程序，特别是赔偿的方法和标准等问题，也没有涉及行政侵权以外的其他国家侵权损害行为的赔偿问题。这样的国家赔偿制度是不完整的，可操作性也不强。《国家赔偿法》则全面建立了国家行政和司法赔偿制度。当然，在当时的历史条件下，《国家赔偿法》主要解决国家赔偿制度的有无而不是水平高低的问题，因而国家赔偿的门槛相对较高、水准偏低。①

3. 《行政处罚法》的制定

1996年3月17日全国人民代表大会制定，1996年10月1日起施行。该法是我国首部以特定具体行政行为为调整对象的单行法律，属于典型的行政法。《行政处罚法》是我国行政法治建设过程中的又一个重要里程碑，它首次引入现代行政程序规则和听证制度，第一次明确规定违反基本程序规则的行政行为不能成立，从而拉开了以公开、透明、参与为基调的我国行政程序法制建设的序幕。它还首次确立了立法机关在没有上位法规定的情况下自行“设定”某种行政权力的立法权，这是对我国立法制度进行的一次重要变革。

除上述立法成果外，在执法层面上，《行政诉讼法》使“执法”的概念在行政管理实践中得到真正的确立，并推动行政方式发生深刻的变革。在《行政诉讼法》实施之前，行政方式基本上是经验性的，不注重科学论证以及收集、保存行政活动的证据，行政的随意性较强。《行政诉讼法》第33条关于“在诉讼过程中，被告不得自行向原告和证人收集证据”的规定，对行政机关工作人员改变其长期形成的不良行政习惯，努力掌握与适应新的符合依法行政和科学行政要求的行政方式，具有重要的引导和促进作用。

---

① 1995年是《国家赔偿法》施行的第一年，法院全年受理国家赔偿案件仅197件，审结154件，决定赔偿64件。案件数量仅为当年行政诉讼案件量的0.3%，赔偿率为41.6%。1999年法院审结的国家赔偿案件大幅增加为6788件，但也仅为当年行政诉讼案件审结量的6.87%。根据2003年《最高人民法院工作报告》，1998—2002年法院平均每年审结国家赔偿案件2264件，赔偿率为35%；根据2008年《最高人民法院工作报告》，2003—2007年，法院平均每年审结国家赔偿案件2600件，不到行政诉讼案件的3%。赔偿金总额也明显偏低，年均仅为3600万元。

（三）行政内部法制建设取得新突破

以国家公务员制度和行政监察制度的法制化为标志，90年代我国行政内部法制建设取得了新的成绩和突破。

1993年8月14国务院制定《国家公务员暂行条例》，在国家行政机关工作人员人事管理现代化、法制化方面迈出历史性一步。《条例》首次引入“国家公务员”概念，确立了“公开、平等、竞争、择优”以及“分类管理”原则，特别是创立了通过公开竞争考试录用低级初任公务员的制度，这是我国行政机关人事管理制度改革的重大突破。此外，《条例》在加强对国家公务员的人事管理和纪律约束的同时，也体现了保障国家公务员合法权益的精神，设立了国家公务员权利救济渠道，尽管国家公务员与行政机关之间的人事纠纷不能通过司法途径解决，但与传统干部人事制度相比，《条例》所确立的新型人事管理制度无论在合理性、公正性还是法制化的程度上都取得了明显的进步。

行政监察是国家行政系统内部监督的重要途径，早在1990年国务院就制定了《行政监察条例》，以法律形式规定了行政监察的原则、行政监察机关以及行政监察人员的法律地位、职责权限、工作程序、法律责任等。《条例》特别规定“监察机关依照国家法律、法规和政策独立行使职权，不受其他行政机关、社会团体和个人的干涉”。1997年全国人民代表大会常务委员会在《条例》的基础上制定《行政监察法》，将《条例》上升为法律，进一步加强了对行政监察机关的法律规范和保障。

（四）问题与不足

在行政法治意识和观念方面，依法行政的观念和原则虽已得到正式确立，但尚未明确提出法治政府的理念，并将这一理念与依法行政直接联系起来，导致依法行政在实践中仍然带有不少人治的色彩和残余。在立法方面，一些构成现代行政法基础、成为行政法产生和发展支柱的法律法规虽已制定，但受当时历史条件下法治社会基础和整体发展水平的制约，这些法律法规在构建行政法制度时，主要以解决有无的问题为立法导向，造成立法不同程度地带有试验性、过渡性、妥协性的特点和不足。以《行政诉讼法》为例，该法第5条规定“人民法院审理行政案件，对具体行政行为是否合法进行审查”，完全排除了法院对具体行政行为的依据进行审查的可能性，与世界其他国家的行政诉讼制度相比，在这一点上，我国《行政诉讼法》的相关规定是非常保守和落后的。又如，由于当时对行政审判的特点和规律认识不足，《行政诉讼法》没有规定法院可以通过作出确认判决的形式审结案件，导致法院在审理一些复杂的行政案件时陷入被动，无法作出适当的判决。类似的问题在《行政复议法》、《国家赔偿法》、《行政处罚法》这些重要的行政法律中均不同程度地存在。

此外，行政法立法不全面、不平衡、零散化的问题也很突出。《行政处罚法》对行政机关的行政处罚行为作了系统的法律规范，提高了对行政相对人法律保护特别是程序保护的水平，然而，与行政处罚有很多共同点的行政强制行为却不能适用《行政处罚法》的相关规定，两个相近的行为，一个受到法律较为严格的规范，当事人在其中得到较好的法律保护；另一个则缺乏法律的严格规范，当事人不能享受与行政处罚相同的法律保护，这是分散和个别立法必然带来的弊端。

四、新世纪行政法治的深化与成熟

（一）新世纪全面推进行政法治的良好机遇

1. 加入WTO为全面推进行政法治注入新的活力

2001年我国正式加入世界贸易组织（WTO），这是我国改革开放和现代化建设历史进程中具有深远意义的重大事件。WTO协定规定："每一成员应保证其法律、法规和行政措施与所附各协定对其规定的义务相一致"，[①] 而成员需要与WTO协定保持一致，法律、法规和行政措施都在其行政法的范围之内，确切地说，属于一国（地区）行政法之中的经贸行政法。经贸行政法是一国（地区）行政法的有机组成部分，其变化和发展不是孤立的，必然会对其他相关领域的部门行政法，以及行政法的一些基本原则和带有普遍适用性的规则产生影响。加入WTO加快了我国行政法制改革的进程，给我国行政法治建设带来了较为明显的变化。可以说，加入WTO为我国行政法治建设提供了一个十分难得的外因，使我国行政法治在发展过程中经历了一次重要的提速。我国行政审批制度改革以及《行政许可法》的制定，是我国行政法治建设在新世纪新阶段取得的重要成果，而适应加入WTO的要求，是我国加速行政审批制度改革和出台《行政许可法》的重要原因。

① 《马拉喀什建立世界贸易组织协定》第16条第4项。

加入WTO，使我国新世纪的行政法治必须在经济全球化的背景下进行，一方面增加了我国行政法治建设的复杂性，另一方面也有利于进一步推进我国行政法制由人治主导模式向法治模式的过渡和转型。加入WTO以后，不管愿意不愿意，都必须通过改革使我国相关法律制度与WTO的要求一致。这样，我国行政法制改革在原有两个方面的力量之外，又增加了一个第三方面的力量，即来自国际法的推动力。这方面的力量在一定程度上弥补了我国行政法制改革和发展内驱力与外部保障机制方面的不足和弱点，三方面的因素或力量结合起来，使我国行政法制建设和改革获得了更强的动力和更加坚实的保障。

2. 法治政府理念占据主导地位

法治政府理念的形成意味着政府守法这一行政法基本价值观的确立。关于政府守法是否是依法行政的核心价值的问题，长期以来并不明确。在80年代行政领域内的法律规范绝大多数是针对相对人的，规范和约束行政机关的法律规范，也即狭义上的行政法规范，十分稀少并且缺乏有效的保障机制，加上人治思想观念非常盛行，因而这一时期的依法行政观实际上是“以法行政”观。90年代以后，随着行政权力制约机制的发展与完善，特别是行政诉讼制度的全面确立，狭义的行政法规范迅速成长起来，但“以法行政”的观念依旧盛行，以至出现“二元论”的依法行政观念，依法行政既针对行政机关也针对行政相对人，两者同等重要。

进入21世纪以后，由于市场经济对法治行政提出更高更迫切的要求，以及实践中人治行政与市场经济和多元社会之间的不适应性日趋明显，为充分发挥依法行政观念对实践的指导作用，党和国家明确提出依法行政的核心是政府守法，在政治上确立了依法行政观念的核心价值和内容。2004年3月温家宝总理在十届全国人大二次会议上所作的政府工作报告中第一次明确提出了建设“法治政府”的目标，2004年3月22日发布通知的《全面推进依法行政实施纲要》进一步强调了这个目标。2004年10月2日第二次修订通过的《国务院工作规则》第2条也提出要“建设法治政府”，并将“推进依法行政”专设为一章。2004年10月2日第二次修订通过的《国务院工作规则》提出“依法行政的核心是规范行政权力”，至此，依法行政观念的核心内涵得以明确，法治行政观念在政治上的主导地位全面确立，这与改革开放以来依法行政观念长期弱于传统人治行政观念的状况形成鲜明对比。

当然，法治行政观政治主导地位的确立并不意味着人治行政观的影响自动消除，相反，在实践中人治行政观仍会产生相当的影响。我国现在从总体上看还不能说已经建成了法治政府，法治行政与人治行政并存的现象仍将在一定时期内存在，如何在实践中全面确立法治行政观念，积极推动人治行政观向法治行政观的转化，从而为实现《全面推进依法行政实施纲要》确立的在10年左右时间内基本建成法治政府的目标做好观念和思想上的准备。

3. 人权入宪产生积极影响

2004年3月14日全国人民代表大会通过新的《宪法修正案》，规定在宪法第33条增加一款："国家尊重和保障人权。"人权入宪将对新时期我国行政法的发展和行政法治建设的推进产生积极的影响。人权保障将成为行政机关日益重要的目标和职责，行政机关不仅需要更为审慎地约束好自己的行为，以免侵犯人权，而且还需采取更加积极主动的行动，保障人权并为人权的实现创造更好的条件。人权写进宪法与社会人权意识的高涨，对行政机关而言更多是一种挑战和压力，但对行政法的发展而言却意味着更多的机遇。

（二）新时期行政法治建设取得的突出成就

1. 《行政许可法》的制定

《行政许可法》一定程度上可以说是我国加入WTO的一个重要产物，是新世纪我国行政法治建设取得的又一重大立法成果。

在《行政许可法》制定之前，中国有关行政许可的法律文件不在少数，广义上的行政许可法①早在《行政许可法》制定之前就有了，主要是行政机关制定的规章，部分为国务院的行政法规和地方人大制定的地方性法规，也有一些全国人大及其常委会制定的法律涉及行政许可。在《行政许可法》颁行之前，我国就已经建立了行政许可法律制度。《行政许可法》的意义不在于它创建了一种全新的行政法律制度，而在于它改造和革新了现存的制度，从整体上将行政许可纳入了法治的轨道。

从《行政许可法》的社会意义上看，该法将有力地推动行政观念的转变和行政方式的变革，对最终完成计划经济体制向市场经济体制的转型，促进市场经济体制的进一步成熟和完善，将发挥重大作用。在这个意义上，任何已经出台的其他法律，包括《行政诉讼法》、《国家赔偿法》、《行政处罚法》等法律在内，均无法和它相比。《行政许可法》立法宗旨之一是推动政府职能转变，建立适应市场经济发展要求的、权力有限的、高效的服务性政

① 所谓广义上的行政许可法是所有有关行政许可的法律规范和法律文件的统称。它是相对于狭义上的行政许可法而言的。狭义上的行政许可法特指一部名为"行政许可法"的法律。

府。为此，《行政许可法》对行政许可的设定权进行了严格的规范，意在通过大幅减少行政许可和严格新设行政许可的条件，尽可能多地使政府退出经济和社会事务，尽可能多地使市场和社会发挥其自我调节的作用。权力减小了，因权力行使而产生的腐败等副作用也可随之减少，对于树立政府清廉的形象十分有利。《行政许可法》的制定和实施，将会在很大程度上改变政府机关工作人员特别是领导干部"凡事都要管、要管就要设许可"的思维习惯，使他们切实认识到在法治社会和市场经济条件下，政府权力是有限的，不能想干什么就干什么。与此同时，行政机关及其工作人员还必须学会如何在公开、透明条件下行使权力，学会适应"把方便给予群众，把麻烦留给自己"的新型的行政程序。因此，可以毫不夸张地说，《行政许可法》对于建立、保持和发展政府与经济、社会之间的和谐互动关系，推动政府机关及其工作人员彻底告别计划经济时期的管理理念和行政方式，将产生深远的影响。

从制度创新的角度看，《行政许可法》继承了改革开放以后，特别是《行政处罚法》、《立法法》以来我国行政法治建设的经验，如《行政处罚法》首次以法律形式确立的"行政权设定"制度、行政权的相对集中行使、行政机关作出决定之前的告知义务以及行政相对人陈述申辩权利、听证制度、"收支两条线"原则等，《立法法》所规定的行政立法的专家和公众参与机制等，都在《行政许可法》得到体现和新的发展，除此之外，《行政许可法》还在以下几个方面取得了突破：

第一，突破了行政许可的理论范畴，体现了注重权利保护的务实的行政法理念。在学理上，"许可"与"确认"以及"登记"的行政行为是严格区分的。"许可"意为批准或同意，具有授权或授益的内容。而"确认"是对既定事物是否具备某种特性、达到某种条件或标准的认可或证明；"登记"是将某一事项记录在案。无论是"确认"还是"登记"，其本身都不具有授权或授益的内容，更不直接进行准予当事人从事某种活动的意思表示。然而，《行政许可法》还是将经当事人申请而由行政机关进行的"确认"（资格、资质的认定、检疫、检验、检测等）和"登记"纳入了行政许可的范畴，从而促进了行政法理论的发展。为什么《行政许可法》要将"确认"和"登记"在一定条件下视为"行政许可"呢？就是因为行政的"确认"或"登记"虽然本身不是"行政许可"，但在一定条件下会产生与"行政许可"相同或相似的法律后果，如果将行政确认和行政登记排除在外，就会使许多名为"确认"、"登记"，实为"许可"的行政行为逃脱《行政许可法》的规范和制约，导致当事人的合法权利无法得到有效的法律保护，因此，基于“务实保护”的理念，《行政许可法》将具有许可性质的行政确认和登记纳入自己的调整范围。可以这么说，凡公民、组织提出申请，要求行政主体作出某种行为，以使其得以行使某种权利、从事某种活动的，行政机关的行为无论其形式和内容为何，都有可能成为《行政许可法》所定义的行政许可，并为《行政许可法》所规范。

第二，间接确认了“信赖保护”原则。“信赖保护”是德国等大陆法系国家行政法的一项重要原则，旨在限制和取消行政机关任意变更和撤销（撤回、废止）已经生效的行政行为的权力。大陆法系国家特别是德国行政法认为，公民对行政机关的信赖必须受到保护，为此，已经生效的行政行为不得随意改变，如果这种改变对当事人不利的话。“信赖保护”原则有两层涵义：一是已生效行政行为不得作对当事人不利的改变（包括变更和废止）；二是在维护公共利益所必需的例外情况下，生效行政行为可以改变，但必须给予善意当事人适当补偿。《行政许可法》第 8 条规定：“公民、法人或者其他组织依法取得的行政许可受法律保护，行政机关不得擅自改变已经生效的行政许可。”这是我国首次以法律形式作出的与信赖保护原则相一致的法律规定，具有普遍的意义。不过，法律条文本身并没有直接出现“信赖保护原则”的提法，而从立法过程看，该条立法的确受到我国有关信赖保护原则的理论研究的影响，所以说，《行政许可法》“间接地”确认了“信赖保护”原则。这无疑是《行政许可法》的一个亮点。

第三，打破了一般事项立法权与特定事项设定权对等配置的格局。按照《行政处罚法》开创的先例，凡拥有法律、法规和规章制定权的机关相应地也拥有程度不等的行政处罚设定权。但是，《行政许可法》打破了这一先例。《行政许可法》规定：在规章中，只有省级人民政府的规章方可依法设定行政许可，国务院部委以及其他类型的地方规章均不得设定行政许可。

第四，强化了抑制部门保护和地方保护主义的机制。《行政许可法》出人意外地取消了国务院部委设定行政许可的权力，对地方性法规和省级人民政府规章设定行政许可的权力规定了防止地方保护主义的特别限制，特别是排除了地方性法规和规章享有规定行政许可收费的立法权力，对部门保护和地方保护给予如此明确和有力的遏制，这在全国人大及其常委会制定的法律中，似乎是绝无仅有的。

第五，确认统一、集中和联合行使权力行政方式。《行政许可法》第 26 条规定：“行政许可需要行政机关内设的多个机构办理的，该行政机关应当确定一个机构统一受理行政许可申请，统一送达行政许可决定。行政许可依法由地方人民政府两个以上部门分别实施的，本级人民政府可以确定一个部门受理行政许可申请并转告有关部门分别提出意见后统一办理，或者组织有关部门联合办理、集中办理。”这一规定的立法宗旨在于便民和提高效率。以法律形式确认这样的行政程序，《行政许可法》是第一次。

第六，在行政程序的公开性和透明度上取得较大突破。在行政许可程序的公开性和透明度上取得多项重大进展，是《行政许可法》最引人瞩目之处。首先，《行政许可法》首次在法律中确认了公众查阅政府文件的权利。《行政许可法》第61条规定，公众有权查阅行政机关监督检查记录，应当说，这是我国行政法的一个重要突破，为日后进一步扩大公众查阅政府文件的权利，建立健全我国的政府信息公开制度创造了一个良好的先例。其次，《行政许可法》首次通过法律规定了电子政务。《行政许可法》第33条规定：“行政机关应当建立和完善有关制度，推行电子政务，在行政机关的网站上公布行政许可事项；方便申请人采取数据电文等方式提出行政许可申请；应当与其他行政机关共享有关行政许可信息，提高办事效率。”这一适应信息时代的特点和要求，其先进性非常突出。再次，首次在法律中规定了行政文件的公示制度。《行政许可法》第30条规定：“行政机关应当将法律、法规、规章规定的有关行政许可的事项、依据、条件、数量、程序、期限以及需要提交的全部材料的目录和申请书示范文本等在办公场所公示。”最后，首次规定了执法过程中行政机关主动实施的、面向公众的听证制度。《行政处罚法》首次将听证引入我国的行政程序，但该法规定的听证属于当事人要求的、面向当事人的听证，《行政许可法》则更进一步，规定了行政机关可以在一定条件下主动实施面向公众的听证，从而进一步发展了执法过程中的听证制度。

2. 《立法法》的制定

2000年全国人民代表大会颁布《立法法》，这部法律进一步明确了行政法的立法体制和机制，特别是系统规定了行政法规和规章的立法制度，进一步改进和完善了立法监督制度。以《立法法》为依据，国务院于2001年分别制定了《行政法规制定程序条例》以及《规章制定程序条例》，形成了规范我国行政法立法活动的法律体系和相对完备的法律制度，行政法立法过程的民主性、公开性、科学性、规范性以及社会参与在《立法法》及其配套法规中得到较为充分的体现和保障。

3. 行政诉讼制度的改进与发展

2000年最高人民法院对《行政诉讼法》作出新的司法解释，即最高人民法院《关于执行〈中华人民共和国行政诉讼法〉若干问题的解释》，其作用和地位相当于《行政诉讼法》的实施细则。1991年为保障《行政诉讼法》的顺利施行，最高人民法院曾经对《行政诉讼法》作出系统的司法解释，[①]经过将近10年的司法实践及其经验积累，一些当时没有看清或没有条件解决的问题，比较充分地暴露出来并基本具备解决的条件；随着时间的推移和客观条件的变化，原来的司法解释乃至《行政诉讼法》本身在若干方面已经不能适应新世纪经济、政治、社会和法治环境下行政诉讼实践提出的新要求。1991年的司法解释是在《行政诉讼法》施行后的很短时间内颁布的，倾向于对《行政诉讼法》作严格解释，以保证《行政诉讼法》的司法适用。2000年的司法解释则负有弥补立法缺失、通过解释技术发展行政诉讼制度的使命，故表现出很强的能动性。新的司法解释通过灵活运用扩大解释技术，拓宽了行政诉讼的范围，降低了公民、组织提起行政诉讼的条件和难度，尤其是增设了确认判决这一新的结案方式，规定人民法院应当在裁判文书中援引其适用的最高人民法院的司法解释，以及可以在裁判文书中引用合法有效的规章及其他规范性文件，从而增强了人民法院行政审判的公开性和透明度。新的司法解释不再拘泥于行政诉讼与民事诉讼的严格分野，规定人民法院审理行政案件可以参照民事诉讼的有关规定。毫无疑问，最高人民法院在世纪之交针对《行政诉讼法》重新作出的司法解释，体现了与时俱进的要求，是把20年前确立的行政诉讼制度带入新世纪的重要的行政法文件。

4. 政府信息公开制度的全面建立

政府信息公开是建设阳光政府，深入推进行政法治建设的重要条件，同时也是衡量一个国家或地区行政法治水平高低的重要指标。进入新世纪以来，一些地方和部门积极开展了政务公开的试点和实践，为在全国范围建立政府信息公开制度积累了经验。2007年4月5日，国务院颁布《中华人民共和国政府信息公开条例》，自2008年5月1日起施行。《条例》进一步完善了我国行政法体系，在我国历史上第一次全面建立了政府信息公开制度，使我国行政法治建设向前迈进了一大步。为保障信息公开的实效性，《条

① 即最高人民法院《关于贯彻执行〈中华人民共和国行政诉讼法〉若干问题的意见（试行）》（1991），已废止。

例》不仅规定了信息公开的范围、公开方式和程序，而且还规定了较为有效的监督与救济手段，如允许法院通过行政诉讼对信息公开具体行政行为进行司法审查，行政机关须定期向社会公布信息公开工作报告，对行政机关信息公开情况实行社会评议等。《条例》实施以来，各级政府及其工作部门普遍设立了负责政府信息公开工作的专门机构和人员，以政府网站建设为中心，建立和完善了一系列政府信息公开平台，依法主动或依公民申请公开了大量的政府信息。《条例》对政府信息公开行政诉讼的规定，丰富了我国行政诉讼的类型，促进了我国行政诉讼制度的进一步完善和发展。由于《条例》实施短短一年多的时间内全国发生了数百件政府信息公开案件，而这类案件具有若干不同于传统行政案件的特点，目前最高法院正在研究制定专门针对政府信息公开行政案件的司法解释。

5. 全面推进依法行政指导性文件的制定和实施

进入新世纪以来，国务院将法治政府建设提升到前所未有的高度，2003年3月22日国务院发布《全面推进依法行政实施纲要》，提出“经过十年左右坚持不懈的努力，基本实现建设法治政府的目标”，在全国范围和政府系统内自上而下地发起了一场声势浩大而持久的全面推进依法行政、建设法治政府的行动。《纲要》在多个方面对行政机关提出了高于法律标准的依法行政要求，如将“程序正当”和“诚实守信”确定为依法行政、建设法治政府的基本要求等。2008年6月18日国务院发出《关于加强市县政府依法行政的决定》，指出“必须把加强市县政府依法行政作为一项基础性、全局性工作，摆在更加突出的位置”，并全面提出加强市县政府依法行政的各项具体要求和举措。《关于加强市县政府依法行政的决定》是《全面推进依法行政实施纲要》的延续和深化，充分反映了国务院在推进依法行政建设法治政府问题的战略眼光和坚强决心。在国务院的大力推动下，全国各地、各部门正兴起新一轮落实、推进和探索依法行政的高潮，在实践中创造出不少新鲜经验，如福建开展规范行政自由裁量权的探索，湖南在全省范围内试行统一的行政程序立法等。

五、关于中国特色行政法治的思考

如果说在社会主义条件下，发展市场经济是前无古人的伟大创举，那么在社会主义条件下建设和实行法治，同样是史无前例的伟大创新。一些西方国家比较成功地实现了法治，但这种法治不是社会主义的，尽管它有部分做法和经验值得我们学习和借鉴，但总体上不适合中国国情，不能适应我国坚持走中国特色社会主义道路的基本要求，不能为建设社会主义法治提供现成的样板。而苏联东欧社会主义国家曾经创立了一套完整的、明显不同于西方法学理论和法律制度的社会主义法学理论和法律制度，但实践证明，它们的法制严重缺乏法治精神。苏联东欧国家应当说建成了社会主义法制，但在社会主义与法治的结合上没有为我们提供多少可资学习和借鉴的东西。在建设社会主义法治的问题上，没有任何现成的经验，只能靠自己摸索。

在经过改革开放30年的不懈努力后，我国基本建成了一套较为完整的行政法体系。行政程序法是一部十分重要的基础性行政法律，目前我国立法机关已在研究制定，同时立法机关正着手对《国家赔偿法》、《行政诉讼法》等构成行政法体系核心的行政法律进行“升级改造”，一些重要的行政法律，如《行政强制法》已研究起草多年，出台的条件和时机逐步成熟。上述行政法体系的构建和完善工作完全有可能在未来数年内完成，届时我国将有一个在立法上比较完善和先进的行政法体系，但这是否意味着行政法治的目标能够同时实现呢？相信大多数对我国行政法治建设的历史和现状有所了解的人都会给出否定的答案。我国目前正处于建设行政法治的关键期，行政法治建设的前景是乐观的，但也不是没有倒退的可能。

我国行政法治建设之难首先难在缺乏法治的文化传统。法国著名比较法学家勒内·达维德对东西方法观念的差别曾经有过一段非常精辟的论述：①

“在西方，在伊斯兰国家，在印度，法被看成是社会秩序的必要支柱，是社会秩序的基础本身。社会的良好秩序意味着法制第一。人们在生活中应该守法，必要时应该为法的胜利而斗争；行政机关也应遵守法律规定，法院应保证使法受到尊重。法是正义的反映，高于衡平本身。没有法，就只能是专断或无政府状态、暴力统治或混乱。法是崇敬的对象，法院是正义的殿堂，驻守着受尊敬的法官。

与此相反，远东一些国家不接受这种观念。在中国人看来，法远不是秩序的条件与正义的象征，而是专断的工具与混乱的因素。良民不应该想到法，他应该按不主张权利又不打官司的方式生活。人们第一操心的事不应是守法；每个人的行为与任何法律考虑无关，应不停顿地服从于寻求协调与和睦。和解较之于起诉更有价值；与其用法来解决争端，宁可通过调解来消除争端。当然也有些法律，具有威慑作用或用作典范；制定这些法律并非为了象在西方那样实施，一些背离礼仪与教养、企图依法行事的人，一些在学习法和实施法中度日的人，只会受到蔑视。”

① 勒内·达维德：《当代主要法律体系》，上海译文出版社1984年版，第31—32页。

达维德进一步指出：[1]

> 在中国，共产党政权废止了帝制崩溃后制定的各种西方式法典；经过短期犹豫后，它也摆脱了苏联的道路，走上了一条自己的道路以建设共产主义，这条道路给予法的地位是非常有限的。

达维德的评论是非常深刻的，在西方人看来，法与公平正义是统一的，实现公平正义最好的办法就是尊重和遵守法律，只有在非常例外的情况下，"恶法非法"的原则才被人们接受。而在中国，公平正义与法之间是分离的，法必须时时接受公平正义的检验。不少学者热衷于论证所谓"良心违宪"、"良心违法"的正当性，也从一个侧面说明了法的形象和权威之低。达维德以我国改革开放前的法制状况为考察对象，所以他得出"这条道路给予法的地位是非常有限的"结论。改革开放以后，国家宪法以及执政党给予法很高的地位，这是与达维德观察到的情况不同的，但法在实际生活中的地位仍然是有限的，这就是文化传统的作用。

我国自上而下的发展模式对于行政法治的实现也有不利影响。自上而下的发展模式其实就是人治的模式，这种模式带来了高效率，但也付出权力过于集中，法律权威难以确立的代价。加上我国法律改革往往采取先试点再修法的方式，以及立法水平不高等原因，进一步增加了维护法律尊严、树立法律权威的困难。

缺乏一个得到社会广泛支持的强势的法院系统是我国行政法治建设面临的一大难题。所有法治状况良好的国家，必然拥有一个社会公信力很强的法院体系，法院和法官的权威足以化解各种纠纷，使当事人信服。我国法院由于各种主客观原因，实际上处于弱势地位，抵御各种不当政治干预和社会干扰的能力较低，这是我国行政法治建设的一个关键性瓶颈。关于弱势法院对行政法治的影响，可从法院对政府信息公开行政案件的消极态度中管窥一斑。据北京市高院发布的信息显示，自《政府信息公开条例》实施以来，北京市由信息公开引起的行政诉讼共有10起，目前审结9起。在这已经审结的9案中，有5起不予受理，两起驳回起诉，另有两起原告撤诉，没有一起进入实质性审查程序。而上海自2008年5月1日《条例》开始施行到2008年底，共发生400多起政府信息公开诉讼，除1起政府败诉、13起和

① 勒内·达维德：《当代主要法律体系》，上海译文出版社1984年版，第32页。

解撤诉外，其余均遭驳回或不予受理。① 事实上，近年来法院对敏感行政案件通过不受理等方式消极回避的问题日趋严重。法院是行政法的基石，法院不强，则必然导致行政法治基础薄弱。

保障党的领导与行政法治建设有机统一的理论、体制机制远未成熟，是我国行政法治建设难以取得重大突破最为关键的因素。所谓中国特色的行政法治，实际上就是与中国国情相适应的、社会主义的行政法治，其核心和关键在于如何实现党的领导与行政法治的有机统一。客观地讲，党的领导与行政法治之间是非常容易发生矛盾和相互排斥的，具有中国特色的社会主义行政法治能否存在和发展，依赖和取决于党领导行政法治的方式。

上述困难是可以克服的，但前提是各级政治权力的行使者必须真正从内心深处认识到我国社会主义市场经济、改革开放和现代化建设的成功离不开行政法治，如果觉得我国改革开放30年取得的巨大成就证明人治也很不错，那么通向法治的道路就很遥远。

改革开放前后两个30年的对比无可辩驳地证明：法治亡，则国乱民穷；法治兴，则国强民富。

我国行政法治的未来发展需重点思考和解决以下几个问题：

第一，按照坚持党的领导、人民当家作主和依法治国有机统一的原则，进一步解放思想，开拓创新，积极探索党的领导与行政法治有机结合、相得益彰的途径、方式和方法。要充分利用法治的机制和手段去遏制各级党政领导干部和国家公务员滥用权力的行为。当前以及今后一段较长时期内，还不会出现法治过强、过于机械以致严重削弱党的领导的现象，现阶段的突出问题是宪法和法律的权威不高，法治的机制偏弱。党对行政法治的领导主要应表现为支持和保障行政法治机制切实有效地发挥作用。

第二，进一步完善和加强行政法治自上而下的主动推进机制。党和国家站在谋大局、顾长远的高度，自上而下大力推进行政法治，是我国行政法治的一大优势。由于各地和各部门的工作大多也带有自上而下的性质，推进行政法治不一定符合特定地方或部门的局部利益，一些党政领导干部可能会觉得行政法治碍手碍脚，而不愿认真落实中央和国务院全面推进法治政府建设的各项举措。为此，未来行政法治一定要继续加大主动推进的力度，进一步明确行政法治总体目标以及阶段性标准和要求，加大监督检查的力度，将党

① 参见《法院沉默、解释尴尬、政府信息公开诉讼陷入困局》，中国新闻网 http://www.chinanews.com.cn/gn/news/2009/05-18/1695786.shtml。

政领导干部无视法律法规尊严的行为纳入问责的范围。在推进行政法治时，针对不同地区和部门的不同情况，设定不同的目标、重点、方式和步骤，以增强推进行政法治的实效性，避免各种类型的形式主义。要将目前法治政府建设主要由国务院推进转变为立法、行政和司法三方面协调推进。

第三，采取有力措施，提高法院在行政司法审查中的地位和权威。法院的权威不足，是新时期深入推进行政法治必须重点解决的问题。各级党政领导干部必须从国家和人民的整体利益出发，带头维护法院的权威，支持和保障法院依法独立行使行政审判权。要对再审制度的改革问题进行认真研究，避免案件形式上终审而实质上不能终审。要着眼于维护司法制度正当性和法院威信的全局利益，处理好信访与诉讼、调解与判决的关系。大力加强针对行政审判法官的道德规范和约束，努力塑造行政审判法官公正、廉洁、专业、谦和、理性的社会形象。要对现行行政诉讼制度作出适当修改，以加强法院在行政诉讼中的法律地位以及法院对行政行为，特别是抽象行政行为的司法审查能力。

第四，积极探索人大在促进和保障行政法治中发挥应有作用的途径和方式。长期以来，各级人大在促进和监督政府依法行政方面，总地说来比较保守。今后各级人大除加大执法检查、对行政机关首长质询的力度外，应规定各级政府首长在向人大报告工作时须有本级政府推进行政法治情况、存在问题和改进措施的专项内容，还应重点加强对行政立法和行政规范性文件的审查监督。要借鉴西方国家设立议会督察专员的经验，认真研究在人大内部建立类似权力监督与人权保障机制的可能性。

第五，改革行政首长负责制，探索实现行政首长负责制的多种形式，建立健全行政系统内部的权力分工制约机制。行政首长负责制是我国各类各级行政机关的组织原则，旨在保证行政机关指挥集中有力，行动快速高效。在人治的行政体制下，行政首长负责制使得行政首长的权力高度集中，行政机关内部缺乏必要的分工制约。在现代国家，行政的功能复杂多样，除传统的执行功能外，还有立法和司法功能，因此单一形式的行政首长负责制已不能适应功能日益多样化的行政组织的需要。

第六，进一步推进行政过程的公开透明，积极支持和鼓励行政活动的公众参与和社会监督。我国改革开放采用的是政府引导型的发展模式，在这种发展模式下，法律必须授予行政机关较大的权力，因而通过把法律规定具体化、明确化的方式增强法律对行政的控制，必然会受到各种主客观条件的限制。给予行政机关足够的权力，但这种权力必须在阳光下运行，是未来我国行政法发展和进步的一个重要方向。《政府信息公开条例》应适时上升为全国人大制定的法律，加强政府信息公开法治平台建设。要进一步推进和完善公众参与和社会监督立法，保障大众传媒对行政机关和其他行政主体知情权、表达权和监督权。近年来，影响我国行政法发展一些案例大都由媒体尤其是网络媒体揭露，引发公众热议，进而实现政府工作的改进与行政法制度的完善（如不久前发生的上海钓鱼执法案件等），已成为我国行政法发展过程中的一个十分重要的现象和特点。

第七，加速《行政程序法》或《行政法通则》的立法进程，全面完成行政法体系的构建工作，将我国行政法制度推向新的高度。制定《行政程序法》，是未来数年内我国行政法最为重要的立法活动，这部法律不仅将标志着我国行政法体系构建工作的基本完成，而且还是国务院建设法治政府目标是否实现的一个关键性指标。考虑到《行政程序法》立法的复杂性及其对行政活动的挑战性，可先由国务院制定《行政程序条例》或者由国务院发布指导原则，积极支持、鼓励有条件的地方或部门试行本地或本部门的行政程序立法，然后总结经验，形成全国性法律。《行政程序法》在立法时不应拘泥于“行政程序”的概念，而应具有更加广泛的内容，从而成为新的历史时期全面规范和指导我国行政法治建设的一部综合性法律，即《行政法通则》。

第五章　中国司法建设60年

熊秋红*

新中国已经走过了60年的光辉历程。中国的司法制度，随着新中国的建立和日益强盛，也走过了60年不平凡的发展道路。值此新中国成立60周年大庆之际，回顾新中国司法制度创建、改革和发展的历史，并展望司法制度的未来图景，这对于推动司法改革进一步走向深入，将会有十分重要的意义。

一、司法制度发展历程概述

我国古代司法制度，在从夏商到明清的四千多年历史发展过程中，形成了皇帝总揽立法、行政与司法权力，司法从属于行政，司法程序不完备等特点。清末变法将司法权与行政权相分离，尤其是改革地方司法与行政合一的体制，拉开了近现代司法改革的序幕。辛亥革命推翻了帝制，实行“五权宪法”，但现代司法的塑造远未完成。民国时的司法改革积累了不少经验和学说，但腐败的司法最终与腐败的政权一同倾覆。

1949年2月中共中央发布了《关于废除国民党的六法全书与确定解放区的司法原则的指示》，指出：“在无产阶级领导的工农联盟为主体的人民民主专政的政权下，国民党的六法全书应该废除，人民的司法工作不能再以国民党的六法全书为依据，而应该以人民的新法律为依据。”这一指示是对新民主主义时期人民司法建设经验的基本总结，也为中华人民共和国成立后的社会主义法制建设指明了方向，确立了基本指导原则。①

新中国建立以来，司法制度的发展经历了一个起伏曲折的过程，大体可以分为以下四个时期：

---

* 中国社会科学院法学研究所研究员。

① 参见徐益初编著《刑事诉讼法学研究概述》，天津教育出版社1989年版，第45页。

（一）初步建立时期

新中国成立后，根据《中国人民政治协商会议共同纲领》第17条“废除国民党政府一切压迫人民的法律、法令，建立人民司法制度”的规定，在全国范围内建立了人民司法制度。根据《中央人民政府组织法》的规定：在中央设最高人民法院、最高人民检察署、公安部、司法部，分别行使国家的审判、检察、侦查和司法行政的职权。在各大行政区设最高人民法院分院、最高人民检察署分署及公安部和司法部，实行审判、检察和司法行政的“分立制”。而在省及县则实行审判和司法行政的“合一制”，不设司法行政机关，并在地区设省法院分院。审判采用三级二审制。未设人民检察院的县，由县公安局代行检察权。[①]

新中国成立初期，在彻底废除国民党政权的司法制度的基础上，根据新民主主义革命时期解放区人民司法工作的经验，结合当时的社会改革运动和国民经济恢复工作的需要，制定了一些有关司法组织和诉讼程序的法律，如1951年颁布的《中华人民共和国人民法院暂行组织条例》、《中央人民政府最高人民检察署暂行组织条例》和《各级地方人民检察署组织通则》。这些条例和通则，对人民法院和人民检察机关的性质任务、职权范围、组织设置和各项基本工作制度都作了明确规定。

按照《人民法院暂行组织条例》的规定，人民法院的设置分为县级人民法院、省级人民法院和最高人民法院三级。在审判程序和制度方面，主要作了以下一些规定：实行人民陪审制，审判公开；在法庭上当事人有发言权和辩护权；当事人有使用本民族语言进行诉讼的权利；实行合议制；设审判委员会；实行三级二审制并设再审程序等。

根据《最高人民检察署暂行组织条例》和《各级地方人民检察署组织通则》的规定，检察机关的设置基本上与人民法院一致，即分为：最高人民检察署及其分署；省级人民检察署及其分署；县人民检察署。条例规定检察机关参与刑事诉讼的职权主要有：对反革命和其他刑事案件实行检察，提起公诉；对各级审判机关之违法或不当裁判提起抗诉；处理人民不服下级检察机关不起诉处分之申请复议的案件；检察监所及犯人劳动改造机构之违法措施等。

在此期间，1950年还颁布了《人民法庭组织通则》，1952年颁布了

① 参见章武生、左卫民主编《中国司法制度导论》，法律出版社1994年版，第6页。

《关于在三反运动中成立人民法庭的规定》和《关于在五反运动中成立人民法庭的规定》，分别规定了土改人民法庭、三反人民法庭、五反人民法庭的设置、组成、管辖、范围和审判制度，这也是新中国成立初期颁行的关于司法组织和诉讼程序的重要法律。由于这些人民法庭是根据革命运动需要建立的，属于临时性的特别法庭，运动结束即行撤销。[①]

（二）快速发展时期

1954年，第一届全国人大第一次会议通过了《中华人民共和国宪法》、《中华人民共和国人民法院组织法》、《中华人民共和国人民检察院组织法》。在同年的全国人大常委会第三次会议上又通过了《中华人民共和国逮捕拘留条例》。宪法、两个组织法和条例的颁布和施行，标志着我国司法制度进入了新的发展时期。在上述法律中，人民陪审员陪审的原则、公开审判的原则、被告人有权获得辩护的原则、公民有权使用本民族语言文字进行诉讼的原则、审判合议制度、两审终审制度、再审制度、回避制度以及死刑复核制度等原则和制度，都得到确立。[②]

关于刑事诉讼的原则，还作了以下规定：（1）明确规定了人民法院、人民检察院和公安机关进行刑事诉讼必须遵守的三项原则。即侦查权、检察权、审判权以及对公民实施拘留、逮捕的权力，只能分别由公安机关、人民检察院和人民法院行使，其他任何机关、团体和个人都无权行使；独立行使职权的原则，人民法院独立进行审判，只服从法律；人民检察院独立行使检察权，不受其他机关、团体和个人的干涉；对一切公民在适用法律上一律平等的原则。（2）确立了公安机关、人民检察院和人民法院在办理刑事案件中实行分工负责、互相配合、互相制约的原则。逮捕拘留条例还对逮捕、拘留人犯的范围、条件、手续、批准和执行的机关及其权限等作了明确规定。

此时，撤销了各大行政区，人民法院的组织体系由三级改为四级，即设基层、中级、高级和最高人民法院，并设军事、铁路、水运等专门人民法院，实行四级二审制。检察机关由人民检察署改称人民检察院，设最高人民检察院、省级人民检察院、县级人民检察院。为了与人民法院设置相适应，省级人民检察院设分院，并设相应的专门人民检察院。从中央到地方各级人

---

① 参见徐益初编著《刑事诉讼法学研究概述》，天津教育出版社1989年版，第46—47页。

② 参见陈光中主编《刑事诉讼法学五十年》，警官教育出版社1999年版，第5页。

民政府设公安机关。中央人民政府司法部改称中华人民共和国司法部，在各省、自治区、直辖市设司法厅（局）负责司法行政事务，并积极推行律师、公证制度，从而使各项司法制度快速而健康地向前发展。①

宪法、两个组织法和条例的颁布和施行，促进了人民司法制度的建设，增强了依法办事的法制观念，也为后来的法制建设奠定了基础。

（三）遭遇挫折时期

1956 年，中国共产党召开第八次全国代表大会，董必武在大会上指出：法制不完备的状态不应继续下去，提出要制定刑法、民法、诉讼法等较完整的基本法。之后，开始了相关法律的起草工作。但由于不久“反右派”斗争开始，起草工作便停了下来。②

1957 年下半年开始，由于受到轻视法制的“左”倾思想的影响，宪法和法律明文规定的一些重要的诉讼原则和制度，诸如“公民在适用法律上一律平等”、“人民法院独立进行审判，只服从法律”、辩护制度、律师制度等，遭受了错误的批判。在刑事诉讼和民事诉讼中，不依法办事的现象增多，律师制度夭折。1962 年以后，通过“纠左”和整顿，司法工作开始有了一些起色。但 1966 年开始的“文化大革命”，使司法制度受到更为严重的破坏，在此期间，“砸烂公、检、法”、“群众专政”盛行，检察机关被取消，宪法和法律规定的司法原则和制度遭到了彻底的破坏。③

（四）恢复、重建和发展时期

1976 年 10 月粉碎“四人帮”特别是 1978 年 12 月召开的中国共产党第十一届三中全会以后，我国的司法制度在经历了巨大的曲折之后，进入了一个崭新的发展时期。

第十一届三中全会公报指出：“为了保障人民民主，必须加强社会主义法制，使民主制度化、法律化，使这种制度和法律具有稳定性、连续性和极大的权威，做到有法可依，有法必依，执法必严，违法必究。从现在起，应当把立法工作摆到全国人民代表大会及其常务委员会的重要议事日程上来。”根据三中全会精神，修改和颁布了一大批司法制度方面的法律、法

---

① 参见章武生、左卫民主编《中国司法制度导论》，法律出版社 1994 年版，第 6—7 页。

② 参见陈光中主编《刑事诉讼法学五十年》，警官教育出版社 1999 年版，第 5 页。

③ 参见章武生、左卫民主编《中国司法制度导论》，法律出版社 1994 年版，第 7 页。

规。如修改颁布了法院组织法、检察院组织法，制定颁布了刑事诉讼法、民事诉讼法、律师暂行条例、逮捕拘留条例等，使司法建设重新走上了正常发展的道路。

1978年3月，第五届全国人民代表大会第一次会议决定重建检察机关。1979年9月，全国人民代表大会常务委员会决定设立司法部。律师、公证、制裁等组织也在这个时期建立起来并得到了较大发展。①

这一时期，在司法制度建设方面，其主要成就包括：《宪法》（1982年通过，1988年、1993年、1999年、2004年修改）对人民法院的组织、职权、审判原则和制度作了规定（包括法律面前人人平等、审判独立、公开、被告人有权获得辩护等内容）；颁布修改了《人民法院组织法》（1979年通过，1983年、2006年两次修改）、《刑事诉讼法》（1979年通过，1996年修改）、《民事诉讼法》（1982年试行，1991年、2007年两次修改），颁布了《行政诉讼法》（1989年通过）；制定了《律师暂行条例》（1980年），颁布修改了《律师法》（1996年通过，2007年修改）。通过上述法律，建立了较为完整的司法体系，确立了现代司法的一系列原则和制度（如无罪推定、控辩平等、使用本民族语言文字进行诉讼、上诉不加刑、合议制、人民陪审制、两审终审制等），以保障司法活动的顺利进行。

宪法第126条规定："人民法院依照法律规定独立行使审判权，不受行政机关、社会团体和个人的干涉。"第131条规定："人民检察院依照法律规定独立行使检察权，不受行政机关、社会团体和个人的干涉。"上述规定确立了司法机关依法独立行使职权的原则。司法机关依法独立行使职权，有助于形成分权制衡、尊崇法律的宪法体制，它是现代司法制度建设的关键要素。

二、司法建设基本脉络梳理

从历史发展的角度观察我国司法制度的建立、发展和变迁，可将新中国成立60年来司法建设的基本脉络作如下梳理和勾勒。

---

① 参见章武生、左卫民主编《中国司法制度导论》，法律出版社1994年版，第7页；黄火青：《最高人民检察院工作报告》，载北京政法学院诉讼法教研室编：《刑事诉讼法参考资料》第一辑（下册），河北新城印刷厂1980年印刷，第57—58页。

（一）新中国成立之初废除国民党的“六法全书”、确立解放区的司法原则以及随后开展的司法改革运动和“五四宪法”的颁布，奠定了新中国司法体制与司法制度的历史基础

在这一时期，一场以改革旧的司法机构，反对旧法观点、旧法作风为主要内容的司法改革运动，在全国范围内开展起来。首先是在司法机构中调整旧的司法人员。各级司法机关派进了大批新的司法工作人员，旧的司法人员几乎全部被置换出去。

在更新司法人员的同时，对旧法观点开展了全面的批判，批判围绕法的阶级性和对旧法的态度等问题展开。通过对国民党“六法全书”和旧法观点的批判，使人们从思想上划清了新旧司法制度的界限，提高了对马克思主义国家学说的认识，为建立新型的司法制度扫清了思想障碍。但在批判旧法观点的过程中，存在简单化和片面性的问题，甚至把一些人主张对旧法中某些名词和立法技术可以沿用、吸收的看法，讥讽为“砖瓦论”，进行严厉的批判，致使自清末变法以来所形成的司法理论、司法制度、司法传统均被抛弃，这是导致后来法律虚无主义盛行、司法建设遭遇挫折的重要原因之一。①

新中国成立之初，为了维护刚刚稳定的社会秩序，保障社会主义建设顺利进行，必须尽快建立人民司法制度。这一时期，宪法、人民法院组织法、人民检察院组织法和逮捕拘留条例，是在借鉴苏联立法和总结我国司法工作经验的基础上制定的。这些法律的制定，标志着社会主义司法建设的开始。

总体而言，新中国成立初期的司法建设呈现出“破旧立新”的特点。

（二）从1957年至“文化大革命”时期，法律虚无主义盛行，司法建设遭受严重挫折

司法建设的繁荣景象持续时间不长，便遭受到了毁灭性的破坏。1957年开展的“反右派”斗争，使国家和人民在政治、经济、文化、思想等方面受到了巨大损失，司法建设也毫无例外地受到严重冲击。由于“左”倾思想的影响，不仅无罪推定、法律至上、自由心证、检察机关垂直领导等理论问题被当作“右派言论”加以批判，连宪法明文规定的审判独立、辩护制度等也被当成资产阶级“黑货”加以批判和否定。在批判中甚至公然宣

① 参见陈光中主编《刑事诉讼法学五十年》，警官教育出版社1999年版，第4页。

称“对旧法不能有一丝一毫的继承”，“我们就是要党政不分”等等。[①]

1958年开始的“大跃进”和1959年的“反右倾”斗争，这是“左”倾思潮的进一步深入和扩大化。“大跃进”中要求公、检、法三机关“联合办案，合署办公”，提倡“一员顶三员，一长代三长”，“下去一把抓，回来再分家”等等，把正常的诉讼程序抛在一边，使司法成为完全服务于政治需要的一种手段。这种以“人治”代替“法治”的做法，是司法建设的极大倒退。

1966年，随着“文化大革命”开始，公、检、法机关被砸烂，人民司法队伍被搞垮，司法干部的思想被搞乱，公、检、法系统多年形成的优良传统和作风被败坏。[②] 在此期间，刑讯逼供、非法搜查和非法拘禁他人的现象随处可见，公然鼓吹人民法院之外的其他机关、群众团体可以进行审判，实行“群众专政”，导致了大量的冤、假、错案。[③] 司法建设遭受严重挫折并持续长达10年之久。

关于审判机关和检察机关，1954年宪法共有12条，而1975年宪法仅有1条，一切审判民主制度全部被取消，同时未规定各级法院由本级人大常委任免，这一规定不仅表明人民法院地位下降，而且也表明地方革委会的集权。宪法还取消了检察机关，由国家行政系统的公安部门所取代。其结果是取消了法律监督和审判权，是当时产生冤假错案的一个重要原因。[④]

1957年至“文化大革命”时期的司法建设以“革命”的面目出现，司法完全沦落为替政治服务的工具。

（三）自1978年实行改革开放政策以来，司法得以恢复、重建和发展。

1. 十一届三中全会公报提出了“有法可依，有法必依，执法必严，违法必究”的16字方针，奠定了恢复和重建司法的政治基础。

1978年12月，党中央批转了最高人民法院党组《关于抓紧复查纠正冤、假、错案，认真落实党的政策的请示报告》，要求各地人民法院在党委领导下，认真复查纠正“文化大革命”中判处的冤、假、错案，严明法纪，有错必纠。仅从复查开始到1979年5月，就复查纠正因反对林彪、“四人

① 参见陈光中主编《刑事诉讼法学五十年》，警官教育出版社1999年版，第10页。

② 参见《江华院长在第五届全国人民代表大会第二次会议上的工作报告》，载北京政法学院诉讼法教研室编《刑事诉讼法参考资料》第一辑（下册），河北新城印刷厂1980年印刷，第20页。

③ 参见刘广明《人民法院独立审判 只服从法律》，《法学研究》1979年第3期。

④ 参见许清主编《中国宪法教程》，中国政法大学出版社1989年版，第75页。

帮”和为邓小平遭诬陷鸣不平而被判刑的案件（简称“三类案件”）14200余件，还复查纠正了其他冤、假、错案150400件，取得了良好的社会效果。广大司法干警认识到：人民法院审判案件，必须正确执行国家的法律，严格依法办事；必须坚持实事求是，切实做到忠实于法律和制度，忠实于人民利益，忠实于事实真相；必须加强人民法院的思想建设和组织建设。①

第五届全国人民代表大会第一次会议决定设置人民检察院，各级人民检察院得以重新建立，逐步担负起审查批准逮捕和审查起诉的工作，从而控制了捕人的数量和提高了起诉案件的质量；人民检察院还积极开展了反对违法乱纪的斗争和参与复查平反冤、假、错案的工作，据不完全统计，到1979年3月底，全国各级人民检察院共查处了2000多件严重违法乱纪案件；全国各级人民检察院参加各地统一组织的复查案件机构，复查了近70000起案件。②

可以说，改革开放初期的司法建设以“拨乱反正”为基本特点。

2. 颁布一系列法律（包括《宪法》、《人民法院组织法》、《人民检察院组织法》、《刑事诉讼法》、《民事诉讼法》、《行政诉讼法》等），建立了较为完整的司法体系，确立了现代司法的一系列原则和制度，如司法独立、控辩平等、使用本民族语言文字进行诉讼、上诉不加刑、合议制、人民陪审制、两审终审制等。

1977年8月，中共中央召开了党的十一次全国代表大会，提出了党和国家在新时期的总任务，就是要在本世纪内把我国建设成为四个现代化的伟大社会主义强国，为适应新时期总任务的要求，有必要从政治上、组织上、法制上加以改进和完善我国的国家制度和社会制度。1978年3月5日通过的新宪法，对1975年的宪法进行了修改。在1978年宪法中，恢复了检察机关，加强了国家机关的民主和法制原则，但仍然保留了1975年宪法的地方各级革命委员会制度；恢复了1954年宪法的有关公民权利的规定并有所发展，但1954年宪法中规定的公民在法律上一律平等原则，仍未得到拨乱反正。③

① 参见《江华院长在第五届全国人民代表大会第二次会议上的工作报告》，载北京政法学院诉讼法教研室编：《刑事诉讼法参考资料》第一辑（下册），河北新城印刷厂1980年印刷，第15—20页。

② 参见黄火青《最高人民检察院工作报告》，载北京政法学院诉讼法教研室编：《刑事诉讼法参考资料》第一辑（下册），河北新城印刷厂1980年印刷，第57—64页。

③ 参见许清主编《中国宪法教程》，中国政法大学出版社1989年版，第77页。

1979年7月1日五届人大二次会议通过的人民法院组织法，沿用了1954年人民法院组织法的基本原则，重申了法院进行独立审判只服从法律的重要原则。[①] 与1954年人民法院组织法相比，主要的修改包括：为适应新时期经济建设的发展，在最高人民法院、省市自治区高级人民法院和大中城市的中级人民法院设立经济审判庭；明确指出对于一切公民“……在适用法律上一律平等，不允许有任何特权”；为了慎重审理死刑案件，规定“死刑案件由最高人民法院核准。死刑案件的复核程序按照中华人民共和国刑事诉讼法第三编第四章死刑复核程序规定办理”；重视当事人的申诉，增加规定“各级人民法院对于当事人提出的对已经发生法律效力的判决和裁定的申诉，应认真负责处理”；增加规定“最高人民法院对于在审判过程中如何具体适用法律、法令的问题，进行解释”。[②]

五届人大二次会议通过的人民检察院组织法，对1954年人民检察院组织法进行了修改和补充，包括：仍然确定人民检察院是国家的法律监督机关，但把宪法中关于检察机关职权的规定加以具体化，规定检察机关“对于叛国案、分裂国家案以及严重破坏国家的政策、法律、法令、政令统一实施的重大犯罪案件，行使检察权”；规定检察机关在国家体制上实行双重领导的原则，即地方各级人民检察院受本级人民代表大会及其常务委员会的领导，同时受上级人民检察院的领导；在各级人民检察院内部设立检察委员会，实行民主集中制，讨论决定重大案件和其他重大问题；同时，在日常工作上实行检察长负责制，由检察长统一领导全院的工作；规定“人民检察院在工作中必须坚持实事求是，贯彻执行群众路线，倾听群众意见，接受群众监督，调查研究，重证据不轻信口供，严禁逼、供、信，正确区分和处理敌我矛盾和人民内部矛盾”；在人民检察院行使职权的程序中体现了公、检、法三机关分工负责、互相配合、互相制约原则；规定对任何公民在适用法律上一律平等的原则和依照法律规定独立行使职权的原则。[③]

五届人大二次会议通过的刑事诉讼法是新中国首部刑事诉讼法，该法从

---

① 参见常工《人民司法工作的好章程》，《法学研究》1979年第4期。

② 参见中华人民共和国最高人民法院《关于〈中华人民共和国人民法院组织法〉修正草案的说明》，1979年6月15日，载北京政法学院诉讼法教研室编：《刑事诉讼法参考资料》第一辑（下册），河北新城印刷厂1980年印刷，第11—12页。

③ 参见最高人民检察院《关于〈中华人民共和国人民检察院组织法〉修正草案的说明》，载北京政法学院诉讼法教研室编：《刑事诉讼法参考资料》第一辑（下册），河北新城印刷厂1980年印刷，第54—57页。

刑事诉讼程序方面对公、检、法机关的职权和相互关系以及诉讼当事人的权利义务作了规定。其主要内容包括：（1）公、检、法三机关的工作关系是在党的领导下分工协作和互相制约，以保证尽可能稳准地打击敌人、保护好人。（2）除公安机关、检察院、法院依法行使侦查、检察、起诉和审判权以外，其他任何机关、团体和个人都无权行使这些权力，以防止林彪、“四人帮”横行时期那种滥行逮捕拘留，侵犯干部、群众的人身权利、民主权利和其他权利的现象重演。（3）规定法院、检察院和公安机关办案“必须以事实为根据，以法律为准绳”，“对于一切公民在适用法律上一律平等，在法律面前，不允许有任何特权”，以保证司法机关应有的独立性。（4）为了保护和便于公民行使检举的权利，规定检举可用口头或书面形式提出。（5）规定被告人除自己行使辩护权以外，还可委托辩护人为他辩护。（6）严防诬告和伪证，针对“文化大革命”中诬告、伪证事件很多的严重现象，规定公、检、法三机关在接受控告、检举时，应当向控告人、检举人说明诬告、捏造证据应负的法律责任；询问证人时，应告知他应当如实作证。（7）规定对未成年人案件和涉及个人阴私的案件，不公开审理或宣判。（8）防止逼供信，规定“要重证据，重调查研究，不轻信口供”。（9）规定法院设立审判委员会，检察院设立检察委员会，讨论决定重大或疑难案件。①

1981年五届全国人大四次会议决议：“原则批准《中华人民共和国民事诉讼法草案》，并授权常务委员会根据代表和其他方面所提出的意见，在修改后公布试行。在试行中总结经验，再作必要的修订，提交全国人民代表大会审议通过公布施行。”1982年3月，五届全国人大常委会第二十二次会议审议通过了《中华人民共和国民事诉讼法（试行）》。这是新中国成立后第一部民事诉讼法。该法由总则、审判程序、执行程序三个部分组成。在总则部分，规定了保障诉讼当事人平等地行使诉讼权利，着重调解，巡回审理、就地办案，两审终审，辩论，人民检察院法律监督，支持起诉，人民调解，民族自治地方制定变通或者补充规定等原则。

我国于1982年开始建立行政诉讼制度。1982年制定的民事诉讼法（试行）规定，人民法院受理法律规定可以起诉的行政案件。到1989年3月，

① 参见彭真《关于中华人民共和国刑法（草案）和刑事诉讼法（草案）的说明》，载北京政法学院诉讼法教研室编：《刑事诉讼法参考资料》第一辑（上册），河北新城印刷厂1980年印刷，第42—45页。

已有130多个法律和行政法规规定了公民、组织对行政案件可以向人民法院起诉。最高人民法院和地方各级人民法院陆续建立了1400多个行政审判庭，审理了不少行政案件，为制定行政诉讼法创造了条件，积累了经验。1989年4月4日第七届全国人民代表大会第二次会议通过了《中华人民共和国行政诉讼法》。这是新中国成立后第一部行政诉讼法。该法对法院受理行政案件的范围、行政诉讼的基本原则、管辖、受理和审判、执行、侵权赔偿责任等作了规定。[①] 其中行政诉讼的基本原则包括对具体行政行为合法性审查原则；当事人诉讼权利平衡原则；行政被告不得处分法定职权原则，等等。[②]

有必要指出，在司法制度恢复和重建过程中，尽管也曾出现过一些不和谐的音符，诸如在1983年“严打”期间，有人提出不许辩护的意见，有的地区又出现了“联合办案”的不正常现象；在批判“精神污染”和“反对自由化”的过程中，有人又对依法办案发生了动摇。但这些毕竟只是一些短暂的插曲，对司法制度的发展没有产生重大影响。

3. 从20世纪80年代末启动司法改革至今，司法改革逐步走向深入。

这一时期的司法改革大体可分为三个阶段：

(1) 以审判方式改革为主导的司法改革

从20世纪80年代末到90年代中期，司法改革旨在逐步改变大陆法系职权主义审判方式，吸收英美当事人主义的一些因素，强化当事人的举证责任，加强对证据的质证和开庭辩论，增强法庭审判的中立性和公正性；强化依法适用简易程序，及时处理一般经济纠纷；简化诉讼程序，减少诉讼消耗，以取得最佳的审判效果；扩大合议庭职权，提高依法独立审判水平，等等。审判方式改革的全面推进，有力地推动了庭审模式的深刻转变，促进了审判质量的提高。

与此同时，启动法院、检察院人事制度改革，颁布了法官法和检察官法。1995年2月28日，第八届全国人大常委会第十二次会议通过了《中华人民共和国法官法》、《中华人民共和国检察官法》。这两部法律从保障法官、检察官依法独立行使审判权、检察权，保障法官、检察官依法行使职责出发，对法官、检察官的职责、权利和义务、任职条件、任免等问题作了较为详尽的规定。这是改革开放以来中国法院、检察院人事管理制度改革进程

① 参见王汉斌《关于〈中华人民共和国行政诉讼法〉（草案）的说明》，http：//www. law—lib. com，1989—3—2，最后访问日期2009年7月15日。

② 参见于安、江必新、郑淑娜编著《行政诉讼法学》，法律出版社1997年版，第80—87页。

中具有标志性意义的一项工作，从此拉开了当代中国司法人员职业化建设的序幕。

从总体上看，这一阶段的司法改革虽然处于起步阶段，并且理论准备亦相对不足，但是在审判方式改革和法官、检察官制度改革方面所取得的进展，不仅具有重要的开创性意义，而且为后来的相关改革的推进提供了宝贵的经验和基础。

（2）依法治国方略带来全方位的司法改革

1997年10月，党的十五大报告提出了“依法治国、建设社会主义法治国家”的方略，并且明确要求“推进司法改革，从制度上保证司法机关依法独立公正地行使审判权和检察权”。

1999年3月，第九届全国人大二次会议将“依法治国、建设社会主义法治国家”载入了宪法。依法治国方略的确立，为司法建设指明了基本方向。

1999年10月，最高人民法院推出了《人民法院五年改革纲要（1999—2003）》，第一次系统地阐述了人民法院司法改革的目标和原则，提出了39项改革任务，涉及审判方式、审判组织、内部机构、人事管理、办公现代化、审判管理、社会监督等七大领域。在纲要中，提出了法院改革应当坚持的原则，包括坚持党的领导、坚持人民代表大会制度、坚持国家法制统一、坚持从中国国情出发、借鉴国外有益的经验。具体的改革措施有：1）深化审判方式改革，加强合议庭负责制，落实立审、审执、审监分立，提高开庭率，提高诉讼文书的质量。2）科学设置人民法院的内部机构，明确审判部门的职责，精简司法行政管理部门，确定审判人员与行政人员的比例；解决“执行难”问题。3）改革法官管理模式，逐步建立上级法院的法官从下级法院的优秀法官中选任和从律师和高层次的法律人才中选拔的制度，实行法官定编。4）完善陪审制度。5）改革书记员管理体制、司法警察管理体制。该纲要是一个在内容上注重可操作性、在主体方面有局限性的方案。它的基本内容是在现行政治法律制度的框架内、立足于法院系统内部进行调整，如加强管理、加强教育、完善程序等。

2000年2月，最高人民检察院发布了《检察改革三年实施意见（2000—2004）》，确立了2000年至2003年的六项改革目标，包括。1）改革检察业务工作机制，强化法律监督的职能和作用。2）改革检察机关的机构等组织体系，加强上级检察机关对下级检察机关的领导。3）改革检察官办案机制，全面建立主诉、主办检察官办案责任制。4）改革检察机关干部人事制度，调整人员结构，提高人员素质，实行检察官、书记员、司法警察、司法行政人员的分类管理，建立充满生机与活力的用人机制。5）改革检察机关内、外部监督制约机制，保证公正、廉洁和高效。6）改革检察机关经费管理机制，实行科技强检，为检察机关依法履行检察职能提供物质保障。

《人民法院五年改革纲要（1999—2003）》和《检察改革三年实施意见（2000—2004）》的制定与实施，深刻地改变了我国司法建设的基本面貌，有力地推动了司法制度现代化的历史进程。但是在司法改革中还存在一些困难和问题，主要是：改革的进展还不够平衡，改革的统一性和规范性还不够，司法改革与相对不完善的现行法律制度的冲突日趋明显。这一阶段，法院和检察院改革的重点在于内部工作机制的完善。

（3）更多地涉及体制性问题的司法改革

2002年党的十六大提出要“推进司法体制改革，按照公正司法和严格执法的要求，完善司法机关的机构设置、职权划分和管理制度”。党的十六大用司法体制改革来统摄司法改革的发展取向。它把保障在全社会实现公平和正义视为社会主义司法制度的本质特征，进而强调要健全司法体制，按照司法公正的要求，完善司法机关的机构设置、职权划分和管理制度，进一步健全权责明确、相互配合、相互制约、高效运行的司法体制；强调要从制度上保证审判机关和检察机关依法独立公正地行使审判权和检察权；强调要改进司法管理制度，改革司法机关的工作机制和人财物管理体制，逐步实现司法审判和检察同司法行政事务相分离。

为了贯彻落实党的十六大的部署，党中央专门成立了司法体制改革领导小组，具体负责领导和部署司法体制改革工作。中央司法体制改革领导小组于2004年底出台了《关于司法体制和工作机制改革的初步意见》。《初步意见》对中国司法体制作了一个整体上的判断，认为现行司法体制是根据宪法和法律设定的，总体上与中国社会主义初级阶段的政治经济制度和基本国情相适应。司法改革的目标任务是：从人民群众反映强烈的突出问题和影响司法公正的关键环节入手，按照公正司法和严格执法的要求，完善司法机关的机构设置、职权划分和管理制度，进一步健全权责明确、相互配合、相互制约、高效运行的司法体制，切实保障审判机关和检察机关依法独立公正地行使审判权和检察权，切实尊重和保障人权，更好地维护人民群众的合法权益，维护社会公平和正义，维护司法机关的司法权威，为适应社会主义市场经济体制要求，为全面建设小康社会，开创中国特色社会主义事业新局面创造和谐稳定的社会环境，提供更加有力的司法保障。司法改革应坚持以下基本原则：一是坚持党对司法体制改革工作的领导；二是坚持四项基本原则；三是符合我国实际；四是坚持循序渐进；五是坚持依法推进改革。

《初步意见》对现在正在进行的以及未来将要进行的司法改革的内容作了集中展示，包括10个方面35项改革任务：1）诉讼制度，包括死刑复核、民刑案件执行机制、民刑案件申请再审制度、人民法庭审判机制、未成年人司法制度、超期羁押、司法解释的备案和司法公开；2）诉讼收费制度，包括法院诉讼收费范围、管理、法律援助、司法救助和律师收费等；3）检察监督体制，包括对诉讼活动的法律监督（其中重要之处是检察长或者检察长委托的人可以列席法院审判委员会对案件的讨论决定），对司法人员渎职行为的监督，对职务犯罪侦查的监督，人民监督员制度，上级检察院的地位、逮捕备案、撤案、不起诉等，整体趋势是强化或落实检察院垂直领导的工作机制；4）劳动教养制度，将劳教制度改为违法行为教育矫治制度，并不是要削减或者削弱这一制度，而是要对其予以改善；5）监狱和刑罚执行体制，其中值得关注的是社区矫正制度；6）司法鉴定体制，其宗旨是公安、国家安全机关、检察机关保留司法鉴定的机构，但不再对外，法院和司法行政机关不再保留司法鉴定机构，社会上要设立一些司法鉴定机构，实行行业管理和行政管理相结合，以有效缓解多头鉴定引起的司法鉴定秩序的混乱；7）律师制度，加强对律师的管理，改善律师执业环境，严格执业纪律；8）司法干部管理体制，包括编制管理、人员管理、名额比例等；9）司法机关经费保障机制，原则是分级管理，分级负担，以后基层经费要由省级院制定统一的标准；10）有关部门、企业管理“公检法”体制，统一国家的司法管理体制，破除部门企业管理的做法（比如目前铁路、航空、水运、油田、新疆建设兵团等都有自己的法院）。

2005年9月，最高人民检察院发布了《关于进一步深化检察改革的三年实施意见（2005—2008）》，确立了2005年至2008年检察改革的六项任务：1）改革和完善对诉讼活动的法律监督制度，切实维护司法公正，保障人权；2）完善检察机关接受监督和内部制约的制度，保障检察权的正确行使；3）创新检察工作机制，规范执法行为；4）完善检察机关组织体系，改革有关部门、企业管理检察院的体制；5）改革和完善检察干部管理体制，建设高素质、专业化检察队伍；6）改革和完善检察机关经费保障体制，切实解决基层人民检察院经费困难问题。

2005年10月，最高人民法院发布了《人民法院第二个五年改革纲要

(2004—2008)》，提出了人民法院司法改革的50项基本任务，主要是：1）改革和完善诉讼程序制度，实现司法公正，提高司法效率，维护司法权威；2）改革和完善执行体制和工作机制，健全执行机构，完善执行程序，优化执行环境，进一步解决“执行难”；3）改革和完善审判组织和审判机构，实现审与判的有机统一；4）改革和完善司法审判管理和司法政务管理制度，为人民法院履行审判职责提供充分支持和服务；5）改革和完善司法人事管理制度，加强法官职业保障，推进法官职业化建设进程；6）改革和加强人民法院内部监督和接受外部监督的各项制度，完善对审判权、执行权、管理权运行的监督机制，保持司法廉洁；7）不断推进人民法院体制和工作机制改革，建立符合社会主义法治国家要求的现代司法制度。在党中央的统一部署和最高人民法院的具体指导下，人民法院司法改革取得了比较明显的进展。在此期间，死刑核准制度改革、民事再审制度改革、执行制度改革、审委会制度改革等，都取得了重大突破。总的来说，由于“第二个五年改革纲要”的实施，在一定程度上触及了司法领域的体制性层面的问题，为下一步深化司法体制改革积累了宝贵的经验，打下了重要基础。

2007年10月召开的党的十七大成为司法体制改革的又一巨大推动力。十七大要求“全面落实依法治国基本方略，加快建设社会主义法治国家”。要“深化司法体制改革，优化司法职权配置，规范司法行为，建设公正高效权威的社会主义司法制度，保证审判机关、检察机关依法独立公正地行使审判权、检察权”。显然，从党的十五大提出“推进司法改革”，到党的十六大进而提出“推进司法体制改革”，实现了从司法改革向司法体制改革的重要转变。在此基础上，党的十七大作出了“深化司法体制改革”的重大战略部署，并且把“建设公正高效权威的社会主义司法制度”作为深化司法体制改革的总体目标。

2008年11月，中央政法委员会出台了《关于深化司法体制和工作机制改革若干问题的意见》（下称《司法改革意见》）。该意见由中央政法委会同中央国家机关的17个部门和有关地方制定。此次司法改革意见，提出了优化司法职权配置、落实宽严相济刑事政策、加强政法队伍建设、加强政法经费保障等四个方面改革任务。1）在优化司法职权配置方面，主要涉及侦查手段和措施、职务犯罪侦查监督、民事执行体制、人民参与监督司法的制度完善等；2）在落实宽严相济刑事政策方面，提出要把宽严相济刑事政策上升为法律制度并转化落实，对严重危害社会秩序和国家安全的犯罪从严打击，对轻微犯罪和未成年人犯罪实行宽缓挽救的处理等；3）在加强政法队伍建设方面，涉及招录和培训、行为规范和职业保障、廉政建设以及司法考试制度和律师制度改革完善等；4）在加强政法经费保障方面，提出建立分类保障政策和公用经费正常增长机制，改善装备配备、基础设施建设等方面的经费保障，特别是加大对中西部困难地区政法经费的支持力度等。新一轮司法改革坚持的原则中，比较强调“中国特色社会主义方向”和从国情出发，明确提出，要“研究和吸收借鉴人类法治文明的有益成果，又不照抄照搬外国的司法制度和司法体制”。此次改革方案总体基调以“稳定”为重，更多侧重司法政策、人员和经费等实务层面，对于争议较大的一些体制性问题并未过多触及。

2009 年 3 月，最高人民检察院印发了《关于贯彻落实〈中央政法委员会关于深化司法体制和工作机制改革若干问题的意见〉的实施意见——关于深化检察改革 2009—2012 年工作规划》。规划提出，今后一段时期深化检察改革的重点是，强化人民检察院的法律监督职能和加强对人民检察院自身执法活动的监督制约。深化检察改革的总体目标是：落实中央关于深化司法体制和工作机制改革的部署，优化检察职权配置，完善法律监督的范围、程序和措施，健全对检察权行使的监督制约，加强检察队伍建设，规范检察执法行为，提高检务保障水平，增强依法独立公正行使检察权的能力，建设公正高效权威的社会主义司法制度。规划提出了五个方面深化检察改革的任务：1）优化检察职权配置，改革和完善法律监督的范围、程序和措施，加强对诉讼活动的法律监督，切实维护司法公正；2）改革和完善人民检察院接受监督制约制度，规范执法行为，保障检察权依法、公正行使；3）完善检察工作中贯彻落实宽严相济刑事政策的制度和措施，创新检察工作机制，增强惩治犯罪、保障人权、维护社会和谐稳定的能力；4）改革和完善人民检察院组织体系和检察干部管理制度，进一步提高工作效能，加强检察队伍建设；5）认真落实中央关于改革和完善政法经费保障体制的总体部署，为检察事业发展提供更加坚实有力的经费和物质保障。

2009 年 3 月，最高人民法院发布了《人民法院第三个五年改革纲要（2009—2013）》，针对当前我国司法体制中存在的主要问题，系统部署了 2009 年到 2013 年法院改革的各项措施。纲要确定人民法院司法改革基本任务和目标是：进一步优化人民法院职权配置，落实宽严相济刑事政策，加强队伍建设，改革经费保障体制，健全司法为民工作机制，着力解决人民群众日益增长的司法需求与人民法院司法能力相对不足的矛盾，推进中国特色社会主义审判制度的自我完善和发展，建设公正高效权威的社会主义司法制度。其具体内容包括：1）优化人民法院职权配置。改革和完善人民法院司法职权运行机制，形成更加合理的职权结构和组织体系；改革和完善刑事审判制度，规范自由裁量权，完善刑事诉讼第一审程序和第二审程序，完善刑事证据制度；进一步完善民事诉讼证据规则，完善民事、行政诉讼简易程序，明确适用简易程序的案件范围，制定简易程序审理规则；改革和完善刑事、民事再审制度；改革和完善审判组织，完善审判委员会、合议庭、人民陪审员制度；改革和完善民事、行政案件的执行体制，严格规范执行程序和执行行为，提高执行工作效率，规范人民法院统一的执行工作体制；改革和完善上下级人民法院之间的关系；改革和完善审判管理制度；改革和完善人民法院接受外部制约与监督机制；加强司法职业保障制度建设，研究建立对非法干预人民法院依法独立办案行为的责任追究制度。2）落实宽严相济刑事政策。建立和完善依法从严惩处的审判制度与工作机制，适时制定从严惩处严重犯罪的司法政策，完善有关犯罪的定罪量刑标准；建立和完善依法从宽处理的审判制度与工作机制，完善未成年人案件审判制度和机构设置，研究建立老年人犯罪适度从宽处理的司法机制，研究建立刑事自诉案件和轻微刑事犯罪案件的刑事和解制度，完善在法定刑以下判处刑罚的核准制度，研究建立轻微刑事案件的快速审理制度，依法扩大缓刑制度的适用范围，适当减少监禁刑的适用，明确适用非监禁刑案件的范围；建立健全贯彻宽严相济刑事政策的司法协调制度与保障制度。3）加强人民法院队伍建设。完善法官招录培养体制和培训体制；完善法官行为规范，严格执行“五个严禁”规定；完善人民法院反腐倡廉长效工作机制；完善人民法院人事管理制度和机构设置；完善人民法院编制与职务序列制度；改革和完善人民法院队伍管理制度，建立健全审判质量效率监督控制体系、岗位目标考核管理体系和司法政务保障体系。4）加强人民法院经费保障。改革和完善人民法院经费保障体制，配合有关部门将现行行政经费保障体制改革为“明确责任、分类负担、收支脱钩、全额保障”的经费保障体制，实现人民法院经费由财政全额负担，落实“收支两条线”规定；建立人民法院公用经费正常增长机制；促进信息化在人民法院行政管理、法官培训、案件信息管理、执行管理、信访管理等方面的应用，尽快完成覆盖全国各级人民法院的各项审判业务信息网络建设。5）健全司法为民工作机制。加强和完善审判与执行公开制度，提高司法的透明度，大力推动司法民主化进程；建立健全“党委领导、政府支持、多方参与、司法推动”的多元纠纷解决机制；健全科学、畅通、有效、透明、简便的民意沟通表达长效机制，充分保障人民群众的知情权、参与权、表达权和监督权；完善涉诉信访工作机制，推进涉诉信访法治化、规范化，研究建立涉诉信访终结机制，规范涉诉信访秩序；建立健全司法为民长效机制，健全诉讼服务机构，加强诉讼引导、诉前调解、风险告知、诉讼救助、案件查询、诉讼材料收转、信访接待、文书查阅等工作，切实方便人民群众诉讼；改革和完善司法救助制度，建立刑事被害人救助制度，配合有关部门推进国家赔偿制度的完善。

三、司法建设的历史成因

从新中国成立初期“破旧立新”式的司法建设、1957年至“文化大革命”时期“摧枯拉朽”式的司法革命、改革开放之初“拨乱反正”的司法重建到如今不断走向深入的司法体制改革，每个时期司法建设的基本方向和具体内容都与当时社会的政治、经济和文化环境存在着密切的关联。

新民主主义革命时期的司法制度是我国现行司法体制的最初发端形态。新民主主义革命时期的司法组织和司法程序虽然不十分严密，但其近代司法制度的结构框架已经基本形成，如在司法组织方面，各级司法机关的设置，基本上按照侦查、起诉、审判的不同职责予以设置；在司法原则和制度方面，明确规定实行公开审判、陪审、回避、辩护、上诉、复核、再审等原则和制度；在审判方式上，创造了一套深入实际，调查研究，依靠人民、便利人民的群众路线的审判方式，主要包括就地审判、巡回审判和公审制。[①] 这种司法制度的结构特色为新中国成立初期以及改革开放后的宪法和法律所继受。尽管在新民主主义革命时期，对于如何处理案件已经有了某些比较明确的指导思想、感性认识和诉讼观念，但这些思想、认识和观念并没有形成或上升为理论，并进一步加以体系化。

新中国成立之初，与“旧法”的决裂以及对苏联司法理论的引进和借鉴意味着我国的司法发生了转型，即从国民党统治时期的资本主义司法转向中国共产党领导的社会主义司法或人民司法。20世纪50年代以来，我国逐渐引进了苏联的法律制度，包括司法制度。比较典型的如检察监督制度。当时国家“一边倒”，一切“向苏联老大哥学习”。苏联的司法理论强调意识形态的决定性作用，强调司法的阶级性，新中国成立之初的反“旧法”运动与此不无关系。但是，在具体制度层面，苏联的司法制度体系并不具有完

① 参见徐益初编著《刑事诉讼法学研究概述》，天津教育出版社1989年版，第40—45页。

全的原生性，其外壳和基本结构来自大陆法系，它是苏联对大陆法系的司法制度进行改造的结果。由于以苏联的司法制度为蓝本构建我国的司法制度体系，导致在我国现行司法制度中仍然可以看到苏联司法理论和制度的影子。

从新中国成立到国民经济的恢复，是我国社会主义司法制度的创建和奠基时期。三年国民经济恢复后，我国进入了有计划的经济建设时期。1956年，我国生产资料所有制的社会主义改造基本完成。"破旧立新"式的司法建设为新生政权的稳固起到了重要的保障作用，适应了国家建设的需要，与此同时，却造成了从清末变法以来所形成的司法传统的断裂。

1957年至"文化大革命"时期"摧枯拉朽"式的司法革命以破坏法制、实行法西斯专政为基本特征。这一时期，完全混淆了司法与行政的界限、政治与法律的界限。宪法上明文规定的民主和法制原则遭到了批判；错误地把党的领导同司法机关独立行使审判权、检察权对立起来，检察机关实行上下级领导和法律监督被说成是"以法抗党"，"反对党的领导"；认为"公民在法律面前一律平等"是"抹杀法律的阶级性"，"同反革命讲平等"；认为"以事实为根据，以法律为准绳"，就是"不要党的政策"，"搞法律孤立主义"；认为强调依法办事，是"法律至上"的资产阶级观点；把辩护制度、律师制度，说成是"替坏人说话，敌我不分"等等。① 这就从思想上、理论上和制度上搞乱了和破坏了许多行之有效的法律和制度，并且在是非颠倒和莫须有的罪名下，将"司法"作为打击异己的工具。所谓"群众专政"，更是造成了大量的冤假错案。这一时期的"司法革命"，给党和国家造成了无法估量的损失，在我国司法制度发展史上留下了惨痛的历史教训。

正是基于新中国成立以来正反两个方面的经验教训，党中央在"文化大革命"结束之后，大力恢复和加强社会主义民主和法制，重建被破坏了的司法传统和司法制度，以保障社会主义现代化建设的顺利进行。1978年改革开放以来，司法得以重建和发展，具体制度的调整逐步启动，在机构设置、职能扩增、审判方式、法院管理、权利保护以及法律援助等方面取得了不少成就和经验。在此过程中，"司法改革"逐渐成为一个显性话题。

司法改革在现阶段成为一个全社会关注的话题，经历了一个逐步发展的过程。司法改革的最初动因是源于法院办案经费的不足。根据1982年的《民事诉讼法（试行）》第56条的规定，当事人对自己提出的主张，有责任

---

① 参见陈守一、刘升平、赵震江《我国法制建设三十年》，《法学研究》1979年第4期。

提供证据，但是，法院在民事诉讼中有“全面地、客观地收集和调查证据”的义务。由于办案经费不足，法院在收集和调查证据过程中出现了由当事人包吃包住的现象，严重损害了法院的公正形象，引起了社会的严厉批评。因此，1991年修改后的《民事诉讼法》强化了当事人的举证责任，减轻了法院收集和调查证据的责任，规定：“当事人及其诉讼代理人因客观原因不能自行收集的证据，或者人民法院认为审理案件需要的证据，人民法院应当调查收集”，法院的责任主要是审查核实证据（第64条）。从举证责任的分担开始，当事人与法院之间的位移逐渐扩大，进而推动了审判方式的改革，即从过去的大陆法系职权主义方式向吸收英美法系当事人主义的一些因素的方向转变，庭审活动更多地由当事人双方主导，法官的作用变得越来越消极。审判方式改革从民事诉讼扩展到刑事诉讼，在1996年修改后的刑事诉讼法中确立了控辩式的庭审方式，将法院对案件的庭前审查从实质性审查改为程序性审查，以防止“先定后审”，同时，削弱法官对庭审的控制程度，增强诉讼的对抗性，改变了过去在庭审中以法官为主调查证据的做法，将控诉方和被告方双方的举证和辩论作为庭审中查明案情的主要方式，法官在庭审中处于更加中立的地位，确保法官冷静地审核证据和准确地判明案件事实。审判方式的改革“牵一发而动全身”，进一步要求进行诉讼机制（如刑事诉讼中公、检、法三机关的关系、国家专门机关与诉讼当事人之间的关系等）、司法体制（主要涉及司法权在整个国家权力体系中的定位）的改革，最终形成了司法改革的现状。①

在现阶段，司法改革成为中国社会的显性话题，其中的原因可从两个角度来加以认识。从直观的角度看，之所以需要进行司法改革，是因为司法现状不能令人满意。从党的十一届三中全会以来，中国的民主法治建设取得了巨大的成就，司法机关得到了恢复和加强，司法制度逐步走向完备。司法机关在处理各种社会纠纷、对受害的公民提供法律救济、维护社会秩序等方面发挥了重要作用。但是，司法活动中所存在的各种问题也显得越来越突出，尤其是司法不公和司法腐败现象日趋严重，如司法地方保护主义呈蔓延之势，民事、经济裁判“执行难”；刑事司法中刑讯逼供、超期羁押、律师辩护难；法院处理行政案件过程中，难以摆脱行政机关的干扰和影响；某些司法人员办关系案、人情案等等。司法不公、司法腐败现象的存在，暴露了中

① 参见张志铭《中国司法改革的若干思考——对学者角色和作用的反思》，中国法理网2005年8月18日。

国司法体制、司法制度中存在的诸多问题，需要通过司法改革加以解决。这是司法改革被提上议事日程的直接原因。

从更深层次的角度看，司法改革成为中国社会生活和政治生活中的一个突出问题，其重要原因在于1978年以来改革开放所导致的社会结构的变化，要求一个更符合时代要求的司法权力。中国自改革开放以来，司法在社会生活中的地位和作用日益突出，但司法却难以回应社会的需求。主要表现在以下几方面：（1）社会治理过程中对司法的依赖空前加重，但是，中国的司法机构在国家权力体系中以及在全社会的权威体系中所处地位使其难以承载这样的社会使命；（2）市场经济的快速形成与发展，要求司法创立并维护与之相应的经济秩序，但司法对这种需求的回应能力明显不足；（3）中国社会所长期累积或由社会变革所引发的各种矛盾和冲突都直接或间接地交给司法，司法机构在处理这些矛盾时常处于尴尬地位；（4）公民的权利意识不断增强，导致社会对司法赋予更多的期待，但司法的现状与人们的期待之间形成了较大的反差。上述种种矛盾的存在，最终、最直接、最集中地反映在一种现象上，那就是：司法对社会主体权利的保护不充分、不完善。因此，需要通过改革司法，消除或缓解司法所面临的现实矛盾，促进司法公正和司法效率，创造、完善并维护适应新的社会历史条件的法律秩序。①

从国际环境来看，中国加入世界贸易组织和批准加入《经济、社会和文化权利国际公约》等22个国际人权公约，从而对司法工作提出了许多新的要求，要求对司法体制进行相应的改革。获得司法正义，是人权公约中的一项基本权利，它的功能在于为公民提供及时、有效而公正的救济，司法应当承担提供救济的积极义务和责任。通过司法改革来建立独立、公正、合格的司法，保障公民获得司法正义的权利，这是法治理想的一个前设。

四、司法建设与司法现代化

何谓“司法建设”？从世界范围来看，司法建设的着眼点主要包括三个方面，即司法权在政权结构里的位置，司法权的内部构筑以及公民的权利。就趋势言，一是司法独立，审判不受立法、行政等其他权力的干涉，司法机关还可以通过案件审查立法、行政等是否合宪合法，从而形成分权制衡、尊崇法律的宪政体制；二是建立井然有序的管辖与审级体系，统一实施法律，

① 参见顾培东《中国司法改革的宏观思考》，《法学研究》2000年第3期。

并通过严格法官任免，提高法官待遇，确保法官具备公平审判所必需的知识技能和生活条件；三是朝着“有权利就有救济”的方向改革诉讼制度，为受到侵害的各项权利提供救济，而且强调司法程序中当事人的权利，用公民权利构造正当程序。这三个方面，是现代司法的关键。①

我国从清末修律、民国法制初创、社会主义法制建立、“文革法制”出现及至改革开放后法制恢复和发展，在这整个过程中，中国的司法一直在不断地发生变动，或多或少，或强或弱，或创新或恢复，其中有一条主线是：不断地从外部引入现代司法的概念、原则和制度。

从英、美、法、德、日等国来看，其司法体制的构建主要基于以下理念：1. 人民主权。按照法国思想家卢梭的社会契约学说，全体社会成员共同缔结的协议（即“社会契约”）是人类一切合法权威的基础。社会契约学说使人民主权成为普遍接受的政治理念。社会契约学说对司法观念产生了以下影响：（1）司法权来源于人民；（2）司法体制存在的必要性在于：司法权是对社会纷争加以和平解决的手段，它承担着维护社会和平与安宁、保障人民通过合法的劳动生产致富的重要功能；（3）司法体制应当以最有利于人民利益的方式加以构建，以民为本的司法制度才具有持久的生命力；司法机关应当尊重人格尊严和人的价值；（4）包括司法权在内的国家权力是一种“必要的恶”，为了防止司法权恣意作恶，必须建立防止司法腐败和专横的机制；（5）司法权的有限性，要保障个人的权利，必须将司法权限制在必要的限度之内。2. 分权制衡。在此方面，法国思想家孟德斯鸠的三权分立学说有着深远的影响。美国宪法、法国宪法等将其作为理论依据，该学说为司法独立原则的确立奠定了理论基础。3. 法治理念。19世纪末，英国的戴雪把“法治”作为英国宪政的一个重要而显著的特征，并在人类法律史上第一个系统地阐述了现代法治概念。他认为，现代法治包含三个相互关联的标准，即法律权威至上，否定专制特权；法律面前人人平等；个人权利是宪法和宪政之源。② 法律是不是具有至上的权威，是现代法治与人治的一个基本的分水岭。法治要求国家权力必须依法行使。司法机关承担对政府行为的合法性进行判断之责，这就要求其独立于政府。司法独立是法治不可缺少

① 参见张明杰主编《改革司法》，社会科学文献出版社2005年版，“改革司法”（代序）第1—2页。

② 参见［英］戴雪《英宪精义》，雷宾南译，商务印书馆1930年版，中国法制出版社2001年重印，第1—25页。

的重要条件。

我国司法体制的建构理念与其他国家相比，既有一致性，也有自己的独特性。这主要表现在：（1）我国也将人民主权作为司法体制构建的思想基础，宪法第2条规定："中华人民共和国的一切权力属于人民"。但是，这一思想来源于马克思主义的政治理论。（2）我国不实行三权分立的政治制度，而是实行"议行合一"的政体结构，分权制衡观念仍然对司法制度的建构具有指导意义。（3）法治观念正在对我国的司法改革发挥越来越重要的作用。民主法制思想是邓小平建设有中国特色社会主义理论的重要组成部分。党的十五大报告明确把"依法治国"确定为治理国家的基本方略，把"建设社会主义法治国家"作为政治体制改革的落脚点，从而丰富和发展了邓小平民主法制思想。1999年，我国又正式将"依法治国，建设社会主义法治国家"写入宪法。要实现社会主义法治，必须"从制度上保证司法机关依法独立公正地行使审判权、检察权"。（4）根据列宁的法律监督理论，我国法律赋予检察机关特殊的地位。

从司法体制的具体构建来看，司法体制首先要解决的问题是：司法权在整个国家权力体系中的合理定位，即司法权与其他国家权力（主要是立法权和行政权）的外部关系。在我国，司法权的合理定位还牵涉司法机关与执政党之间关系的处理问题。其次，司法体制要解决司法权内部的合理构造问题，其中的主要内容大体可分为司法组织（包括司法机构的设置、司法机构之间的职权划分、司法人员的管理等）与司法程序（如司法程序设置的一般原则、具体模式等）两个方面。

三权分立是西方国家宪政所共同遵循的原则，在此原则之下，各国因为政治、经济、文化等方面的差异而导致三权分立的程度、方式等呈现出不同的特点：（1）按照三权分立的模式，立法权原则上由专门的立法机关，如国会、议会行使，但在实践中存在着委任立法或附属立法，即立法机关把其立法职能的一部分委托给执法机关行使。法院的职责在于适用法律，但适用法律不是一项简单的机械性劳动，在适用法律的过程中必须解释法律，法官对法律的能动性适用使得司法具有某种创制法律的功能。在英美法国家，由于实行判例法制度，从而使法官造法的功能显得更加突出；在大陆法国家，原则上不承认法官具有造法的权力，但在实践中，判例的作用呈日益增强的趋势。（2）司法权原则上由法院行使。但在英国，上议院不仅行使立法权，同时它还拥有对部分案件的终审权。依《2005年宪制改革法案》，设立了英国最高法院，该法院于2009年10月1日起开始运作。（3）"有限政府"是西方诸国在行政权规制方面的基本原则。二战以后，随着自由资本主义向垄断资本主义发展，国家行政职能迅速增加，导致了行政机构的膨胀和行政权力的扩张。时间上、技术上的需要，使行政机关委托立法权得到发展；在对大量纠纷案件的处理中，行政机关又发展了它的行政司法权。在英美法系国家，设立了行政裁判所；大陆法系的法国设有行政法院，行政法院的工作分为行政立法与行政司法两部分。（4）为了对行政权和司法权实行监督，以瑞典为代表的50多个国家和地区设立了议会督察专员制度。（5）司法权对立法权和行政权的制约主要体现在司法审查制度和行政诉讼制度。

立法权、司法权、行政权分别由不同的机关行使的原则在我国宪法和法律中也得到了体现。在我国，立法权由人大行使、司法权由法院和检察院行使、行政权由政府行使。与其他国家相比，司法权在我国权力体系中的定位具有如下特点：（1）在我国，将检察权纳入司法权的范围，法律赋予检察机关与审判机关相同的司法解释权。此外，检察机关还作为专门的法律监督机关而存在，可以对包括法院在内的其他国家机关实行监督。（2）从司法机关与人大的关系看，我国的司法机关不仅可以通过个案解释法律，而且可以通过规范性文件的形式解释法律；而在其他国家，法院仅仅能够通过个案解释法律。（3）从司法机关与政府的关系看，司法机关的物质资源来自同级政府，司法被视为政府实现其经济发展及社会治理的重要手段；法院仅能对行政机关具体的行政行为进行审查，而不具有对抽象行政行为的审查权。（4）在我国，司法独立指的是一种整体独立，其中法院独立指的是审级独立；检察院独立指的是系统独立。在其他国家，更为强调法官的个体独立。

从司法权的内部构造看，主要涉及司法组织和司法程序两方面的内容。在司法组织方面，许多国家的法律均建立了保障司法机关和司法人员独立的机制，包括国家向司法机构提供充足的资源、法官选举或任命制、法官高薪制、法官长任期制或终身制、法官责任豁免制等。但是，英美法系国家和大陆法系国家的司法组织体系不尽相同，相比较而言，英美法系国家的法院组织较为繁复，大陆法系的法院组织则较为明晰。在司法程序方面，各国在司法程序的设计中均体现了两项原则：程序公开和程序公正。程序公开包括动态的审理公开和静态的判决公开；程序公正则通过当事人权利对等、直接言词、一事不再理等原则和上诉制度、陪审制度等加以体现。但是，英美法系国家与大陆法系国家采用不同的诉讼模式，不同的诉讼模式导致具体程序设计上的一系列差别。英美法系国家实行当事人主义（对抗制），采取陪审团制度，重视证据法；大陆法系国家实行职权主义（审问制），采取参审制或混合陪审制，证据法较为简单。两大法系的司法程序一直呈相互吸收、相互借鉴的发展趋势，但最近一些年来，这种趋势的主流是大陆法系国家在司法改革中更多地吸收英美当事人主义的一些因素。

我国自新中国成立初期到现在，逐步建立了完善的法院体系和检察院体系，不断加强法官、检察官的职业化建设，为司法权独立、公正的行使提供了组织保障。通过宪法、人民法院组织法、人民检察院组织法以及三大诉讼法，确立了司法诉讼的共同原则，包括司法机关独立行使职权原则；以事实为根据，以法律为准绳的原则；实行合议、回避、公开审判和两审终审的原则；民族语言文字原则；检察监督原则；法律平等原则；辩论权原则。这些原则与法治发达国家的司法诉讼原则大体吻合。在诉讼模式的选择上，我国起初采取了职权主义乃至超职权主义的诉讼模式，1991年修改后的《民事诉讼法》强化了当事人的举证责任，减轻了法院收集和调查证据的责任，从举证责任的分担开始，当事人与法院之间的位移逐渐扩大，进而推动了审判方式的改革，即从过去的大陆法系职权主义方式向吸收英美法系当事人主义的一些因素的方向转变，1996年修改后的《刑事诉讼法》中确立了控辩式的庭审方式。我国审判方式的改革与现代司法改革的主流趋势相一致。

20世纪80年代以来兴起的全球化运动，是人类社会的第三次全球化浪潮。作为一个主权国家和正在重新崛起的世界大国，中国面临着应对全球化挑战的严峻课题，也在经历着重构法律与司法制度的历史性过程。全球化进程需要有一个全球性的法律框架与之相平衡。在这一大的背景下，世界各国的法制与司法改革运动广泛兴起。处在这一过程之中的中国司法改革，势必要反映全球市场经济体制的司法需求，体现全球司法文明发展的共通性因素，对固有的司法理念与司法体制进行现代化的革新与改造，以期适应迅速变动之中的全球经济、社会与法律环境。处于新世纪新阶段的当代中国司法体制改革的历史性课题，就是要积极稳妥地推动从传统型司法制度向现代型司法制度的历史性转变，实现中国司法制度的现代化，建设具有中国特色的社会主义司法文明模式。

五、司法建设与人权保障

保障人权是现代社会政治法律制度的合法性标尺。人权保护首先需要在一国的法律中确认公民的一系列基本权利。在法律确认了公民的基本权利之后，如果一个公民的权利受到侵犯后得不到及时有效的救济，那么，他在法律上所享有的一切权利，也就变得毫无意义，所谓“无救济，则无权利”。司法是进行权利救济的最后手段，也是最为有力的救济手段。

司法要实现对权利进行救济的功能，必须有良好的司法体制和司法制度，包括：（1）司法权在国家权力体系中应有合适的定位；（2）司法机构和司法人员的中立性、独立性、公正性得到保障；（3）司法程序必须公正、透明等诸方面要求，这就是司法建设所要完成的任务。“舍弃或抑制权利要素，司法方面的变动便难以称作‘司法改革’，甚至会构成司法的毁弃或倒退”。①

从1954年宪法到1982年宪法，我国公民在法律上所拥有的权利呈逐步扩展的趋势，尽管其间经历了曲折和反复。1997年9月，党的十五大报告提出了“依法治国、建设社会主义法治国家”的方略。1999年3月，第九届全国人大二次会议将“依法治国、建设社会主义法治国家”载入了宪法。依法治国方略的确立，为司法建设指明了基本方向。2004年修改宪法，增加规定“国家尊重和保护人权”（第33条第3款），为人权法治化提供了宪政基础，指明了司法建设的核心目标。

新中国成立60年来所进行的司法建设，在加强人权的司法保护方面，取得了明显的进展，主要表现在：

1. 死刑涉及对公民生命权的剥夺，新中国建立后，死刑复核制度在全国普遍实行。1979年刑事诉讼法规定了死刑复核程序。根据1983年9月2日全国人大常委会关于修改《中华人民共和国人民法院组织法》的决定，死刑案件除由最高人民法院判决的以外，应当报请最高人民法院核准。杀人、强奸、抢劫、爆炸以及其他严重危害公共安全和社会治安判处死刑的案件的核准权，最高人民法院在必要的时候，得授权省、自治区、直辖市的高级人民法院行使。从2006年初开始，死刑二审案件依照法律和有关规定实行开庭审理；2007年1月1日起，死刑案件核准权统一收归最高人民法院行使，确保死刑只适用于极少数罪行极其严重的犯罪分子。

2. 保障犯罪嫌疑人、被告人的辩护权。1996年刑事诉讼法改变了1979年刑事诉讼法关于在审判阶段开庭前七天被告人才可以委托辩护人的做法，规定犯罪嫌疑人在侦查阶段就有权聘请律师为其提供法律帮助。

3. 1979年刑事诉讼法规定了指定辩护，1996年的刑事诉讼法修改扩大

---

① 张明杰主编：《改革司法——中国司法改革的回顾与前瞻》，社会科学文献出版社2005年版，第18页。

了指定辩护的范围。从1994年起，开始建立法律援助制度，从中央到地方建立了专门的法律援助机构，2006年司法行政部门的法律援助机构共办理法律援助案件318514件，接受法律援助咨询3193801人（次）。[①] 2006年地方各级政府对法律援助的财政拨款总额已达33479.09万元。截至2006年11月法律援助机构在乡镇社区共设立法律援助工作站40237个，在工、青、妇、老、残等社会组织设立法律援助工作站11528个。[②]

4. 完善强制措施制度。收容审查并非1979年刑事诉讼法规定的强制措施，但是在司法实践中被广泛使用。1996年刑事诉讼法废除了收容审查。法律对执法机关的侦查行为作了限制，其中较为重要的是限制传唤、拘传时间。此外，法律还将侦查机关补充侦查的次数限定为两次，以防止那些出于各种原因确实无法查清的案件无限期拖延下去，使受刑事追诉者处于犯罪嫌疑人的地位得不到解脱，甚至被长期羁押。

5. 清理超期羁押。近些年来，在刑事司法领域存在的大量超期羁押现象成为社会关注的一个焦点。据统计，1993年至1999年全国政法机关每年度超期羁押人数一直维持在5万至8万人之间。[③] 自2003年起，全国检察系统、法院系统、公安系统相继开展了超期羁押专项清理工作，成效显著。超期羁押由2004年的4947人（次）下降为2006年的210人（次）。[④]

6. 规范侦查行为。2006年初，贾春旺在向全国人大所作的最高人民检察院工作报告中指出："为加强检察机关自身执法办案的监督，规范侦查讯问活动，保障严格执法、文明办案，最高人民检察院决定，逐步推行在讯问职务犯罪嫌疑人时全程同步录音录像。"目前，全国绝大多数检察机关办理贪污贿赂犯罪案件在讯问嫌疑人时实行了全程同步录音录像，进一步规范了执法行为。

7. 完善未成年人司法制度。党和国家高度重视未成年人保护和预防未成年人犯罪的工作，先后制定了《中华人民共和国未成年人保护法》、《中

---

① 参见中央司法体制改革领导小组办公室《坚持和完善中国特色社会主义司法制度的成功实践》，《光明日报》2007年10月29日。

② 参见司法部法律援助中心《全国法律援助"规范与质量"情况调研报告》，《中国司法》2007年第4期。

③ 参见王雷鸣、邬焕庆《政法机关清理超期羁押透视："阳光羁押"路有多远》，http://news.xinhuanet.com/newscenter/2003—11/10/content_1169466.htm。

④ 参见中央司法体制改革领导小组办公室《坚持和完善中国特色社会主义司法制度的成功实践》，《光明日报》2007年10月29日。

华人民共和国预防未成年人犯罪法》等法律，极大地推动了保护未成年人、预防未成年人犯罪工作的深入开展。上海市长宁区法院于1984年11月成立了中国大陆第一个少年法庭。建立了适合未成年人特点的侦查、批捕、起诉和审判方式，由专门人员、专门机构处理未成年人案件，保障未成年人权利。

8. 进行社区矫正试点。从2002年开始，在全国范围内进行社区矫正试点，社区服刑人员重新犯罪率仅为0.21%；① 在我国25个省、自治区、直辖市开展的社区矫正试点工作累计接受社区服刑人员15.1万人。我国于2003年首先在上海、江苏等东部6省市城市社区和有条件的农村乡镇开始进行社区矫正试点，2006年底，试点工作在全国18个省（区、市）的3142个街道乡镇展开，目前已推广到25个省（区、市）的5865个街道乡镇。②

9. 积极推进司法鉴定体制改革。2005年全国人大常委会作出了《关于司法鉴定管理问题的决定》，统一的司法鉴定管理体制正在逐步形成，多头鉴定、重复鉴定的现象得到初步改变。

10. 加强和改进劳动教养审批工作。推出了律师代理、全面实行聆询制度、缩短劳教期限、扩大所外执行范围及强化监督等改革措施，有效维护了劳教人员的合法权益；2004年底，中央司法体制改革领导小组出台了《中央司法体制改革领导小组关于司法体制和工作机制改革的初步意见》，计划将劳教制度改为违法行为教育矫治制度。

11. 加强对被害人的权利保护。1979年刑事诉讼法规定被害人为一般诉讼参与人，1996年刑事诉讼法除了扩大自诉案件的范围，使被害人拥有广泛的直接起诉权以外，还把被害人定位为当事人，赋予他一系列的诉讼权利。从2007年开始探索建立刑事被害人国家救助制度，对因犯罪行为导致生活确有困难的被害人及其亲属提供适当的经济资助。

12. 2007年通过修改民事诉讼法，改革和完善了执行体制，其目的是为了解决民事判决执行难问题，将司法保护落到实处。

司法建设尽管取得了公认的成效，但是，中国当前的司法制度在保障人权方面仍然存在一些问题，有待予以改进，主要表现在：

---

① 参见中央司法体制改革领导小组办公室《坚持和完善中国特色社会主义司法制度的成功实践》，《光明日报》2007年10月29日。

② 隋笑飞、吴陈：《司法部：我国将进一步深化社区矫正试点工作》，http：//www.ce.cn/xwzx/gnsz/gdxw/2008/01/09/t20080109_ 14158821.shtml。

1. 2002年开始实行的统一司法考试制度，在加强司法的专业化方面迈出了重要一步，但是，法官专业素质不高的问题尚未得到彻底的解决，尤其在不发达地区出现了符合任职条件的法官人数不足的问题。

2. 司法改革尽管在促进司法行政和司法审判相分离方面作了很大程度的努力，但是，司法实践中院、庭长审批案件、上级法院提前介入下级法院审判程序的现象仍然时有发生，从而对法官独立审判、对当事人行使上诉权，构成一定程度的不利影响。

3. 法院在人、财、物方面仍受地方政府制约，导致司法地方保护主义现象未能得到彻底根除，从而影响公民获得司法救济的平等性，目前，法院系统正在通过建立跨地区、跨级别的法官交流和轮岗制度、完善诉讼管辖制度等措施以遏制司法地方保护主义现象。

4. 为禁止酷刑，《刑事诉讼法》第32条规定："审判人员、检察人员、侦查人员必须依照法定程序，收集能够证实被告人有罪或者无罪、犯罪情节轻重的各种证据。严禁刑讯逼供和以威胁、引诱、欺骗以及其他非法的方法收集证据"；1998年6月最高人民法院《关于执行〈中华人民共和国刑事诉讼法〉若干问题的解释》第61条进一步规定："严禁以非法的方法收集证据。凡经查证属实属于采用刑讯逼供或者威胁、引诱、欺骗等非法的方法取得的证人证言、被害人陈述、被告人供述，不能作为定案的根据。"非法证据排除规则应当在刑事诉讼法中得到确立，且排除的范围有待扩大，应考虑将"毒树之果"包含其中。

5. 剥夺公民人身自由可达1—3年之久的劳动教养实际上带有"刑罚"性质，但被劳动教养者享受不到犯罪嫌疑人和刑事被告人可以享有的一系列诉讼权利，劳动教养的决定权由省、自治区、直辖市和大中城市人民政府成立的劳动教养管理委员会行使。现行劳动教养制度亟待改革，应当通过正当法律程序并由合格法庭依法作出裁判，方可对公民适用劳动教养之类的措施。

6. 相对于1996年的《刑事诉讼法》，2007年10月修改过的《律师法》对辩护律师在刑事诉讼中的权利作了更加充分的保障，包括取消对辩护律师会见在押犯罪嫌疑人、被告人的限制、扩大辩护律师的阅卷权、加强辩护律师的调查取证权，增加规定辩护律师的法庭言论豁免权、证言特免权等。目前应当加快修改《刑事诉讼法》的步伐，以使《刑事诉讼法》与《律师法》的规定相协调。

上述问题的存在，表明我国的司法改革有待进一步深化，以使司法更好地承担起对公民权利进行保护和救济的功能。

2009年4月，国务院新闻办公室发布了首个《国家人权行动计划》(2009—2010年)。该计划旨在落实“国家尊重和保障人权”的宪法原则，明确了未来两年中国政府在促进和保护人权方面的工作目标和具体措施，其内容包括经济、社会和文化权利保障、公民权利与政治权利保障、少数民族、妇女、儿童、老年人和残疾人的权利保障、人权教育、国际人权义务的履行及国际人权领域交流与合作等。在“公民权利与政治权利保障”方面，重点列举了以下内容：

1. 完善预防和救济措施，在执法、司法的各个环节，依法保障人身权利。包括（1）严禁刑讯逼供；(2)严禁执法人员实施非法拘禁行为；(3）严格控制并慎用死刑；（4）严格死刑审判程序，完善死刑复核程序；(5）建立和完善执法、司法监督机制。

2. 完善监管立法，采取有效措施，保障被羁押者的权利与人道待遇。包括（1）推动完善被羁押者权利保护与人道待遇方面的法律法规、政策措施；（2）严格依法执行收监、减刑、假释、暂予监外执行、释放等主要刑罚执行环节；（3）完善监所执法责任制、执法公示制、执法工作评议考核和执法过错责任追究制，建立监所执法执纪监督制度和权力制约机制，加大对监所执法活动中违法犯罪行为的查处和责任追究的力度；（4）采取有效措施，严防对被羁押者实施刑讯逼供或者体罚、虐待、侮辱等行为的发生；所有提讯室实施强制物理隔离；建立并推广提讯前后对被羁押者进行体检的制度；(5）进一步完善被羁押者的处遇制度；(6）完善监管执法公开制度，将被羁押者权利以及监所有关执法标准、程序向被羁押者、家属及社会公开，通过举报箱、举报电话、监所领导接待日、聘请执法监督员等方式，对监所执法活动进行有效监督；（7）加强人民检察院对监管场所内执法活动的实时检察监督。

3. 依法保障诉讼当事人特别是受刑事指控者获得公正审判的权利。包括（1）采取有效措施，保证依法、及时、公正审理各类案件；（2）全面公开审判信息；(3)公开审理时，公开举证、质证、辩论，并公开宣判；(4）有条件的人民法院对于庭审活动和相关重要审判活动进行录音、录像，建立审判工作的声像档案，当事人可以按规定查阅和复制；（5）鼓励各高级人民法院制定通过出版物、局域网、互联网等方式公布生效裁判文书的具体办法，加大生效裁判文书公开的力度；（6）切实保障人民陪审员依法参加审判的权利；(7）推动修改或废止与律师法规定不一致的各类法规、规章、规范性文件，保障律师会见、通信、阅卷和调查取证等方面的权利，保障律师在执业活动中的人身权、辩护权和辩论权；（8）扩大司法救助的对象和范围；（9）加强法律援助制度建设，落实政府责任；（10）推进国家赔偿法的修订，完善对赔偿请求人、赔偿种类和范围、赔偿义务机关、赔偿程序、赔偿方式和计算标准等问题的规定，保障公民、法人和其他组织依法取得国家赔偿。

《国家人权行动计划》指出："中国已签署《公民权利和政治权利国际公约》，将继续进行立法和司法、行政改革，使国内法更好地与公约规定相衔接，为尽早批约创造条件。"此外，还建立了由国务院新闻办公室和外交部牵头、立法和司法机关以及国务院相关职能部门组成的国家人权行动计划联席会议机制，负责统筹协调人权行动计划的执行、监督与评估工作。《国家人权行动计划》的颁布与实施，将会极大地推动我国司法领域的人权保护。

六、司法建设与依法治国

我国的法制建设是在没能经过充分的理论论证的情况下起步的。在发展的过程中，经历了从"法制"到"法治"的转变。党的十五大报告对"依法治国"方略作了如下阐述："依法治国，就是广大人民群众在党的领导下，依照宪法和法律规定，通过各种途径和形式管理国家事务，管理经济文化事业，管理社会事务，保证国家各项工作都依法进行，逐步实现社会主义民主的制度化、法律化，使这种制度和法律不因领导人的改变而改变，不因领导人看法和注意力的改变而改变。依法治国，是党领导人民治理国家的基本方略，是发展社会主义市场经济的客观需要，是社会文明进步的重要标志，是国家长治久安的重要保障。"

依法治国的核心是厉行法治。关于法治，可能会有不同的看法，西方国家也是如此 。但它的基本含义至少有两条：第一，法律的统治，即在法治国家，公民与政府都要服从法律的统治，而且对社会成员的行为能够施加外在强制的唯一标准和手段就是法律 。因此，法治条件下法律是至上的、唯一的、具有强制性的权威。第二，立法机构与司法机构要分开，即立法者制定法律后，应该由另一个机关的人来实施。而且，关于行为是否合法的争议只能由完全独立的法官来裁决，法官对这些案件的法律上的争议的判决是终局性的 。这两方面表明，法治国家中，不仅法律具有至上权威，而且法官对法律的含义具有垄断性的最终解释权。这就从根本上决定了司法活动的权威性。所以，司法活动不仅对法律的实施至关重要，而且也是法治的内在判断标准。[①] 司法机关享有法律的“垄断性”的解释权是现代法治的重要目标，一定意义上也是司法改革的出发点。

司法权是一种裁决权，这种权力的效力往往取决于法律的地位与效力。在法治状态下，司法权是一种终极裁判权，相应地，司法活动也就具有极大的权威。在西方国家，由于拥有悠久的法治传统，相应地，也有同样悠久的司法传统。法治传统和司法传统的形成的确需要时间，在我国，这也正是法治建设和司法建设面临的难题。

法治是人类社会发展的重要标志，和谐是人类社会的理想境界。和谐社会要求有秩序、要求稳定、要求公平公正，因此，和谐社会首先是一个法治社会，法治是和谐社会的基础和保障。司法在一个国家法治化进程中具有相当重要的作用，是法治的基石。司法通过定纷止争、化解矛盾、稳定秩序，构建法治社会的基础；司法通过维护社会公正、实现司法正义，体现法治国家的基本走向；司法通过案件的审理，概括出符合社会实践的法律准则，丰富立法的内容、推动立法的发展。司法要完成上述任务，本身应该充满活力，富有理性，并不断地改革、完善自身制度。

司法改革的意义既在保障司法公正，更在塑造法治秩序。法治着重强调“公权者要服从法律，居于法律之下而不是法律之上”，[②] 这种法治是“着重规制公共权力的法治，着重治官的法治，着重维护受治者尊严与自由的法治”。[③] 我国新中国成立初期的司法转型并未将此种法治理念贯穿其中，它更为强调司法的阶级属性——“姓资”或“姓社”，及至“文革法制”更是将这种对立发展到极端，以至于完全与法治精神背道而驰。依法治国是改革开放的逻辑结果，是我国经济体制由计划向市场体制转轨和民主与法制建设发展的一个必然过程。目前，我们是在“依法治国，建立社会主义法治国家”的语境中讨论我国的司法改革问题。

依法法治，要求建立司法权威。司法是法治社会的基础结构。如果司法缺乏权威，所谓法治，很可能只是一场闹剧，或者成为人治的烟幕。司法是司法人员就诉讼纠纷所进行的审理和判决的活动，在此过程中，主要涉及司

① 参见葛洪义《司法活动的性质与法治——司法改革的几个基本理论问题》，《依法治国专题研究——司法改革与依法治国理论研讨会、中国农村基层民主法制建设理论研讨会论文集》，1999年。

② 夏勇：《法治与公法》，《读书》2001年第5期，第117页。

③ 同上书，第119页。

法组织、司法人员、司法程序等要素。对于司法组织而言，司法独立是核心的原则。只有在司法独立于政治权力，独立于立法权与行政权，法官行使司法权，只服从于法律，不受外界任何机关、团体和个人的干扰、影响和控制的情况下，司法才能因为拥有“说了算”的权力而获得使人信从的力量。我国确立了司法机关依法独立行使职权的原则，但在司法实践中，涉及领导干部违法犯罪的案件先由纪检部门进行前置处理；法院的经费受制于地方政府；法院受到来自各个方面的监督。法院“上不能抗王权，下不能对民意”，其司法权威难以树立。

从立法表述来看，1954年宪法第78条明文宣告：“人民法院独立审判，仅服从法律”，现行宪法第126条规定：“人民法院依照法律规定独立行使审判权，不受行政机关、社会团体和个人的干涉。”与1954年宪法的规定相比较，从中可以隐约看到其内在涵义实际上已经发生了三点变化，即（1）行使审判权的独立性仅以法律规定为限度（法律实证主义的审判观）；（2）国家权力机关（各级人民代表大会及其常务委员会）对审判权的干涉并未受到宪法上的制约（法律民主主义的审判观）；（3）法院在审判活动中必须服从的规范不限于法律（法律政策主义的审判观）。立法表述上的这种变化，在一定程度上意味着对司法独立原则的弱化。

从司法人员来看，其具有较高的司法能力和司法道德，才能产生使人信从的威望。较高的司法能力突出地体现在法官处理疑难案件的能力；较高的司法道德表现在法官主持审判应有公正之心，裁判案件事实及争议应无偏袒之意，以服从法律为天职等等。一个法官如果缺乏对法律的信仰、缺乏对法治的尊崇，他不可能获得使人信从的威望。我国通过颁布法官法、建立司法考试制度，逐步提高了担任法官的条件，并通过加强法官培训、职业道德教育等提高法官的素质，但法官司法能力、司法道德低下的问题并未得到彻底解决。广东省高院原院长麦崇楷、辽宁省高院原院长田凤岐、湖南省高院院长吴振汉先后被查处；武汉中院、阜阳中院、深圳中院窝案亦是触目惊心，阜阳中院连续三任院长尚军（女）、刘家义、张自民因腐败落马。2002年，武汉中院常务副院长柯昌信和副院长胡昌尤，3名副庭长等13名法官和44名律师涉案，成为司法系统典型的“腐败窝案”。[①] 2008年10月15日，原最高法院副院长黄松有因涉嫌严重违纪被中央纪委立案审查，并被采取

① 参见刘效仁《丢了良心的法官究竟有多可怕》，http://www.china.com.cn/review/txt/2008—02/25/content_10671483.htm。

“双规”措施。经最高法院提请，全国人大常委会于同年10月28日依法免去了黄松有最高法院副院长、审判委员会委员、审判员职务。[①] 以辽宁省法院系统为例，据2000年的统计，共查出违法违纪干警640人，追究了54个领导干部的责任。[②] 法官素质令人堪忧，直接影响到司法权威的树立。

从司法程序来看，司法公开与司法公正是其中的重要原则。司法程序的设计符合文明、科学以及现代价值观念，是司法具有权威性的基本前提。从20世纪90年代开始，一直到现在，我国的司法程序改革循序推进。《民事诉讼法》和《刑事诉讼法》的修改，《行政诉讼法》的颁布，极大地完善了司法程序。

1991年修改了《民事诉讼法》，新的民事诉讼法由原来的205条增至270条，修改补充的主要内容有：增加了督促程序、公示催告程序和企业法人破产还债程序；在特别程序中增加了宣告失踪案件、认定公民限制民事行为能力案件的程序；对于主管与管辖、当事人举证责任、人民法院收集、审查证据、财产保全和先予执行及调解、审判监督程序、强制执行的措施和涉外民事诉讼程序的特别规定等，也都作了重要的修改和补充。

2007年再次修改《民事诉讼法》，集中解决“申诉难”和“执行难”问题。修改后的民事诉讼法有以下引人注目的变化：(1)明确了当事人申请再审的具体事由；(2)明确了特殊情形应延长当事人申请再审期间；(3)明确了向上一级人民法院申请再审，并且规定了再审的审查期间；(4)完善了检察机关的法律监督；(5)增加了“立即执行”的制度；(6)增加了财产报告制度；(7)加大了执行联动机制；(8)提高了对不履行判决、裁定的罚款数额；(9)增加了执行异议制度；(10)延长了申请执行的期间。

1989年颁布了《行政诉讼法》，共11章75条，主要内容有：行政诉讼法的重要原则；人民法院对行政案件的受案范围、管辖、受理和判决；行政诉讼参加人；行政诉讼的证据；执行；行政侵权赔偿责任；涉外行政诉讼等。该法的颁布，在保障人权方面，为我国老百姓提供了维护自己合法权益的武器；在促进行政机关廉政方面，对通过司法途径监督违法行政行为迈出了重要的一步。

---

① 参见《中纪委对最高法院原副院长黄松有案调查仍在进行中》，《光明日报》2009年5月7日。

② 参见王立民《法官素质与司法腐败》，《文汇报》2001年11月28日。

1996年修改了《刑事诉讼法》，修改后的刑事诉讼法条文总数达到了225条，对1979年刑事诉讼法的增、改、删达110处之多，在条文数量上净增61条。修改的主要内容包括：指导思想上的调整；增加司法机关依法独立行使职权原则；确立未经人民法院依法判决不得确定有罪原则；加强人民检察院的法律监督作用；调整侦查管辖与自诉案件范围；扩充犯罪嫌疑人、被告人的辩护权；加强对被害人的权利保护；完善强制措施制度；改革一审审判方式；增设简易审判程序；完善第二审程序；改革死刑执行方式。1996年的刑事诉讼法修改针对1979年刑事诉讼法本身存在的缺陷和司法实践中存在的问题，比较集中地解决了一批长期没有解决和难以解决的问题，如收容审查、免予起诉、庭审走过场等，在刑事诉讼的民主化和科学化方面向前迈进了一步。

司法的权威主要来自司法的独立、司法的公正以及司法的效率。只有独立、公正、有效率的司法，才能获得民众高度的、普遍的信赖。在某种意义上，司法改革是中国法治进程的集中体现，是透视中国法治发展状况的一个聚焦点。

七、司法建设的成效评价

司法之要旨在于正义，司法建设与司法改革之根本目标也在于充分实现正义，但人们对“正义”的理解不尽相同。改革开放之前的30年，司法被视为“阶级专政的工具”，司法的目的主要是为了满足打击犯罪、维护秩序的需要。改革开放之后，经过大规模的立法，我国基本形成了社会主义法律体系，在政治生活、经济生活、社会生活等方面逐步做到了有法可依。法治越来越成为人们普遍认同的治理社会的最重要的工具之一。市场经济体制的引入、建设法治国家方略的确立以及利益关系的复杂化，使得维护个人权利成为公民实实在在的司法需求，我国的司法建设和司法改革越来越多地触及现代司法体制和原则的核心问题。

自1978年以来，我国的司法制度处于构建与改革相并行的发展过程之中。从司法改革的主体来看，司法改革经历了从社会呼吁到政府主导的过程。司法改革起初是学者在外围的一种学术呼吁，随后，各个部门开始进行零零散散的改革，再后来，中央自上而下进行大规模的推动。1997年，党的十五大明确提出了“推进司法改革，从制度上保证司法机关独立公正地行使审判权和检察权”的任务。2002年，党的十六大提出要“加强对执法活动的监督，推进依法行政，维护司法公正，防止和克服地方和部门的保护主义。推进司法体制改革，按照公正司法和严格执法的要求，完善司法机关的机构设置、职权划分和管理制度”。2007年党的十七大报告提出要“深化司法体制改革，优化司法职权配置，规范司法行为，建设公正高效权威的社会主义司法制度，保证审判机关、检察机关依法独立公正地行使审判权、检察权”。目前司法改革已成为中央主导的、各部门紧密配合的、社会各界广泛参与讨论的国家统一行动。那么，对于迄今为止的司法改革应作何评价呢？

（一）中央司法体制改革领导小组办公室的评价

2007年9月，中央司法体制改革领导小组办公室撰文认为，党的十六大以来司法体制机制改革取得明显成效，主要体现在以下几个方面：

1. 加强了对司法权的监督制约，一些影响司法公正的突出问题得到有效解决。通过进一步完善审判公开、检务公开、警务公开、狱（所）务公开等司法公开制度，人民群众的参与权、知情权、诉讼权有了更好的保障。法律监督机制逐步健全，司法机关接受监督的自觉性进一步提高。检察机关进一步规范了执法行为，涉及检察人员办案不文明、不规范的投诉明显减少。加强职务犯罪侦查工作，司法腐败犯罪得到遏制。人民监督员试点工作平稳推进，人民陪审员制度进一步完善。

2. 通过改革完善刑事司法制度，在尊重和保障人权上取得了新的进展。包括改革死刑核准制度、落实宽严相济的刑事政策、完善未成年人司法制度、规范刑罚执行的法律监督、实行监狱体制改革试点、依法维护了在押犯人的合法权益、加强和改进劳动教养审批工作等。

3. 通过改革和完善工作机制，进一步提高了司法效率。目前，法院适用简易程序审理刑事案件已达38.87%，适用简易程序审理民商事案件达到71.26%。全国绝大多数人民法庭实现了直接立案，设置了11220个固定巡回审判点，方便了当事人尤其是偏远地区当事人的诉讼。建立健全人民调解、行政调解、司法调解的多元化矛盾纠纷解决机制，2006年，全国各类人民调解组织共调解民间纠纷400多万件，95%以上的矛盾纠纷得到及时化解。大力开展信息化建设，以科技促效率。

4. 进一步加大司法救助和法律援助力度，有效缓解了打官司难、执行难问题。2007年4月施行的《诉讼费用交纳办法》平均降低诉讼费用60%，全国每年约减收诉讼费80亿元。2006年12月施行的《律师服务收费管理办法》，严格收费程序，严惩违法违规收费行为。中央政法机关发布了刑事、民事诉讼法律援助工作规定，进一步扩大了法律援助和司法救助的范围，各地通过改革和完善执行体制，开展清理执行积案专项活动，下大力气解决执行难。

5. 改革和完善干部管理体制，政法队伍的政治素质进一步提高。党中央印发了《关于进一步加强和改进党对政法工作领导的意见》、《关于进一步加强和改进公安工作的决定》、《关于进一步加强人民法院、人民检察院工作的决定》，对加强和改进新形势下党对政法工作的领导，加强政法队伍建设提出明确要求。中央组织部印发了《地方公安机关领导干部任职条件》，把政治上可靠、熟悉业务、作风务实、实绩突出的干部及时提拔到各级政法领导岗位。《关于缓解西部及贫困地区基层人民法院、人民检察院法官、检察官短缺问题的意见》，对初任法官、检察官选拔任用作出具体规定。最高人民法院、最高人民检察院进一步完善了司法行政工作与审判、检察业务相分离的管理制度。颁布实施的《公安机关组织管理条例》，对公安机关工作人员实行科学的分类管理。中央政法部门相继制定完善了公开招考、竞争上岗、干部交流等制度，制定实施了干部教育培训规划，切实加强党风廉政建设，严肃查处违法违纪案件，确保政法队伍清正廉洁。

6. 改革和完善司法保障机制，为政法机关履行职责提供了更多保障。司法机关所需经费由县级以上财政保证，公安派出所、人民法庭、司法所经费列入县级财政预算。为了更好地保障县级特别是中西部地区县级政法机关的正常运行，财政部与中央政法部门联合下发通知，要求制定县级政法经费基本保障标准，凡地方财政达不到保障标准的，由省级和中央财政予以补助。中央财政进一步完善了专项转移支付方式，并制定了相应的管理办法。近年来，国家和地方财政对政法机关的投入大幅度增加，为政法机关履行职责提供了更多的物质保障。中央和地方编制部门为各级政法机关增加了编制，有效缓解了警力不足的状况，使政法工作进一步适应了经济社会发展的要求。①

上述官方评价充分肯定了司法改革所取得的一系列成就，并认为这些成就体现了中国特色的社会主义司法制度正在逐步形成和完善，为进一步推进司法改革奠定了坚实的基础。在2007年11月23日召开的全国法院司法改

---

① 参见中央司法体制改革领导小组办公室《坚持和完善中国特色社会主义司法制度的成功实践》，《经济日报》2007年9月22日第4版。

革工作会议上，与会代表对于司法改革的成效给予了诸多的正面评价，如认为司法改革功不可没，极大地提升了司法公信力，提高了审判效率，推进了人民法院各项建设的速度，强化了法官职业水平，法官队伍的素质有了很大的提高。①

（二）司法改革的评价标准

对于司法改革的成效，社会上有不同的声音。有人认为，司法改革恰似“扭秧歌”，走三步退两步；还有人认为，一方面，司法改革“高歌猛进”，另一方面，公众对司法的不满并没有得到平息，二者之间形成了巨大的反差；还有人认为，司法改革需要更宽阔的社会视野，以及更本质意义上的突破，应当避免口号式改革和空洞化趋势；还有人提出“现在该是改革司法改革的时候了”。

司法改革是成是败，其标准系于人们对于司法理想状态的认知而定。不同的理想，会建立不同的标准。有学者从司法本身的性质和功能出发，提出了判断司法改革成效的五项标准：其一是司法的本我定位。即司法的核心是审判，检验司法的本我定位，是要确立审判就是司法，司法就是审判（司法系统中非审判的功能，只能是为了服务于审判而存在）；审判功能不能割裂，也不能与其他非审判部门的功能混同或混淆，否则司法将不成其为司法。理想的司法，要与上下指挥、主动行使权力的行政权有所区别，也要与通过开放讨论的表决方式制定法律规范的立法权有所区别，否则司法即会失去本我，也无法建立本我。其二是司法的独立性。司法应当独立于政治权力，独立于立法权与行政权，法官行使司法权，只服从于法律，不受外界任何机关、团体和个人的干扰、影响和控制。其三是司法保障人权的程度。既然保障人权是现代社会一切制度的基本出发点，因此，理想的司法，就是要能充分保障人权。司法改革必须以提升人权保障为其目的；司法保障人权的程度，是判断司法改革成效最重要的一项指针。其四是司法的品质提升。法院的裁判，必须以理服人；诉讼程序的笔录，必须精确；应当加强法官专业化和道德素养的要求。其五是民众对司法的信赖。司法改革能否臻于理想，社会自有公评；司法能否得到民众高度、普遍的信赖，是判断司法改革是否成功的最为朴素的评价标准。而民众对司法的信赖，主要取决于司法的公正

① 参见陈永辉《改革功不可没　未来任重道远——全国法院司法改革工作会议分组讨论侧记》，http：//www. court. gov. cn/news/bulletin/activity/200711260026. htm，2007—11—26。

与效率。司法的公正，建立在程序的公正、裁判的正确、说理的周延、使得当事人心服口服之上，更建立在独立审判、济弱扶困的司法态度之中。此外，正义应当及时得到实现，无效率的司法，使得人民疲于奔命，即使裁判再正确，人民也不可能对法院寄以信赖。①

美国律师协会在长期与其他国家的司法改革合作中，逐渐形成了一套衡量各国司法改革进展程度与成效的指标体系，称之为“司法改革指标”。该指标的设计主要以比较法律传统为基础，以公认的国际标准为依据，如联合国《司法独立的基本原则》、《欧洲理事会关于法官独立的建议》、《欧洲宪章》中关于法官地位的规定、国际律师协会《关于司法独立的最低标准》等，目标是指导和监督各国的司法改革朝着建立更负责、高效、独立的司法机构这一方向迈进。从2001年开始，已经有超过15个国家开始使用该指标体系来评价本国的司法改革成效。

司法改革指标体系使用30个指标或要素评估司法改革成效，而每个指标都对相关主题确定了特定的标准。这些主题包括：（1）素质、教育和多样性（指标1：法官资格与培育；指标2：遴选/任命程序；指标3：法律继续教育；指标4：少数民族和性别代表性）。（2）司法权力（指标5：对立法的司法审查；指标6：对行政行为的司法监督；指标7：公民自由案件的司法管辖；指标8：上诉审查制度；指标9：处罚蔑视法庭行为/传票执行）。（3）经费来源（指标10：财政拨款；指标11：司法人员薪金保障；指标12：司法机关的办公场所；指标13：法官的人身安全保障）。（4）体制保障（指标14：任期保障；指标15：客观的司法晋升标准；指标16：职务行为享有司法豁免；指标17：法官免职与纪律处分；指标18：案件分配；指标19：法官协会）。（5）责任与透明（指标20：司法裁判与不当干涉；指标21：职业道德准则；指标22：司法行为投诉程序；指标23：公众和媒体旁听开庭；指标24：司法裁判的公开；指标25：法庭记录的保存）。（6）效率（指标26：法院辅助人员；指标27：法官职位；指标28：立案与查询系统；指标29：计算机和办公设备；指标30：现行法律的印发与检索）。②

运用上述指标体系评价一国司法改革成效的具体做法是：评估小组通过与35个以上的主要人士进行访谈，对该国司法制度的框架进行深度讨论和分析，然后根据收集到的信息作出评估。对30个要素进行分别评估的结果

① 参见李念祖《二十一世纪台湾司法改革成效的展望》，中国监狱信息网，2004年6月7日。

② 参见李桂红《美国衡量司法改革成效的30项指标》，天涯法律网，2007年10月11日。

将纳入标准化的司法改革指标体系国家评估报告中。除了对每个要素的具体分析外，报告还对各要素之间的相互关系进行阐述，并对所得结论的理由进行简要归纳，然后深入地分析存在的问题、该国国情、相关法律规定以及在该国司法制度中已经建立或目前缺乏的各种机制。通过进行司法改革指标评估所收集的数据，可以帮助改革者或观察者对改革战略进行分析，监控司法改革进程，系统地发现存在的问题，提出解决问题的方案。

（三）司法改革评价之反思

中央司法体制改革领导小组对于司法改革成效的评价，总的来说是中肯的。迄今为止的司法改革取得了许多实质性的进展，如推行司法公开，增强司法的透明度；死刑复核权收归最高法院，保障公民生命权；再审事由明确化，保障当事人申请再审的权利；司法鉴定体制改革，保障鉴定公正；完善未成年人司法制度，保障未成年人权利；建立和发展法律援助制度，保障法律面前人人平等；改革和完善执行体制，解决执行难；等等。这些进展对于建立公正、高效、权威的社会主义司法制度，具有明显的积极意义。但是，也有必要从其他的角度（如不同的主体、评价标准等），对司法改革的出发点、目标及内容等进行反思，总结司法改革的成绩、揭示其中存在的问题、探讨解决问题的方案，这样做有利于深化对司法改革成效的认识，进一步明确未来的改革方向。

首先是司法改革的出发点。中央所主导的司法改革的出发点，某种程度上不是从司法制度本身来考虑的，而是从政治大局或者稳定大局来考虑的。《初步意见》将司法改革的着眼点放在解决群众反映强烈的突出问题上，而司法改革的专业性与群众意见的情绪性之间存在某种矛盾，群众意见需要通过学者转化为一些命题，进行制度设计，精确地回应社会的呼声。司法改革进行到现在，似乎存在着对学者所关注的司法改革主题的消减。最重要的一个表现就是司法体制和工作机制之间的区别。学者主要是从司法体制层面提出建议，有学者认为，司法改革已经到了宪政改革的阶段，这种观点触及了司法体制改革的核心问题。而《初步意见》对现行司法体制基本予以肯定，所列举的改革举措主要在工作机制层面。当各部门的内部机制改革完毕，必将涉及与外部门之间的体制问题，而《初步意见》对此未予足够的重视。

其次是司法改革的总体目标。学者从司法本身的性质和功能出发，提出了司法的本我定位、司法的独立性、司法保障人权的程度、司法的品质提升和民众对司法的信赖等五项判断司法改革成效的标准，这五项标准实际上也是学者对理想的司法改革目标的认识。相比较《初步意见》中所设定的若干司法改革目标——解决群众反映强烈的问题、完善司法机关的机构设置、保障司法机关依法独立公正地行使司法权、切实尊重和保障人权、维护社会公平和正义、维护司法机关的司法权威，应当说，学者对司法改革理想目标的设定更加偏重于尊重司法本身的规律和遵循国际社会对于司法功能的一般性认识。

再次是司法改革的基本内容。司法改革中最为关键的是重新配置司法机关与其他权力主体之间的关系，因为中国司法所面临的主要矛盾和问题都与司法机关与其他权力机关边界不清、或权力关系不合理相关。司法改革的基本内容应当是：围绕着更有效、更充分、更完善保护社会成员正当权利的要求，合理界定司法机构与其他权力主体之间的关系，逐步形成现代化的、且富有中国特色的司法体制。

司法体制中主要涉及以下几个方面的关系：（1）司法与执政党的关系；（2）司法与人大的关系；（3）司法与政府的关系；（4）司法机关之间的关系，主要是检察院与法院的关系；（5）司法机关内部的关系。当前司法改革的实际措施主要集中在对司法机关的内部关系进行调整，逐步减弱乃至消除行政化的色彩，因此，有学者认为，司法改革未触及司法体制之根本。

最后是司法改革的成效评价。对于司法改革的成效，总体上可以作定性和定量两方面的分析。比如，从学者所提出的判断司法改革成效的五项标准，看中国的司法改革，大体可以得出如下初步结论：（1）司法的本我定位尚未完全确立，司法机关内部仍部分存在着行政影响司法的现象；（2）司法的独立性未得到充分保障，法院的经费仍受制于地方政府；（3）司法保障人权的程度有待提高，刑事司法中刑讯逼供未能得到根本遏制、律师辩护难现象仍然存在；（4）司法的品质尚需进一步提升，司法人员的司法能力和司法道德有待提高；（5）民众对司法的信赖尚未形成，司法的公信力亟待提升。关于中国司法改革的具体进展程度与成效，还可以运用司法改革指标体系进行量化分析，以准确地揭示其中存在的问题，根据情况调整改革战略，推动司法改革的进一步深化。

改革开放以来，中国社会发生了巨大的转型，社会结构发生了很大的变化，相应的社会治理方式也必须进行结构性调整。在传统的治理方式中，司法处于边缘地位，而在新的治理方式中，司法面临着提升地位和强化作用的问题，这个需求已经实实在在地发生了，但是制度还没有将司法调整到应有的位置上来，这从功能和结构的角度造成了一种尴尬和紧张。从积极的意义上说，这种紧张造成的内在张力使得中国的司法改革不断完善和中国的法治进程不断向前推进。司法改革的成功与否，取决于若干基本的社会条件，如民主宪政的成熟、法治教育的配合、政治权力对司法的尊重等，司法改革需要社会内在机制的支撑与认可，操之过急不一定有好的效果。司法改革之路任重而道远，采取稳步推进的方式，符合中国的现实国情。

八、司法建设的未来展望

司法体制是宪法体制的重要部分，具有宪制地位。它一旦建立，则具有稳定性和权威性，不宜因社会政策、舆论压力和司法腐败等问题而过多改变，仓促改变，更不能为变而变，为改革而改革。同时，司法体制也应当根据社会变化、尤其是根据社会正义的要求而不断调整完善。

许多国家进行的司法改革，改革的动力来自不同的社会经济条件，并由此决定了改革的大方向。我国台湾学者苏永钦教授曾经从司法作为实现法治的必要配套措施的角度，将世界范围内正在进行的司法改革分为建立法治、深化法治、简化法治、转化法治等几种类型。[①] 在建立法治的国家（以苏联和东欧国家为代表），司法的功能因为法治作为基本国家原则的确立而重新定位，司法在国家政治力退出、社会力解放后，必须承担起维系新秩序的主要责任。在深化法治的国家（以拉美和南欧后威权主义国家为代表），司法改革被赋予的主要意义，是巩固民主和落实法治所追求的核心目的——保障人权，提升人民对司法的信赖与尊崇。在简化法治的国家（以美国和西欧工业国家为代表），司法改革主要围绕减轻司法负担、提高司法效率进行，改革的主要方向在于司法资源的更有效分配。在转化法治的国家（以日本为代表），司法改革的目标是寻求司法供给面的扩大，让司法的利用更为便捷，使司法从“官僚的司法”向“市民的司法”转变。各国社会经济条件的差异，导致司法改革大方向的不同；而司法体制背后的基本理念，则左右着司法改革的具体内容。欧陆与英美的司法由于遵循不同的司法理念，欧陆偏重定分，英美偏重止争，导致司法的各个环节——法院结构、诉讼程序、司法行政、法律职业、裁判风格等的一系列差异。[②]

---

① 苏永钦：《飘移在两种司法理念间的司法改革——台湾司法改革的社经背景与法制基础》，载张明杰主编：《改革司法》，社会科学文献出版社2005年版，第417—418页。

② 同上书，第417—419页。

我国所进行的司法改革大体可归为建立法治的类型，司法改革实际上成为体制转轨的一部分，其中很重要的一个目的，是巩固刚起步的市场经济，并加速它与国际经济体系的接轨。中央司法体制改革领导小组以及最高人民法院、最高人民检察院提出的改革方案所涉及的内容十分庞杂，充分体现了建立法治时期司法改革的特点。

我国属于从计划经济到市场经济的转型国家，司法改革是我国政治民主化、法治化的表现之一，因此，从大的方向上来说，司法改革应当将构建中立、独立的法院作为主要目标，将其塑造为依“法”审判的第三者角色。只有如此，司法才能承担起对公民权利进行救济的功能。务实的司法改革应该以构建明确的司法功能为其目标，在组织上、程序上，让司法的中立、被动、事后、个案、争议等特质得到彰显，以与其他部门相区隔；建立保障法官身份、保障法官职务独立的制度，凭借裁判格式、严谨推理、程序公开等来达到“审判”的独立。

司法在法治社会中功能的发挥，有赖于司法权威的建立。对于司法权威，需要从外部和内部两方面加以维护。从司法权的外部看，司法权在国家权力体系中是“最不具有危险性”、“最微不足道”的权力，各种权威力量都可能对司法运作构成实质影响。在这种情况下，要维护司法权威，首先需要树立法律的权威，使得“任何人和组织都不能凌驾于宪法和法律之上”，政治权力应当保持对司法的尊重，国家应当加大对司法的投入，充分保证司法的各项必要费用。

从司法权的内部看，司法机关应当对终审裁判予以尊重，保持终审裁判的稳定性。从我国目前司法制度的设计来看，再审制度有利于司法实现“有错必纠”，以至于错误可以一改再改，却不利于尊重终审裁判。“有错必纠”的传统观念，对司法权威具有严重影响。虽说司法错误的发生，肯定会严重危害司法权威，然而，我们在观念上应当允许一定程度的错误存在。如果所有的判决都正确，司法才有权威，恐怕哪个国家的司法都不可能有权威。当然，这决不意味着司法可以为所欲为，也并不意味着司法的所有错误我们都应容忍，但这预示着司法权威需要刻意维护。

司法体制的建构和运作必须有利于实行司法公正和提高司法效率。司法公正以法律本身的公正性为前提，司法公正本身又可分为实体公正和程序公正。要保障司法公正，必须建立保障司法机关和司法人员独立、保障司法人员廉洁、保障司法良性运作的机制。在保障司法公正的同时，应当兼顾司法效率，构建合理的审级结构、确立程序繁简分立的原则等。司法制度的改革和建设，其总的方向在于调整司法公正与司法效率两项价值目标之间的关系。

尽管进行了广泛而具有实质意义的司法改革，但我国当前的司法制度仍然存在一些根本性的问题，突出地表现在法官的非职业化、司法的行政化和司法的地方化。因此，未来的司法改革应当以解决法官的非职业化、司法的行政化和司法的地方化为主要内容。

依法治国的指导原则和蓬勃发展的市场经济是不可分的，在市场经济下，经济行为以及国家机关作为的“可预期性”变得非常重要，它有利于降低市场的风险成本，提高经营者的积极性。如果司法人员的专业训练不够，法律的操作变成完全不可预测，司法将无法承担“依法”裁判的功能。统一司法考试在加强司法专业化方面迈出了重要一步，未来的司法改革应当朝着进一步加强司法专业化的方向努力。另外，司法在追求专业化的同时，也要透过适当的教育，避免专业因素加深民众对法律的排斥，要通过法庭的开放、裁判书的通俗与网络化等方式，减轻专业化改革所可能造成的社会对司法的疏离。

司法的行政化是影响我国司法独立的体制性原因，也是制约司法体制改革的核心因素。司法的行政化体现在司法机关地位的行政化、司法机关内部人事制度的行政化、法官制度的行政化、审判业务上的行政化、审级间的行政化、司法机关职能的行政化等诸多方面。司法的行政化为行政权干涉司法权提供了可能、严重影响了法官的独立审判、严重威胁到审级监督体系，进而对司法公正造成严重影响。未来的司法改革应当将去行政化作为改革重点之一，全面实现司法行政和司法审判的分立。

司法的地方化是困扰我国司法审判的另一个突出问题，它严重损害了法院作为公正执法机关的形象和声誉，严重危害到国家法制的统一和尊严。司法难以真正独立、法院受经济利益驱动、法官整体素质偏低、法制不健全以及缺乏对地方性法规、规章的合法性审查等是造成司法地方保护主义的主要原因。司法改革应当继续在遏制司法的地方化方面作出努力，通过改革现行法院管理体制，使法院在人、财、物方面摆脱地方政府的控制，在法院系统内部建立和完善跨地区、跨级别的法官交流和轮岗制度，完善现行管辖制度等措施遏制司法的地方化。

在未来的司法改革中，还应当注意以下问题：认真倾听民间意见，对民间意见进行有组织的整合，以弥补司法改革自上而下进行所造成的民众参与不够的缺陷，避免司法改革的空洞化；防止司法改革过程中各部门的自利化，打破部门割据、各自为阵的状况；针对各地区实际情况的差异，认真研究梯度理论，避免改革中的“一刀切”。总之，未来的司法改革既要目标明确、重点突出，又要统筹兼顾、循序渐进，只有如此，才能少走弯路，推动司法改革逐步走向深入。

不同的国家、不同的民族，司法改革有着不同的个性特点。我国的司法建设，经历了一个从近代社会条件下孤立的内向的自然演化过程到近代以来在全球化浪潮冲击下逐步纳入全球司法文明发展轨道的历史性转变过程。在这种情况下，如何保持我国司法改革与发展的自主性品格，就成为一个至关重要的问题。

司法改革承担着巩固和推进我国经济市场化、政治民主化和治国法治化的重要使命。未来的司法改革应当将构建独立、中立、公正、高效、权威的法院作为司法建设的目标，并应针对所存在的问题进一步完善司法程序，推进我国的法治进程不断向前发展。

第六章　中国法律服务发展 60 年

冉井富*

前　言

法律服务，从广义上看，是指法律执业人员凭借其专业知识和技能，为当事人提供有偿法律帮助的活动。相比其他社会活动，法律服务具有四个特点：（1）法律服务由专门的法律执业人员提供，最典型的法律执业人员是律师，其次还有公证员、司法书士（日本）等；（2）法律服务以专业性较强的法律知识和技能为当事人提供服务；（3）法律服务一般要收取一定的费用，因而具有有偿性，虽然在法律援助中当事人不需要付费，但这实际上是公共财政在买单；（4）法律服务是为当事人服务，这一点区分法律服务和公职人员的法律活动，前者服务于当事人的利益，后者以公共利益为立场。

法律服务是现代法律体系的重要内容，对于现代社会生活具有十分重要的意义。这是因为，首先，法律的专业化和技术化需要法律服务。现代社会发展的一个趋势和结果，是出现越来越多的法律，导致越来越多的社会关系被置于法律的调整之下，政治活动、经济交往、社会生活等等，无不是法律调整的范围和对象。这种结果或者趋势，就是所谓的法制化（legalization）。在一个法制化的社会中，人们的各种社会实践常常被要求按照法律的规定行事。然而，在法制化的现代社会中，法律不仅数量多，而且专业性、技术性非常强，普通的个人往往难以知晓其含义和要求，于是就需要法律专业人员提供专门的法律技术服务。而社会的法制化程度越高，对法律服务的需求也就越大。在这个意义可以说，现代化社会是一个主要依赖法律进行调整的社会，而法律调整的有效进行，必须大量依赖于法律专业人员提供的法律服务。也可以说，正是由于法律服务的作用，弥合了内容庞杂、技术艰深的法律要求和普通百姓的社会生活之间的鸿沟，实现了法律调整的秩序和价值追

---

* 中国社会科学院法学研究所副研究员，法学博士。

求。其次，法律服务可以提升当事人的权利防卫和权利实现的能力，实现社会的实质平等。在法制化的现代社会中，个人的权利和利益常常要通过法律知识和技能的运用来争取或者实现，然而，每个人的法律知识和技能是不同的，因而实现和防卫其权利的能力就有不同，如果任由这种不同存在，就可能造成社会的不平等。而法律服务的介入，则可以在一定程度上消除个人之间这种能力差异，实现社会的实质平等。第三，当个人的事务所面对的不是普通的个人，而是国家公权力的时候，法律服务介入的意义尤其显著。这是因为，在这种关系中，国家公权力尤其强大，个人则处于极端的弱势地位。在这种情况下，法律服务人员以独立的身份、娴熟的知识和技能为当事人提供帮助，可以在很大程度上保证个人免受公权力的恣意侵害。从另一个角度说，这也有助于公权力公正和规范行使，促进公权力设立宗旨得以实现。

正是由于上述这些意义，法律服务成为法治发展的一个重要指标。在现代西方社会，基于法治实践的需要，各国普遍建立了先进的法律服务制度，运行着发达的法律服务市场。在那些非西方的国家，民主法治的某些要素也在一定的程度上得到承认和维护，因此在这些国家，也存在相应的法律服务制度，运行着相当规模的法律服务业。

回顾我国自新中国成立以来60年的历程，法律服务的发展，暗合了法治的兴衰命运。在新中国成立初期，乾坤初定，百废待兴。一方面，暴风骤雨般的社会革命之后，初生的国家需要建立制度化的社会秩序；另一方面，由于连年的社会动荡和战争，经济建设和国力恢复也成为当务之急。而在这两个方面的任务中，法律和制度的意义，都得到了一定的强调，因此，与之配套的法律服务，也被尝试着建立和推广。然而，仅有法律和制度，还不等于法治，当时的法律服务，也不是典型的现代律师制度和公证制度。而在稍后的反右运动和“文化大革命”期间，有限的法律和制度也被颠覆，包含在其中的法律服务制度也被取消。

改革开放以后，我国的社会形势发生了显著的变化。一方面，自改革开放以来，虽然不同阶段的口号有所不同，但是以法律为手段的制度化建设持续推进，大量的法律法规被制定和颁布，越来越多的社会生活领域被置于法律的调整之下，于是，社会上对法律服务的需求与日俱增，客观上要求快速发展法律服务。另一方面，我国在新时期也着力加强民主法治建设，加强人权保障、建设法治国家成为一项重要的社会目标。为了实现这一目标，客观上也需要通过法律服务的作用，保障个人的权利，制约和监督公权力的行使。正是基于这样的社会形势需要，在改革开放以来的30年中，我国大力恢复和发展法律服务，包括律师制度、公证制度、法律援助制度在内的各项法律制度，得到了持续、稳步的发展，并取得了突出的成就。

回顾改革开放以来30年的历程，我国法律服务业的发展，主要体现了三条主线：一是专业化，即对法律服务人员的学历、专业知识有越来越高的要求。这一点可以通过法律服务人员职业准入的专业和学历要求越来越严格、法律服务人员总体上学历水平和业务能力不断提高、法律服务发展后期律师一元化的政策倾向等三个方面体现出来。二是正规化，即加强了法律服务的制度化建设，在机构设置、职业准入、执业许可、市场监管、纪律惩戒等方面，都加强了规范化建设。三是市场化，包括从经济上、身份上，法律服务从国家机关逐步转变为社会服务行业，人事管理、经营机制方面逐步实现市场化。市场化必然带来法律援助的问题，因为有的当事人无力通过市场购买法律服务。为了解决这一问题，我国初步建立了法律援助制度，作为法律服务市场化的一个矫正和补充。截至目前来看，法律服务在这三个方面都取得了显著的成绩，在一定程度上可以说，我国专业化、正规化、市场化的法律服务行业已经初步建立起来了。

对于新中国成立以来法律服务发展的上述历程，本章将进行概要的描述和考察，力图勾勒出法律服务60年发展的宏观图景。本章的考察将分为三个部分，其中第一部分考察新中国成立以来、改革开放以前30年法律服务发展的基本情况。由于在这30年中，法律服务只有初步的制度建构，只有少量的社会实践，因此这一部分的篇幅比较小。第二部分考察改革开以来我国法律服务的发展。由于在这30年中，法律服务得到了极大程度的恢复和发展，并为将来的发展奠定了重要的基础，因此，这一部分在本章中占有较大的篇幅，是本章的主体部分。第三部分总结法律服务发展中存在的一些问题和矛盾，并对将来的发展作出展望。

对于改革开放以来法律服务的发展成就，由于这一部分考察比较深入，所占篇幅较长，因此，本章又具体从三个方面进行考察：一是律师业的发展，这部分将是本章的重点，因为无论是在过去30年中，还是未来的发展趋势，律师业都是我国法律服务业的主体和核心，它的发展变化最能深刻反映法律服务整个行业的发展状况。二是非律师法律服务，这部分主要考察基层法律服务和公证。虽然严格说来，非律师法律服务还有其他类型，比如曾经出现过的法律咨询公司，仍然存在的版权代理、税务代理、专利代理等等，但是对于这些类型，本章不做专门考察。这些类型的存在对于法律服务发展的意义，将在有关的讨论中提及。三是考察法律援助。在很大程度上，法律援助是为了克服“市场失灵”而存在的，是社会正义和公正的需要。然而，很长一段时间以来，法律援助是我国法律服务中的薄弱环节，这种薄弱的状况可能影响我国整个法治的形象，可能牵制法律服务市场化的步伐，所以，本章专列一部分予以考察。

一、改革开放以前的法律服务发展

1949年新中国成立以后，各地陆续建立和运行的法律服务行业，限于律师和公证，这种情形一直持续到20世纪80年代，因此，下文将从律师和公证这两个方面，考察改革开放以前的法律服务业。

（一）改革开放以前的律师工作①

新中国律师制度的建立，是在完全废除旧律师制度的基础上开始的。在新中国成立前夕，中共中央于1949年2月发布了关于废除国民党“六法全书”和确定解放区司法原则的指示。这一指示的基本精神，是要彻底打碎旧的国家机器，废除旧的法律制度。根据这一指示，随着各大城市的陆续解放，原有的律师制度也被废除。同年12月21日，中央人民政府司法部（下文简称“中央司法部”，和当时的大行政区司法部相区别）发出《关于取缔黑律师及讼棍事件的通报》，重申旧律师制度已经依《共同纲领》第17条废除，应予取缔。

随着旧律师制度的废除，新律师制度的创建随之提上议事日程。1950年1月，中央司法部曾着手起草律师法，准备建立新的律师制度。随后上海市根据中央的批复精神，在人民法院配置公设辩护人。1950年7月下旬至8月上旬召开第一次全国司法工作会议时，中央司法部提出《京、津、沪三市辩护人制度试行办法（草案）》，交会议讨论，要求各地酌情试办。该草案规定，暂设三种律师：一是公设律师，由人民法院指派司法干部担任，并呈报司法部备案，承担指定辩护或者指定代理的工作；二是职业律师，经人民法院考试录取后报司法部备案，接受当事人的雇佣或者聘请而提供法律服务；三是辅佐人，属于准律师人员，由人民团体选任固定人员，经人民法院审查登记为该团体的诉讼辅佐人。三类人员中，以公设律师为主。

① 关于改革开放前律师工作的数据和事实，参考了邓力群等主编《当代中国的司法行政工作》，当代中国出版社1995年版，第297—306页。

1954年后，随着《宪法》和《法院组织法》的颁布，国内的法制条件发生了变化，需要建立律师制度以完善司法制度，保护诉讼当事人的诉讼权利。其中，《宪法》（1954年版）第76条规定：“人民法院审理案件，除法律规定的特别情况以外，一律公开审理。被告人有权获得辩护。”《人民法院组织法》（1954年版）第7条规定：“人民法院审理案件，除法律规定的特别情况外，一律公开进行。被告人有权获得辩护。被告人除自己行使辩护权外，可以委托律师为他辩护，可以由人民团体介绍的或者经人民法院许可的公民为他辩护，可以由被告人的近亲属、监护人为他辩护。人民法院认为必要的时候，也可以指定辩护人为他辩护。”为了贯彻实施上述原则和精神，最高人民法院和司法部指示一些大城市试建律师制度。1956年1月，司法部根据各地试办律师工作的情况，向国务院呈送了《关于建立律师工作的请示报告》。同年7月，国务院正式批准了这一报告，标志着新中国的人民律师制度初步建立起来了。

根据司法部的指示和各地的实践，当时的律师制度主要内容包括三个方面：（1）律师的机构是法律顾问处，性质是社会团体，其经费在初期阶段由司法业务费调剂补助，或者暂借法院一部分编制，以后逐渐过渡到自给自足。（2）律师队伍是从审判人员和其他干部队伍中抽调组成的。（3）律师的业务范围包括：解答法律咨询和提供法律意见；代写法律文书；作为辩护人或者代理人参与诉讼活动；在司法机关指导下宣传法律法令。

经过几年时间的组织和发展，律师工作在1957年达到改革开放以前的最大规模。据有关部门统计，截至1957年6月，全国已有19个省、自治区、直辖市成立了律师协会，全国共成立法律顾问处820个，有专职律师2572人，兼职律师350人。据北京、上海、浙江、贵州等10个省的59个法律顾问处的统计，截至1957年6月，经律师出庭辩护的一、二审的1204件刑事案件中，因律师辩护得力而改变案件起诉性质和变更主要事实或者全部事实的有500件，占41.5%；其中宣告无罪的63件，占5.2%；免于刑事处分的49件，占4.1%。这些统计数标明，尽管律师工作处于初建过程中，但是在司法实践中已然发挥了重要的作用，对于法律的公正和正确实施具有重要意义。

然而，好景不长，律师制度的发展刚有起色，随即在反右运动和“文化大革命”风暴中遭到指责和非难，直至最后夭折。当时盛行的极“左”观念认为，律师为刑事被告人辩护是“丧失立场”、“敌我不分”、“为犯罪分子鸣冤叫屈，开脱罪责”等，或者认为这是“吹毛求疵”、“蓄意捣乱”、

“在大庭广众面前同公、检、法唱对台戏”。这种观点认为，应当彻底废止“这种妨碍办案的资产阶级的东西”。在这种观念的冲击下，律师队伍遭到解散，律师工作陷于停顿。甚至在反右运动扩大化的形势下，许多律师被划成右派而被批斗。即使一些律师虽然没有被划成右派，也因为被认为“思想偏右”、“不可信用”而被调离政法部门。到了1959年，各地的律师工作机构被撤销殆尽，推行不到两年的律师制度也随之遭到废弃。在此后将近20年的时间里，中国成为一个没有律师的社会。由于没有律师的作用，在刑事诉讼中被告人的权利往往得不到保障。在此后的历次运动中，之所以发生了大量的冤假错案，律师制度的缺位是一个重要的原因。

（二）改革开放以前的公证工作①

新中国公证制度的初创，早于律师制度，但是后来同样经历了一个被攻击、被削弱的过程，其中的经验和教训，值得后世总结和借鉴。

早在新中国成立前夕，随着解放战争的节节胜利，哈尔滨、沈阳、天津、上海等城市率先获得解放，随后根据城市居民，特别是归国华侨、侨眷和外国侨民的需要，开始在法院设立公证机构，办理公证业务。当时的公证事务的主要内容包括婚姻、收养、委托书、房屋产权和民事流转契约文书等方面。这些工作为新中国成立后全面建立公证制度提供了重要的实践经验。

新中国成立后，经济和文化发展的需要促进了公证工作的快速发展。首先，公私合同需要进行公证。在新中国成立的前三年，国家和资本主义工商企业之间存在大量的经济合同，其内容涉及加工、订货、经销、代销等方面，因此工商业的主要环节是调整公私关系。在履行这类合同时，一些不法企业存在投机取巧、虚报成本、偷工减料等不法行为，牟取非法利润。为了监督和遏制这些行为，对经济合同进行公证，是一种有效的做法。其次，公证有助于维护信贷秩序。在全面恢复国民经济的工作中，维护信贷秩序、保护金融稳定，具有重要意义。而为了实现了这一点，当时采取的一个有效的办法是，当借款方违约时，借贷合同直接赋予贷款方申请法院强制执行到期债权的权利。而对于这样的合同，通过公证，可以确保其真实性和合法性。第三，公营企业、公私合营企业之间的合同需要进

① 关于改革开放前公证工作的数据和事实，参考了邓力群等主编《当代中国的司法行政工作》，当代中国出版社1995年版，第368—376页。

行公证。当经济发展进入公私合营阶段后，公私之间的合同关系大量转为公营企业与公私合营企业之间的合同关系，虽然对公私合同进行公证不再具有现实意义，但是，对公私合营企业之间的合同，特别是对公营企业和公私合营企业之间的合同进行公证，藉以监督和规范资产阶级的经济活动，仍然具有重要意义。第四，公民的一些权利和义务，比如证明、委托书、遗嘱、继承权、房屋买卖、私房租赁等等，也存在公证的需要。正是由于当时的社会生活和经济活动领域存在上述方面的公证需要，新中国成立后，公证工作迅速得到重视和发展。

1950年下半年，南昌市和上海市人民法院率先开办了公私合同公证业务。1951年前后，中央司法部分别指示各大行政区司法部积极领导各城市人民法院开办公私合同公证业务，从而使得公证工作突破了单纯的民事事务范围，向兼办经济组织之间的经济合同业务迈出了重要的一步。1951年9月，中央人民政府委员会颁布了《人民法院暂行组织条例》，该文件规定，公证工作归市人民法院和县人民法院办理。该条例也是规范新中国公证工作的第一个正式文件。此外，一些地方还针对公证工作颁布了专门的法规，比如北京市人民政府1951年5月颁布了《北京市人民法院公证暂行办法》，中南军政委员会1952年6月颁布了《中南区公证试行办法》，等等。1955年4月，司法部召开第一次全国性的公证工作会议，会议对公证工作的业务范围、组织机构等问题进行了讨论和部署。1956年1月，司法部还进一步发出了《关于公证业务范围的通知》，规定公证的业务范围包括各类公私合同和公民的民事权利和义务。对于公证的组织建设，司法部向国务院的请示报告中，曾作出原则性的规定："在直辖市和三十万人口以上的市设立公证机关，名为某某公证处。在不满三十万人口的市和侨眷较多的某些县，如果不具备设立公证处的条件，应在市县人民法院附设公证办公室。"对于该请示，国务院1956年第29次全体会议决议同意。1956年9月底司法部发布了《公证用纸格式》，统一了全国公证书的格式。

在上述工作的推动下，全国公证工作不断发展。截至1957年底，全国已有52个市设立了公证处，553个市县人民法院成立了附设公证室，此外，还有652个县人民法院由审判员兼办公证事务。1957年全年公证业务量达到29.5万件，达到新中国成立以来最多的一年。至此，新中国的公证制度初步建立，公证服务初具规模，并逐步走向正规化。

然而，1957年以后，在极"左"思潮和政治运动的冲击下，公证工作被削弱直至近乎停顿。社会主义改造基本完成以后，中国进入了大规模地建设社会主义的新时期，在这一时期，极“左”思潮盛行，政治运动接连不断。当时的主流观点认为，在社会主义建设时期，经济合同公证已完成使命，公证工作没有必要。在一大二公、斗私批修的运动中，公民个人的财产权等民事权利义务关系也被否认，相关的公证业务被要求停办。在这些观念的主导下，1958年初，各地掀起了一场公证处下马风。司法行政机关也于1959年被撤销，公证工作随即划归人民法院管理。由于这样的否定和削弱，1959年以后，全国除少数几个大中城市仅仅办理少量涉外公证外，其他公证事务限于停顿状态。

在“文化大革命”期间，情况更加严重。随着社会主义法制遭到全面的破坏，公证工作被斥为“保护资产阶级法权”的“修正主义制度”，办理继承和遗嘱公证被斥为“给资产阶级找接班人”，涉外公证则被攻击为“为里通外国开绿灯”，等等。在这样的形势下，华侨在国内的眷属不敢替他们办理公证，以致他们在国内外升学、就业、遗产继承等活动不能正常开展。另外，由于中国不能按照国际惯例及时出具公证书，使得中国公民在域外的合法财产无法调入，以致有的财产被他人侵吞，国家本可获得的大量非贸易外汇流失。

70年代初期，各级人民法院逐步恢复，公证工作也开始办理。然而，由于“文化大革命”运动仍在继续，极“左”思潮仍然盛行，公证工作还不能顺利开展。在这一时期，即使是公证业务量一向比较大的上海、天津、广州等城市，每年的办证数量也只有二三十件至五六十件。总之。公证工作完全恢复和有序发展，推迟到了改革开放之后。

（三）改革开放前法律服务发展的总体特点

回顾改革开放以前的发展历程，中国法律服务在其初创阶段的总体特点可以概括为下列四个方面：

首先，在改革开放以前，新中国的法律服务只有初步的制度架构，完整的法律服务制度始终没有建立起来。首先，我们看到，在改革开放之前的30年中，关于法律服务，一直没有专门的立法，甚至连比较正式的行政法规和部门规章都没有，法律服务的制度内容仅仅体现在一些试点工作、临时性的通知或者地方政府的规章之中。而在这些实践和临时性的政策文件中体现出来的制度架构中，许多具体的制度都没有建立起来，或者很不完善。比如，没有建立正式的职业准入制度，律师自治工作没有完全展开，没有明确的律师权利义务规范，等等。

其次，在改革之前，即使是法律服务工作开展得最好的年份，法律服务实践的规模也非常有限。这种有限的规模，首先体现在法律服务的机构和人员上。根据统计，在规模最大的1957年，全国只有820家律师机构（法律顾问处），2922名律师人员，52个相对独立的公证机构，553个附设在法院的公证室。作为对照，在2005年，全国共有律师机构12428家，153846名律师工作人员，公证机构3160家。虽然不同时期的人口基数不同，但是即使考虑到了这一点，1957年的法律服务机构和人员的规模还是显得很小。另外，在1957年，法律服务的业务种类非常有限。比如律师的主要工作就是在刑事诉讼中担任辩护人，甚至律师工作就是针对《宪法》和《法院组织法》关于刑事被告人的辩护权的要求而开展起来的，现在律师所开展的各种非诉讼业务，在当时基本没有。此外，当时的法律服务所完成的业务数量也非常少。比如公证工作，1957年全年的办证量只有29.35万件，而在2005年，这个数量达到了945.22万件，差距悬殊。总之，在改革开放前，即使是法律服务工作开展得最好的年份，法律服务的规模也非常有限，这种有限的规模表明，法律服务远远没有成为广泛影响社会的经济、政治、文化生活的一项社会职能。

第三，在改革开放之前，无论在人们的观念中，还是在制度上，法律服务还是一种政府职能，是党和国家政法工作的组成部分，总体上还没有实现社会化、市场化的转变。比如，法律服务工作的经费基本上来自公共财政；法律服务人员主要是从审判人员、机关干部中抽调组成的，属于政法队伍的组成部分；而多数公证机构更是直接附设在法院，或者由审判人员兼办公证工作。由于法律服务工作的身份和地位的这种属性，加上非常有限的规模，使得法律服务工作，尤其是律师工作，不能很好地发挥监督和约束公共权力、保障权利和自由的功能。

第四，遭到极“左”思潮和政治运动的冲击，法律服务工作被削弱和破坏，长期陷于停顿。和国家各个领域的制度化建设的命运一样，截至1957年，法律服务的发展前后不到10年时间，刚刚取得阶段性的成就，随后就遭到极“左”思潮的否定，遭到政治运动的冲击，已有的成就被破坏，未来的发展陷于停顿，司法活动被停止，法律服务被解散，整个国家陷入没有法制（更不用说法治）、没有律师的极端民主化状况。由于没有法制基础，社会主义民主失去了规范，社会生活失去了秩序，个人的权利和自由失去了保障。

二、改革开放以来法律服务的发展：律师业

“文化大革命”结束后，我国各项社会生活逐步恢复正常，律师制度也开始恢复与重建；中共十一届三中全会以后，党和国家开始了全面的拨乱反正，律师制度重建工作得到快速的落实和推进。1978年3月，五届全国人大二次会议通过的《中华人民共和国人民法院组织法》、《中华人民共和国刑事诉讼法》和《中华人民共和国民事诉讼法》对律师参与诉讼活动都作了规定。此后，随着司法部和各级司法行政机关的恢复建立，从1979年下半年开始，各地依法重建律师队伍，律师制度方面的立法工作也有条不紊地进行。1980年8月26日，五届全国人大常委会第十五次会议通过了《中华人民共和国律师暂行条例》，对律师的性质、任务、职责、权利、义务、资格条件及工作机构等作了明确规定，从而使我国律师制度的建立和发展走上了法制化轨道。

随着改革开放不断深入，我国的政治、经济和社会生活发生了很大的变化，从而对律师制度提出了新的要求。一方面，社会主义商品经济的发展促进了律师队伍的壮大，拓宽了律师业务的范围；另一方面，随着社会主义民主法治的发展，要求律师从国家公共权力部门中分立出来，作为一种独立的社会力量承担维护法律实施、促进权利实现的社会功能。正是基于这两个方面的特殊要求，律师制度一直处于不断的变革之中：律师机构从法律顾问处演变为律师事务所，从国资所为主体演变成了以合伙制为主体；律师的身份从国家的法律工作人员演变成了提供法律服务的社会工作者；律师业务从早期的诉讼代理扩展到了日常的经济生活和社会生活领域。

在社会身份和社会功能发生变化的同时，律师队伍自身也在与时俱进、日新月异。最为显著的是，律师队伍的规模不断增长，学历水平不断提高，专业技能不断增强。其次，随着法律服务需求的多样化，律师队伍自身又进一步专业化，出现了许多具有特定专长的律师，比如国际贸易、专利技术、税务稽核、房地产业务等等。再一个意义重大的变化，是律师队伍成立了自律性的组织：律师协会。只有真正实行了行业自治，律师才能作为社会上的第三种力量发挥更大的作用，而律师协会的成立和对律师的自律性管理，在这个方向上迈出了重要一步。

律师制度的这些变化具有十分重要的意义。一方面，这些变化反映了我国社会的结构性变迁，私人的或者民间的权利日益得到尊重和维护；另一方

面，律师制度是我国法律服务体制的核心组成部分，它的发展变迁，对我国法律服务体制的内容和发展具有重要的指标意义。正是由于这些重要的意义，我们下面将从机构设置、律师队伍、律师业务三个方面，具体考察改革开放30多年来我国律师事业的发展历程。

（一）机构设置

在改革开放初期，律师机构被称为“法律顾问处”，80年代初期改称“律师事务所”，并一直沿用至今。律师机构的设置是我国律师制度的重要内容，是律师开展业务的组织形式和经营方式，也是律师在社会结构中的地位和功能的一个重要体现。改革开放30年来，律师机构的设置经历了许多变化，构成我国律师业发展变迁的重要内容。具体地说，这种变化体现在如下三个方面：

1. 律师机构的名称、性质和类型发生变化

律师机构最直观的变化，体现在其名称上，而名称变化的背后，是其社会性质和功能的变化。1980年颁布的《律师暂行条例》将律师的执业机构称为法律顾问处，设在各级司法行政机关中，性质是占行政编制、由国家划拨经费的司法行政机关。1983年7月1日，深圳蛇口挂出了“蛇口律师事务所”的牌子，这是我国第一家称为“律师事务所”的律师机构。1984年8月，司法部统一将法律顾问处改称律师事务所。到1987年底，律师事务所已达3291个。

随着改革开放的深入和国家经济建设的发展，法律服务的需求日益增长，单靠国家拨编、拨款的做法严重影响了律师机构的设立和律师队伍的发展。为此，从1988年起，经国务院批准，司法部进行了创办合作制律师事务所的试点工作。合作制律师事务所的特点是：不占国家编制；不要国家经费；由合作律师辞去公职，共同集资、自愿组合、民主管理；经济上独立核算、自负盈亏，收入上实行效益浮动工作制，律师事务所财产归集体所有；接受司法行政机关的监督管理。合作制律师事务所打破了国家编制和经费的限制，其运行机制有利于调动律师工作积极性，因而成为发展高素质律师队伍的一条重要途径。

党的十四届三中全会《关于建立社会主义市场经济体制若干问题的决定》将律师事务所界定为“市场中介组织”，要求发挥它在市场中的“公证、沟通、监督”作用。为了贯彻这一指导思想，司法部提出“进一步解放思想，不再使用生产资料所有制模式和行政管理模式界定律师机构的性

质，大力发展经过主管机关认定不占国家编制和经费的自律性律师事务所”。

1993年以来，根据国务院批准的《司法部关于深化律师工作改革方案》，合伙律师事务所的试点工作逐步开展。合伙律师事务所的特点是：律师事务所由辞去公职的律师根据合伙协议，经司法行政机关批准设立；其开办经费由合伙人筹集，律师事务所的风险由合伙律师共担，其财产属合伙律师所有，对债务以合伙律师各自的财产承担连带责任。合伙律师事务所是国际上通行的律师组织形式，其内部机制灵活，符合律师体制改革的方向。[①]

1988年，深圳市有三名律师自筹资金1.2万元，创办了新中国第一家个体性质的律师事务所。1988年3月，河北保定市出现了第一家合作制律师事务所。[②] 1994年初，成都市出现了第一家合伙制律师事务所。[③] 在合作制和合伙制的律师事务所里，律师不再是国家干部，不占国家编制，不要国家经费。律师事务所有了较大的经营自主权，可以独立自主地开展业务。到1995年底，合作制律师事务所、合伙制律师事务所等不占国家编制和经费的律师事务所已发展到1305家，约占全部律师事务所总数的30%。1996年颁布的《律师法》肯定了律师执业机构改革取得的成绩，以法律形式确立了国资、合作、合伙三种形式的律师事务所并存的格局，体现了社会主义市场经济体制下律师执业机构多元化的特点。

然而，在2007年10月28日，十届全国人大常委会第三十次会议通过了《律师法》修改草案，对律师机构的设置再度作出了重大调整。调整内容主要体现在两个方面：一是取消了合作制律所的形式，这意味着现在的合作所将转变组织形式；二是明确规定可以设置个人律师事务所。《律师法》第16条规定：“设立个人律师事务所，除应当符合本法第十四条规定的条件外，设立人还应当是具有五年以上执业经历的律师。设立人对律师事务所的债务承担无限责任。”由于《律师法》的上述修改，可以预见，我国律师事务所将由传统的“老三制”（国资所、合作所和合伙所）逐步转变为“新三制”（国资所、合伙所和个人所）。

2. 律师机构的数量快速、持续增长

律师机构的变化，在实际中，还体现在律师机构数量的增长上。如图

① 熊秋红：《新中国律师制度的发展历程及展望》，《中国法学》1999年第5期。

② 参见陈卫东《中国律师学》，中国人民大学出版社2000年版，第22页。

③ 程荣斌《中国律师制度原理》，中国人民大学出版社1998年版，第37页。

6－1 所示，律师机构在 1981—2006 年间，存在着显著的增长趋势。具体地说，这种增长具有两个特点：

第一个特点是增长的幅度较大。可以通过两个数据来说明。第一个数据是在 1981 年时，全国只有法律顾问处 2023 家，这个指标在 2006 年增长到 13096 家，前后增长了 5.5 倍。第二个数据是平均年增长率。从 1981 年到 2006 年，平均年增长率为 7.8%，接近两位数的年增长。①

第二个特点是增长是持续的，在这 20 多年中，律师机构的增长从未出现下降波动。

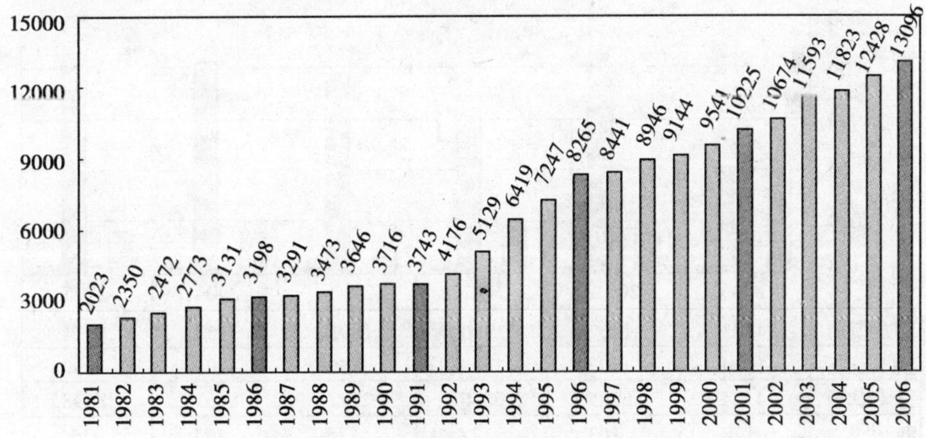

图 6－1　1981—2006 年全国律师工作机构数量变化（个）

数据来源：（1）《中国法律年鉴》1987—2007 各年版本；（2）《中国司法行政年鉴》1995—2005 年各年版本；（3）《中国律师年鉴》2000—2005 年各年版本。其中，2005 年律师机构的数量，《中国律师年鉴 2005》公布为 12428 家，《中国法律年鉴 2006》则公布为 12988 家，二者不一致，这里以《中国律师年鉴 2005》为准。

3. 不同类型的律师机构发生了不同的消长变化

虽然律师机构的数量总体上持续快速增长，但是不同类型的律师机构之间，增长的幅度却不相同，有的类型甚至出现了下降的趋势。具体地说，如图 6－2 所示，国资所的数量是持续下降的，合伙所的数量则呈显著的增长趋势。此外，合作所自 2001 年以来，总体水平变动不大；个人所因为处于试点阶段，总体数量很小，但存在一定增长趋势。

不同律师机构类型的消长变化，主要反映的是国家政策的调整。这种调

① 平均年增长率的计算公式为：Power（10，（log（b）—log（a））/n）—1，下同。

整的基本内容就是推动律师业务的社会化和市场化。所谓社会化，就是律师机构主要体现为社会中介组织的性质；所谓市场化，就是律师业务的经营要按照市场经济要求，自主经营、自负盈亏。而在这些类型的律师机构中，合伙所的形式最符合这两个特点，所以其数量增长较快。相反，国资所总体上不符合这两个特点，所以总体上呈下降趋势。此外，合作所也能体现社会化和市场化的特点，但是组织形式存在缺陷，难以发展，这也是2007年10月《律师法》修改予以取消的原因。个人所虽然符合上述特点，但是因为政策限制，所以总体数量很小。

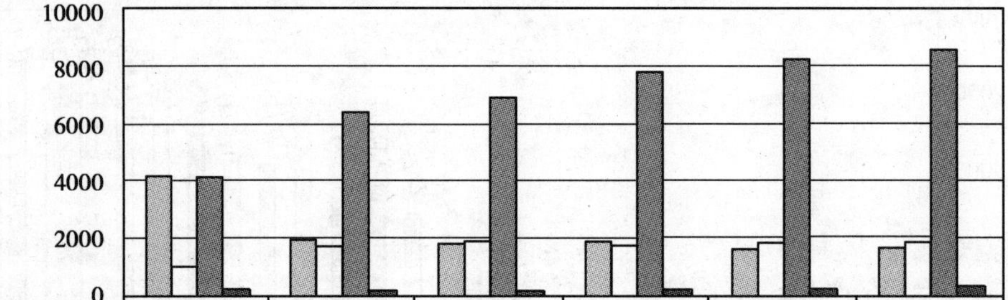

	2000	2001	2002	2003	2004	2005
国资所	4183	1967	1780	1891	1653	1674
合作所	1004	1700	1887	1750	1805	1892
合伙所	4184	6395	6880	7777	8161	8598
个人所	170	163	127	175	204	264

图6-2　2000—2005年不同类型律师机构数量消长变化（家）

数据来源：《中国律师年鉴》2000—2005年各年版本。

（二）律师队伍

律师队伍是律师工作的具体从业者，是律师制度社会功能的具体承担者，因此，一定数量、素质的律师队伍，是律师业发展的前提和基础。改革开放30年来律师业的发展，一个重要的方面就是律师队伍的发展。概括起来，律师队伍的发展主要体现在如下五个方面：

1. *律师队伍的范围和称谓有一定变化*

在不同时期，律师队伍包括不同的范围。一般地说，其范围包括律师和其他辅助人员，这个范围也被统称为“律师工作人员”。

在1988年之前，根据《律师暂行条例》的规定，经省、自治区、直辖市司法厅（局）考核，对符合条件者授予律师资格，同时发给律师证书，标志着完全获得律师身份。1988年以后，我国确立了律师资格和律师职务相分离的制度，具有律师资格，同时满足其他条件，向司法行政机关申报并领取了相关的证书之后，才成为可以从事律师职业的律师。根据司法部1989年3月颁布的配套文件《中华人民共和国律师工作执照和律师（特邀）工作证管理办法》的规定，对于专职和兼职律师，这种证书称为“律师工作执照”；对于特邀律师来说，这种证书称为“律师（特邀）工作证”。《律师法》1996年5月颁布后，由于不再实行特邀律师制度，律师职业身份的证书就余下一种，并被改称为“律师执业证书”，这也是现在律师证明职业身份的唯一有效证件。

但是律师的范围，在不同时期还有一定的差别。从《中国法律年鉴》所公布的统计数据来看，在1981—1985年间，以及2001年以后，律师包括两种类型，即专职律师和兼职律师；而在中间的1986—2000年间，律师包括三种类型，即专职律师、兼职律师和特邀律师。

同样，其他辅助人员在不同的时期则有实习律师、行政助理等类型和称谓。

2. 律师身份发生变化

律师队伍发展变化的一个重要方面，是律师的社会身份发生了变化，而这种变化是和律师机构性质的变化相联系的。

在改革开放初期，法律顾问处是国家的行政机关，律师也因此成为国家的行政工作人员。1980年的《律师暂行条例》第1条规定：“律师是国家的法律工作者，其任务是对国家机关、企业事业单位、社会团体、人民公社和公民提供法律帮助，以维护法律的正确实施，维护国家、集体的利益和公民的合法权益。”

但是1983年以后，不占行政编制的律师事务所纷纷成立，律师身份悄然发生变化。1996年制定的《律师法》对律师新的社会身份进行了确认，其第2条规定：“本法所称的律师，是指依法取得律师执业证书，为社会提供法律服务的执业人员。”结合党的十四届三中全会《关于建立社会主义市场经济体制若干问题的决定》将律师事务所界定为“市场中介组织”来看，律师完全转变为社会从业人员，不再具有国家工作人员的身份。鉴于该规定对律师的身份界定还不够明确，2007年10月颁布的《律师法》修正案调整了表述，其第2条规定：“本法所称律师，是指依法取得律师执业证书，接受委托或者指定，为当事人提供法律服务的执业人员。”这里的新增的“接受委托或者指定”，明确了律师为当事人服务、忠于当事人利益的契约关系身份。

律师社会身份的变化体现了一种社会进步。一方面，为当事人提供法律服务的社会从业人员身份是国际上的通行做法，体现了“国际接轨”；另一方面，这种身份调整在实际中可以确保律师以更为独立的身份为社会私主体提供法律服务，可以对公共权力的行使起到一定的监督和制约作用。当然，在我国的具体国情中，这种身份的转变也带来了一些问题。一个问题是，这种身份的转变使得律师、法官和检察官之间出现了“官”和“民”的鸿沟，彼此之间法律职业共同体的认同感减弱。另一个问题是，这种身份变化在一定意义上是从“官”转变成了“民”，在我们这种比较崇尚国家利益、公共利益和权力本位的社会环境中，“民”的身份使得律师在执业实践中，尤其是在刑事诉讼中的权利难以得到尊重和保障。

3. 律师队伍的数量持续、快速增长

律师队伍发展的再一个重要表现，是律师队伍的数量持续、快速增长。这种增长可以从两个方面得到说明。

一是从绝对数量的增长上看。如图6-3所示，在1981—2006年间，无论是律师工作人员，还是其中的执业律师，其数量变化都呈显著的增长趋势。这种增长可以从两个数据得到说明。第一个数据是增长的倍数。其中，执业律师数从1981年的8571人增长到2006年的130307人，增加了14倍；律师工作人员数从1981年的8571人增长到2006年的164516人，增加了18倍。第二个数据是平均年增长率。其中，执业律师数在25年间，平均年增长率达到11.5%；律师工作人员数则更高，达到12.5%，二者都达到了两位数的年增长率。

二是扣除人口变动的影响，从平均每10万人口拥有律师人数来看。如图6-4所示，以律师工作人员考察，在1981年，平均10万人口拥有律师工作人员数为0.9，而在2006年这个指标达到12.5，前后增加了近13倍。若以执业律师考察，在1981年，平均10万人口拥有执业律师数为0.9，而在2006年这个指标达到9.9，前后增加了近10倍。总之，两个指标都体现了很大幅度的增长。

4. 职业准入越来越规范和严格

在律师人数快速增长的同时，律师的执业准入却越来越规范、越来越严格。这一点可以从不同时期职业准入的条件的对比中得到说明。

(1) 1979—1986年的考核方式

1979—1986年是我国律师制度的恢复与重建时期，这一时期主要通过

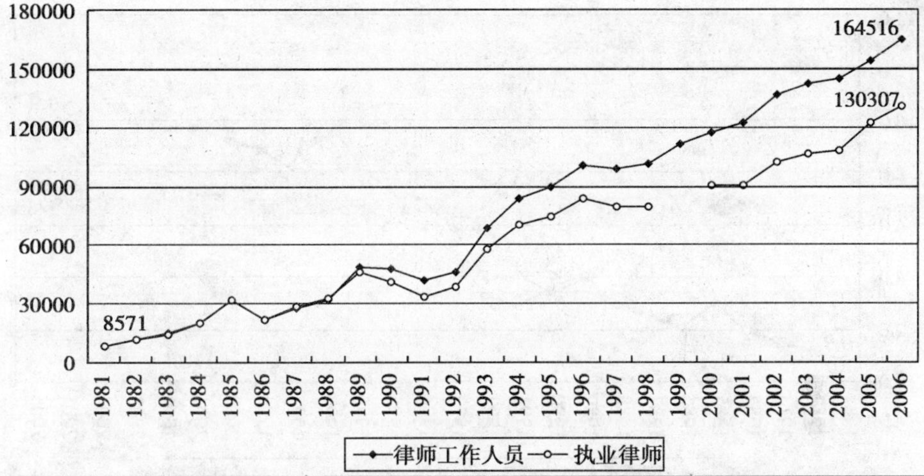

图6-3　1981—2006年全国律师队伍数量变化（人）

数据来源：（1）《中国法律年鉴》1987—2000年各年版本；（2）《中国司法行政年鉴》1995—2005年各年版本；（3）《中国律师年鉴》2000—2004年各年版本。由于1999年的“特邀律师”数据未能查到，所以，1999年的“执业律师”数量变化不做考察。

考核的方式授予符合一定条件的人员以律师资格。根据《律师暂行条例》的规定，这些条件包括：1）在高等院校法律专业毕业，并且做过两年以上司法工作、法律教学工作或法学研究工作；2）受过法律专业训练并担任过人民法院审判员，人民检察院检察员；3）受过高等教育，做过三年以上经济、科技等工作，熟悉本专业以及与本专业有关的法律、法令，并且经过法律专业训练，适合从事律师工作；4）其他具有第1）、2）项所列人员法律业务水平，并且有高等学校文化水平，适合从事律师工作。只要具备上述条件之一，即可授予律师资格。

（2）1986—2001年的律师资格统一考试

为了克服考核方式的缺点，提高律师队伍的整体素质，司法部于1986年组织了全国范围内的律师资格统一考试，律师准入从考核方式发展成了考试方式。然而，考试方式自身又经历了一个逐步健全和完善的过程。这一过程具有这样一些变化：1）考试对象范围逐步扩大。1986年的考试只面向律师事务所的专职律师和允许做兼职律师的人员，而1988年的统考突破了这一限制，律师考试从此面向全社会，只要具备报名资格均可报考。2）两年一次变为一年一次。在1992年以前实行的两年考一次，此后实行一年考一

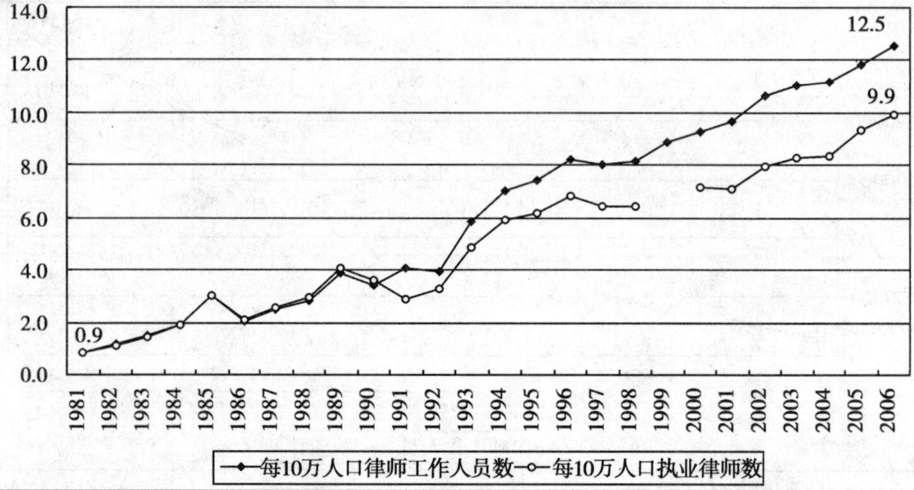

图 6-4 1981—2006 年全国每 10 万人口律师工作人员数（人/10 万人口）

数据来源：(1) 人口数据来源于《中国统计年鉴》(1990—2006)，2006 年底的人口数据来源于国家统计局发布的《中华人民共和国 2006 年国民经济和社会发展统计公报》；(2) 当年的人口平均数取的是前一年年底的人口数和当年年底的人口数的平均数；(3) 其他数据来源及其说明同图 6-3。

次。3）考试的内容和形式越来越稳定，也越来越规范化。4）逐步制度化和正规化。1996 年颁布的《律师法》将律师资格考试具体内容确定下来，虽然其中的具体规定和此前的具体实践差异并不大，只是报考学历条件略有提升——从大专以上学历提升为法律专业大专以上、非法律专业本科以上学历——但是，通过法律的形式把考试制度确定下来，无疑是律师考试制度的重大发展。

（3）2002 年至今的全国司法统一考试

2001 年通过修改《法官法》、《检察官法》、《律师法》，确立全国司法统一考试，以此为契机，调整了律师职业准入的内容，提高了考试的学历条件。学历条件提升为：具有高等院校法律专业本科以上学历，或者高等院校其他专业本科以上学历具有法律专业知识的人员。同时有规定，适用前述学历条件确有困难的地方，经司法部审核确定，在一定期限内，可以将学历条件放宽为高等院校法律专业专科学历。但是这一例外在 2007 年的《律师法》修正案中也被取消了。

5. 律师队伍的素质显著提升

由于职业准入越来越规范和严格，也由于我国教育水平整体提升，我国律师队伍的素质提高比较显著。如图6－5所示，在2000—2005年之间，存在两个方面的显著变化。第一个变化是律师的学历显著提升，这表现为双学士、硕士和博士学历的律师从2000年的5.1%上升到2005年的10.2%，本科以上学历的律师从2000年的42.3%上升到2005年的69.8%，两两组数据的增长都比较明显。第二个变化是法律专业本科所占的比例也增长明显，从2000年的26.9%上升到2005年的46.4%。这个变化表明，更多的律师经过了法律专业的正规教育，具有了更为系统的法律知识。

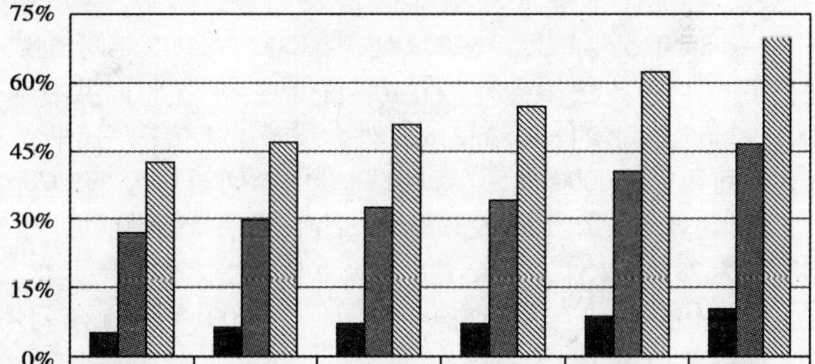

	2000	2001	2002	2003	2004	2005
■双学士、硕士和博士	5.1	6.3	7.2	7.2	8.7	10.2
■法律专业本科	26.9	29.7	32.6	34.3	40.3	46.4
▨本科以上	42.3	47.0	50.6	54.8	62.4	69.8

图6－5　2000—2006年全国律师工作人员不同学历和专业所占比例变化（%）

数据来源：《中国律师年鉴》2000—2005年各年版本。

（三）律师业务

律师的社会功能最终要通过办理律师业务来实现，因此，律师办理法律业务的数量的变化，是律师业发展的一个重要方面。根据《律师法》第28条的规定，律师可以从事下列业务：（1）接受自然人、法人和其他组织的聘请，担任法律顾问；（2）接受民事案件、行政案件当事人的委托，担任代理人，参加诉讼；（3）接受刑事案件犯罪嫌疑人的聘请，为其提供法律咨询，代理申诉、控告，申请取保候审，接受犯罪嫌疑人、被告人的委托或者人民法院的指定，担任辩护人，接受自诉案件自诉人、公诉案件被害人或者其近亲属的委托，担任代理人，参加诉讼；（4）代理各类诉讼案件的申诉；（5）接受当事人的委托，参加调解、仲裁活动；（6）接受非诉讼法律事务当事人的委托，提供法律服务；（7）解答有关法律的询问、代写诉讼文书和有关法律事务的其他文书。为了叙述和表达方便，需要对上述方面进行整理和归类。其中，（1）简称为“担任法律顾问”，（2）、（3）和（4）合称为“诉讼业务”，（5）和（6）合称为“非讼法律事务”，（7）包括“法律咨询”和“代书”两类业务。根据这样的整理，结合有关的统计数据，可以整理发现律师业务数量变化的如下三个特点：

1. 律师业务数量增长趋势显著

如图 6－6 所示，在 1981—2005 年间，以每 5 年的同类业务之和进行历时比较，各类律师业务均呈显著增长趋势。其中，“担任法律顾问”在 1981—1985 年 5 年间共有 59059 处，在 2001—2005 年间增长为 1353247 处，增长了 23 倍；“法律咨询”在 1981—1985 年 5 年间共有 4320000 件，在 2001—2005 年间增长为 22324800 件，增长了 4 倍；“代书”在 1981—1985 年 5 年间共有 960000 件，在 2001—2005 年间增长为 5970700 件，增长了 5 倍；“诉讼业务”在 1981—1985 年 5 年间共有 756680 件，在 2001—2005 年间增长为 7874208 件，增长了 9 倍；“非讼法律事务”是增长最为显著的，在 1981—1985 年 5 年间只有 90816 件，在 2001—2005 年间增长为 4704330 件，增长了 51 倍。

2. 非讼法律事务增长快于诉讼业务

从西方发达国家的历史经验来看，诉讼代理是律师的传统业务，也是主要的业务，但是，随着市场经济的发展和经济往来的加速，成立公司、办理财产转让、缔结契约、处理银行信贷、办理社会保险、雇佣工人、处理劳资纠纷、使用专利、纳税、订立遗嘱、外贸、对外投资、技术援助等等都需要律师提供法律服务，而这些服务是非讼性质的，这种非讼性质的法律事务逐步增长，成为律师职业中更重要的——至少从数量上来说是如此——法律业务。这种情形在我国律师业务数量的变化中也有一定的体现。前面的考察发现，我国非讼法律事务的增长同样显著地快于诉讼业务，在 1981—1985 年和 2001—2005 年两个 5 年之间，前者增长了 51 倍，后者仅增长了 9 倍。这种不同速度的增长进一步地可以通过图 6－7 来说明。在图 6－7 中，显示的是以诉讼业务为 100，历年非讼法律事务和诉讼业务的比值。该图显示，在改革初期的 1981 年，比值只有 6.2，和诉讼业务的 100 相差悬殊。但是，这个比值逐年增长，到 1993 年时，达到诉讼业务的一半以上，增长明显。但是此后的十余年中，这个比值有一定程度的波动，总体上维持在 50—60 之

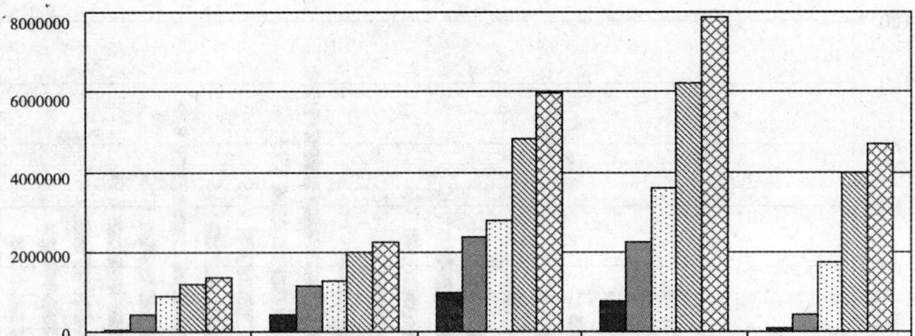

	担任法律顾问（处）	法律咨询（十件）	代书（件）	诉讼业务（件）	非讼法律事务（件）
1981—1985	59059	432000	960000	756680	90816
1986—1990	412278	1129000	2370000	2244177	411629
1991—1995	903953	1250000	2780000	3580565	1719710
1996—2000	1176889	1979000	7820000	6220873	3995529
2000—2005	1353247	2232480	5970700	7874208	4704330

图6-6　1981—2005年全国各类律师业务数量变化

数据来源：《中国法律年鉴》1987—2007年各年版本；（2）《中国司法行政年鉴》1995—2005年各年版本。

间。也就是说，非讼法律事务的数量大约是诉讼业务一半略多一点。

3. 刑事辩护业务的比例下降趋势明显

律师业务数量变化的另一个特点是，在诉讼业务中，刑事辩护业务的比例下降趋势显著。如图6-8所示，在1981年时，诉讼业务中88.9%的比例都是刑事辩护业务，可以说是占绝大多数。但是自此以后，其比例逐年下降，直到2006年的18.9%，不足1/5。

导致这个变化的原因，一个是随着我国社会的改革开放，经济和民事方面的诉讼案件数量增长迅速，需要更多地委托律师办理这方面的诉讼业务。另一个原因则是刑事案件很难办理，人身风险也比较大。这是因为，一方面，办理刑事案件会遇到很多困难。对于这种困难，社会上归纳为“六难”，即接受委托难、提供帮助难、会见犯罪嫌疑人难、调查取证难、阅卷难和法庭辩护难。另一方面是因为辩护律师的执业风险较大。司法实践中，基于《刑法》第306条和《刑事诉讼法》第38条有关辩护律师伪证罪的规定，发生大量律师被抓的现象。根据全国律师协会的统计，自1996年以来，律师作为辩护人、辩护代理人遭受各种刑事指控的已达100余人。以1997年为例，全国律师协会受理的伪证罪、妨害作证罪的投诉中，42.85%为错

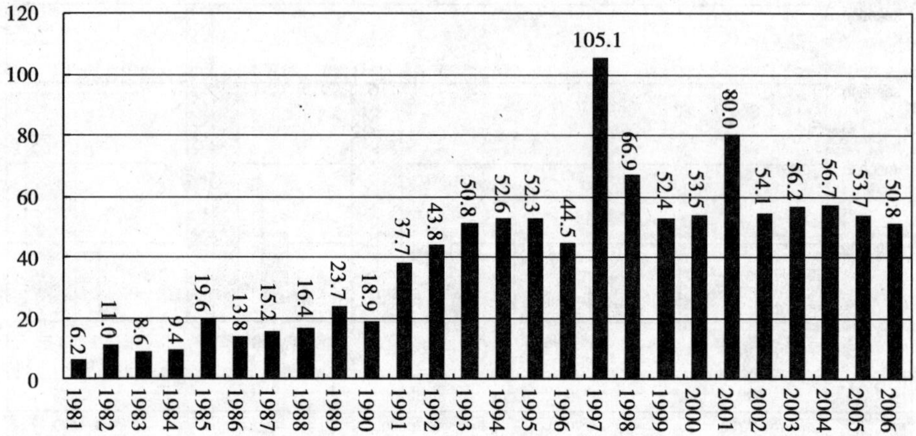

图6-7 1981—2006年全国非讼法律事务和诉讼业务的比值（诉讼业务=100）

数据来源：《中国法律年鉴》1987—2007年各年版本；（2）《中国司法行政年鉴》1995—2005年各年版本。

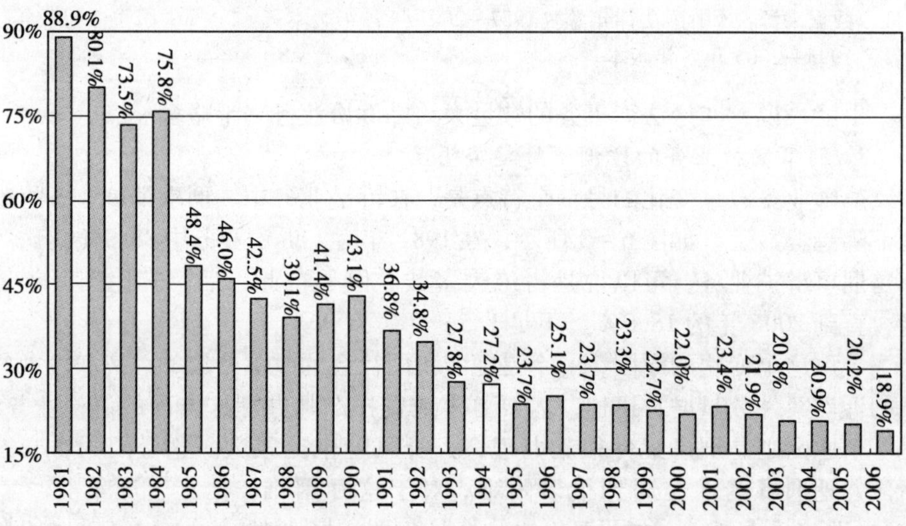

图6-8 1981—2005年全国刑事辩护占诉讼业务比例变化（%）

数据来源：《中国法律年鉴》1987—2007年各年版本；（2）《中国司法行政年鉴》1995—2005年各年版本。

案，42.85%为疑案。实践中，因涉嫌上述罪名被指控的律师，90%以上被无罪释放。①

三、改革开放以来法律服务的发展：非律师法律服务

（一）基层法律服务

1. 基层法律服务的兴起

在我国当前，基层法律服务是一个特别的概念，特指在广大农村的乡镇以及城市的街道社区所设立的基层法律服务所，通过其工作人员——基层法律服务工作者——为当地的政府机关、群众自治组织、企业事业单位、社会团体和承包经营户、个体工商户、合伙组织以及公民提供法律服务。

基层法律服务是在我国改革开放进程中产生和发展起来的一种法律服务形式。十一届三中全会以后，我国农村社会产生了巨大的变化，以家庭联产承包责任制为主的农村经济体制改革，促进了农村商品经济的发展，相应地也出现了很多法律问题。而与此同时，我国的民主与法制建设也开始步入正轨，依法行政和依法治理成为迫切需求，各级政府尤其是基层政府也急需运用法律手段来适应这一转变。这些变化，都从不同的方面，强化了基层民众和政府对法律服务的需求，而与此形成鲜明对照的是法律服务机构和服务人员的严重不足。80年代初，全国每10万人口中只有一名律师和公证员，而且往往是集中在大中城市。由于律师和公证员的数量在短期内难以增加，于是产生了法律服务供求关系的突出矛盾，迫切需要一种新型的法律服务形式来弥补这一缺口。基层法律服务正是在这样的形势下，为顺应农村商品经济发展和基层民主法制建设的要求而出现的。

作为整个社会法律服务的组成部分，与律师、公证等法律服务形式相比，基层法律服务具有较强的地方性。由于其人员都来自当地，对当地的情况很熟悉，对法律也有了解，因此基层法律制度具有立足基层、贴近群众、业务广泛等优势。基层法律服务产生后，及时方便地为社会提供各种形式的法律服务，改善了中国基层法律服务不足的状况，维护了广大基层群众的利益，促进了法律在基层的实施，很好地维护了社会的稳定。

但是，基层法律服务制度的建立也带来一些问题。比如，基层法律服务工作者的素质太低，基层法律服务和律师之间存在不公平竞争，管理部门、

① 吕途：《中国律师刑事辩护的现状及对策》，《理论观察》2003年第1期。

标准不统一，不利于形成统一的法律服务市场，等等。也正是因为这些缺点，使得基层法律服务在2003年以后，不再作为司法部审批和发展的对象。

2. 基层法律服务的历史发展

对于基层法律服务的历史发展，可以通过基层法律服务所、基层法律服务工作者以及基层法律服务的法律业务三个方面的数量变化来描述。综合图6-9、图6-10和图6-11来看，基层法律服务的历史发展具有三个特点：

（1）在2000年以前呈发展的趋势

2000年以前，在机构数量、人员增长和业务增长三个方面，基层法律服务都呈显著的增长趋势。其中，机构数量从1988年的28241个，增长到1998年的35872个，此后两年略有下降；人员则从1988年的61823人增加到2000年的121904人，达到历史最大值；在业务方面，担任法律顾问、民事诉讼代理、民事非诉讼代理以及代书等几大业务都呈显著的增长趋势。

（2）在2000年以前规模超过律师

对比起来看，在2000年以前的各年中，无论是机构数量、人员规模，还是业务数量，基层法律服务都超过了律师的水平。以2000年为例，律师事务所的数量是9541家，基层法律服务所的数量是34219家；律师工作人员是117260人，基层法律服务工作者是121904人；律师担任法律顾问247160处，基层法律服务担任法律顾问515608处；律师办理民事诉讼代理640610件，基层法律服务办理民事诉讼代理71.3万件。在这些指标的对比中，基层法律服务都超过了律师。当然，这仅仅是数量上超过，不意味着基层法律服务实际承担的社会功能一定超过了律师。

（3）2001年以后基层法律服务迅速衰落

2001年以后，在机构、队伍、业务办理等方面，基层法律服务迅速衰落。甚至在2004年以后，有关部门不再发布有关基层法律服务的全国性统计数据。导致这种衰落的原因，当然主要是政策调整的结果。基于法律服务发展战略的考虑，从2002年开始，国家停止了对基层法律服务工作者的资格考试以及对基层法律服务所的审批。2004年5月，国务院发布《关于第三批取消和调整行政审批项目的决定》（国发［2004］16号），取消了基层法律服务工作者执业资格认可和基层法律服务所设立核准这两个行政审批项目。正是政策上的这种调整，导致了基层法律服务迅速衰落。

3. 基层法律服务的未来走向

虽然司法部制定的基层法律服务工作者执业资格认可和基层法律服务所设立核准这两个行政审批项目被取消，司法部也不再公布基层法律服务的全

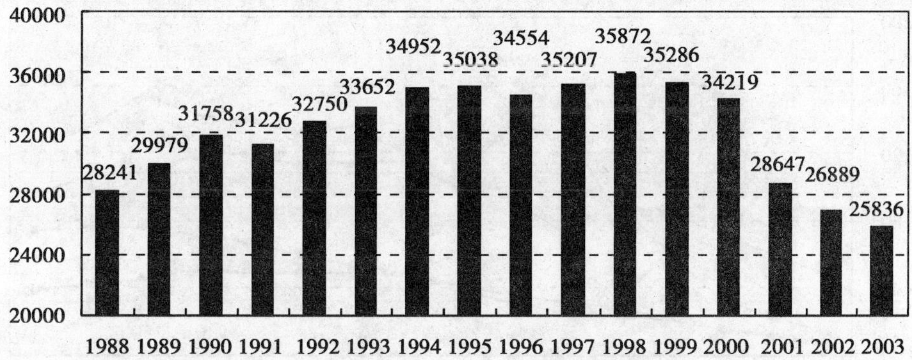

图6－9　1988—2003年基层法律服务所数量变化（个）

数据来源：《中国法律年鉴》1987—2004年各年版本。

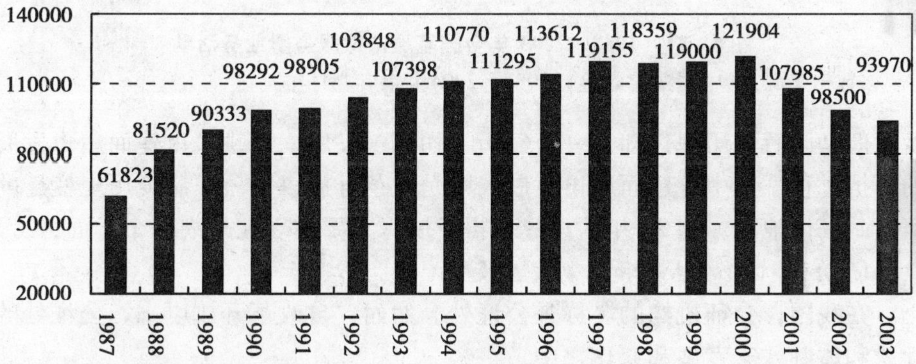

图6－10　1986—2003年全国基层法律工作者数量变化（人）

数据来源：《中国法律年鉴》1987—2004年各年版本。

国性统计数据，但是在实际中，仍然有大量的基层法律服务机构和人员存在。这是因为，一方面，已经设立的机构和已经认可的基层法律服务工作者仍然大量存在；另一方面，一些地方制定了相应的地方性法规，可以继续审批基层法律服务。但是，显然，从全国层面来说，从正式的法律服务制度来说，基层法律服务已经被边缘化了，正在成为历史。一场关于基层法律服务去留的争论，也因为政策上的调整而暂时告一段落。

（二）公证

公证制度是国家的一项重要法律制度，具有法律服务制度和司法制度的双重属性。早在新中国成立初期，有关部门就着手组建公证机构和公证制

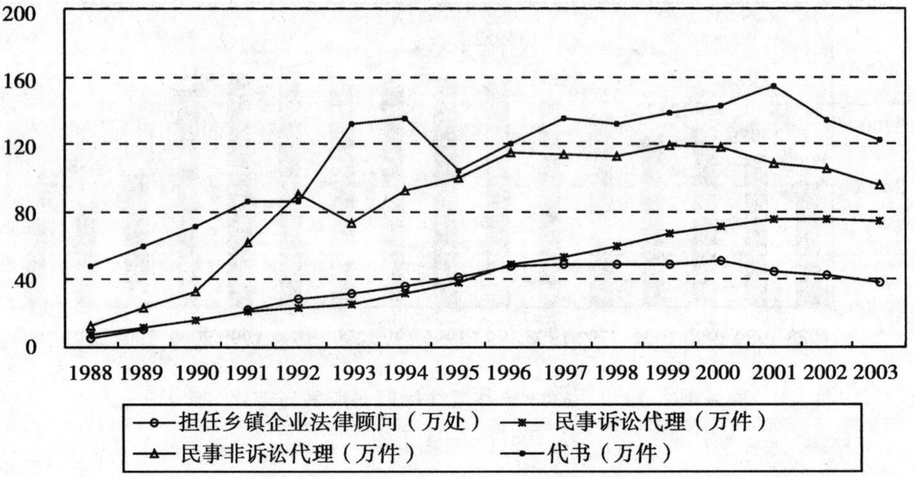

图6-11　1988—2003年全国基层法律服务所业务活动

数据来源：《中国法律年鉴》1987—2004年各年版本。

度，但是此后的历程，却是一个经历了初创、发展、停顿、重建而后再发展的曲折过程。其中重建而后再发展，则是改革开放以来公证制度历史变迁的概括。具体地说，这30年的重建和再发展，主要体现在下列四个方面：

1. 公证机构的性质和体制发生变化

在我国，公证机构的名称是公证处。然而，自改革开放以来，公证处的性质和体制处于发展和变化之中。

在改革开放初期，随着司法部的重建，公证机构的组织建设也随之恢复。1980年5月，司法部发布了《关于公证处的设置和管理体制问题的通知》，规定：在直辖市、省辖市、县设公证处，暂不设公证处的市、县，由所在地的基层人民法院设公证员（或由审判员兼）办理公证业务；公证处归司法行政机关领导，性质上属于行政机关，公证人员部分又由审判员兼任。

1982年4月，国务院颁布《公证暂行条例》，规定：公证处是国家公证机关；直辖市、县（自治县，下同）、市设立公证处，经省、自治区、直辖市司法行政机关批准，市辖区也可设立公证处；公证处受司法行政机关领导；公证处之间没有隶属关系。根据这些规定，公证处具有三个特点：一是公证处属于行政机关，受司法行政机关领导；二是依照行政区划和行政层级，在市、县、区设立公证处；三是公证处之间互不隶属。需要说明的是，这是我国在新时期的基本体制，这种体制的动摇始于2000年的改革，完全改变发生在2006年《公证法》实施之后。

经过近20年实践，1982年确立的公证制度暴露了一些缺陷，主要包括：第一，公证活动在性质上不是公权活动，而是依靠行业的权威性、公正性对事实和事件的真实性予以见证，公证机构不应定位为机关性质；第二，公证机构不应按行政区划层层设立，从而避免不正当竞争；第三，和公正性要求相对应，需要明确公证机构的非营利性质；第四，为了督促公证机构在公证活动中认真负责，需要建立公证机构过错赔偿制度；第五，由于公证机构依靠自身累积的权威性和公正性独立地提供真实性证明，公证机构和司法行政机关之间不宜确定为领导关系。正是由于存在上述不足，国务院于2000年7月批准司法部《关于深化公证工作改革的方案》，从而启动了公证制度的改革。

司法部领导的全国公证制度改革体现了公证事业发展的基本方向，为在立法层面改革完善公证制度积累了丰富的实践经验。正是以这些经验为基础，国家于2005年8月制定和颁布了《公证法》，于2006年3月1日起施行。对于公证机构的性质和设置，《公证法》规定：（1）公证机构是依法设立，不以营利为目的，依法独立行使公证职能、承担民事责任的证明机构；（2）公证机构按照统筹规划、合理布局的原则设立，不按行政区划层层设立；（3）全国设立中国公证协会，省、自治区、直辖市设立地方公证协会，公证协会是公证业的自律性组织，依据章程开展活动，对公证机构、公证员的执业活动进行监督；（4）司法行政部门和公证机构之间是监督、指导的关系。

2. 公证员的职业准入越来越规范和严格

公证制度另一个重要的发展变化，是公证员的职业准入越来越规范和严格，这可以从不同阶段公证员职业准入规定的对比中得到说明。

（1）1982年的《公证暂行条例》

1982年的《公证暂行条例》规定，担任公证员须具备下列条件之一：1）经见习合格的高等院校法律专业毕业生，并从事司法工作、法律教学工作或者法学研究工作一年以上的；2）在人民法院、人民检察院曾任审判员、检察员职务的；3）在司法行政机关从事司法业务工作两年以上，或者在其他国家机关、团体、企业事业单位工作五年以上，并具有相当于中等法律学校毕业生的法律知识的；4）曾任助理公证员职务二年以上的。

（2）司法部2000年的《关于深化公证工作改革的方案》

司法部2000年发布的《关于深化公证工作改革的方案》对公证人员的职业准入主要做了如下调整和改革：1）改革公证员考试制度，考试要面向社会，由司法部统一组织实施；2）通过考核的办法，鼓励高素质人才进入公证队伍；3）实行公证员执业证书和在职培训制度；4）公证员实行专业技术职务聘任制度，按照国家专业技术人员管理办法进行管理，并享受相应待遇。

（3）2006年实施的《公证法》

《公证法》对公证员的职业准入作出了更明确、更严格的规定。根据《公证法》，公证员的任职条件包括：1）具有中华人民共和国国籍；2）年龄二十五周岁以上六十五周岁以下；3）公道正派，遵纪守法，品行良好；4）通过国家司法考试；5）在公证机构实习二年以上或者具有三年以上其他法律职业经历并在公证机构实习一年以上，经考核合格。此外，从事法学教学、研究工作，具有高级职称的人员，或者具有本科以上学历，从事审判、检察、法制工作、法律服务满十年的公务员、律师，已经离开原工作岗位，经考核合格的，可以担任公证员。

总结三个时期公证员的职业准入特点，可以总结出几点趋势：1）越来越强调公证员的专业性；2）公证员的考试越来越严格，因为司法考试是正规的、严格的、高水平的考试；3）对任职前的法律实践经验要求越来越高；4）任职程序更加规范，职业地位更有保障。

3. 公证业务总体上呈增长趋势

自改革开放以来，公证业务总体上呈增长的趋势。如图6－12和图6－13所示，公证业务的增长具有两个特点：一是国内公证业务总体上呈增长的趋势，但是其中有两次幅度很大的波动，而且自1999年以来，一直有下降的趋势；二是涉外公证增长显著，而且波动较小。

进一步考察发现，国内公证出现两次波动的原因，都是分别在1991年和1998年颁布了新的收费标准，提高了公证费用所致。

首先是在1991年底，国家物价局、财政部借整顿乱收费之机，颁布了《关于发布司法系统行政事业性收费项目和标准的通知》（［1991］价费字549号），调整了公证收费的标准。调整后较此前的标准有一定程度的提高，所以导致1992年以后的国内公证业务数量显著下降。

其次是1998年5月，国家计委和司法部颁布了《关于调整公证服务收费标准的通知》，再次对公证收费进行全面调整。这次收费调整具有三个特点：一是这次调整的背景是正在进行公证体制改革，公证机构从国家机关逐步改革为自主开展业务、独立承担责任、按市场规律和自律机制运行的公益性、非营利的事业法人，换言之，公证机构将在经费方面逐步实现独立核算、自收自支；二是这次收费标准提升的幅度非常大，这和上述改革背景是密切联系的；三是大部分标准还需要各省级物价部门进一步具体化。第三个特点使得各省、自治区、直辖市具有较大的变通余地；也使得该标准在各地实际实行推迟到了2000年，比如，陕西省的具体收费规定就要到2000年2月2日起才开始施行（参见陕西省《公证服务收费项目及收费标准》，陕价费调发［2000］25号）。由于收费标准上调幅度很大，导致2000年以后，一直持续至今，国内公证业务数量下降趋势十分明显。

但是图6－13显示，两次收费虽然对涉外公证都有一定的影响，但是影响明显小于国内公证。分析其中的原因，可能是因为：一方面，涉外公证的申请人收入普遍较高，对收费的敏感性弱于国内公证的申请人；另一方面，涉外事务中对公证某些文书有强制性的要求，即使费用增加，仍不得不公证。

两次收费调整对公证业务的影响说明，目前的收费标准在很大程度上抑制了国内事务的公证需求。

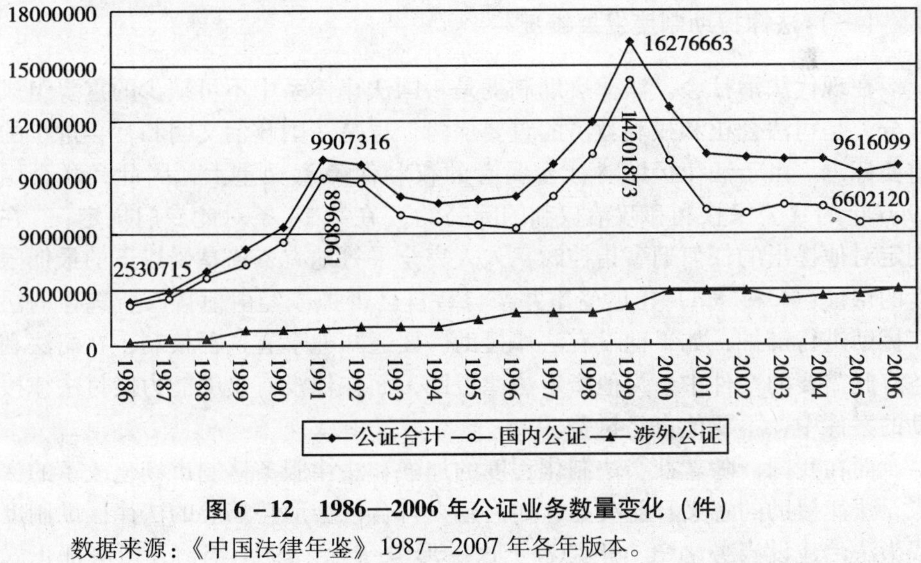

图6－12　1986—2006年公证业务数量变化（件）

数据来源：《中国法律年鉴》1987—2007年各年版本。

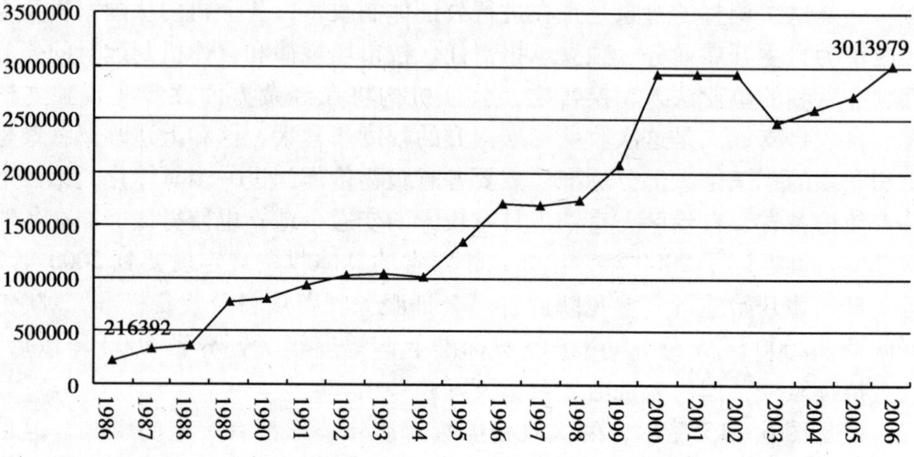

图6－13　1986—2006年涉外公证业务数量变化（件）

数据来源：《中国法律年鉴》1987—2007年各年版本。

四、改革开放以来法律服务的发展：法律援助

（一）法律援助制度发展概况

在现代法治社会，法律援助制度是一国法律体系中不可缺少的重要组成部分，是司法公正和权利救济的重要保障，也是一国政治文明和社会进步的重要标志。由于法律援助对社会弱者的权利保障意义重大，因此，联合国1966年的《公民权利和政治权利国际公约》在第14条对此专门规定："在判定对他提出的任何刑事指控时，人人完全平等地有资格享受以下的最低限度的保证：……（d）出席受审并亲自替自己辩护或经由他自己所选择的法律援助进行辩护；如果他没有法律援助，要通知他享有这种权利；在司法利益有此需要的案件中，为他指定法律援助，而在他没有足够能力偿付法律援助的案件中，不要他自己付费。"

而在我国，随着社会法制化程度的加强和法律服务体制市场化改革的深入，法律援助的意义日益突显，如何建立符合社会形势需要的法律援助制度成为法治建设当务之急。正是鉴于这一形势变化，1994年初，司法部正式提出探索建立中国法律援助制度，并首先在一些大中城市开展了法律援助工作的试点。1995年2月28日，广州市法律援助中心获批准，11月19日正

式挂牌成立，成为全国最早成立的法律援助机构。其后，深圳、上海、北京、武汉、南京、郑州、青岛等一些大中城市也陆续开展了法律援助工作的试点，为法律援助工作在全国更大范围内的开展打下了基础。

1996年3月和5月，《刑事诉讼法》和《律师法》相继颁布，开始确立了法律援助在中国法律体系中的地位。《刑事诉讼法》第34条规定："公诉人出庭公诉的案件，被告人因经济困难或者其他原因没有委托辩护人的，人民法院可以指定承担法律援助义务的律师为其提供辩护。被告人是盲、聋、哑或者未成年人而没有委托辩护人的，人民法院应当指定承担法律援助义务的律师为其提供辩护。被告人可能被判处死刑而没有委托辩护人的，人民法院应当指定承担法律援助义务的律师为其提供辩护。"而稍后颁布的《律师法》则对法律援助作了专章规定，主要内容包括：公民在赡养、工伤、刑事诉讼、请求国家赔偿和请求依法发给抚恤金等方面需要获得律师帮助，但是无力支付律师费用的，可以按照国家规定获得法律援助；律师必须按照国家规定承担法律援助义务，尽职尽责为受援人提供法律援助。

上述关于法律援助的规定出台后，司法部通过一系列的通知和指示，要求各地尽快建立法律援助机构，并和其他部门联合发文，要求做好残疾人、老龄人、未成年人和妇女的法律援助工作。在这些通知的要求和指导下，各地纷纷建立了法律援助机构，开展了法律援助工作。与此同时，全国各地纷纷出台了有关法律援助方面的地方性法规、规章，组建各级法律援助机构，培训专职法律援助人员，开展法律援助协作，使全国法律援助工作逐步走上了法制化、规范化的轨道。

2003年9月，国务院颁布了《法律援助条例》，这对于我国法律援助制度的建立和发展，具有标志性意义。《条例》规定，法律援助是政府的责任，县级以上人民政府应当采取积极措施推动法律援助工作，为法律援助提供财政支持，保障法律援助事业与经济、社会协调发展。该规定确立了我国法律援助制度最基本的原则，即各级财政保证法律援助经费的原则。为了促使各级地方政府真正担起责任来，2004年9月，司法部还与民政部、财政部、劳动和社会保障等九部门联合下发《关于贯彻落实〈法律援助条例〉切实解决困难群众打官司难问题的意见》，《意见》指出："保证《条例》的顺利实施，是各级人民政府的责任，各级司法行政部门、法律援助机构要充分发挥主观能动性，有效组织法律援助工作，各级人民政府有关部门应当积极支持和配合法律援助工作。"《意见》要求各级人民政府要按照《条例》的规定，将每年法律援助所需要的经费数额，逐步纳入年度财政预算；省级财政部门应设立法律援助专项经费，对本行政区域内的贫困地区予以补助。

（二）法律援助的机构和人员

依据有关法律法规，我国从中央到地方，按照现有行政区划与法院的设置相对应，设立了政府法律援助机构，形成了中央、省（自治区、直辖市）、地（市）、县（区）四级构架的法律援助机构体系。

自从1994年法律援助制度建立以来，全国各地不断建立法律援助机构，法律援助的机构和人员的规模不断增长。如图6－14所示，在1999—2006年之间，全国法律援助机构从1235个增加到3149个，增长了155%，平均每年递增20.6%；全国法律援助工作人员从3920人增加到12038人，增加了207%，平均每年递增25.2%。

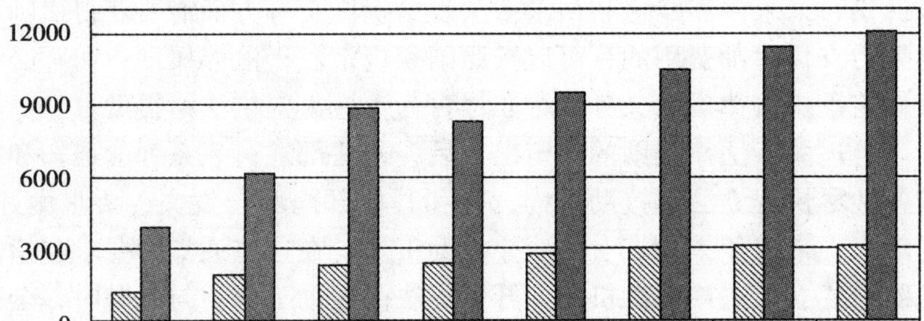

	1999	2000	2001	2002	2003	2004	2005	2006
援助机构（个）	1235	1890	2274	2418	2774	3023	3129	3149
工作人员（人）	3920	6109	8816	8285	9457	10458	11377	12038

图6－14　1996—2006年全国法律援助机构及其工作人员发展变化

数据来源：《中国法律年鉴》2000—2007年各年版本。

（三）法律援助的经费

中国法律援助有两个基本的资金来源：政府出资（财政拨款）和社会捐赠。

法律援助首先是政府的责任，因此，各级财政预算必须对此作出专门的考虑。从实际情况来看，自《法律援助条例》实施以来，法律援助工作越来越受到各级地方政府的重视和支持，法律援助的政府责任逐步得到落实。从统计数据上看，如图6－15所示，全国法律援助的经费增长趋势十分明显，在1999—2006年间，全国法律援助经费从2758万元增加到37029万元，增长了12倍多，平均每年递增68.1%。而在经费总额中，财政拨款占了绝大部分，自 2001 年以来，一直维持在 90% 以上的水平。尽管法律援助经费增长速度很快，但是由于基数很小，所以仍然存在法律援助经费严重不足的问题。

在这种经费严重不足的情况下，社会捐赠就显得非常重要。为了规范法律援助的社会捐赠工作，司法部设立了中国法律援助基金会负责接受捐赠。如图 6－15 所示，自 1999 年以来，社会捐赠而来的法律援助经费大概占总经费的 10% 左右，绝对金额在 2006 年达到最大值，为 3550 万元。这个数额说明，目前非政府渠道的法律援助经费数量仍然有限，所占比例较小。

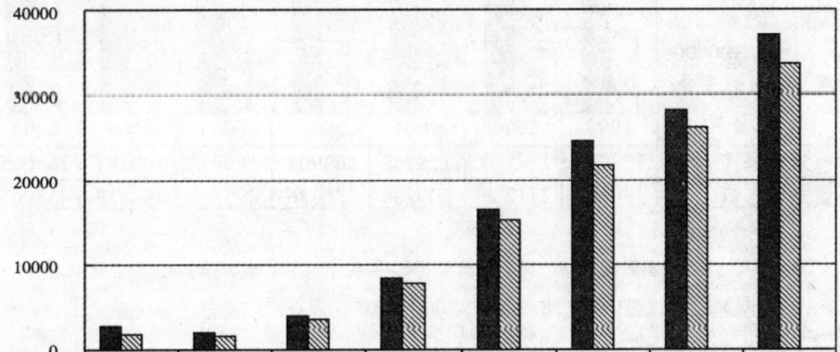

	1999	2000	2001	2002	2003	2004	2005	2006
■法律援助经费	2758	1941	3924	84444	16457	24577	28052	37029
▧财政拨款部分	1870	1596	3694	7805	15212	21713	26220	33479
□财政拨款所占比例（%）	67.8	82.2	94.1	92.4	92.4	88.3	93.5	90.4

图 6－15　1999—2006 年全国法律援助经费变化（万元）

数据来源：《中国法律年鉴》2000—2007 年各年版本。

（四）法律援助的业绩

法律援助的业绩是法律援助最终的成就的体现。国务院《法律援助条例》规定，法律援助是政府的责任，县级以上人民政府应当采取积极措施推动法律援助工作，为法律援助提供财政支持，保障法律援助事业与经济、社会协调发展。直辖市、设区的市或者县级人民政府司法行政部门根据需要确定本行政区域的法律援助机构。法律援助机构的法律职责是负责受理、审查法律援助申请，指派或者安排人员为符合条件的公民提供法律援助。

从图 6－16 来看，在 1999—2006 年间，法律援助的业绩总体呈增长趋势，但是存在一定的波动。具体从受理案件数来看，1999 年是 132097 件，2006 年是 318514 件，增长了 141%，平均年增长率为 19.2%；具体从受援人数来看，1999年是190545人，2006年是540162人，增长了183%，平均年增长率为23.2%%。

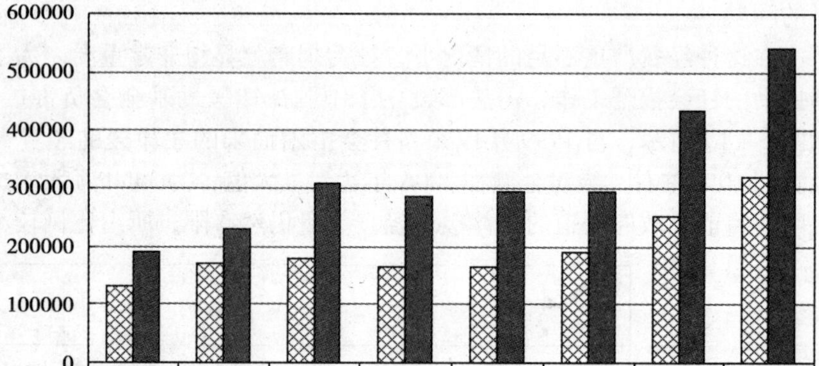

	1999	2000	2001	2002	2003	2004	2005	2006
受理案件（件）	132097	172180	178748	164908	166433	190187	253665	318514
受援人数（人）	190545	231288	309254	286616	293715	294138	433965	540162

图6－16　1999—2006年全国法律援助的业绩变化

数据来源：《中国法律年鉴》2000—2007年各年版本。

五、问题总结与未来展望

（一）我国法律服务业当前存在的几个问题

自改革开放以来，我国的法律服务体制经过30年的恢复和发展，取得了突出成就。在一定程度上可以说，体现社会主义法治原则，符合社会的经济、政治、文化需要的法律服务体制已初步建立。然而，毕竟只有30年，而且民主和法治的文化传统积淀不深，因此我国的法律服务体制必然还存在一些问题和不足。如何解决这些问题和不足，成为我国法律服务进一步发展的关键。概括起来，这些问题和不足主要有四个方面：

1. *一元化还是多元化？*

从法律服务供给主体的角度，法律服务的体制有一元化和多元化之分。一元化体制下的法律服务是由律师垄断的，在律师之外，其他主体不能提供有偿的法律服务。在西方发达国家，这是一种比较通行的模式。而在多元化体制下，除了律师以外，不特定的其他主体也可以提供法律服务，比如日本就是实行这种体制的典型。我国的法律服务体制尚处于初建阶段，许多体制性的因素尚在摸索和探讨之中，这其中，应该实行一元化还是多元化的问题，就存在争论，政策上也比较犹豫和困惑。

就当前的法律服务实践来看，我国实行的是多元化的法律服务体制。这是因为，我国法律服务的供给主体具有多种类型，而且，法律服务的主管部门也是多元的：律师、公证、基层法律服务、社会法律服务咨询等由司法行政部门主管和审批；企业法律顾问长期由国家经贸委和人事部主管和审批；专利代理由中国专利局（现在的知识产权局）主管和审批，此外还有不同的部门主管和审批的商标代理、版权代理、税务代理等等。因此，在我国当前，一元化还是多元化的问题要回答两个方面：一是由律师垄断法律服务还是由多种主体提供法律服务？二是法律服务由一个部门主管，还是由多个部门主管？

应该说，这个问题在目前已经有了阶段性的共识。首先，自2002年以来，司法部停止了基层法律服务工作者资格的认可和基层法律服务所的审批，表明了对于基层法律服务存留的一个大致的态度。其次，《律师法》的修改也回应了这个问题。原《律师法》第十四条规定："没有取得律师执业证书的人员，不得以律师名义执业，不得为牟取经济利益从事诉讼代理或者辩护业务。"该条修改后表述为："没有取得律师执业证书的人员，不得以律师名义从事法律服务业务；除法律另有规定外，不得从事诉讼代理或者辩护业务。"对比起来看，新的规定的直接含义可以做如下三点解读：（1）诉讼代理和辩护以外的法律服务业务对于非律师法律服务主体是开放的，这意味着在这个领域，可以存在法律服务多元化的局面。（2）对于诉讼代理和辩护业务，除了法律另有规定的以外，其他主体不得进入。考察现行其他法律的规定，现行的刑事诉讼法、民事诉讼法和行政诉讼法均规定在特定情况下，普通公民可以进行"公民代理"。因此，除了律师以外，诉讼代理和辩护领域，还存在公民代理的情况。（3）这一规定的修改也意味着，基层法律服务工作者今后将不仅仍然不能从事辩护业务，而且也将从诉讼代理领域退出。

但是，共识只是初步的，现实中的问题并没有完全解决。一个问题是，现存的接近10万人的基层法律服务人员何去何从，这是一个需要解决的现实问题。第二个问题是，基层法律服务人员退出诉讼业务领域以后，由此出现的功能空白如何填补？第三个问题是，2007年10月的《律师法》修正案可以带来意外的后果，这就是：如果人们充分利用"规则"的话，其他法律服务主体很可能以公民代理的身份，进入诉讼代理和辩护领域。

2. 如何切实保障律师权益？

在我国当前，律师的社会地位不高，律师的执业环境不容乐观，令人忧心。全国人大常委会执法检查组《关于检查〈中华人民共和国律师法〉实施情况的报告》也指出，“律师执业困难较多”，律师执业权利得不到尊重和保障。律师的执业困难主要体现在两个方面，一是律师难以有效提供法律服务，存在所谓的阅卷难、会见难、取证难、辩护难等执业障碍；二是由于《律师法》、《刑法》、《刑事诉讼法》等的不利规定，在刑事诉讼中，律师的刑事辩护活动存在较大的人身危险。因此，如何提高律师的社会地位，保障律师的合法权益，成为广受社会各界关注的一个焦点问题。

为回应社会各界所广泛关注的律师执业困难和执业风险的问题，2007年10月颁布的《律师法》修正案的一个亮点是增强了律师权益的保障。具体地说，《律师法》修正案明确和加强了律师在会见犯罪嫌疑人、被告人方面的权利，扩大了律师查阅案卷材料的权利，加强了律师在调查取证方面的权利，加强了律师在诉讼活动中的人身权利保障，等等。但是，这只是问题解决的开始，而远非完成。这是因为，一方面，《律师法》修正案虽然加强了律师的权利保障，但是这只是相对于修改前的文本而言的，如果和联合国《关于律师作用的基本原则》比较起来，和现实的需要比较起来，这些规定仍有差距。另一方面，律师权益保障涉及多部法律，因此，仅仅修改《律师法》，律师执业困难和执业风险问题还不能彻底得到解决。

3. 市场化后如何加强法律援助？

我国法律服务体制改革的基本方向，是建立市场化的法律服务体制，强调法律服务是一种依靠市场来供给的商品。2007年10月《律师法》修正案取消了“法律援助”一章，“律师必须按照国家规定承担法律援助义务”的规定随之删除，体现的就是这种市场化的改革方向。但是，在高度法制化的社会中，法律服务就像衣食住行一样，也是一种基本需求，当公民无力自行购买法律服务的时候，他的权利和利益很可能受到侵害，因此，如果实行完全的市场供给制度，势必产生大量事实上的不平等，而这种不平等将反过来会成为以平等和正义为目标的法制化的讽刺。因此，市场化之后，必然带来一个市场机制无法保障供给的角落，由政府来供给的问题。当然，这种供给对市场来说，只具有补充的和矫正的性质。但是，由于地方公共财政的能力一直不够强大，由于对政府在市场中的职能定位一直在摸索，导致这个问题未能得到有效的解决。

为了促进法律援助工作，国务院于2003年7月颁布了《法律援助条例》。《条例》第三条规定："法律援助是政府的责任，县级以上人民政府应当采取积极措施推动法律援助工作，为法律援助提供财政支持，保障法律援助事业与经济、社会协调发展。法律援助经费应当专款专用，接受财政、审计部门的监督。"同时在第七条还规定："国家鼓励社会对法律援助活动提供捐助。"由此形成了国家财政为主、社会捐助为辅的法律援助体制。但是，自该条例实施四年以来，我国法律援助的范围和能力仍然非常有限，主要原因在于目前用于法律援助的资金缺口较大。以2006年为例，全国法律援助资金只有3亿多元，平均每个人不足3毛钱。其中，财政资金大约占90%，社会捐助资金大约占10%。这是一个什么样的经费水平？英国在1993年的法律援助资金总额为12.8亿英镑，其中财政资金10.2亿英镑；在我国香港地区，政府1996—1997年度用于法律援助的经费是8.2亿港元。从绝对数字上对比，我国法律援助的经费是非常少的，如果再折合人口数量计算，则差距更为悬殊。由此可见，如何在法律服务市场化之后，加强政府对法律援助的财政责任，是法律服务发展中的一个需要进一步研究解决的问题。

4. 如何加强和实现律师自治？

在现代社会中，维护律师的独立性的价值已获得广泛确认。这是因为，律师的独立性，尤其律师相对于行政机关的独立性，有助于律师实现其社会监督和制约公共权力的运行，维护相对弱势的私主体的权利和利益这一社会功能。但是，如何维护律师的独立性？通行的一个做法是，由律师协会实行行业自治。对此，联合国《关于律师作用的基本原则》第24条规定："律师应有权成立和参加由自己管理的专业组织以代表其自身利益，促进其不断受到教育和培训，并保护其职业的完善。专业组织的执行机构应由其成员选举产生并应在不受外来干涉情况下行使职责。"在律师业发达的国家，成立律师协会，由协会对律师行业进行行业自治已经是一个非常普遍的做法。

随着人权和法治理念的发展，维护律师独立性的价值在我国各界已逐步得到认可，律师实行行业自治的做法，在一定程度上也为我国律师制度所借鉴。根据1980年颁布的《律师暂行条例》，我国于1986年7月成立了中华全国律师协会，该协会是社会团体法人，是全国性的律师行业自律性组织，依法对律师实行行业管理。但是在实际中，截至目前，律师协会在这个目的上的作用还比较有限。首先，许多律师管理工作目前仍然是由司法行政部门来承担。其次，由于大多数地方的律师协会没有自己独立的组织机构，与同级司法行政机关律师管理部门合署办公，一套人马，两块牌子。因此，在这些地方，律师协会与行政机关也就很难区分。换言之，律协本身是不独立的。因此，要真正实现律协的行业自治，一是需要将更多管理权限授予给律师协会，二是律协本身获得更大程度的独立。

2007年10月颁布的《律师法》修正案使得这种情况有了一定的改观。根据修正案规定，律协的权限增加了下列几项：（1）制定行业规范和惩戒规则；（2）对律师的执业活动进行考核；（3）组织管理申请律师执业人员的实习活动，对实习人员进行考核；（4）对律师、律师事务所实施奖励和惩戒；（5）受理对律师的投诉或者举报，调解律师执业活动中发生的纠纷，受理律师的申诉。显然，这些权限的增加，使得律师的行业自治向前迈进了一大步。

但是也应当看到，这些规定和较为彻底的律师行业自治还有相当的差距。这是因为，首先，从2007年10月修正后的《律师法》的"法律责任"一章来看，对律师的各种惩戒权限仍然操持在各级司法行政机关手中。甚至，律师还可能在执业过程中触犯刑律，而触犯刑律以后，追究其刑事责任的权力更是操持在其职业对手——警察和检察官手中。其次，律师协会目前和司法行政机关密切联系，仍然不具有较强的独立性。因此，虽然律师行业自治迈出了一些步伐，但是问题仍然存在，还有很多问题有待解决。

（二）我国法律服务未来发展的几点展望

以两个方面为根据，本章对我国法律服务未来发展作出几点展望。一个根据是法律服务业现存的一些趋势，由于有些趋势比较显著，因此可以预计在未来相当长的时间内仍将存在。另一个根据是法律服务领域现存的一些问题，由于这些问题已经引起了社会各界的广泛关注，其解决已经提上议事日程，而随着这些问题的解决，法律服务随之将得到发展。综合起来看，法律服务未来的发展存在如下五个方面的趋势：

1. 律师业的规模将进一步发展

虽然自改革开放以来，我国律师业已经取得了很大程度的发展，但是可以预见，目前的规模仍不能满足社会进一步发展的需要，因此，在相当长的时期内，律师业的规模仍将持续增长。律师业的规模增长体现在多个方面，包括律师机构的数量、律师队伍的数量、律师业务的数量以及律师行业的产值等方面。未来律师业的增长，将是这四个方面的全面增长，而且这些方面的增长互相依赖、互相促进。

之所以预测律师业的规模将进一步增长，主要有四个方面的根据。首先，自改革开放以来，律师业规模的增长存在持续的、显著的趋势，至今未显示增长减缓的迹象。其次，随着《律师法》修正案对非律师主体从事诉讼业务的限制，必然在许多地区出现巨大的功能空白，需要更多的律师予以填补。第三，相对于我国庞大的人口和经济总量来说，我国目前的律师业规模总体上还是很小的。虽然在一些大城市出现了律师饱和、竞争加剧的势头，但是在广大经济欠发达的内陆中小城市和农村地区，律师数量依然很少，甚至，据新华社北京2004年3月23日电，截至2004年初，我国还有206个县连一名律师也没有。第四，随着我国社会的进一步发展，对法律服务的需求必将进一步增长。这是因为，随着我国社会主义法治建设的推进，法律在社会生活中的作用必将进一步增强；随着我国经济和文化的进一步发展，必将出现更多的法律事务需要律师服务，而且人们对法律服务的购买力也将进一步增强。

2. 法律服务将朝着一元化、职业化、正规化方向发展

虽然不能预测最终将出现由律师垄断所有法律业务的局面，但是可以预见，律师将越来越成为主要的、核心的法律服务供给主体。之所以做这样的预测，除了目前的政策已经体现出这一倾向以外，还因为，一方面，一元化的发展对行业管理、职业共同体建设等方面都有一定的优势；另一方面，随着我国人口教育水平的提高，随着律师数量的逐步增长，客观上也可以为一元化提供足够数量的高素质的律师队伍。

一元化的方向同时体现的是职业化和正规化的方向。因为一元化是只准律师单一主体提供法律服务，而律师是所有法律服务供给主体中，职业准入最规范、最严格的。此外，由于律师群体规模较大，知识背景接近，利益立场趋同，又存在自律性的组织，因此可以形成专业化较高、认同感较强的职业共同体。

3. 律师权益将获得切实保障

尽管目前律师执业环境不容乐观，但是仍然可以大胆预测，律师的地位必将日益提高，律师权益必将获得切实保障。这是因为，首先，律师权益缺乏有效保障的问题已经引起社会各界的广泛关注，已经形成较为强大的要求改变这一现状的舆论氛围。其次，加强律师权益保障是建设社会主义法治国家的基本要求，也是联合国刑事司法准则给各主权国家规定的公约义务，体现了人类文明发展的价值共识，因此，我们有理由相信，这个问题将随着我国法治进程的推进而逐步得到解决。第三，这个问题的解决已经提上了议事日程，2007年10月刚刚颁布的《律师法》修正案已经迈出了重要的一步，接

下来在《刑法》、《刑事诉讼法》的修改中，加强律师权益保障仍然是中心议题之一。第四，最为根本的理由是，在很大程度上，律师的权益并不只是代表律师群体，而且更是代表了和公共权力相对的社会私主体或者市民社会的权益，律师权益屡遭侵害，从根本上说，是公共权力得不到必要的限制、社会权利受到漠视的结果。然而，当代社会是一个人权旗帜高扬、人权话语强劲的社会，我国人权事业必将顺应潮流而稳步发展，从而从根本上改变现有的社会观念和制度基础，从根本上解决律师权益保障的社会基础问题。

4. 各级政府将更切实担起法律援助的责任

法律援助是法律服务市场化以后必然带来的问题，是市场化的缺陷所在。从各国的通行做法来看，法律援助主要由公共财政来解决。我国的《法律援助条例》同样也认可了这种解决办法，强调法律援助是政府的责任。2007年10月颁布的《律师法》修正案删除了有关法律援助的规定，实际是再度重申了政府承担法律援助责任的原则。但是，根据前面的考察发现，虽然法律援助经费逐年增长，但是截至2006年，全国仍然只有不到4亿元，在一个13亿人口的大国中，这个数额是极其不足的。导致这一状况的主要原因，一个是限于目前的经济发展水平，各级地方财政的财力有限；二是也有观念上不够重视的原因。

虽然目前经费严重不足，但是可以预见，随着社会的发展，将来政府将加大投入，切实担当起法律援助的责任来。这是因为，一是随着我国经济的发展，各级财政的财力将日益增强，这将为政府承担财政责任提供物质基础。二是在市场经济发展进程中，政府的职能定位将更加科学合理，法律援助的公共财政责任将获得更普遍的体认。三是我国人权事业推进，将从另一个角度促进法律援助经费问题的解决。因为法律援助问题很大程度上是人权理念在当代社会提出的一个重大问题，即政府如何纠正形式平等的不足实现最大程度的实质平等的问题。

5. 律师行业自治将逐步加强

律师行业自治将逐步增强也是可以预见的。这是因为，一方面，要加强律师权益的保障，要实现律师在法治国家中的社会功能，律师行业自治是必需的，这一点正在全社会范围内凝聚共识。另一方面，2007年10月《律师法》修正案的规定已经在这个方向上迈出了实质性的步骤，相信随着社会主义法治国家建设的推进，随着民主法治理念的弘扬，这样的步伐将越迈越大，并达到现实需要的自治程度。此外，世界上多数国家的成功实践，可以为我们提供经验上的和智识上的支持，从而也在客观上促进我国的律师行业自治。

第七章　中国宪法发展 60 年

莫纪宏*

一、新中国的建立与共同纲领

（一）特定的历史条件

新中国的法律是在废除国民党政府的法律基础上建立起来的。这是我国人民根据马克思主义关于无产阶级领导革命必须废除旧法律和创建新法律的原理与中国革命具体实践相结合而得出的科学结论，是我国人民革命实践经验的总结。在全国解放前夕，当国民党反动政权即将全面崩溃之时，蒋介石为了达到保存国民党残余势力以便东山再起的阴谋，曾于 1949 年 1 月 1 日发出了元旦求和文告，提出了愿意与共产党进行和平谈判的建议，但必须以保存伪宪法、伪法统①和反动军队等项条件作为和平谈判的基础。为了揭露蒋介石玩弄和谈骗局、欺骗人民的反革命阴谋，1949 年 1 月 14 日中共中央主席毛泽东发表了《关于时局的声明》。在该声明中，毛泽东主席揭露了蒋介石提出和谈建议的虚伪性，指出："这是因为蒋介石在他的建议中提出了保存伪宪法、伪法统和反动军队等项为全国人民所不能同意的条件，作为和平谈判的基础。这是继续战争的条件，不是和平的条件。"② 蒋介石之所以提出保存伪宪法、伪法统，实质上企图保持国民党的法统不致中断，以此继

---

* 中国社会科学院法学研究所研究员。

① 1949 年 2 月 16 日《人民日报》新华社信箱曾经发表《关于废除伪法统》一文，其中对"伪法统"的含义作了比较明确地界定。该文指出："国民党政府的所谓'法统'，是指国民党统治权力在法律上的来源而言。国民党反动派欺骗人民说：他们的反人民的统治是'合法'的'正统'。他们欺骗人民说：国民党的统治权力，是根据一九四七年元旦国民党政府颁布的'宪法'；这个'宪法'，是根据一九四六年十一月国民党政府召开的'国民大会'；这个'国民大会'，是根据一九三一年六月国民党政府公布施行的'训政时期约法'；如是等等，并向上追溯而一直至于国民党的成立。"参见《国家与法的理论学习资料》，中国人民大学法律系国家与法的理论教研室理论小组、资料室编，1982 年 9 月第 1 版第 1 次印刷，第 4 页。

② 《毛泽东选集》（合订本），人民出版社 1964 年版，第 327 页。

续维持地主、买办官僚资产阶级的反动统治。因此，在《关于时局的声明》中，毛泽东主席又针锋相对地提出了废除伪宪法、废除伪法统等八项条件，作为和平谈判的基础。这个声明表达了全国人民决心彻底推翻国民党反动统治，将革命进行到底的要求和愿望，粉碎了国民党反动派妄图保留伪宪法、伪法统以维持其统治的阴谋。因此，废除国民党政府的法律，是我国人民革命的一项重要内容。

根据我国革命实践的需要，总结我国革命斗争的经验，1949年1月，在《中共中央关于接管平津司法机关之建议》中就明确指出："国民党政府一切法律无效，禁止在任何刑事民事案件中，援引任何国民党法律。法院一切审判，均依据军管会公布之法令及人民政府之政策处理。"1949年2月，中共中央发布了《关于废除国民党的六法全书与确定解放区的司法原则的指示》，这个指示为我们在全国胜利后，废除旧法律，建立新法律，奠定了理论基础和政策依据。这个指示的基本内容是：（1）深刻分析了国民党政府法律的反动本质，指出"国民党的'六法全书'和一般资产阶级法律一样，以掩盖阶级本质的形式出现，但是实际上既然没有超阶级的国家，当然也不能有超阶级的法律。六法全书和一般资产阶级法律一样，以所谓人人在法律方面一律平等的面貌出现，但是实际上在统治阶级与被统治阶级之间、剥削阶级与被剥削阶级之间、有产者与无产者之间、债权人与债务人之间，没有真正共同的利害，因而也不能有真正平等的法权"。[①] 所以，国民党全部法律只能是保护地主与买办官僚资产阶级反动统治的工具，是镇压与束缚广大人民群众的武器。在无产阶级领导的、以工农联盟为主体的人民民主专政政权下，国民党的"六法全书"应该废除。人民的司法工作，不能再以国民党的"六法全书"为依据，而应该以人民的新的法律为依据。（2）指出"在无产阶级领导的工农联盟为主体的人民民主专政政权下，国民党的六法全书应该废除。人民的司法工作，不能再以国民党的六法全书为依据，而应该以人民的新的法律作依据"。因此，"在人民新的法律还没有系统地发布以前，应该以共产党政策以及人民政府与人民解放军所已发布的各种纲领、法律、条例、决议作依据"。[②] 在人民的法律还不完备的情况下，司法机关的办事原则应该是：有纲领、法律、命令、条例、决议者，从纲领、法

① 《国家与法的理论学习资料》，中国人民大学法律系国家与法的理论教研室理论小组、资料室编，1982年9月第1版第1次印刷，第1页。

② 同上书，第2—3页。

律、命令、条例、决议之规定；无纲领、法律、命令、条例、决议者，从新民主主义政策。(3) 指出人民的司法机关应该经常以蔑视和批判“六法全书”以及国民党其他一切反动的法律、法令的精神，以学习和掌握马列主义、毛泽东思想的国家观、法律观以及新民主主义的政策、纲领、法律、命令、条例、决议的办法来教育和改造旧的司法人员。“只有这样，他们才能够为人民服务，才能与我们的革命司法干部和衷共济，消除所谓新旧司法干部不团结和旧司法人员炫耀国民党的六法全书和自高自大的恶劣现象”。①

关于即将成立的新中国的立法问题，1949年6月4日和10日，中央中央法律委员会和华北人民政府司法部连续召集了两次立法问题座谈会。中共中央法律委员会、华北人民政府司法部、华北人民政府法院、北平市人民法院各负责人及沈钧儒、李达等专家教授共40余人参加了座谈会。会议由华北人民政府司法部部长谢觉哉主持。会议首先由中共中央法律委员会负责人概括说明了新民主主义的中华人民民主国家的立法需要、立法观点、立法方法及立法方式等问题。与会者在两次座谈会上广泛地交换了关于新中国立法的各种意见。经过热烈讨论，大家一致认为，新民主主义革命即将在全国范围内胜利，国民经济的恢复工作正在积极进行，国民党的反革命反人民的“六法全书”已经被废除，新民主主义国家必须有保护自己的政治制度、经济制度与文化制度的各种法律。当前司法机关和人民群众感到迫切需要的法律是：刑法、刑事诉讼法、民法、民事诉讼法、法院组织法、检察制度条例、新的监狱或犯人改造条例等；司法机关和工商界感到迫切需要的法律是：公司法、票据法、商业登记法、交易所法、商标法、海商法；此外，婚姻法、劳动法、土地法等也是人民所需要的法律。新法理学的研究、新宪法与行政法的研究、法学史和法制史的研究也很有必要。

在谈到如何以新的观点和方法来进行立法工作的问题时，与会者一致认为，首先，新立法应该从新中国的现实生活的实际出发，并使理论与实际相结合，因此，最完满最集中反映中国现实和最正确指导中国革命的毛泽东思想，应成为立法工作的指导原则。具体说，应该认清中国新民主主义革命和新民主主义国家的性质，也就是说，认清这个革命的对象是帝国主义、封建主义和官僚资本主义；这个革命胜利建立起来的国家是无产阶级领导的以工农联盟为基础的人民民主专政的国家。认清这些才能在立法工作中确切地反

① 《国家与法的理论学习资料》，中国人民大学法律系国家与法的理论教研室理论小组、资料室编，1982年9月第1版第1次印刷，第3页。

映出这个革命和这个国家的阶级本质和社会内容。第二，应该清楚地了解新民主主义的政策特点，是毛主席所指示的“四面八方”的政策，以便用法律形式恰当地反映出“公私兼顾、劳资两利、城乡互助、内外交流”的政策的特点。第三，应该认清新民主主义中国发展的前途，认清新民主主义中国是社会主义中国的准备阶段和过渡阶段，以便在立法中把中国人民当前奋斗与将来目的有机地体现出来。第四，应该研究中国共产党、中国人民政权与中国人民解放军20余年立法工作和司法工作的经验，把这些经验总结起来和提高起来，成为较完备的立法内容。与会者一致强调，要搞好立法工作，必须认真地了解中国人民的生活和需要，必须详细地研究中国革命的政策和经验，必须认真地和系统地去学习马克思列宁主义和毛泽东思想。同时，与会者还认为，我们的立法工作必须一方面以苏联和各人民民主国家的法学理论和法律作为主要参考资料和借鉴对象；另一方面以中国过去各种旧法律与欧美资本主义国家各种法律作为附属参考资料和批判对象，所以，大家建议，应立即进行各种法学、法律图书资料的搜集、编译和整理工作。最后，与会者认为，在目前的条件下，立法形式应以各种大纲及简易条例形式为主，同时，各种法律的内容繁简与条文多少，应具体看需要和可能而定；随着人民民主国家各种建设进程的进展，各种法律的内容和形式也将逐渐补充和发展。今后法律文字方面，也须力求科学化、大众化，使法律从所谓法律专家专有的工具，变成为人民服务和为人民所用的工具。

会议同意立即组织法理学、宪法（包括行政法）、民事法规、刑事法规、商事法规、法院组织法规、执行法规、检察条例、国际法与法制史等10个研究组，由个人自愿参加一个至两个组负责进行研究工作。①

总体上来说，在新中国建立前夕，我党在法律领域里所开展的工作主要是废除国民党反动政权的旧法律，并结合中国新民主主义革命的特点，以马克思列宁主义和毛泽东思想作为指针，在批判旧法和借鉴国外法制建设经验和教训的基础上，制定适应中国新民主主义革命需要的新法律。在一系列需要重新制定的新法律中，宪法作为根本大法首先应当予以制定并应该在法制实践中得到遵循，成为当时立法工作者和司法工作者的共识。在着手新中国法制建设的过程中，《中国人民政治协商会议共同纲领》的起草和通过成为新中国成立前夕人民民主政权立法工作的中心环节。

---

① 《人民日报》1949年6月18日。

（二）制定《中国人民政治协商会议共同纲领》的过程

《中国人民政治协商会议共同纲领》（简称《共同纲领》），于1949年9月29日由中国人民政治协商会议第一届全体会议通过。它是中国宪法史上第一个比较完备的新民主主义性质的宪法文件，它的制定对确立新中国建国初期的大政方针，巩固新生的人民民主专政政权起到了非常重要的法律保障作用，是新中国宪政史的基石和出发点。

新中国成立前夕，建立新中国的准备工作之一是起草《中国人民政治协商会议共同纲领》。《共同纲领》从开始起草到经中国人民政治协商会议第一届全体会议通过，随着中国革命形势的发展变化，曾三次起草，三次命名。①

1. 第一次起草稿：《中国人民民主革命纲领草案》

中共中央和毛泽东主席在发起召开新的政治协商会议之时，就提出制定《共同纲领》的问题。1948年“五一口号”发表之前，4月27日，毛泽东主席在给中共北平市委书记刘仁同志的信中，即让他明确告诉北平的民主人士，我党准备邀请他们来解放区参加各民主党派各人民团体代表会议，讨论的事项包括：“（甲）关于召开人民代表大会成立民主联合政府问题；（乙）关于加强各民主党派各人民团体的合作及纲领政策问题”。“会议的名称拟称为政治协商会议。”这里把加强与会各党派、各团体的合作及为加强这一合作而制定为各方认同的“纲领政策”，作为新的政治协商会议的两大任务之一。4月30日，中共中央发布五一劳动节口号23条，其中经毛泽东主席改写的第五条，正式向全国各民主党派、各人民团体、各社会贤达发出“迅速召开政治协商会议，讨论并召集人民代表大会，成立民主联合政府”的口号，由此揭开了筹建新中国的序幕。

为了促进召开新政协主张的实现，毛泽东主席于5月1日又致信民革主席李济深先生和民盟负责人沈钧儒先生，征求他们的意见。毛泽东主席在信中说：“在目前形势下，召集人民代表大会，成立民主联合政府，加强各民主党派、各人民团体的相互合作，并拟订民主联合政府的施政纲领，业已成为必要，时机亦趋成熟”。“但欲实现这一步骤，必须先邀请各民主党派，各人民团体的代表开一个会议。”毛泽东主席提议，由民革、民盟和中共“于本月内发表三党联合声明，以为号召”。他还亲自拟了一个联合声明的

① 本书对《共同纲领》起草过程的描述参考了《胡乔木回忆毛泽东》一书，人民出版社1994年版。

草案，由当时中共驻香港负责人潘汉年一并送达。

中共的号召，得到了各民主党派、无党派民主人士和海外华侨的热烈响应，一个规模巨大、推动新中国诞生的新政协运动在全国兴起。1948年9月，中共中央决定，将中央城市工作部改为中央统一战线工作部，负责管理国民党统治区工作、国内少数民族工作、政权统战工作、华侨工作及东方兄弟党的联络工作。统战部在毛泽东、周恩来的领导下和李维汉的主持下，为筹备新政协和拟定《共同纲领》作了大量具体工作。

1948年八九月份，已有部分民主党派代表及无党派民主人士陆续到达华北解放区河北平山县李家庄（中共中央统战部所在地）和东北解放区哈尔滨。为了更具体地与这些民主人士商谈召开新政协的各项事宜，毛泽东主席向周恩来同志提出，“似宜将名单及其他各项组成一个文件，内容字句均需斟酌”。周恩来同志和中央统战部在同到达李家庄的民主人士商讨后，拟定了《关于召开新的政治协商会议诸问题草案》。这个草案经毛泽东主席审改后，于10月8日由中共中央电发东北局。中央指示高岗、李富春约集在哈尔滨的民主人士“会谈数次”，并告诉他们这是中共中央提出的“书面意见”，请各民主人士“过细加以斟酌”。其后，中共中央又通过华南分局征求了在香港的各民主党派负责人和著名无党派民主人士的意见。11月25日，高岗、李富春代表中共中央与在哈尔滨的民主人士达成了《关于召开新的政治协商会议诸问题》的协议。该协议第2项第5款规定：新政协应讨论和决定两项重要问题：“一为共同纲领问题，一为如何建立中华人民民主共和国临时中央政府问题。共同纲领由筹备会起草，中共中央已在起草一个草案。”这是正式使用“共同纲领”一词较早的文献。其中所说的“中共中央已在起草一个草案”，就是指中共中央第一次起草的《中国人民民主革命纲领草案》。

《中国人民民主革命纲领草案》第一稿是在李维汉主持下，于1948年10月27日写出初稿的。该稿除简短的序言外，分总则、政治、军事、土地改革、经济财政、文化教育、社会政策、少数民族、华侨、外交等10部分，共46条。该稿虽然比较粗糙，但是它还是把即将诞生的新中国应实行的最基本的纲领、政策规定出来了，草稿的着重点是“人民民主革命”方面。例如，该稿规定，纲领的基本原则，即新政协各成员“共同奋斗的准则”，是“新民主主义亦即革命三民主义”；“人民为国家的主人，国家的一切权力出自人民大众，属于人民大众”；“中华人民民主共和国各级政权的构成，不采取资产阶级民主的三权鼎立制，而采取人民民主的民主集中制”；国家各级权力机关和行政机关，是各级人民代表大会及其选出的各级人民政府；实行耕者有其田的土地制度；没收官僚资本归国家所有，“国有经济为全部国民经济的领导成分”；“发展生产，繁荣经济，公私兼顾，劳资两利，应定为全部国民经济建设的总方针”；有计划有步骤地发展工业，争取若干年内“使中国由农业国地位上升到工业国地位”；“发展民族的、科学的、大众的文化与教育”；各民族一律平等，建立民族自治区，等等。这些规定，反映了我们党长期以来形成的新民主主义的立国思想，因此，该稿大都为后来各个稿本所采纳。

1948年11月，《中国人民民主革命纲领草案》形成第二稿。第二稿的结构不同于第一稿，它分为人民解放战争的历史任务、建立人民民主共和国的基本纲领、战时具体纲领三大部分。第一部分叙述人民解放战争的历程、主要经验及其要完成的推翻三大敌人和国民党反动统治的历史任务，号召全国人民“继续支持人民解放战争直至解放全中国的彻底胜利”。第二部分规定中华人民民主共和国的新民主主义的性质以及它的国家构成、政权构成、经济构成、文化教育、外交政策。第三部分就全力支援人民解放战争、巩固人民解放区、建立临时中央政府三个方面，作了34条规定。这一稿对成立中华人民民主共和国临时中央政府的程序作了新的规定。该稿明确规定：由新政协直接选举临时中央政府。但此稿带有明显的宣言色彩，是宣言与纲领相结合的一个文件。1949年2月27日，经周恩来同志作文字修改后，与《关于新的政治协商会议诸问题的协议》、《新政治协商会议筹备会组织条例（草案）》、《参加新政协筹备会各单位民主人士候选名单》、《中华人民民主共和国政府组织大纲（草案）》一起编印成册，名为《新的政治协商会议有关文件》。

2. 第二次起草稿：《新民主主义的共同纲领草案》初稿

从1948年中共发布“五一口号”到1949年春，随着人民解放战争的进展，革命政权在全国迅速建立和发展起来，在人民即将取得全国政权的情况下，各民主党派和无党派民主人士中的绝大多数人，在彻底推翻国民党反动统治和建立新民主主义中国这两个基本问题上，与共产党取得了共识。这为《共同纲领》的正式制定，创造了必要的条件。1949年3月召开的党的七届二中全会和6月底毛泽东主席发表的《论人民民主专政》，进一步丰富了中国共产党有关革命和建国的理论，从而为《共同纲领》的制定奠定了坚实的理论基础和政策基础。

1949年6月15日，新政治协商会议筹备会在北平成立。筹备会由23个单位、134人组成，以毛泽东主席为常务委员会主任。常务委员会下设六个小组，分别进行各项筹备工作。每组均自愿报名参加。负责起草《共同纲领》的是第三小组，由周恩来、许德珩担任正副组长。6月18日，第三小组成立。周恩来在成立会上说明了起草《共同纲领》工作的重要性以及以往工作的情况。周恩来指出，起草《共同纲领》任务繁重。这个纲领决定联合政府的产生，也是各党派各团体合作的基础。中共中央曾先后两次起草了草案，但由于革命形势的发展，这两个草案都已不能适应新的革命形势的要求，因此，必须重新起草。会议决定委托中共中央再次草拟初稿，而小组成员则按照自愿参加的原则分为政治法律、财政经济、国防外交、文化教育、其他（包括华侨、少数民族、群众团体、宗教等问题）五个分组进行讨论和拟定具体条文，供起草人参考。参加新政协筹备会的各单位、各代表及第三小组各成员亦可提出自己的书面意见。至7月上旬，各分组均拟定了具体条文。中共中央在周恩来同志的领导下再次草拟初稿，并用两个月的时间，写出一个草案初稿。由于我们所要建立的新中国是一个新民主主义性质的国家，所以，把题目定为《新民主主义的共同纲领》。8月22日，周恩来同志将初稿交毛泽东主席审议。毛泽东主席仔细审读了初稿，并对一些段落作了删改。

《新民主主义的共同纲领》初稿，除了简短的序言外，分一般纲领和具体纲领两个部分。同《中国人民民主革命纲领草案》相比，它删除了“人民解放战争的历史任务”一部分，在具体条文的规定上，也增添了不少内容。一般纲领中规定：参加政治协商会议的各个单位，要以“奉行新民主主义”作为“长期合作的政治基础”，新民主主义是“统一战线的纲领”；“新民主主义的国家制度，是工人阶级领导的以工农联盟为基础的团结各民主阶级及中国境内各民族的人民民主专政的国家制度”；“新民主主义的政治制度，是民主集中制的人民代表大会的政治制度”，“在整个新民主主义制度期间，既不是一个阶级专政，也不是一党独占政府”，而应当是各民主党派及人民团体在新民主主义纲领之下的联合政府。此外，规定了“新民主主义的国防”、“新民主主义的经济”、“新民主主义的文化”、“新民主主义的国际关系”。具体纲领部分，按“解放全中国”、“政治法律”、“财政经济”、“文化教育”、“国防”、“外交侨务”六个方面，共列45条。这份初稿即成为此后不久提出的《中国人民政治协商会议共同纲领草案》的基础。

3. 第三次起草稿：《中国人民政治协商会议共同纲领》

进入1949年9月以后，《共同纲领》的起草工作进入最后阶段。纲领的名称随着政协名称的变动而改为《中国人民政治协商会议共同纲领》，其结构也作了改动，不再分一般纲领和具体纲领，而是在序言之后平列七章。这是第三次起草稿。在这个阶段，毛泽东主席直接参加了草稿的修改工作。从9月3日至13日，毛泽东主席至少对四次草案稿进行了细心修改，改动总计有200余处。不仅如此，他还亲自校对和督促印刷。

《共同纲领》最后阶段的修改，是同筹备会及所有出席代表的讨论结合在一起进行的，从中共中央提出草案初稿，到政协全体会议召开，共进行了七次讨论，即：由到达北平的政协代表五六百人分组讨论两次，纲领起草小组讨论三次，筹备会常委会讨论两次，此外，政协各参加单位还组织各自成员进行了讨论，广泛吸收了各方面的意见。然后将草案提交筹备会第二次全体会议作了基本通过，提交政协全体会议讨论。① 在草案征求意见的过程中，代表们集思广益、畅所欲言，对草案提出了大量中肯意见。主要的修改意见有：

关于国名及国名简称问题。本来，在发出新政协号召前后，在中共中央文件和领导人著作中，即多次有“中华人民共和国”的提法（《新民主主义论》中称“中华民主共和国”），如1948年1月19日毛泽东主席为中共中央起草的党内指示《关于目前党的政策中的几个重要问题》、2月15日完稿的《中共中央关于土地改革中各社会阶级的划分及其待遇的规定草案》、8月1日毛泽东主席复函香港各民主党派与民主人士电等，都把新中国定名为“中华人民共和国”。但是，随后在10月上旬提出、11月25日达成协议的《关于召开新的政治协商会议诸问题》及随之起草的《新政治协商会议筹备会组织条例草案》和《中华人民民主共和国政府组织大纲草案》中，又改用“中华人民民主共和国”的名称，直至新政协筹备会召开。筹备会期间，黄炎培、张志让等主张用“中华人民民主国”，张奚若等主张用“中华人民共和国”，最后决定采用后一种意见。关于国名的简称问题，引起了热烈的争论。最初起草的《中华人民民主共和国政府组织大纲草案》中有“中华人民民主共和国简称中华民国”一条。筹备会召开后，该大纲草案改称为《中华人民共和国中央人民政府组织法草案》，简称一说仍保留着。代表们

① 参见周恩来《关于〈中国人民政治协商会议共同纲领〉草案起草的经过和纲领的特点——在中国人民政协全体会议上的报告摘要》（1949年9月25日），《新华月报》1949年第1卷第1期。

对要不要保留这个简称以及是否把简称写入《共同纲领》展开了热烈的讨论。一些代表主张，不仅在政府组织法中应注明“简称中华民国”，而且要把这一简称写入《共同纲领》，因为《共同纲领》要有照顾统一战线中各个组织的意义，应该沿用习惯了的称呼。更多的代表认为，不应简称“中华民国”，因为“中华民国”并不是一个简称，而是代表旧中国统治的一切，反动派标榜“中华民国”，而人民已经对它产生反感，人民的新中国是新民主主义性质的，不能与之混同，如果要用简称，就简称“中国”。还有的代表主张，既不应简称“中华民国”，也不必在纲领条文中注明简称“中国”，因“中国”是习惯用法，不是简称。最后，所有政协文件均未写简称。

关于社会主义目标问题。一部分代表认为，既然我们将来的目标是实现社会主义，那就应该在纲领中把这一目标写出来，使全国人民了解未来社会的远景以及共同奋斗的最终目标。另一些代表则认为，在今天的政协中提出社会主义问题还为时过早，《共同纲领》是新民主主义性质的，以不写社会主义为好，而且新民主主义本身就预示着社会主义方向。中共中央和毛泽东主席支持了后一种意见。刘少奇、周恩来等同志都在大会上对这一问题作了说明。其中主要的原因是：第一，《共同纲领》是属于国家政权在现阶段的施政纲领，是从客观实际出发，为现阶段需要而制定的，它不应去描绘现阶段尚不能实现的理想。新中国成立以后，中国人民面临的任务就是建设新民主主义，如在《共同纲领》中过早地写进社会主义目标，就很容易混淆现阶段的实际步骤与将来的理想。第二，新民主主义的《共同纲领》是在各民主党派、各人民团体和无党派民主人士对新民主主义取得共识的基础上制定的，要把共产党的第二步奋斗目标——社会主义写进国家的基本文件中，也必须经过一个解释、宣传和实践的过程，只有全国人民通过实践认识到这是唯一的最好的前途，才会真正承认它，并愿为它而奋斗。所以，暂时不写上社会主义目标，并不是否定它，而是更加郑重地看待它。第三，纲领的经济部分已实际保证了向社会主义前途迈进。

关于人民政协的性质和历史使命问题。在讨论中，曾经出现过两种想法：第一种，以为等到了人民代表大会召开之后，就不再需要人民政协这样的组织了；第二种，以为由于各党派这样团结一致，推动新民主主义很快的发展，党派的存在就不会很久了。后来大家在讨论中认为这两种想法是不恰当的，因为它们不合于中国革命的发展和建设的需要。首先，普选的全国人民代表大会的召开，固然还需要一个相当时间，即便在普选的全国人民代表大会召开以后，政协会议还将对中央政府的工作起协商、参谋和推动的作用。其次，新民主主义时代既有各阶级的存在，就会有各党派的存在。旧民主国家的统治者是资产阶级，其所属党派必然是相互排挤，争权夺利。新民主主义的各阶级在工人阶级领导下，虽然各阶级的利益和意见仍有不同之处，但是在共同要求上，在主要政策上是能够求得一致的。人民民主统一战线内部的不同要求和矛盾，在反帝反封建残余的斗争前面，是可以而且应该得到调节的。

关于“爱国民主分子”问题。有的代表提出，序言里“中国人民民主专政是中国工人阶级、农民阶级、小资产阶级、民族资产阶级及其他爱国民主分子的人民民主统一战线的政权”一句中的“爱国民主分子”应删去，因为这里讲的是阶级，爱国民主分子也属于四个阶级之内。刘少奇同志在参加小组讨论中对此作了解释：有些爱国民主分子不属于四个阶级，例如地主、官僚资产阶级中的开明分子，单独提出“爱国民主分子”，就是要让这些人加入进来。

关于“人身自由”问题。共同纲领初稿规定：“中华人民共和国人民有思想、言论、出版、集会、结社、通信、居住、迁徙、宗教信仰及示威游行的自由权。”其中未提“人身自由”。许多代表对此提出意见，认为人身自由是最根本的自由，如无人身自由，其他自由都将谈不上。因此，应该在各种自由权中加上人身自由这一项。这个意见在下一个印稿中即被采纳。

关于联苏问题。有的产业界代表出于同外国做生意的考虑，认为关于外交政策的条文不必突出联合苏联的内容。这一意见未得到响应。中国国民党革命委员会、三民主义同志联合会、中国国民党民主促进会三个国民党民主派的政协代表就这个问题进行了专门讨论。他们的意思是：“本党十三年改组时提出联合以平等待我之民族，就是指苏联，今天应该明确说出来。”“联苏的口号非公开提出不可”。纲领草案保留了“首先联合苏联、各人民民主国家和各被压迫民族”的条文。

除上述重要的修改意见外，代表们还提出了其他一些有益的意见。如在第二章政权机构开头一条应加上“中华人民共和国主权属于全国人民”；政协组织成分中的“知识界”应改为“知识分子”；“反对贪污、浪费”的提法太轻，应改为肃清贪污、严禁浪费；调剂五种经济成分的关系，应加上金融政策、技术政策两个方面，等等。这些意见被后来的修改稿所采纳。另外还有一些建议，如文字改革、对日和约等，均属不是现在所能做到和不必即行准备去做的事项，故没有列入条文。

经各方反复讨论和毛泽东主席多次修改的《中国人民政治协商会议共

同纲领（草案）》，于1949年9月17日为政协筹备会第二次会议所接受。9月21日，中国人民政治协商会议第一届全体会议开幕。9月22日，周恩来同志就《共同纲领（草案）》的起草经过向大会作报告。大会组成包括《共同纲领（草案）》整理委员会在内的六个分组委员会，已最后完成各项文件的起草工作。《共同纲领（草案）》整理委员会由出席政协的45个单位和特邀代表派人组成。中共方面为周恩来。45个单位中，只有民盟派出两人：章伯钧、罗隆基，其他均为一人。28日，政协各单位及纲领草案整理委员会分别举行会议，对纲领草案进行最后一次讨论。29日，政协全体会议一致通过《中国人民政治协商会议共同纲领》。10月1日，刚刚当选为中华人民共和国中央人民政府主席的毛泽东发布公告，宣布中央人民政府“接受中国人民政治协商会议共同纲领为本政府的施政方针”。至此，具有临时宪法性质的《中国人民政治协商会议共同纲领》诞生了。

（三）基本内容分析

《中国人民政治协商会议共同纲领》分序言和总纲、政权机构、军事制度、经济政策、文化教育政策、民族政策、外交政策七章，总计60条，7000余字。这个纲领是全国人民意志和利益的集中体现，是革命斗争经验的总结，也是中华人民共和国在相当长的时期内的施政准则。它规定中华人民共和国是新民主主义及人民民主的国家；政权是工人阶级、农民阶级、小资产阶级、民族资产阶级及其他爱国民主分子的人民民主统一战线政权，而以工农联盟为基础，以工人阶级为领导；目标是反对帝国主义、封建主义和官僚资本主义，为中国的独立、民主、和平、统一和富强而奋斗。它给新中国制定了政权机构、军事制度以及经济政策、文化教育政策、民族政策、外交政策的总原则。它规定人民享有广泛的民主权利和应尽的义务。《共同纲领》的制定和通过表明，中国共产党的最低纲领即新民主主义纲领，已被集中代表各民主党派、各人民团体、各民主阶级、各少数民族、海外华侨及其他爱国民主分子意志的中国人民政治协商会议所一致接受，成为新中国的建设蓝图。

1.《共同纲领》保障了人民的权利

《共同纲领》序言和第1条明确规定，新民主主义即人民民主主义是中华人民共和国的政治基础，中华人民共和国实行工人阶级领导的、以工农联盟为基础的、团结各民主阶级和国内各民族的人民民主专政，反对帝国主义、封建主义和官僚资本主义，为中国的独立、民主、和平、统一和富强而奋斗。该规定明确了中华人民共和国人民民主专政的国体性质，为团结绝大多数人民群众共同反对帝国主义、封建主义和官僚资本主义，为建设新民主主义的中国创造了良好的政治条件。《共同纲领》以此为基础，强调了人民作为国家主人翁所享有的基本法律权利。这些权利包括三个方面：（1）中华人民共和国人民依法有选举权和被选举权（第4条）；（2）中华人民共和国人民有思想、言论、出版、集会、结社、通讯、人身、居住、迁徙、宗教信仰及游行示威的自由权（第5条）；（3）中华人民共和国废除束缚妇女的封建制度。妇女在政治的、经济的、文化教育的、社会生活的各方面，均享有与男子平等的权利，实行男女婚姻自由。

在保障人民权利的同时，《共同纲领》还强调了对人民的敌人实行专政的要求。如《共同纲领》第7条规定：中华人民共和国必须镇压一切反革命活动，严厉惩罚一切勾结帝国主义、背叛祖国、反对人民民主事业的国民党反革命战争罪犯和其他怙恶不悛的反革命首要分子。对一般的反动分子、封建地主、官僚资本家，在解除其武装、削减其特殊势力后，仍需依法在必要时期内剥夺他们的政治权利，但同时给以生活出路，并强迫他们在劳动中改造自己，成为新人。假如他们继续进行反革命活动，必须给以严厉的制裁。

《共同纲领》体现了权利与义务相一致的原则，在保障人民权利的同时，也确立了国民的基本法律义务，即第8条所规定的：中华人民共和国国民均有保卫祖国、遵守法律、遵守劳动纪律、爱护公共财产、应征公役兵役和缴纳赋税的义务。

此外，《共同纲领》还规定，中华人民共和国境内各民族，均有平等的权利和义务。

2.《共同纲领》确立了国家政权组织形式

《共同纲领》确立了我国人民代表大会制度的三项最基本的原则，即国家权力属于人民原则、人民代表大会为国家权力机关原则和民主集中制原则。

《共同纲领》第12条规定，中华人民共和国的国家政权属于人民。该规定实质上宣告了新中国为人民主权的国家，而不是像旧中国那样的国民党实行一党专政或者是以党代政。将国家权力建立在人民所有的基础之上，这就保障了中华人民共和国的合法性。

关于人民通过何种组织形式组织国家政权，《共同纲领》第12条明确规定：人民行使国家政权的机关是各级人民代表大会和各级人民政府。各级人民代表大会由人民以普选的方式产生。各级人民代表大会选举各级人民政府。各级人民代表大会闭会期间，各级人民政府为行使各级政权的机关。最高国家政权机关为全国人民代表大会。全国人民代表大会闭会期间，中央人民政府为行使最高国家政权的机关。

《共同纲领》特别强调了国家政权机关开展工作的民主集中制原则。第15条对这一原则的内涵作了详细的说明，即人民代表大会向人民负责并报告工作。人民政府委员会向人民代表大会负责并报告工作。在人民代表大会和人民政府委员会内，实行少数服从多数的制度。各下级人民政府均由上级人民政府加委并服从上级人民政府。全国各地方人民政府均服从中央人民政府。民主集中制原则还适用于处理中央与地方之间的关系。《共同纲领》第16条规定：中央人民政府与地方人民政府间职权的划分，应按照各项事务的性质，由中央人民政府委员会以法令加以规定，使之既利于国家统一，又利于因地制宜。

考虑到新中国成立初期的具体情况，《共同纲领》规定，在普选的全国人民代表大会召开以前，由中国人民政治协商会议的全体会议执行全国人民代表大会的职权，制定《中华人民共和国中央人民政府组织法》，并赋之以行使国家权力的职权。而在普选的全国人民代表大会召开以后，中国人民政治协商会议得就有关国家的根本大计及其他重要措施，向全国人民代表大会或中央人民政府提出建议案。为了保证中国人民政治协商会议的人民性，《共同纲领》第13条规定：中国人民政治协商会议为人民民主统一战线的组织形式。其组织成分，应包含有工人阶级、农民阶级、革命军人、知识分子、小资产阶级、民族资产阶级、少数民族、国外华侨及其他爱国民主分子的代表。

此外，《共同纲领》规定：凡中国人民解放军初解放的地方，应一律实行军事管制，取消国民党反动政权机关，由中央人民政府或前线军政机关委任人员组织军事管制委员会和地方人民政府，领导人民建立革命秩序，镇压反革命活动，并在条件许可时召集各界人民代表会议。在普选的地方人民代表大会召开以前，由地方各界人民代表会议临时代行人民代表大会的职权。

为了巩固人民民主革命的成果，共同纲领还对废除旧法律、制定新法律作出了明确规定。第17条要求：废除国民党反动政府一切压迫人民的法律、法令和司法制度，制定保护人民的法律，建立人民司法制度。

对于国家政权机关的工作作风以及履行自身职责的监督，《共同纲领》也作了明确的规定。例如，《共同纲领》第18条规定：中华人民共和国的一切国家机关，必须厉行廉洁的、朴素的、为人民服务的革命工作作风，严惩贪污，禁止浪费，反对脱离人民群众的官僚主义作风。第19条又规定：在县市以上的各级人民政府内，设人民监察机关，以监督各级国家机关和各种公务人员履行其职责，并纠举其中之违法失职的机关和人员。人民和人民团体有权向人民监察机关或人民司法机关控告任何国家机关和任何公务人员的违法失职行为。

3.《共同纲领》确立了国家的军事制度

《共同纲领》对中华人民共和国武装力量的性质、军队的构成、民兵制度和义务兵役制度、革命军烈属以及人民军队的建军原则都作了明确规定，充分保证了武装力量和人民军队掌握在人民手中以及为人民服务的国防建设宗旨的实现。

关于武装力量的性质，《共同纲领》第10条规定，中华人民共和国的武装力量，即人民解放军、人民公安部队和人民警察，是属于人民的武装力量。其任务是保卫中国的独立和领土主权的完整，保卫中国人民的革命成果和一切合法权益。中华人民共和国中央人民政府应努力巩固和加强人民武装力量，使其能够有效地执行自己的任务。

《共同纲领》在第3章中对军事制度加以详细规定。其主要内容涉及中华人民共和国建立统一的军队，即人民解放军和人民公安部队，受中央人民政府人民革命军事委员会统率，实行统一的指挥、统一的制度、统一的编制和统一的纪律；人民解放军和人民公安部队根据官兵一致、军民一致的原则，建立政治工作制度，以革命精神和爱国精神教育部队的指挥员和战斗员；中华人民共和国应加强现代化的陆军，并建设空军和海军，以巩固国防；中华人民共和国实行民兵制度，保卫地方秩序，建立国家动员基础，并准备在适当时机实行义务兵役制；中华人民共和国的军队在和平时期，在不妨碍军事任务的条件下，应有计划地参加农业和工业生产，帮助国家的建设工作；革命烈士和革命军人的家属，其生活困难者应受国家和社会的优待，参加革命战争的残废军人和退伍军人，应由人民政府给以适当安置，使其能谋生立业。

4.《共同纲领》规定了国家的经济政策

毛泽东主席曾在党的七届二中全会的报告中，根据中国的经济状况阐述了我党的经济政策，指出新中国的经济主要由五种成分构成，“国营经济是社会主义性质的，合作社经济是半社会主义性质的，加上私人资本主义，加上个体经济，加上国家和私人合作的国家资本主义经济，这些就是人民共和国的几种主要的经济成分，这些就构成新民主主义的经济形态”。七届二中全会以后，毛泽东主席又提出“公私兼顾、劳资两利、城乡互助、内外交流”的经济方针，以此照顾四面八方的利益，达到“发展生产、繁荣经济”的目的。至此，“五种经济成分”理论和“四面八方”政策构成了《共同纲领》经济政策的基本内容。

为了贯彻中共提出的新民主主义经济政策，《共同纲领》专设一章，对新民主主义中国的经济政策作了详细的规定。首先是“五种经济成分”理论和“四面八方”政策作为新中国经济政策的基础和前提被明确肯定在《共同纲领》之中。《共同纲领》第26条规定：“中华人民共和国经济建设的根本方针，是以公私兼顾、劳资两利、城乡互助、内外交流的政策，达到发展生产、繁荣经济之目的。国家应在经营范围、原料供给、销售市场、劳动条件、技术设备、财政政策、金融政策等方面，调剂国营经济、合作社经济、农民和手工业者的个体经济、私人资本主义经济和国家资本主义经济，使各种社会经济成分在国营经济领导之下，分工合作，各得其所，以促进整个社会经济的发展。”

为了确定新民主主义中国经济制度的基础，《共同纲领》对五种经济形式的性质作了明确规定。其中，国营经济是社会主义性质的经济。凡属有关国家经济命脉和足以操纵国计民生的事业，均由国家统一经营。凡属国有的资源和企业，均为全体人民的公共财产，为人民共和国发展生产、繁荣经济的主要物质基础和整个社会经济的领导力量。合作社经济为半社会主义性质的经济，为整个人民经济的一个重要组成部分，人民政府应该扶助其发展，并给以优待。而凡有利于国计民生的私营经济事业，人民政府应鼓励其经济的积极性，并扶助其发展。国家资本与私人资本合作的经济为国家资本主义性质的经济。在必要和可能的条件下，应鼓励私人资本向国家资本主义方向发展，例如，为国家企业加工，或与国家合营，或用租借形式经营国家的企业，开发国家的资源等。

针对新中国成立初期所面临的土地改革，《共同纲领》也规定有关土地改革的一般政策。《共同纲领》明确提出土地改革是发展生产力和国家工业化的必要条件。凡已实行土地改革的地区，必须保护农民已得土地的所有权。凡尚未实行土地改革的地区，必须发动农民群众，建立农民团体，经过清除土匪恶霸、减租减息和分配土地等项步骤，实现耕者有其田。

对于在企业中的劳动者的合法权利，《共同纲领》明确规定：在国家经营的企业中，目前时期应实行工人参加生产管理的制度，即建立厂长领导之下的工厂管理委员会。私人经营的企业，为实现劳资两利的原则，应由工会代表工人职员与资方订立集体合同。公私企业一般实行8小时至10小时工作制，特殊情况得斟酌办理。人民政府按照各地各业情况规定最低工资。逐步实行劳动保险制度，保护青工女工的特殊利益。实行工矿检查制度，以改进工矿的安全和卫生设备。

对于涉及国民经济根本的经济计划，《共同纲领》规定中央人民政府应争取早日制定恢复和发展全国公私经济各主要部门的总计划，规定中央和地方在经济建设上分工合作的范围，统一调剂中央各经济部门和地方各经济部门的相互联系。中央各经济部门、地方各经济部门在中央人民政府统一领导之下各自发挥其创造性和积极性。

此外，《共同纲领》对新民主主义中国有关财政、金融、工业、交通、商业、农林牧副渔业以及合作社等方面的经济事项确定了具体和明确的经济任务。关于财政，《共同纲领》要求建立国家预算决算制度，划分中央和地方的财政范围，厉行精简节约，逐步平衡财政收支，积累国家生产资金。国家的税收政策，应以保障革命战争的供给、照顾生产的恢复和发展及国家建设的需要为原则，简化税制，实行合理负担。关于金融，《共同纲领》规定：金融事业受国家严格管理。货币发行权属于国家。禁止外币在国内流通。外汇、外币和金银的买卖，应由国家银行经理。依法营业的私人金融事业，应受国家的监督和指导。凡进行金融投机、破坏国家金融事业者，应受严厉制裁。关于工业，《共同纲领》规定，应以有计划有步骤地恢复和发展农业重工业为重点，例如矿业、钢铁业、动力工业、机械制造业、电器工业和主要化学工业等，以创造国家工业化的基础。同时，应恢复和增加纺织业及其他有利于国计民生的轻工业的生产，以供应人民日常消费的需要。关于交通，《共同纲领》规定，必须迅速恢复并逐步增建铁路和公路，疏浚河流，推广水运，改善并发展邮政和电信事业，有计划有步骤地建造各种交通工具和创办民用航空。关于商业，《共同纲领》要求：保护一切合法的公私贸易。实行对外贸易的管制，并采用保护贸易政策。在国家统一的经济计划内实行国内贸易的自由，但对于扰乱市场的投机商业必须严格取缔。国营贸易机关应负调剂供求、稳定物价和扶助人民合作事业的责任。人民政府应采取必要的办法，鼓励人民储蓄，便利侨汇，引导社会游资及无益于国计民生的商业资本投入工业及其他生产事业。关于农林牧副渔业，《共同纲领》规定：在一切已彻底实现土地改革的地区，人民政府应组织农民及一切可以从事农业的劳动力以发展农业生产及其副业为中心任务，并应引导农民逐步地按照自愿和互利的原则，组织各种形式的劳动互助和生产合作。在新解放区，土地改革工作的每一步骤均应与恢复和发展农业生产相结合。人民政府根据国家计划和人民生活的需要，争取于短时期内恢复并超过战前粮食、工业原料和外销物资的生产水平，应注意兴修水利，防洪防旱，恢复和发展畜力，增加肥料，改良农具和种子，防止病害虫，救济灾荒，并有计划地进行移民开垦。保护森林，并有计划地发展林业。保护沿海渔场，发展水产业。保护和发展畜牧业，防止兽疫。《共同纲领》还对合作社的组织原则做了规定，即鼓励和支持广大劳动人民根据自愿原则，发展合作事业。在城镇中和乡村中组织供销合作社、消费合作社、信用合作社、生产合作社和运输合作社，在工厂、机关和学校中应尽先组织消费合作社。

可以说，《共同纲领》对新中国的各项经济政策的规定充分体现了新中国成立初期我国恢复和发展国民经济的要求。这些规定既考虑了新中国成立初期我国社会存在的各种经济成分，团结了绝大多数工商界人士，尤其是具有爱国主义传统的民族资产阶级，共同建设新民主主义中国；同时，也兼顾了新民主主义中国的发展社会主义经济制度的长远目标。《共同纲领》所规定的各项具体经济政策，尤其是土地改革、农林牧副渔业、合作社等政策都带有强烈的过渡性色彩，也在一定程度上决定了《共同纲领》的临时宪法性质。总体而言，由于《共同纲领》对新民主主义中国的经济政策作了较为全面的阐述，为新中国成立初期我国经济的迅速恢复和发展奠定了政策基础，也为1954年宪法关于经济制度的规定提供了最直接的宪法依据。

5. 《共同纲领》规定了国家的文化教育、民族和外交政策

《共同纲领》第5章、第6章和第7章对新民主主义中国的文化教育政策、民族政策和外交政策也作了较为具体的规定。这一系列政策为新民主主义中国的文化教育事业的建立和发展，为保护各民族平等的法律权利以及为新中国拓展国际舞台提供了有力的法律依据。

关于文化教育政策，《共同纲领》首先明确了新中国文化教育的性质，即新民主主义的，也就是民族的、科学的、大众的文化教育。人民政府的文化教育工作，应以提高人民的文化教育水平，培养国家建设人才，肃清封建的、买办的、法西斯主义的思想，发展为人民服务的思想为主要任务。《共同纲领》在规定文化教育政策时一个最显著的特点就是保障公民的各项文化教育权利，同时反对一切封建的和腐朽的没落的文化思想和意识形态。《共同纲领》第49条规定：保护报道真实新闻的自由。但是，禁止利用新闻以进行诽谤，破坏国家人民的利益和煽动世界战争。发展人民广播事业。

发展人民出版事业，并注重出版有益于人民的通俗书报。《共同纲领》崇尚科学精神，鼓励发展科学事业，如第43条规定：努力发展自然科学，以服务于工业、农业和国防的建设。奖励科学发现和发明，普及科学知识。第44条又规定：提倡用科学的历史观点，研究和解释历史、经济、政治、文化及国际事务，奖励优秀的社会科学著作。关于教育事业，《共同纲领》要求新中国的教育方法应当理论联系实际，人民政府应有计划有步骤地改革旧的教育制度、教育内容和教学法。《共同纲领》规定，应当有计划有步骤地实行普及教育，加强中等教育和高等教育、注重技术教育、加强劳动者的业余教育和在职干部教育，给青年知识分子和旧知识分子以革命的政治教育，以适应革命工作和国家建设工作的广泛需要。关于文学艺术事业，《共同纲领》提倡文学艺术为人民服务，启发人民的政治觉悟，鼓励人民的劳动热情，奖励优秀的文学艺术作品。发展人民的戏剧电影事业。《共同纲领》还提倡国民体育，推广卫生医药事业，并注意保护母亲、婴儿和儿童的健康。《共同纲领》对中华人民共和国国民的公德作了基本要求，即爱祖国、爱人民、爱劳动、爱科学和爱护公共财物等。

关于民族政策，《共同纲领》首先确立了各民族一律平等的原则。第9条规定，中华人民共和国境内各民族，均有平等的权利和义务。第50条又进一步对民族平等原则作了更为详细的规定，也就是说，中华人民共和国境内各民族一律平等，实行团结互助，反对帝国主义和各民族内部的人民公敌，使中华人民共和国成为各民族友爱合作的大家庭。反对大民族主义和狭隘民族主义，禁止民族间的歧视、压迫和分裂各民族团结的行为。关于少数民族的发展政策问题，《共同纲领》确立了各少数民族聚居的地区，应实行民族区域自治，按照民族聚居的人口多少和区域大小，分别建立各种民族自治机关。凡各民族杂居的地方及民族自治区内，各民族在当地政权机关均应有相当名额的代表。《共同纲领》还规定，中华人民共和国境内各少数民族，均有按照国家军事制度，参加人民解放军及组织地方公安部队的权利。各少数民族均有发展其语言文字、保持或改革其风俗习惯及宗教信仰的自由。人民政府应帮助各少数民族的人民大众发展其政治、经济、文化、教育的建设事业。

关于外交政策，《共同纲领》首先表明联合以苏联为代表的世界上一切爱好和平、自由的国家和人民，并确定中华人民共和国的外交政策是，为保障本国独立、自由和领土主权的完整，拥护国际的持久和平和各国人民间的友好合作，反对帝国主义的侵略政策和战争政策。与此同时，《共同纲领》

明确了新中国的建交原则，即凡与国民党反动派断绝关系，并对中华人民共和国采取友好态度的外国政府，中华人民共和国中央人民政府可在平等、互利及互相尊重领土主权的基础上，与之谈判，建立外交关系。对于国民党政府与外国政府所订立的各项条约和协定，中华人民共和国中央人民政府应加以审查，按其内容，分别予以承认，或废除，或修改，或重订。中华人民共和国可在平等和互利的基础上，与各外国的政府和人民恢复并发展通商贸易关系。对于华侨和外国侨民的权利，《共同纲领》规定，中华人民共和国中央人民政府应尽力保护国外华侨的正当权益，保护守法的外国侨民。对于外国人民因拥护人民利益参加和平民主斗争受其本国政府压迫而避难于中国境内者，《共同纲领》规定，中华人民共和国应给予居留权。

（四）《共同纲领》运作过程

《中国人民政治协商会议共同纲领》是在中国人民政治协商会议第一届全体会议上通过的。参加该会议的各党派代表、区域代表、军队代表、团体代表、少数民族及华侨代表、宗教界代表共662人，会议行使全国人民代表大会职权。《中国人民政治协商会议共同纲领》是中华人民共和国历史上一个极其重要的纲领性文件，它总结了中国革命的经验，确定了中华人民共和国的政体以及政治、经济、文化等各方面的经济政策。在中华人民共和国宪法颁布之前，作为中央人民政府的施政方针，具有临时宪法的作用。

根据《共同纲领》的规定，中国人民政治协商会议第一届全体会议选举了中央人民政府，毛泽东为中央人民政府主席，朱德、刘少奇、宋庆龄、李济深、张澜、高岗为副主席，陈毅等56人为中央人民政府委员会委员，组成中央人民政府委员会。林伯渠为中央人民政府秘书长。周恩来为中央人民政府政务院总理，董必武、郭沫若、黄炎培、陈云、邓小平（1952年8月补）为中央人民政府政务院副总理。谭平山等15人为中央人民政府政务院政务委员。李维汉为政务院秘书长。沈钧儒为最高人民法院院长，罗荣桓为最高人民检察署检察长。此外，还产生了政治法律委员会、财政经济委员会、文化教育委员会、人民监察委员会、国家计划委员会、内务部、外交部、公安部、财政部、贸易部、重工业部、燃料工业部、纺织工业部、食品工业部、轻工业部、铁道部等。在第一届中央人民政府以及中央人民政府政务院的组成人员中，民主党派人士占了一定的比重，这充分反映了《共同纲领》所要求的体现各民主党派、各人民团体、各民主阶级、各少数民族、海外华侨及其他爱国民主分子意志的新民主主义的中国的国体的规定精神。①

1949年10月1日下午2时，中央人民政府委员会在首都北京就职，由毛泽东主持第一次会议，宣告中华人民共和国中央人民政府成立，接受《中国人民政治协商会议共同纲领》为中央人民政府的施政方针。下午3时，首都30万军民在天安门广场集会，举行了隆重的开国大典。毛泽东主席在天安门城楼庄严宣告，中华人民共和国中央人民政府已于今日成立。从此，一个新民主主义的中国在庄严雄壮的《义勇军进行曲》声中诞生了。新中国的诞生，开创了中国历史的新纪元，标志着中国已从半殖民地半封建社会进入了新民主主义社会，具有伟大的历史意义。

新中国成立后，中央人民政府积极地推行《共同纲领》所规定的各项基本国策。首先，在军事上，中国人民解放军遵照朱德总司令的命令，发起了向全国的大进军。到1949年12月31日，中共中央发表告前线战士和全国同胞书，宣布1949年内已经解放了除西藏以外的全部大陆地区。在经济战线上，中央人民政府面临着迅速医治战争创伤、恢复国民经济的任务。由于战争的破坏和庞大的军费开支以及市场投机势力的盛行，造成了新中国成立后物价的大幅度上涨。在1949年4、7、11月和1950年2月，先后出现了四次物价大涨风，严重威胁着人民生活，加剧了整个财政经济的困难。为此，党和人民政府采取了一系列果断的措施，稳定市场物价，打击投机势力，赢得了经济战线上第一仗的胜利。为了保证国民经济的健康发展，新中国成立后，依照《共同纲领》的规定，人民政府对官僚资本进行了接收工作。新中国成立前，四大家族的官僚资本，占旧中国资本主义经济的80%，占全国工业资本的2/3左右，占全国工矿、交通运输固定资产的80%。新中国成立前夕，更主要的是新中国成立之后，人民政府没收了以前在国家经济生活中占统治地位的全部官僚资本企业，包括大银行、几乎全部铁路、绝大部分黑色冶金企业和其他重工业部门的大部分企业，以及轻工业的某些重要企业。由于没收了官僚资本，使社会主义国营经济壮大起来。1949年国营经济在全国大型工业总产值中所占比重为41.3%，国营经济在全国五种经济成分中居于领导地位，是对国民经济进行社会主义改造的物质基础。

从1949年9月29日中国人民政治协商会议第一届全体会议通过《中国人民政治协商会议共同纲领》起，到1954年9月20日第一届全国人民代表

---

① 参见《中华人民共和国大典》，中国经济出版社1994年版，第6页。

大会第一次会议通过《中华人民共和国宪法》为止短短的五年时间里，《共同纲领》作为具有临时宪法作用的纲领性文件，成功地指导了新中国成立初期我国法制建设的各项实践。以《共同纲领》为基础，中央人民政府以及中央人民政府政务院发布了一系列法律和法规，初步建立了新民主主义中国法制建设的基本框架，形成了新中国成立后第一个法制建设的高潮。这一系列法律、法规围绕着共同纲领所确立的基本国策，为恢复国民经济、稳定社会秩序和进行生产资料的社会主义改造提供了有力的法律武器。

新中国成立初期，我们首先面临的任务是尽快恢复国民经济，消灭国民党残余势力，稳定社会秩序，保障人民革命的胜利成果。因此，从1949年10月中华人民共和国成立至1952年底，中央人民政府以及中央人民政府政务院在贯彻《共同纲领》这一施政方针时，工作重心集中在恢复国民经济、稳定社会秩序。这一时期的立法和法制建设也充分体现了以下特点：

1. 建立和组织国家政权机构，保障人民民主权利，维护革命秩序。新中国建立后，根据《共同纲领》的规定，我们首先要建立一个反映人民的意志、保障人民民主权利的新民主主义的国家政权。早在《共同纲领》颁布之前，中国人民政治协商会议第一届全体会议就通过了与《共同纲领》相配套的建立新民主主义国家政权机构的《中国人民政治协商会议组织法》和《中央人民政府组织法》。这两个法律与《共同纲领》一起确立了新民主主义中国国家政权机构建设的组织原则，为新中国的政权建设奠定了坚实的法律基础。根据这三个法律的规定精神，为了建立各地方国家政权机关，中央人民政府又先后颁布了一系列有关地方国家政权机关建设的法律、法规，如颁布了省、市、县的《各界人民代表会议组织通则》（1949年），大城市区、区、乡（行政村）的《人民代表会议组织通则》（1950年），《大行政区人民政府委员会组织通则》（1949年）和省、市、县、大城市区、区、乡（行政村）《人民政府组织通则》（1950年）。此外，还制定了《政务院及其所属各机关组织通则》（1949年）、《人民法院暂行组织条例》（1951年）、《中央人民政府最高人民检察署暂行组织条例》（1951年）、《各级地方人民检察署组织通则》（1951年）等。这些法律、法规根据《共同纲领》所确立的新民主主义国家的政权组织原则，以实现人民民主权利为宗旨，按照民主集中制原则，建立了从上到下的反映人民意志和利益的新民主主义国家政权机构体系，为组织新中国的各项政治、经济和文化活动提供了最有效的组织保障。

2. 没收官僚资本归国家所有，建立新的社会主义经济。旧中国的经济命脉主要掌握在以蒋介石、宋子文、孔祥熙、陈立夫为代表的四大家族手中，它是国民党反动政权的经济基础，也是旧中国最腐朽的生产关系的代表。新中国必须摧毁旧的官僚资本主义经济体系，才能构建新民主主义性质的经济制度。因此，没收官僚资本成为新中国经济建设的首要任务。《共同纲领》第3条也明确宣布："中华人民共和国必须取缔帝国主义国家在中国的一切特权，没收官僚资本归人民的国家所有。"在《共同纲领》的指引下，新中国成立后，首先对官僚资本进行了社会主义性质的改造，并以官僚资本为基础，建立了作为国民经济基础的国营经济，从而保证了整个新民主主义的经济命脉掌握在人民的手中。

封建的土地所有制是旧中国地主阶级剥削农民的经济基础，也是造成中国农村贫富差距的主要经济根源。《共同纲领》确立了土地改革的基本原则，目的就是要保障广大农民摆脱封建土地所有制的束缚，获得经济以及人身的解放。从1950年起，为了贯彻《共同纲领》关于土地改革的政策，1950年6月中央人民政府颁布了《中华人民共和国土地改革法》，该法律明确了土地改革的各项具体的方针和政策，明确宣布土地改革的目的是"废除地主阶级封建剥削的土地所有制，实行农民的土地所有制，借以解放农村生产力，为新中国的工业化开辟道路"。为了保证土地改革法的贯彻实施，中央人民政府政务院又先后颁布了《农民协会组织通则》（1950年7月15日)、《人民法庭组织通则》(1950年7月20日)、《政务院关于划分农村阶级成份的决定》（1950年8月20日）等许多法规。根据这些法规，没收了地主的土地、耕畜、农具、多余的粮食及其在农村中的多余的房屋，除依法收归国家所有的外，均将其分配给无地少地及缺乏其他生产资料的贫苦农民，也保留一份给地主以维持其基本生活需要。由于土地改革给广大的翻身农民带来了巨大的经济利益，因此，调动了农民的积极性，也促进了党和政府的农业政策在广大农村中的推行。到1952年底，全国除一部分少数民族地区和台湾省之外，土地改革工作基本完成，三亿多无地少地的农民获得了约七亿亩土地和大量的生产资料，极大地解放了农村的生产力，为实现《共同纲领》所提出的国家对工业和农业的社会主义改造提供了强大的物质基础，并进一步巩固了以工农联盟为基础的新民主主义的国家政权。

3. 镇压反革命，肃清国民党反动派在大陆上的残余势力。全国解放以后，被推翻的国民党反动势力时时刻刻想反攻大陆，并千方百计地破坏新民主主义的国家政权，危及人民的各项权利的实现。从1950年12月起，党和政府领导人民在全国范围内开展了大张旗鼓地镇压反革命的活动，并确定了镇压反革命的具体的方针和政策，即：镇反工作必须在各级党委的领导下，实行群众路线，要注意打得稳、打得准、打得狠，要实行镇压与宽大相结合的政策；并具体规定：对于有血债的或其他最严重罪行非杀不足以平民愤者和最严重损害国家利益者，必须坚决地判处死刑，并迅即执行；对于没有血债、民愤不大和虽然严重损害国家利益但尚未达到最严重的程度而又罪该当死者，应当采取判处死刑，缓期两年执行，强迫劳动，以观后效的政策。还规定，对于介于可捕可不捕的人，一定不要捕；对介于可杀可不杀的，一定不要杀。这些政策有力地瓦解了反革命营垒，稳、准、狠地打击了敌人。为了保证镇压反革命运动的健康发展，1951年2月，中央人民政府制定了《镇压反革命条例》。该条例体现了党的惩办与宽大政策相结合的原则，对反革命的罪与刑都作了明确规定，成为广大干部和群众镇压反革命的有力武器。镇压反革命运动，有力地保障了抗美援朝、土地改革、国民经济恢复工作的顺利进行，维护了革命秩序，巩固了人民民主专政的国家政权。

4. 统一全国财经工作，稳定物价，恢复和发展国民经济。由于帝国主义和国民党反动派的长期统治，造成了我国社会经济落后和不正常状态。全国解放之后，我国所面临的经济形势非常严峻，工农业生产急剧衰退，物价飞涨，城市居民大批失业，国家财政紧张，不法分子趁机扰乱市场和金融秩序，经济运行环境极其恶劣。为了战胜财经困难，迅速恢复和发展国民经济，根据《共同纲领》关于新民主主义经济政策的规定，人民政府采取了一系列有效的措施来恢复和发展国民经济，扭转财政困难。1953年3月，政务院颁布了《关于统一国家财政经济工作的决定》，5月颁布了《关于划分中央与地方在财政经济工作上管理职权的决定》等法规。为了巩固国家的货币政策，稳定金融秩序，此前，还制定了《禁止国家货币出入国境办法》（1951年3月）、《妨碍国家货币治罪暂行条例》（1951年4月）等。为了稳定物价，安定民生，贸易部门还制定了《关于取缔投机商业的几项指示》（1950年10月）、《关于稳定新旧年关物价的指示》（1951年11月）等。这些法规的出台，有力地保障了《共同纲领》关于恢复和发展国民经济的基本经济政策的贯彻落实，对加强全国财经政策的统一领导和为新中国成立初期的财政经济政策的稳定提供了必要的法律依据。

5. 保障"三反"、"五反"斗争的开展。新中国成立以后，根据《共同纲领》所提出的对资本主义实行引导发展的政策，国家对私营工商业政策作了适度的调整，使私营经济获得了相当程度的发展。但是，随着私营资本主义经济的膨胀，其反动的本质也逐渐暴露出来。尤其是私营企业主们利用

“五毒”（行贿、偷税漏税、盗窃国家资财、偷工减料、盗窃国家经济情报）行为来破坏社会主义经济，反对党对私营经济限制发展的政策，而党内和人民政府中的一些腐化堕落分子也与不法资本家相勾结，猖狂地向社会主义进攻。为了解决这一涉及新生人民政权的严重问题，从1951年底开始，党中央及时部署在全国开展“三反”、“五反”运动。1952年1月，中央人民政府政务院和人民监察委员会发布了反贪污、反浪费、反官僚主义斗争的指示，明确指出了这场斗争的重要性。1952年4月，在总结“三反”、“五反”斗争经验的基础上，中央人民政府委员会又及时颁布了《惩治贪污条例》，明确了贪污的罪与刑。党的政策和人民政府的法律有力地推动了“三反”、“五反”运动的开展，也有效地保障了《共同纲领》所要求的一切国家机关，必须厉行廉洁的、朴素的、为人民服务的革命工作作风，严惩贪污，禁止浪费，反对脱离人民群众的官僚主义作风等一些有关新民主主义国家政权组织建设原则的贯彻和落实。

从1952年起，党中央根据我国社会发展的需要，及时提出了过渡时期的总路线：要在一个相当长的历史时期内，逐步实现国家工业化和对农业、手工业、资本主义工商业的社会主义改造。这条总路线是根据新民主主义革命在全国取得胜利和土地制度改革在全国完成以后，国内的主要矛盾已经转化成为工人阶级和资产阶级之间、社会主义道路与资本主义道路之间的矛盾，并为解决这一矛盾而制定的。它的实质就是要对生产资料私有制进行社会主义改造，建立社会主义制度，建设社会主义。这一总路线，不仅是对《共同纲领》的贯彻和实施，而且其中许多政策已经超出了《共同纲领》的要求，具有了从新民主主义向社会主义过渡的特征。因此，一方面，《共同纲领》所确立的基本国策仍然是实践中的行动指南；另一方面，国内国际新形势的出现又使得制定宪法，确立反映从新民主主义向社会主义过渡的法律制度成为急迫之需。在1954年宪法诞生之前，中央人民政府依据《共同纲领》的要求，及时地制定了《全国人民代表大会及地方各级人民代表大会选举法》，依据该选举法，全国进行了第一次普选，并于1954年胜利召开了第一届全国人民代表大会第一次会议，通过了《中华人民共和国宪法》。根据1954年宪法，第一届全国人民代表大会还制定了《全国人民代表大会组织法》、《国务院组织法》、《人民法院组织法》、《人民检察院组织法》、《地方各级人民代表大会和地方各级人民委员会组织法》等。根据这些法律、法规，完善了根据《共同纲领》的规定建立起来的新民主主义国家的政权组织机构和政权组织体系，有效地反映了人民的意志和利益，保障了人民当家作主的民主权利，为实现社会主义制度奠定了坚实的法律基础。

可以说，《共同纲领》自产生起到1954年宪法产生止，一直是指导我国进行新民主主义建设的总的纲领性文件，起到了临时宪法的作用。《共同纲领》所确立的各项新民主主义的国家制度和社会制度在实际中都得到了很好的尊重并加以有效地运行。随着新民主主义建设的深入发展，《共同纲领》也逐渐完成了其历史使命，同时，《共同纲领》在新中国成立初期所起到的治国安邦的基础作用，对新中国的法制建设产生了巨大的影响，为新中国的宪政建设创设了一个良好的开端。

（五）《共同纲领》对中国宪政的影响与评价

《中国人民政治协商会议共同纲领》作为新中国成立初期起临时宪法作用的纲领性文件，不仅奠定了我国人民代表大会制度的政治基础，而且还有效地组织了我国新民主主义的国家政权，有效地保障了人民的权利，打击了国民党反动派和一切反动势力对新中国的破坏和颠覆活动，促进了新中国成立初期国民经济的迅速恢复和发展，使新生的人民共和国排除了各种艰难险阻，不仅在国内获得了广大人民群众的拥护和支持，也获得了一切爱好和平和正义的国家的承认，树立了新中国在国际舞台上独立自主的形象。以《共同纲领》的颁布为标志，自1840年鸦片战争以来，中华民族饱受外国列强欺侮和压迫的历史一去不复返了，腐朽的封建制度也被彻底地摧毁，人民真正地站起来并当家作主了。所以，《共同纲领》虽然不是新中国的宪法，但是，它的历史地位和它在实际运行中所起的作用已经为新中国的宪政建设提供了良好的开端。

首先，《共同纲领》所确立的新民主主义的基本国策都充分体现了马克思列宁主义、毛泽东思想的精神，并使马克思列宁主义、毛泽东思想成为我国历次宪法所肯定的基本指导思想。正如无党派民主人士李达在中国人民政治协商会议第一届全体会议小组发言中指出的那样：这个纲领，综合了将近100年的中国革命的历史经验，主要是根据毛泽东的《新民主主义论》、《论联合政府》、《论人民民主专政》，及其他许多著作拟定出来的。我们可以说，这个纲领是毛泽东思想的具体体现。①

其次，《共同纲领》采取了过渡措施与奋斗目标相结合的方式，确立了新中国政治制度的基础是人民代表大会制度，但是，《共同纲领》又针对新

---

① 参见《人民日报》1949年9月28日。

中国成立初期我国新民主主义革命和建设所面临的具体情况和任务，规定了中国人民政治协商会议代替全国人民代表大会行使职权。以此为契机，逐渐形成了我国现今存在的人民代表大会制度和政治协商制度。可以说，没有《共同纲领》将原则性与灵活性相结合，我国的政治协商制度就不可能获得像今天这样崇高的地位以及在国家政治生活中发挥其应有的重要作用。

再次，《共同纲领》强调了对人民权利的保障，这一点为我国历次宪法所继承。而且，《共同纲领》中对报道真实新闻的自由的规定，甚至比后来制定的历次宪法中的有关规定还要具体。这说明了《共同纲领》已经开始注重人权保护在法制建设中的重要性。此外，像思想自由、迁徙自由等权利，都对我国人权保障事业的产生和发展产生了重要的影响。但是，值得注意的是，《共同纲领》在使用“人民”与“国民”概念时是有区别的。“人民”是指工人阶级、农民阶级、小资产阶级、民族资产阶级，以及从反动阶级觉悟起来的某些爱国民主分子。而对官僚资产阶级在其财产被没收和地主阶级在其土地被分配以后，消极的是要严厉镇压他们中间的反动活动，积极的是要更多地强迫他们劳动，使他们改造成为新人；在改变以前，他们不属于人民范围，但仍然是中国的一个国民，暂时不给他们享受人民的权利，却需要使他们遵守国民的义务。这就是人民民主专政。[①]

又次，《共同纲领》强调了国家权力属于人民的原则，这一原则成为我国历次宪法所肯定的首要的宪法原则。也就是说，人民是国家的主人，宪法和法律是人民意志和利益的集中体现，在《共同纲领》中已经得到了充分肯定。这就保证了我国宪法的人民性，也为人民监督国家政权机关履行法律职责的活动提供了直接的法律上的依据。

最后，《共同纲领》对我国军事制度、经济政策、文化教育政策、民族政策和外交政策的规定，不仅适应了新中国成立初期我国新民主主义革命和建设的要求，而且也成为我国历次宪法所肯定的基本国策。尤其是国家政权机关应当以人民的利益为重，努力为人民服务，这样的宪法原则一直成为指导我国国家政权机关建设的指针。

总之，《共同纲领》对我国宪政建设的影响是非常巨大的，它所确立的一系列法律原则构成了我国社会主义宪政实践的基本框架，许多原则至今仍然在发挥着巨大的作用。当然，也要看到，《共同纲领》所确立的一系列原

---

① 参见《国家与法的理论学习资料》，中国人民大学法律系国家与法的理论教研室理论小组、资料室编，1982年9月第1版第1次印刷，第9—10页。

则在新中国成立以后相当长的一段历史时期内没有获得应有的尊重，极"左"思潮曾经阻碍了我国社会主义宪政建设的进程。不过，作为以中国共产党为领导的全体中国人民的共同创造，《共同纲领》所体现的时代精神一直贯穿于人民共和国的60年历程中。虽然《共同纲领》作为宪法性文件的时代已经过去，但《共同纲领》所反映出来的宪法思想和宪政实践的原则，却实实在在地成为我国社会主义宪政建设的基石。

二、新中国第一部宪法的诞生

新中国成立以后，从1949年到1953年，中国按照《共同纲领》的规定先后完成了祖国大陆的统一，完成了土地改革，进行了镇压反革命和各种民主改革，恢复了国民经济。从1953年起中国就开始了有计划地进行社会主义建设和社会主义改造的新时期。随着政治、经济各方面工作的顺利进行以及阶级力量对比关系发生变化，就有必要在共同纲领的基础之上制定一个比较完备的宪法，将新中国成立以来所取得的胜利成果和主要经验肯定下来。

中央人民政府委员会在1953年1月13日成立了以毛泽东同志为首的中华人民共和国宪法起草委员会。宪法起草委员会在1954年3月接受了中国共产党中央委员会提出的宪法草案初稿，随即在北京和全国各大城市组织各民主党派、各人民团体和社会各方面的代表人物共八千多人，用两个多月的时间，对这个初稿进行了认真的讨论。以这个初稿为基础经过修改后的宪法草案，由中央人民政府委员会在1954年6月14日公布，交付全国人民讨论。全国人民的讨论进行了两个多月，共有一亿五千多万人参加。① 广大的人民群众热烈地拥护这个宪法草案，同时提出了很多修改和补充的意见。根据这些意见，宪法起草委员会对原来的草案再度作了修改，并且经过1954年9月9日中央人民政府委员会第三十四次会议讨论通过，提交1954年9月15日在北京召开的第一届全国人民代表大会第一次会议审议了这个草案。1954年9月20日第一届全国人民代表大会第一次会议出席代表以无记名投票方式一致通过了《中华人民共和国宪法》，并由大会主席团公布，中华人民共和国第一部宪法就正式诞生了。1954年宪法除序言部分之外，计有总纲，国家机构，公民的基本权利和义务，国旗、国徽、首都4章，106条。

① 参见刘少奇《关于中华人民共和国宪法草案的报告》，莫纪宏《政府与公民宪法必读》，中国人民公安大学出版社2000年版，第322页。

它确立了新中国的根本政治制度，首次规定“中华人民共和国的一切权力属于人民”。它是社会主义类型的宪法。1954年宪法颁布以后，积极地推动了社会主义改造和社会主义建设事业的前进，使得中国民主和法制建设进入了一个崭新的阶段。

三、新中国宪法经过了曲折发展时期

1966年开始的“文化大革命”，使得党和国家的政治生活和社会生活陷入全面的长时期的混乱之中，在“文化大革命”中产生的“以阶级斗争为纲”和“坚持无产阶级专政下继续革命”的理论左右了党和国家的路线方针，在这种情况下，产生了具有极“左”色彩的1975年宪法。1975年宪法虽然肯定了1954年宪法所确立的最基本的宪法原则，但是，由于它掺入了很多极“左”的因素，所以，它是一部具有严重缺陷的宪法，相比1954年宪法而言，不仅在篇幅上只有4章30条，对于社会主义法制建设的促进方面不仅没有前进，相反却倒退了很多。

1978年3月5日，五届全国人大一次会议通过了中国的第三部宪法。这部宪法比1975年宪法有了重大变化，但由于它产生于党的十一届三中全会之前，仍然存在许多缺陷，主要是仍保留了“坚持无产阶级专政下的继续革命”和公民有“大鸣、大放、大辩论、大字报”的权利[①]等错误提法。1978年宪法共有4章60条。

自1978年3月第五届全国人民代表大会第一次会议通过的1978年宪法，从那时以后的几年，正是我们国家处在历史性转变的重要时期。1978年12月中国共产党十一届三中全会以后，党和国家领导全国人民全面清理“文化大革命”的错误，深入总结新中国成立以来的历史经验，恢复并根据新情况制订一系列正确的方针和政策，使国家的政治生活、经济生活和文化生活发生了巨大的变化。1978年宪法在许多方面已经同现实的情况和国家生活的需要不相适应，有必要对它进行全面的修改。中国共产党召开的十一届六中全会通过的《关于建国以来党的若干历史问题的决议》和第十二次

① 1975年宪法并没有将“大鸣、大放、大辩论、大字报”作为公民的一项权利来加以规定，只是强调了“大鸣、大放、大辩论、大字报”的意义，1978年宪法则将其确定为公民的权利。该权利在1980年9月10日第五届全国人民代表大会第三次会议上通过的关于修改宪法第45条的决议中被取消。

全国代表大会的文件，得到全国人民的拥护，为宪法修改提供了重要的依据。

根据党的十一届三中全会提出的拨乱反正、改革开放的重要思想，我国国家政治生活领域发生了翻天覆地的变化，其中一个最重要的特点就是通过对1978年宪法加以修改，恢复了1954年宪法所确立的人民代表大会制度的各项基本原则和一些最重要的制度。

1979年7月1日第五届全国人民代表大会第二次会议通过了《关于修正〈中华人民共和国宪法〉若干规定的决议》。该决议同意县和县以上的地方各级人民代表大会设立常务委员会，将地方各级革命委员会改为地方各级人民政府，将县的人民代表大会代表改为由选民直接选举，将上级人民检察院同下级人民检察院的关系由监督改为领导，决定对《中华人民共和国宪法》的有关条文作如下修改：

1. 第二章第三节的标题"地方各级人民代表大会和地方各级革命委员会"。修改为："地方各级人民代表大会和地方各级人民政府。"

2. 第三十四条第一款"省、直辖市、县、市、市辖区、人民公社、镇设立人民代表大会和革命委员会"。修改为："省、直辖市、县、市、市辖区、镇设立人民代表大会和人民政府；人民公社设立人民代表大会和管理委员会。"

第二款"人民公社的人民代表大会和革命委员会是基层政权组织，又是集体经济的领导机构"。修改为："人民公社的人民代表大会和管理委员会是基层政权组织，又是集体经济的领导机构。"

第三款"省革命委员会可以按地区设立行政公署，作为自己的派出机构"。修改为："省人民政府可以按地区设立行政公署，作为自己的派出机构。"

3. 第三十五条第二款"省、直辖市、县、设区的市的人民代表大会代表，由下一级的人民代表大会经过民主协商，无记名投票选举；不设区的市、市辖区、人民公社、镇的人民代表大会代表，由选民经过民主协商，无记名投票直接选举"。修改为："省、直辖市、设区的市的人民代表大会代表，由下一级的人民代表大会经过民主协商，无记名投票选举；县、不设区的市、市辖区、人民公社、镇的人民代表大会的代表，由选民经过民主协商，无记名投票直接选举。"

增加如下一款作为第四款："县和县以上的地方各级人民代表大会设立常务委员会，它是本级人民代表大会的常设机构，对本级人民代表大会负责并报告工作，它的组织和职权由法律规定。”

原第四款“地方各级人民代表大会会议每年至少举行一次，由本级革命委员会召集”。作为第五款，修改为：“地方各级人民代表大会会议每年至少举行一次，县和县以上的地方各级人民代表大会会议由本级人民代表大会常务委员会召集，人民公社、镇人民代表大会会议由人民公社管理委员会、镇人民政府召集。”

4. 第三十六条第三款“地方各级人民代表大会选举并且有权罢免本级革命委员会的组成人员。县和县以上的人民代表大会选举并且有权罢免本级人民法院院长和本级人民检察院检察长”。修改为：“地方各级人民代表大会选举并且有权罢免本级人民政府的组成人员。县和县以上的地方各级人民代表大会选举并且有权罢免本级人民代表大会常务委员会组成人员、本级人民法院院长和本级人民检察院检察长。”

第四款“地方各级人民代表大会代表有权向本级革命委员会、人民法院、人民检察院和革命委员会所属机关提出质询。受质询的机关必须负责答复”。修改为：“地方各级人民代表大会代表有权向本级人民政府、人民法院、人民检察院和人民政府所属机关提出质询。受质询的机关必须答复。”

5. 第三十七条第一款“地方各级革命委员会，即地方各级人民政府，是地方各级人民代表大会的执行机关，是地方各级国家行政机关”。修改为：“地方各级人民政府，是地方各级人民代表大会的执行机关，是地方各级国家行政机关。”

第二款“地方各级革命委员会由主任，副主任若干人，委员若干人组成”。修改为：“地方各级人民政府的组织由法律规定。”

第三款“地方各级革命委员会执行本级人民代表大会的决议和上级国家行政机关的决议和命令，管理本行政区域的行政工作，依照法律规定的权限发布决议和命令。县和县以上的革命委员会依照法律的规定任免国家机关工作人员”。修改为：“地方各级人民政府执行本级人民代表大会的决议和上级国家行政机关的决议和命令，县和县以上的地方各级人民政府并且执行本级人民代表大会常务委员会的决议。地方各级人民政府依照法律规定的权限，管理本行政区域的行政工作，发布决议和命令。县和县以上的地方各级人民政府依照法律的规定任免国家机关工作人员。”

第四款“地方各级革命委员会都对本级人民代表大会和上一级国家行政机关负责并报告工作，受国务院统一领导”。修改为：“地方各级人民政府对本级人民代表大会和上一级国家行政机关负责并报告工作，县和县以上的地方各级人民政府在本级人民代表大会闭会期间，对本级人民代表大会常务委员会负责并报告工作，都受国务院统一领导。”

6. 第三十八条第一款“自治区、自治州、自治县的自治机关是人民代表大会和革命委员会”。修改为：“自治区、自治州、自治县的自治机关是人民代表大会和人民政府。”

第二款“民族自治地方的人民代表大会和革命委员会的产生、任期、职权和派出机构的设置等，应当根据宪法第二章第三节规定的关于地方国家机关的组织的基本原则”。修改为：“民族自治地方的人民代表大会和人民政府的产生、任期、职权和派出机构的设置等，应当根据宪法第二章第三节规定的关于地方国家机关的组织的基本原则。”

7. 第四十二条第三款“最高人民法院对全国人民代表大会和全国人民代表大会常务委员会负责并报告工作。地方各级人民法院对本级人民代表大会负责并报告工作”。修改为：“最高人民法院对全国人民代表大会和全国人民代表大会常务委员会负责并报告工作。地方各级人民法院对本级人民代表大会和它的常务委员会负责并报告工作。”

8. 第四十三条第二款“最高人民检察院监督地方各级人民检察院和专门人民检察院的检察工作，上级人民检察院监督下级人民检察院的检察工作”。修改为：“最高人民检察院领导地方各级人民检察院和专门人民检察院的工作，上级人民检察院领导下级人民检察院的工作。”

第三款“最高人民检察院对全国人民代表大会和全国人民代表大会常务委员会负责并报告工作。地方各级人民检察院对本级人民代表大会负责并报告工作”。修改为：“最高人民检察院对全国人民代表大会和全国人民代表大会常务委员会负责并报告工作。地方各级人民检察院对本级人民代表大会和它的常务委员会负责并报告工作。”

上述各项修改对于恢复1954年宪法关于人民代表大会制度的各项规定，纠正由于“文化大革命”给国家机构制度造成的破坏，不断健全我国的根本政治制度，保证人民当家作主的权利，充分发挥各级人民代表大会在国家政治生活中的重要作用，起到非常重要的拨乱反正和法律保障作用。

1978年宪法因为受到“文化大革命”极“左”思潮的影响，把反映大民主色彩的“四大”（大鸣、大放、大字报、大辩论）作为公民的基本权利写进了宪法。1978年宪法第45条规定：公民有言论、通信、出版、集会、结社、游行、示威、罢工的自由，有运用“大鸣、大放、大辩论、大字报”的权利。而实践证明，“四大”不仅没有能够发挥其民主的功能，相反在

"文化大革命"期间却成为造反派进行人身攻击和人身迫害的工具，因此，总结"四大"在实践中所造成的恶劣影响的教训，1980年9月10日，中华人民共和国第五届全国人民代表大会第三次会议同意第五届全国人民代表大会常务委员会提出的关于建议修改《中华人民共和国宪法》第四十五条的议案，为了充分发扬社会主义民主，健全社会主义法制，维护安定团结的政治局面，保障社会主义现代化的顺利进行，决定将《中华人民共和国宪法》第四十五条"公民有言论、通信、出版、集会、结社、游行、示威、罢工的自由，有运用'大鸣、大放、大辩论、大字报'的权利"修改为"公民有言论、通信、出版、集会、结社、游行、示威、罢工的自由"。取消原第四十五条中"有运用'大鸣、大放、大辩论、大字报'的权利"的规定。

该决议取消"四大"的规定，对于拨乱反正、正本清源，进一步解放人们的思想，保证公民权利，维护社会主义法律秩序，充分发挥社会主义民主制度的优越性发挥了非常重要的作用。

四、1982年现行宪法的产生过程、主要内容和特点

（一）现行宪法的产生

1.1982年现行宪法的产生过程

1980年9月10日，第五届全国人民代表大会第三次会议接受中共中央的建议，决定成立宪法修改委员会，主持修改现行宪法。宪法修改委员会和它的秘书处成立以后，经过广泛征集和认真研究各地方、各部门、各方面的意见，于1982年2月提出《中华人民共和国宪法修改草案》讨论稿。宪法修改委员会第二次会议，用九天的时间对那个讨论稿进行了讨论和修改。全国人大常委会委员、全国政协常委会部分委员、各民主党派和人民团体领导人，中共中央各部门、国务院各部门、人民解放军各领导机关以及各省、自治区、直辖市的负责人，也都提出了修改意见。4月，宪法修改委员会第三次会议又进行了九天的讨论并通过了宪法修改草案，由全国人大常务委员会公布，交付全国各族人民讨论。①

这次全民讨论的规模之大、参加人数之多、影响之广，都是前几次宪法

① 参见彭真《关于中华人民共和国宪法修改草案的报告》，莫纪宏《政府与公民宪法必读》，中国人民公安大学出版社2000年版，第445页。

修改活动所无法比拟的。它足以表明全国工人、农民、知识分子和其他各界人士管理国家事务的政治热情的高涨。通过全民讨论，发扬民主，使宪法的修改更好地集中了群众的智慧。这次全民讨论，实际上也是一次全国范围的群众性的法制教育，增强了干部和群众遵守宪法和维护宪法尊严的自觉性。讨论中普遍认为，这个宪法修改草案科学地总结了中国社会主义发展的历史经验，反映了全国各族人民的共同意志和根本利益，是合乎国情，适应社会主义现代化建设的需要的。全民讨论中也提出了大量的各种类型的意见和建议。宪法修改委员会秘书处根据这些意见和建议，对草案又进行了一次修改。许多重要的合理的意见都得到采纳，原来草案的基本内容没有变动，具体规定作了许多补充和修改，总共有近百处，纯属文字的改动还没有计算在内。还有一些意见，虽然是好的，但实施的条件不具备、经验不够成熟，或者宜于写在其他法律和文件中，不需要写进国家的根本大法，因而没有写上。这个草案，经宪法修改委员会第四次会议历时五天逐条讨论，又作了一些修改，于11月23日在宪法修改委员会第五次会议上通过，并于1982年11月26日提交第五届全国人民代表大会第五次会议审议。1982年12月4日，第五届全国人民代表大会第五次会议以无记名投票方式，通过了《中华人民共和国宪法》。同日由大会主席团正式公布。新中国成立以后的第四部宪法，也是最好的一部宪法诞生了。它的根本特点是，规定了中国的根本制度和根本任务，确定了四项基本原则和改革开放的基本方针。它规定，全国各族人民和一切组织，都必须以宪法为根本的活动准则，任何组织或个人，都不得有超越宪法和法律的特权。

2. 1982年现行宪法的主要内容

1982年宪法，全称《中华人民共和国宪法》，共包括序言和4章，138条。比较全面地规定了我国社会主义民主和社会主义法律的基本制度，特别是明确了“公民的基本权利和基本义务”，设置了“国家机构”，确立了宪法至上和法制统一的各项社会主义法制原则，为我国社会主义法制建设提供了最基本的法律依据。

其中，序言部分规定了中国民主主义革命和社会主义建设的重要事件，肯定了宪法是中国各族人民共同奋斗的成果；规定了中国社会主义建设时期必须坚持的“四项基本原则”，包括坚持马克思列宁主义、毛泽东思想，坚持走社会主义道路，坚持人民民主专政，坚持党的领导；序言还规定了一系列重要的对内对外的路线、方针和基本国策；最后，序言还确立了宪法作为国家根本法的法律效力，肯定了宪法在中国社会主义法律体系中的核心地位。

宪法第一章“总纲”，共32条，全面和系统地规定了中国的国家性质和国家结构形式，国家政权的组织形式，社会主义法制的统一原则，社会主义的基本政治制度、经济制度、文化制度以及一些最重要的基本国策，为建设有中国特色的社会主义奠定了政治基础。

宪法第二章“公民的基本权利和义务”，共24条，第33条至第50条详细地规定了公民所享有的各项基本权利，包括法律面前平等权，选举权和被选举权，言论、出版、集会、结社、游行和示威的自由，宗教信仰自由，人身自由不受侵犯，人格尊严不受侵犯，住宅不受侵犯，通信自由和通讯秘密受法律保护，批评、建议、申诉、控告和检举的权利，劳动的权利和义务，休息的权利，退休权，物质帮助权，受教育的权利和义务，进行科学研究、文学艺术创作和其他文化活动的自由，妇女与男子平等权，婚姻、家庭、母亲和儿童受保护，华侨、归侨和侨眷的合法权益等，其中，第33条第4款规定，“国家尊重和保障人权”。该条款突出了中国宪法对“人权”的高度重视。第51条规定了公民行使权利和自由必须受到公共利益的限制。第52条至第56条规定了公民的基本义务，包括有维护国家统一和全国各民族团结的义务；有维护祖国的安全、荣誉和利益的义务；必须遵守宪法和法律，保守国家秘密，爱护公共财产，遵守劳动纪律，遵守公共秩序，尊重社会公德；依照法律服兵役和参加民兵组织的义务；有依照法律纳税的义务。

宪法第三章“国家机构”，共7节79条，全面和系统地规定了中国的国家政权组织形式，包括国家机关的产生、组织体系、职权、任期、活动程序、相互关系等等，并以此确立了国家权力的合法运行机制。其中，第一节规定了“全国人民代表大会”的组织形式，第二节规定了“中华人民共和国主席”的组织形式，第三节规定了“国务院”的组织形式，第四节规定了“中央军事委员会”的组织形式，第五节规定了“地方各级人民代表大会和地方各级人民政府”的组织形式，第六节规定了“民族自治地方的自治机关”的组织形式，第七节规定了“人民法院和人民检察院”的组织形式。

宪法第四章“国旗、国歌、国徽、首都”，共3条，具体规定了中国的国家象征制度。

3. 1982年现行宪法的主要特点

1982年现行宪法作为我国的根本法，从多种角度详细地规定了我国的基本政治制度、经济制度、文化制度和社会制度，明确了公民的基本权利，通过设置国家机构，比较合理地配置了国家权力，并且在突出“人民代表大会制度”作为我国根本政治制度的基础上，确立了一系列发展社会主义民主和社会主义法制的基本宪法原则，具有自身鲜明的法律特征，是新中国成立以后最好的一部宪法，也是新时期我国社会主义法制建设的基本法律依据。

(1) 现行宪法健全了我国的根本政治制度

现行宪法进一步明确了我国的根本政治制度是人民代表大会制度，并且通过将“一切国家权力”赋予“人民”，通过进一步保障人民的民主权利，通过保证代表人民行使国家权力的各级人民代表大会依法履行宪法职权，全面地体现了人民代表大会制度所赖以建立的“人民主权”原则。这一原则在现行宪法第2条中表述得非常充分。即中华人民共和国的一切权力属于人民。人民行使国家权力的机关是全国人民代表大会和地方各级人民代表大会。人民依照法律规定，通过各种途径和形式，管理国家事务，管理经济和文化事业，管理社会事务。

(2) 现行宪法重申了国家机构活动的民主集中制原则

我国现行宪法在肯定各级人民代表大会是代表人民行使国家权力的国家机关基础之上，又确立了国家机构活动的民主集中制原则，强调国家机关行使国家权力，既要体现民主精神，又要有适当集中，这一点使得我国宪法关于国家权力配置机制的设计完全不同于资本主义国家所盛行的“三权分立”制度。我国现行宪法所确立的国家机构活动的民主集中制原则主要体现在宪法第3条的规定上，包括中华人民共和国的国家机构实行民主集中制的原则。全国人民代表大会和地方各级人民代表大会都由民主选举产生，对人民负责，受人民监督。国家行政机关、审判机关、检察机关都由人民代表大会产生，对它负责，受它监督。中央和地方的国家机构职权的划分，遵循在中央的统一领导下，充分发挥地方的主动性、积极性的原则。

(3) 现行宪法强调了公民的基本权利与基本义务相一致原则

我国现行宪法在明确公民的基本权利的同时，还坚持了权利与义务相一致的原则。这首先表现在宪法第二章将“公民的基本权利”与“公民的基本义务”并列加以规定。其次，宪法第33条第4款规定：任何公民享有宪法和法律规定的权利，同时必须履行宪法和法律规定的义务。再次，宪法还规定了一些公民的权利既属于权利，又属于义务，例如宪法第42条规定：中华人民共和国公民有劳动的权利和义务。宪法第46条规定：中华人民共和国有受教育的权利和义务。最后，现行宪法还对权利与义务之间的相互关系作出了原则性要求，第51条规定：中华人民共和国公民在行使自由和权利的时候，不得损害国家的、社会的、集体的利益和其他公民的合法的自由和权利。上述各项规定，集中体现了公民的基本权利与基本义务相一致的原则。

（4）现行宪法确立了特别行政区制度

现行宪法对特别行政区制度作出了规定，宪法第31条规定：国家在必要时得设立特别行政区。在特别行政区内实行的制度按照具体情况由全国人民代表大会以法律规定。上述规定为《香港特别行政区基本法》和《澳门特别行政区基本法》的制定提供了宪法依据，为香港、澳门和平回归祖国奠定了坚实的法律基础，同时也为“和平统一祖国”提供了必要的宪法原则。

（5）现行宪法完善了民族区域自治制度

民族区域自治制度是1954年宪法所建立的适合我国具体国情、用于解决国内民族问题的宪法制度。1982年现行宪法进一步完善了该项制度，从而有效地保障了我国境内各民族的和谐团结和发展。现行宪法第4条全面地规定了民族区域自治的基本原则，有力地保证了民族区域自治的实现。宪法第4条规定：中华人民共和国各民族一律平等。国家保障各少数民族的合法的权利和利益，维护和发展各民族的平等、团结、互助关系。禁止对任何民族的歧视和压迫，禁止破坏民族团结和制造民族分裂的行为。国家根据各少数民族的特点和需要，帮助各少数民族地区加速经济和文化的发展。各少数民族聚居的地方实行区域自治，设立自治机关，行使自治权。各民族自治地方都是中华人民共和国不可分离的部分。各民族都有使用和发展自己的语言文字的自由，都有保持或者改革自己的风俗习惯的自由。

（6）现行宪法建立了基层群众性自治制度

现行宪法基于第2条所确立的“一切国家权力属于人民”的“人民主权”原则，对人民当家作主的权利作出了充分保障。宪法第2条第3款规定：人民依照法律规定，通过各种途径和形式，管理国家事务，管理经济和文化事业，管理社会事务。为了保证人民充分行使当家作主的权利，现行宪法还建立了基层群众性自治制度，作为保证人民行使当家作主民主权利的重要组织形式。宪法第111条规定：城市和农村按居民居住地区设立的居民委员会或者村民委员会是基层群众性自治组织。居民委员会、村民委员会的主任、副主任和委员由居民选举。居民委员会、村民委员会同基层政权的相互关系由法律规定。居民委员会、村民委员会设人民调解、治安保卫、公共卫生等委员会，办理本居住地区的公共事务和公益事业，调解民间纠纷，协助维护社会治安，并且向人民政府反映群众的意见、要求和提出建议。

（7）现行宪法突出了宪法的根本法的权威性

现行宪法特别重视宪法自身的根本法权威，强调宪法作为根本法，具有最高法律效力，必须得到严格地遵守。宪法序言明确宣布：本宪法以法律的形式确认了中国各族人民奋斗的成果，规定了国家的根本制度和根本任务，是国家的根本法，具有最高的法律效力。全国各族人民、一切国家机关和武装力量、各政党和各社会团体、各企业事业组织，都必须以宪法为根本的活动准则，并且负有维护宪法尊严、保证宪法实施的职责。

（8）现行宪法维护社会主义法制统一原则

现行宪法总结新中国成立32年我国法制建设的经验和教训，特别重视应当维护社会主义法制的统一。宪法第5条对社会主义法制统一原则作出了明确要求，包括国家维护社会主义法制的统一和尊严。一切法律、行政法规和地方性法规都不得同宪法相抵触。一切国家机关和武装力量、各政党和各社会团体、各企业事业组织都必须遵守宪法和法律。一切违反宪法和法律的行为，必须予以追究。任何组织或者个人都不得有超越宪法和法律的特权。

总之，1982年现行宪法作为新中国最好的一部宪法，在总结新中国成立32年我国法制建设经验和教训的基础上，以加强社会主义法制建设为出发点，以弘扬宪法的根本法权威为核心，对我国政治、经济、文化和社会各个方面和各个领域的社会关系进行了全面地规范，不仅建立了科学和富有活力的政治制度，而且还对公民的基本权利给予了充分的保护，成为党的十一届三中全会以来我国社会主义法制建设的最可靠的法律依据和制度保障。

（二）1982年现行宪法的发展与四次宪法修正案

1. 1988年宪法修正案

1987年至1989年在我国沿海地区出现了房地产热和开发区热。房地产的开发推动了土地使用权市场的发展。为了使土地买卖合法，1988年2月中共中央正式提出修改宪法的建议，该建议肯定土地可以依法实行转让。此外，在建议中还承认了私有制经济的合法性。因为1982年宪法在规定经济制度时有一个严重的缺陷，那就是宪法的第六条，该条规定：“中华人民共和国的社会主义经济制度的基础是生产资料的公有制，即全民所有制和劳动群众集体所有制。社会主义公有制消灭人剥削人的制度，实行各尽所能，按劳分配的原则。”这条规定明确地指出只有全民所有制和劳动群众集体所有制才是合法的，宪法只承认公有制经济合法。

1988年3月31日，在第七届全国人大第一次会议上，审议了宪法修正案草案，12天后予以通过。1988年修宪的内容有：宪法第十一条增加：国家允许私营经济在法律规定的范围内存在和发展；宪法第十条第四款改为：土地的使用权可以依照法律的规定转让。这次修改开创了两个第一：一个是第一次在法律上承认私有经济，另一个是第一次在法律上承认了土地使用权的商品化。随后，1990年5月19日，由国务院55号令颁布和实施的《中华人民共和国城镇国有土地使用权出让和转让暂行条例》，则成为土地使用权上市交易的具体规则。

2. 1993年宪法修正案

1993年，随着我国改革开放的深入，宪法的修改再次成为一项紧迫的任务。这时，1982年宪法中的一些条款与我国改革开放的基本国策冲突越发尖锐。例如宪法第15条规定："国家在社会主义公有制基础上实行计划经济。国家通过计划经济的综合平衡和市场调节的辅助作用，保证国民经济按比例地协调发展。"在这一条中丝毫未提到"社会主义的市场经济"，这便意味着国家根本未接纳"市场经济"这一概念，更不用说它的法律地位了。而更为严格的是宪法规定：禁止任何组织或者个人扰乱社会经济秩序，破坏国家经济计划。

1993年2月14日，中共中央再次提出宪法修正案草案，3月20日，第八届全国人民代表大会第一次会议通过这个修正案。修正案内容总计9条，主要有：将"社会主义初级阶段"和"有中国特色的社会主义"、"改革开放"写进了宪法；用"家庭联产承包为主的责任制"来取代"人民公社"；用"市场经济"取代"计划经济"。

实践证明，1988年和1993年这两次修改对我国改革开放和现代化建设都发挥了重要的促进和保障作用。为维护宪法的权威性和稳定性，自1988年修改起，我国开始采用审议和公布"宪法修正案"，并在宪法正文后附录的方式。

3. 1999年宪法修正案

1999年之春，中共中央向全国人大常委会再次提出修改宪法的建议。这次修宪是我国对宪法的第八次修改。此次修宪的背景完全不同于前两次。6年来，中国改革开放的形势已发生了巨大的变化。改革开放的程度越来越深，百姓关心的焦点已转向要求法律保护私有财产在内的一切合法财产等方面。

此次修宪所涉及问题无论深度广度以及尖锐程度都超过了前两次修宪。此次修宪主要内容有：在序言中写进“邓小平理论”；第五条增加一款：实行依法治国，建设社会主义法治国家；第六条规定基本经济制度为以公有制为主体，多种所有制经济共同发展；第八条规定农村集体经济实行家庭承包经营为基础、多种分配方式并存；第十一条明确个体经济、私营经济是社会主义市场经济的重要组成部分，国家保护个体经济、私营经济的合法权利的利益。国家对个体经济、私营经济实行引导、监督和管理；第二十八条将“反革命的活动”改为“危害国家安全的犯罪活动”。

4. 2004年宪法修正案

1999年修改宪法之后，我国的社会政治、经济形势又发生了巨大变化，特别是人权保护意识有了巨大的提高，为了进一步给予人权保护事业以有力的法律保障，《中央政治局常委会2003年工作要点》明确提出，要根据新形势下党和国家事业发展的要求，着手进行宪法修改工作。2003年3月27日，中央政治局常委会会议研究和部署了修改宪法工作，确定了这次修改宪法总的原则；强调在整个修改宪法过程中，要切实加强党的领导，充分发扬民主，广泛听取各方面的意见，严格依法办事；成立了以吴邦国同志为组长的中央宪法修改小组，在中央政治局常委会领导下工作。2003年4月，中央请各省、自治区、直辖市在调查研究的基础上提出修改宪法的建议上报中央。5月、6月，中央宪法修改小组先后召开六次座谈会，听取地方、部门和部分企业负责人、专家的意见。在此基础上拟订出中央《建议》征求意见稿，由中央下发一定范围征求意见；同时，胡锦涛总书记于8月28日主持召开各民主党派中央、全国工商联的负责人和无党派人士座谈会，吴邦国同志于9月12日召开部分理论工作者、法学专家和经济学专家座谈会，征求意见。在征求意见过程中，各地方、各部门、各方面提出了许多很好的意见和建议，而且意见和建议比较集中。根据各地方、各部门、各方面的意见对中央《建议》征求意见稿进一步修改后，形成中央《建议》草案。中央《建议》经中央政治局常委会会议和中央政治局会议多次讨论研究，提请党的十六届三中全会审议通过后，由党中央提请全国人大常委会依照法定程序提出宪法修正案（草案）的议案。2003年12月22日至27日举行的十届全国人大常委会第六次会议将中央《建议》列入议程。常委会组成人员以高度负责的精神，对中央《建议》进行了认真讨论，一致赞成中央确定的这次修改宪法总的原则，认为以马克思列宁主义、毛泽东思想、邓小平理论和“三个代表”重要思想为指导，贯彻党的十六大精神，根据我国改革开放和社会主义现代化建设事业发展的需要，修改宪法部分内容，十分必要，非常及时。中央《建议》立意高远，内涵深刻，体现了党的主张和人民意志的有机统一，凝聚了全党全国各族人民的智慧，都是关系国家发展和长治久安的重大问题。会议根据常委会组成人员的共同意见，依照宪法第64条规定的修改宪法的特别程序，以《建议》为基础，形成并全票通过了全国人大常委会关于提请审议宪法修正案（草案）的议案和宪法修正案（草案），决定提请十届全国人大二次会议审议。[①]

2004年3月14日，第十届全国人民代表大会第二次会议通过了《中华人民共和国宪法修正案》。这次宪法修改，是新中国宪法的第九次修改，也是现行宪法的第四次修改。这次宪法修改突出了“以人为本”的理念和保障人权的原则，对宪法所规定的许多重要的制度都作了修改和完善。主要涉及13项内容：

（1）确立“三个代表”重要思想在国家政治和社会生活中的指导地位。宪法修正案将宪法序言第七自然段中“在马克思列宁主义、毛泽东思想、邓小平理论指引下”修改为“在马克思列宁主义、毛泽东思想、邓小平理论和‘三个代表’重要思想指引下”，并将“沿着建设有中国特色社会主义的道路”修改为“沿着中国特色社会主义道路”。“三个代表”重要思想同马克思列宁主义、毛泽东思想、邓小平理论是一脉相承而又与时俱进的科学体系，是马克思主义在中国发展的最新成果，是面向21世纪的中国化的马克思主义，是引导全党全国各族人民为实现新世纪新阶段的发展目标和宏伟蓝图而奋斗的根本指针。把“三个代表”重要思想同马克思列宁主义、毛泽东思想、邓小平理论一道写入宪法，确立其在国家政治和社会生活中的指导地位，反映了全党全国各族人民的共同意愿，体现了党的主张和人民意志的统一，为全党全国各族人民在新世纪新阶段继续团结奋斗提供了共同的思想基础，具有重大的现实意义和深远的历史意义。

（2）增加推动物质文明、政治文明和精神文明协调发展的内容。宪法修正案在宪法序言第七自然段中“逐步实现工业、农业、国防和科学技术的现代化”之后，增加“推动物质文明、政治文明和精神文明协调发展”的内容。党的十六大提出“不断促进社会主义物质文明、政治文明和精神文明的协调发展”，反映了我们党对共产党执政规律、社会主义建设规律和

① 参见王兆国2004年3月8日在第十届全国人民代表大会第二次会议上所作的“关于《中华人民共和国宪法修正案（草案）》的说明”。

人类社会发展规律认识的深化，既是对社会主义文明内涵的极大丰富，又是对社会主义现代化建设理论的重大发展，具有重要意义。把“三个文明”及其相互关系写入宪法，并同这一自然段中确定的“把我国建设成为富强、民主、文明的社会主义国家”的社会主义现代化建设总目标紧密相连，不仅意思比较连贯、逻辑比较严谨，而且为“三个文明”协调发展提供了宪法保障。

（3）在统一战线的表述中增加社会主义事业的建设者。宪法序言第十自然段第一句明确规定，“社会主义的建设事业必须依靠工人、农民和知识分子，团结一切可以团结的力量”。随着改革的深化、开放的扩大和经济社会的发展，我国的统一战线不断扩大。党的十六大明确提出，在社会变革中出现的新的社会阶层“都是中国特色社会主义事业的建设者”。据此，宪法修正案在宪法关于统一战线的表述中增加“社会主义事业的建设者”，将宪法序言这一自然段第二句关于统一战线的表述修改为：“在长期的革命和建设过程中，已经结成由中国共产党领导的，有各民主党派和各人民团体参加的，包括全体社会主义劳动者、社会主义事业的建设者、拥护社会主义的爱国者和拥护祖国统一的爱国者的广泛的爱国统一战线，这个统一战线将继续巩固和发展。”统一战线包括的“劳动者”、“建设者”和两种“爱国者”，一层比一层更广泛，社会主义事业的建设者包括全体社会主义劳动者和在社会变革中出现的新的社会阶层。这样修改，有利于最广泛、最充分地调动一切积极因素。

（4）完善土地征用制度。宪法修正案将宪法第10条第3款“国家为了公共利益的需要，可以依照法律规定对土地实行征用”。修改为：“国家为了公共利益的需要，可以依照法律规定对土地实行征收或者征用并给予补偿。”这样修改，主要的考虑是：征收和征用既有共同之处，又有不同之处。共同之处在于，都是为了公共利益需要，都要经过法定程序，都要依法给予补偿。不同之处在于，征收主要是所有权的改变，征用只是使用权的改变。而此前现行宪法第10条第3款关于土地征用的规定，以及依据这一规定制定的土地管理法，没有区分上述两种不同情形，统称“征用”。

（5）进一步明确国家对发展非公有制经济的方针。国家在社会主义初级阶段，坚持和完善公有制为主体、多种所有制经济共同发展的基本经济制度。作为社会主义市场经济重要组成部分的个体、私营等非公有制经济在促进经济增长、扩大就业、活跃市场等方面的重要作用日益显现。根据党的十六大关于“必须毫不动摇地鼓励、支持和引导非公有制经济发展”，“依法加强监督和管理，促进非公有制经济健康发展”的精神，宪法修正案将宪法第11条第2款“国家保护个体经济、私营经济的合法的权利和利益。国家对个体经济、私营经济实行引导、监督和管理”。修改为：“国家保护个体经济、私营经济等非公有制经济的合法的权利和利益。国家鼓励、支持和引导非公有制经济的发展，并对非公有制经济依法实行监督和管理。”这样修改，全面、准确地体现了党的十六大关于对非公有制经济既鼓励、支持、引导，又依法监督、管理，以促进非公有制经济健康发展的精神；也反映了我国社会主义初级阶段基本经济制度的实际情况，符合生产力发展的客观要求。

（6）完善对私有财产保护的规定。我国改革开放以来，随着经济发展和人民生活水平的提高，公民拥有的私人财产普遍有了不同程度的增加，特别是越来越多的公民有了私人的生产资料，群众对用法律保护自己的财产有了更加迫切的要求。根据党的十六大关于“完善保护私人财产的法律制度”的精神，宪法修正案将宪法第13条“国家保护公民的合法的收入、储蓄、房屋和其他合法财产的所有权”。“国家依照法律规定保护公民的私有财产的继承权”。修改为：“公民的合法的私有财产不受侵犯。”“国家依照法律规定保护公民的私有财产权和继承权。”“国家为了公共利益的需要，可以依照法律规定对公民的私有财产实行征收或者征用并给予补偿。”这样修改，主要基于三点考虑：一是，进一步明确国家对全体公民的合法的私有财产都给予保护，保护范围既包括生活资料，又包括生产资料。二是，用“财产权”代替原条文中的“所有权”，在权利含义上更加准确、全面。三是，我国几个现行法律根据不同情况已经作出了征收或者征用的规定，在宪法中增加规定对私有财产的征收、征用制度，有利于正确处理私有财产保护和公共利益需要的关系，许多国家的宪法都有类似的规定。

（7）增加建立健全社会保障制度的规定。根据党的十六大精神，宪法修正案在宪法第14条中增加一款，作为第四款：“国家建立健全同经济发展水平相适应的社会保障制度。”社会保障直接关系广大人民群众的切身利益。建立健全同经济发展水平相适应的社会保障制度，是深化经济体制改革、完善社会主义市场经济体制的重要内容，是发展社会主义市场经济的客观要求，是社会稳定和国家长治久安的重要保证。

（8）增加尊重和保障人权的规定。宪法修正案在宪法第二章“公民的基本权利和义务”头一条即第33条中增加一款，作为第三款：“国家尊重和保障人权。”这样修改，主要基于两点考虑：一是，尊重和保障人权是我们党和国家的一贯方针，这次把它写入宪法，可以进一步为这一方针的贯彻执行提供宪法保障。二是，党的十五大、十六大都明确地提出了“尊重和保障人权”。在宪法中作出尊重和保障人权的宣示，体现了社会主义制度的本质要求，有利于推进我国社会主义人权事业的发展，有利于我们在国际人权事业中进行交流和合作。

(9) 完善全国人民代表大会组成的规定。宪法修正案在宪法第59条第一款关于全国人民代表大会组成的规定中增加“特别行政区”，将这一款修改为:“全国人民代表大会由省、自治区、直辖市、特别行政区和军队选出的代表组成。各少数民族都应当有适当名额的代表。”在香港、澳门回归祖国后，作这样的修改，符合全国人民代表大会组成的实际情况。

(10) 关于紧急状态的规定。宪法对“戒严”作了规定，但没有规定“紧急状态”。戒严法根据宪法，规定戒严是“在发生严重危及国家的统一、安全或者社会公共安全的动乱、暴乱或者严重骚乱，不采取非常措施不足以维护社会秩序、保护人民的生命和财产安全的紧急状态时”采取的一种非常措施。总结2003年抗击非典的经验教训，并借鉴国际上的普遍做法，需要完善应对严重自然灾害、突发公共卫生事件、人为重大事故等紧急状态的法律制度。现行的防洪法、防震减灾法、传染病防治法等单行法律规定的措施，实际上也是在各种紧急状态下采取的不同的非常措施。在紧急状态下采取的非常措施，通常要对公民的权利和自由不同程度地加以限制。多数国家宪法中都有关于“紧急状态”的规定。因此，宪法修正案将宪法第67条规定的全国人大常委会职权第二十项“决定全国或者个别省、自治区、直辖市的戒严”修改为“决定全国或者个别省、自治区、直辖市进入紧急状态”，并相应地将宪法第80条规定的中华人民共和国主席根据全国人大常委会的决定“发布戒严令”修改为“宣布进入紧急状态”；将宪法第89条规定的国务院职权第十六项“决定省、自治区、直辖市的范围内部分地区的戒严”修改为“依照法律规定决定省、自治区、直辖市的范围内部分地区进入紧急状态”。这样修改，“紧急状态”包括“戒严”又不限于“戒严”，适用范围更宽，既便于应对各种紧急状态，也同国际上通行的做法相一致。

(11) 关于国家主席职权的规定。宪法修正案将宪法第81条中“中华人民共和国主席代表中华人民共和国，接受外国使节”修改为“中华人民共和国主席代表中华人民共和国，进行国事活动，接受外国使节”。作这样的规定，主要的考虑是：当今世界，元首外交是国际交往中的一种重要形式，需要在宪法中对此留有空间。

（12）修改乡镇政权任期的规定。宪法修正案把乡、镇人大的任期由三年改为五年，将宪法第98条“省、直辖市、县、市、市辖区的人民代表大会每届任期五年。乡、民族乡、镇的人民代表大会每届任期三年”修改为：“地方各级人民代表大会每届任期五年。”这样修改，各级人大任期一致，有利于协调各级经济社会发展规划、计划和人事安排。

（13）增加对国歌以规定。宪法修正案将宪法第四章的章名“国旗、国徽、首都”修改为“国旗、国歌、国徽、首都”；在这一章第136条中增加一款，作为第二款：“中华人民共和国国歌是《义勇军进行曲》。”赋予国歌以宪法地位，有利于维护国歌的权威性和稳定性，增强全国各族人民的国家认同感和国家荣誉感。

总的来说，2004年宪法修改使我国现行宪法所确立的指导思想更加科学，使我国现行的各项宪法制度更趋完善。特别值得一提的是，此次修宪，通过将“人权”写入宪法，使我国的宪法更加具有与时俱进的时代特征，很好地适应了当今世界各国宪法保障人权的总体要求，突显了宪法在保障人权方面所起到的基础性的法律保障作用，反映了我国宪法自身发展的历史进步性。

（三）现行宪法的重要特色和作用

1982年宪法作为新中国成立以来我国最好的一部宪法，相对于1954年宪法、1975年宪法和1978年宪法而言，不仅对国家制度和社会制度规定得最为具体和完善，而且也是在实践中实施状况最好的，目前仍然生效。事实证明，1982年宪法所确立的基本原则是具有生命力的，所以，宪法在实际生活中的根本法权威也得到了比较好的体现。

1. 依据宪法，我国的立法工作得到了突飞猛进的发展

1982年宪法对我国的立法体制作了比较大的调整，1982年宪法第62条规定：全国人民代表大会有权制定和修改刑事、民事、国家机构的和其他的基本法律；第67条规定：全国人民代表大会常务委员会制定和修改除应当由全国人民代表大会制定的法律以外的其他法律，在全国人民代表大会闭会期间，对全国人民代表大会制定的法律进行部分补充和修改，但是不得同该法律的基本原则相抵触；第89条规定：国务院根据宪法和法律，规定行政措施，制定行政法规，发布决定和命令；第90条规定：国务院各部、各委员会根据法律和国务院的行政法规、决定、命令，在本部门的权限内，发布

命令、指示和规章；第100条规定：省、直辖市的人民代表大会和它们的常务委员会，在不同宪法、法律、行政法规相抵触的前提下，可以制定地方性法规，报全国人民代表大会常务委员会备案；第116条规定：民族自治地方的人民代表大会有权依照当地民族的政治、经济和文化的特点，制定自治条例和单行条例。自治区的自治条例和单行条例，报全国人民代表大会常务委员会批准后生效。自治州、自治县的自治条例和单行条例，报省或者自治区的人民代表大会常务委员会批准后生效，并报全国人民代表大会常务委员会备案等等。上述规定为建立具有中国特色的社会主义法律体系奠定了基础。依据宪法的上述规定，自党的十一届三中全会以来，截至1999年底，全国人大及其常委会制定了373件法律和有关法律问题的决定，其中，法律261件，有关法律问题的决定112件，除去修改、废止和失效的以外，现行有效的共188件，此外，1979年以前制定的法律还有16件继续有效；国务院颁布了800多件行政法规，现行有效700件左右；各省、自治区、直辖市人大及其常委会制定和批准了7000多件地方性法规；自治区、自治州、自治县人大制定了300多件自治条例和单行条例。此外，国务院各部门和省、自治区、直辖市和较大的市的人民政府制定了3万多件规章。[①] 为了进一步加强1982年宪法所要求的规范我国立法工作，党的十五大提出："加强立法工作，提高立法质量，到2010年形成有中国特色的社会主义法律体系。"九届人大常委会决定，在本届内初步形成有中国特色的社会主义法律体系。为了规范立法活动，健全国家立法制度，建立和完善有中国特色社会主义法律体系，保障和发展社会主义民主，推进依法治国，建设社会主义法治国家，2000年3月15日，第九届全国人民代表大会第三次会议依据1982年宪法的规定，通过了《中华人民共和国立法法》，至此，我国现行宪法所规定的加强立法工作，实现社会主义法制统一的原则得到了完全充分的体现。可以说，以《中华人民共和国立法法》的出台为标志，我国现行宪法的实施状况又提升了一个台阶。十届全国人大常委会从一开始就明确提出任期内"以基本形成中国特色社会主义法律体系为目标、以提高立法质量为重点"的立法工作思路，并以此指导立法工作。十届人大任期五年间（2003—2008年），共审议宪法修正案草案、法律草案、法律解释草案和有关法律问题的决定草案106件，通过了其中的100件。到目前为止，我国现行有效的法律共232件，涵盖宪法及宪法相关法、民商法、行政法、经济法、社会

① 参见乔晓阳主编《立法法讲话》，中国民主法制出版社2000年版，第15—16页。

法、刑法、诉讼及非诉讼程序法等七个法律部门；现行有效的行政法规近600件，地方性法规7000多件，以宪法为核心，以法律为主干，包括行政法规、地方性法规等规范性文件在内的，由七个法律部门、三个层次法律规范构成的中国特色社会主义法律体系已经基本形成，国家经济、政治、文化、社会生活的各个方面基本做到有法可依，为依法治国、建设社会主义法治国家、实现国家长治久安提供了有力的法制保障。①

2. 根据宪法确立的原则，我国成功地实现了香港和澳门的回归

1982年宪法根据我国新时期所面临的国际和国内形势，以“和平和发展”为主题，对香港、澳门和台湾问题作了前瞻性的规定。第31条规定：“国家在必要时得设立特别行政区。在特别行政区内实行的制度按照具体情况由全国人民代表大会以法律规定。”事实证明，宪法这一规定是正确的，在后来的实践中得到了很好地遵守。依据1982年宪法第31条的规定，全国人大先后于1990年和1993年通过了《香港特别行政区基本法》和《澳门特别行政区基本法》，并于1997年7月1日和1999年12月20日，依据1982年宪法和《香港特别行政区基本法》和《澳门特别行政区基本法》的规定，恢复了对香港和澳门行使主权，依据宪法和基本法的规定，建立了香港特别行政区和澳门特别行政区。在某种意义上可以说，香港特别行政区和澳门特别行政区的顺利建立，是我国1982年宪法在实践中得到实施的最好的例证，它表明了我国宪法所确立的特别行政区制度具有严格的法律上的约束力，而不是可有可无、可遵守可不遵守的宪法条文。

3. 依法治国的核心是依宪治国逐成社会共识

我国1982年宪法第5条确立了社会主义法制统一原则，根据这一宪法原则，一切国家机关和武装力量、各政党和各社会团体、各企业事业组织都必须遵守宪法和法律。一切违反宪法和法律的行为，必须予以追究。任何组织或者个人都不得有超越宪法和法律的特权。近年来，我国政府在反对腐败、清除干部队伍中的腐朽分子过程中，不仅严格依据宪法和法律的要求绝不放过任何腐败分子，一旦发现，坚决查处，而且，腐败分子一经查出，不论其官位有多大，都严格地依据法律的规定予以惩处，不给腐败分子留下可乘之机。如江西省副省长胡长清、全国人大常委会副委员长成克杰都因为贪污国家财产数额巨大而被判处死刑，这充分体现了我国现行宪法第5条所规

① 参见吴邦国委员长在十一届人大一次会议上所作的《工作报告》，http://www.xinhuanet.com/2008lh/zb/0308d/wz.htm，2008年3月10日20时访问。

定的“任何组织或者个人都不得有超越宪法和法律的特权”。特权曾经是封建等级制度的基本特征，但是，在人民当家作主的社会主义国家中，在宪法的规范下，特权意识和特权行为再也没有其存在的制度土壤，宪法所确立的人人平等原则正在越来越受到重视。宪法作为根本大法的权威正日益受到政法部门的尊重，依宪治国的思想得到了包括中央领导同志在内的社会各界的普遍关注。江泽民同志在1999年修改宪法前接见党外人士的座谈会上指出：我们讲依法治国，建设社会主义法治国家，首先是依据宪法治理国家、建设国家。改革开放以来，我国经济建设和各项事业的发展，都离不开宪法的保证和推动。我国社会主义民主法制建设取得的重大进展和成就，也无不闪耀着宪法精神的光辉。这些年来的实践表明，现行宪法，对于加强我国社会主义民主法制建设，维护国家的安定团结，保障改革开放和现代化建设的顺利进行，起了十分重要的作用，是一部符合我国国情的好宪法。① 李鹏同志则在就宪法修正案征求首都法学专家意见的会议上明确指出：宪法是国家的根本法，具有最高的法律效力。依法治国，首先是依宪治国。② 胡锦涛同志在纪念现行宪法施行20周年大会上的讲话中也明确指出：实行依法治国的基本方略，首先要全面贯彻实施宪法。这是建设社会主义政治文明的一项根本任务，也是建设社会主义法治国家的一项基础性工作，要长期抓下去，坚持不懈地抓好。党和国家领导人上述关于“依宪治国”的思想，对于推动宪法实施，强化政府和公众的宪法意识都起到了非常重要的作用。

4. 宪法促进了我国人权保护事业的不断发展和进步

现行宪法在制定的时候就充分借鉴了世界各国宪法在保护人权方面的经验，相对于1954年宪法、1975年宪法和1978年宪法来说，现行宪法将“公民的基本权利和基本义务”一章放到了“国家机构”一章之前，明确了公民权利与国家权力之间的目的与手段的辩证关系，突出了宪法的“以人为本”的精神。2004年修宪，又将“国家尊重和保障人权”写入宪法，同时还在宪法修正案中肯定了“私有财产权”的宪法地位等等，这些措施都为我国的人权保护事业的健康发展提供了坚实的法律保障。为我国批准和实施国际人权公约提供了必要的宪法基础。

5. 宪法实施工作得到了进一步加强，违宪审查逐渐受到重视

宪法作为根本法的最大的权威性在于当一切法律、法规和规章以及其他

① 参见《人民日报》1999年2月1日。
② 参见《人民日报》1999年2月2日。

规范性文件与其相违背时，必须予以撤销或者是宣布违宪，只有这样，才能使得宪法的各项规定得到有效实施。现行宪法颁布以来，在保证宪法实施方面，以违宪审查为起点，宪法在调整社会关系方面所具有的法律约束力逐渐地得到了重视。

1982年宪法虽然确立违宪审查制度，但是，违宪审查的制度化虽然并不是很高，主要表现在违宪审查的提请和审理程序不明确，有关违宪审查的各项制度之间的制度联系不够，所以，在实施宪法的过程中，由于关于违宪审查的各项制度彼此分散和独立地存在着，无法通过一个统一、有效的法律程序连接起来，所以，违宪审查的程序在实际生活中很难启动。为了克服这种弊端，2000年制定的《中华人民共和国立法法》在违宪审查制度程序化方面向前迈出了巨大的一步。

2000年《中华人民共和国立法法》第90条规定："国务院、中央军事委员会、最高人民法院、最高人民检察院和各省、自治区、直辖市的人民代表大会常务委员会认为行政法规、地方性法规、自治条例和单行条例同宪法或者法律相抵触的，可以向全国人民代表大会常务委员会书面提出进行审查的要求，由常务委员会工作机构分送有关的专门委员会进行审查、提出意见。""前款规定以外的其他国家机关和社会团体、企业事业组织以及公民认为行政法规、地方性法规、自治条例和单行条例同宪法或者法律相抵触的，可以向全国人民代表大会常务委员会书面提出进行审查的建议，由常务委员会工作机构进行研究，必要时，送有关的专门委员会进行审查、提出意见"。

《立法法》的上述规定至少明确以下几项程序和制度，进一步完善了违宪审查制度。(1)《立法法》确立违宪审查的启动程序，增加了违宪机构进行违宪审查的可能性。在《立法法》出台之前，违宪审查的启动程序是不明确的，1982年宪法没有明确规定违宪审查的启动程序，其他相关法律、法规也没有规定这一程序。在法理上可能存在和制度上可以确认的违宪审查启动程序只可能附属于全国人大及其常委会行使宪法实施的监督权限的过程中，也就是说，是否要进行违宪审查，完全由全国人大及其常委会说了算。全国人大及其常委会从法理上来说，在对宪法实施进行监督的过程中发现了违宪问题，必然会依据职权来对违宪问题进行审查，并作出是否违宪的审查结论或者是相关的宪法解释。这样的违宪审查启动程序很容易导致在违宪审查的启动程序方面的消极主义。也就是说，如果全国人大及其常委会不愿意或者是不启动违宪审查程序，那么，尽管宪法规定了违宪审查制度，但在实际生活中，具有法律效力的违宪审查活动却很难发生。《中华人民共和国立法法》第90条的规定彻底改变了违宪审查的启动程序缺位的局面。根据该条规定，至少有两种途径可以启动违宪审查活动。一是国务院、中央军事委员会、最高人民法院、最高人民检察院和各省、自治区、直辖市的人民代表大会常务委员会可以通过向全国人民代表大会常务委员会书面提出进行违宪审查的要求的方式启动违宪审查程序；二是其他国家机关和社会团体、企业事业组织以及公民可以通过向全国人民代表大会常务委员会书面提出进行违宪审查的建议的方式启动违宪审查程序。这两种启动程序都会导致有违宪审查权力的全国人大常委会的相关工作机构必须采取一定的措施来处理相关的提请违宪审查的要求或者是建议。这样的启动程序可以弥补仅仅依靠全国人大及其常委会在行使宪法实施的监督职权时自己来启动程序的不足，降低了违宪审查的门槛，增加了全国人大常委会行使违宪审查权的机会。(2)《立法法》进一步明确受违宪审查的对象范围，将违宪审查的对象限制在行政法规、地方性法规、自治条例和单行条例上，避免了因为违宪审查的对象过于不确定和范围的过于泛化而在实际中导致违宪审查制度的能力缺失。根据《立法法》的规定，依据《立法法》所规定的两种违宪审查启动程序可以提请违宪审查的对象仅仅包括行政法规、地方性法规、自治条例和单行条例四种法律形式，其他法律形式不得以《立法法》所规定的启动程序来提请违宪审查。(3）有权提请违宪审查的主体必须按照《立法法》的规定分别提请违宪审查，而不是随意地可以启动违宪审查，并且都必须以书面形式提出违宪审查的要求和建议。(4）违宪审查活动由专门机构进行，对于以书面形式提出的违宪审查要求和建议，根据《立法法》的规定，应当由全国人大的专门委员会进行审查。(5）违宪审查必须有相关的结论。《立法法》关于违宪审查的规定一个最重要的特点就是要求对提请的违宪审查的要求和建议，要有具体的意见，也就是说，依据《立法法》的规定提出的违宪审查的要求和建议不只是一般政治监督意义上的反映情况，而是必须认真加以研究和提出具体处理意见的法律机制。违宪审查程序在启动之后，必须要使具有违宪审查权的机构采取一定的措施来对违宪审查的要求和建议作出正式的答复和结论。

应当说，《中华人民共和国立法法》第90条规定在健全和完善我国宪法所规定的违宪审查制度方面大大前进了一步，使得违宪概念从法理层面发展到实践层面，而且积极地促进了违宪审查程序的启动。其中最具影响的是2003年针对“孙志刚事件”的“三博士上书”事件。2003年5月14日，华中科技大学法学院的俞江、中国政法大学法学院的腾彪和北京邮电大学文法学院的许志永三位法学博士以中国公民的名义，将一份题为“关于审查《城市流浪乞讨人员收容遣送办法》的建议书”传真至全国人大常委会法制工作委员会，建议全国人大常委会对收容遣送制度进行违宪审查。三位博士指出，根据《中华人民共和国宪法》第37条规定，中华人民共和国公民的人身自由不受侵犯。任何公民，非经人民检察院批准或者决定或者人民法院决定，并由公安机关执行，不受逮捕。禁止非法拘禁和以其他方法剥夺或者限制公民的人身自由，禁止非法搜查公民的身体；《中华人民共和国行政处罚法》第9条规定，限制人身自由的行政处罚，只能由法律设定；《中华人民共和国立法法》第8条和第9条规定，对公民政治权利的剥夺、限制人身自由的强制措施和处罚，只能制定法律。因此，1982年由国务院颁布的收容遣送办法及其实施细则中限制公民人身自由的规定，违反了宪法、行政处罚法和立法法。所以建议对《城市流浪乞讨人员收容遣送办法》进行违宪和违法审查。“三博士上书”虽然并不是《立法法》制定后首次依据《立法法》的规定请求对符合《立法法》第90条所规定的违宪审查对象进行违宪审查的公民，但是，却是在社会上产生巨大影响、使社会公众认识到《立法法》第90条所规定的启动违宪审查程序所具有的制度意义的最好的提请违宪审查的实践活动。虽然全国人大常委会有关部门并没有给予“三博士”以明确具体的答复，但是，一个直接的后果是6月20日，国务院总理温家宝签署国务院第381号令，公布施行《城市生活无着的流浪乞讨人员救助管理办法》。《办法》自2003年8月1日起施行。《办法》规定，1982年5月国务院发布的《城市流浪乞讨人员收容遣送办法》同时废止。如果从考察中国传统法律文化强调“中庸之道”和“与人为善”的精神出发，由国务院主动废止存在违宪问题的《城市流浪乞讨人员收容遣送办法》，实际上已经达到了“三博士上书”提请违宪审查的目的。所以，可以说，《立法法》第90条所规定的启动违宪审查的程序在实践中是可以对违宪的法规和条例起到一定程序的监督作用的，《立法法》无疑在推动违宪审查从制度规范到法律实践方面起到了非常重要的促进作用。

在《立法法》确立启动违宪审查的两项法律程序之后，为了进一步完善违宪审查的程序，使得违宪审查成为一项可重复的、并且简便易行的宪法制度，十届全国人大常委会第四十次委员长会议2005年12月16日上午完成了对《行政法规、地方性法规、自治条例和单行条例、经济特区法规备案审查工作程序》（简称《法规备案审查工作程序》）的修订，并通过了

《司法解释备案审查工作程序》，以进一步建立健全法规和司法解释备案审查制度，维护国家法制统一。鉴于全国人大常委会已在法制工作委员会增设了法规备案审查机构，修订后的《法规备案审查工作程序》规定，国务院、中央军事委员会、最高人民法院、最高人民检察院和各省、自治区、直辖市的人大常委会认为法规同宪法或者法律相抵触，向全国人大常委会书面提出审查要求的，常委会办公厅有关部门接收登记后，报秘书长批转有关专门委员会会同法制工作委员会进行审查。上述机关以外的其他国家机关和社会团体、企业事业组织以及公民认为法规同宪法或者法律相抵触，向全国人大常委会书面提出审查建议的，由法制工作委员会负责接收、登记，并进行研究；必要时，报秘书长批准后，送有关专门委员会进行审查。修订后的《法规备案审查工作程序》还规定，专门委员会认为备案的法规同宪法或者法律相抵触的，可以主动进行审查，会同法制工作委员会提出书面审查意见；法制工作委员会认为备案的法规同宪法或者法律相抵触，需要主动进行审查的，可以提出书面建议，报秘书长同意后，送有关专门委员会进行审查。关于同宪法或者法律相抵触的法规的纠正，修订后的《法规备案审查工作程序》规定了三个步骤：一是与制定机关进行沟通协商；二是通过有关专门委员会提出书面审查意见，要求制定机关纠正；三是经过上述工作，制定机关仍不纠正的，通过常委会审议决定，撤销同宪法或者法律相抵触的法规。

为了维护国家法制统一，十届全国人大常委会第四十次委员长会议还通过了《司法解释备案审查工作程序》。《司法解释备案审查工作程序》规定，最高人民法院、最高人民检察院制定的司法解释，应当自公布之日起三十日内报送全国人大常委会备案。国务院等国家机关和社会团体、企业事业组织以及公民认为司法解释同宪法或者法律相抵触，均可向全国人大常委会书面提出审查要求或审查建议。此外，《司法解释备案审查工作程序》还就有关司法解释的报送和接收、审查工作的分工负责、被动审查和主动审查、同宪法或者法律相抵触的司法解释的纠正程序等作出了具体规定。①

可以说，《法规备案审查工作程序》和《司法解释备案审查工作程序》为健全和完善我国现行宪法所确立的违宪审查制度以及《中华人民共和国立法法》所确立的违宪审查程序作出了突出的贡献，这两个备案审查工作程序，不仅扩大了违宪审查的对象范围，而且也规范了违宪审查活动的过

① 参见《新京报》2005年12月20日，http：//www. china. org. cn/chinese/news/1066232. htm。

程、步骤，明确了违宪审查应当产生的法律上的后果，进一步使得宪法和立法法所规定的违宪审查制度具有法律上的权威性和明确的法律效力。

可以说，1982年宪法实施26年多来，之所以比较稳定，主要的原因应当归功于实施宪法的意识提高了。不论是政府，还是公民，都不再轻视宪法的价值，而是在一切可能的场合下自觉地履行宪法所规定的职责和义务，公开违反宪法规定的情形已经一去不复返了，这是1982年宪法相对于前几部宪法所具有的独特的政治优势和社会基础。我国宪法正随着社会主义法治建设的不断完善而在国家的政治生活中发挥着越来越重要的作用。

五、以宪法修改为契机，全面贯彻落实十七大的基本精神

胡锦涛同志在党的十七大报告中明确指出：要“坚定不移地发展社会主义民主政治”，并强调要“加强宪法和法律实施，坚持公民在法律面前一律平等，维护社会公平正义，维护社会主义法制的统一、尊严、权威”。根据党的十七大报告的上述精神，结合我国现阶段社会主义法制建设的实际，在当前及今后一段时间内，我国法学界和广大法律工作者应当以学习贯彻党的十七大报告精神为契机，认真研究将十七大报告基本精神写入现行宪法的必要性、可行性，积极地向国家立法部门献计献策，以宪法修改为契机，全面推进我国社会主义法制建设，进一步贯彻落实依法治国的治国方略，稳步有序地推进我国社会主义民主政治建设。

我国是共产党执政的社会主义国家。依法执政是共产党执政的重要途径和方式。共产党作为执政党，要坚持依法执政的执政纲领，就必须要正确地处理党的政策与社会主义法律两者之间的辩证关系，要学会将政策通过法定程序及时地转化为法律，来保证党的各项路线、方针和政策能够及时、有效地成为全社会公众的行为准则。中国共产党执政60年来，先后召开了十次党的全国代表大会，其中每一次代表大会的工作报告都集中体现了党在某个特定历史时期的最新的路线、方针和政策，成为指导国家生活和社会生活的重要准则。党的十七大报告是在中国共产党领导全体中国人民进行社会主义现代化建设、顺利进入21世纪之后胜利召开的第二次党的全国代表大会的工作报告，它的基本精神具有承前启后、继往开来的历史作用，能够体现我党在新的历史条件下领导全体中国人民进行社会主义现代化建设的总体战略思路，其中所提出的许多具体设想和要求具有行为指导的意义，因此，应当通过法定程序及时地转化为法律，使之成为全体社会成员一体遵循的行为

准则。

党的十七大是我党历史上的一次非常重要和具有历史意义的大会。此次大会的工作报告第一次明确和系统地提出了社会主义理论体系和社会主义核心价值的理念，同时还对一些具体的制度改革提出了明确的设想、建议和要求。遵循以往的修宪惯例，应当在2009年第十一届全国人大二次会议或者三次会议期间，以党的十七大报告的基本精神为指导，完成现行宪法的第五次修改任务，通过宪法修改来及时、准确和有效地反映党的最新政策和主张，体现执政党的最新执政理念。

为了保证现行宪法第五次修改工作的顺利进行，应当在党的十七大报告的基本精神的指导下，认真地研究我国社会主义法制建设出现的新情况和新问题，将那些迫切需要通过修改宪法的方式来肯定其合法地位的指导思想、政策、原则、设想和要求及时、准确地写入宪法，使得我国现行宪法能够不断地反映党的政策的要求，同时也能够有效地适应社会主义现代化建设的需要。就目前的修改宪法的条件来说，拟应加以认真研究入宪的事项有以下几个方面：

1. 将和谐思想写进宪法

党的十七大报告指出：科学发展、社会和谐是发展中国特色社会主义的基本要求。与此同时，还明确提出：中国特色社会主义道路，就是在中国共产党领导下，立足基本国情，以经济建设为中心，坚持四项基本原则，坚持改革开放，解放和发展社会生产力，巩固和完善社会主义制度，建设社会主义市场经济、社会主义民主政治、社会主义先进文化、社会主义和谐社会，建设富强民主文明和谐的社会主义现代化国家。我国现行宪法序言中将社会主义现代化建设的目标确定为“把我国建设成为富强、民主、文明的社会主义国家”。应当对上述规定作出修改，加上“和谐”的思想，即社会主义现代化建设的根本任务就是要把“我国建设成为富强、民主、文明与和谐的社会主义国家”。

2. 将中国特色社会主义理论体系写入宪法

指导思想一直是我国现行宪法序言的一项重要内容，党的十七大报告明确指出：中国特色社会主义理论体系，就是包括邓小平理论、“三个代表”重要思想以及科学发展观等重大战略思想在内的科学理论体系。这一论述是对现行宪法序言的一个重要发展，需要在宪法中及时地加以肯定。

3. 将社会主义核心价值体系写入宪法

党的十七大报告还强调指出：建设社会主义核心价值体系，增强社会主义意识形态的吸引力和凝聚力。社会主义核心价值体系是社会主义意识形态的本质体现。上述思想极大地丰富了现行宪法第24条关于社会主义精神文明建设的相关规定，应当写入宪法。

4. 将政治协商进入决策程序的思想写进宪法

党的十七大报告指出：支持人民政协围绕团结和民主两大主题履行职能，推进政治协商、民主监督、参政议政制度建设；把政治协商纳入决策程序，完善民主监督机制，提高参政议政实效；加强政协自身建设，发挥协调关系、汇聚力量、建言献策、服务大局的重要作用。要充分发挥人民政协在国家政治生活中的重要作用，就应当在现行宪法中明确人民政协的法律地位，特别是应当突出政治协商纳入决策程序的重要理念。

5. 要把权力制约的思想写进宪法

党的十七大报告强调指出：建立健全决策权、执行权、监督权既相互制约又相互协调的权力结构和运行机制。健全组织法制和程序规则，保证国家机关按照法定权限和程序行使权力、履行职责。上述主张首次明确了国家权力之间应当有“相互制约”的关系，这一思想是我国现行宪法没有明确加以规定的，应当以此十七大报告的精神为指导，将权力制约的思想写进宪法。

6. 明确司法职权的概念、确立司法机关的法律地位

党的十七大报告明确指出：深化司法体制改革，优化司法职权配置，规范司法行为，建设公正高效权威的社会主义司法制度，保证审判机关、检察机关依法独立公正地行使审判权、检察权。“司法职权”是我国现行宪法没有明确加以规定的一种国家权力，党的十七大报告对“司法职权”的明确肯定，可以为进一步健全和完善我国的国家权力运行机制奠定坚实的法律基础。应当将“司法职权”明确写进宪法，同时也要在宪法中明确司法机关的法律地位，以此来推进我国社会主义司法制度的不断改革和完善。

7. 可以适当考虑将乡镇一级国家政权的领导人选改为由直接民主方式产生

党的十七大报告指出：人民依法直接行使民主权利，管理基层公共事务和公益事业，实行自我管理、自我服务、自我教育、自我监督，对干部实行民主监督，是人民当家作主最有效、最广泛的途径，必须作为发展社会主义

民主政治的基础性工程重点推进。发展社会主义民主应当从基层政权建设开始，可以根据现阶段我国政治、经济形势发展的需要，改革目前乡镇一级国家政权主要领导人选的产生办法，由选民直接选举乡长、镇长，发展基层民主政治。

8. 在宪法中明确规定物权制度，为《物权法》的实施提供必要的宪法依据

党的十七大报告指出：坚持平等保护物权，形成各种所有制经济平等竞争、相互促进的新格局。2007年3月16日十届人大五次会议通过了《中华人民共和国物权法》，并且已于2007年10月1日起正式实施。《物权法》是规定物权制度的基本法律，是保障公民基本权利的重要法律。但是，由于我国现行宪法并没有明确规定物权制度，因此，为了使《物权法》的实施获得更好的宪法保障，同时也为了贯彻落实党的十七大报告提出的“平等保护物权”的精神，有必要在宪法条文中明确写上物权制度，以此来消除因物权制度缺少宪法明确规定而引发的《物权法》违宪之争。

总之，根据党的代表大会的工作报告提出的最新政策来及时地修改现行宪法的相关规定，使得我国宪法能够及时地反映党的政策要求，同时也可以保证宪法始终与我国改革开放的实践要求相适应，进一步增强宪法的“现实性”和“有效性”，这已经成为我国现行宪法制度中一项行之有效的宪法惯例。党的十一届三中全会以来，我国社会主义法制建设30年的实践证明，根据党的代表大会工作报告的最新精神来修改宪法，是符合我国现阶段的基本国情的，也是我国宪法作为社会主义类型宪法在转型时期的一个重要法律特征。宪法作为根本大法，首先是政治法，要充分发挥其自身的“确认功能”，要为改革开放提供最基本的法律依据。我国目前正处于改革开放不断深入和政治体制改革不断向前稳步推进的阶段，制宪的任务非常艰巨，不可能一劳永逸。要通过宪法修改，充分体现我国现行宪法作为社会主义类型宪法的基本法律特征，通过宪法修改，来全面贯彻和落实党的十七大报告的基本精神，使得我国现行宪法更加具有生命力，为我国的改革开放政策和不断稳步推进的政治体制改革提供法律保障。当然，要从根本上完善我国宪法制度，还需要建立比较稳定和可靠的宪法实施制度，尤其是应当在健全和完善宪法“确认功能”的基础上，不断地健全宪法在规范国家机关的权力和保障公民权利方面的“秩序保障功能”，并逐渐地通过建立保障宪法实施的机构来充分发挥宪法作为根本法

所具有的“仲裁功能”，通过将宪法规范适用于具体的案件作为评判人们行为是否对错的标准，从而全面实现宪法作为根本法对国家生活和社会生活的规范功能和社会功能。

目前，在我国宪法学界争论得比较多的是最高人民法院在2001年作出的“8·13”批复。在宪法学理论上到底如何来评判最高人民法院司法解释的性质，这个问题在宪法学界的讨论中没有完全加以澄清。应当说，根据现行宪法和《立法法》的规定，最高人民法院没有违宪审查权，也没有解决宪法争议的宪法审判权，所以，“8·13”批复不具有宪法诉讼的性质，更不具有监督宪法实施的性质。但是，“8·13”批复明显地作出了涉及宪法问题的判断。该批复认为，公民以侵犯姓名权的手段可以侵犯宪法所规定的公民享有的受教育权。在此，最高人民法院的司法解释明显地包含了一个对宪法权利侵害方式的可能性的认定，这是一种实质性的宪法判断。但是，考虑到侵害宪法权利的主体本身并不符合宪法理论上所承认的“国家机关”或是“国家机关”行使的“国家权力”，因此，最高人民法院在该司法解释中是否基于科学的宪法理论作出了正确的宪法判断在法理上是存有疑虑的。“8·13”批复持有的法理立场是第三者的效力理论，也就是说，宪法权利在私人之间具有约束力。但是，这种法理并没有得到国外主流的违宪审查理论的认可，在日本的违宪审查制度中，尽管地方法院认可了宪法权利的第三者效力理论，但是，在最高法院的判决中是明确地否定第三者效力理论的，其直接的根据是法院在行使违宪审查权的过程中必须对国会依据宪法所享有的立法权保持最大限度的政治尊重。“8·13”批复所带来的法理问题并没有得到很好的解决，因为全国人大常委会并没有以违宪审查主体的身份来介入该案件。所以，实际上，“8·13”批复具有某种法律上的效力。但是，借鉴德国违宪审查制度的经验，恐怕在普通法院不享有违宪审查权的情况下，普通法院对宪法在普通诉讼中的适用仅限于将宪法作为解释审判案件的法律依据的正当性的理由，而不宜直接地适用宪法作出合宪或者是违宪的判断。

由于我国各级人民法院长期从事刑事、民事和行政案件的审判工作，对如何在司法审判中引用宪法缺少理论铺垫，也没有实际经验。所以，从保证宪法的权威性来看，包括最高人民法院在内，不宜在审判中将宪法作为直接判案的独立依据，特别是不宜在判决中作出具有实质意义的宪法判断。如果从加强法律实施的角度出发，可以考虑在适用一般法律依据缺少整体性或原则指导时，运用宪法的规定和精神来解释法院审判案件所引用的法律依据。

总之，法院不宜直接在判决中引用宪法来作出实质性的宪法判断。①

总之，总结国外违宪审查制度的实践经验，结合我国目前宪法和《立法法》所规定的违宪审查制度的具体情况，无论是从法理上，还是在实践中，必须要强化全国人大常委会依据宪法和《立法法》所享有的违宪审查权。同时，为了保证全国人大常委会能够有效地行使违宪审查权，可以考虑在具体的违宪审查机构的设置、违宪审查的法律程序以及提请违宪审查的方式、违宪审查事项的范围等方面作出进一步改革，以符合全国人大及其常委会依据宪法履行监督实施宪法的职责。

① 王振民教授认为，最高人民法院在“8·13”批复中所作的司法解释开创了法院直接运用宪法保护公民基本权利的先河。最高人民法院在这个问题上所做的努力是值得肯定的。作者不完全赞同这一意见，因为在基本宪法关系没有澄清的前提下，盲目地通过司法解释来适用宪法会在实际中阻碍违宪审查理论的建立。王振民：《中国违宪审查制度》，中国政法大学出版社2004年版，第184页。

第八章　新中国人权法治发展60年

刘海年*

经长期奋斗，1949年新中国成立、尤其是1978年中国共产党十一届三中全会之后，中国人权保障法治逐渐完善，人权保障事业显著发展，其巨大成就为世人瞩目。今天，在新的起点上，全国人民正遵循“国家尊重和保障人权”的宪法原则，按照党的十七大描绘的蓝图和《国家人权行动计划（2009　2010年）》，为更充分享有人权而进一步创造经济、政治、文化和社会条件。

一、中国人民长期为人权而奋斗

从文字记载看，自跨入文明社会的门槛起，基于生存欲望的本性，中国人民就开始了争取权利的斗争。但是，比较自觉地争取现代意义上的人权，是受西方资产阶级启蒙思想家关于“天赋人权”观念的影响，并是在反对西方帝国主义和殖民主义及其在中国的代理人的斗争中逐步发展的。17世纪从英国开始的西方国家工业化进程，大大激发了资本向外扩张的欲望。他们以坚船利炮在亚、非、拉寻找原料基地和商品销售市场。进入19世纪，其扩展已达登峰造极的地步。而此时的清王朝，由于不能适应形势实行变革则日趋衰落，与西方国家的实力差距进一步拉大。号称“日不落国”的大英帝国，早已觊觎中国这块丰富的原料基地和潜力巨大的广阔的市场。它开始以鸦片为武器，妄图摧毁中国人的肉体和意志。一旦遭到抵抗，便公开兵戎相见，发动侵略战争。1840年鸦片战争后，英、美、法、葡、德、俄、日等列强单独或联合对中国发动侵略战争，在刺刀威逼下，强迫清政府与之订立了一系列不平等条约，使中国主权丧失，民族危难，人民受辱，家园遭蹂躏，沦为西方列强的半殖民地。残酷的现实教育了中国人认识西方国家以人权为幌子的侵略意图，看清了他们宣扬的所谓人权的本质。由此，为了争取民族独立，为了能真正享有人权，包括人民群众和文臣武将在内的无数仁

* 中国社会科学院荣誉学部委员，法学研究所研究员。

人志士，前仆后继同帝国主义及其在中国的代理人展开了艰苦卓绝的斗争。

（一）鸦片战争后爱国人士和维新派争取人权的斗争

从鸦片战争开始，中国人民奋起反抗帝国主义，自觉争取人权，涌现了许多民族英雄，留下了可歌可泣的业绩。鸦片战争期间，有坚决主张禁烟抗英的民族英雄林则徐、邓廷桢、关天培等；中法战争期间，有爱国老将冯子材，督办台湾事务大臣刘铭传等；中日甲午战争期间，有军门丁汝昌，军舰管代邓世昌、林永升等。他们有的为国捐躯献出生命，有的虽战功卓著却蒙冤被贬谪边地，但都始终临危不惧，大义凛然。林则徐在遭贬赴新疆途中仍自勉并示家人："苟利国家生死以，岂以祸福趋避之。"与此同时，广大人民群众在抵抗外国武装侵略，捍卫民族独立的斗争中也发挥了重要作用。1841年5月，广州三元里人民为抗击英军奸淫抢掠"不呼而集者数万人"，开创了群众自发大规模反抗外国侵略的武装斗争先例。1895年，台北人民听到台湾及附属岛屿割让给日本侵略者，鸣锣罢市，表示抗议，同时发布檄文："愿人人战死而失台，决不愿拱手而让台。"他们与总兵刘永福率领的黑旗军共同抵抗日军侵略。军民浴血奋战，抗击了日军两个近代化师团和一支海军舰队，日军死伤达32000人之多。[①] 1900年八国联军侵华时，义和团及部分清军与侵略者展开了殊死战斗，在京津和东北等地对英俄军队进行了沉重打击。

尽管前方军民同仇敌忾，浴血奋战，并在一些战争中痛击了敌人，但由于清政府腐败衰弱，结果一次又一次丧权辱国、割地赔款。在此亡国灭种之际，康有为、梁启超、严复、谭嗣同等资产阶级维新派，以"天赋人权"为立论，著书立说，上书言事，鼓吹以民权限制君权，变法维新。康有为说："吾中国四万万人，无贵贱，当今日在覆屋之下，漏舟之中，薪火之上，如笼中之鸟，釜底之鱼，牢中之囚，为奴隶，为牛马，为犬羊，听人驱使，任人宰割，此四千年中二十朝未有之奇变。"[②] 梁启超指出："吾国四千余年大梦之唤醒，实自甲午战败割台湾偿二百兆以后始也。"[③] 他还说："人权者，天授者也，故人人皆有自主之权，人人皆平等。"[④] 他们传播人权、

① 见《中国近代史纲要》，高等教育出版社2007年版，第32页。

② 《康有为政论集》上册，中华书局1981年版，第237页。

③ 《饮冰室合集·戊戌政变记》。

④ 《时论选集》第1卷（上册），三联书店1960年版，第30页。

平等的理念，对外反对帝国主义侵略，对内反对封建君主专制制度。严复立足进化论指出，君是民立的。人民立国君，是由于各种相欺相诈的纠纷威胁其生命财产安全。人民忙于“耕织工贾”，所以才“择其公且贤者，立而为之君”。[①] 以此大力批驳“君权神授”。谭嗣同指出：“君末也，民本也。天下无有因末而累及本者，亦岂可因君而累及民哉？……君也者，为民办事者也；臣也者，助民办事者也。”[②] 君和臣如不为民办事，依天下之通义，则可易其人。取而代之的应是民主。“凡政体之合于真理者，惟民主制为然”。[③] 维新派的精神是可贵的，理论是先进的，在当时起了启蒙作用。尽管他们推动光绪皇帝实行的新政远比其理论和缓，但仍极大地激怒了守旧势力。正当康、梁等满腔热忱地策动光绪推行新政之时，慈禧等却已磨刀霍霍。结果，谭嗣同等六君子被杀，其他一些头面人物有的逃往异国他乡，有的丧失斗志，成为保皇党。康、梁维新变法虽然失败，但他们著述中阐述的思想，却继续在知识界传播并在人民群众中产生影响。

（二）辛亥革命前后资产阶级革命派争取人权的斗争

康有为、梁启超变法维新失败，谭嗣同被杀，使孙中山为首的资产阶级革命派，进一步看清了慈禧等统治集团坚持封建君主制度的本质，激发了以“国民革命”推翻清政府、争取人权的决心。孙中山在《中国问题的真正解决》一文中，列举了统治者侵犯人权的种种罪状。其中指出：“他们把我们作为征服了的种族来对待，不给我们平等的权利。”[④] 他说：“主权在民，国之通义”,[⑤] “天下者，天下人之天下，非一二族所独占。”[⑥] 邹容在《革命军》一文中更是大声疾呼：“杀尽专制我之君主，以复我天赋之人权。”他说：“吾侪何为而革命？必有障碍吾国民天赋权利之恶魔焉，吾侪得而扫除之，以复我天赋之权利。”[⑦] 1905年，孙中山将其组织和领导的同盟会纲领概括为三大主义，即民族主义、民权主义、民生主义。民族主义包括“驱逐鞑虏，恢复中华”，就是推翻清政府，建立民族独立的国家；民权主义，

---

① 《严复集》第1册，中华书局1986年版，第34页。

② 《谭嗣同全集》下册，中华书局1981年版，第339页。

③ 《民约论巨子卢梭之学说》，《新民丛报》第12号，1902年6月15日。

④ 《孙中山全集》第1卷，中华书局1981年版，第252页。

⑤ 《孙中山全集》第3卷，中华书局1984年版，第319页。

⑥ 《孙中山全集》第5卷，中华书局1985年版，第628—629页。

⑦ 《时论选集》第1卷（下册），三联书店1960年版，第665页。

即推翻封建君主专制制度，建立民国；民生主义，即平均地权，进行社会革命。他期望“举政治革命、社会革命毕其功于一役”。在三民主义号召下，1911年10月革命党人在武昌发动起义，推翻了统治中国两千多年的封建君主专制制度。1912年1月1日，孙中山就任中华民国临时大总统，宣布《大总统令》；同年3月，制定《中华民国临时约法》。《大总统令》明确宣布：“天赋人权，胥属平等。”[①]《临时约法》以国家根本大法的形式肯定了资产阶级共和制度，肯定了公民的政治、经济等多项民主权利与自由。孙中山领导的辛亥革命结束了封建帝制，建立了资产阶级共和国，沉重地打击了帝国主义和封建主义，促使了亚洲人民的觉醒。列宁曾指出：“中国人民的革命斗争具有世界意义，因为它将给亚洲带来解放并将破坏欧洲资产阶级的统治。”[②]

辛亥革命推翻帝制，倡导主权在民，维护人权的业绩成为中国近代历史上的丰碑。但由于未发动群众等原因，在帝国主义支持下的封建军阀势力的胁迫下，却以失败而告终。袁世凯为首的北洋军阀篡夺了胜利果实。之后，他又以卑鄙的手段刺杀在国会选举中获胜的国民党领袖宋教仁，解散国民党，撕毁《临时约法》，就任可以无限期连任且可推荐继承人的大总统。在自认为一切准备就绪之时，竟冒天下之大不韪，公然复辟帝制。为达此目的，他政治上投靠帝国主义；经济上维护帝国主义、封建地主阶级和买办资产阶级利益；文化思想上尊孔复古，向全国发布《通令尊崇孔圣文》，在中、小学恢复尊孔读经，在全国恢复跪拜礼节、祭孔典礼，宣扬“三纲五常”。这种倒行逆施，使孙中山认识到，“假如只有白纸黑字之宪法，绝不能保证民权，俾不受军阀之摧残……宪法之成立，唯在列强及军阀势力颠覆之后耳”。[③] 由此，以他为首的革命派与封建军阀展开了更坚决斗争。

在革命党人武力反抗袁世凯等封建军阀斗争的同时，一批先进知识分子，如李大钊、陈独秀、鲁迅、蔡元培、胡适等发起了思想领域具有启蒙作用的新文化运动，提出“破除迷信”，“打倒孔家店”的口号。李大钊认为，孔子之学说“是专制政治之灵魂”，“是历代帝王专制之护身符”，所以“历代君王，莫不尊之祀之，奉为先师，崇为至圣”。[④] 陈独秀指出：孔子学说

---

① 《大总统通令开放蛋户惰民等许其一体享有公民权私权文》，中国史学会主编：《中国近代史资料丛刊·辛亥革命》八，上海人民出版社1957年版，第27页。

② 《列宁全集》第21卷，人民出版社1990年版，第163页。

③ 《孙中山选集》，人民出版社1956版，第522页。

④ 《李大钊文集》上，人民出版社1984年版，第264页。

所宣扬的宗法伦理，“一曰损坏个人独立自尊之人格；一曰窒碍个人意思之自由；一曰剥夺个人法律上平等之权利（如尊长卑幼同罪异罚之类）；一曰养成依赖性戕贼个人生产力”。[①] 为了打破这种局面，新文化运动的主将们都反对君主专制，倡导人的解放，人性的解放。陈独秀说；“破坏君权，求政治之解放也；否认教权，求宗教之解放也；均产说兴，求经济之解放也；女子参政运动，求男权之解放也。”[②] 他还说：“解放云者，脱离夫妻之羁绊，以完其自主自由之人格之谓也。”[③] 胡适认为：“社会最大的罪恶莫过于摧折个人的个性，不使他自由发展。”[④] 要实现个性自由，必须坚决反对专制，重视民主宪法和法治。李大钊鲜明地指出：“宪法者，现代国民之血气精神也”；“宪法者，现代国民自由之证券也”；“宪法者，中华民国国民全体信条也”。[⑤] 陈独秀认为只有制定和实施宪法才能保障人权。他说：“个人之自由权利，载诸宪章，国法不得而剥夺之，所谓人权是也。”[⑥] 新文化运动是在知识分子中展开的，但它很快在全国传播开来，对启发人民觉悟产生了积极影响。

就在新文化运动开展之际，1917 年俄国十月社会主义革命传来了马克思主义。马克思主义揭示了人类社会发展的规律，严厉批判了资本主义制度和资产阶级人权观念的虚伪性，阐明了关于阶级斗争、无产阶级和被压迫民族革命以及无产阶级专政的学说。马克思、恩格斯在《共产党宣言》中指出：“到目前为止的一切社会历史都是阶级斗争的历史。”“压迫者和被压迫者，始终处于相互对立的地位，进行不断的、有时隐蔽有时公开的斗争，每一次斗争的结局都是整个社会受到革命改造或者斗争的各个阶级同归于尽”。为了争取“整个社会受到革命改造”，他们在《宣言》中还指出，无产阶级要通过革命使自己成为统治阶级，并以统治阶级的资格消灭阶级对立和阶级本身存在的条件。“这个斗争现在已经达到这样一个阶段，即被剥削被压迫阶级（无产阶级），如果不同时使整个社会永远摆脱剥削、压迫和阶级斗争，就不能再使自己从剥削他压迫他的那个阶级（资产阶级）下解放

① 《陈独秀著作选》第 1 卷，上海人民出版社 1984 年版，第 167 页。
② 同上书，第 130 页。
③ 同上。
④ 《胡适文萃》，作家出版社 1991 年版，第 74 页。
⑤ 《李大钊文集》上，人民出版社 1984 年版，第 157、168 页。
⑥ 《陈独秀著作选》第 1 卷，上海人民出版社 1984 年版，第 166 页。

出来”。[①] 列宁立足于俄国实际情况发展了马克思主义。他指出：“在当代革命中，东方各民族为了不再仅仅充当别人发财的对象而参与决定世界命运的时期到来了。”[②] 十月革命胜利证明，经济文化落后的国家也可以用社会主义思想指导自己走向解放之路。

新文化运动在思想领域的启蒙，十月革命后马克思主义在中国传播，加深了中国知识分子和人民群众对封建主义的腐朽和帝国主义、殖民主义侵略本性的认识。当1918年第一次世界大战结束，跻身战胜国行列的中国不仅未得到战败国的相应赔偿，而且巴黎和会上，中国代表提出的废除外国在华势力范围、撤退外国在华驻军、取消日本强加给中国的“二十一条”竟被拒绝，会议还决定将德国在山东获得的一切特权转交给日本。这种强盗逻辑，激起了全国人民极大愤怒。1919年5月4日，北京学生走上街头。当学生运动遭到北洋政府镇压，上海工人和商人便起而声援学生运动举行罢工、罢市。这场运动迅速扩及20多个省区，100多个城市。五四运动成为中国近代史上一场真正彻底的反对帝国主义和反对封建主义运动，成为中国人民革命、也是争取人权斗争新阶段的开始。

（三）中国共产党和爱国民主人士争取人权的斗争

在马克思主义的指引下，在俄国十月社会主义革命影响下，经历五四运动的洗礼，新文化运动的一部分领导人，与风起云涌的工人运动和学生运动相结合，在北京、上海、武汉、广州、湖南、湖北建立了共产主义小组，并于1921年7月1日在上海召开第一次全国代表大会，成立了中国共产党。中国共产党以根本改变中国各族人民被剥削、被压迫的地位，维护各族人民权利为己任，更加有组织有领导地同帝国主义和封建军阀进行不屈不挠、艰苦卓绝的斗争。从中国共产党诞生至新中国建立，经历了第一次、第二次国内革命战争，抗击日本帝国主义侵略战争和人民解放战争。其间，曾与国民党两次合作。这一历史阶段斗争大体可分为三条战线。

1. 广泛号召和组织人民群众为捍卫民族独立争取人权而斗争

中国共产党第二次全国代表大会明确指出：中国人民争取权利的斗争，

---

① 《〈共产党宣言〉1883年德文版序言》，《马克思恩格斯选集》第1卷，人民出版社1972年版，第232页。

② 《列宁全集》第37卷，人民出版社1986年版，第322页。

必须反对"资本帝国主义和军阀官僚的封建势力"。[①] 根据第二次全国代表大会精神，北京、广州、上海、山东和江西等地先后成立了"争取人权同盟"。党组织相继领导了1922年9月安源路矿大罢工，11月汉口英租界4家洋花厂罢工，10月开滦煤矿罢工，1923年2月京汉铁路大罢工。在京汉铁路大罢工中，针对军阀吴佩孚的血腥镇压，党组织响亮地提出了"为自由而战，为人权而战"的口号。京汉铁路罢工虽惨遭镇压，但却锻炼了工人阶级。由此开始，中国工人运动此起彼伏，如火如荼。通过斗争，维权觉悟不断提高，规模日益扩大，并且提出的口号更加明确。由于许多要求事关民族生存和群众利益，不断得到学生、市民的同情和支持。诸如1925年的"五·卅"运动和同年6月的省港大罢工，得到市民和学生的支持，增强了影响力，极大地震撼了帝国主义和封建军阀在上海、广州和香港的势力。

不过，斗争的进程证明，中国这样一个农村人口占90%以上的半封建半殖民地国家，要取得胜利必须发动农民。"在这种情形之下，'耕地农有'便成了广众的贫农所急切要求的口号"。[②]"农民问题是国民革命的一个中心问题，国民革命能否进展和成功，必须以农民运动能否进展和成功为转移"。[③] 为了发动农民，彭湃等在广东海丰县通过艰苦工作，建立农会，开展了轰轰烈烈的农民运动。毛泽东等在广州举办"农民运动讲习所"，并亲自到湖南进行调查，领导和组织农会，打土豪斗劣绅。湖南、湖北、广东等省区农民运动兴起之地方，广大贫苦农民不仅获得了经济权利，而且改变了政治地位，精神上也得到了解放。大革命时在全国蓬勃兴起的农民运动，有力地支持了反对封建军阀的战争。它的持续发展，还为后来武装斗争和根据地建设奠定了坚实基础。

1931年"九·一八"开始，日本帝国主义大举侵略中国，"领土一省又一省地被人侵占，人民千万又千万地被人奴役，城村一处又一处地被人血洗，侨胞一批又一批地被人驱逐，一切内政外交处处被人干涉"，[④] 中华民族到了生死存亡的紧要关头。为了拯救祖国，中国共产党中央委员会1935年8月1日发表了《为抗日救国告全体同胞书》（"八一宣言"），号召全体

---

① 《中国共产党第二次全国代表大会宣言》，《中共中央文件选集》，中共中央党校出版社1982年版，第76页。

② 《土地与农民》，《李大钊选集》，人民出版社1959年版，第532页。

③ 广东省第二次农民代表大会《农民运动在国民革命中之地位决议案》。

④ 《为抗日救国告全体同胞书》，《中国革命史参考资料》第三集，中国人民大学出版社1956年版，第140—141页。

同胞团结起来，“为祖国生命而战！为民族生存而战！为国家独立而战！为领土完整而战！为人权自由而战！”接着，党领导了“一二·九”学生运动，在全国掀起了要求停止内战、抗日救亡的斗争。抗日战争胜利后，蒋介石依靠美帝国主义撑腰，悍然发动全面内战。党领导解放区人民大力支援前线，领导国民党统治区的工人运动、学生运动和各阶层人民斗争，有力地支持了革命战争的胜利。

应当指出，与中国共产党组织和领导人民群众为人权斗争的同时，面对蒋介石1927年“四·一二”背叛革命大肆屠杀共产党人和镇压工农革命运动，面对1931年“九·一八”之后日本帝国主义大举侵略，一批爱国人士，如宋庆龄、蔡元培、鲁迅、杨杏佛、胡适、罗隆基、潘光旦、徐志摩等，在北京、上海等中心城市也开始进行人权斗争。

这批人士大多曾留学外国，接受美、欧、日等国教育。他们回国后，有些人受马克思主义影响，倾向共产党领导的革命斗争；有些人不理解、甚至反对马克思主义和共产党人领导的武装斗争，但却痛恨国民党的贪污腐败、蒋介石的独裁统治，坚决反对日本帝国主义的野蛮侵略。基于此，胡适、罗隆基等人大力呼吁人权，呼吁人权的法治保障。他们指出：“人权，简单地说，就是一些做人的权利。人权是做人的必要条件。”人权与民权不同，人权是做人所必须的应然权利，而民权则是宪法和法律规定的权利，亦即法定权利。[①] 为了保障人权，就要建立人权保障的法治基础。胡适提出；“在今日如果真要保障人权，如果真要确立法治基础，第一件应该制定一个中华民国宪法，至少，至少，也应该制订所谓训政时期的约法。”他大声呼吁“快快制订约法以确定法治基础，快快制订约法以保障人权”。[②] 这一批人士，虽然在政治上希望在国民党独裁统治和共产党革命斗争之间走中国根本无法实现的所谓第三条道路，但在人权理论宣传上却起到了启蒙作用。此后不久，一直以不同形式同蒋介石军事独裁进行斗争的宋庆龄等，于1932年12月在上海成立了“中国民权保障同盟”，并分别在上海和北京设立分会。上海分会由鲁迅等九人负责；北京分会由胡适等九人负责。“人权保障同盟”以“唤起民众努力与民权之保障为宗旨”，其任务是：“一、争取释放国内政治犯，反对目前到处盛行的监禁、酷刑和处决的制度。本同盟首要的工作对象是大量的无名囚犯。二、予政治犯以法律的辩护及其他援助，调查监狱

① 罗隆基：《论人权》，《新月》1929年第2卷第5期。
② 胡适：《人权与约法》，《新月》1929年第2卷第2期。

的状况和公布国内剥削民权的事实，以唤起舆论的注意。三、协助关于公民权利，如出版、言论、集会和结社自由的斗争。”由于发起和参加此一时期人权活动和中国民权保障同盟的人士在国内、尤其是在学界，具有很高的地位和威望，他们的活动很快产生了重大影响，并成为中国整个人权斗争事业的重要组成部分。国民党的白色恐怖，杨杏佛被杀及罗隆基等被监禁，虽然一度使他们进行的斗争遭到挫折，但在日寇加紧侵略，国家民族面临危亡的形势下，不久便又重新活跃起来。这些人士中的大部分，在后来的解放战争中参加了中国共产党领导的统一战线，在国民党统治区的人民民主运动中发挥作用，继续为中国人民解放事业作出了贡献。

2. 以武装斗争捍卫民族独立、自由和人权

面对帝国主义和殖民主义的野蛮侵略和压迫，中国的封建统治者、新旧军阀表现得十分软弱，但对本国人民争取独立、自由斗争的镇压却毫不手软。尤其是当他们之间在华的利益实现某种结合，中国统治者成为帝国主义的代理之后，这种镇压就更加疯狂。正如列宁所说：“各反动阶级通常都是自己首先使用暴力，发动内战，把刺刀提到议事日程上来。”[①]“伟大的革命即使像法国大革命那样以和平方式开始，也是以反革命资产阶级所发动的疯狂战争而告终”。[②]形势逼迫人民必须拿起武器，以武装的革命打败武装的反革命和帝国主义。

1927年，当北伐进军到长江流域，胜利在握的时候，蒋介石在上海发动“四·一二”政变，对共产党人“宁肯错杀一千，也不放过一个”，大肆屠杀革命者，实行白色恐怖。针对蒋介石的屠杀，同年8月党领导的军队在南昌举行武装起义。起义军几经周折，与湖南秋收起义的农民武装相结合，在井冈山组建了工农红军。这支军队和党在其他地区领导的革命武装是人民的军队。尽管其生存条件恶劣，并有蒋介石指挥的国民党军队围剿堵截，却能不断壮大，在极为艰苦的条件下创建了井冈山、鄂豫皖和陕北根据地，有力地捍卫了各根据地的人民权利。

1931年，日本侵略军发动“九·一八”事变，首先占领东北，继而侵入华北，企图将中国变成其独占的殖民地。1937年卢沟桥“七·七”事变，抗日战争爆发，同年9月第二次国共合作正式形成。为了民族生存，为了不做亡国奴，党领导的工农红军改编为“八路军”、“新四军”，在东北组建抗

① 《列宁全集》第9卷，人民出版社1959年版，第117页。
② 《列宁全集》第29卷，人民出版社1956年版，第326页。

日民主联军，他们与包括国民党军队将士以及地方武装在内的全国军民一同奋起抗击日本侵略者。当时，正如《义勇军进行曲》发出的呼唤："起来！不愿做奴隶的人们，把我们的血肉筑成我们新的长城。中华民族到了最危险的时候……我们万众一心，冒着敌人的炮火，前进，前进！""把我们的血肉筑成我们新的长城"，说明了中国人民不怕牺牲的大无畏的精神，也形象地说明了这场战争反侵略的正义性。抗日战争，比之于北美独立战争，比之于1789年法国大革命，持续时间更长，规模更大，更加波澜壮阔。由于日本政府与德国、意大利法西斯结成轴心，入侵东南亚和南亚诸国，中国军队在本土和远征国外抗击日本侵略，就成了第二次世界大战的组成部分。这样，中国抗日战争的胜利，不仅有效地捍卫了中国各民族人民的独立与自由，使台湾回到祖国怀抱，同时也有力地支援了被日、德、意法西斯军队侵略的国家，为国际人权事业作出了贡献。

经过八年艰苦抗战，全国人民殷切期望和平民主，建设国家。为此，毛泽东亲赴重庆与蒋介石谈判。但蒋依仗数百万美式武器装备的军队，在国共重庆谈判签订的"双十协定"和下达的停战令墨迹未干之时，便重新点燃战火，发动全面内战，妄图将人民军队"速战速决"。由于内战不得人心，尽管背后有美国人力、物力支持，国民党军队在战场上仍不能不节节失利。与此同时，国民党统治区也爆发了大规模学生运动和"反饥饿、反内战、反迫害"的人民群众运动。在腹背受敌的情况下，曾几何时尚气势汹汹的国民党军队，经过三年解放战争便被赶出了大陆。残余力量在蒋介石带领下逃入大海，龟缩台湾。

3. 在各革命根据地不断推进有关人权保障的法制建设

人权有普遍性也有特殊性；表现为应然权利，也表现为法定权利和实然权利。作为革命和建设纲领的内容，往往是从人权的普遍性和应然角度提出，而在一定时空条件下，将其变为实际享有的权利，又不能不考虑其特殊性。为了将这种应然权利变为实际享有的权利，必须将其变为法定权利，予以法制保障。正因如此，在革命根据地建设中，尽管由于战争发展，多数地区并非处于较长时间稳定状态，但是党仍然注意人权保障的法制建设。如：在国民党反动派对当时中央苏区持续军事"围剿"和经济封锁的情况下，1931年11月召开的中华苏维埃第一次全国代表大会通过《中华苏维埃共和国宪法大纲》，1934年1月第二次全国苏维埃代表大会进行了修订。其主要内容是：苏维埃政权属于工人、农民、红军士兵及一切劳苦民众；苏维埃政权辖区内的工人、农民、红军士兵及一切劳苦民众和他们的家属，不分男女、种族、宗教，在法律前一律平等；凡上述公民年满16岁以上，均享有选举权和被选举权，直接派代表参加各级苏维埃大会，讨论和决定一切国家的和地方的政治事务；苏维埃政权以彻底改善工人阶级和农民生活为目的，制定劳动法，在城镇宣布八小时工作制，规定最低工资标准，创立社会保障制度，在农村颁布土地法，主张没收一切地主阶级的土地，分给贫农中农；宣布中国民族完全自主独立，不承认帝国主义在华政治上、经济上一切特权，与一切反革命政府订立的不平等条约无效，将中国从帝国主义压榨下解放出来；保证工农劳苦群众有言论、出版、集会、结社自由和信仰宗教自由；保证实行妇女解放，承认婚姻自由，使妇女逐渐得到脱离家务束缚的物质基础，参加社会经济、政治、文化生活；保障工农劳苦民众有受教育的权利，应开始实施完全免费的普及教育；对居住在苏维埃区域内的外国人，一律享受法律所规定的一切政治上的权利。

抗日战争爆发后，为了团结抗击日本帝国主义，党领导建立抗日民族统一战线。在敌后抗日根据地，颁行了一系列保障人权的法律法规。其中重要的有：《陕甘宁边区施政纲领》、《陕甘宁边区保障人权财权条例》、《山东省人权保障条例》、《晋冀鲁豫边区保障人民权利暂行条例》、《晋西北保障人权条例》、《修正渤海区人权保障条例》、《渤海区人权保障条例执行规则》等。这些法律和法规明令保障人民的生命权、人身权、财产权和政治权利；保障人民行动、居住、迁徙自由；保障人民言论、出版、集会、结社、通讯、信仰、宗教与政治活动之自由。各人权法规特别强调人身权的法律保障。如规定："人民之身体、财产及其他一切之合法自由权利，非有法令的根据，任何部队、机关、团体及群众武装不得任意侵犯。"① "除司法机关及公安机关依法执行其职务外，任何机关、部队、团体不得对任何人加以逮捕、审问、处罚"。"逮捕人犯不准施以侮辱、殴打及刑讯逼供、强迫自首，审判采证据主义，不重口供"。② "因犯罪嫌疑被捕者，至迟二十四小时内送解该管审判机关，该受理机关须依法24小时内进行审讯"。"审判机关处理民刑案件，自传到之日起，简易案件不得逾十五日，复杂案件不得逾三十日，必为判决之宣告"。③

---

① 《渤海区人权保障条例执行规则》，《世界人权约法总览》，四川人民出版社1990年版，第770页。

② 同上。

③ 《晋西北保障人权条例》，《世界人权约法总览》，四川人民出版社1990年版，第769页。

革命根据地关于人权保障之法律以及人权概念，按现在观点，可能感觉有不周详之处，如人权主体，苏区只规定工农、红军士兵及一切劳苦民众，抗日战争时期才扩及地主、资本家。但考虑到当时处于战争环境，敌我斗争之尖锐复杂，人们不能不为根据地建设中如此重视人权而叹服。人身权的司法保障更是实例。此领域的人权保障，解放战争时期，在《哈尔滨特别市政府布告——为禁止非法拘捕、审讯及侵犯他人人权等行为事》、《豫皖苏边区行政公署训令各级政府切实保障人权、严禁乱抓乱打肉刑逼供》等法令中得到了承传。注意人权保障的法制建设，是在日寇和国民党反动派对各根据地加紧封锁、围剿，暗中派特务破坏的情势下，获得人民群众大力支持，不断发展壮大的重要原因。而根据地建设则是新民主主义革命以农村包围城市，最终夺取全国胜利的重要基础。

鸦片战争之后，中国沦为半殖民地半封建社会。帝国主义、封建主义和官僚资本主义三位一体欺压中国人民，帝国主义成为封建势力和官僚资本势力的靠山，争取民族独立不仅是人权的应有之义，而且是实现人权的前提。1949年人民革命的胜利，推翻了压在中国人民身上的三座大山，宣告了帝国主义、封建主义和官僚资本主义在中国统治的结束，中国人民从此站起来了。在上述历史过程中，尽管各人民团体、各革命党派政见不完全一致，但在爱护祖国、捍卫民族独立大方向之下却能团结起来，各民族无数优秀儿女为之献出了青春和生命。毛泽东在天安门广场的人民英雄纪念碑碑文中写道：“由此上溯至一千八百四十年，从那时起，为了反对内外敌人，争取民族独立和人民自由幸福，在历次斗争中牺牲的人民英雄永垂不朽！”这向世人昭示，一切为中国人权而斗争的仁人志士都将名垂青史，受到后人的纪念。

二、新中国成立后中国人权事业实现了历史性的发展

新中国成立，中国人民一洗一百多年来蒙受的屈辱，为人权事业掀开了新篇章。与新中国成立前不同的是，以往全国范围的政权由封建军阀和国民党反动派掌握，中国共产党主要是领导人民通过各种斗争形式争取人权。新中国成立后，许多时候虽然继续领导人民争取人权，但主要是通过国家政权为人权实现创造条件，保障人权。毛泽东回顾革命历程时曾说过，新民主主义革命的规律，我们摸索了很长时间，付出了重大代价才认识和掌握，希望认识和掌握社会主义革命和建设的规律，不要花那么长时

间。但事情并未如愿，社会主义革命和建设过程中，理论和实践也走了不少弯路，人权建设方面也不例外。党和人民从中既获得了经验，也汲取了教训。

（一）50年代人权建设的巨大成就

50年代国家在人权建设方面做了大量工作，取得了显著成就。立法方面，首先于1949年9月制定了《中国人民政治协商会议共同纲领》，宣告了帝国主义、封建主义和官僚资本主义在中国统治时代的结束。中华人民共和国为新民主主义即人民民主主义国家，实行工人阶级领导的、以工农联盟为基础的、团结各民主阶级和国内各民族的人民民主专政。它为中国的独立、民主、和平、统一和富强而奋斗。《共同纲领》规定了政权机关的性质和运作原则；规定了军事政策、经济政策、文化教育政策、民族政策和外交政策；肯定了人民的政治、经济、文化和社会等权利；具有临时宪法作用。依据《共同纲领》，1950年4月颁行了《中华人民共和国婚姻法》，同年5月颁行了《中华人民共和国土地改革法》，1953年3月颁行了《中华人民共和国选举法》。这些法律首先解决当时人民权利保障最迫切的问题。

《婚姻法》明确规定，废除旧的包办强迫、男尊女卑的封建婚姻制度；确立男女平等、婚姻自由的新民主主义婚姻制度；确立民主和睦、互爱团结的新家庭。它规定，实行一夫一妻制，男女结婚必须双方完全自由，达到法定年龄，履行登记手续。婚后夫妻间权利和义务平等；子女权利受法律保护，非婚生子女与婚生子女享有同等权利。婚姻自由包括结婚自由，也包括离婚自由。旧婚姻制度下，妇女受父权、夫权双重压迫，婚姻不自由，婚后在家庭中地位低下。《婚姻法》的实施，首先是对占全国人口总数二分之一的女性在婚姻家庭中的解放，同时也是对受旧婚姻制度束缚的男性的解放。《土地改革法》的宗旨是："废除地主阶级封建剥削土地所有制，实行农民土地所有制，藉以解放生产力，发展农业生产，为新中国的工业化开辟道路。"① 为了贯彻这一方针，党制定了"依靠贫雇农、团结中农、中立富农、有步骤有分别地消灭封建剥削制度，发展农业生产"的政策。《土地改革法》的贯彻实行，使新中国成立时仍受封建土地制度束缚的3亿多农民获得了土地和其他生产资料。除个别少数民族地区外，在全国实现了孙中山先

① 《中华人民共和国土地改革法》。

生几十年前提出的“耕者有其田”的理想，大大提高了广大农民的生产积极性和生活水平。

在全国贯彻婚姻法，农村开展轰轰烈烈土地改革运动的同时，城市开始安置失业工人和接收的国民党政府职员，开展将受封建把头剥削和压迫的工人解放出来的民主改革运动。城乡民主改革，极大地鼓舞了全国人民的革命热情和生产积极性，有力地支持了抗美援朝战争，挫败了美国支持下的蒋介石军事力量对沿海城市的轰炸，以及美国军舰对我领海的一百多次侵犯，消灭了盘踞在大陆的一百多万土匪，肃清了一大批暗藏的国民党特务分子，有效地维护了社会秩序和人民生命财产安全。1952年，国民经济恢复到历史上的最高水平。1953年，国家开始大规模经济建设。1954年，通过全民讨论制定了《中华人民共和国宪法》。

1954年宪法是经人民代表充分讨论通过的“社会主义类型的宪法”。它以《共同纲领》为基础，规定了公民的基本权利。如：年满18岁的公民，不分民族、种族、性别、职业、社会出身、宗教信仰、教育程度、财产状况、居住期限，都有选举权和被选举权。公民有言论、出版、集会、结社、游行、示威的自由，有宗教信仰的自由。公民人身自由不受侵犯，任何公民，非经人民法院决定或者人民检察院批准，不受逮捕。公民的住宅不受侵犯，通讯秘密受法律保护；公民有居住和迁徙自由。公民有劳动权利，国家通过发展经济，逐步扩大劳动就业，改善劳动条件和工资待遇；劳动者有休息的权利，国家规定职工的工作时间和休假制度。劳动者在年老疾病或丧失劳动能力的时候，有获得物质帮助的权利；国家举办社会保险、社会救济和群众卫生事业，以保证劳动者享受这种权利。公民有受教育的权利；国家设立并逐步扩大各种学校和其他文化教育机构，以保障公民享受这种权利。公民有进行科学研究、文学艺术创作和其他文化活动的自由；对于从事科学、教育、文学、艺术和其他文化事业的公民的创造性工作，给以鼓励和帮助。妇女在政治的、经济的、文化的、社会的和家庭生活各方面享有同男子平等的权利；母亲和儿童受国家的保护。公民对任何违法失职的国家工作人员，有向各级国家机关提出书面控告或者口头控告的权利；由于国家工作人员侵犯公民权利受到损失的人，有取得赔偿的权利。宪法充分肯定公民的基本权利，规划国家发展的美好蓝图，鼓舞了全国人民社会主义革命和社会主义建设的积极性。1955年，全国实现了农业合作化以及对手工业和个体工商业的改造，1956年，基本实现了对资本主义工商业的改造。社会主义改造的基本完成，促进了工农业和整个国民经济发展。1957年，第一个“五年计划”提前完成，工农业总产值达到1241亿元，按可比价格计算，比1952年增长67.8%。其中，工业总产值704亿元，增长128.6%，农业总产值537亿元，增长24.8%。[①] 全国出现了市场繁荣，物价稳定，人民生活显著改善的大好局面。

不过，尽管宪法对公民权利作了充分肯定，国家工农业和整个国民经济得到发展，但在法制建设和人民权利保障方面却存在一些问题。董必武1956年在八大发言中指出：“开国以来，党领导人民为人民的长远利益和眼前利益进行了数也数不清的工作，成绩是空前未有的，但是不少地方或部门进行工作中，我们经常发现有违法乱纪，侵犯人民民主权利的现象；甚至有人自命特殊，以为法是管老百姓的，而自己可以超越于法律之外。”[②] 新中国成立初期的几次运动，如“镇压反革命”和“三反”、“五反”，成绩是主要的。但由于运动发动于前，法律规范制定于后，在运动的前期，往往只有比较笼统的政策而无具体法律。在“挤脓难免带点血”的思想指导下，很难不发生过火行为和扩大化现象。1955年开展的“内部肃反”中错定的“潘汉年、杨帆反革命集团”和“胡风反革命集团”最为明显。他们都是曾为革命作出重大贡献或追随党多年的好同志，却被冤枉为“反革命”。这两个案件被株连的人，后来虽得到昭雪，但为时已晚，在历史上留下了深刻的伤痛。

（二）50年代后期至“文化大革命”结束人权建设的进展与出现的严重问题

1956年，我国继续进行大规模社会主义建设。从那时开始直到“文化大革命”前夕的十年中，虽然由于1958年的“大跃进”和人民公社化运动的错误，国民经济发展遭到严重困难，但经1960年贯彻中央关于“调整、巩固、充实、提高”的方针，形势得到扭转。情况正如党中央后来所指出的：“我们虽然遭受过严重挫折，仍然取得了很大的成就。以1966年同1956年相比，全国工业固定资产按原价计算，增长了三倍。棉纱、原煤、发电量、原油、钢和机械设备等主要工业产品的产量，都有巨大增长。……工业布局有了改善。农业的基本建设和技术改造开始大规模地展开，并逐步

---

① 中共中央研究室：《中华人民共和国大事记》，《文汇报》2009年10月3日。

② 《进一步加强人民民主法制，保障社会主义建设事业》，《董必武选集》，人民出版社1985年版，第414页。

收到成效。全国农用拖拉机和化肥施用量都增长六倍以上，农村用电量增长七十倍。高等学校毕业生为前7年的4.9倍。经过整顿，教育质量得到显著提高。科学技术工作也有比较突出的成果。”① 这些发展为我国人民享有经济、政治、文化等各项权利提供了比以往更好的条件。本来，1965年第三届全国人民代表大会就宣布，我国国民经济将进入一个新的发展时期，要努力把我国逐步建成一个具有现代农业、现代工业、现代国防和现代科学技术的社会主义强国。但是这一宏伟目标由于“文化大革命”而没能实现。1966年5月开始持续了十年之久的“文化大革命”，“使党、国家和人民遭到建国以来最严重的挫折和损失”。只是由于全党和广大工人、农民、解放军指战员、知识分子、知识青年和干部的共同斗争，才使“文化大革命”的破坏受到了一定程度的限制。十年之中，“我国国民经济虽然遭到巨大损失，仍然取得了进展。粮食生产保持了比较稳定的增长。工业交通、基本建设和科学技术方面取得了一批重要成就，其中包括一些新铁路和南京长江大桥的建成，一些技术先进的大型企业投产，氢弹试验和人造卫星发射回收的成功，籼稻杂交水稻的育成和推广，等等”。②

这十年最严重的问题是已确立的宪法原则不少方面遭到破坏，人权保障出现了一系列问题，甚至极为严重的问题。

——1957年“反右派斗争”严重扩大化，将数十万知识分子、爱国人士和党的干部错划为“资产阶级右派分子”。文学艺术界和政法界（包括在读的青年学生）数量尤多。这些人虽说是“作为人民内部矛盾处理”，但在批判从严的口号下，一开始就无视其人格尊严，进行无情批斗。之后，多数调离原来工作岗位或下放劳动。在“阶级斗争为纲”的年代，将他们同地主、富农、反革命分子、坏分子并列，统称“地、富、反、坏、右”。即使已摘掉“帽子”的，也称“摘帽右派”，仍被歧视。

——1958年，党的主要决策者忽视客观经济规律，夸大主观意志的作用，急于求成，轻率地发动“大跃进”和农村人民公社化运动。“大跃进”中全民炼钢，原料不足，拆毁公共设施和毁坏私人财物；能源不足，大肆砍伐林木。人民公社化运动中，瞎指挥、浮夸风、“共产风”打乱生产秩序，挫伤农民劳动积极性，加上自然灾害，农业大幅度减产，再加上苏联政府背

① 《关于建国以来党的若干历史问题的决议》，《十一届三中全会以来党和国家重要文献选编》（上），中共中央党校出版社2008年版，第84—85页。

② 同上书，第94页。

信弃义，撕毁合同，要账逼债，致使国家经济自1959年至1961年发生了严重困难。河北、山东、安徽、河南、陕西、四川等省，许多人营养不良，一些地方出现了不正常死亡现象。

——1959年，庐山会议错误地发动对彭德怀进行批判，把彭德怀、黄克诚、张闻天、周小舟等一批坚持正确意见的领导同志定为“反党集团”。之后，从中央到地方开展“反右倾”，不少敢于反映当时实际情况、对所谓“大跃进”和人民公社化运动提出批评意见的人士，被视为“右倾”加以批判。“反右倾”进一步破坏了社会主义民主和法制，使经济、政治和社会生活中出现的错误雪上加霜。

——1963年到1965年，在部分农村和少数城市开展的社会主义教育运动，把一些基层干部此前因执行“左”的政策的问题及一些作风问题，都认为是阶级斗争或阶级斗争在党内的反映，发动群众“整顿”，使不少基层干部受到打击。后来又将其中一些人视为“党内走资本主义道路的当权派”进行批判斗争，对他们造成了重大伤害。

——1965年，在反对修正主义和资产阶级思想的口号下，在文艺界和学术界发动大批判。长时期以来，不仅人权被视为异端邪说，连人道主义、人性论等也成为学术界不敢涉猎的禁区。

——1966年，自上而下发动的“文化大革命”，是50年代后期逐渐发展起来的“左”倾路线的进一步发展。这场“革命”，借解决党和国家肌体中的阴暗面问题，提出打倒“党内走资本主义道路的当权派”、“反动学术权威”，对不少国家干部、知名学者、文艺界人士、学校教师等，戴高帽子游街示众，大肆侮辱。全国范围出现“停课闹革命”、“停产闹革命”，冲击党和国家机关，夺取国家权力，不少地方发生武斗，严重破坏了社会秩序、工作秩序和学习秩序。相当一部分人民群众、各级政权的领导人直至国家主席的人格尊严、人身安全、财产甚至生命都遭到侵害。“历史已经证明，‘文化大革命’是一场由领导者错误发动，被反革命集团利用，给党、国家和各族人民带来严重灾难的内乱”。①

（三）新中国成立后至“文化大革命”结束人权建设出现问题的思考

新中国成立，中国人民获得了自由、解放，成为自己国家的主人，是最

① 以上引文见中共中央党校教务部编《关于建国以来党的若干历史问题的决议》，《十一届三中全会以来党和国家重要文献选编》（上），中共中央党校出版社2008年版，第91页。

重要的人权。新中国成立后至“文化大革命”结束的二十多年中，随着经济、政治和文化事业的发展，人民的物质文化生活水平总体上不断提高，与之相应的经济、政治、文化和社会权利也获得了基本保障。不过，如前文指出的，在不同时期对不同人群的权利曾有所侵犯。其中有些还是大规模的、严重的。回顾这段历史令人痛心，然而却是真实发生的，是事实。究其原因有以下几个方面。

其一，二十多年中，国家一直处于应对局部战争和战备状态，是阶级斗争扩大化，人权被忽略的重要现实原因。

新中国建立之初，大陆的广东、广西、海南和一些边疆地区尚未完全解放，战争仍在继续。因此，《中国人民政治协商会议共同纲领》第二条宣布：“中央人民政府必须负责将人民解放战争进行到底，解放中国全部领土，完成统一中国的事业。”当时，有约100多万武装土匪盘踞于湖南、湖北、四川、广西等省山区。窜逃于台湾的国民党反动派，在美国的支持下派飞机轰炸大陆沿海城市，并不断深入内地骚扰。1950年朝鲜战争爆发，美国派兵侵入朝鲜，接着，派飞机轰炸我国东北。为了抗美援朝保家卫国，我志愿军赴朝作战。此时，美国公然派兵侵入我国台湾，命第七舰队游弋于台湾海峡，不断到沿海挑衅。美国还策动西方国家对我国实行经济封锁，妄图将年轻的共和国扼死于襁褓之中。在中朝人民的奋力抗击之下，美军遭受重挫。美国将军不得不承认，出兵朝鲜是在错误的时间、错误的地点、同错误的对象打了一场错误的战争。1953年，被迫在停战协定上签字。但其侵略本性不改，不久，又接替法国殖民主义者大规模继续越南战争。为避免“唇亡齿寒”，中国将自己视为越南的后方，以大量人力物力支援越南人民的反侵略战争，直至70年代美国撤军。越南战争尚未结束，中国与苏联两党间的意识形态分歧，扩大至国与国交恶。苏联在中苏边境陈兵百万，并派兵进驻蒙古人民共和国。中国不仅受到威胁，在黑龙江珍宝岛等地还与苏军发生了武装冲突。后来，更大规模武装冲突虽然避免，但紧张关系依然持续，直到80年代。中国历史上是被侵略的国家，十分珍惜来之不易的民族独立。美国等国的战争行为和以战争相威胁，不能不使中国保持高度警觉和戒备。这种警觉和戒备心态，对于凝聚民心，动员广大群众保卫祖国，投入建设事业有一定益处，但也容易使大多数从战争环境下成长起来的一代领导人，怀着强烈的阶级斗争观念和指挥战争的思维，来观察和决策国家发展问题。结果，“把已经不属于阶级斗争的问题仍然看作是阶级斗争，并且面对新条件下的阶级斗争，又习惯于沿用过去熟悉而这时已不能照搬的进行大规模急风暴雨式群众性斗争的旧方法和旧经验，从而导致阶级斗争的严重扩大化”。[①]“文化大革命”中，甚至提出“以阶级斗争为纲”，“实行全面专政”，最终伤害了大量无辜群众和干部，宪法和法律规定的有关权利成为具文。

其二，封建专制主义和家长制残余的影响，是人权建设出现问题的历史文化根源。

中国从两千多年前秦始皇统一到清王朝覆灭，一直奉行封建君主专制制度。这种制度下，封建皇帝是最高统治者。在古人“普天之下莫非王土，率土之滨莫非王臣”[②]的思想影响下，各级官吏只是皇帝的代表和奴仆，封建家长，作为君主专制制度的基础也被法律授予相应权力。清王朝被推翻后，北洋军阀和将介石只是将皇帝更换了一个名称，他们统治下的“民国”仍实行独裁，毫无民主可言。这种背景下，1949年建立的新中国，很难完全摆脱旧传统的影响。正如邓小平所言：“旧中国留给我们的，封建专制传统比较多，民主法制传统很少。”[③]封建专制传统和家长制，在制度运作和干部思想作风上都有明显反映。主要表现在权力过分集中。“权力过分集中的现象，就是在加强党的一元化领导的口号下，不适当地、不加分析地把一切权力集中于党委，党委的权力又往往集中于几个书记，特别是集中于第一书记，什么事都要第一书记挂帅、拍板。党的一元化领导，往往因此而变成了个人领导”。[④]由于制度上权力过分集中，得不到有力的监督和制约，在领导干部中很容易滋长家长制作风。“他们的权力不受限制，别人都要唯命是从，甚至形成对他们的人身依附关系”。[⑤]很显然，这种情况下，国家政治生活将会出现“把上下级之间的关系搞成毛泽东同志多次批评过的猫鼠关系，搞成旧社会那种君臣父子关系或帮派关系”。[⑥]正是由于以上种种情况，严重影响了党和国家的民主生活，对一些重大问题不能作出正确决策。即使决策错误造成严重问题，诸如“文化大革命”，“打倒一切”、“全面内战”，不少优秀干部包括一些

---

① 《关于建国以来党的若干历史问题的决议》，《十一届三中全会以来党和国家重要文献选编》，中共中央党校出版社2008年版，第95页。

② 《诗·北山》。

③ 《邓小平文选》第2卷，人民出版社1994年版，第332页。

④ 同上书，第328—329页。

⑤ 同上书，第331页。

⑥ 同上。

开国元勋直至国家主席被迫害致死，也得不到有效抵制，致使这场所谓“革命”持续十年之久，终于铸成了历史上罕见的浩劫。

其三，未全面理解马克思主义关于人权的论述，是人权建设出现问题的理论认识根源。

长久以来，孔子的“名不正则言不顺，言不顺则事不成”[①]的论断，一直在中国、尤其是知识界有深刻印象。五四运动“打倒孔家店”，只是不再把老夫子的话当圭臬，但他的一些论断蕴含的哲理却仍然保持其生命力。中国共产党第七次全国代表大会之后，毛泽东思想与马克思列宁主义一起成为指导党和国家的理论基础。尽管毛泽东提出“反对本本主义”，但人们为使自己言行立于“不败”之地，仍然习惯于到马克思主义经典作家著作中寻觅依据。由于在马克思、恩格斯和列宁的宏篇巨著中，关于人权的基本观点和理论阐释，往往是通过批判资产阶级人权观念和揭露资本主义人权制度的本质表述的，诸如，“所谓人权无非是市民社会的权利”，[②]“平等地剥削劳动力，是资本主义的首要人权”，[③]“人权的本身就是特权”，[④]“人权之一是资产阶级所有权”[⑤]等。由此，一些人就把这些关于资产阶级人权是虚伪的、狭隘的论断，当成对人权一般性的评价而走向认识的误区。其实，马克思主义从来就历史地肯定资产阶级人权的进步意义。马克思曾热情称赞美国《独立宣言》为世界历史上“第一个人权宣言”。[⑥]恩格斯曾称赞美国宪法“最先承认了人权”。[⑦]马克思还指出：当资产阶级开始了自己的统治时，“人权已经不再仅仅是一种理论了”。[⑧]列宁也曾指出：“资本主义和封建主义相比，是在‘自由’、‘平等’、‘民主’、‘文明’的道路上向前迈进了具有世界历史意义的一步。”不仅如此，他们关于建设社会主义，进而实现共产主义的理论，总是将其与实现人的权利，人权和人的自由全面发展一起论述的。马克思、恩格斯曾指出：“代替那存在着阶级和阶级对立社会的，将是这样一个联合体，在那里，每个人的自由发展是一切人自由发展的条

① 《论语·子路》。
② 《马克思恩格斯全集》第1卷，人民出版社1956年版，第437页。
③ 《马克思恩格斯全集》第23卷，人民出版社1972年版，第57页。
④ 《马克思恩格斯全集》，第3卷，人民出版社1965年版，第229页。
⑤ 《马克思恩格斯全集》，第23卷，人民出版社1972年版，第831页。
⑥ 《马克思恩格斯全集》第16卷，人民出版社1964年版，第20页。
⑦ 《马克思恩格斯选集》第3卷，人民出版社1972年版，第46页。
⑧ 《马克思恩格斯全集》第2卷，人民出版社1957年版，第157页。

件。"[①] 他们还指出："共产主义是最近将来的必然形式和能动原理，但共产主义并非人类发展的目的——而是人类社会的形式。"[②]"共产主义是关于无产阶级解放的条件的学说"。[③] 在这里，之所以引用马克思主义经典作家的论述，只是想说明忽略他们关于人权的全面论述，既导致了认识错误，也在实践中带来了危害。大约从50年代中期开始，在我国理论界和政治生活中，就将人权一概视为资产阶级的口号加以摒弃。以至于在制定国民经济发展计划和开展的一系列运动中，提出了一个又一个鼓舞人心、引人向往的远大目标时，却不注意提出保障人权的具体标准。当时，不要说对那些从权利保障提出要求的人，即使在实践中考虑物质利益者，也往往被视为"资产阶级思想"受到批判。人权理论研究成为人们不敢涉足的禁区。

其四，缺少法律保障是人权建设出现问题的制度原因。

前文谈到，1954年宪法设专章规定了"公民的基本权利和义务"。其内容受到世人广泛赞誉。但不久有关原则和条款不仅未能贯彻落实，反而遭到破坏，主要原因是未制定相应法律，实施得不到切实保障。一般情况是，宪法条文比较原则，在行政执法和司法过程中可操作性不强，要使之得到贯彻，必须有相应法律将其具体化，然后由行政机关和司法机关执行。然而，1954年宪法制定后，行政、民事、经济、刑事等方面的法律却迟迟未能制定，执法也存在诸多问题。早在1956年9月，董必武在中国共产党第八次全国代表大会上的发言中就指出："现在无论就国家法制建设的需要来说，或者是就客观的可能性来说，法制都应该逐渐完备起来。法制不完备的现象如果再让它继续存在，甚至拖得过久，无论如何不能不说是一个严重的问题。"接着，他列举了实践中不重视法制的诸多表现。其中有："少数党员和国家工作人员，对于国家法制有不重视或者不遵守的现象，并且对于这些现象的揭露和克服，也没有引起各级党委足够的重视"；一些地方党委存在党政不分的现象，"党委往往直接发号施令，代替了部分地方国家机关的行政工作"；"有些地方对于违法犯罪的人犯，只注意他们是否违法犯罪，而不注意严格履行法律手续的现象，还没有完全克服"，"有些司法人员有时没有按照法律规定的手续拘捕人犯，限制被告人刑事辩护和上诉的权利，有些监所和劳动改造单位的管理人员，违反党的政策和国家法律，违反革命人

---

① 《马克思恩格斯选集》第1卷，人民出版社1972年版，第273页。

② 《马克思传》，三联书店1956年版，第592页。

③ 《马克思恩格斯选集》第1卷，人民出版社1972年版，第210页。

道主义的原则，虐待犯人的现象也是有的”。① 董老高瞻远瞩，深谋远虑，意见切中时弊。可惜未被党中央主要领导所重视，1957年“反右派”运动便置宪法于不顾，大范围破坏法制。1958年甚至说出《人民日报》社论就是法这种无视法律的话。而“文化大革命”中，荒谬到“红卫兵”的一纸“通令”，竟然成为不少单位和人员诚惶诚恐遵守的“法”，致使出现“和尚打伞，无发（法）无天”的现象。一些人为所欲为，一些地方打、砸、抢、抄、抓盛行，公民的财产、人身、生命权得不到保障，国家、社会陷入混乱。

其五，未全面进行感恩教育及感恩教育与权利主体意识教育失衡，是人权建设出现问题在教育方面的原因。

“人权是与生俱来的”。这是指道德权利，应然权利。要将其变为人们享有的权利，亦即实然权利，要通过斗争，通过前仆后继长时间斗争。我们今天享有的权利和幸福，有父辈之恩、兄弟姊妹之情、朋友同志之义，特别是革命先烈流血牺牲付出生命和青春换来的。“滴水之恩，涌泉相报”，对于他们为民族独立、自由、幸福和人权而作出的巨大牺牲与贡献，过去、现在和将来都应永志不忘。这可以增加我们民族的凝聚力和自豪感。对于近代以来领导伟大革命斗争的领袖，如孙中山、毛泽东等，感恩戴德、鞠躬致敬也是应该的。但这种感恩可以演变为崇敬、崇拜，却不应发展为迷信，不应由此冲淡个人、群体和人民的主体意识和权利意识。否则就容易在一些问题上失去判断力，甚至分不清是非。《国际歌》是无产阶级战斗的号角。歌词写道:“起来，全世界受苦的人！满腔的热血已经沸腾，要为真理而斗争！……不要说我们一无所有，我们要做天下的主人……从来就没有什么救世主，也不靠神仙皇帝，要创造人类的幸福，全靠我们自己！”这朴素的语言，贯穿着马克思主义的历史观：人民是历史的创造者，是自己的解放者。我国宪法规定：“国家一切权力属于人民。”尽管理论如此讲，宪法如此定，由于很长时间未全面进行感恩教育，感恩教育与主体权利意识教育在实践中又往往失去平衡，以致出现伦理道德失范和无视人格尊严的现象。加之，缺少法律和政策知识，被侵权者不知维权，侵权者却习以为常。甚至出现这种荒谬情况：权利被严重侵犯，应落实的政策尚未完全到位，被侵权者就已感激涕零。再加之缺少健全的监督和问责制，侵权者又不能反省自律，对于造成的冤案，常常视为“此一时彼一时”，过去对某些事和人那样处理是正确

① 以上引文均见《董必武法学文集》，法律出版社2001年版，第346—348页。

的，现在对其落实政策也是正确的。在这种思想影响下，很难避免侵犯人权的事件不一再发生。

新中国建立至“文化大革命”这段历史，尽管50年代后期开始我国人权建设道路坎坷，党和政府犯了诸多错误，甚至像“文化大革命”那样严重错误，但是，中国人民的命运发生的巨大变化，中国人权事业实现的历史性进展却是谁也否认不了的客观事实。1950年，《婚姻法》的贯彻使广大妇女和命运相同的男人摆脱了千年封建包办婚姻的束缚。《土地改革法》的实施，在老解放区1亿多农民已分得土地的情况下，新解放的地区的3亿多农民也分得了土地。当时全国总人口约4.5亿，就是说在我们这样一个农业大国真正实现了“耕者有其田”，这极大地激发了农民的生产积极性。除3年自然灾害之外，我国粮食和油料作物产量保持了增长。在农村土地改革的同时，城市的民主改革使在封建把头和不法资本家压榨下的工人获得了解放，成为工厂的主人；党和政府以果断措施在全国取缔了妓院等卖淫行业，消灭毒品的贩卖和吸食。通过宣传教育和防控，有效控制了血吸虫、疟疾、肺结核等各种传染性疾病，大大提高了人民的健康水平和预期寿命。1953年开始的大规模工业化建设，1956年第一个国民经济发展五年计划的提前完成，鼓舞了全国人民社会主义建设积极性。之后由于工作失误和苏联政府的背信弃义，工业生产和国民经济发展虽曾遭挫折，但经过努力仍保持了发展势头。1966年与1956年相比，全国工业固定资产仍大幅度增长。即使在1966年开始的十年“文化大革命”中，农业仍保持增长势头，工业交通、基本建设和科学技术也取得了一批重要成就，氢弹试验和人造卫星发射回收成功，是在帝国主义和敌对势力不断骚扰，美国为首的西方国家制裁、封锁下取得的。我国人民在党的领导下战胜种种困难，保卫了国家安全和维护了民族尊严。有比较才有鉴别。在旧社会曾遭受帝国主义欺侮和受阶级压迫的人，对于获得的自由解放有更深切的体会。不少外国朋友对此也有公正评价。90年代初，一位曾访问过我国的发展中国家学者曾说，中国人民1949年以来在社会经济、政治和文化发展方面达到的水平，特别是人与人之间实现的平等，他们的国家再过50年也很难赶得上。这样的评价是客观和公正的。

三、十一届三中全会后谱写了人权事业的新篇章

1976年10月，“四人帮”被粉碎；1977年7月，邓小平正式恢复在党

政军的职务；1978年12月，中国共产党十一届三中全会召开。十一届三中全会确立了解放思想、实事求是的思想路线和改革开放方针，“开始全面地认真地纠正‘文化大革命’中及其以前的‘左’倾错误”，[①] 决定健全社会主义民主和社会主义法制，把工作重点转移到社会主义现代化建设上来，使我国经济、政治、文化和人权保障事业出现了新局面。

（一）人权领域思想解放的历程

1. 十一届三中全会后，人权理论研究在徘徊中发展

十一届三中全会之后，对于“文化大革命”中发生的多起打、砸、抢、抄、抓及迫害人致死，甚至错杀等事件，许多人开始从人权角度思考问题。党中央更是雷厉风行，果断地采取政策法律措施平反大批冤假错案，对被错误处理及其受株连的亲属予以恢复名誉。与此同时，国家加强了立法工作，制定了《刑法》、《刑事诉讼法》等一批急需的法律，恢复被“砸烂”的司法机构。经济方面，先后在农村和城市启动改革，解决人民群众的温饱问题。至90年代初，全国人民的政治、经济和文化权利的享有在实践中已得到很大改善。但是，由于思想禁锢太久，理论界对于直接论述人权仍然心有余悸。除徐炳先生率先在《光明日报》发表《论人权与公民权》一文外，[②] 多数文章则是从“人民权利”或从某一类人的权利展开论述。诸如《加强法制建设，保障人民权利》、[③] 《保障人民权利是革命法制的优良传统》、[④] 《给文艺工作者以法律保护》、[⑤] 《论我国罪犯的法律地位》、[⑥] 《再论我国罪犯的法律地位》等。尽管如此，由于党中央机关刊物和一些主流媒体发表了《人权是资产阶级口号》等导向性文章，使刚开始的人权理论研究，只能在艰难中徘徊前进。

2. 1991年人权领域思想解放和理论研究步入新阶段

1991年1月，江泽民在欧美科学家致周光召的来信上批示：人权问题，回避不了，要认真研究和宣传。这一批示有其深刻的背景。从国内形势看，

① 《关于建国以来党的若干历史问题的决议》，《十一届三中全会以来党和国家重要文献选编》（上），中共中央党校出版社2008年版，第97页。

② 《光明日报》1979年6月19日。

③ 《河北日报》1978年11月14日。

④ 《法学研究》1979年第1期。

⑤ 《光明日报》1979年2月。

⑥ 《人民日报》1979年10月31日。

随农村、城市改革进行和经济快速发展，利益出现多元化。以宪法为主要内容的普法教育展开，群众的民主法制和权利意识大大提高。针对当时在维护权利方面的问题，江泽民曾说："我们要用马克思主义的基本观点，正确而通俗地解释民主、自由、人权等，使我们的干部、群众特别是青年学生受到教育。"① 从国际形势看，80年代末90年代初，东欧剧变，苏联解体。坚持走社会主义道路的中国，成为以美国为首的西方国家在人权领域首要的攻击目标。他们以多种媒体演出反华大合唱，妄图妖魔化中国，致使许多人对中国人权状况产生疑惑。欧美42名科学家就是其中的一部分。他们致信时任中国科学院院长的周光召，指责中国人权状况，声言中国如不改善，将发动世界各国科学界人士断绝与中国来往。江泽民阅看此信后，很快作了上述批示，并将其转交时任中央政治局常委、主管意识形态工作的李瑞环和时任中央对外宣传小组组长的朱穆之。同时，还要求时任中国社会科学院院长的胡绳对人权理论组织研究。

中央领导的批示打开了人权理论研究禁区的大门，使理论界不必再囿于"人权是资产阶级口号"这一论断。1991年春，这一批示传达后，中央宣传部、中国社会科学院、中共中央党校等单位相继召开了系列座谈会。由此，延续了十余年的人权理论研究徘徊状态才算结束，人权领域的思想解放步入新阶段。

在此阶段，中国社会科学院、中共中央党校等单位的人权理论研究活动，中央宣传部组织编辑的大型《人权研究资料丛书》，特别是国务院新闻办公室发表的《中国的人权状况》白皮书，在国内外产生了重大影响。

第一，中国社会科学院和中共中央党校的人权理论研究。时任中国社会科学院院长的胡绳教授接受了中央关于人权理论研究任务之后，将任务交给了法学研究所。胡绳院长指出，人权研究要以马克思主义为指导，主要为完善我国人权保障制度服务，同时也为国际人权斗争和交流服务。他依据邓小平关于"大胆吸收和借鉴人类社会创造的一切文明成果"的理论，提出人权研究要与人类文明进程的科学成果相结合。为了完成这一重要任务，法学研究所在召开了一系列内部座谈会的基础上，于1991年6月在北京举办了全国性的大型人权理论研讨会。参加研讨会的除法学、哲学界的学者，还有包括外交部官员在内的国家工作人员。在此之前，中共

① 1989年7月2日在全国宣传部长会议上的讲话。

中央党校的董云虎、刘武萍等同志已作了较扎实的资料搜集和研究。他们编著的《世界人权总览》一书，设《人权概观》篇，对人权概念提出了自己的看法。法学所举办的研讨会，发言踊跃，气氛热烈，较集中地讨论了"人权的概念"、"人权的历史发展"和"人权研究的意义"等问题。为期两天的研讨会在大范围进行了思想发动。综合与会者的讨论，作为主办单位的法学研究所，于1991年6月撰写了《关于人权的概念》、《高举社会主义人权旗帜》和《划清人权与侵犯人权的界限》等三个报告呈送中央。

报告的主要内容是阐明"人权"概念与"人民的权利"和"公民的权利"概念的区别。"人权是人依其自然属性和社会本质享有和应享有的权利"。其主体是人。它既包括本国的公民，也包括无国籍的人、难民和其他外国人，即所有的人。这里所说的人是以个人为主体，同时包括集体，集体人权是个人人权的延伸。这一概念客体是人们应当享有的权利。应有权利体现了依社会经济和文化的发展人类共同的愿望和追求，是法定权利和实有权利不断完善的动力和先导。它科学地揭示了人权的本源。人权来自人的自然属性，也是社会关系综合发展的产物。人权有共性也有个性。其共性是基于人的共同利益产生的理想和需要，为全人类共同享有。其个性是由各个国家民族文化传统、地理环境、社会经济政治制度以及发展水平所决定。在国与国之间表现为不同质的人权制度和民族特征；在一国之内，阶级与阶级对抗的条件下，人权有明显的阶级性。这是由于政治、经济上占统治地位的阶级总是通过法律手段谋求本阶级的特殊利益。共性与个性是相互影响相互渗透的。我们在制定人权政策时，既应注意个性，也应注意共性，过分强调一方面而忽视另一方面，都可能造成失误，在实践中招致不良后果。报告指出：充分保障人权是社会主义制度的内在要求，与共产主义实现全人类彻底解放相吻合。我国宪法本身就是一份权利保障书，全面规定了公民的经济、政治、文化和社会权利。过去受"左"的思想影响，不愿谈人权，认为是"资产阶级口号"，不利于我国人权保障事业和国际人权交流与斗争。今后我们应高举人权旗帜。为此，应以马克思主义为指导结合中国实际建立自己的人权理论体系。在此过程中，要注意西方国家以人权为借口干涉别国内政伎俩，对于一些国家政府和官员干涉我国内政、妄图妖魔化中国的言行要坚决予以反击。

为了更扎实地推进理论研究，以对中央决策提供准确信息，中国社会科学院决定从1991年起用两年时间对北美、西欧、中欧和南亚诸国的人权理论研究和制度建设进行考察。考察团由王家福、刘海年分别率领，分四批进行。[①] 这组被称为“破冰之旅”的考察消息一经传出，便在国际媒体界引起了注意。有说是中国在人权领域进一步改革开放的征兆，也有说是中国共产党的“老谋深算”，为同西方国家进行斗争做准备。驻北京的一些国际媒体甚至提出随团采访。在整个考察过程中，考察团在所到国家，受到了人权研究学者、人权活动人士、非政府组织、国会议员和政府官员的认真接待，收获颇大。回国后撰写的系列报告，较准确地反映了世界主要国家的人权制度状况及学者和官员的人权观念，受到中央领导和有关部门的重视。中国的改革开放是自上而下推动的，人权制度建设也不例外。这些报告和全国性的人权理论研究，为中央完善人权保障制度决策提供了有价值的信息和参考。

第二，中央宣传部理论局牵头组织的《人权研究资料丛书》。在中宣部召开的贯彻中央领导关于加强人权问题研究的座谈会上，各单位普遍感到缺少资料。为了推动这一研究，中宣部理论局决定组织相关单位编选《人权研究资料丛书》。《丛书》共六个部分、七本：（1）《世界各国人权约法》，由中共中央党校负责。鉴于此前董云虎、刘武萍主编的《世界人权约法总览》已较全面收入了国际人权公约等文献，为避免过量重复，此书补充选录了各国宪法中有关人权保障的内容。（2）《马克思主义人权理论》，由中央马恩列斯著作编译局负责。此书较全面地摘录了马恩列斯著作中关于人权的论述。（3）《中国人权建设》，由中国社会科学院法学研究所负责。此书分人权保障立法和人权保障实践两个部分，较详细地介绍了中国人权的状况。（4）《发展中国家与人权》，此书由法学研究所负责。其内容是介绍主要发展中国家的人权观、人权制度，参加人权公约的情况以及亚、非、拉等区域性人权公约的内容等。（5）《西方国家人权学说》，由北京大学负责。此书按年代介绍了西方国家具有代表性的学者和政治家的人权观念，由于篇幅大，分上、下两册。（6）《社会党和民主社会主义人权观》，此书分两个部分介绍了社会党国际和原苏联、东欧各国的人权观。全套书约400万字（如将董云虎、刘武萍主编之《世界人权约法总览》计入，约700万字）。中央宣传部在编选开始时提出了“客观、全面、翔实、准确”的编选原则，以使这套丛书能全面真实地、原原本本地反映关于人权问题的主要理论、观

① 先后参加考察的，北美有：刘海年、林地、信春鹰、李林；西欧有：王家福、韩延龙、徐炳、李明德；南亚有：刘海年、李步云、刘楠来、黄列、黄强华；中欧有：王家福、韩延龙、王可菊、信春鹰、刘白驹。

点和文献。其价值，正如时任中宣部理论局局长的靳辉明教授为该书撰写之《总序》所言："毋庸讳言，在一段时间里，我们对人权问题的研究不够重视，缺少了解，甚至有些同志不加分析地视为资产阶级的东西不予理睬，另有一些同志则盲目照搬西方的人权观念，自觉不自觉地接受西方资产阶级人权观的影响。这些都是不正确的。"①"这套书的编选和出版，无疑是有重要意义的，因为它是我国第一套关于人权研究的比较全面、比较系统的资料，对人权理论研究、人权建设的实践和外交领域的斗争，都有重要参考价值"。② 当然，它还有另外一层意义：这部《人权研究资料丛书》是由党和国家意识形态主管部门——中央宣传部理论局组织编选的，过程中动员了北京相关的高等学校、科研机构以及中央和国务院有关单位的力量。这实际上对人权研究是进一步发动。

第三，我国政府的第一个白皮书——《中国的人权状况》。中央领导关于人权问题研究的指示传达不久，国务院新闻办公室决定起草和发表一份阐释中国人权状况的白皮书。为什么要发表这样一份白皮书，朱穆之在白皮书发表后答记者问时说："半个多世纪以来，中国人民在各方面取得了伟大成就，其中一项就是人权。这是中国人民取得的很了不起的一项成就……现在中国人民的人权状况和建国前相比，真是有天壤之别。这方面的情况，由于没有很好介绍，国内不少人特别是年轻人也不甚了解，国外的人了解就更少……我们发表《中国的人权状况白皮书》，将有助于国内人民和国际社会较全面、系统、准确地了解中国人享有人权的事实。"③ 白皮书的起草工作由朱穆之直接领导，曾建徽、周觉协助。下属一个写作小组，由时任国务院新闻办公室一局局长李源潮负责。④ 其指导思想是：以马克思主义人权观为指导，结合中国实际；坚持实事求是，既讲成就和进展，也不讳言不足；采取历史对比，摆事实、讲道理的方法。起草过程中，新闻办公室请中央各部委和中国社会科学院法学研究所提供了关于中国人权建设的资料和数据，并邀集了中央几十个与人权密切相关部门负责同志以及专家学者举行多次座谈，就白皮书的观点、框架和写作问题交换意见，真正做到了集思广益。经反复推敲修改的白皮书，气势磅礴，高屋建瓴，论证充分，以理服人。

---

① 《人权研究资料丛书》总序。

② 靳辉明：《人权研究资料丛书》序，四川人民出版社1994年版。

③ 朱穆之：《论人权》，亚洲传播出版社1998年版，第20—21页。

④ 起草成员为：李源潮、钱小芊、田丹、董云虎、刘奋之、徐建一、邹恩城。

白皮书除前言之外分10个部分：生存权是中国人民长期争取的首要人权；中国人民获得了广泛的政治权利；公民享有经济、文化和社会权利；中国司法中的人权保障；劳动权利的保障；公民享有宗教信仰自由；少数民族的权利保障；计划生育与人权保障；残疾人的人权保障；积极参与国际人权活动。它指出各种权利是相互联系的不可分割的，但各个国家依其历史文化和发展水平，在不同时期实现权利将会有所侧重，这是必然的，也是无可非议的。白皮书前言开宗明义指出："享有充分的人权，是长期以来人类追求的理想。从第一次提出'人权'这个伟大的名词后，多少世纪以来，各国人民为争取人权作出了不懈的努力，取得了重大成果。""旧中国长期处于帝国主义、封建主义、官僚资本主义压迫之下，广大人民群众没有人权可言。深受其苦的中国人民，一百多年来，一直把推翻'三座大山'的压迫、争得人权作为自己的奋斗目标，为此前赴后继，不怕流血牺牲，进行了长期的艰苦卓绝的斗争"。请注意，前言将人权称为"伟大的名词"，"是长期以来人类追求的理想"，中国人民一直把"争得人权作为自己的奋斗目标"，"进行了艰苦卓绝的斗争"。这就充分肯定了人权，充分肯定了人权的普遍性，也肯定了人权的特殊性。白皮书特别强调生存权和发展权，是由于中国人民从切身经验中认识到，生存权是享有其他权利的前提。不争得生存权，任凭帝国主义侵略、压迫和掠夺，中国人民有什么人权可言！推翻帝国主义、封建主义和官僚资本主义的统治后，还要解决人民的衣、食、住、行，以使人民的生存权有可靠保障。为此，就要重视发展权。这就是为什么中国说"发展是硬道理"原因所在。当然，发展不仅指经济发展，还包括政治、文化和社会发展。中国在建设中正是抓住了这一主要矛盾，才使得人权保障水平日新月异不断提高。

《中国的人权状况》白皮书，总结了历史，展示了现实，展望了未来，摆事实，讲道理，极具说服力。它的发表，国内为之一振，国外为之一震，在国内外引起了巨大反响。邓小平说："这是一篇大文章，一篇好文章。"其基本观念标志党和政府对人权认识步入新境界，成为国家人权制度建设新的里程碑。

（二）人权法制建设逐步完善

从根本上说，社会主义建设的目的就是使人们享有充分人权。这在新中国成立之初的《共同纲领》、1954年宪法和其后的几个国民经济发展五年计划纲要中均得到了体现。只是由于前文所述的原因，走了一段弯路。十一届三中全会确立解放思想、实事求是的路线，拨正了航向。在中央领导下进行的全国性的人权研究，深化了对人权的认识，提高了人权制度建设的自觉性，使人权法治日益完善。

1. 人权的宪法保障

十一届三中全会后宪法对人权保障有重大发展。主要表现在以下三个方面：(1) 依据全国人民的意愿，1982年宪法突出了公民的基本权利的保障。1980年8月，邓小平在《关于党和国家领导制度的改革》讲话中指出："中央将向五届人大三次会议提出修改宪法的建议。要使我们的宪法更加完备、周密、准确，能够切实保证人民真正享有管理国家各级组织和各项企业事业的权力，享有充分的公民权利。"① 1982年宪法继承了1954年宪法的优点，对公民的权利作了全面的、广泛的规定，并将"公民的基本权利与义务"从1954年宪法第三章改为第二章，放在更加显著的位置。(2) 1982年宪法颁行后，依据改革开放的深化和社会主义建设发展的需要，全国人民代表大会于1988年、1993年、1999年和2004年先后通过了四个宪法修正案，对宪法的一些重要内容作了修正。四个宪法修正案共31条，其中涉及对基本国情、国家根本任务和目标的新确认；涉及从实行计划经济到社会主义市场经济体制的变革；涉及非公有制经济的宪法地位；涉及对公民私有财产的保护；涉及"依法治国、建设社会主义法治国家"的治国方略确立，等等。这些内容，在原有相关规定的基础上，加强了对公民经济、政治、文化和社会权利的保障。(3)"国家尊重和保障人权"载入宪法，成为宪法原则。人权从本源上说是一种道德权利。权利的实现当然受社会经济和文化条件的制约。一旦条件具备，政府就有义务将其从道德权利变为法定权利，进而经过努力成为人们实际享有的权利。"国家尊重和保障人权"，体现了中国特色社会主义制度的本质特征，也体现了我国宪法的价值取向。"宪法和法律至上"这一观念的确立，将进一步促使我国立法机关按照人民的意愿协调各方面关系，完善我国社会主义法律体系；将激励和鞭策政府机关和国家机关工作人员在履行职务时，尊重群众，平等待人，提高人权意识和服务质量，真正成为人民的勤务员。

2. 政治权利的法律保障

政治权利是公民参与国家事务管理的权利。我国《宪法》规定："中华人民共和国的一切权力属于人民。人民行使国家权力的机关是全国人民代表

---

① 《邓小平文选》第2卷，人民出版社1994年版，第339页。

大会和地方各级人民代表大会。”中国人民的政治权利主要表现在对人民代表大会代表的选举、监督以及选出的代表如何代表人民行使权利。宪法和法律规定了公民的选举权。法律规定县、乡两级人民代表大会的代表由选民直接选举，全国人民代表大会代表和省、自治区、直辖市的人民代表大会代表由下一级人民代表大会选举。各级人民代表大会代表、地方各级人民代表大会常务委员会副主任和人民政府副职领导人员，一律由差额选举产生。地方各级人民代表大会常务委员会主任、人民政府正职领导人员、法院院长和检察院检察长也由差额选举产生，如果提名的候选人只有一人，也可以等额选举。差额选举进一步完善了我国的选举制度，有利于将更合格人员选为代表或国家机关工作人员，行使国家权力。为了加强对国家机关和国家工作人员的监督，公民对于任何国家机关工作人员，有提出批评和建议的权利，对于其违法和失职行为，有向国家机关提出申诉、控告或者检举的权利。对于公民的申诉、控告或者检举，有关国家机关必须查清事实，负责处理。任何人不得压制和打击报复。上述规定的贯彻落实，提高了人民代表大会组成人员的素质和参政、议政能力，提高了国家权力机关、行政和司法机关的工作效率。

3. *人身权及其相关权利的法律保障*

人身权是关于人身、人身健康、人身自由和人格尊严等权利。它是享有其他基本人权的前提。我国宪法和法律十分重视人身权的保障。《宪法》明确规定，公民的人身自由不受侵犯。任何公民非经人民检察院批准或者决定或者由人民法院决定，并由公安机关执行，不受逮捕。并规定：禁止非法拘禁和以其他方法非法剥夺或者限制公民的人身自由，禁止非法搜查公民的身体。公民的人格尊严、住宅不受侵犯，通讯自由和通信秘密受法律保护。依据《宪法》，1979年9月，全国人民代表大会通过了《刑法》和《刑事诉讼法》。这两部法律加强了对人权的保障。其任务是：正确应用刑法，惩罚犯罪，同一切犯罪行为进行斗争，保障无罪的人不受刑事追究，维护社会主义法制和人民民主专政的社会主义制度，保护公民的人身权、财产权、民主权利和其他一切权利。《刑事诉讼法》明确禁止刑讯逼供，对于拘留、逮捕、搜查、取证等涉及人身自由和安全的强制方法和手段作了严格规定。违反规定，“对证人及其近亲属进行威胁、侮辱、殴打或者打击报复，构成犯罪的，依法追究刑事责任；尚不够刑事处罚的，依法给予治安管理处罚”。①

① 《中华人民共和国刑事诉讼法》第49条。

为了适应客观形势的需要，根据我国司法实践并吸纳国外的有益经验，1996年和1997年我国先后对《刑事诉讼法》和《刑法》进行了修改。有关人权保障的两点重要修改是，《刑法》总则规定了罪刑法定原则："法律明文规定为犯罪行为的，依照法律定罪处刑；法律没有规定为犯罪行为的，不得定罪处刑。"《刑事诉讼法》总则规定了无罪推定原则："未经人民法院依法判决，对任何人都不得确定有罪。"为了保证司法公正，《宪法》和《刑事诉讼法》规定：人民法院依照法律规定独立行使审判权，人民检察院依照法律规定独立行使检察权，不受行政机关、社会团体和个人的干涉。在不断实践过程中，国家还通过修改法律，通过司法体制改革，逐步建立和完善了公开审判制度、人民陪审员制度、辩护制度、法律监督制度、死刑复核制度、诉讼代理制度和司法救助制度。司法是人权保障的最后一道防线，也是国家民主进程的标志。上述一系列法律和制度的完善，使我国人权得到了更可靠的保障。

4. 经济、社会和文化权利法律保障

重视人民的经济、社会和文化权利保障，是社会主义的本质要求，也是我国《宪法》的重要特色。在经济权利方面，《宪法》规定："社会主义经济制度的基础是生产资料的社会主义公有制，即全民所有制和劳动群众集体所有制。""国家在社会初级阶段，坚持公有制为主体、多种所有制共同发展的基本经济制度，坚持按劳分配为主体、多种分配方式并存的分配制度"。"在法律规定范围内的个体经济、私营经济等非公有制经济，是社会主义市场经济的重要组成部分"。《宪法》还规定："社会主义公共财产神圣不可侵犯。""公民的合法的私有财产不可侵犯。国家依照法律规定保护公民的私有财产权和继承权"。依据《宪法》，国家制定了《民法通则》、《物权法》、《土地管理法》、《城市房地产管理法》、《森林法》、《草原法》、《矿产资源法》、《煤炭法》、《节约能源法》、《专利法》、《著作权法》、《商标法》、《合同法》等，以保障作为社会主义市场经济基础的财产权、知识产权；制定了《公司法》、《合伙企业法》、《个人独资企业法》、《农民专业合作社法》、《反垄断法》、《反不正当竞争法》等，以保障市场主体的法律地位，保障其公平参与市场竞争，保障社会主义市场经济健康运行。在社会权利和文化权利方面，《宪法》规定，国家通过发展社会生产力，"合理安排积累和消费，兼顾国家、集体和个人的利益，在发展生产的基础上，逐步改善人民的物质生活和文化生活。国家建立健全同国民经济发展水平相适应的社会保障制度"。"国家发展社会主义的教育事业，提高全民的科学文化水平”。“国家发展自然科学和社会科学事业，普及科学和技术知识，奖励科学研究成果和技术发明创造”。依据《宪法》，国家制定了《劳动法》、《劳动合同法》、《就业促进法》、《生产安全法》、《矿山安全法》、《工会法》、《劳动争议调解仲裁法》、《职业病防治法》，以及《国有企业职工待业保险规定》、《失业保险条例》、《工伤保险条例》、《城镇居民最低生活保障条例》和《建立城镇职工基本医疗保险制度的决定》等，以保障劳动就业、生产安全和退休、失业职工以及城镇居民的基本生活。国家制定了《产品质量法》、《食品质量法》、《农产品质量安全法》、《药品管理法》、《消费者权益保护法》、《环境保护法》、《大气污染防治法》、《水利法》、《水污染防治法》、《海洋环境保护法》、《防沙治沙法》等，以保障人民的生存环境和健康权。国家制定了《教育法》、《义务教育法》、《高等教育法》、《职业教育法》、《民办教育法》、《国防教育法》、《教师法》、《科学教育普及法》、《体育法》等，以普及九年制义务教育，发展中等教育、职业教育和高等教育，提高公民的文化素质和科学技术知识。

5. 少数民族权利法律保障

我国是一个统一的多民族国家，有56个民族。汉族占全国人口的92%，其他55个民族占8%。国家一贯重视各民族平等和团结。毛泽东曾指出："国家的统一，人民的团结，国内各民族的团结，这是我们的事业必定要胜利的基本保证。"[①] 1982年宪法在1954年宪法的基础上，对少数民族的事务和权利作了更详细的规定。《宪法》“总纲”：“中华人民共和国各民族一律平等，国家保障少数民族的合法权利和利益，维护发展各民族的平等、团结、互助关系。禁止对任何民族的歧视和压迫，禁止破坏民族团结和制造民族分裂的行为。”“各少数民族聚居地方实行区域自治，设立自治机关，行使自治权。各民族自治地方都是中华人民共和国不可分离的部分。各民族都有使用和发展自己的语言文字的自由，都有保持或者改革自己的风俗习惯的自由”。除“序言”和“总纲”，第三章“国家机构”中专列“民族自治地方的自治机关”一节。宪法138条正文中，有28条涉及少数民族。依据宪法，1984年制定了《民族区域自治法》。它标志着我国的民族区域自治制度进入法制化阶段。依照《宪法》和《民族区域自治法》规定，自治机关既有一般地方国家机关的共性，也有其特殊性。诸如：民族自治地方的人大常委会中，应当由实行民族区域自治的民族公民担任主任或副主任。自

① 《毛泽东选集》第5卷，人民出版社1977年版，第363页。

治区主席、自治州州长、自治县县长由实行民族区域自治的民族公民担任。民族区域自治地方的人民政府实行自治区主席、州长、县长负责制。民族区域自治地方机关的其他组成人员，要尽量配备实行民族区域自治的民族和其他少数民族的人员。自治机关享有较其他地方国家机关大的地方法规和单行条例的制定权和经济管理权。少数民族参加最高国家权力机关和地方各级权力机关的权利，一直受到特殊照顾。在最高国家权力机关的代表每届均大大高于占全国总人口8%的比例。为了促进少数民族地区的经济、文化和社会发展，国家和经济发达地区持续加大对少数民族地区的支援，使少数民族地区的国民生产总值和居民人均收入增长速度连年高于内地各省。随着国家西部大开发战略的实施，少数民族地区的经济、政治、文化和社会权利一定会得到更快发展。

6. *妇女、儿童和残疾人权利法律保障*

妇女、儿童和残疾人属于弱势群体，其权利保障一直受到关注。妇女占全国总人口的二分之一，是建设社会主义的重要力量。儿童是国家的未来，他们健康成长是全社会的希望。《宪法》明确规定："妇女在政治的、经济的、文化的、社会的和家庭生活等各方面享有同男子平等的权利。""婚姻家庭、母亲和儿童受国家保护"。"禁止破坏婚姻自由，禁止虐待老人、妇女和儿童"。依据《宪法》规定，国家颁行《婚姻法》、《继承法》、《选举法》、《民法通则》、《民事诉讼法》等法律，对于妇女、儿童的权利保障作了规定。为了加强对妇女、儿童权利的保障，国家于20世纪90年代初颁行了《未成年人保护法》、《妇女权益保障法》、《母婴保健法》。依照宪法和法律，妇女享有与男子平等的政治权利、文化权利、劳动权利、财产权利、人身权利、婚姻家庭权利。《未成年人保护法》规定："国家保障未成年人的人身、财产和其他合法权益不受侵犯。"并规定了保护未成年人的各项工作原则，以及家庭、学校、社会和司法机关在保护未成年人方面的职责。为了贯彻落实以上两个法律的规定，国务院颁布了《中国妇女发展纲要》和《中国儿童发展权利纲要》。法律和纲要的实施，有效地发挥了妇女在社会主义经济建设、国家和社会事务管理中的作用，她们在社会生活和家庭领域的平等地位得以实现；有效地保障了儿童的生命健康权、受教育权和司法方面的特别权利。

中国人口多，残疾人的数量大。其数目大约是总人口的6.34%，超过8300万。对残疾人的权利保障，事关社会安定和经济持续发展。《宪法》规定："公民在年老、疾病或丧失劳动能力的情况下，有从国家和社会获得物质帮助的权利。”“国家和社会保障残疾军人的生活，帮助安排盲、聋、哑和其他有残疾的公民的劳动、生活和教育”。依照宪法，国家制定了《残疾人保障法》，为适应形势发展需要 2008 年又进行了修订。其他法律，如：《选举法》、《民法通则》、《民事诉讼法》、《婚姻法》、《继承法》、《兵役法》、《义务教育法》等法律，都有保障残疾人权益的专门条款。此外，国务院和有关部门还专门颁布了保障残疾人的行政法规和其他法律文件。诸如：《中国残疾人事业五年工作纲要》、《关于发展残疾人教育的若干意见》、《残疾人就业条例》、《全国残疾人三项康复工作实施方案》、《关于残疾人个体开业给予免征税照顾的通知》、《关于对社会福利生产单位征税问题的通知》等。各省、自治区、直辖市权力机关还制定了保障残疾人权益的地方性法规。法律明确规定，禁止歧视、侮辱、侵害残疾人；禁止虐待和遗弃残疾人；对于侵害残疾人人身权利或其他合法权益，构成犯罪的行为的，依刑法规定从重处罚。法律的实施，有效地保障了残疾公民的选举权和被选举权；保障了残疾人的财产权和其他民事权益；保障了残疾人在家庭生活中的平等权利；保障了残疾人受教育权利和就业优惠权利。国家建立了残疾人联合会，除台湾外，所有省、市、县均建立了地方组织。它们为残疾人权利保障发挥了重要作用。

中国人权保障制度的特点是真实性。经改革开放 30 年的努力，人权保障法律体系基本形成，社会主义市场经济发展，政治体制改革不断深化，为人权保障提供了更坚实的基础。现在各种权利保障均达到了前所未有的水平。政治权利和自由方面，人民依法享有选举权和被选举权。历届人民代表大会代表选举的参选率都高达 90% 以上。人民通过各种途径和形式管理国家、社会事务和经济文化事业；有言论、出版、结社、游行示威自由，有宗教信仰自由；实现了通过包括通信、会议、报刊以及互联网等形式对人民代表，对国家机关和国家工作人员进行监督。经济权利方面，社会主义市场经济高速发展，2008 年国内生产总值超过 30 万亿元，跃居世界第三大经济体。城镇居民可支配收入，由 1990 年的 1378 元增至 2008 年的 15781 元；农村居民人均纯收入，由 1990 年的 686 元增至 2008 年的 4761 元；城镇居民银行储蓄存款余额，由 1990 年底的 7034 亿元增至 2008 年底的 21.7885 万亿元，城镇居民住房不仅面积扩大，质量提高，而且成为居民财产的重要组成部分。劳动就业和社会权利方面，最近五年全国平均每年城镇新增就业 1000 多万人，农村劳动力转移 1000 多万人，城镇登记失业率控制在 5% 以内，基本解决了下岗工人再就业和城镇新增劳动力的就业问题。近年企业退休人员养老金不断提高，城镇养老制度不断完善，2008年参保人数超过2亿人，基本医疗保险参保人数达4亿人。农村全面建立了最低生活保障制度，新型农村合作医疗不断完善，参合农民8.14亿人，参合率91.5%。文化权利方面，全国农村义务教育阶段学生已全部免除学杂费，全部免费提供教科书，对家庭困难的寄宿生提供生活补助。从2008年下半年开始，城市义务教育阶段学生也免除学杂费。在普及九年义务教育的同时，国家大力发展中、高职业教育和普通高等教育。2008年，中、高等职业教育在校生超过3000万人；普通高等教育本科生和研究生达到2149.5万人。教育发展，推动了经济、文化和科学技术的发展，为实现人的全面自由发展创造了条件。

（三）制定《国家人权行动计划》

从十一届三中全会以来我国人权法治的发展，可以看出，每前进一步都得益于在党中央领导下的思想解放和观念更新。人权保障是党和政府长期为之奋斗的目标，也是党执政的基础。如前文所述，我国人权法治建设的成就是巨大的，但无论从党的宗旨和中国特色社会主义制度的本质要求，或者与我国社会经济、文化发展达到的水平相比，都存在诸多问题尚待解决。为了进一步完善我国人权法治，推进人权保障事业，根据我国宪法关于"国家尊重和保障人权"的基本原则，遵循《世界人权宣言》和国际人权公约的基本精神，响应联合国关于制定国家人权行动计划的倡议，我国政府于2009年4月发布了《国家人权行动计划（2009—2010年）》。

《国家人权行动计划》从中国实际情况出发，坚持各类人权相互依赖与不可分割的原则，依照国家法律，全面推进经济、社会和文化权利与公民权利与政治权利协调发展，促进人与环境和谐发展。这部重要文献在导言之下共分五个部分。第一，"经济、社会和文化权利保障"部分列举了："工作权利"，"基本生活水准权利"，"社会保障权利"，"健康权利"，"受教育权利"，"文化权利"，"环境权利"，"农民权益的保障"和"四川汶川大地震灾后重建中的人权保障"等；第二，"公民权利与政治权利保障"部分列举了："人身权利"，"被羁押者的权利"，"获得公正审判的权利"，"宗教信仰自由"，"知情权"，"参与权"，"表达权"，"监督权"等；第三，"少数民族权利"，"妇女权利"，"儿童权利"，"老年人权利"，"残疾人权利"等；第四，"人权教育"部分；第五，"国际人权义务的履行及国际人权领域的交流与合作"部分等。上述内容有如下特点：

其一，总体上说它是我国宪法和法律关于保障人权规定的具体化，明确规定了两年内相关领域的具体目标，经济、社会和文化权利的相关内容多用数字显示，公民权利和政治权利的相关内容提出了具体要求，都有很强的可操作性，便于检查监督。

其二，第一、第二部分关于经济、社会和文化权利保障及公民权利和政治权利保障的写法和内容，均与1966年联合国通过的《经济、社会和文化权利国际公约》及《公民权利和政治权利国际公约》相衔接。前者我国业已加入，后者已经签署，尚待审议批准加入，我国宪法和法律基本与之相吻合。这两部分涵盖的领域十分广泛。《国家人权行动计划》除列举了各种权利的保障，在经社文权利部分还单列了农民权益的保障和四川汶川特大地震灾后重建中的人权保障。这是由于农民问题涉及的人多，四川汶川特大地震人权保障问题突出，应受到特别重视。在公民权利与政治权利部分强调了严禁非法拘禁、超期羁押、刑讯逼供，强调获得辩护权和公正审判的权利，以企在全社会实现公平正义。此外，宗教信仰自由、知情权、参与权、表达权和监督权，这既是社会主义民主和人权保障应有之义，也是社会稳定的重要举措。

其三，少数民族、妇女、儿童、老年人和残疾人权利的保障，涉及的权利主体，人权学界称之为“脆弱群体”，即在社会上易受伤害和被忽视的群体。对于他们的权利保障，国际人权公约多列为重要部分。这一群体的权利具有综合性特点，既涉及经济、社会和文化权利，也涉及公民权利和政治权利，既关注他们的衣食住行，也关注他们的教育、就业，还关注他们的民主权利和司法保障。对这一群体的权利保障情况，在国际上被视为一个国家人权保障水平的标志。

其四，人权教育，这是《国家人权行动计划》的一个亮点。“国家尊重和保障人权”载入宪法之后，如此系统地提出依托现有义务教育、中等教育、高等教育、职业教育体系和国家机关内的培训机构，以及通过广播、电视、报刊、网络等多种媒体有计划地开展形式多样的人权教育，普及和传播法律知识和人权知识，这是第一次。前文在反思我国前30年人权建设出现的问题时曾谈到多方面原因，这些在我国现实生活中虽已大为改观，但其影响并未完全消除，解决问题的根本办法仍然是靠教育。通过教育提高全体公民的民主、法治、自由、平等和公平正义的理念，提高全体公民的素质，提高全体公民的权利主体意识，敢于维护个人和集体的权利，监督公共权力。从眼前和局部看，这种权利观念和意识的提高，可能会因公民的维权要求产生某种社会矛盾，但从总体和长远看，只要在教育过程中抓住重点，党和国家干部以身作则、走在前面，则有利于化解、缓和矛盾，减少冲突，有利于社会稳定和国家长治久安。

其五，关于履行国际人权义务及国际人权领域交流与合作。重视国际交流与合作。表明了我国对《世界人权宣言》和已参加的国际人权条约的基本态度，也是我国对国际社会的承诺，加强与国际人权领域的交流与合作，有利于我国融入国际社会，提高我国的软实力。

《国家人权行动计划》有深厚的群众基础和强烈的社会需要。我国在实现小康、人民解决温饱之后，适应人民群众要求，党和政府及时提出了坚持以人为本，全面、协调、可持续发展的科学发展观，全面建设社会主义小康社会，构建和谐社会，将民生和人民权利保障进一步列入重要日程。《国家人权行动计划》正是这一举措的体现。所以，一经提出制定，便得到了国家机关、高等院校、科研单位及其他非政府组织的积极响应。实现《国家人权行动计划》关键在行动。它明确规定："各级政府以及政府各部门将依照'各司其职、分工负责'的原则，将本行动计划纳入本地区本部门的工作职责积极认真地予以落实。各类企事业单位、社会团体、非政府组织、新闻媒体和社会公众积极参与本行动计划的宣传，参与推动本行动计划的落实。"与此同时，国家还成立由国务院相关职能部门以及立法、司法机关组成的国家人权行动计划联席会议机制，以负责统筹协调计划的执行、监督与评估工作，从而为计划的实现提供了组织保证。可以充分相信，随着第一个《国家人权行动计划》的实施和实现，随着新的人权行动计划的制定和实施，我国的人权保障事业将一步一步达到新水平。

（四）积极参与国际人权保障交流与合作

人权保障主要是主权国家的内部事务，但由于侵犯人权的行为从中世纪西欧的神权统治，到后来殖民主义、帝国主义弱肉强食，对弱国、小国侵略，再到20世纪发生的两次世界大战，德国法西斯和日本军国主义对人权的蔑视和摧残，使得人权问题同时具有明显的国际特征。1945年6月，在旧金山通过的《联合国宪章》开宗明义宣告："我联合国人民，同兹决心，欲免后世再遭今代人类两度身历惨不堪言之战祸，重申基本人权，人格尊严与价值，以及男女与大小各国平等权利之信念，创造适当环境，俾克维持正义，尊重由条约与国际法其他渊源而起之义务，久而弗懈，促进大自由中之社会进步及较善之民生，并为达此目的，力行容恕，彼此以善邻之道，和睦相处，集中力量，以维持国际和平与安全。”[①] 为了加强国际范围的人权保障，联合国大会于1948年12月专门通过了《世界人权宣言》。《宣言》进一步指出：“鉴于对人权的无视和侮蔑已发展为野蛮暴行，这些暴行玷污了人类的良心，……鉴于联合国国家的人民已在联合国宪章中重申他们对基本人权、人格尊严和价值以及男女平等权利的信念，并决心促成较大自由中的社会进步和生活水平的改善，鉴于各会员国业已誓愿同联合国合作以促进对人权和基本自由的普遍尊重和遵行，鉴于对这些权利和自由的普遍了解对于这个誓愿的充分实现具有很大的重要性，因此现在大会，发布这一世界人权宣言，作为所有人民和所有国家努力实现的共同标准，以期每个人和社会机构经常铭记本宣言，努力通过教诲和教育促进对权利和自由的尊重，并通过国家和国际的渐进措施，使这些权利和自由在各会员国本身人民及在其管辖下领土的人民中得到普遍和有效的承认和遵行。”[②] 我国是《联合国宪章》初始签字国，联合国安全理事会的常任理事国；我国代表是联合国通过之《世界人权宣言》的起草组成员。当我国在联合国的合法席位尚未恢复时，1955年5月，周恩来总理在全国人大常委会扩大会议上就指出：《万隆宣言》的“十项原则中也规定了尊重基本人权、尊重《联合国宪章》的宗旨和原则……这些都是中国人民的一贯主张，也是中国一贯遵守的原则”。1971年，当我国在联合国及其安全理事会的合法席位恢复后，便以积极参加国际人权保障事业的各项活动而获得赞誉。

1. 派代表出席联合国及其下属组织有关审议人权问题的各种会议和人权文献的制定工作

中国在联合国的合法席位恢复后，一直派团出席联合国大会及经济社会理事会会议，对包括人权在内的各种议题进行审议。中国于1979年、1980年、1981年分别派代表团作为观察员出席联合国人权委员会会议。1981年中国当选人权事务委员会成员国之后一直连任该委员会成员，并发挥了重要作用。2006年联合国新成立人权理事会取代人权委员会，中国又当选为理事会成员国。中国代表多次参加了包括联合国《儿童权利公约》、《保护所有移徙工人及家属权利国际公约》、《禁止酷刑和其他残忍、不人道或有辱人格的待遇或处罚公约》、《个人、团体和社会机构在促进和保护世所公认

① 《联合国宪章》，《世界人权约法总览》，四川人民出版社1990年版，第928—929页。

② 《世界人权宣言》，《国际人权文件与国际人权机构》，社会科学文献出版社1993年版，第3页。

的人权和基本自由方面的权利和义务宣言》、《保护民族、种族、语言、宗教上属于少数人权利宣言》等文献的起草和制定工作。中国在联合国《发展权利宣言》起草中发挥了巨大作用。中国认为人权既是一项个人权利，又是一项集体权利，在发展中国家，发展权应受到优先重视。中国为人权概念的丰富和发展作出了贡献。在积极参加国际人权保障活动的同时，中国政府先后批准参加了25个国际人权公约。其中包括《经济、社会和文化权利国际公约》、《消除一切形式种族歧视国际公约》、《消除对妇女一切形式歧视公约》、《禁止酷刑和其他残忍、不人道或有辱人格的待遇或处罚公约》、《儿童权利公约》、《关于难民地位国际公约》等核心人权公约。中国政府严格履行公约规定的义务，按时提交履约报告，完善本国的人权保障法律和制度。

2. 反对国际人权领域的双重标准，主张以平等对话代替对抗

美国为代表的西方国家，利用近代以来在国际事务中的支配地位，一直以自己国家利益为基点对待国际人权问题。最突出的一点就是在人权问题上长期奉行“双重标准”。所谓“双重标准”，就是在事关人权问题上，对自己、对自己的盟友或自认的潜在盟友是一个标准；对他们认定的敌对国家或潜在对手用另一个标准。实际上，当今世界所有国家都存在这样或那样有待解决的人权问题。而美国等一些国家却利用他们的祖上从亚洲、非洲、拉丁美洲许多国家攫取的不义之财打下的基础和形成的一些“优越条件”，居高临下地对中国和一些发展中国家指手画脚，将意识形态引入人权领域，妄图将自己的价值观和制度模式强加于人。为此，他们很长时间把联合国人权委员会当成政治角斗场。美国国务院还连年发表所谓“国别人权报告”，俨然以国际人权警察身份指责别国，干涉一些国家主权范围内的事务，全然不顾自己在海湾、在中东、在世界许多地方明里暗里大肆侵犯人权的行径。为了维护国家和民族的尊严，对美国等国的行为，中国进行有理、有利、有节的斗争。从国际人权保障大局出发，还特别提出在人权领域国与国之间，或国家与国家组织（如欧盟）之间进行平等对话和交流。中国的倡议得到世界主要国家的响应。从90年代至今，中国与欧美澳各大洲一些国家的双边与多边对话、双边与多边国际交流已进行了数十次。实际证明，通过对话和交流，增进了相互了解和一定程度谅解，其效果得到了广泛认同。

3. 主持国际正义，参与人道主义救援，推动建设和谐世界

基于中华优秀传统文化和社会主义本质特征，中国一贯主持国际正义。早在50年代，中国与印度、缅甸等国共同倡导互相尊重领土主权、互不侵

犯、互不干涉内政、平等互利、和平共处五项基本原则，得到了绝大多数发展中国家的认同。中国在对外关系中遵循了这些原则，并在捍卫民族独立和反对霸权主义、制止大规模侵犯人权方面不懈努力，赢得了第三世界许多国家的信任与支持。恢复联合国合法席位后，作为安全理事会的常任理事国，在解决柬埔寨、巴勒斯坦和阿拉伯被占领土等棘手的国际问题上，主持国际正义，使问题得到解决或朝着合理解决方向进展。为解决一些国家和地区出现的人道主义危机，应联合国的要求，中国向海地、柬埔寨、苏丹等18个国家派遣了维和部队和警察共2000多名，其数量之多在联合国安全理事会常任理事国中居于首位。他们的表现得到了联合国有关组织的肯定。为了使《世界人权宣言》所载的权利和自由能获得充分实现的“社会的和国际的秩序”得以建立，中国呼吁建立国际新秩序，推动建设持久和平、共同繁荣的和谐世界。所谓和谐世界，是在国际关系中弘扬民主、和睦、协作的世界；是在政治上相互尊重、平等协商、不干涉别国内政、共同推进国际关系民主化的世界；是在经济上相互合作、优势互补、共同推动全球经济朝着均衡、普惠、共赢方向发展的世界；是在文化上相互借鉴，求同存异，尊重不同民族文化的多样性，共同促进人类文明繁荣进步的世界；是在安全上相互信任、加强合作，坚持以和平方式解决国际争端，共同维护和平稳定的世界；是在环境保护上相互帮助，协力推进人类赖以生存的地球家园的世界。中国的主张一经提出，便得到了许多爱好和平、尊重人权的国家和人民的支持。完全可以相信，随着时间推移，一定会得到更加广泛的响应。

中国人民争取人权历经坎坷。新中国建立，为人权法治奠定了良好基础。十一届三中全会以来，坚持解放思想，实事求是的思想路线，坚持改革开放的方针，中国特色社会主义事业和人权法治保障均达到了前所未有的水平。尽管如此，我们绝不应自满，不能停步不前。这是因为我国人民对人权保障怀有强烈期望，同时，国际人权保障事业的发展也将不断对我国提出新的要求。我们必须继续前进。中国共产党第十七次全国代表大会的政治报告，全面阐释了建设中国特色社会主义的方针，是中国人权建设的新宣示。遵循十七大的方针，党和政府已将尊重和保障人权作为治国理政的重要原则，只要我们坚持这一原则，坚持“以人为本”的科学发展观，在思想理论上加深对人权重要性的认识，在新的起点上继续努力奋斗，就会使13亿中国人的人权保障达到更高水平，从而为国际人权保障事业作出更大贡献。

（本文是在2008年发表的《中国人权法治30年》的基础上撰写而成）

第九章　中国经济法治60年

陈　甦等*

本章中的“中国经济法治”，是指规范经济活动、调整其中社会关系的法律制定与实施过程。因此，中国经济法治范畴的涵盖范围是广泛的，主要包括规范财产关系和交易活动的民法制定与实施，规范市场主体及其经营活动的商法制定与实施，以及规范市场竞争秩序的经济法制定与实施。

自中华人民共和国于1949年成立以来，在其后几经演变的经济体制和法律观念的交互作用下，我国的经济法治呈现出明显的阶段性特征。因不同阶段占主导地位的经济体制和法律观念不同，经济法治的建构理念、基本内容、规范体系、实施机制和功能效果，均表现出很大的差异。在1978年实行经济体制改革之前，我国实行的是以高度集中统一为特征的计划经济体制。在计划经济的运行机制中，没有经济法律发挥作用的空间，经济法律完全是计划经济活动中的多余之物。市场经济是法治经济，社会主义经济法治得以自觉存在和发挥作用的经济环境，只能是确立了社会主义市场经济体制的经济环境。随着改革实践的发展和认识的深化，我国的经济体制几经变化：1982年提出计划经济为主，市场调节为辅；1984年提出我国经济是公有制基础上的有计划商品经济；1987年提出社会主义有计划商品经济的体制应该是计划与市场内在统一的体制；1989年提出建立适应有计划商品经济发展的计划经济与市场调节相结合的经济体制和运行机制；1992年提出我国经济体制改革的目标是建立社会主义市场经济体制。①

自1978年我国实行改革开放以来，我国的综合国力显著增强，国民经济保持平稳快速发展，经济法治在立法、执法和司法方面取得了一系列巨大成就，为巩固我国经济体制改革成果、全面建设小康社会，提供了可靠的法律保障。回顾历史，我们可以清晰地看到，改革开放的30年就是社会主义

---

* 本章作者为陈甦、席月民、常鹏翱、管育鹰。陈甦，中国社会科学院法学研究所研究员；席月民，中国社会科学院法学研究所副研究员；常鹏翱，北京大学法学院副教授；管育鹰，中国社会科学院法学研究所副研究员。

① 参见江泽民在中国共产党第十四次全国代表大会上的报告《加快改革开放和现代化建设步伐，夺取有中国特色社会主义事业的更大胜利》。

经济法治不断发展的30年。这30年中，我国颁行和完善了大量的经济法律、法规，并通过不断调整、不断完善的执法、司法机制，将规范经济活动的法律转化为经济法律秩序，及时、妥善、系统地调整了国民经济不同发展阶段中出现的各种利益冲突，使国家成功完成从计划经济到有计划商品经济再到社会主义市场经济的体制转型，并通过经济法律调整机制，切实保障了体制转型中国家、集体、企业和个人的合法权益。可以说，基于经济法治所形成的经济社会秩序，从根本上和整体上保障了改革开放事业的顺利进行。经济法制建设的实事求是、与时俱进的品质，在改革开放的现代化建设事业中得到了充分展现，到目前，一个有利于科学发展与和谐社会建设的经济法律体系已经基本形成。

一、高度集中统一的计划经济体制下的经济法治（1949—1978）

（一）本阶段经济法治的背景与特点

在计划经济体制下，具有行政命令色彩的计划制定与实施是经济运行机制的核心要素，“经济流转的最大特点在于这种流转的计划性”，即“经济流转能够按照国家计划进行”。①

在计划经济的运行过程中，国家也注重按照经济规律办事。早在1952年12月，中共中央关于编制1953年计划纲要的指示中就指出：“必须以科学的态度从事计划工作，使我们的计划正确地反映客观经济发展的法则。”②但是，由于在经济体制中，经济活动根据国家的指令性计划进行，由作为政府部门附属的企业来实施。作为生产和交易承担者的企业，并无独立的经济法律地位，也无自主经营自由交易的权利，而成为政府经济管理部门的附属单位。在这样一种经济社会的制度环境中，自然谈不上经济法治。我国的计划经济体制从20世纪50年代初期即初现端倪，到50年代后期形成体制，至70年代中后期显现衰滞，其形成、存续和演变过程中只是偶尔闪现法律的背影。

在新中国建立之时，此前政权体制中的旧有法律及其运作旧法的机构和

① 王家福、谢怀栻等：《合同法》，中国社会科学出版社1986年版，第8页。

② 见《党的文献》1989年第4期，第4页。

阐释旧法的观点全部被废除,[①] 例如全面否定了旧民法,[②] 我国为数不多的经济法律制度的形成，是在一个没有制度承继性的情形下，截然全新又断断续续且不成体系地建构起来的。20世纪50年代前期，制定了《关于统一国家财政经济工作的决定》、《预算决算暂行条例》、《基本建设工作暂行办法》、《土地改革法》、《高级农业生产合作社示范章程》、《公私合营工业企业暂行条例》等重要经济法规，设置了经济保卫庭等经济司法机构。[③] 但其后近30年间的发展状况却表明，我国的经济法律极少更谈不上体系，法律内容简陋且立法层次很低，除了个别法律（如《土地改革法》、《契税暂行条例》等税收法规）之外，本来就很少的法律中的大多数并未得到持续有效的实施。

总体来看，这一时期的经济法制建设表现出明显的波动性：1949—1956年，经济法制获得一定的重视；1957—1961年，经济法制受到忽视；1962—1964年，经济法制又准备恢复；1965—1978年，经济法制则被废弃。造成这种局面的原因是多方面的：在法律观念上，法律虚无主义与法律工具主义交替盛行并且前者占据主导地位,[④] 即使一时注重经济法律制度的作用，也不过是法律工具主义的反映。在社会治理机制上，人治大于法制，甚至“往往把领导人说的话当作‘法’，领导人的话改变了，‘法’也就跟着改变”。[⑤] 在经济管理措施上，“以政策代替法律”，“要政策不要法律”、“政策就是法律”的观念成为主导思想。[⑥] 在经济体制上，计划经济的运行机制也从根本上排斥法律的作用。

（二）以公有制为主导的经济体制的确立

颁布于1949年的《中国人民政治协商会议共同纲领》起到临时宪法的作用,[⑦] 其中规定，国家应调剂国营经济、合作社经济、农民和手工业者的个体经济、私人资本主义经济和国家资本主义经济，使各种社会经济成分在国营

① 见《中共中央关于废除国民党的六法全书与确定解放区的司法原则的指示》。

② 张友渔主编，王叔文副主编：《中国法学四十年》，上海人民出版社1989年版，第327页。

③ 王家福主编：《经济法》中国经济出版社1988年版，第25页。

④ 参见陈甦主编《当代中国法学研究》，中国社会科学出版社2009年版，第26—32页。

⑤ 《邓小平文选》第2卷，人民出版社1994年版，第146页。

⑥ 张友渔主编，王叔文副主编：《中国法学四十年》，上海人民出版社1989年版，第90页。

⑦ 吴家麟主编：《宪法学》，群众出版社1983年版，第92页。

经济领导之下，分工合作，各得其所，以促进整个社会经济的发展。① 这一对中国基本经济制度的法律规定，在我国1954年宪法中得到了进一步确认。②

我国于1953—1956年，对个体农业、手工业和私人资本主义工商业等生产资料私有制进行大规模的社会主义改造，主要是引导个体农业、手工业走合作化道路，对私人资本主义工商业采取和平赎买的方针。③

20世纪50年代进行的个体农业合作化，采取了互助组、初级农业生产合作社、高级农业生产合作社这三种经济组织形式。互助组是1949年10月至1953年间主要的农民合作形式，其特点是生产资料为农民私有，农民在生产中互助。1954年至1955年上半年，初级社在中国全国普遍建立和发展，其特点是在主要生产资料私有制基础上，社员将土地作价入股，统一经营。1956年3月17日，全国人民代表大会常务委员会第三十三次会议讨论了国务院周恩来总理“关于农业生产合作社示范章程的议案和说明”，认为农业生产合作社示范章程草案，经过各地试用，证明是切合实际的，可以不再修改补充，决议将农业生产合作社示范章程草案照原案通过，成为正式章程。1956年6月30日第一届全国人民代表大会第三次会议通过《高级农业生产合作社示范章程》，规定高级农业生产合作社按照社会主义的原则，把社员私有的主要生产资料转为合作社集体所有，组织集体劳动，实行“各尽所能，按劳取酬”。高级农业生产合作社于1956年底普遍建立，参加高级社的农户占全国总农户的88%。高级农业生产合作社实现了主要生产资料（包括土地）的集体公有，组织社员集体劳动，标志着在农村与农业基本上实现了完全的社会主义改造。④ 到了1958年9月发动人民公社化运动，该年底即实现了公社化，农村人民公社是“政社合一”的集体所有制经济组织形式。⑤

我国的城镇集体企业是从20世纪50年代以来逐步形成的，⑥ 是城镇个体手工业合作化的主要经济组织形式。国营经济为主导经济形式，凡属有关

---

① 《中国人民政治协商会议共同纲领》第26条。

② 1954年宪法第五条规定，“生产资料所有制现在主要有下列各种：国家所有制，即全民所有制；合作社所有制，即劳动群众集体所有制；个体劳动者所有制；资本家所有制”。

③ 张卓元：《从百年积弱到经济大国的跨越》，《光明日报》2009年8月27日第11版。

④ 资料来源：http：//news. xinhuanet. com/ziliao/2003 - 01/20/content_ 697957. htm。

⑤ 1975年宪法第七条。

⑥ 王兆国在第十届全国人民代表大会第五次会议（2007年）上的《关于〈中华人民共和国物权法（草案）〉的说明》。

国家经济命脉和足以操纵国民生计的事业，均应由国家统一经营。[①]

但是在这一时期，我国并无系统的企业等经济组织法律规范，直到这一时期结束之后又过了十几年，才相继制定了《全民所有制工业企业法》（1988年）、《乡村集体所有制企业条例》（1990年）和《城镇集体所有制企业条例》（1991年），而此时这些企业却已经面临改革大潮的冲刷了。

确立了以公有制为基础的高度统一的计划经济体制之后，法律机制在规范经济活动中的重要性不断地降低。以经济交换中的合同制度为例，1950年政务院财政经济委员会颁布了我国第一个合同法规《机关、国营企业、合作社签订合同契约暂行办法》，自此到1956年各部委相继制定了一些合同法规，据统计有40余件；但20世纪50年代末至60年代初，由于否定商品生产和商品交换，合同制度被取消了；1962年至1966年间，合同制度又有了一个短暂的恢复，但尚未普遍推行，即因"文化大革命"的爆发而再次被废弃。[②] 必须说明的是，这个时期的所谓"合同"与市场经济体制中的合同有本质的不同，因为这个时期的合同要根据国家计划来订立与履行，并不是当事人契约自由的产物，而是保证执行国家经济计划的措施与工具。直到1978年，政策制定者仍然认为，破坏合同，就是破坏社会主义计划经济。[③]

由于这时的经济形式基本上是限于国营经济，生产资料和生活资料的绝大部分都按照国家计划实行分配和调拨，限制和取消了商业信用，从1952年起个人不得使用支票，在国内取消了汇票和本票，汇票的使用仅限于国际贸易。[④] 那种脱离或规避国家计划控制的自由买卖商品的交易活动（即"投机倒把"），仍然在改革开始之后的很长一段时间里被刑法视为可以归罪的行为。[⑤]

---

① 《中国人民政治协商会议共同纲领》第28条。

② 参见王家福、谢怀栻等《合同法》，中国社会科学出版社1986年版，第142—146页。

③ 《中共中央关于加快工业发展若干问题的决定（草案）》（1978），转引自王家福、谢怀栻等《合同法》，中国社会科学出版社1986年版，第146页。

④ 谢怀栻：《票据法概论》，法律出版社1990年版，第27页。

⑤ 例如，1979年刑法第117、118条规定了投机倒把罪，1997年修订刑法时取消了"投机倒把罪"，但直到2009年8月第十一届全国人民代表大会常务委员会做出的《关于修改部分法律的决定》，将计量法、野生动物保护法、铁路法、烟草专卖法四部法律中有关"投机倒把"、"投机倒把罪"的规定予以删去，"投机倒把"这一带有计划经济色彩的名词才真正成为历史名词，不再出现在中国现行的法律当中。

（三）融合在所有制背景下的财产法律制度演变

在计划经济体制下，我国一直缺乏基本的民事法律制度。1954年，由全国人大常委会组织民法起草，至1956年12月完成民法草案，后因政治运动而起草工作中断。1962年，在试图发展商品生产和商品交换的背景下，我国开始了第二次民法起草，至1964年7月完成民法草案试拟稿，但又因1964年开始的政治运动而中断。①

与此相映照，在这一时期，我国的财产权利制度极为简陋。1950年6月28日中央人民政府委员会通过《土地改革法》，1950年6月30日起公布施行。废除地主阶级封建剥削的土地所有制，实行农民的土地所有制，藉以解放农村生产力，发展农业生产，为新中国的工业化开辟道路。所有没收和征收得来的土地和其他生产资料，除本法规定收归国家所有者外，均由乡农民协会接收，统一地、公平合理地分配给无地少地及缺乏其他生产资料的贫苦农民所有。1954年宪法规定国家依照法律保护农民的土地所有权和其他生产资料所有权，② 但由于社会主义改造和人民公社化运动，农民以及所有个人不再拥有土地所有权和主要的生产资料，国家所保护的只是"公民的劳动收入、储蓄、房屋和各种生活资料的所有权"。③ 至于股权、知识产权等财产权利，只是经济生活中的绝少存在。

在这一时期，我国没有体系化的知识产权法律制度，少数可以归类为知识产权制度的法律，内容却是极为简陋不全。1950年，制定了《商标注册暂行条例》，这时采取的是商标自由注册的立法政策，但要求在旧政权商标局注册的商标须重新注册，经过清理，在旧政权政府商标局注册的商标有三分之一的不能予以注册。1963年的《商标管理条例》，规定商标必须注册。④ 在这一时期的我国，专利制度基本没有形成，《保障发明权与专利权暂行条例》从1950年7月制定到1963年11月废止，仅批准4件专利；⑤ 对著作权的保护主要依据一些行政法规且制度内容也很简单，如1953年《关于纠正任意翻印图书现象的规定》、《关于文学和社会科学书籍稿酬的暂行

① 参见梁慧星《制定民法典的设想》，载《现代法学》2001年第2期。

② 1954年宪法第八条。

③ 1975年宪法第九条。

④ 参见夏叔华《商标法要论》，中国政法大学出版社1989年版，第63—64页。

⑤ 李顺德：《知识产权法律基础》，知识产权出版社2005年版，第69页。

规定（草案）》。[①]

（四）计划经济体制框架内的财政金融制度

新中国成立之初，我国就开始建立新中国的税收制度。1950年颁布的《全国税收实施要则》，是我国税政统一、新税制建立的标志。[②] 1950年，政务院公布了《货物税暂行条例》、《工商税暂行条例》和《契税暂行条例》等当时的主要税法。财政部又制定了印花税、利息所得税、特种消费行为税、使用牌照税、屠宰税、房产税和地产税等七个暂行条例草案，给各地参考试行。税收逐步体系化，新税制逐步完备。

1950年3月，当时的政务院做出《关于统一国家财政经济工作的决定》，规定统一全国的财政收支、物资调度和现金管理。在财政税收制度方面，中央与地方的财权分配始终是财政管理体制变化的重点。1957年通过的《关于改进财政管理体制的规定》，划定了中央与地方的财政收支范围、比例与方式。1958年国务院发布《关于改进税收管理体制的规定》，把原由中央集中掌握的一部分税收管理权限下放给省、自治区、直辖市管理。中央虽然仍集中掌握主要税种，但允许地方在规定范围内，根据实际情况实行减税、免税或加成征税的措施。1961年国家处于国民经济调整时期，实行“调整、巩固、充实、提高”方针，中央重申经济管理大权必须集中掌握，收回了一部分税收管理权。

在农业税方面，1950年9月1日政务院通过、1950年9月5日中央人民政府委员会批准《新解放区农业税暂行条例》，规定凡有农业收入的土地，除该条例另有规定者外，均由其收入所得人交纳农业税。新解放区农业税，以户为单位，按农业人口每人平均农业收入累进计征。1958年6月3日全国人大常委会第九十六次会议通过《农业税条例》，废除了原有的农业税条例和有关规定，规定农业税的征收实行比例税制，从事农业生产、有农业收入的单位和个人，都是农业税的纳税人，应当按照条例规定交纳农业税。

1958年颁布了《工商统一税条例》，是中国工商税制的第二次重大改革。[③] 1973年全面试行工商税，这是我国工商税制的第三次重大改革，其后

---

① 李明德主编：《知识产权法》，社会科学文献出版社2007年版，第64页。

② 北京经济学院财政金融教研室《新中国税制演变》，天津人民出版社1985年版，第7页。

③ 同上书，第35页。

国营企业只征收工商税一种税，集体所有制企业只征收工商税和工商所得税。税种愈来愈减少，税制愈来愈简单，是这一时期税制演变的特征。[①]

我国也曾通过发行公债筹集财政收入，例如1949年12月通过《关于发行人民胜利折实公债的决定》，决定于1950年度发行人民胜利折实公债；[②]为加速国家经济建设，逐步提高人民物质和文化生活水平，1954—1958年期间，我国每年制定专门条例分别发行国家经济建设公债。为了便于各地筹集工农业“大跃进”所需要的资金，促进人民节约储蓄，有利于鼓足干劲、力争上游、多快好省地建设社会主义，1958年6月5日全国人民代表大会常务委员会第九十七次会议通过了《地方经济建设公债条例》。省、自治区、直辖市认为确有必要的时候，可以发行地方经济建设公债，由各该省、自治区、直辖市人民委员会统一办理。但自20世纪50年代末以后，我国停止发行政府债券，国家开始满足于“既无外债、也无内债”的财政理念。[③]

二、改革开放起步年代的经济法治（1978—1984）

（一）本阶段经济法治的背景与特点

作为一种社会经济活动运行的制度机制，经济法治取代计划机制的过程，是从我国开始改革开放之时真正开始的。自1978年开始，我国放弃了“以阶级斗争为纲”的政治路线，选择了以经济建设为中心的发展道路，开始了至今仍在进行的改革开放事业。[④] 1982年提出计划经济为主，市场调节为辅；1984年提出我国经济是公有制基础上的有计划商品经济。[⑤]

我国在20世纪70年代末开始经济体制改革，尽管当时所确立的经济体制并不叫做“市场经济体制”，在经济体制改革初期也没有明确经济法治的制度建构目标，但是在改革开放之初的法制建设中，其实就已经蕴含了经济

---

① 参见北京经济学院财政金融教研室《新中国税制演变》，天津人民出版社1985年版，第51—53页。

② “折实”是指公债的募集及还本付息，均以实物为计算标准。这是在物价上涨较快时期为增加公债信用而采取的措施。

③ 见周恩来在第四届全国人民代表大会（1975年）上的《政府工作报告》。

④ 见中共中央十一届三中全会决议。

⑤ 参见江泽民在中国共产党第十四次全国代表大会上的报告《加快改革开放和现代化建设步伐，夺取有中国特色社会主义事业的更大胜利》。

法治的因子。可以说，本质意义上的经济法治的生成与发展，其实在我国确立市场经济体制和依法治国、建设社会主义法治国家的治国方略之前，就已经在经济活动和法律生活中植根形成。

在1978年12月18日至22日召开的中共十一届三中全会进行了拨乱反正的努力，决定实行改革开放的新政策。而在此之前的1978年12月13日，邓小平在中央工作会议闭幕会上作了《解放思想，实事求是，团结一致向前看》的总结讲话，特别指出要允许一部分地区、一部分企业、一部分工人农民，由于辛勤努力成绩大而收入先多一些，生活先好起来。这种允许一部分人先富起来的政策选择，开始终结高度集中统一的计划经济状态，为体现经济主体独立与经济活动自主的经济体制，确立了观念基础和政策依据；也为法律机制得以进入经济运行机制并发挥其独有功能，确立了观念基础和体制条件。

尽管在这个时期法律的制度表述上，我国仍然是在社会主义公有制基础上实行计划经济，[①] 但是从1978年已经开始了改革开放之路。党的十一届三中全会之后，党和国家在指导思想上完成了拨乱反正的艰巨任务，工作重点转移到社会主义现代化建设上来，在国民经济发展中开始全面贯彻执行调整、改革、整顿、提高的方针。我国改革开放的基本路径选择是：对外以引进外资和扩大出口为导向，对内在农村改革中的重点是实行联产承包，在城市改革的重点是增加企业活力、调整国家与企业（主要是全民所有制企业）之间的关系上。[②] 中国这一时期的经济法制建设，也循着这三条路径展开。

1979年6月28日，邓小平在会见日本公明党第八次访华团时，指出民主和法制都应该加强和坚持下去。现在看来，这应是当时对西方世界最早透露的“法制中国”信息，其最初则主要表现在对外开放的经济活动领域。反映在法制建设上，是立足于企业、财税以及涉外经济立法，加紧对经济管理体制和经营管理方法着手进行制度改革。

为适应合法公正解决经济纠纷的需要，我国的法院系统从1979年下半年起逐步建立了经济审判组织，在全国法院系统普遍设立经济审判庭，另外在五个沿海城市设立海事法院。最高人民法院于1984年3月召开了第一次

① 例如中国1982年宪法第15条明确规定，“国家在社会主义公有制基础上实行计划经济。国家通过经济计划的综合平衡和市场调节的辅助作用，保证国民经济按比例地协调发展。禁止任何组织或者个人扰乱社会经济秩序，破坏国家经济计划”。

② 厉以宁：《社会主义政治经济学》，商务印书馆1986年版，第45页。

全国经济审判工作会议。会议在总结经验的基础上，明确了经济审判工作的基本任务是审理生产和流通领域内的经济纠纷案件，并确定了经济审判庭的收案范围。通过对各类经济纠纷案件和海事海商案件的及时审理，严格执行新制定的各类经济法律法规，保护改革开放取得的成果。为适应合法公正解决经济纠纷的需要，法院系统从1979年下半年起逐级逐步建立了经济审判组织，截至1985年4月，全国中级人民法院（除个别边远地区外）和93%的基层人民法院都已建立了经济审判庭。①

从经济法律体系的形成过程来看，这一阶段的经济法制建设，是按照两个明显在政策上一致、却在法律上似乎没有交集的线索延展的：一个是农村的联产承包责任制，一个是企业经营机制的转换。另外一个在当代法制建设史上有意思的现象是：国营企业自主权实践成为市场主体独立性的先导，但是真正的市场主体独立性，却是由外资企业和私营企业的制度确立而实现的，而国营企业（包括后来的国有企业）的独立性，却迟延到今天尚未彻底实现。

（二）农村联产承包制的产生成为民法重归社会的发端

为了迅速改变当时我国农业的落后状况，党的十一届四中全会通过了《中共中央关于加快农业发展若干问题的决定》，及时出台了一系列加快农业发展的政策措施，强调人民公社、生产大队和生产队的所有权和自主权应该受到国家法律的切实保护，任何单位和个人都不得任意剥夺或侵犯其利益。在保证巩固和发展集体经济的同时，鼓励和扶持农民经营家庭副业，农、林、牧、副、渔五业并举，活跃农村经济。

我国自古就是以农村和农业为基础的乡土国度，如何妥当设置农村和农业中的财产关系，特别是妥当地安排土地的权利配置，向来为治国之大政方针。农村经济的发展必然要求相应的土地制度变革。与当时农业生产与农业经济发展的自身特点相适应，1978年安徽省凤阳县小岗村18位农民签下"生死状"，将村内土地分开承包，开创了家庭联产承包责任制的先河，使农民生产的积极性大增。这一纸契约，在当时并无政策上和法律上的正当性，是农民凭借自我认知和日常知识开辟出的农村集体土地的权利个别化与确定化的形式。我党敏锐地把握住这种做法的实践价值，并迅速将之转化为我党所倡导的国家政策，在全国范围内铺开。

① 王家福主编：《经济法要义》，中国财政经济出版社1988年版，第731页。

1980年5月31日，邓小平在同中央负责工作人员谈话时，肯定了安徽农村改革，他指出，农村政策放宽以后，一些适宜搞包产到户的地方搞了包产到户，效果很好，变化很快。1982年1月1日，中共中央批转的《全国农村工作会议纪要》，为土地承包经营的正当性提供了首次政策基础。这个后来被称为中共中央首个"一号文件"指出，农村实行的各种责任制，包括小段包工定额计酬，专业承包联产计酬，联产到劳，包产到户、到组，包干到户、到组等等，都是社会主义集体经济的生产责任制。从1979年春开始的各种形式的生产责任制在中国各地农村中兴起，最终形成了以联产承包责任制为主要形式的农村生产经营方式，尽管其间出现很多政治性的争议，但是到了1982年11月，我国农村实行联产承包责任制的生产队①达到了99.5%。② 1983年1月2日，中共中央第二个"一号文件"《当前农村经济政策的若干问题》进一步肯定了联产承包制，指出它是在党的领导下我国农民的伟大创造，是马克思主义农业合作化理论在我国实践中的新发展。

联产承包责任制不仅是一种农业生产经营方式，更重要的是一种财产权利和法律关系的安排，农民个人或其家庭据此拥有了农业经营的自主权利和生产资料的财产权利。联产承包责任制的实行，不仅增加了农民的收入，激发了我国农村的活力，而且还从根本上改变了此前的"三级所有，队为基础"的人民公社体制，使得人民公社制度失去了继续存在的经济基础。1982年宪法对原本"政社合一"的体制改为实行政社分开，在继续保留人民公社的经济组织形式的基础上，设立乡政权。③ 按照1983年10月12日中共中央、国务院发出《关于实行政社分开、建立乡政府的通知》，建立乡政府的工作应在1984年底前大体完成。到1984年底，在中国农村维持20多年的人民公社不复存在。④ 撤社建乡，确立了农村社会的符合法治规范的管理组织体制，为农村经济活动法治化，确立了政治基础。但是直到1993年宪法修正案，才彻底从法律制度层面取消了人民公社。⑤

农村广泛推行多种形式的生产责任制，包括小段包工定额计酬，专业承包联产计酬，联产到劳，包产到户、到组，包干到户、到组等，极大地解放了农村生产力。通过不断实践和完善，家庭联产承包责任制迅速在全国范围

---

① "生产队"是我国实行人民公社制度时期，农村中最基本的生产单位。

② 参见罗汉平《农村人民公社史》，福建人民出版社2003年版，第387—400页。

③ 1982年宪法修正之前的第8条、第95条。

④ 罗汉平：《农村人民公社史》，福建人民出版社2003年版，第413页。

⑤ 见1993年宪法修正案第6条。

推广，实现了全国粮食生产的快速增长。以家庭联产承包为主的责任制和统分结合的双层经营体制，成为我国农村经济的一项基本制度，突破了原来“一大二公”的旧体制，我国经济体制改革首先在农村取得了巨大成就。作为20世纪80年代初的时髦词汇的“万元户”，[①] 成为当时靠胆量和勤劳首先富裕起来的第一批人的代名词。从此，致富光荣的意识开始深入人心，以规范财产关系为核心内容的民商法，开始具有被社会接纳的观念基础和实践需要。

农村改革中形成并壮大的联产承包责任制，其意义不限于我国的农村地区，而且成为城市地区改革的先声与示范，尤其是联产承包责任制当中的财产权利义务安排，使得以规范财产关系为核心内容的民商法，开始具有被我国社会接纳的观念基础和实践需要。在我国，政策强烈地影响农业的衰荣兴废，[②] 这一时期涉及重大法律关系和财产权利的农村改革，基本上是在国家政策的引导下展开的，除了《乡村集体所有制企业条例》（1990年）等少数行政法规之外，总的情形是农业法律薄弱，农业立法严重滞后。[③]

（三）国营企业改革成为企业法制的生长点

增强企业活力，特别是增强全民所有制大、中型企业的活力，是以城市为重点的整个经济体制改革的中心环节。围绕该中心环节，国家先后颁行了一系列经济法规，着力解决两方面的关系问题，一是确立国家和企业之间的正确关系，扩大企业自主权；二是确立职工和企业之间的正确关系，保证劳动者在企业中的主人翁地位。

与外资企业相比，包括国营企业在内的内资企业的经济地位，在此阶段尚未完全主体化和法律化，但经营自主权改革在此阶段也开始全面铺开。1979年7月13日，国务院将《关于扩大国营企业经营管理自主权的若干规定》等五个文件，发给各省、市、自治区和有关部门，并在少数国营工交企业组织试点。到1980年6月底，全国试点企业已达6000多个，这些企业上半年的产值和利润分别占全年的60%和70%。1980年9月2日，国务院批转国家经委《关于扩大企业自主权试点工作情况和今后意见的报告》，批

---

① 当时的“万元户”大体由率先完成了个人承包的个体养殖户、建筑包工头、个体工商户等构成。

② 李成贵：《中国农业政策——理论框架与应用分析》，社会科学文献出版社1999年版，第3页。

③ 王存学、骆友生：《中国农村经济法律基本问题》，法律出版社1998年版，第11页。

准从1981年起，把扩大企业自主权的工作，在国营工业企业中全面推开，使企业在人、财、物、产、供、销等方面，拥有更大的自主权。尽管不明显，但国企此时已经显示出脱离政府机关附属地位的痕迹，国企财产权有了一定独立性的迹象。

这一阶段有关国营企业转换经营机制的经济法规主要有：1979年《关于扩大国营工业企业经营管理自主权的若干规定》；1981年《国营工业企业职工代表大会暂行条例》；1982年《国营工厂厂长工作暂行条例》和《企业职工奖惩条例》；1983年《国营工业企业暂行条例》；1984年《国营企业成本管理条例》、《国务院关于国营企业发放奖金有关问题的通知》、《国务院关于进一步扩大国营工业企业自主权的暂行规定》、《国营企业奖金税暂行规定》、《国营企业调节税征收办法》以及《国营企业所得税条例（草案）》等。尽管这些国营企业立法尚处于行政法规层次，但却在法律上肯定了国营企业的相对独立性，使其成为具有自主经营、自负盈亏、自我改造和自我发展能力，具有一定权利义务的法人。确立国家和企业、企业和职工这两方面的正确关系，是以城市为重点的整个经济体制改革的本质内容和基本要求。与此同时，1981年国务院批转七部委《关于实行工业生产经济责任制若干问题的暂行规定》，在工商企业中推行经济责任制，[①] 使企业整顿的效果更加明显。

随着经济管理体制的初步改革，各地开始出现一些经济联合形式，打破了地区封锁和部门分割，从而发挥了各个经济单位的优势，提高了经济效果。为了推动联合，1980年颁行《国务院关于推动经济联合的暂行规定》，明确了组织联合的基本原则和具体要求，强调联合不受行业、地区和所有制、隶属关系的限制，计划、工商、银行、财税部门要加强管理并给予配合。这种脱离了计划控制的经济联合，使合同成为规范经济联合各方利益安排的约束纽带。

---

① 经济责任制是在国家计划指导下以提高经济效益为目的，责、权、利紧密结合的生产经营管理制度。经济责任制要求企业的主管部门、企业、车间、班组和职工，都要层层明确各自在经济上对国家应负的责任，建立健全企业的生产、技术、经营管理各项专责制和岗位责任制，为国家提供优质适销的产品和更多的积累；要求正确处理国家、企业和职工三者利益关系，把企业、职工的经济责任和经济效果同经济利益联系起来，认真贯彻各尽所能、按劳分配的原则，多劳多得，有奖有罚；要求进一步扩大企业经营管理自主权，保证企业生产、经营所必需的条件，使企业逐步成为相对独立的经济实体。见1981年11月11日施行的《关于实行工业生产经济责任制若干问题的暂行规定》第1条。

（四）经济特区立法与外资企业立法成为对外开放的法制表现

实行对外开放，按照平等互利原则扩大对外经济技术交流，是我国改革开放初期即已确定的坚定不移的战略方针。1979年7月15日，中共中央、国务院批转广东省委、福建省委关于对外经济活动实行特殊政策和灵活措施的报告，决定在深圳、珠海、汕头和厦门试办特区。8月13日，国务院颁发《关于大力发展对外贸易增加外汇收入若干问题的规定》，主要内容是扩大地方和企业的外贸权限，鼓励增加出口，办好出口特区。1980年5月16日，中共中央、国务院批转《广东、福建两省会议纪要》，正式将"特区"定名为"经济特区"，这为进一步改革和开放、扩大对外经济交流、增进国家和民间财富起到了极为重要的作用。1980年8月，五届全国人大常委会第十五次会议批准了《广东省经济特区条例》，从而在广东省深圳、珠海、汕头三市分别建立经济特区。同年10月，国务院批准福建省厦门市也建立经济特区。从此在法律上确立了具有中国特色的经济特区制度。这些经济特区是仿照外国的自由贸易区、出口加工区的办法而建立的，在对外经济活动方面实行比之其他地区特殊的政策，包括减免税收等。[①] 这些经济特区拥有较大的经济管理权限，实行特殊的经济政策和经济管理体制，在建设上以吸收利用外资为主，经济所有制实行以社会主义公有制为主导的多元化结构，其经济活动在国家宏观经济调控下，以市场调节为主，并对外商投资予以优惠和方便。

为吸引外商投资，扩大国际经济合作和技术交流，国家自1979年7月起，即专门制定《中外合资经营企业法》及其《实施条例》、《中外合资经营企业登记管理办法》等经济法律、法规，允许外国公司、企业和其他经济组织或个人，在中国境内同中国的公司、企业或其他经济组织共同举办合营企业。[②] 确立合资企业的法律主体地位，依法保护外国合营者按照经我国政府批准的协议、合同、章程，在合营企业的投资、应分得的利润和其他合法权益，这是我国对外开放的法律制度表现。

随着外商对企业所得税问题的关注，为维护国家利益，促进中外合资经营企业和外国企业的发展，国家参照国际惯例又分别于1980年和1981年颁行了《中外合资经营企业所得税法》和《外国企业所得税法》，对需要鼓励

---

① 王家福主编：《经济法要义》，中国财政经济出版社1988年版，第637—638页。

② 见《中国合资经营企业法》（1979）第1条。

或发展的企业，在税收上给予了减免税以及鼓励再投资等优惠待遇。

在对外贸易方面，国家也颁行了一些经济法规，如1980年的《关于进出口商品征免工商税收的规定》、1982年《进出口动植物检疫条例》、1984年《进口货物许可制度暂行条例》和《进出口商品检验条例》以及《边境小额贸易暂行管理办法》等。为适应我国海上运输和对外经济贸易事业发展的需要，行使我国司法管辖权，1984年11月六届全国人大常委会第八次会议决定，在广州、上海、青岛、天津、大连五个沿海港口城市分别设立海事法院，专门审理国内与涉外的第一审海事案件和海商案件。

（五）《经济合同法》成为终结计划控制机制的制度先导

在经济体制改革以前，我国实行的是高度集中统一的计划经济体制。在计划经济体制下，具有行政命令色彩的计划是经济运行机制的核心，经济活动必须依据政府部门制订与实施的经济计划，计划决定了生产经营活动的具体内容，而生产经营者的行为规范限于服从或执行计划，完全不允许经营者具有独立地位与意思自治。在计划经济体制中，生产经营活动的目的性和秩序性主要是靠计划来维系的，在这种情况下，大家都遵守的是上级部门以至国家的计划，经济过程是靠同一计划体系中的单位分工合作运行的。在生活资料的分配和交换中，重要是靠以配给制为核心的供应体制。所以，在计划经济的体制下，不需要体现主体独立、意思自治的合同法律，不需要规范商品交换活动和经济活动组织关系的合同法律。

但是，以对外开放、对内搞活为目标的经济体制改革，在根本上解消了高度集中统一的计划控制机制。国营企业获得经营自主权，外资企业一开始就是独立的经济主体，农民获得了生产资料的控制权利，企业间的经济联合超出了企业上级管理机关的控制范围，商品交流也超出了计划机关的控制范围。在这种情形下，一种取得计划控制机制的社会经济活动控制机制必然要出现。于是，以《经济合同法》为代表的合同法律控制机制，开始在我国的经济领域出现，并最终成为经济活动的主导控制机制。

我国于1981年制定了《经济合同法》，这是最早的适用于所有经济活动主体的经济法律。1981年12月13日，五届全国人大四次会议通过了《经济合同法》，规定经济合同法适用于平等民事主体的法人、其他经济组织、个体工商户、农村承包经营户之间为实现一定经济目的，明确相互权利义务关系而订立的合同。经济合同法规定了9种基本经济合同，即：（1）购销合同（包括供应、采购、预购、购销结合及协作、调剂等合同）。

（2）建设工程承包合同，包括勘察、设计、建筑、安装。（3）加工承揽合同。（4）货物运输合同。（5）供用电合同。（6）仓储保管合同。（7）财产租赁合同。（8）借款合同。（9）财产保险合同。但是，《经济合同法》仍然有较为强烈的计划经济色彩，如规定订立经济合同必须符合国家政策和计划的要求，产品数量须按照国家和上级主管部门批准的计划签订等等。

（六）财政与金融体制改革成为国家经济管理调控法治化的先导

1979年7月国务院提出改革财政管理体制，实行“划分收支、分级包干”。[①] 改革的原则是，在巩固中央统一领导和统一计划，确保中央必不可少的开支的前提下，“划分收支、分级包干”，明确各级财政的权利和责任，作到权责结合，各行其职，各负其责，充分发挥中央和地方两个积极性。为此，国务院相继出台《关于试行“划分收支、分级包干”财政管理办法的若干规定》、《关于试行“收支挂钩、全额分成、比例包干、三年不变”财政管理办法的若干规定》、《关于实行“划分收支、分级包干”财政管理体制的暂行规定》、《国务院关于平衡财政收支、严格财政管理的决定》等。

国务院从1981年起连续颁行《国库券条例》，向社会发行国库券。其发行对象主要包括：国营企业、集体所有制企业、企业主管部门和地方政府；机关、团体、部队、事业单位和农村富裕社队；城乡人民个人。发行国库券所筹集资金，由国务院根据国民经济发展和综合平衡的需要，统一安排使用。尽管当时发行国库券的目的，为了弥补财政赤字，实现财政收支平衡，并且已发行的国库券不能转让流通，但这是证券在相隔30年之后重新进入中国经济领域的标志。所以说，《国库券条例》尽管条款很少、内容简单，但却是一个有深远意义的立法。

1983年9月国务院对银行体制进行改革，决定由中国人民银行专门行使中央银行职能，不再兼办工商信贷和储蓄业务，以加强信贷资金的集中管理和综合平衡，更好地为宏观经济决策服务。同时成立中国工商银行，承担原来由中国人民银行办理的工商信贷和储蓄业务。中国工商银行、中国农业

① 所谓“划分收支、分级包干”，即一切国家财政收支，必须按照经济管理体制规定的隶属关系，明确划分中央和地方财政的收支范围。其中，就收入部分而言，中央所属企业的收入、关税收入和中央其他收入，归中央财政，作为中央财政的固定收入；地方所属企业的收入、盐税、农牧业税、工商所得税、地方税和地方其他收入，归地方财政，作为地方财政的固定收入。经国务院批准，上划给中央部门直接管理的企业，其收入作为固定比例分成收入，80%归中央财政，20%归地方财政。

银行、中国银行、中国人民建设银行、中国人民保险公司，作为国务院直属局级的经济实体，在国家规定的业务范围内，依照国家法律、法令、政策、计划，独立行使职权，充分发挥各自的作用。①

为促进国营企业建立与健全经济责任制，正确处理国家、企业和职工三者利益，保证国家财政收入的稳定增长，国务院继1983年批转财政部《关于国营企业利改税试行办法》，于1984年又批转财政部《关于在国营企业推行利改税第二步改革的报告》和《国营企业第二步利改税试行办法》，把国家与企业的分配关系用税的形式固定了下来，较好地解决企业吃国家"大锅饭"的问题，为落实企业自主权提供了必要条件。从实践看，利改税制度的实行，通过调整部分产品的税率和开征新税，对当时理顺并搞活经济，提高社会经济效益，曾发挥出重要作用。自1982年起，国务院相继发布并实施有关牲畜交易税、建筑税、农业税、盐税、产品税、增值税、营业税、资源税等暂行规定或税收条例。针对国营企业利改税，在执行1979年《关于国营企业实行利润留成的规定》和1980年《关于国营工业企业利润留成试行办法》的基础上，又分别制定了有关国营工业企业固定资产税、国营企业奖金税、国营企业所得税和国营企业调节税等行政法规，进一步调整和完善了国家与企业之间的分配关系。

外商投资法律和税收环境的改善，使我国对外经济往来活动得以顺利开展，在我国取得收入的外籍人员日益增加，同时，在国外从事经济活动和其他劳务的中国人也越来越多。为维护国家经济利益，本着平等互利的原则，我国参照国外的习惯做法并结合本国实际，于1980年9月颁行了《个人所得税法》，对在我国境内居住满一年的个人，从我国境内和境外取得的所得，以及不在我国境内居住或者居住不满一年的个人，只就其从我国境内取得的所得，征收个人所得税。

（七）环境资源立法取得初步成效

虽然从20世纪50年代末开始，我国制定了许多关于环境和资源的单项法规，但是缺乏系统性且规格较低，当时我国还没有明确提出现代环境保护和环境法概念。② 但是自改革开放以后，与很多人的想象不同，我国在经济

① 参见1983年9月17日颁布实施的《国务院关于中国人民银行专门行使中央银行职能的决定》。

② 马骧聪、蔡守秋：《中国环境法制通论》，学苑出版社1990年版，第42—43页。

活动的制度建设方面，并不是采取“先发展，后治理”的环境政策，而是在实行经济改革、促进经济发展的同时，就特别加强了环境保护的法制建设。与这一时期其他领域的立法相比，环境立法在数量上明显高于其他领域的立法。例如，1979年颁行《环境保护法（试行）》，1982年颁布《海洋环境保护法》和《征收排污费暂行办法》，1983年颁布《海洋石油勘探开发环境保护管理条例》和《防止船舶污染海域管理条例》，1984年颁行《水污染防治法》。

当然，无可讳言的事实却是，这些已经初步体系化的环境保护法律制度，并没有在经济活动中得以充分实现。也就是说，由于在经济发展模式中更为强调经济的快速发展，环境法治被有意无意地忽略掉了，相应的环境执法和环境司法活动相当薄弱，环境保护法律制度在相当程度上仅仅停留在纸面形式，而没有及时全面充分地转化为环境法律秩序。环境法的立法上不够完备和执法上不够严格，至今仍然是我国环境法治需要解决的问题。①

值得一提的是，为加快造林绿化速度，加强森林保护管理，合理开发利用森林资源，国家在1979年率先颁行《森林法（试行）》。为配合该法执行，国务院相继颁行一系列行政法规，如1979年《国务院关于保护森林制止乱砍滥伐的布告》、1980年《中共中央、国务院关于大力开展植树造林的指示》、1981年《中共中央、国务院关于保护森林发展林业若干问题的决定》以及1982年《中共中央、国务院关于制止乱砍滥伐森林的紧急指示》等。《森林法（试行）》实施后，解决了大量的山林权纠纷，对保护森林、发展林业起到了积极作用。1984年在总结实践经验的基础上，国家正式颁行《森林法》。

（八）知识产权法开始形成并迅速发展

在实行改革开放政策以前，我国几乎没有体系化的知识产权法律制度。② 我国的知识产权保护制度的筹备、酝酿，起始于20世纪70年代末

① 参见李恒远、常纪文《现状、问题与走向：中国环境法治30年之评析》，载《中国环境法治（2007年卷）》，法律出版社2008年版，第12—13页。

② 当时不能说完全没有知识产权制度，但是却极为简陋不全，例如商标制度很不完善，专利制度基本没有形成，《保障发明权与专利权暂行条例》从1950年7月制定到1963年11月废止，仅批准4件专利。（见李顺德《知识产权法律基础》，知识产权出版社2005年版，第69页）对著作权的保护主要依据一些行政法规且制度内容也很简单，如1953年《关于纠正任意翻印图书现象的规定》、《关于文学和社会科学书籍稿酬的暂行规定（草案）》。（见李明德主编《知识产权法》，社会科学文献出版社2007年版，第64页）

期，伴随着改革开放而起步，[①] 并逐步成为改革开放政策和社会主义法制建设的重要组成部分。

1979年我国恢复全国商标统一注册，1980年的商标注册年申请量就达到2.6万件，[②] 1982年8月23日，第五届全国人民代表大会常务委员会第二十四次会议通过了《商标法》，并于1983年3月1日起施行。这是我国开始系统建立现代知识产权法律制度的一个重要标志。1984年3月12日，第六届全国人民代表大会常务委员会第四次会议通过了《专利法》，并于1985年4月1日起施行。在1985年4月1日我国专利法实施的第一天，原中国专利局就收到来自国内外的专利申请3455件，被世界知识产权组织誉为创造了世界专利历史的新纪录。[③]

在党的十一届三中全会即将召开之时的1978年9月24日，国务院下发了《关于成立工商行政管理总局的通知》。执行“管理商标”职能的国家工商行政管理总局下设商标局，对本国企业使用的商标“统一审查、注册，协助工商部门监督检查商品质量。对外国企业向我国申请注册的商标，根据互惠原则办理注册”。1980年1月14日国务院以国发［1980］10号文件批准了《关于我国建立专利制度的请示报告（草案）》，随后成立了国家专利局（1998年国务院机构改革后更名为国家知识产权局）。根据以上法律的规定，国务院有关主管部门或地方人民政府都设立了专门的专利管理机关，在中央到省、市、地、县的各级工商行政管理局内设立的商标管理机构。我国的知识产权法律制度在建立之初，就从现实的国情出发，在专利法、商标法等知识产权法律中都规定了知识产权保护的行政途径。即对于既侵害权利人利益、又危害公共利益的侵权行为，各行政管理机构有权追究侵权行为人的行政责任，如罚款、没收主要用于侵权活动的材料、工具、设备等，从而从根本上防止侵权行为的再次发生，保证知识产权法律在实际生活中得到贯彻和执行。

我国知识产权法律制度的建设，在初始阶段就显示了面向世界、面向国际保护水平的高起点。在改革开放的推动下，我国知识产权与国际接轨的速度之快也是史无前例的。1979年美国商务部长访华时两国签署了《中美贸

---

① 李顺德：《知识产权法律基础》，知识产权出版社2005年版，第69页。

② 《商标申请与注册概况表》，商标局主办的中国商标网，http：//sbj.saic.gov.cn/tjxx/tjxx.asp。

③ 熊志云：《浅谈专利档案及其管理》，《档案学研究》1998年第1期。

易关系协定》，双方承认在贸易关系中有效保护专利、商标和版权的重要性，中方表示将尽快出台知识产权法律法规。早在1980年3月3日，我国政府就向世界知识产权组织（WIPO）递交了加入书，从1980年6月3日起中国成为了WIPO的成员国。在陆续颁布《商标法》和《专利法》之后的1984年12月19日，中国政府向WIPO递交了《保护工业产权巴黎公约》的加入书，从1985年3月19日起中国成为巴黎公约成员国。

三、社会主义商品经济体制下的经济法治（1984—1992）

（一）本阶段经济法治的背景与特点

1978—1983年是改革开放的初期，尽管许多成见、流俗、定规被突破和改变，但计划经济体制尚未在政策层面受到根本冲击。不过，在大历史观的视野中，经过这6年的实践和思考，给计划经济增加商品和市场的新内涵和新元素，不再被视为石破天惊的惊天之举。随着经济体制改革的不断深入，人们逐渐认识到商品生产与交换对于经济发展的重要意义，国家开始确认社会主义经济是以公有制为基础的有计划的商品经济。1989年正式提出建立适应有计划商品经济发展的计划经济与市场调节相结合的经济体制和运行机制。①

1984年10月4日，国务院批转国家计委《关于改进计划体制的若干暂行规定》，强调对关系国计民生的重要经济活动实行指令性计划，对大量一般经济活动实行指导性计划，对饮食、服务业等实行市场调节。紧接着，1984年10月，党的十二届三中全会通过了《中共中央关于经济体制改革的决定》，明确提出改革计划体制，首先要突破把计划经济同商品经济对立起来的传统观念，明确认识社会主义计划经济必须自觉依据和运用价值规律，是在公有制基础上的有计划的商品经济，提出社会主义经济是以公有制为基础的有计划的商品经济。于是，1984年又是一个新的历史起点，有计划的商品经济在我国被正式确立下来，与之相关的诸种改革顺理成章地逐渐推展。

1987年10月党的十三大进一步提出，社会主义有计划商品经济的体

① 参见江泽民在中国共产党第十四次全国代表大会上的报告《加快改革开放和现代化建设步伐，夺取有中国特色社会主义事业的更大胜利》。

制，应该是计划与市场内在统一的体制。1989年6月党的十三届四中全会后，开始建立适应有计划商品经济发展的计划经济与市场调节相结合的经济体制和运行机制。新的经济运行机制，是“国家调节市场，市场引导企业”的机制，即国家运用经济手段、法律手段和必要的行政手段，调节市场供求关系，创造适宜的经济和社会环境，以此引导企业正确地进行经营决策。在这一阶段，国家对市场机制的重要性有了更加深刻的认识，反映在经济法治方面，无论是经济立法还是经济执法抑或经济司法，都十分重视对市场机制的培育和保护，重视对国家、企业与市场关系的协调与处理。

但是在这一阶段，经济法制建设中的计划经济因素依然存在，甚至在某些经济法律领域还很强烈。例如，一直到1992年，我国一直着重按照企业所有制的性质进行企业立法，从而使我国企业法律体系的所有制属性十分明显。当然，这也是典型地反映了在公有制为主体的前提下发展多种所有制经济的国家政策要求，也反映了国家对企业立法的规范依据还缺乏更为深入的认识。

总体上看，这一阶段的经济法制建设的成就十分巨大。其一，法律机制开始介入整个社会的经济生活，对于保障人们在经济活动中的权利、维护经济秩序、促进经济发展，都起到了十分重要的作用。其二，整个社会对经济法治的观念发生了巨大变化，开始不断深刻地认识到法律对于经济活动的重要性和必要性，经济活动中的法律虚无主义已经被抛弃。其三，尽管还存在经济法律简陋、个别内容不合理的现象，但在这一时期经济立法的基本内容与总体方向都是正确的，有力地推动了我国经济改革的持续深入和经济建设的不断发展。其四，尽管这一时期经济法治的体系化并不成熟，但是经济法制建设在各个方面持续展开，为日后的市场经济法律体系的全面建构打下了良好的制度基础。

（二）商品经济体制在立法上得到突出反映

在本阶段，我国农村承包经营方式进入稳定发展的轨道。1984年1月1日，中共中央发出的“一号文件”《关于1984年农村工作的通知》，提出延长土地承包期一般应在15年以上。在政策扶持下，土地承包经营权成为农村经济和农民利益的基本支撑点，长期而稳固的承包使其财产效益更加稳定。因此，土地承包经营权开始有了更显著的物权属性，最高人民法院1984年8月30日颁发的《关于贯彻执行民事政策法律若干问题的意见》对此即有体现。1991年11月25—29日举行的十三届八中全会，通过了《中共中央关于进一步加强农业和农村工作的决定》更进一步提出，要把以家庭联产承包为主的责任制、统分结合的双层经营体制，作为我国乡村集体经济组织的一项基本制度长期稳定下来，并不断充实完善。

与此同时，农产品交易市场在普遍铺开和稳步成形，1985年1月1日，中共中央、国务院发出《关于进一步活跃农村经济的十项政策》，决定从本年起对农产品实行合同定购和市场收购；6月1日，国务院批转国家物价局《关于价格改革出台情况及稳定物价措施的报告》，表明猪、牛、羊、禽、蛋、水产品的价格放开。以价格决定自由显现的交易自由，以及以交易自由蕴含的合同自由，开始成为经济活动的观念基础和规范依据。

在此阶段，城市改革的另一个重点是发展不动产市场，这主要体现在住房制度改革上。1988年2月25日，国务院印发《关于在全国城镇分期分批推行住房制度改革的实施方案》，决定以住房商品化为目标进行住房制度改革，使住户取得住房所有权或者使用权。在经济体制改革之前，任何组织或者个人不得侵占、买卖、出租或者以其他形式非法转让土地。[①] 实际上，1979年通过的《中外合资经营企业法》第5条第3款，即规定了“场地使用权”可作为一种投资形式。对用于合资企业出资形式的“场地使用权”，当时的法律并未说明是债权性质抑或是物权性质，但由于合营企业的期限一般为10—30年，特别项目可延长到50年或50年以上，因此该类“场地使用权”可被认为是物权性质的土地使用权雏形。[②] 后来随着土地利用的多样性和长期性，我国调整了土地法律制度，基于土地所有权与使用权可以分离的理念，建立了土地使用权制度，[③] 国有土地使用权因为可进入市场转让也成为财产权。由此，由房屋和土地主导的不动产要素基本商品化，为以后城市房地产业的发展奠定了坚实的基础。国务院1990年颁布的《城镇国有土地使用权出让和转让暂行条例》，在我国物权法律制度史上具有重要地位，第一次明确了国有土地使用权的物权性质，并构建了用益物权的基本制度框架，在一段时期内成为土地市场发展的基本规范。

由于改革开放引进了商品生产与商品交换的观念与机制，制定规范财产关系和交换关系的法律，就提到立法日程上来。在改革开放初期的1979年

---

① 1982年宪法第10条第四款。

② 梁慧星主编：《中国物权法研究》，法律出版社1998年版，第599页。

③ 见《城镇国有土地使用权出让和转让暂行条例》第1条。

11月，我国就成立了民法起草小组，加紧进行民法典的制定工作。① 考虑到当时尚不能在短期内制定一部完整的民法典，因此采取了先分别制定民事单行法，待条件具备时再制定民法典的立法方针。② 1986年制定的《民法通则》共有九章：第一章"基本原则"；第二章"公民（自然人）"；第三章"法人"；第四章"民事法律行为和代理"；第五章"民事权利"；第六章"民事责任"；第七章"诉讼时效"；第八章"涉外民事关系的法律适用"；第九章"附则"。《民法通则》规定有民法中最基本的原则和制度，是我国规范商品经济关系的第一部民事基本法律。其中系统规定了各项民事财产权利，包括公有所有权、私人所有权、土地承包经营权、自然资源使用权、全民所有制企业的经营权、合同等债权、专利、发明等知识产权；规定了基本的商品生产和交易主体制度，包括农村承包户、企业法人、个人合伙等；规定了商品交易的法律行为规范，如合同、代理等。现在看来，这部法律规定的不过是一些基础性的法律权利与行为规范，但对于久已生疏法律权利与法律行为等概念与制度的我国社会来说，无疑是一个划时代的制度创举。在民法典颁布之前，《民法通则》在我国民事立法中占据基本法的地位。③

随着实行对内搞活、对外开放政策的持续进行，商品生产与商品交换不可避免地进入到经济运行机制当中，与此相应的合同规则也逐渐在经济交往中发挥主导作用。在1981年制定《经济合同法》之后，考虑到涉外经济合同的特殊情况，为适应对外贸易的需要，中国于1985年制定了《涉外经济合同法》。为推动科学技术发展，全面规范日益增多的技术开发、技术转让、技术咨询和技术服务活动，1987年我国又制定了《技术合同法》，由此建立了合同法律体系。④

社会主义初级阶段的所有制结构应以公有制为主体。在公有制为主体的前提下发展多种所有制经济，是经济体制改革的重要内容之一。在逐步消除所有制结构不合理对生产力的羁绊后，出现了公有制实现形式多样化和多种经济成分共同发展的局面。就私营经济而言，实践证明，其在促进生产，活

---

① 例如在2002年12月23日，民法草案初稿提交第九届全国人民代表大会常务委员会第31次会议予以审议。该民法典草案初稿分为九编：第一编总则，第二编物权法，第三编合同法，第四编人格权法，第五编婚姻法，第六编收养法，第七编继承法，第八编侵权责任法，第九编涉外民事关系的法律适用法。

② 梁慧星：《民法总论》，法律出版社1996年版，第19页。

③ 梁慧星：《民法》，四川人民出版社1988年版，第10页。

④ 王利明、崔建远：《合同法新论·总则》，中国政法大学出版社1996年版，第94—95页。

跃市场，扩大就业，更好地满足人民群众多方面的生活需求等方面发挥着重要作用，是公有制经济必要的和有益的补充。

1987年8月国务院发布《城乡个体工商户管理暂行条例》，自1987年9月1日起施行。该条例规定，有经营能力的城镇待业人员、农村村民以及国家政策允许的其他人员，可以申请从事个体工商业经营，依法经核准登记后为个体工商户。个体工商户可以在国家法律和政策允许的范围内，经营工业、手工业、建筑业、交通运输业、商业、饮食业、服务业、修理业及其他行业。

与商品经济体制的确立过程相适应，私营经济也得到了正式的制度认可。1982年宪法颁布之时，只允许有城乡劳动者个体经济。[①] 但实际上，企业资产属于私人所有并雇用他人劳动的私营经济，已经在实际经济活动中蓬勃出现。[②] 党的十三大召开之后，党中央于1988年2月向七届全国人大常委会提出修改宪法个别条款的建议，1988年4月七届全国人大一次会议通过的《宪法修正案》，在《宪法》第11条增加规定，即国家允许私营经济在法律规定的范围内存在和发展；私营经济是社会主义公有制经济的补充；国家保护私营经济的合法的权利和利益，对私营经济实行引导、监督和管理。该条规定使私营经济的法律地位获得宪法肯定。1988年6月25日国务院发布《私营企业暂行条例》，自1988年7月1起施行。明确规定，私营企业是指企业资产属于私人所有、雇工八人以上的营利性的经济组织。私营企业必须在国家法律、法规和政策规定的范围内从事经营活动，国家保护私营企业的合法权益。私营经济是社会主义公有制经济的补充。这些法律行政法规的实施，使有关私营经济的各项政策直接上升为国家法律，其对于保护个体劳动者和私营企业主的合法利益，加强对他们的引导、监督和管理产生了重要影响。

（三）侧重企业改制决定了企业立法成为经济立法的重点

与农村改革相对平稳发展的情形不同，以城市为重点的经济改革成为本阶段社会经济变革的主角。而在城市改革的大潮中，企业改革自然而然地成为侧重点。根据《中共中央关于经济体制改革的决定》的精神，要加快以

---

① 1982年宪法第11条。

② 据统计，1988年中国的私营企业有9万多个，从业人员有164万人。（数据转引自《聚焦共和国第一个宪法修正案》，《检察日报》2008年4月12日）

城市为重点的整个经济体制改革的步伐，其序曲和主轴是国企改革。《中共中央关于经济体制改革的决定》对国企有了重新认识和定位，认识到过去国家对企业管得太多太死的一个重要原因，就是把全民所有同国家机构直接经营企业混为一谈。应当通过企业改革，使企业真正成为相对独立的经济实体，成为自主经营、自负盈亏的社会主义商品生产者和经营者，具有自我改造和自我发展的能力，成为具有一定权利和义务的法人。

当时国营企业改革的重要理论依据，是具有鲜明的政治经济学色彩与法理色彩相混合的所有权与经营权分离理论。当时主流理论认为，根据马克思主义的理论和社会主义的实践，所有权同经营权是可以适当分开的。实行所有权与经营权分离，把经营权真正交给企业，理顺企业所有者、经营者和生产者的关系，切实保护企业的合法权益，使企业真正做到自主经营，自负盈亏，是建立有计划商品经济体制的内在要求。

为贯彻两权分离的理论，并且在实践上更多地是以此确认国营企业的经营自主权，这一阶段的国营企业立法，呈现出以确认、扩大和保护国营企业经营自主权为核心的倾向。在1986年，国务院相继颁行了《国营企业招用工人暂行规定》、《国营企业辞退违纪职工暂行规定》、《国营企业实行劳动合同制暂行规定》、《国营企业职工待业保险暂行规定》、《国营企业劳动争议处理暂行规定》、《中国共产党全民所有制工业企业基层组织工作条例》、《全民所有制工业企业职工代表大会条例》、《全民所有制工业企业厂长工作条例》等一系列经济法规，不但对国营企业的劳动用工制度作出了规定，而且改革了全民所有制工业企业的领导体制，理顺了厂长和职工代表大会或职工大会的关系，使在中国存在几十年的"铁饭碗"[①]最终被彻底打破。按照这些规定，全民所有制工业企业实行厂长负责制，职工代表大会是企业实行民主管理的基本形式，是职工行使民主管理权力的机构。企业在实行厂长负责制的同时，必须建立和健全职工代表大会或职工大会制度以及其他民主管理制度，保障与发挥工会组织和职工代表在审议企业重大决策、监督行政领导、维护职工合法权益等方面的权力和作用。

在总结改革的实践经验基础上，针对中国当时9万多个（总产值占全

① "铁饭碗"是对我国长期实行的统包统配、只进不出用工制度的一种形象说法。改革以前，企业长期实行以固定工为主的用工制度，这种用工制度的特征在于：国家是用工的主体，企业无用工自主权；劳动关系的建立不是通过法律方式，而是通过计划统配的方式；职工有充分的就业保障，企业无权辞退职工，但职工亦无流动的自主权。当时，人们习惯把这种用工制度喻为"铁饭碗"。

国工业总产值的70%以上）全民所有制工业企业的实际情况和改革需要，于1988年颁布了《全民所有制工业企业法》。[①]《全民所有制工业企业法》确定了国营企业是自主经营、自负盈亏、独立核算的商品生产和经营单位，成为国营企业经济主体地位确立的法律依据。《全民所有制工业企业法》在法律上否定了政企不分，确立了企业的自主权；用所有权与经营权分离的原则，确定了全民所有制企业的独立财产；同时克服了企业吃国家"大锅饭"[②]的弊端。[③]这部法律在我国的企业改革中有着标志性意义，使已经进行的企业改革成果以国家法律的形式获得巩固和发展。该法不但规定了全民所有制企业的设立、变更和终止，而且明确了其权利和义务，对厂长、职工和职工代表大会以及企业和政府的关系等内容更是不惜笔墨，作出了清晰详尽的规定，从而使经营者的管理权威和职工群众的主人翁地位相统一，形成经营者和生产者相互依靠、密切合作的新型关系。

实践证明，实行所有权与经营权分离的具体形式，可以依产业性质、企业规模、技术特点而有所不同，"国营企业"这一名称已经名不副实，改称为"全民所有制企业"势在必然。当然，无论实行哪种经营责任制，都要运用法律手段，以契约形式确定国家与企业之间、企业所有者与企业经营者之间的责权利关系。在当时的改革实践中，还出现了股份制形式，包括国家控股和部门、地区、企业间参股以及个人入股等，一些小型全民所有制企业的产权，开始有偿转让给集体或个人。随着企业改革的深入，1992年7月，国务院颁行《全民所有制工业企业转换经营机制条例》，该法在明确了企业转换经营机制目标和原则的基础上，详细列举和规定了企业享有的十四项经营权，[④]并强调企业经营权受法律保护，任何部门、单位和个人不得干预和侵犯。该法对推动全民所有制企业进入市场，增强企业活力，具有深远的意义。

1986年12月5日，国务院发出《关于深化企业改革增强企业活力的若

---

① 参见吕东在第七届全国人民代表大会第一次会议上做的《关于〈全民所有制工业企业法（草案）〉的说明》。

② "大锅饭"是中国当时对分配方面存在严重平均主义现象的一种比喻，即企业经营不论盈亏，职工工作不论好坏，对利益分配都没有影响，好比众多人从一个大锅里平均分量吃饭。

③ 参见王家福主编《经济法》，中国经济出版社1988年版，第34—36页。

④ 这十四项企业经营权分别是：1. 生产经营决策权；2. 产品、劳务定价权；3. 产品销售权；4. 物资采购权；5. 进出口权；6. 投资决策权；7. 留用资金支配权；8. 资产处置权；9. 联营、兼并权；10. 劳动用工权；11. 人事管理权；12. 工资、奖金分配权；13. 内部机构设置权；14. 拒绝摊派权。

干规定》，提出全民所有制小型企业可积极试行租赁、承包经营，全民所有制大中型企业要实行多种形式的经营责任制，各地可以选择少数有条件的全民所有制大中型企业进行股份制试点。1988年国务院制定了《全民所有制工业企业承包经营责任制暂行条例》和《全民所有制小型工业企业租赁经营暂行条例》，依法规范承包、租赁等多种形式的经营责任制，对积极探索所有权和经营权两权分离提供了法律保障，使企业在不改变全民所有制性质的条件下，进一步增强了活力，提高了经济效益。

全民所有制企业获得了经营自主权的同时，也就必然面临接受自主经营失败的后果。与强化全民所有制企业经营权的政策选择相适应，为适应社会主义有计划商品经济发展和经济体制改革的需要，为促进竞争，改善企业经营管理，保护债权人、债务人的合法权益，1986年12月六届全国人大常委会第十八次会议审议通过《企业破产法（试行）》，为国企的市场退出机制提供了法律依据。该法明确规定适用于全民所有制企业，企业因经营管理不善造成严重亏损，不能清偿到期债务的，可以依法宣告破产。

当然，企业这种较具现代性的经济组织元素在此时也冲击进入农村，乡镇企业成了农民和农村走向富裕之路的新工具，1984年3月1日，中共中央、国务院转发农牧渔业部《关于开创社队企业新局面的报告》，肯定乡镇企业是农业生产的重要支柱。为实现集体经济组织制度的法制化，国务院于1990年6月发布《乡村集体所有制企业条例》，自1990年7月1起施行。该条例适用于由乡（含镇）村（含村民小组）农民集体举办的企业。1991年9月国务院又发布《城镇集体所有制企业条例》，自1992年1月1日起施行。该条例适用于城镇的各种行业、各种组织形式的集体所有制企业，但乡村农民集体举办的企业除外。乡村集体所有制企业和城镇集体所有制企业是我国社会主义公有制经济的基本组成部分，国家对集体所有制经济的发展采取了不同于私营经济的鼓励和扶持态度。

当然，执政党和国家对当时的商品经济大潮的制度准备还是不足的，当各类公司如潮水般涌现时，不免泥沙俱下，所谓“皮包公司”的无约束性的经营活动，① 以及由此导致的经济秩序的混乱，使得治理整顿不时成为经济管理的政策重点。1988年9月26—30日举行的中共十三届三中全会确定，此后两年改革和建设的重点突出地放到治理经济环境和整顿经济秩序上来。10月3日中共中央、国务院作出《关于清理整顿公司的决定》；1989

① 所谓“皮包公司”是对无固定资产、无固定经营地点和无固定从业人员的公司的俗称。

年 8 月 17 日，中共中央、国务院又作出《关于进一步清理整顿公司的决定》。通过这些整顿，一定程度上扭转了经济活动混乱的局面。更为重要的是，通过对这些整顿措施的实施方式和实施效果的分析，对企业组织的法律形式和管理机制，有了更为科学更为深入的认识，为以后的企业立法提供了经验依据和制度基础。

与公司制企业渐次成为经济活动主角的情形相适应，运行的资金来源及其筹资方式呈现多样性。于是在这一时期出现了一个引人瞩目的经济现象，就是中国证券市场的正式出现。1984 年 11 月，上海飞乐音响公司推出我国改革开放后第一个公开发行的股票。1986 年 9 月，中国工商银行上海信托投资公司开办第一家股票交易柜台。1990 年 12 月，上海证券交易所成立。接着在 1991 年 7 月，深圳证券交易所成立。至此，我国的证券市场得以形成，并随之得到迅速发展。①

（四）丰富外资企业形式并进一步改善投资环境

在 20 世纪 80 年代中期，我国利用外国直接投资的主要形式有三种：一是设立中外合资经营企业，二是设立中外合作经营企业，三是设立外资企业。到 1985 年底，全国累计批准设立中外合资经营企业 2300 多家，中外合作经营企业 3700 多家，外资企业 120 家。② 单就中外合作经营企业来讲，到 1987 年底，全国已经批准中外合作经营企业 5193 个，协议投资金额达 122 亿美元，实际使用外资金额为 33.8 亿美元。③ 由此可见，三资企业在当时已成为我国利用外国直接投资的一种重要形式。由于设立中外合资经营企业有《中外合资经营企业法》为依据，而且该法颁行后，我国在中外合资经营企业的登记管理、劳动管理、外汇管理、征税等方面，国家又陆续制定和发布了一系列配套法规，如《中外合资经营企业登记管理办法》、《中外合资经营企业劳动管理规定》、《国务院关于中外合资经营企业外汇收支平衡问题的规定》、《国务院关于对中外合资、合作项目征税问题的通知》、《对侨资企业、外资企业、中外合资经营企业外汇管理施行细则》、《经济特区外资银行、中外合资银行管理条例》等。

---

① 见周友苏主编《新证券法论》，法律出版社 2007 年版，第 12—13 页。

② 参见 1986 年 4 月 2 日原对外经济贸易部部长郑拓彬在第六届全国人民代表大会第四次会议上所作《关于〈中华人民共和国外资企业法（草案）〉的说明》。

③ 参见 1988 年 3 月 31 日原对外经济贸易部部长郑拓彬在第七届全国人民代表大会第一次会议上所作《关于〈中华人民共和国中外合作经营企业法（草案）〉的说明》。

为进一步改善投资环境，切实保护境外投资者的合法利益，丰富外资企业组织的法律形式，以吸引更多的外来投资，我国于1986年4月颁布《外资企业法》，于1988年4月颁布《中外合作经营企业法》，并在1990年4月对《中外合资经营企业法》进行了修改，由此建全了外资企业体系。这些立法除了进一步明确和保护境外投资者的权益，增加境外投资者的投资选择外，还对投资方向进行了引导，规定设立外资企业，必须有利于我国的国民经济的发展，并且采用先进的技术和设备，或者产品全部出口或者大部分出口。

针对中外合资经营企业合营各方的出资比例和期限以及合营期限等问题，国务院分别于1988年1月和1990年10月专门制定了《中外合资经营企业合营各方出资的若干规定》和《中外合资经营企业合营期限暂行规定》，对相关问题作出了规定。需要注意的是，为引进先进技术，提高产品质量，扩大出口创汇，发展国民经济，1986年10月国务院发布《国务院关于鼓励外商投资的规定》，明确规定了对外商投资企业，尤其是产品出口企业和先进技术企业的各项优惠待遇。1991年4月，七届全国人大四次会议审议通过了《外商投资企业和外国企业所得税法》，从而结束了三类外商投资企业以及外国企业所得税税负不公的局面，实现了外商投资企业和外国企业所得税的统一。

在经济特区建设方面，继1980年兴办经济特区之后，我国又相继开放沿海十几个城市，在长江三角洲、珠江三角洲、闽东南地区、环渤海地区开辟经济开放区，1988年批准海南建省并成为经济特区，从而使对外开放不断扩大，两亿人口的沿海地带迅速发展，有力地推动了全国的改革开放和经济建设。

（五）深化财税体制改革，确立以间接管理为主的宏观经济调节体系

在发展有计划的商品经济过程中，人们认识到宏观调节与搞活企业、搞活市场三者之间应当是有机统一的关系。越要搞活经济，越应重视宏观调节，善于在及时掌握经济动态的基础上综合运用价格、税收、信贷等经济杠杆，调节社会供应总量和需求总量、积累和消费等重大比例关系，以及产业结构与对外贸易等。为深化财政体制改革，国务院决定从1985年起，对各省、自治区、直辖市一律实行“划分税种、核定收支、分级包干”的新的财政管理体制，并于1985年3月发布《国务院关于实行“划分税种、核定收支、分级包干”财政管理体制的规定的通知》。新的财政管理体制的确

立，总结了过去的有益经验，更好地体现了各级财政的权利和责任，做到权责结合，充分发挥中央和地方两个积极性。

与新的财政管理体制相适应，国家同时加强了税收立法和修订工作，自1985年2月起，先后颁行或修订了一系列税收法律法规，根据公平税负、促进竞争和体现产业政策的原则，合理设置税种、确定税率。如《城市维护建设税暂行条例》、《进出口关税条例》、《海关进出口税则》、《集体企业所得税暂行条例》、《国营企业工资调节税暂行规定》、《国营企业奖金税暂行规定》、《集体企业奖金税暂行规定》、《事业单位奖金税暂行规定》、《城乡个体工商业户所得税暂行条例》、《车船使用税暂行条例》、《房产税暂行条例》、《个人收入调节税暂行条例》、《耕地占用税暂行条例》、《建筑税暂行条例》、《私营企业所得税暂行条例》、《印花税暂行条例》、《筵席税暂行条例》、《城镇土地使用税暂行条例》、《国务院关于进一步做好农林特产农业税征收工作的通知》、《外商投资企业和外国企业所得税法》及其《实施细则》、《固定资产投资方向调节税暂行条例》、《税收征收管理法》等。除《税收征收管理法》外，其余均为实体税法，分别规定了不同税种的征税对象、税目、税率以及税收优惠等内容，从而使我国的税种体系逐步完善，使税收成为国家进行宏观经济调节的重要手段之一。1992年9月《税收征收管理法》的颁行，标志着我国税制改革已经迈入新的历史阶段。其对税务管理、税款征收以及税务检查等明确而具体规定，不但加强了国家的税收征收管理，保障了国家税收收入，而且保护了纳税人的合法权益。

改革开放后，会计作为核算财务收支、监督经济活动的重要地位凸现出来。但从实践看，会计工作出现了许多问题，如不少单位账目不清，会计数字不实；款项收付、财物收发、费用开支等没有必要的手续制度，管理混乱；财经纪律松弛等。有的会计人员履行职责没有法律保障，往往遇到阻力、刁难，甚至打击报复；也有的会计人员放弃职守，监督不力，甚至通同作弊，执法犯法等。这些现象的存在给国家造成大量损失和浪费，并给营私舞弊、贪污盗窃等违法犯罪活动提供了可乘之机。针对这一情况，1985年1月颁布了《会计法》，要求国营企业事业单位、国家机关、社会团体以及军队办理会计事务时必须予以遵守。该法专章规定了会计核算、会计监督以及会计机构与会计人员等，对保障会计人员依法行使职权，发挥会计工作在维护国家财政制度和财务制度、保护社会主义公共财产、加强经济管理、提高经济效益中的作用具有重要意义。

（六）进一步强化自然资源与环境保护的法律机制

在自然资源保护领域，这一阶段先后制定了大量的自然资源保护方面的法律。为了加强对草原的保护、管理、建设和合理利用，保护和改善生态环境，发展现代化畜牧业，1985年6月六届全国人大常委会第十一次会议通过了《草原法》，强调草原的所有权和使用权受法律保护，任何单位和个人不得侵犯。

为了加强渔业管理，保障国家和渔业者的权益，维护生产秩序，改善渔业水域的生态环境，合理利用水产资源，发展我国的渔业生产，1986年1月六届全国人大常委会第十四次会议通过了《渔业法》，提出在我国的内水、滩涂、领海以及我国管辖的一切其他海域从事养殖和捕捞水生动物、水生植物等渔业生产活动，都必须遵守该法。国家对渔业生产实行以养殖为主，养殖、捕捞、加工并举，因地制宜，各有侧重的方针。

为了发展矿业，加强矿产资源的勘查、开发利用和保护工作，1986年3月六届全国人大常委会第十五次会议通过了《矿产资源法》，规定国家对矿产资源实行有偿开采。开采矿产资源，必须按照国家有关规定缴纳资源税和资源补偿费。国家对矿产资源的勘查、开发实行统一规划、合理布局、综合勘查、合理开采和综合利用的方针。

随着国民经济的发展、城市人口的增长和人民生活水平的提高，水资源的管理遂成为国民经济和社会发展的重要问题。为合理开发利用和保护水资源，防治水害，充分发挥水资源的综合效益，1988年1月六届全国人大常委会第二十四次会议通过了《水法》，规定在我国领域内开发、利用、保护、管理水资源，防治水害，必须遵守该法。在我国，水资源属于国家所有，即全民所有；农业集体经济组织所有的水塘、水库中的水，属于集体所有。国家保护依法开发利用水资源的单位和个人的合法权益。

为保护、拯救珍贵、濒危野生动物，保护、发展和合理利用野生动物资源，制止乱捕滥猎、倒卖走私等破坏野生动物资源的行为，维护生态平衡，是经济发展中不容回避的环境问题之一。1988年11月七届全国人大常委会第四次会议通过了《野生动物保护法》，规定野生动物资源属于国家所有。国家保护依法开发利用野生动物资源的单位和个人的合法权益。

为了加强土地管理，维护土地的社会主义公有制，保护、开发土地资源，合理利用土地，切实保护耕地，1986年6月六届全国人大常委会第十五次会议通过了《土地管理法》，明确国家建立土地登记、发证的制度，规定土地的所有权和使用权受法律保护，任何单位和个人不得侵犯。依法改变土地的所有权或者使用权的，必须办理土地权属变更登记手续，更换证书。集体所有的土地，全民所有制单位、集体所有制单位使用的国有土地，可以由集体或者个人承包经营，从事农、林、牧、渔业生产。为了适应土地使用权流转的需要，1988年12月第七届全国人大常委会第五次会议根据宪法修正案和国务院关于提请修改《土地管理法》的议案，决定对《土地管理法》作出修改，在继续规定任何单位和个人不得侵占、买卖或者以其他形式非法转让土地的制度前提下，规定国有土地和集体所有的土地的使用权可以依法转让，国家依法实行国有土地有偿使用制度。

为了预防和治理水土流失，保护和合理利用水土资源，减轻水、旱、风沙灾害，改善生态环境，发展生产，同样是经济可持续发展所面临的环境问题。1991年6月29日第七届全国人大常委会第二十次会议通过《水土保持法》，规定国家对水土保持工作实行预防为主，全面规划，综合防治，因地制宜，加强管理，注重效益的方针。所谓的水土保持，是指对自然因素和人为活动造成水土流失所采取的预防和治理措施。

（七）知识产权法律制度获得进一步发展

在这一阶段，我国的知识产权法律制度得到了迅速发展。《民法通则》首次明确"公民、法人享有著作权（版权），依法有署名、发表、出版、获得报酬等权利"，1990年颁布了《著作权法》，1991年6月4日颁布了《计算机软件保护条例》。

积极参加知识产权国际组织，在知识产权国际保护中发挥作用，是这一阶段知识产权法制建设的一个特点。我国政府积极参与促进建立集成电路国际保护的环境，1989年WIPO在华盛顿召开的外交会议上通过了《关于集成电路知识产权保护条约》，我国是该条约首批签字国之一。1989年7月4日，我国政府向WIPO递交了《商标国际注册马德里协定》的加入书，从1989年10月4日起我国成为马德里协定成员国。1992年7月10日和7月30日，我国政府分别向WIPO和联合国教育、科学、文化组织，递交了《保护文学和艺术作品伯尔尼公约》和《世界版权公约》的加入书；分别从1992年10月15日和10月30日起，我国成为伯尔尼公约和世界版权公约的成员国。①

① 李明德主编：《知识产权法》社会科学文献出版社2007年版，第511、518、532、538页。

进入20世纪90年代后，国际经济关系和环境发生了很大的变化。我国政府积极参与了1990年11月开始的“关税与贸易总协定（WTO的前身）”乌拉圭回合的多边贸易谈判，并为推动WTO的建立和TRIPS协议的达成作出了极大的努力。出于扩大改革开放和切实保护知识产权的需要，我国积极履行保护知识产权的国际义务，努力使知识产权保护水平向TRIPS协议的新标准靠拢，采取了许多重大措施，进一步提高我国现行的知识产权保护水平。

在我国为加入世界贸易组织的谈判过程中，围绕知识产权保护的国际贸易谈判及其结果，对我国知识产权法律制度的进一步发展具有很大的推动作用。比如，在1992年1月17日中美两国政府第一次签订关于保护知识产权的谅解备忘录之后，我国于1992年加入了《伯尔尼公约》和《世界版权公约》，并于1992年9月4日对《专利法》进行了第一次修改。这一系列知识产权立法和执法上的重大举措，标志着我国的知识产权法律制度建设取得了长足发展。

四、社会主义市场经济体制确立时期的经济法治（1992—2001）

（一）本阶段经济法治的背景与特点

1992年1月18日—2月21日，邓小平发表南方谈话，核心内容在于把社会主义和市场经济结合起来。同年10月12日至18日，江泽民在党的十四大上作《加快改革开放和现代化建设步伐，夺取有中国特色社会主义事业的更大胜利》报告，确定我国经济体制改革的目标是建立社会主义市场经济体制，以利于进一步解放和发展生产力。①

经济体制改革的实践终于使中国认识到，市场经济并不是资本主义的专利，在社会主义国家中也可以实施市场经济体制。1993年3月，八届全国人大一次会议通过了一项《宪法修正案》，其第七条明确规定，将宪法第十

① 1992年10月12日江泽民在中国共产党第十四次全国代表大会上的报告中指出，“我们要建立的社会主义市场经济体制，就是要使市场在社会主义国家宏观调控下对资源配置起基础性作用，使经济活动遵循价值规律的要求，适应供求关系的变化；通过价格杠杆和竞争机制的功能，把资源配置到效益较好的环节中去，并给企业以压力和动力，实现优胜劣汰；运用市场对各种经济信号反应比较灵敏的优点，促进生产和需求的及时协调。同时也要看到市场有其自身的弱点和消极方面，必须加强和改善国家对经济的宏观调控”。

五条修改为："国家实行社会主义市场经济。"此次修宪，标志着社会主义市场经济体制在我国正式确立。

党和国家从根本上解除了把计划经济和市场经济看作属于社会基本制度范畴的思想束缚，使我们在计划与市场关系问题上形成重大理论突破。1993年11月党的十四届三中全会通过的《中共中央关于建立社会主义市场经济体制若干问题的决定》，把党的十四大确定的经济体制改革目标和基本原则加以系统化、具体化，成为我国建立社会主义市场经济体制的总体规划，以及进行经济体制改革的行动纲领。

社会主义市场经济体制确立以后，建立社会主义市场经济法律体系，就成为实行经济法治的重要任务。相关法学研究和法制建设实践都得出一个共同的结论，就是市场经济就是法治经济，社会主义市场经济同样不例外。经济法制建设注重实践性，以紧紧跟随我国的市场经济实践、反映市场经济的内在要求，作为立法的宗旨与标准，① 成为这一阶段我国经济法治的一个显著特点。在这一阶段，我国经济立法的速度加快，大量的反映市场经济运行规律、适应市场经济发展需要的法律，主要就是在这一阶段制定。社会主义市场经济法律体系框架的初步形成，成为改革开放进入新的历史阶段后我国经济法治建设的生动写照。

在这一时期经济法制建设的另一个显著特点，就是法学理论研究开始对法制建设产生直接而重大的影响。例如，中国社会科学院法学研究所在我国法学界率先提出，"社会主义市场经济是法治经济"，要建立社会主义市场经济法律体系，并具体阐述了社会主义市场经济法律体系的建构理念和基本结构，② 为后来的经济法制建设提供了理论先导和对策建议。再如，法学界在1995年提出要制定物权法，③ 民法学家们还提出了物权法草案的学者建议稿，④ 最终在12年之后的2007年，《物权法》得以制定。在我国1993年开始着手起草《合同法》时，全国12所法律院系的专家学者于1995年形

① 例如，《中共中央关于建立社会主义市场经济体制若干问题的决定》（1993）中指出：要高度重视法制建设，做到改革开放与法制建设的统一，要适时修改和废止与建立社会主义市场经济体制不相适应的法律和法规。

② 中国社会科学院法学研究所课题组：《建立社会主义市场经济法律体系的理论思考和对策建议》，《法学研究》1993年第6期。

③ 见中国社会科学院法学研究所物权法课题组：《制定物权法的基本思路》，《法学研究》1995年第3期。

④ 主要有梁慧星负责的《中国物权法草案建议稿》，社会科学文献出版社2000年版；王利明负责的《中国物权法草案建议稿及说明》，中国法制出版社2001年版。

成了合同法草案建议稿，法制工作委员会民法室在此基础上起草了合同法试拟稿，再经过广泛讨论后形成供立法机关审议的《合同法（草案）》。① 我国的法学研究不断吸纳各种有益的法学理论成果和法制建设经验，成为这一时期我国经济法制建设最为有力的推动力量之一。

（二）以公司法为代表的现代企业制度得以系统建立

我国的企业立法在改革开放之初走过一段极为混乱的过程，② 但逐渐以两条逐渐清晰的立法轨迹展开：一是按照企业的所有制性质进行分类并分别立法，如前所述的《全面所有制工业企业法》（1988）、《乡村集体所有制企业条例》（1990）、《城镇集体所有制企业条例》（1991）、《私营企业暂行条例》（1988）、《中外合资经营企业法》（1979）、《外资企业法》（1986）、《中外合作经营企业法》（1988），这些法律都是在确立市场经济体制之前制定的，虽然至今仍为有效，③ 但是其适用范围与适用效力上已经逐渐萎缩。④ 二是按照企业组织形式和投资者责任形式进行分类并分别立法，如《公司法》（1993）、《合伙企业法》（1997）、《个人独资企业法》（1999）。随着经济体制改革的深入和对企业法律功能认识的提高，这些法律也不断进行修改完善，⑤ 至今已经成为规范企业组织形式与经营活动的主要法律，有力地保障了经济的发展和企业的繁荣。⑥

在企业法律体系中，《公司法》的制定与修订是企业法律制度演变的典型。1956年在经济领域实行社会主义改造之后，此后23年，作为企业法律

---

① 崔建远主编：《合同法》，法律出版社2003年版，第10页。

② 如企业概念不明确，企业分类不一致，立法形式混乱，重复立法与交叉立法现象严重。见赵旭东《企业与公司法纵论》，法律出版社2003年版，第61—65页。

③ 有观点认为，对于尚未改制的国有企业，从法律上说仍适用《全民所有制工业企业法》及其配套法规，但随着资本关系从公司向其他各种企业辐射，这些法律法规已基本上处于名存实亡状态了。见史际春主编《经济法》，中国人民大学出版社2005年版，第162页。

④ 例如，对于国有企业实行公司制改造以建立现代企业制度，是1992年之后国有企业改革的主要方向与措施（见1993年《中共中央关于建立社会主义市场经济体制若干问题的决定》）。改制为公司的国有企业主要适用《公司法》来规范。

⑤ 例如《公司法》在2005年做了重大修改，《合伙企业法》在2007年做了重大修改。

⑥ 截至2009年3月底，股份有限公司实有12.55万户；有限责任公司实有633.67万户，合伙企业实有12.31万户，独资企业实有107.89万户，农民专业合作社实有13.91万户。见国家工商总局（http://www.saic.gov.cn）《统计分析发布：2009年一季度全国市场主体发展情况报告》（2009年5月11日）。

形式的公司归于消失。[①] 改革开放之后，在日见自由的经济环境中，各种名目的“公司”大量涌现，特别是社会主义市场经济体制确立之后，全国各地公司发展很快，从1992年的48万多家增加到1993年底的上百万家。[②] 随着社会主义市场经济体制的建立，建立现代企业制度，成为发展市场经济的必然要求。1993年11月11日至14日，中共十四届三中全会举行，全会通过了《中共中央关于建立社会主义市场经济体制若干问题的决定》，要求进一步转换国有企业经营机制，建立适应市场经济要求，产权清晰、权责明确、政企分开、管理科学的现代企业制度。为了规范企业公司形态、维护经济秩序，1993年12月29日第八届全国人大常委会第5次会议通过了《公司法》。《公司法》确立了公司的法律地位，规范了公司这一企业组织形式的治理结构，确认并维护股东及其他利益相关者的权益，在建立现代企业制度方面迈出了坚实一步。按照《公司法》规定，公司包括有限责任公司和股份有限公司两种形式，公司享有由股东投资形成的全部法人财产权，具有企业法人资格，并以其全部法人财产，依法自主经营，自负盈亏。

《公司法》为国有企业的公司制改造提供了多种选择形式。国有企业实行公司制，是建立现代企业制度的有益探索。对国有企业进行公司制改造，能够有效地实现出资者所有权与企业法人财产权的分离，不仅有利于政企分开、转换经营机制，而且也有利于筹集资金、分散风险。国有股权在公司中占有多少份额比较合适，则按不同产业和股权分散程度区别处理。实践中，有的是单一投资主体依法改组为独资公司，有的是多个投资主体依法改组为有限责任公司或股份有限公司。《公司法》对国有独资公司作出了专门规定，生产特殊产品的公司和军工企业实行国家独资经营，可以为此设立国有独资公司。支柱产业和基础产业中的骨干企业，国家通过控股并吸收非国有资金入股，以扩大国有经济的主导作用和影响范围。实践中，通过抓大放小，大多数国家重点企业进行了公司制改革，其中相当一部分在境内外上市，企业扭亏增盈成效显著。据统计，2000年国有及国有控股工业企业实现利润2392亿元，为1997年的2.9倍。[③]

---

① 参见王保树、崔勤之《中国公司法原理》，社会科学文献出版社2000年版，第10—15页。其实，“公司”一词在当时的社会生活中还存在，只是不再具有法律意义，而是指那些不能称之为“工厂”的商业企业，如百货公司、公共交通公司等。

② 见全国人大法律委员会关于《〈公司法（草案）〉审议结果的报告》（1993年12月20日）。

③ 2001年3月5日国务院总理朱镕基在第九届全国人民代表大会第四次会议上所作《政府工作报告》。

在八届全国人大常委会的立法规划中，合伙企业法、个人独资企业法、股份合作企业法等和《公司法》一样，都被列入其中。1997年2月《合伙企业法》出台，规范了合伙企业的内部与外部关系。1999年3月，我国再次通过了一项宪法修正案，明确非公有制经济是我国社会主义市场经济的重要组成部分。与此相应，1999年8月颁布了《个人独资企业法》，使个人投资设立企业的行为有了法律保障。这两部法律使合伙企业和个人独资企业的设立行为与经营关系有了直接的法律依据。合伙企业和个人独资企业，具有设立简便，出资形式灵活多样，内部结构简单，管理便利等优点，在发展经济、扩大就业、方便人民生活、满足社会多样化需要等方面发挥着重要作用。

新的市场主体立法模式，并未否定我国已经存在的按照所有制不同而对企业进行分类立法的效力。实践中，按照不同法律设立的企业，分别接受不同法律的调整和规范，仍是企业法治实践的常态。例如，在我国广大农村地区成立的乡镇企业是农村经济的重要支柱，据农业部统计，1995年全国乡镇企业完成国内生产总值14595亿元，比上年增长33.7%，占全国国内生产总值的25.3%；上交税金2058亿元，比上年增长29.27%。“八五”期间，全国乡镇企业上交税金5733亿元，年平均增长43.01%。① 1996年10月我国制定了《乡镇企业法》，用以规范乡镇企业的行为，扶持和引导乡镇企业持续健康发展，保护乡镇企业的合法权益，繁荣农村经济。② 该法明确规定，乡镇企业按照法律、行政法规规定的企业形式设立，投资者依照有关法律、行政法规决定企业的重大事项，建立经营管理制度，依法享有权利和承担义务。乡镇企业符合企业法人条件的，依法取得企业法人资格。国家对乡镇企业积极扶持、合理规划、分类指导、依法管理。

在这一时期，我国公有制经济在改革中继续得到发展，但是不再选择单纯追求企业数量和经营规模的传统国有企业发展政策，而是选择了追求企业治理质量和经营能力的发展政策。截至2009年3月底，全国实有企业

---

① 参见1996年8月23日全国人大财经委员会主任委员柳随年在第八届全国人民代表大会常务委员会第二十一次会议上所作的《关于〈中华人民共和国乡镇企业法（草案）〉的说明》。

② 乡镇企业是指农村集体经济组织或者农民投资为主，在乡镇（包括所辖村）举办的承担支援农业义务的各类企业。乡镇企业的主要任务是，根据市场需要发展商品生产，提供社会服务，增加社会有效供给，吸收农村剩余劳动力，提高农民收入，支援农业，推进农业和农村现代化，促进国民经济和社会事业发展。

971.77万户，国有企业实有54.16万户，[①] 只占企业总数的5.57%，但国有企业的经营机制和治理结构都有了巨大的改善。为了保障国有资产权益，发挥国有经济在国民经济中的主导作用，促进社会主义市场经济发展，中国于2008年制定《企业国有资产法》。随着中国经济体制改革的深入和市场经济的发展，法律对待非公有制经济的态度不断改进。1999年的宪法修正案，将原来规定的“私营经济是社会主义公有制经济的补充”，修改为“非公有制经济是社会主义市场经济的重要组成部分”。[②] 2004年的宪法修正案，又将原来规定的“对个体经济、私营经济实行引导、监督和管理”，修改为“国家鼓励、支持和引导非公有制经济的发展”。[③] 清理和修订限制非公有制经济发展的法律法规和政策，消除体制性障碍，成为中国鼓励非公有制经济发展的政策措施之一。[④] 中国的经济法治充分发挥了保护和鼓励非公有制经济发展的功能，促进了非公有制企业的发展，截至2009年3月底，中国共有私营企业664.27万户，个体工商户2948万户。[⑤]

（三）市场经济法律体系中的民商法不断完善

在民事权利体系的制度建设方面，农民土地承包经营权以及据此获得的收益进一步得到法律保障。1993年11月5日中共中央、国务院印发《关于当前农业和农村经济发展的若干政策措施》，制定了稳定完善以家庭联产承包为主的责任制和统分结合的双层经营体制，深化粮食购销体制改革等12项政策措施，并提出原定的耕地承包期到期之后，再延长30年不变。1998年10月12日至14日，党的十五届三中全会举行，全会总结并高度评价了20年的农村改革经验，通过了《中共中央关于农业和农村工作若干重大问题的决定》。全会再次重申，以公有制为主体、多种所有制经济共同发展的基本经济制度，以家庭承包经营为基础、统分结合的经营制度，以劳动所得为主和按生产要素分配相结合的分配制度必须长期坚持。2002年8月29日九届全国人大常委会通过的《农村土地承包法》，为土地承包经营权打下了牢固的法律根基，不但赋予农民长期而有保障的土地使用权，同时还以系统

① 国家工商总局（http://www.saic.gov.cn）:《统计分析发布：2009年一季度全国市场主体发展情况报告》（2009年5月11日）。

② 1999年宪法修正案第16条。

③ 2004年宪法修正案第21条。

④ 参见《中共中央关于完善市场经济体制若干问题的决定》。

⑤ 国家工商总局:《统计分析发布：2009年一季度全国市场主体发展情况报告》。

有力的制度措施，维护农村土地承包当事人的合法权益。

城市不动产财产权利体系也在市场经济运行中得到了完善。在房地产市场方面，1994年7月出台了《城市房地产法》，对房地产开发用地、房地产开发和交易以及房地产权属登记管理等作出了明确规定。1998年7月国务院颁行《城市房地产开发经营管理条例》对房地产开发企业、房地产开发建设以及房地产经营作出了更为细致的规定。1994年7月18日，国务院作出《关于深化城镇住房制度改革的决定》，明确城镇住房制度改革，实现住房商品化、社会化。1998年6月15日至17日，全国城镇住房制度改革与住宅建设工作会议召开，会议提出了深化城镇住房制度改革的指导思想，决定于是年下半年开始，全国城镇停止住房实物分配，实行住房分配货币化，这一精神被明确在国务院1998年7月3日下发的《国务院关于进一步深化城镇住房制度改革加快住房建设的通知》中，商品房的市场主导地位正式确立。与之相伴，商品房所有权人被定位为“业主”。2003年6月，国务院颁布《物业管理条例》，规定了业主大会、业主委员会、业主公约、业主规约等房屋所有权人实现权利的形式与途径。

在市场经济体制下，规范交易活动的法律极为重要。在规范市场交易活动的法律中，继1993年修改了《经济合同法》，删除了其中具有浓厚计划经济色彩的条款之后，1999年颁布的《合同法》具有特别重要的意义。原有的《经济合同法》、《涉外经济合同法》和《技术合同法》之间存在内容重复、不协调甚至矛盾的现象，对一些合同基本制度却又缺乏规定，对于经济生活中新出现的合同类型（如融资租赁合同）却没有规范，① 因此我国于1993年着手起草新的合同法，其草案几经修改和审议，于1999年颁布了《合同法》，并于其实施的同时废止了《经济合同法》、《涉外经济合同法》和《技术合同法》。② 《合同法》废止了含有浓重计划经济色彩的《经济合同法》、《技术合同法》、《涉外经济合同法》，结束了经济活动中三个合同法鼎足而立的分裂局面，实现了市场交易规则的统一性。《合同法》在其“总则”中规定了基本的合同制度，还在“分则”中规定了15种典型合同。③ 《合同法》充分反映了市场经济交易活动的内在需要，体现了国内民法学界

① 崔建远主编：《合同法》，法律出版社2003年版，第10页。

② 《合同法》第428条。

③ 包括买卖合同，供用电、水、气、热力合同，赠与合同，借款合同，租赁合同，融资租赁合同，承揽合同，建设工程合同，运输合同，技术合同，保管合同，仓储合同，委托合同，行纪合同，居间合同。

合同理论研究的最新成果，吸收借鉴了国外合同法律制度的合理经验，在体例上也实现了高度的统一性、规范性和协调性，是市场经济体制下民事法律制度建设的典范。有学者认为，《合同法》是我国民事立法中水平最高的代表。①

在这一阶段，有关商事行为的法律也相继出台。1995 年 6 月颁布了《担保法》、《票据法》、《保险法》，1998 年 12 月颁布了《证券法》，2001 年 4 月颁布了《信托法》。这些法律的出台，为有效规范市场主体的经营行为和市场活动，提供了系统的制度规范依据。可以说，市场经济法律中的民商法体系框架，在此阶段已经基本成型。

（四）维护市场秩序的法律成为法制建设重点

加强对产品质量的监督管理，与维护市场公平竞争、保护消费者合法权益密切联系在一起，成为社会主义市场经济健康发展的根本保证。1993 年 2 月我国《产品质量法》颁布，其不但加强了对产品质量的监督管理，而且明确了生产者和销售者的产品质量责任和义务，成为产品质量管理法和产品质量责任法的有机统一体。

1993 年 9 月颁布的《反不正当竞争法》，对不正当竞争行为进行禁止和制裁。除了规定经营者的不正当竞争行为之外，还将一部分限制竞争行为也纳入了调整范围，并专章列举了假冒或混淆行为、商业贿赂行为、侵犯商业秘密行为等共 11 种不正当竞争行为和限制竞争行为，并明确由县级以上人民政府工商行政管理部门对不正当竞争行为进行监督检查。

在市场经济活动中，消费者作为与政府和企业并列的三大主体之一，其重要性与其所处的弱势地位并不匹配，如何保护消费者权益又成为经济立法新的焦点。1993 年 10 月颁布的《消费者权益保护法》，及时适应了社会主义市场经济发展的现实需要。该法赋予了消费者保障安全权、知情权、公平交易权、结社权等九大权利，规定了经营者保证安全、提供真实信息等十项义务。按照该法规定，消费者与经营者发生消费者权益争议的，可以通过与经营者协商解决、请求消费者协会调解、向有关行政部门申诉以及仲裁和诉讼等五种途径解决。

全国各地法院受理的消费者维权案件以及不正当竞争案件，也随着社会主义市场经济的深入发展而逐渐增多，事实证明，《产品质量法》、《反不正

---

① 韩世远：《合同法总论》，法律出版社 2008 年版，第 27 页。

当竞争法》和《消费者权益保护法》这三部法律的功能和作用获得了应有发挥。在法院审判中，对哄抬物价，非法牟取暴利等损害消费者权益的违法行为，不仅责令其承担赔偿责任，还给予罚款、没收等制裁，直至追究刑事责任。对生产、销售伪劣种子、化肥、农药、农机等坑农害农的，除责令赔偿和给予必要的民事制裁外，对构成犯罪的，依法追究刑事责任。①

为了与《城市房地产法》相衔接，进一步规范房地产市场秩序，1998年8月国家修改了《土地管理法》，将土地管理方式由以往的分级限额审批制度改为土地用途管制制度，强化土地利用总体规划和土地利用年度计划的效力。通过土地用途管制，加强对农用地、特别是对耕地的保护。在用途管制的前提下，上收审批权，包括土地利用总体规划的审批权、占用农用地、特别是耕地的审批权和征地的审批权。并充实和完善法律责任，加大对土地违法行为的处罚力度。就土地市场而言，国家垄断城镇土地一级市场，实行土地使用权有偿、有限期出让制度；对商业性用地使用权的出让，改变协议批租方式，实行招标、拍卖。同时，国家加强对土地二级市场的管理，建立正常的土地使用权价格的市场形成机制。

为维护劳动者权益，形成良好的劳动关系和劳动市场秩序，我国改革劳动制度，于1994年7月颁布《劳动法》。该法规定国家采取各种措施，促进劳动就业，发展职业教育，制定劳动标准，调节社会收入，完善社会保险，协调劳动关系，逐步提高劳动者的生活水平。在20世纪90年代，很多人经历了"下岗"的失落、痛苦和彷徨，为此，国家广开就业门路，更多地吸纳城镇劳动力就业，鼓励和引导农村剩余劳动力逐步向非农产业转移和实现地区间的有序流动，依法运用经济手段调节就业结构，形成用人单位和劳动者双向选择、合理流动的就业机制。"民工潮"②的跨省流动，总地看是一个巨大的历史进步，这种劳动力的自发调节和平衡，既在一定程度上加快了欠发达地区农村的脱贫步伐，也极大地支援了发达地区的经济建设，壮大了我国的劳动力市场。

（五）进一步加强财税金融体制改革的法制建设

1992年以来，中国的金融管理体制也几经变化。1993年12月25日，

---

① 参见1995年3月13日原最高人民法院院长任建新在第八届全国人民代表大会第三次会议上所作的《最高人民法院工作报告》。

② "民工潮"是成千上万的农民纷纷外出打工所形成的潮流。每年农历正月前后，浩浩荡荡的农民工大军南下北上，东奔西跑，铁路、公路车流如水，交织成一股逾月不退的"春运潮"。

国务院作出《关于金融体制改革的决定》，建立独立执行货币政策的中央银行宏观调控体系；建立政策性金融与商业性金融分离，以国有商业银行为主体、多种金融机构并存的金融组织体系；建立统一开放、有序竞争、严格管理的金融市场体系。这为商业金融机构作为企业法人进入市场竞争奠定了基础，并直接影响到企业等主体的融资途径。

1994年1月11日，国务院作出《关于进一步深化对外贸易体制改革的决定》，决定以国际经济通行规则为标准，实施统一政策、开放经营、平等竞争、自负盈亏、工贸结合、推行代理制。1996年12月1日，我国开始接受国际货币基金组织协定第八条款，实行人民币经常项目下的可兑换，并提前达到国际货币基金组织协定第八条款的要求，我国外汇管理体制改革因而取得重大进展。

1995年被称为我国的金融立法年，国家相继出台《中国人民银行法》、《商业银行法》、《票据法》、《保险法》等系列金融法律。《中国人民银行法》和《商业银行法》确立了中央银行和商业银行各自的法律地位和行为规范。《中国人民银行法》的颁布与实施，为整个金融法律体系框架的建立奠定了基石，中国人民银行的性质、职责和法律地位实现法定化，其作为国家的中央银行，在国务院领导下，负责制定和执行货币政策，防范和化解金融风险，维护金融稳定。同时，人民币的法偿性同样获得法律肯定，其作为我国的法定货币，由中国人民银行统一印制、发行，并用于支付境内一切公共的和私人的债务，任何单位和个人不得拒收人民币。1994年分别组建了国家开发银行、中国农业发展银行和中国进出口银行，[①] 实现政策性金融和商业性金融分离，把国家专业银行办成了真正的国有商业银行，割断了政策性贷款与基础货币的直接联系，确保中国人民银行调控基础货币的主动权。

在1994年之前，除了中国证券监督管理委员会承担了部分证券市场管理职责之外，中国人民银行是中国金融机构和金融市场的管理机构。[②] 中国在1998年对金融监管体制进行了重大改革，开始建立分业监管体制，中国人民银行将对证券公司的监管权移交给中国证券监督管理委员会，对保险公司的监管权移交给中国保险监督管理委员会，从而形成金融业分业经营、分

---

① 政策性银行实行自担风险、保本经营、不与商业性金融机构竞争的原则，其业务受中国人民银行监督。

② 胡滨、全先银主编：《中国金融法治报告（2009）》，社会科学文献出版社2009年版，第5页。

业监管的体制格局。

在财政包干体制下，随着市场作用空间的扩大，税收调节功能开始弱化，进而影响统一市场的形成和产业结构的优化，国家财力的分散化，制约了财政收入的合理增长，特别是中央财政收入比重不断下降，削弱了中央政府的宏观调控能力。1993年12月15日《国务院关于实行分税制财政管理体制的决定》颁行，国务院决定，从1994年1月1日起改革地方财政包干体制，对各省、自治区、直辖市以及计划单列市实行分税制财政管理体制。① 分税制的实施，正确处理了中央与地方的分配关系，调动了两方面的积极性，对于促进国家财政收入合理增长，合理调节地区之间财力分配，硬化各级预算约束，增强中央宏观调控能力具有重要意义。

对于税收则实行分级征管，中央税和共享税由中央税务机构负责征收，共享税中地方分享的部分，由中央税务机构直接划入地方金库，地方税由地方税务机构负责征收。为了使分税制尽快落到实处，1993年12月25日，国务院发出通知，批转国家税务总局《工商税制改革实施方案》，坚持统一税法、公平税负、简化税制、合理分权，理顺分配关系，保障财政收入。这次工商税制改革是新中国成立以来规模最大、范围最广、内容最深刻的一次税制改革，其目的是为了适应建立社会主义市场经济体制的需要，促进我国社会主义经济的持续、快速、健康发展。实行分税制后，我国建立了以流转税为主体，流转税与所得税相结合，并以其他税种为辅助的税收体系。其中，流转税包括增值税、② 营业税、③ 消费税④和关税⑤等；所得税包括企业所得税、⑥ 外商投资企业和外国企

---

① 分税制改革的原则和主要内容是：按照中央与地方政府的事权划分，合理确定各级财政的支出范围；根据事权与财权相结合原则，将税种统一划分为中央税、地方税和中央地方共享税，并建立中央税收和地方税收体系，分设中央与地方两套税务机构分别征管；科学核定地方收支数额，逐步实行比较规范的中央财政对地方的税收返还和转移支付制度；建立和健全分级预算制度，硬化各级预算约束。

② 《增值税暂行条例》于1993年12月13日颁布，自1994年1月1日起施行。1984年9月18日国务院发布的《增值税条例（草案）》、《产品税条例（草案）》同时废止。

③ 《营业税暂行条例》于1993年12月13日颁布，自1994年1月1日起施行。1984年9月18日国务院发布的《营业税条例（草案）》同时废止。

④ 《消费税暂行条例》于1993年12月13日颁布，自1994年1月1日起施行。

⑤ 《进出口关税条例》（第二次修订）于1992年3月18日颁布，自1992年4月1日起施行。

⑥ 《企业所得税暂行条例》于1993年12月13日颁布，1994年1月1日起施行。1984年9月18日国务院发布的《国营企业所得税条例（草案）》和《国营企业调节税征收办法》、1985年4月11日发布的《集体企业所得税暂行条例》、1988年6月25日发布的《私营企业所得税暂行条例》同时废止；国务院有关国有企业承包企业所得税的办法同时停止执行。

业所得税以及个人所得税;[①] 其他税种有房产税、契税、[②] 印花税、车船使用税、土地增值税、[③] 资源税[④]等。其中，值得一提的是《企业所得税暂行条例》的颁行和《个人所得税法》的修改，前者实现了内资企业所得税的统一，规定除外商投资企业和外国企业外，实行独立经济核算的国有企业、集体企业、私营企业、联营企业、股份制企业以及有生产经营所得和其他所得的其他组织均按33%的基本税率缴纳企业所得税，从而为各类内资企业公平开展竞争创造了条件；后者则把原来征收的个人所得税、个人收入调节税、城乡个体工商业户所得税统一了起来，有利于调节个人收入差距，缓解社会分配不公的矛盾。

分税制体制建立后，1994年3月《预算法》颁布，并自1995年1月1日起施行。自此我国各级政府部门的预算管理职权、预算收支范围、预算编制、预算审查和批准、预算执行、预算调整以及决算和监督等有了法律依据。按照该法，中央预算和地方各级政府预算按照复式预算编制，分为经常性预算和建设性预算两部分。为了强化财政预算约束，对于各级预算收入的编制，要求坚持积极可靠、稳定增长的原则。按照规定必须列入预算的收入，不得隐瞒、虚列，不得将上年的一次性收入作为编制预算收入的依据。各级预算支出的编制，要求坚持量入为出、确保重点、统筹兼顾、留有后备的原则。

（六）加强市场经济体制下对外开放的法律保障

在建立社会主义市场经济体制过程中，我国始终坚持对外开放政策，不断加快对外开放步伐，以充分利用国际国内两个市场、两种资源，优化资源配置。1994年5月我国颁布了《对外贸易法》，实行统一的对外贸易制度，依法维护公平、自由的对外贸易秩序。《对外贸易法》调整和保护的对外贸易，包括货物进出口、技术进出口和国际服务贸易。根据该法，国家根据平

---

① 《个人所得税法》于1993年10月31日修改，1994年1月1日起施行。1986年1月7日国务院发布的《城乡个体工商业户所得税暂行条例》和1986年9月25日国务院发布的《个人收入调节税暂行条例》同时废止。

② 1950年4月3日中央人民政府政务院发布的《契税暂行条例》，1997年7月7日被修改，修改后的《契税暂行条例》自1997年10月1日起施行。

③ 《土地增值税暂行条例》于1993年12月13日颁布，1994年1月1日起施行。

④ 《资源税暂行条例》于1993年12月25日颁布，1994年1月1日起施行。1984年9月18日国务院发布的《资源税条例（草案）》、《盐税条例（草案）》同时废止。

等互利的原则，促进和发展同其他国家和地区的贸易关系，并根据所缔结或者参加的国际条约、协定，给予其他缔约方、参加方或者根据互惠、对等原则给予对方最惠国待遇、国民待遇。任何国家或者地区在贸易方面对我国采取歧视性的禁止、限制或者其他类似措施的，则我国可以根据实际情况对该国家或者该地区采取相应的措施。该法的颁行，标志着我国积极参与国际竞争与国际经济合作，发挥我国经济的比较优势，发展开放型经济，使国内经济与国际经济实现互接互补。通过依法规范对外经济活动，正确处理对外经济关系，提高我国的国际竞争力。

为了维护对外贸易秩序和公平竞争，保护国内相关产业，国家根据《对外贸易法》的有关规定，于1997年3月颁行了《反倾销和反补贴条例》。规定，进口产品采用倾销或者补贴的方式，并由此对国内已经建立的相关产业造成实质损害或者产生实质损害的威胁，或者对国内建立相关产业造成实质阻碍的，依照规定采取反倾销或者反补贴措施。2001年11月，随着我国加入世界贸易组织，国务院同时发布专门的《反倾销条例》和《反补贴条例》，废止了《反倾销和反补贴条例》。

随着对外贸易立法的加强，我国拓宽了对外开放的领域，扩大了生产要素的流动和交换，在注重工业和贸易领域国际联系的基础上，加快了其他产业的对外开放，促进了服务贸易的发展。据海关统计，1994年全年进出口总额为2367亿美元，其中出口总额1210亿美元，比上年增长31.9%；进口总额1157亿美元，增长11.2%，1994年末已注册的外商投资企业达20.6万户，比上年末增加4万户。到1995年，随着《对外贸易法》的实施，我国对外贸易规模显著扩大，全年进出口总额达2809亿美元，比上年增长18.6%，其中出口总额1488亿美元，增长22.9%；进口总额1321亿美元，增长14.2%，1995年末已注册的外商投资企业达23.4万户，比上年末增加2.8万户。到2000年时，由于国内外经济快速增长以及鼓励出口等一系列政策的推动，对外贸易持续高速增长，全年进出口总额达4743亿美元，比上年增长31.5%。其中出口总额2492亿美元，增长27.8%；进口总额2251亿美元，增长35.8%。[①]“九五”期间累计实际利用外资2894亿美元，比

① 参见国家统计局《关于1994年国民经济和社会发展的统计公报》、《关于1995年国民经济和社会发展的统计公报》、《关于2000年国民经济和社会发展的统计公报》。

“八五”时期增长79.6%。[①] 连续几年的对外贸易统计数字表明，我国的对外开放在向高层次、宽领域、纵深化方向发展。这不仅反映了我国对外开放政策的重大成就，也充分反映了相关立法发挥了应有的法律保障作用。

在2000年10月和2001年3月，中国为加入WTO，对三部外商投资企业法（即《中外合资经营企业法》、《中外合作经营企业法》和《外商投资企业法》）及其实施条例或实施细则，进行了全面系统的修改，废除了其中一些限制外商投资者的投资管理措施，如外汇平衡要求、贸易平衡要求、出口绩效要求和当地采购要求。这是中国外资立法的重大改进，为我国外资立法与国际惯例迅速接轨迈出了关键的一步。

（七）为加入世界贸易组织而加紧完善知识产权法律

自从确立了我国经济体制改革的目标是建立社会主义市场经济体制，我国加快了加入“经济联合国”——世界贸易组织（WTO）的步伐。其间，也加快了完善知识产权法律的步伐。1993年2月22日修订了《商标法》，1993年9月2日通过了包含重要知识产权相关利益保护条款的《反不正当竞争法》，弥补了已有知识产权法律保护的主要缺漏之处。1993年1月4日，我国向WIPO递交了《保护录音制品制作者防止未经许可复制其录音制品公约》的加入书，从1993年4月30日起成为录音制品公约的成员国。1993年9月15日，我国向WIPO递交了《专利合作条约》的加入书，从1994年1月1日起成为专利合作条约成员国，中国专利局成为专利合作条约的受理局、国际检索单位和国际初步审查单位。

然而，要成为WTO的一员，除了立法上的跟进，我国还要承担执法方面的义务。1994年开始，中美两国爆发贸易大战，美方认为我国没有认真实施知识产权法律，在其“特别301条款”年度审查报告中将中国再次确定为知识产权保护不力的“重点外国”；同年6月16日，国务院新闻办公室首次发表《中国知识产权保护状况》白皮书，详细阐述了中国保护知识产权的基本立场和态度。1995年2月26日，双方达成协议，并以《有效保护及实施知识产权行动计划》作为附件；这是中美之间关于知识产权保护的第二个协议，随后国务院于1995年7月发布了《知识产权海关保护条例》。1996年4月美国再次确定中国为“重点外国”；1996年6月中美签署

---

① 参见2001年3月5日国务院总理朱镕基在第九届全国人民代表大会第四次会议上所作《政府工作报告》。

了第三个保护知识产权的双边协议。在此之后，我国继续加强知识产权执法工作，全面执行1995年和1996年的两个协议，并于1996年10月由最高人民法院成立知识产权审判庭，显示出我国加强知识产权司法保护的决心。

在立法方面，我国进一步修改国内法律以符合国际公约的要求。1997年3月通过了《植物新品种保护条例》；2000年8月第二次修改了《专利法》；2001年4月通过了《集成电路布图设计保护条例》，同年10月《商标法》和《著作权法》也进行了修改。这样，我国已经建立起符合相关国际公约要求的知识产权法律规则。经过十多年的艰苦努力，2001年11月10日，在卡塔尔多哈举行的WTO第四届部长级会议通过了中国加入世贸组织法律文件，它标志着我国正式成为WTO成员，开始履行《与贸易有关的知识产权协定》（TRIPS）项下的义务。

五、市场经济体制趋向完善进程中的经济法治（2001—2008）

（一）本阶段经济法治的背景与特点

迈入新世纪，我国进入全面建设小康社会的新阶段。2002年党的十六大指出，本世纪头20年经济建设和改革的主要任务是，完善社会主义市场经济体制，推动经济结构战略性调整，基本实现工业化，大力推进信息化，加快建设现代化，保持国民经济持续快速健康发展，不断提高人民生活水平。2003年党的十六届三中全会通过了《中共中央关于完善社会主义市场经济体制若干问题的决定》，进一步明确了完善社会主义市场经济体制的目标和任务。① 为了按照五个统筹的要求，更大程度地发挥市场在资源配置中的基础性作用，健全国家宏观调控，促进经济社会可持续发展，我国的经济法治建设不断适应新形势需要，一方面集中清理全国性的相关经济法规、规章；另一方面，在已经建立的经济法律体系基础上，不断改善经济立法，促

① 目标是：按照统筹城乡发展、统筹区域发展、统筹经济社会发展、统筹人与自然和谐发展、统筹国内发展和对外开放的要求，更大程度地发挥市场在资源配置中的基础性作用，增强企业活力和竞争力，健全国家宏观调控，完善政府社会管理和公共服务职能，为全面建设小康社会提供强有力的体制保障。主要任务是：完善公有制为主体、多种所有制经济共同发展的基本经济制度；建立有利于逐步改变城乡二元经济结构的体制；形成促进区域经济协调发展的机制；建设统一开放竞争有序的现代市场体系；完善宏观调控体系、行政管理体制和经济法律制度；健全就业、收入分配和社会保障制度；建立促进经济社会可持续发展的机制。

进经济又好又快发展。

我国于2001年11月10日加入世界贸易组织。我国加入世界贸易组织，标志着我国对外开放进入一个新阶段。随着这一阶段的开始，我国的经济法治与国际法治状况有了更为密切的联系与互动。一方面，经济全球化的趋势同样引起法律的相应变化，并在很大程度促进了我国法律制度的发展。另一方面，我国法律制度因应经济全球化趋势而产生的发展变化，又以具有法律强制力的政策措施，规范经济全球化在国内的影响路径与程度，促进其积极效果并避免或减少其消极效果。

我国在经济全球化时代坚持对外开放政策，不断妥当解决各种含有涉外因素的投资、贸易、金融、知识产权、企业组织和市场秩序等问题，就成为国家经济政策的重要组成部分。许多因应经济全球化的国家对策采取了法律形式，以保持政策的权威性、持续性和一致性，同时保持与我国承认的国际规则及承担的国际义务的协调性。应对经济全球化政策的法制化，是经济全球化对我国法律的重要影响路径。我国加入各种国际经济贸易组织或区域性经济贸易组织之后，能够认真履行作为成员国必须遵循的经济贸易交往规则，包括采取各种有效的立法措施，使国内法的各项规定与有关国际经济贸易组织或区域性经济贸易组织的规则相协调。通过国内立法来协调国际经济组织规则，是经济全球化对我国法律最为直接的影响。

这一时期的经济法制建设成就巨大，① 并呈现这样一些特点：其一，经济法制建设注重立法民主化，在经济法制建设中采取了民主立法的做法，特别是进入21世纪以来，我国的一些重大经济法律如物权法、劳动合同法、社会保险法等的制定过程中，采取了向各个部门、领域以及全社会征求立法意见的做法。② 其二，经济法制建设注重体系化，在2001年，我国提出要到2010年形成有中国特色社会主义法律体系，包括七个法律部门，即宪法及宪法相关法、民法商法、行政法、经济法、社会法、刑法、诉讼与非诉讼

① 到2008年3月，现行有效的法律共229件，行政法规近600件，地方性法规7000多件（见吴邦国在第十一届全国人大第一次会议上做的《常务委员会工作报告》），其中经济方面的法律法规占很大比重。

② 例如，全国人大于2005年将《物权法（草案）》向社会全文公布征求意见，自7月10日至8月20日，人民群众通过网络、信件提出意见11543件；26个省（区、市）和15个较大市的人大常委会、47个中央有关部门、16个大公司、22个法学教学研究机构和法学专家等提出了意见。见全国人大法律委员会《关于〈物权法（草案）〉修改情况的汇报》（2005年）。

程序法。[①] 其三，经济法制建设注重国际化，特别是加入WTO前后，我国在经济法制建设中注重与国际规则相协调。例如为加入WTO我国对与世贸规则和我国对外承诺不一致的法律、行政法规、规章和其他政策措施，进行了大规模的清理。[②]

（二）按照社会主义市场经济理念建构市场经济法律体系

《中共中央关于完善社会主义市场经济体制若干问题的决定》明确“进一步巩固和发展公有制经济，鼓励、支持和引导非公有制经济发展”。2004年3月14日，十届全国人大二次会议审议通过第四次宪法修正案，第11条第2款修订为：“国家保护个体经济、私营经济等非公有制经济的合法的权利和利益。国家鼓励、支持和引导非公有制经济的发展，并对非公有制经济依法实行监督和管理。”这一宪法制度的确立，反映在市场经济法治机制中，就是强化了市场主体的地位平等、权利平等和机会平等的立法理念和制度体现。

在这一阶段，我国公有制经济在改革中继续得到发展，但是不再选择单纯追求企业数量和经营规模的传统国有企业发展政策，而是选择了追求企业治理质量和经营能力的发展政策。截至2009年3月底，全国实有企业971.77万户，国有企业实有54.16万户，[③] 只占企业总数的5.57%，但国有企业的经营机制和治理结构都有了巨大的改善。为了保障国有资产权益，发挥国有经济在国民经济中的主导作用，促进社会主义市场经济发展，我国于2008年制定了《企业国有资产法》。

随着中国经济体制改革的深入和市场经济的发展，法律对待非公有制经济的态度不断改进。继1999年的宪法修正案，将原来规定的“私营经济是社会主义公有制经济的补充”，修改为“非公有制经济是社会主义市场经济的重要组成部分”之后；[④] 2004年的宪法修正案，又将原来规定的“对个体经济、私营经济实行引导、监督和管理”，修改为“国家鼓励、支持和引导非公有制经济的发展”。[⑤] 清理和修订限制非公有制经济发展的法律法规

---

① 见李鹏在第九届全国人民代表大会第四次会议上做的《常务委员会工作报告》（2001年）。

② 到2001年底，清理中制定、修订或者废止的法律、行政法规、规章和其他政策措施共1150余件。（数据来源：http://news.xinhuanet.com/fortune/2001-12/28/content_216380.htm）

③ 国家工商总局：《统计分析发布：2009年一季度全国市场主体发展情况报告》。

④ 1999年宪法修正案第16条。

⑤ 2004年宪法修正案第21条。

和政策，消除体制性障碍，成为国家鼓励非公有制经济发展的政策措施之一。[①] 我国的经济法治充分发挥了保护和鼓励非公有制经济发展的功能，促进了非公有制企业的发展，截至2009年3月底，我国共有私营企业664.27万户，个体工商户2948万户。[②]

在这一阶段，我国制定的一部最重要的法律，就是于2007年3月颁布的《物权法》。《物权法》以法律的形式，肯定了我国经济体制改革的成果，明确国家保障一切市场主体的平等法律地位和发展权利，对于所有市场主体的物权以平等的保护。《物权法》第3条第3款规定："国家实行社会主义市场经济，保障一切市场主体的平等法律地位和发展权利。"其第4条规定："国家、集体、私人的物权和其他权利人的物权受法律保护，任何单位和个人不得侵犯。"《物权法》规定了物权制度总则、所有权制度、用益物权制度和担保物权制度，其作为基本的财产法律制度，不仅进一步完善了市场经济法律体系的结构，丰富了财产法律制度的内容，还进一步坚定了经济体制改革的政策目标，稳固了社会成员对于继续深入改革开放的信心。

在这一阶段另外一个有重要意义的立法，就是于2007年8月颁布的《反垄断法》。反垄断法是保护市场竞争，维护市场竞争秩序，充分发挥市场配置资源基础性作用的重要法律制度，素有"经济宪法"之称。特别是在经济全球化的条件下，世界各国普遍重视利用反垄断法律制度，防止和制止来自国内国外的垄断行为，维护经营者和消费者合法权益，促进技术创新和技术进步，提高企业竞争力，保证国民经济的健康、持续、协调发展。此前，中国的《反不正当竞争法》(1993)、《价格法》(1997)、《招标投标法》(1999)、《电信条例》(2000) 等有关法律、行政法规中一些防止和制止垄断行为的规定，已经不能完全适应我国发展社会主义市场经济和参与国际竞争的需要。[③] 因为散见于其他法律中的反垄断规范，缺乏完整的体系，对行政限制竞争行为制裁不力，并且缺乏独立和权威的反垄断执法机关，发挥不了其应有的作用。[④] 经过十多年的反复研究、论证和修改，我国于2007年颁布了《反垄断法》，规定了垄断协议、滥用市场支配地位、经营者集

① 参见《中共中央关于完善市场经济体制若干问题的决定》。

② 国家工商总局（http://www.saic.gov.cn）：《统计分析发布：2009年一季度全国市场主体发展情况报告》(2009年5月11日)。

③ 曹康泰在第十届全国人民代表大会常务委员会第二十二次会议上做的《〈反垄断法（草案）〉说明》(2006年6月24日)。

④ 参见王晓晔《竞争法学》，社会科学文献出版社2007年版，第195—197页。

中、滥用行政权力排除、限制竞争以及对涉嫌垄断行为的调查等内容。特别是《反垄断法》规定，“中华人民共和国境内经济活动中的垄断行为，适用本法；中华人民共和国境外的垄断行为，对境内市场竞争产生排除、限制影响的，适用本法”。赋予了我国反垄断法以域外适用的效力，这有助于在扩大对外开放中维护国家经济安全。《反垄断法》的颁行，对于预防和制止垄断行为，保护市场自由公平竞争，提高经济运行效率，维护消费者利益和社会公共利益，促进社会主义市场经济健康发展，具有重要的作用和深远的意义。

在这一阶段，国家立法注重对市场经济秩序的维护，特别是对投资者权益的保护。2005年10月全面修改了《证券法》，为促进证券市场的顺利发展，取消了一些不适应证券市场发展的限制；为保护投资者权益，进一步完备了信息公开制度，特别是强化了对证券公司和上市公司的监管；为维护证券市场秩序，加大了对内幕交易、操纵市场和违反信息公开制度行为的制裁力度；为提升证券市场自律管理的水平，增加了证券业和证券交易所的权限与职责。

（三）加入世贸组织之后加强了相关法律体系的调整

2004年6月国家修改了《对外贸易法》，以适应经济全球化和加入世贸组织的新形势，在更大范围、更广领域和更高层次上参与国际经济技术合作和竞争。为履行我国入世有关承诺，充分运用世贸组织规则促进我国对外贸易健康发展，进一步扩大商品和服务贸易，实施市场多元化战略，这次修改的内容广泛涉及对外贸易经营者的范围、货物贸易和技术贸易的外贸经营权、国营贸易、自动进出口许可、限制和禁止进出口、与对外贸易有关的知识产权保护、对外贸易秩序、对外贸易调查以及对外贸易救济等方面。该法规定，对外贸易经营者，是指依法办理工商登记或者其他执业手续，依照《对外贸易法》和其他有关法律、行政法规的规定从事对外贸易经营活动的法人、其他组织或者个人。从而在法律上肯定了自然人从事对外贸易经营活动的合法性，扩大了对外贸易经营者的范围，进一步促进了对外贸易发展。

加入WTO以后，我国遵照世界贸易组织规则和所作的承诺，系统全面地清理了现存经济领域的法律、行政法规和部门规章。到2005年底，我国制定、修改、废止了2000多部法律、法规和部门规章，覆盖了货物贸易、服务贸易、与贸易有关的知识产权保护以及透明度、贸易政策的统一实施等各个方面。我国的立法机关、行政机关对上述各领域法律、行政法规、部门规章进行的制定、修改、废止等清理工作，确保了我国经济法律制度与世界贸易组织规则和入世承诺的一致性、协调性。《建立世界贸易组织协定》和《中国加入世界贸易组织议定书》中所体现的所有法律原则、规则、要求，都在我国立法上得到了全面和有效地贯彻执行。

加入WTO之后，我国根据WTO规则和我国经济发展的需要，不断完善外商投资发展政策，在利用外资方面由过去追求“绝对量”向现在严格“规定质”转变。2002年2月11日，国务院发布《指导外商投资方向规定》，将外商投资项目分为鼓励、允许、限制和禁止四类。鼓励类、限制类和禁止类的外商投资项目，列入《外商投资产业指导目录》；不属于鼓励类、限制类和禁止类的外商投资项目，为允许类外商投资项目，不列入《外商投资产业指导目录》。在2004年，国家发改委和商务部联合修订了《外商投资产业指导目录》和《中西部地区外商投资优势产业目录》；在2006年，商务部和科技部在《鼓励外商投资高新技术产品目录（2003）》的基础上，编制了《鼓励外商投资高新技术产品目录（2006）》。

为进一步规范外商市场准入制度，我国制定和修订了大量的部门规章，如《外商投资道路运输业管理规定》、《外商投资电信企业管理规定》、《设立外商投资印刷企业暂行规定》、《设立外商控股、外商独资旅行社暂行规定》、《关于设立外商投资出口采购中心管理办法》、《外商投资电影院暂行规定》、《外商投资商业领域管理办法》、《设立外商投资会议展览公司暂行规定》、《外商投资广告企业管理规定》、《外商投资国际海运业管理规定》、《关于外商投资举办投资性公司的规定》、《外商投资租赁业管理办法》、《外商投资国际货物运输代理企业管理办法》、《外商投资建设工程服务企业管理规定》等。这些部门规章旨在进一步规范市场经济秩序，保持外商投资政策的相对连续性和稳定性，构建更加开放的市场体系。

针对金融活动的全球化和外商投资金融领域的扩大化，我国的金融法律对外商投资金融领域，采取了许多有针对性的监管措施。国务院于2001年颁布新的《外资金融机构管理条例》，于2006年又颁布《外资银行管理条例》，规定外资银行包括外商独资银行、中外合资银行、外国银行分行和外国银行代表处等。为了规范外资在我国金融领域的投资活动，有关金融监管机构颁布了许多规章，其中重要的有《外资银行管理条例实施细则》、《外资金融机构驻华代表机构管理办法》、《境外金融机构投资入股中资金融机构管理办法》、《外资银行并表监管管理办法》、《境内外资银行外债管理办法》、《外资金融机构行政许可事项实施办法》、《外国保险机构驻华代表机构管理办法》以及《合格境外机构投资者境内证券投资管理办法》等。

（四）建立健全适应市场经济运行需要的企业法体系

随着我国市场经济的发展，原有的企业法律制度的适应性逐渐出现了问题，其中的很多规定已经不能适应市场运行的需要。例如，公司法已经不能完全适应新形势的需要，出现了诸如公司设立条件过高、公司治理结构不够完善，对股东尤其是中小股东合法权益的保护机制不够完善，以及缺乏对公司及董事、监事、高级管理人员诚信义务与法律责任的规定等等问题。[①] 对于企业运营过程中出现的一些新情况新问题，也缺乏有效的法律应对措施。因此在这一阶段，我国一方面加紧制定新的企业法律，另一方面加快了原有企业法律的修改工作。

为适应市场经济发展对公司治理的制度需要，2005年对《公司法》进行了第三次修改。这次修改将原《公司法》删去了46条，增加了41条，修改的条文数达到137条，只有10%的条文没有改动。[②] 这次修改，在诸多方面对公司制度进行了创新和发展。例如，为进一步完善公司治理结构，强化了董事、监事和高级管理人员的责任；为更有效地保护公司、股东、债权人的合法权益，确立了公司法人人格否认制度、股东代表诉讼制度，对禁止关联交易做了规制；为鼓励公司自治，增强了公司章程的效力，赋予了公司更多方面（如表决权与股息分配事项等）的意思自治；为鼓励投资，降低了注册资本最低限额，并允许资本可以分期缴纳，等等。为了给公司运作提供有效的司法保障，公司法还强化了可诉讼性。在相应的司法解释中，如2006年4月最高人民法院公布的《关于适用〈中华人民共和国公司法〉若干问题的规定（一）》，对人民法院在审理相关的民事纠纷案件中具体适用公司法的有关问题，作出了具体的规定。

2006年8月废止了原《企业破产法（试行）》，颁布了新《企业破产法》，全面整理细化了企业破产程序，并在适用范围上覆盖了所有的企业法人。对于企业法人而言，尤其是国有企业，原来的政策性市场退出已被市场化退出所取代。依照该法规定，企业法人不能清偿到期债务，并且资产不足以清偿全部债务或者明显缺乏清偿能力的，依照该法规定清理债务。《企业

① 参见曹康泰在第十届全国人民代表大会常务委员会第十四次会议上做的《关于〈公司法（修订草案）〉的说明》（2005年2月25日）。

② 参见周友苏《新公司法论》，法律出版社2006年版，第3页。

破产法》有很多制度创新，例如以企业重整制度替代了原有的破产整顿制度，以管理人中心和债权人自治取代了主管部门直接管理，建立了既符合我国国情又与国外破产制度通行规则相通的破产法律制度。

在2006年，《合伙企业法》进行了重大修改。为了适应风险投资的需要，《合伙企业法》增加了有限合伙企业制度。为了适应律师事务所和会计师事务所的运营特点，建立更为合理的责任机制，《合伙企业法》增加了特殊的普通合伙企业制度。规定以专业知识和专门技能为客户提供有偿服务的专业服务机构，可以设立为特殊的普通合伙企业。在特殊的普通合伙企业，当一个合伙人或者数个合伙人在执业活动中因故意或者重大过失造成合伙企业债务时，应当承担无限责任或者无限连带责任，其他合伙人以其在合伙企业中的财产份额为限承担责任。合伙人在执业活动中非因故意或者重大过失造成的合伙企业债务以及合伙企业的其他债务，则由全体合伙人承担无限连带责任。

继续调整国有经济的布局和结构，改革国有资产管理体制，是深化经济体制改革的重大任务。2003年《中共中央关于完善社会主义市场经济体制若干问题的决定》指出，国家要制定法律法规，建立中央政府和地方政府分别代表国家履行出资人职责，享有所有者权益，权利、义务和责任相统一，管资产和管人、管事相结合的国有资产管理体制。

继2000年3月国务院制定《国有重点金融机构监事会暂行条例》以及《国有企业监事会暂行条例》后，为建立适应社会主义市场经济需要的国有资产监督管理体制，进一步搞好国有企业，推动国有经济布局和结构的战略性调整，发展和壮大国有经济，实现国有资产保值增值，国务院于2003年5月制定了《企业国有资产监督管理暂行条例》，该条例规定，企业国有资产属于国家所有。国家实行由国务院和地方人民政府分别代表国家履行出资人职责，享有所有者权益，权利、义务和责任相统一，管资产和管人、管事相结合的国有资产管理体制。其中，国务院代表国家对关系国民经济命脉和国家安全的大型国有及国有控股、国有参股企业，重要基础设施和重要自然资源等领域的国有及国有控股、国有参股企业，履行出资人职责；省、自治区、直辖市人民政府和设区的市、自治州人民政府分别代表国家对由国务院履行出资人职责以外的国有及国有控股、国有参股企业，履行出资人职责。国务院，省、自治区、直辖市人民政府，设区的市、自治州级人民政府，分别设立国有资产监督管理机构。国有资产监督管理机构根据授权，依法履行出资人职责，依法对企业国有资产进行监督管理。国有资产监督管理机构依照国家有关规定，负责企业国有资产的产权界定、产权登记、资产评估监管、清产核资、资产统计、综合评价等基础管理工作，并应当支持企业依法自主经营，除履行出资人职责以外，不得干预企业的生产经营活动。所出资企业及其投资设立的企业，享有有关法律、行政法规规定的企业经营自主权。该条例的颁行，标志着我国新型国有资产管理体制的确立。

（五）依法促进财税金融体制进一步完善

在税收征管制度方面，2001年4月修改的《税收征收管理法》对制止和惩处税收违法行为，完善税务机关的执法手段，保护纳税人权利等发挥了重要作用，通过强化税源管理，健全基础制度，堵塞税收漏洞，从程序上保障了国家税收调控权的实现。其新确立的税收优先权制度、税收保全制度等无论是在税法理论还是税收实践都产生了深远影响。

在税收调控方面，2005年10月国家第三次修改了《个人所得税法》，将工资、薪金所得的减除费用标准由过去的800元调至1600元，并增加了自行纳税申报的规定。2007年6月对《个人所得税法》进行第四次修改，明确对储蓄存款利息所得开征、减征、停征个人所得税及其具体办法，由国务院规定，从而为国务院决定减征或停征利息税提供法律依据。随后，国务院将储蓄存款利息所得税的税率由过去的20%调低为5%。2007年12月对《个人所得税法》进行了第五次修改，工资、薪金所得的减除费用标准由1600元再次调至2000元。《个人所得税法》的频频修改，适应了居民基本生活消费支出增长的新情况，减轻了中低收入者的纳税负担。

2007年3月颁布的新《企业所得税法》，是我国加入世界贸易组织后，全面贯彻和落实科学发展观，积极实施国家“十一五”规划，进一步加强和完善宏观调控，为各类企业创造公平、规范、透明的所得税制环境的重要立法成果。在2007年新的《企业所得税法》颁布之前，根据全国企业所得税税源调查资料测算，内资企业平均实际税负为25%左右，外资企业平均实际税负为15%左右，内资企业高出外资企业近10个百分点，企业要求统一税收待遇、公平竞争的呼声较高。① 该法的修改，结束了多年来我国内资企业与外商投资企业和外国企业分别适用两套所得税制，在实际税率、税基和税收优惠政策等方面因规定不统一而导致的税负不公现象，实现了公平税

① 金人庆在第十届全国人民代表大会第五次会议上做的《关于〈中华人民共和国企业所得税法（草案）〉的说明》（2007年3月8日）。

负，简化税种，提高效率，健全法制，促进竞争的目的。从纳税主体看，企业身份认定引入“居民企业”与“非居民企业”新标准。从而在企业所得税的管辖权上，强调地域管辖权与居民管辖权的结合，更好地维护了国家税收利益。在税率上，其基本税率显著降低，优惠税率政策导向性更切合实际，其中基本税率由过去的33%降为25%；优惠税率则分为15%和20%两档，基本税率着眼于企业所得税的收入分配功能，优惠税率则着眼于企业所得税的资源配置功能。在税前扣除标准上，允许扣除项目更加合理、明晰和统一。在税收优惠上，综合运用了优惠税率、免税、减税、加计扣除、加速折旧、减计收入、抵扣抵免等方法，统一建立了“产业优惠为主、区域优惠为辅”的新的税收优惠政策体系。我国于2001年修订了《税收征收管理法》，进一步完善了税收管理制度。

在金融体制改革方面，根据十届全国人大一次会议通过的《关于国务院机构改革方案的决定》，国务院设立银监会，统一监管银行、金融资产管理公司、信托公司等金融机构，以更好地发挥中国人民银行作为中央银行在宏观调控和防范与化解金融风险中的作用。2003年4月十届全国人大常委会第二次会议通过的《全国人民代表大会常务委员会关于中国银行业监督管理委员会履行原由中国人民银行履行的监督管理职责的决定》，要求国务院抓紧提出修改《中国人民银行法》、《商业银行法》以及其他有关法律的议案，提请全国人大常委会审议。2003年12月，《中国人民银行法》和《商业银行法》予以修改，在《中国人民银行法》明确了中国人民银行的地位，其职责是保证国家货币政策的正确制定和执行，建立和完善中央银行宏观调控体系，维护金融稳定。中国人民银行在国务院领导下，制定和执行货币政策，防范和化解金融风险，维护金融稳定。《商业银行法》的修改，则适应了金融监管体制改革的需要，在增加商业银行业务种类的同时，明确规定了由银监会履行对商业银行的监管职责，并保留了中国人民银行的部分监管职责。

在《中国人民银行法》和《商业银行法》修改的同时，颁布了《银行业监督管理法》，确立了银监会的金融监管主体地位，明确规定国务院银行业监督管理机构负责对全国银行业金融机构及其业务活动监督管理的工作。在监管对象上，除银行业金融机构外，还包括在我国境内设立的金融资产管理公司、信托投资公司、财务公司、金融租赁公司以及经国务院银行业监督管理机构批准设立的其他金融机构。银行业监督管理的目标是促进银行业的合法、稳健运行，维护公众对银行业的信心。银行业监督管理应当保护银行业公平竞争，提高银行业竞争能力。该法对银行业监督管理机构及其职责、监督管理措施等分章作出了详细规定，在强化分业监管的同时，使金融更好地为经济社会发展服务。

为了预防洗钱活动，维护金融秩序，遏制洗钱犯罪及相关犯罪，2006年10月国家颁布《反洗钱法》，对反洗钱监督管理、金融机构反洗钱义务、反洗钱调查、反洗钱国际合作作出了规定。在我国境内设立的金融机构和按照规定应当履行反洗钱义务的特定非金融机构，应当依法采取预防、监控措施，建立健全客户身份识别制度、客户身份资料和交易记录保存制度、大额交易和可疑交易报告制度，履行反洗钱义务。

（六）知识产权法的发展与国家知识产权战略纲要的制定

加入WTO之后，我国的知识产权制度建设进入一个新的阶段，即从相对机械、被动的规则制定走向灵活、主动的规则运用以及对国际知识产权规则制定的积极参与。在应对入世后知识产权保护引起的国际贸易纠纷的过程中，卷入纷争的我国企业积累了深刻的经验和教训；而我国政府也日益认识到知识产权制度在建设社会主义市场经济国家中的重要作用，执法问题逐渐成为我国知识产权保护的主要议题。依法有效保护知识产权不仅是我国履行所承诺的国际义务的需要，更是我国促进自身经济社会发展，实现建设创新型国家目标的内在需要。我国已经认识到知识产权在未来世界的竞争中举足轻重的地位，高度重视知识产权保护工作。

社会主义市场经济体制确立以后，特别是加入WTO以来，我国知识产权事业不断取得迅速发展。2002年以来，我国的商标注册年申请量以近10万件的速度增长，已连续7年位居世界第一。[①] 据国家知识产权局最新统计，截至2009年7月底，我国共受理专利申请534.1万件，其中国内申请445.7万件，国外申请88.4万件。[②] 我国继续积极参与各种知识产权国际公约，2001年在TRIPS协议上正式签字。我国还不断加强知识产权执法工作，例如在著作权保护领域，1995年至2004年，各级版权行政管理部门共收缴侵权盗版复制品3.5亿件，受理侵权案件51368起，结案49983起。[③] 为提

① 数据整理自商标局主办中国商标网“商标申请与注册概况表”，http：//sbj. saic. gov. cn/tjxx/tjxx. asp。

② 数据整理自国家知识产权局统计信息，http：//www. sipo. gov. cn/sipo2008/tjxx。

③ 国务院新闻办公室：《中国知识产权的新进展（白皮书）》（2005年）。

高知识产权案件的审理水平，我国为集中使用知识产权审判人才，将技术性较高的知识产权案件进行集中审理。到2006年12月，全国对专利权纠纷一审案件有管辖权的中级法院有62个，管辖专利权纠纷案件的二审法院有31个；涉及集成电路布图设计的一审案件，有管辖权的中级法院有43个；涉及植物新品种纠纷案件的一审案件，有管辖权的中级法院有38个。[①]

2004年8月，由吴仪副总理任组长的国家保护知识产权工作组成立，大力加强了保护知识产权的统筹协调，全面提升了中国知识产权保护水平。2005年1月成立了国务院副总理吴仪为组长的国家知识产权战略领导小组并正式启动国家知识产权战略制定工作。

在具体的操作方面，《计算机软件保护条例》和《知识产权条例海关保护》分别于2001年底和2003年底作了修订；2005年4月国家版权局和信息产业部联合发布了针对网络侵权的《互联网著作权行政保护办法》；2006年4月国务院颁布了《加强知识产权执法行动的新指南》，明确要求政府机构为知识产权执法承担更多的责任，如设立特别知识产权投诉中心等。此外，司法保护的作用也日益增强，如2004年底和2007年4月最高人民法院、最高人民检察院先后通过了具体划定罪与非罪、大大降低侵害知识产权犯罪门槛、详细阐述相关法律术语的《关于办理侵犯知识产权刑事案件具体应用法律若干问题的解释》，这一刑事法律保护方面的举措使得我国的知识产权保护明显加强。

2006年以来，国家提出了建设创新型国家的目标；与此相应，对于智力创新成果给予保护的知识产权制度，必定在发展知识经济和建设创新型国家的过程中起着至关重要的作用。与前两个阶段中我国知识产权法制建设在某种程度上必须承受外来压力的情形不同，中国政府认为，知识产权保护制度对于促进科学技术进步、文化繁荣和经济发展具有重要的意义和作用，它既是保证社会主义市场经济正常运行的重要制度，又是开展国际间科学技术、经济、文化交流与合作的基本环境和条件之一。

2008年4月9日，国务院常务会议审议并原则通过了《国家知识产权战略纲要》。2008年6月5日，国务院发布了《国家知识产权战略纲要》。国家知识产权战略由“制定”转入“实施”，这标志着我国知识产权工作将进入一个崭新的历史发展阶段，必将产生深远的影响。我国的《国家知识

---

① 中国社会科学院知识产权中心编：《中国知识产权保护体系改革研究》，知识产权出版社2008年版，第227—228页。

产权战略纲要》明确了到2020年的发展目标，即把我国建设成为知识产权创造、运用、保护和管理水平较高的国家，知识产权法治环境进一步完善，市场主体创造、运用、保护和管理知识产权的能力显著增强，知识产权意识深入人心，自主知识产权的水平和拥有量能够有效支撑创新型国家建设，知识产权制度对经济发展、文化繁荣和社会建设的促进作用充分显现。

要完善中国的知识产权法治环境，首先应体现在知识产权法律的进一步完善。由于中国的社会经济特别是对外开放的迅速发展，在很长一段时间里，中国的知识产权法律制度建设是以应对性为主的，因此不可避免地造成知识产权法律体系内部各法律之间缺乏相互协调，并影响知识产权制度体系的整合作用。另外，也存在诸多法律规则过于原则化，存在着法律规范和法律责任的不统一的情况，以至于法律适用依赖于大量的司法解释，减少了公众对各类行为法律后果预期的准确性，增加了法律实施效果的不确定因素。以对知识产权保护意义最为重大的民事责任为例，《著作权法》具体规定了承担民事责任的方式，《专利法》、《商标法》却没有明确指出民事责任方式，而《反不正当竞争法》则没有规定民事责任。

因此，《国家知识产权战略纲要》强调进一步完善知识产权法律法规，提出及时修订专利法、商标法、著作权法等知识产权专门法律及有关法规；适时做好遗传资源、传统知识、民间文艺和地理标志等方面的立法工作；加强知识产权立法的衔接配套，增强法律法规可操作性；完善反不正当竞争、对外贸易、科技、国防等方面法律法规中有关知识产权的规定。为加强知识产权保护，要修订惩处侵犯知识产权行为的法律法规，加大司法惩处力度，提高权利人自我维权的意识和能力，降低维权成本，提高侵权代价，以期有效遏制侵权行为。

除了前面提到的各主要知识产权部门法的修订完善计划之外，还有一种“知识产权法典化”的建议也在讨论中。目前的知识产权法律制度除了各个专门的知识产权单行法外，在权利主体认定、救济方式与程序、责任承担方式等方面，主要依据《民法通则》和《民事诉讼法》。但由于知识产权的特殊性，各单行法又增加了一些特有的救济措施（如临时禁令）、归责原则和责任承担方式，而各单行法的具体规定又不尽相同。为此，有观点认为知识产权法可以或必须从民法中分离出来，总结共性规则、消除相互矛盾或不一致的规则，形成统一的知识产权法典。当然，目前这种主张仅是理论上的，《国家知识产权战略纲要》只是提出要研究制定知识产权基础性法律的必要性和可行性。就我们的观点来看，如果通过各知识产权单行法的修改和完善，能够有效消除不一致的规定，充分实现知识产权法律保护的目标，则立法形式是分散还是合一并不十分重要。

为提高知识产权立法的质量，《国家知识产权战略纲要》提出要建立适应知识产权特点的立法机制，提高立法质量，加快立法进程。加强知识产权立法前瞻性研究，做好立法后评估工作。增强立法透明度，拓宽企业、行业协会和社会公众参与立法的渠道。加强知识产权法律修改和立法解释，及时有效回应知识产权新问题。

知识产权的法制建设的重要环节是制度的实施问题，如果不能有效地实施既有的法律制度，再好的知识产权法律制度也只能是文本意义上的制度，而不能形成良好的知识产权法律秩序。因此，《国家知识产权战略纲要》提出要健全知识产权执法和管理体制，加强司法保护体系和行政执法体系建设，发挥司法保护知识产权的主导作用，提高执法效率和水平，强化公共服务。

在完善知识产权司法保护机制方面，今后要进一步完善知识产权审判体制，优化审判资源配置，简化救济程序。研究设置统一受理知识产权民事、行政和刑事案件的专门知识产权法庭；研究适当集中专利等技术性较强案件的审理管辖权问题，探索建立知识产权上诉法院。在知识产权审判工作的组织层面，要进一步健全知识产权审判机构，充实知识产权司法队伍，提高审判和执行能力。针对知识产权案件专业性强等特点，进一步完善知识产权案件审理的程序制度，如建立和完善司法鉴定、专家证人、技术调查等诉讼制度，完善知识产权诉前临时措施制度，改革专利和商标确权、授权程序，研究专利无效审理和商标评审机构向准司法机构转变的问题。

在知识产权行政执法方面，今后要继续深化知识产权行政管理体制改革，形成权责一致、分工合理、决策科学、执行顺畅、监督有力的知识产权行政管理体制。提高知识产权执法队伍素质，合理配置执法资源，提高执法效率。针对反复侵权、群体性侵权以及大规模假冒、盗版等行为，有计划、有重点地开展知识产权保护专项行动，加大行政执法机关向刑事司法机关移送知识产权刑事案件和刑事司法机关受理知识产权刑事案件的力度。为因应经济全球化和国际贸易事业的迅速发展，《国家知识产权战略纲要》特别提出要加大海关执法力度，加强知识产权边境保护，维护良好的进出口秩序，提高我国出口商品的声誉，要充分利用海关执法国际合作机制，打击跨境知识产权违法犯罪行为，发挥海关在国际知识产权保护事务中的影响力。

要从知识产权法律制度建设过渡到知识产权法治环境建设，知识产权法律规范本身的完善当然是首要的，但更重要的是积极营造良好的知识产权法治环境、市场环境、文化环境，大幅度提升我国知识产权创造、运用、保护和管理能力，为建设创新型国家和全面建设小康社会提供强有力支撑。要达到这一目标，需要以更为广阔的视野和更为综合的方式，全面深入的建构知识产权法律体系和实施机制。例如，在各行各业涉及知识产权创造、运用、管理和保护环节的法律法规中，都应当有体现全面落实知识产权战略要求的内容，增加进一步规范、保障和鼓励科技成果及其知识产权的实施、转化和产业化的条款；在规定技术转让、劳动合同等相关法律中，应当明确关于知识产权保护的条款等等。总之，是要形成一个综合的立体的知识产权保护机制，为建设创新型国家提供有力的法律制度保障。当然，为了实现知识产权保护的适当性，《国家知识产权战略纲要》也要求制定相关法律法规，合理界定知识产权的界限，防止知识产权滥用，维护公平竞争的市场秩序和公众合法权益。

结语：简要的展望

虽然市场经济法律制度建设取得了重大的成就，但是就适应和促进市场经济运行需要的目标与功能来看，还有很长的路要走。在今后的一个时期，我国市场经济法制建设的主要任务有三个方面：（1）加快制定民法典的步伐，实现我国民事法律制度的体系化。虽然我国的民事法律已有很多，但是却存在结构上的问题。例如，一些基本制度有欠缺，如侵权行为法的制度空白较多；现有各个单行法律之间存在重复或矛盾，如物权法和担保法之间存在的不协调问题。因此，及早制定一部系统的先进的民法典，是我国法律界的一个重要任务。（2）进一步完善国有资产法的制定工作。由于国有企业在市场经济中仍占有重要地位，如何在市场经济体制条件下，建构合理有效的国有资产管理体制，仍是一个至今仍在探索的重要课题。最近，国有资产管理法的立法工作已经取得重大进展，在国有企业管理法的适用范围、管理原则、国家与国有企业的关系以及基本管理制度等方面，已经形成基本的立法共识。（3）进一步采取有效措施，提高现有市场经济法律的实施效果。单从立法的数量上看，我国的市场经济法律制度已然不少。但是毋庸讳言，在法律的实施方面还存在许多问题，许多法律制定了却得不到严格的遵守或执行。因此，加强现有法律的实施，将法律规定的制度充分转化为现实法律秩序，将是今后我国市场经济法制建设的重要任务。

第十章　中国社会法治60年

常纪文等*

新中国成立60年来，随着我国经济社会的不断发展、经济体制和社会体制的改革与发展，我国社会领域的立法不断发展与完善，包括劳动法、社会保障法、医疗卫生法、特殊群体保护法、环境法在内的社会法获得了长足的进步。特别是随着科学发展观和社会主义和谐社会理论和实践的深入，国家更加重视社会建设与社会和谐，以人为本的理念深入人心，社会法在促进社会建设、保障公民社会权利中的作用更加突出。社会领域基本形成了有法可依的法律框架，以保障民生为主要目的的一批社会法律法规已经制定出来，并且在实践中发挥了重要作用，社会法治成为国家法治的重要组成部分，成为保障民生、保护公民经济、社会、文化权利的重要法治实践。当然，作为有13亿人口的发展中国家，我国的经济发展水平还不高，保障民生是一项长期而艰巨的任务，加上相关制度的实施实践时间还不长，如何统筹城乡各项社会事业，如何协调公平与效率的关系，如何落实宪法规定的公民各项社会权利仍是一项需要我们长期奋斗的事业。社会法将随着社会建设的不断深入以及国家法治的不断发展，在推动社会公平、保障民生中不断发展与完善，并在国家法治实践中发挥更重要的作用。

一、劳动法治60年

劳动法是调整劳动关系之法，对于协调劳动关系、保护劳动者生存和发展利益、促进企业发展以及社会和谐稳定具有重要意义。新中国成立以来，随着我国经济体制改革的深入以及企业所有制形式的变化，我国劳动法与时俱进，劳动法治取得了巨大进步。根据我国劳动立法的发展状况，新中国成立以来我国劳动法治的发展进程大致分为以下五个阶段：

---

* 本章作者为：常纪文、刘翠霄、谢增毅、董文勇、余少祥、王雪梅。常纪文，法学研究所研究员；刘翠霄，法学研究所研究员；谢增毅，法学研究所副研究员、法学博士；董文勇，法学研究所副研究员、法学博士；余少祥，法学研究所副研究员、法学博士；王雪梅，法学研究所副研究员。

（一）国民经济恢复时期

新中国成立以后至20世纪50年代是我国国民经济恢复时期。新中国成立初期，财政经济十分困难，工农业生产凋敝，这一时期经济的主要任务是全力恢复和促进生产的发展，争取国家财政经济状况的基本好转。当时，我国存在私营企业，在劳动关系上出现了国营企业的社会主义劳动关系与私营企业的劳资关系并存的局面，因此，这个时期，我国的劳动法既要促进国营企业劳动关系的巩固和发展，又要促使私营企业向社会主义性质的劳动关系过渡，废除新中国成立前损害劳动者身心健康的封建残余。因此，劳动关系必须贯彻“劳资两利、公私兼顾”的政策。这一时期，我国劳动立法的主要特点是：一是废除不合理的压迫工人的制度，建立新的民主管理制度。二是保护职工的政治权利和经济权利。三是逐步改善职工的物质文化生活水平，对劳动者提供物质帮助。四是重视解决失业问题。五是重视调整和规范私营企业的劳资关系。①

这一时期影响最大的立法是1950年施行的《工会法》以及1951年政务院公布的《劳动保险条例》。《工会法》规定了工会的性质、权利、任务以及工会与政府的关系和工会与企业的关系，充分保障了工人的政治权利和经济权利，促进了工会组织和工人运动的开展，改善了劳资关系。《劳动保险条例》是一部完整的社会保障法规，有利于克服工人的困难，使暂时或长期丧失劳动能力的职工在生、老、病、死、伤、残等情形下获得物质保障，而且经费由企业负担，职工不缴纳保险费，体现了政府对劳动者利益的关怀。

这一时期的主要立法文件还包括：1950年政务院财政经济委员会公布了《关于国营、公营工厂建立工厂管理委员会的指示》，要求工厂实行管理民主化。1950年，燃料工业部发出了《关于全国各煤矿废除把头制度的通令》，废除对工人人格侮辱的抄身制度。政务院1950年发布了《关于救济失业工人的指示》，1952年发布了《关于劳动就业问题的决定》，着力解决失业和就业问题。这一时期，全国总工会和劳动部还发布了有关劳动争议处理的文件，特别是1950年劳动部发布了《关于劳动争议解决程序的规定》。1956年国务院公布了《关于工资改革的决定》，改进了工资制度，使工资水平适当增长。这个时期，国家还颁布了有关劳动保护、劳动纪律等方面的规

---

① 关怀、林嘉主编：《劳动法》，中国人民大学出版社2006年版，第62—63页。

定和决定。

总体上，这一阶段，新中国刚刚成立，国家着力恢复经济秩序和劳动秩序，既要废除封建残余，改造私营企业的劳资关系，又要发展社会主义劳动关系，国家重视劳动者利益的保护，对劳动关系的各个方面进行了保护和干预，国家对劳动关系集中安排，维护了劳动者的政治权利、经济权利，体现了新社会的制度优越性。

（二）全面停滞阶段

20 世纪 50 年代中后期至“文化大革命”结束是劳动法制的停滞期。这个时期由于政治上极“左”思想处于支配地位，国家的经济建设和法制建设受到破坏，劳动法制建设停滞不前，特别是十年动乱时期，我国的法制建设包括劳动法制严重倒退。例如，1956 年我国资本主义工商业社会主义改造后，劳动争议处理制度被撤销。十年动乱时期，劳动者的权利得不到保障，被动员上山下乡的知识青年达 17 余万人，实际上剥夺了他们的就业选择权利。[①] 这段时期，由于生产秩序遭到破坏，劳动秩序陷入混乱，劳动者的权利也无法得到保障。这一时期，国家颁布了几项重要法令，但由于经济秩序混乱，这些法令并没有得到很好的实施。

（三）改革开放后市场经济体制确立前的阶段

这一阶段，我国劳动立法和劳动工作，从整顿工作制度入手，以服务于恢复和发展生产为目的，而后以经济体制改革为依托，着力改革劳动管理和工资制度。

1. 整顿劳动纪律

为了加强劳动纪律、整顿生产制度，改变生产管理混乱的状况。党中央在许多文件中提出要加强和整顿劳动纪律。国务院 1982 年 4 月发布了《企业职工奖惩条例》。1986 年 7 月发布了《国营企业辞退违纪职工暂行规定》。1988 年 4 月通过的《全民所有制工业企业法》再次规定应遵守劳动纪律和执行奖惩制度。

2. 实行劳动合同制，改革劳动管理制度

20 世纪 50 年代以后，我国逐步形成固定工制度，企业用工只许进不许出，不许流动，职工无择业权利，企业无用工自主权。在经济体制改革中，

---

① 史探径：《社会法学》，中国劳动保障出版社 2007 年版，第 87 页。

改革僵化的用工制度成为一项重要内容。1980年8月，中共中央召开劳动就业会议，确定了新的就业方针：劳动部门介绍就业、自愿组织起来就业和自谋职业相结合。1982年2月，劳动人事部发布了《关于积极试行劳动合同制的通知》，使劳动合同制有了很大的发展。通过劳动合同，明确规定用人单位与劳动者的权利义务，有利于减少劳动纠纷，促进生产的发展。1986年7月，国务院发布了《国营企业实行劳动合同制暂行规定》，首先在新招工人中实行劳动合同制。具体在招工方面，相应的逐步实行公开招考、择优录用的方法。1986年7月，国务院发布《国营企业招用工人暂行规定》，实行公开招用制度。

在加强民主管理方面，国家非常重视职工代表大会制度，1981年7月，党中央、国务院转发了《国营工业企业职工代表大会暂行条例》，确保了我国职工代表大会制度的恢复和发展。

1987年，国务院颁布《国营企业劳动争议处理暂行规定》，正式恢复已中断30年的劳动争议处理制度。1993年7月，国务院发布了《企业劳动争议处理条例》，建立起我国的劳动争议仲裁制度。

3. 改革工资制度

为了实现工资制度的改革，1985年1月，国务院颁发了《关于国营企业工资改革问题的规定》，1985年6月颁布了《关于国家机关和事业单位工作人员工资制度改革后奖金、津贴、补贴和保险福利问题的通知》，1985年7月颁布了《国营企业工资调节税暂行规定》。这些法规的实施大大促进了工资制度的改革。

4. 加强劳动保护

1982年国务院颁布了《锅炉压力容器安全监察暂行条例》、《矿山安全条例》和《矿山安全监察条例》。劳动安全监察工作得到很大加强，并逐步形成了国家监察、行业管理和群众监督相结合的体制。1984年7月国务院发出《关于加强防尘防毒工作的决定》。1987年12月国务院发布《尘肺病防治条例》。1989年3月国务院颁布了《特别重大事故调查程序暂行规定》，专门规定了对特别重大事故的调查办法。1992年颁布了《矿山安全法》。1988年国务院发布了《女职工劳动保护规定》，这是我国首次系统规定女职工劳动保护的专门法规，就女职工的招收、禁忌从事的劳动、产假及其待遇、有关保护设施等问题作了全面规定。

总之，这一时期，我国经济体制改革刚刚开始，劳动法制处于恢复和全面改革时期。由于市场经济体制尚未确立，加上所有制结构比较单一，劳动关系开始向市场化方面变革。这一时期我国劳动法整体上处于初创阶段，国家尚未建立起现代的、系统的劳动法律制度，劳动法律的内容也带有从计划经济向市场经济过渡的色彩，在体系上也比较零散。

（四）市场经济体制确立后的阶段

进入20世纪90年代，尤其是中共十四大召开以后，社会主义市场经济发展速度加快，外商投资企业、私营企业数量增多，劳动关系出现多样化、复杂化的形势，劳动者权利受侵犯的情况层出不穷，客观上迫切需要制定一部系统的《劳动法》。1994年7月5日，《劳动法（草案）》的说明提到："事实上，近些年来由于缺少比较完备的对劳动者合法权益加以保护的法律，在一些地方和企业，特别是在有些非公有制企业中，随意延长工时、克扣工资、拒绝提供必要的劳动保护，甚至侮辱和体罚工人的现象时有发生，以致酿成恶性事件。有的外商投资企业公开以中国没有《劳动法》为由损害劳动者利益，恶化劳动关系，影响了社会稳定。历次人大、政协会议都有许多代表、委员提出议案、建议，要求加快制定《劳动法》。"1994年7月我国通过了《劳动法》。《劳动法》的通过对市场经济的培育和发展，对劳动力市场的建立和完善，对保护劳动者的合法权益具有十分重要的意义。《劳动法》对促进就业和劳动关系调整中的各方面内容作了规定。《劳动法》明确了其立法宗旨是"保护劳动者的合法权益"。由于在劳动关系中，劳动者相对于用人单位一方往往处于弱势地位，《劳动法》的立法目的是校正这种不平衡状况，使劳动关系能在和谐状态下得到合理、稳定的发展。《劳动法》坚持社会主义市场经济体制改革的方向，其内容涉及就业促进、劳动合同和集体合同，工作时间和休息休假、工资、劳动安全卫生、女职工和未成年工特殊保护、职业培训、社会保险和福利、劳动争议、监督检查等内容，系统建立了我国的劳动法律制度。

《劳动法》的颁布是我国劳动立法的里程碑，《劳动法》颁布后，有关部门颁布了相关的法律、法规和规章，这些法律、法规和规章对调整劳动关系、保护劳动者的权益发挥了重要作用。在工资和工时方面，有《最低工资规定》（2004）、《国务院关于职工工作时间的规定》（1995）；在安全卫生方面，有《职业病防治法》（2001）、《安全生产法》（2002）、《使用有毒物品作业场所劳动保护条例》（2002）、《职业健康监护管理办法》（2002）、《企业职工患病或非因工负伤医疗期规定》（1994）；在合同解除方面，有《违反和解除劳动合同的经济补偿办法》（1994）、《违反〈劳动法〉有关劳动合同规定的赔偿办法》（1995）；在纠纷处理方面，有《人事争议处理暂行规定》（2007）、《最高人民法院关于审理劳动争议案件适用法律若干问题的解释》（2001）、《最高人民法院关于审理劳动争议案件适用法律若干问题的解释（二）》（2006）、《最高人民法院关于人民法院审理事业单位人事争议案件若干问题的规定》（2003）；在劳动监察方面，有《劳动保障监察条例》（2004）、《违反〈中华人民共和国劳动法〉行政处罚办法》（1994）。

（五）社会主义和谐社会与科学发展观提出后的阶段

市场经济体制确立后，加强经济立法促进经济发展成为立法工作的指导思想。经济立法始终是国家立法工作的重点，而社会立法则处于相对滞后状态。近几年来，随着工业化、城镇化和经济结构调整进程加快，企业制度改革不断深化，企业形式和劳动关系日趋多样化，劳动用工领域出现了一些新情况、新问题，劳动者合法权益受到侵害的现象时有发生，在一些地区、行业和单位甚至相当严重，影响了劳动关系的和谐稳定，主要表现在：一是劳动合同签订率低，出现劳动争议时劳动者的合法权益得不到有效保护。2005年全国人大常委会在劳动法执法检查中发现，中小型企业和非公有制企业的劳动合同签订率不到20%，个体经济组织的签订率更低。二是劳动合同短期化，劳动关系不稳定。全国人大常委会劳动法执法检查显示，有60%以上的用人单位与劳动者签订的劳动合同是短期合同，多是一年一签，有的甚至一年几签。劳动合同短期化的主要原因是用人单位试图通过短期劳动合同，最大限度地自由选择劳动者，并减少因解除劳动合同而应向劳动者支付的经济补偿。三是用人单位利用自己在劳动关系中的强势地位侵犯劳动者合法权益。劳动力供大于求是我国目前存在而且会长期存在的状况。在这个背景下，用人单位利用自己在劳动关系中的强势地位侵犯劳动者合法权益的现象时有发生。有些用人单位滥用试用期。有些用人单位违反法律、法规规定，拖延、克扣工人工资，不按国家规定缴纳社会保险费。有些用人单位不执行劳动定额标准，随意延长劳动时间，不支付加班费。如此等等。

上述问题已经严重影响到劳动关系的和谐稳定。根据原国家劳动与社会保障部的统计显示，1995—2006年的12年中，劳动争议案件数量增加13.5倍；集体劳动争议也大幅度增长，12年中的集体劳动争议案件数量增加5.4倍。为了解决这些问题，在总结实践经验的基础上制定，我国于2007年6月通过了《劳动合同法》，该法于2008年1月1日生效。

《劳动合同法》在借鉴国外先进经验和考量我国劳动关系具体情况的基

础上，充分考虑劳动关系中劳动者和用人单位地位和实力的不平衡，在保护劳资双方利益的基础上，贯彻向劳动者倾斜的立法原则，规定了一系列保护劳动者的制度。《劳动合同法》的主要内容包括：对书面劳动合同的要求；鼓励和扩大无固定期限劳动合同的适用；限定了违约金条款的适用；对竞业限制条款的适用作了进一步的规范；明确了单位规章制度与集体合同制度；进一步明确了行政机关的监察职能和问责制等。《劳动合同法》的颁布有利于规范用人单位的用工行为，保护劳动者的合法权益。除了《劳动合同法》的颁布，2007 年 8 月我国颁布了《就业促进法》，《就业促进法》明确了政府在促进就业中的责任，对职业中介机构进行了规范，进一步明确禁止就业歧视。

为了促进劳动争议又好又快解决，我国于 2007 年 12 月通过了《劳动争议调解仲裁法》。该法基本保留了目前“先裁后审”的体制，重在强化调解和仲裁程序，符合劳动关系的特征和劳动纠纷的特点，也符合国际上多数国家的通行做法，整体上值得肯定。其主要进步包括：一是规定部分案件实行“一裁终局”。为防止一些用人单位恶意诉讼以拖延时间、加大劳动者维权成本，该法在仲裁环节实行有条件的“一裁终局”，即部分劳动争议，劳动者对仲裁裁决不服的，可以向法院提起诉讼，用人单位不服仲裁裁决的，不能提起诉讼，最能依据法定事由向法院申请撤销仲裁裁决。二是将申请仲裁的时效期间延长为一年。三是缩短了劳动争议仲裁审理期限。为提高效率，该法缩短了仲裁裁判时限，规定应当自受理仲裁申请之日起 45 日内结束。四是更加合理地分配举证责任。该法规定当事人对自己提出的主张，有责任提供证据；考虑到用人单位掌握和管理着劳动者的档案等材料，又特别规定：与争议事项有关的证据属用人单位掌握管理的，用人单位应当提供，不提供的应承担不利后果。五是加强了劳动争议调解。该法用专章规定了调解。当事人可以到企业劳动争议调解委员会、依法设立的基层人民调解组织、在乡镇、街道设立的具有劳动争议调解职能的组织申请调解。六是完善了劳动仲裁程序和规则。七是减少当事人解决纠纷的经济成本。该法规定，劳动争议仲裁不收费。劳动争议仲裁委员会经费由财政予以保障。因此，通过完善调解和仲裁程序，该法将使当事人在权利受到侵害时，更及时有效的获得法律救济。

《劳动合同法》、《就业促进法》、《劳动争议调解仲裁法》是在党和国家提出科学发展观，坚持以人为本，构建和谐社会的背景下制定的。这些法律贯彻向劳动者倾斜的立法原则，解决社会主义市场经济体制建立以来我国劳动领域出现的新问题，极大地完善了我国的劳动法治，这三部法律的出台也是我国继《劳动法》颁布后劳动立法的新的里程碑。

（六）劳动法治60年的总结

劳动法作为社会主义法律体系的重要组成部分，在调整劳动关系，构建稳定、和谐的劳动关系，保护劳动者权益，促进社会主义市场体制的发育，促进经济和社会的协调可持续发展等方面发挥了重要作用。据不完全统计，《劳动法》实施以来，我国颁布的与劳动有关的全国性的法律、法规、规章和司法解释超过100件，我国劳动法制领域取得了重大成就。劳动法作为一个崭新的法律部门，越来越受到决策部门和社会各界的重视，其重要性也越来越得到各界的认可。总结劳动法治60年的经验、教训，考虑当前我国劳动法治的现状和面临的挑战，我们认为，在推进劳动法治的进程中，应注意以下问题：

1. 协调经济发展和劳动保护的关系

长期以来，我国注重经济发展，对社会建设重视不够，对劳动者的保护不够。我国于1994年就颁布了《劳动法》，但大量违反劳动法的行为普遍存在，不仅在私营和外资企业，在一些国有企业也存在违反劳动法的行为。劳动法的实施不力，与一些地方政府注重吸引投资、注重GDP的增长的观念和立场有关。一些地方政府对劳动执法不予重视，甚至不予支持，劳动监察机构和仲裁机构人员少，经费不足。在执法上，侧重于专项检查和处理投诉，对企业进行主动的、日常的、常规的检查较少。保护劳动者，固然会增加用人单位的成本，但劳动标准和劳动待遇的提高对增强劳动者的工作积极性，促进企业核心竞争力的提升，促进消费水平的提高，增强劳动者的素质也有重要意义。因此，无论是政府还是用人单位都应当注意协调经济发展和劳动保护的关系，坚持以人为本，促进二者的协调发展。

2. 注重劳动法律的实施

尽管国家颁布了大量的劳动法律、法规和规章，但无论是政府执法，还是用人单位在守法方面，都有待完善。我国各地区发展很不均衡，企业的所有制形式多样，用工方式也很复杂，制定统一的劳动标准很难得到有效的实施。特别是我国存在大量的小企业和个体工商户，这些小企业通常和一般的企业适用同样的劳动法律法规，而这些企业的规模、用工形式、雇主和雇员的特殊关系、雇主自身的法律意识和知识水平差别较大。因此，我国劳动法在内容上应更注重其实施的有效性，应考虑不同地区、不同规模的用人单位遵守劳动法相关内容的积极性和能力，对中小企业实行一定的差别待遇。尽管我国通过了《劳动合同法》和《劳动争议调解仲裁法》，但条文比较粗疏，各地在具体实施中的做法差别很大，应该尽快出台相关行政法规和司法解释，促进法制的统一性和权威性。

3. 充分发挥工会和其他组织在保护劳动者方面的作用

单个的劳动者保护自身劳动权利的能力有限，充分发挥工会的作用是保护劳动权利，促进劳动法顺利实施的重要内容。《劳动法》、《劳动合同法》等法律赋予工会在用人单位规章制度制定、劳动合同的订立和解除、经济性裁员、集体合同等方面很多职责。尽管我国注重工会的法律制度建设，1992年通过了《工会法》（2001年修正）。但现实生活中，我国主要注重工会的组建，工会的实际运行效果、基层工会的作用还没有完全发挥出来。我国必须注重基层工会的能力建设，充分发挥工会集体谈判的积极性和能力。除了基层工会的作用薄弱，我国行业工会和雇主组织的建设也较薄弱，大部分行业工会和行业协会比较松散，行业性和区域性集体合同难以有效开展。我国应充分发挥工会服务职工以及与企业集体协商的各种功能。

4. 加强劳动纠纷处理机构建设

我国注重通过调解、仲裁解决劳动争议，实行的基本模式是“一裁二审”。按照《劳动争议调解仲裁法》的规定，当事人可以到企业劳动争议调解委员会、依法设立的基层人民调解组织、在乡镇、街道设立的具有劳动争议调解职能的组织申请调解。目前，我国劳动调解组织和仲裁机构的结构和人员素质都有待提高，特别是劳动调解还比较薄弱。加强调解机构、仲裁机构和人民法院的机构建设，是正确处理劳动纠纷、正确实施劳动法的重要内容。

总之，劳动法治是一个系统工程，其包括劳动立法、劳动执法和劳动纠纷的解决等环节。我国应在加强劳动法研究的基础上，不断提高劳动立法的水平，改善劳动执法，完善劳动纠纷解决机构和程序，从而推动劳动法治的不断发展。

二、社会保障法治60年

社会保障制度是一个庞大的制度体系，目前我国社会保障学界公认的制度体系包括社会保险制度、社会优抚制度、社会福利制度、社会救济制度四大项目，其中社会保险制度是核心项目。我们以此体系为线索，来了解我国社会保障制度建立和发展60年来的历史进程。

（一）社会保障制度的建立

1. 社会保险制度

（1）企业职工劳动保险制度

1951年2月26日，当时的政务院颁布了《中华人民共和国劳动保险条例》，标志着新中国社会保险制度的建立。1953年政务院对劳动保险条例进行了修订。截至1956年底，参加劳动保险的职工人数占国营、公私合营、私营企业职工总数的94%；[①] 劳动保险待遇主要包括养老、疾病、伤残、生育、死亡及供养直系亲属几个项目；劳动保险基金由企业缴纳，费率为企业职工工资总额的3%，并且规定不得在工人与职员工资内扣除。1969年2月，财政部发布了《关于国营企业财务工作中几项制度的改革意见（草案）》，将过去养老保险社会统筹调剂改为企业保险的制度。

（2）国家机关工作人员社会保险制度

1950年12月11日，经政务院批准，内务部颁发《革命工作人员伤亡褒恤暂行条例》，对工作人员伤残、死亡有关待遇作了规定；1952年6月27日，政务院又颁布了《关于全国各级人民政府、党派、团体及所属事业单位的国家工作人员实行公费医疗预防措施的指示》，由此确立了我国的公费医疗制度；1955年4月26日，国务院颁布了《关于女工作人员生育假期的通知》，规定了国家机关工作人员的生育待遇；1955年12月29日，国务院发布了《国家机关工作人员退休处理暂行办法》等法规，确立了我国国家机关、事业单位职工的退休制度。

2. 社会优抚安置制度

1950年，经政务院批准，内务部公布了《革命残废军人优待抚恤暂行条例》等一系列法规，确立了我国优抚安置制度，其内容主要有：（1）优待制度。优待制度对优待对象应当享受的优待待遇作了明确规定。（2）抚恤制度。抚恤制度包括伤残抚恤和死亡抚恤两类。（3）安置制度。安置制度主要包括对复员退伍军人、军队转业干部的安置，以及军队离退休干部的安置。

3. 社会福利制度

（1）民政福利

1951年8月15日，内务部的全国城市救济福利工作会议文件《关于城

---

① 王占臣等主编：《社会保障法全书》（上册），改革出版社1995年版，第6页。

市救济福利工作报告》经政务院政治法律委员会批准后，作为城市救济福利工作的原则指示发布。保障对象主要是无依无靠的城镇孤寡老人、孤儿或弃婴、残疾人等。据民政部门不完全统计，1961年民政部门管理的福利院收养孤寡老人47348人、孤儿55957人、精神病患者14627人。①

（2）企业职工福利

1957年1月，国务院发布《关于职工生活方面若干问题的指示》，对职工住宅、上下班交通、疾病医疗、生活必需品供应、困难补助等问题作出了明确规定。到1957年底，全国职工的医疗费、住房费、教育费、离退休费年度达1800亿元，占全国财政收入的36%。② 职工的各种补贴相当于职工平均工资的81.71%。③ 职工福利覆盖的城镇劳动者及其家属，占城镇居民的95%，占全国人口的25%以上。④

（3）国家机关、事业单位职工福利

1954年3月政务院发布了《关于各级人民政府工作人员福利费掌管使用办法的通知》，对机关事业单位工作人员的福利待遇及经费来源、管理与使用作出规定。1957年1月国务院发布了《关于职工生活方面若干问题的指示》。这些法规对国家机关、事业单位职工的冬季取暖、生活困难补助、职工住宅、上下班交通、职工家属医疗补助、生活必需品供应等问题作了全面的规定。

4. 社会救济制度

1956年，我国开始进入全面建设社会主义时期以后，在城市形成了就业与保障一体化的保障制度，社会救济主要面向城乡没有劳动能力、没有收入来源、没有法定赡养人或抚养人的社会成员，社会救济费由国家承担。

5. 农村社会保障制度

（1）农村合作医疗制度

1968年11月毛泽东批发了湖北长阳县乐园公社办合作医疗的经验后，全国绝大多数生产大队办起了合作医疗。1978年五届人大通过的《中华人民共和国宪法》将“合作医疗”写了进去。1979年卫生部在总结合作医疗经验的基础上，与农业部、财政部联合下发了《农村合作医疗章程（试行

① 郑功成等：《中国社会保障制度变迁与评估》，中国人民大学出版社2002年版，第338页。

② 曾煜编著：《新编社会保障法律法规与实务操作指南》，中国建材工业出版社2003年版，第123页。

③ 赵建人编著：《各国社会保险和福利》，四川人民出版社1992年版，第645页。

④ 郑功成等：《中国社会保障制度变迁与评估》，中国人民大学出版社2002年版，第333页。

草案)》，对合作医疗进行了规范。到了20世纪70年代末，全国约有90%的行政村实行了合作医疗。①

(2) 农村社会救济制度

第一，社会救济制度。

1958年实行了人民公社化以后，国家规定，对生活有困难的社员，经群众讨论同意以后，给予补助。享受补助的条件是，全年收入不能满足基本生活需要。补助的方式有工分补助、粮食补助和现金补助三种。在经济不发达地区，集体经济没有能力为贫困户提供补助的，由国家提供适当救济。据统计，从1955年至1978年20余年间，国家为农村贫困户提供的社会救济款达22亿元。②

第二，"五保"制度。

1956年6月，一届人大三次会议通过的《高级农业合作社示范章程》规定："农业生产合作社对于缺乏劳动能力或完全丧失劳动能力、生活没有依靠的老弱孤寡、残疾社员，在生产和生活上给予适当的安排和照顾，保证他们吃、穿和烧柴的供应，保证年幼的受到教育和年老的死后安葬，使他们的生养死葬都有指靠。"由此确立了我国农村"五保"制度。1960年4月10日，二届人大通过的《1956—1976年全国农业发展纲要》第30条又增加了"保住"、"保医"等内容，使得"五保"制度更加完善。

(二) 社会保障制度的改革和发展

20世纪80年代我国开始进行经济体制改革，整个社会的经济结构发生巨大变化，原来的社会保障制度不但不能发挥它促进经济发展、维护社会稳定的功能和作用，相反成为经济体制改革的羁绊和障碍，所以必须进行改革。

1. 社会保险制度

(1) 养老保险制度

企业职工养老保险制度。国家对传统的养老保险制度改革的内容主要有：第一，建立国家、企业和职工个人共同承担养老保险责任的制度；第二，建立养老保险基金社会统筹制度；第三，建立统账结合的养老保险制

① 武力等：《解决"三农"问题之路——中国共产党"三农"思想政策史》，中国经济出版社2004年版，第667页。

② 崔乃夫主编：《当代中国的民政》(下)，当代中国出版社1994年版，第85—86页。

度；第四，养老保险逐步实行社会化管理；第五，不断扩大覆盖人口。有统计表明，参加基本养老保险的在职职工从1989年的4800余万人扩大到了2007年的13690.6万人；离退休、退职人员从1989年的890余万人扩大到了2007年的4544.0万人。[①]

国家机关、事业单位工作人员的养老保险。1978年5月24日，第五届全国人大常委会第二次会议批准了《国务院关于安置老弱病残干部的暂行办法》和《国务院关于工人退休、退职的暂行办法》，对国家机关、事业单位工作人员的退休年龄、待遇标准进行了规定。自20世纪90年代初以来，国家机关、事业单位养老保险制度改革一直处于试点和酝酿阶段。因此，这种由国家财政出资、由单位进行管理的养老保险制度一直适用至今。

（2）医疗保险制度

劳保医疗制度。1998年12月14日，国务院发布了《关于建立城镇职工基本医疗保险制度的决定》。该决定对覆盖范围、属地化管理原则、统筹层次、医疗保险基金筹措方式、待遇标准等作出了规定。到2007年，参加城镇职工基本医疗保险人数18020万人，比2006年增加了2288万人。[②]

建立了城镇居民基本医疗保险制度。2007年9月国务院发布《关于开展城镇居民基本医疗保险试点实施方案》，规定城镇居民基本医疗保险以家庭缴费为主，政府提供适当补助。政府每年按不低于人均40元给予补助，其中中央政府从2007年起，每年通过专项转移支付，对中西部地区按人均20元给予补助。城镇居民基本医疗保险基金重点用于参加基本医疗保险的居民的住院和门诊大病医疗支出。到2007年底，参加城镇居民基本医疗保险的人数为4291万人。[③]

公费医疗制度。1989年卫生部、财政部发布《关于公费医疗管理办法的通知》，文件的内容涉及公费医疗制度两个方面的改革：一是将原来完全由国家财政承担医疗费用改为以国家财政为主，国家、单位和个人三方分担医疗费用。但是，这种做法一直没有全面推开，许多地方仍在沿用实报实销的制度；另一方面，一些单位由于政府拨款不足而使公费医疗出现赤字时，还需自己筹措资金予以弥补。这项改革没有从根本上改变财政预算拨款是公

① 国家统计局编：《中国统计年鉴2008》，中国统计出版社2008年版，第896页。

② 郑功成：《中国社会保障30年》，人民出版社2008年版，第125页。

③ 同上。

费医疗唯一的筹资渠道的特征。

（3）失业保险制度的建立

1993年4月12日，国务院颁发《国有企业职工待业保险规定》，1999年1月22日，国务院颁布《失业保险条例》，标志着我国失业保险制度发展到了一个新的阶段：第一，正式用法规的形式以“失业保险”代替“待业保险”；第二，把失业保险的覆盖范围从国营企业职工扩大到城镇各类企业、事业单位；第三，建立了单位和职工共同承担缴纳失业保险费责任的制度；第四，提高失业保险基金统筹层次，规定失业保险基金在直辖市和设区的市实行全市统筹；第五，明确了失业保险金的发放标准。

（4）工伤保险制度

2003年4月27日，国务院颁布了自2004年1月1日起实施的《工伤保险条例》，这是我国第一部专门规范工伤风险的法规。与以往的规定相比，条例：1）扩大了工伤保险的适用范围；2）规定了工伤保险缴费的责任主体是用人单位；3）明确了工伤的认定标准；4）规定医疗卫生专家参与劳动能力鉴定；5）规定了工伤争议中用人单位的举证责任。到了2007年底，全国参加工伤保险人数增加到12173万人、享受待遇的人数增加到96万人、基金收入增加到166亿元、支出上升为88亿元、基金滚存额达到262亿元。①

（5）生育保险制度

1994年12月，劳动部发布了《企业职工生育保险试行办法》，其主要内容有：生育保险适用于所有企业；生育保险费实行社会统筹；女职工生育的检查费、接生费、手术费、住院费和药费由生育保险支付。因生育引起疾病的医疗费，由生育保险基金支付。

2. 优抚安置制度

1988年7月18日，国务院颁布了《军人抚恤优待条例》，全面地对军人的抚恤优待问题作了具体规定，同时废除了1950年颁布的5个条例。为了有效保障广大官兵和优抚对象的利益，国家对1988年颁布的《军人抚恤优待条例》进行了修订，并于2004年由国务院、中央军委发布，自2004年10月1日起施行。新条例有以下突破：明确规定了优抚对象，扩大了条例适用范围；提高了优抚待遇标准；增加了批准烈士的条件和程序；增加了“法律责任”一章。

---

① 郑功成主编：《中国社会保障30年》，人民出版社2008年版，第272页。

3. 社会福利制度

民政福利制度。1993年4月，民政部发布了《国家级福利院评定标准》，同年8月，民政部又发布了《社会福利企业规划》。1994年12月，民政部发布了《中国福利彩票管理办法》。1999年12月，民政部颁布了《社会福利机构管理暂行办法》。在这些法规的规范下，民政部门作为我国福利事业的主管机构把我国的社会福利事业逐步从官方举办引向社会举办，并按福利需求设立福利项目。

企业职工福利制度。20世纪90年代，在大力发展第三产业的社会背景下，在承包责任制的基础上，绝大多数企业和单位打破过去封闭运行的模式，成立了面向社会、有偿服务的劳动服务公司，并逐渐与原单位脱钩，成为独立的经济实体并参与市场竞争。

住房福利制度：（1）经济适用住房制度。2007年11月30日，建设部等七部委联合发布了新修订的《经济适用房管理办法》，强调了经济适用房的保障“居者有其屋”功能。到2006年底，全国经济适用房已竣工的建筑面积达13亿平方米，解决了1650万户的住房问题；① （2）住房公积金制度。由国务院发布的《住房公积金管理条例》自1999年4月3日起实施。住房公积金用于职工购买、建造、翻建、大修自住住房。条例颁布以来，住房公积金比较充分地发挥了它所具有的互助性和保障性的特征；（3）廉租房制度。2003年12月31日，建设部等五部委联合发布《城镇最低收入家庭廉租住房管理办法》，并自2004年3月1日起实施。截至2005年底，全国累计用于最低收入家庭住房保障的资金为47.4亿元，为32.9万户最低收入家庭提供了住房保障。②

教育福利制度。（1）义务教育。2001年，国家出台了“两免一补”政策，政策规定，由中央财政免费提供教科书，地方财政负责免收杂费和补助住宿生的生活费。2006年6月29日，十届全国人大常委会第22次会议对20年前制定的义务教育法进行了修订，新义务教育法的规定为义务教育经费投入提供了保障。2007年实现了农村义务教育阶段免收学杂费的目标。（2）高等教育。1993年，中共中央、国务院发布《中国教育改革和发展纲要》，明确指出“改革上大学由国家包下来的做法，逐步实行收费制度”。高等教育制度由此从福利制转向责任分担制。为了使那些家庭贫困的学生能

---

① 王炜：《经济适用住房如何“经济”适用》，《人民日报》2007年8月24日。

② 文林峰编著：《城镇住房保障》，中国发展出版社2007年版，第43页。

够顺利完成高等教育，体现教育的公平性，国家及时建立了一系列资助贫困大学生的制度：一是高校助学贷款制度；二是设立国家助学奖学金制；三是开设绿色通道。①

4. 社会救济制度

（1）城市居民最低生活保障制度的建立

1999年9月28日，国务院颁布了《城市居民最低生活保障条例》，并规定从10月1日起正式实施。条例的内容包括保障范围、保障标准、保障资金的来源等问题。2000年各级财政投入最低生活保障资金达29.6亿元，其中中央财政投入8亿元，地方财政21.6亿元。②

（2）城市医疗救助制度的建立

2005年2月26日，民政部、卫生部、劳动和社会保障部、财政部发布了《关于建立城市医疗救助试点工作的意见》。该意见规定，政府财政投入是医疗救助资金的主要来源；以低保户为主要救助对象，兼顾低保边缘群体；大病救助为主，门诊救助为辅。到2007年底，全国2862个县（市、区）中已有1865个县（市、区）建立了该制度，1440万城市贫困人口从中受惠，覆盖率达65.16%。③

5. 农村社会保障制度的建立和改革

（1）农民养老保险制度的建立

1992年1月3日，民政部颁布了《县级农村社会养老保险基本方案（试行）》。由于农村养老保险制度符合广大农民的愿望以及地方政府对农村养老保险工作的重视，几年来农村养老保险工作呈现出良好的发展势头。到2000年底全国31个省、市、自治区的294个地区，2052个县（市、区），32610个乡镇，428889个村，101691个乡镇企业开展了农村养老保险工作。全国参保人数为6172.34万人，农村养老保险基金积累总额为195.5亿元，2000年当年领取养老金的人数为97.81万人。④

（2）新型农村合作医疗制度的建立

2003年1月，国务院办公厅转发了卫生部、财政部、农业部《关于建立新型农村合作医疗制度的意见》，明确从2003年下半年开展新型农村合作

---

① 顾明远主编：《改革开放30年中国教育纪实》，人民出版社2008年版，第261—262页。

② 多吉才让：《中国最低生活保障制度研究与实践》，人民出版社2001年版，第154页。

③ 2007年《中国医疗卫生发展报告》，中国网，2007年12月17日。

④ 劳动和社会保障部农村社会保险司：《2000年度农村养老保险统计分析报告》，第1页

医疗试点工作。在试点地区，中央财政对中西部地区农民每年按人均10元提供补助金，地方财政提供每年人均不低于10元的配套补助，农民个人每年缴纳不低于10元的合作医疗费用，由此形成新型农村合作医疗基金。2008年3月，卫生部、财政部联合发出《关于做好2008年新型农村合作医疗工作的通知》，规定从2008年开始，各级财政的补助标准提高到每人每年80元，其中，中央财政对中西部地区农民按40元给予补助，地方由省级财政承担主要部分，农民个人缴费标准由10元增加到20元。由此，新型农村合作医疗具有了社会医疗保险的性质。

（3）农村社会救济制度

1994年1月23日，国务院颁布《农村五保供养工作条例》，首次将农村五保供养用行政法规的形式规定了下来。2006年1月11日，国务院发布了新修订的、自当年3月1日起实施的《农村五保供养工作条例》，规定"五保户"供养是政府的责任，自此，我国五保供养工作走上了法治化、规范化道路。

2007年7月11日，国务院发布《关于在全国建立农村最低生活保障制度的通知》。各地在建立适合本地经济发展水平的低保制度时，对享受低保待遇的对象作出了具体规定。2008年，中央财政将农村低保月人均补助标准由30元提高到50元，将对中西部地区以及东部的一部分地区补助份额由2007年的1/3提高到了2008年的70%。2008年，全国农村享受低保待遇的人数为38576734人，受助家庭17861128户，各级财政支出低保资金1444332.6万元，人均43元。①

总体上，经过60年的发展，我国基本建立了覆盖城乡的社会保障制度。但目前社会保障制度仍面临很多问题和挑战，还有一部分人群并没有被社会保障制度所覆盖，农民工的社会保障制度依然不健全，部分农民工并没有参加社会保险，社会保险跨地区转移接续制度尚未建立，社会保障制度地方化的倾向比较严重，各地的制度安排差别很大。社会保障的法制水平比较低，社会保障的执法体制还很不完善。今后应当加强社会保障立法，特别是加快《社会保险法》和《社会救助法》的立法步伐，进一步完善社会保障的执法机构和执法体制，完善社会保障争议解决机制，确实保障公民的社会保障权。

---

① 郑功成主编：《中国社会保障30年》，人民出版社2008年版，第157页。

三、卫生法治60年

医疗卫生领域是与人民健康和幸福密切相关的领域，党和政府历来重视医疗卫生领域的建设。新中国成立以来我国的医疗卫生事业的发展取得了举世瞩目的成就，医疗服务设施得到改善，医务人员的数量和业务水平均大幅度提高，人民的预期寿命从1957年的57岁上升到2008年的73岁。[①] 我国医疗卫生事业获得了极大的发展，所取得的成就既得益于经济和社会的迅速发展，也得益于制度建设和卫生法治发展所产生的强大推动作用。我国在医疗卫生制度建设过程中的一些成功制度措施曾经成为世界医疗卫生制度的典范。改革开放以来我国医疗卫生事业发展的重要特点是以改革为契机、以经济社会发展为基础、以制度建设作保障，其中制度建设被提到前所未有的高度。我国医疗卫生事业的兴衰起伏与制度建设状况密不可分，是我国医疗卫生制度和法治建设水平的一种体现。在过去的60年中，我国医疗卫生法治建设在法律创制、法治理念、制度构建以及法治实践等层面上一直处于探索、改革和发展之中，未来我国医疗卫生法治仍须在改革中不断进步。

（一）我国卫生法治建设的历史和现实

1. 我国医疗卫生立法的历史和现实

新中国成立以后，我国在新民主主义革命时期卫生立法的基础上，颁布了大量的规范性文件，医疗卫生立法呈现空前繁荣的良好局面，其间共制定和修改13部卫生法律、约50部卫生法规及238件卫生行政规章，医疗卫生工作逐渐实现了有法可依。

（1）直接保护公民健康权益的立法之发展

第一，新中国成立至改革开放之前的医疗卫生立法。

新中国成立之初，国家积贫积弱，人民贫病交加。为保障人民健康，国家大力发展医疗卫生事业，并为此而制定了一些法律规范。1952年6月，政务院颁布了《关于全国各级人民政府、党派、团体及其所属事业单位的国家工作人员实行公费医疗预防的指示》，此后又颁布了一系列有关公费医疗的规范性文件，为稳定干部队伍发挥了积极的作用。1951年，政务院颁

① 参见《2009年中国卫生统计提要》，http：//www. moh. gov. cn/publicfiles/business/htmlfiles/zwgkzt/ptjty/200905/40765. htm。

发了《中华人民共和国劳动保险条例》，其中规定了城市职工可以依法参加医疗保险，并享受相应的待遇。国家通过制定医疗保障法规，有效地解决了在经济水平低的条件下公民的医疗费用负担问题，极大地提高了医疗卫生服务的可担负性。

在健全医疗保障制度的同时，国家还制定了一些有关医疗卫生管理和服务的法规，这些法规主要集中于公共卫生和职业健康等方面。新中国成立后我国开始进行工业化建设，为保护工人的职业健康，1956年5月，国务院颁布了《工厂安全卫生规程》，这部法规成为我国第一部职业健康法规。1963年7月，卫生部、劳动部和全国总工会共同发布了另一部职业健康规章——《矽尘作业工人医疗预防措施实施办法》。针对新中国成立初期传染性疾病成为严重威胁人民健康的主要疾病的情况，1957年，我国制定了第一部公共卫生法律——《中华人民共和国国境卫生检疫条例》，随后国务院也发布了《国务院关于消灭血吸虫病的指示》。1959年11月，农业部、卫生部等四部门共同发布《肉品卫生检验试行规程》，成为我国第一部食品卫生法律。

从新中国成立至改革开放前夕，我国在医疗卫生领域进行了广泛的制度建设，各项具有社会主义特色的医疗卫生制度全面建立起来。在这个过程中，政策和政府命令起到很大的作用。这一阶段的立法工作的主要特点是有针对性立法、重点立法，在注重公平的同时也兼顾效率。

第二，改革开放至市场经济体制改革之前的立法。

改革开放之初，百废待兴，医疗卫生领域也亟待规范和整饬。1982年，《中华人民共和国食品卫生法（试行）》正式颁布实施，这是改革开放以来我国颁布的第一部医疗卫生法律，标志着我国医疗卫生制度建设开始步入正轨。此后，为加强药品监督管理，保证药品质量和安全，维护公民身体健康和用药的合法权益，我国于1984年颁布了《中华人民共和国药品管理法》。针对传染性疾病作为威胁公民健康的主要疾病的情况，我国又于1986年和1989年分别颁布了《中华人民共和国国境卫生检疫法》和《中华人民共和国传染病防治法》。

在全国人大加强医疗卫生立法的同时，国务院也颁布了大量的医疗卫生行政法规。仅在改革开放的第一年，国务院就颁布了《中华人民共和国急性传染病管理条例》、《药政管理条例》、《麻醉药品管理条例》共三部医疗卫生行政法规。此后的1980年和1981年，国务院又各颁布五部医疗卫生法规。80年代末我国医疗卫生行政立法又达到了一个新的高潮，从1987年到

1989年三年间相继颁布了十部医疗卫生行政法规。从1978年到1991年，国务院共颁布了26部医疗卫生行政法规，其中既包括执行医疗卫生法律的立法，也包括为满足医疗卫生事业发展需要依照授权的立法，在社会急剧变革的改革时期，后一种立法是最为普遍的立法形式。

从改革开放到社会主义市场经济体制建立之前，卫生部创制部门规章的工作非常活跃，在短短十多年的时间内迅速制定了155部医疗卫生部门规章，使各项工作基本上实现了有章可循。

第三，市场经济改革至今的立法。

进入社会主义市场经济阶段以后，我国医疗卫生立法加快发展，更多的医疗卫生法律相继出台。在此期间，我国先后制定和修改了《中华人民共和国红十字会法》、《中华人民共和国母婴保健法》、《中华人民共和国职业病防治法》等9部法律。医疗卫生法律的大量制定，为医疗卫生工作提供了坚实的法律基础。

社会主义市场经济体制建立至今，国务院共颁布24部医疗卫生行政法规，其中涉及医药及健康相关产品、医政、医疗服务、公共卫生、医疗争议处理等，既包括实体立法，也涉及程序立法。大量医疗卫生行政法规的颁布及时弥补了医疗卫生法律供给的不足，也为已制定的医疗卫生法律提供了更切实际的可操作性。

随着医疗卫生法律体系的逐渐完备，医疗卫生部门规章的创制步伐逐渐放缓，此期间共制定了84部医疗卫生部门规章。

（2）保护公民健康权益相关立法之发展

由于影响健康的因素较多，单纯的医疗卫生立法不足以全面有效地维护公民的健康权益，因此国家在制定其他法律的时候也将保护公民的健康权益作为立法目的。新中国成立以后至改革开放以前，我国卫生立法以外的其他法律多不涉及健康问题。改革开放以来我国制定了大量的相关法律，这些法律主要关注公共卫生问题。这一时期的相关立法主要有：《中华人民共和国固体废物污染环境防治法》、《中华人民共和国环境噪声污染防治法》、《中华人民共和国农产品质量安全法》和《中华人民共和国未成年人保护法》等。

除保护健康相关因素的立法外，我国有关法律还直接确认并保护公民的健康权益，例如，1957年颁布的《治安管理处罚条例》，1982年《宪法》，1997年《刑法》，1986年《民法通则》。《残疾人保障法》、《劳动法》等相关立法也对保护公民的健康权益作出了规定。

另外，全国人大常委会还批准了一系列关于健康和卫生方面的国际条约。全国人大常务委员会于1985年批准了加入了《经〈修正1961年麻醉品单一公约议定书〉修正的1961年麻醉品单一公约》和《1971年精神药物公约》，1989年批准了《联合国禁止非法贩运麻醉药品和精神药物公约》，2005年批准了《烟草控制框架公约》，2006年批准了《职业安全和卫生及工作环境公约》等。

2. *我国医疗卫生法治理念之演进*

新中国成立以来接连不断的政治运动扰乱了经济和社会建设的步伐，尤其十年动乱中流行的法律虚无主义，使得医疗卫生领域不仅缺乏必要的法律治理，而且在政治运动主旋律背景下，整个医疗卫生工作都被边缘化。改革开放以前，我国医疗卫生领域的建设主要依靠政策、会议决策及少量的部门规章来推动，医疗卫生领域仅颁布了1部法律和7部行政法规，医疗卫生制度稳定性差、缺少规划、体系不完整。这一时期的医疗卫生领域是有法制而无法治的时期，甚至法制的成分也非常有限。

改革开放以后，国家开始注重制度建设的作用，并通过立法的形式确立、巩固和改革制度，同时，法律所蕴含的法治精神和法治理念也逐渐萌动并不断成长。1982年，全国人大常委会颁布了《中华人民共和国食品卫生法（试行）》，该法是第一部国家积极干预社会生活的医疗卫生法律，也是国家开始重视民生的重要表征。此法的颁布开启了大规模医疗卫生立法的时代，是国家和社会对法律虚无主义进行反思的结果，反映了时代发展对法治的需求。1993年颁布的《中华人民共和国红十字会法》是我国第一部医疗卫生社会性立法，此前我国医疗卫生法的主体是政府和国有主体，医疗卫生事业也是政府的事业，非政府组织、个人的相关活动依附政府的资源，虽然改革开放以后非政府组织和个人介入医疗卫生领域拥有更多的自由空间，但是仍缺乏法律依据和保障。该法的颁布标志着我国医疗卫生事业的社会参与性开始得到法律的肯认和保护，此后的医疗卫生法律规范越来越强调其社会性特征，支持社会参与、尊重社会自治、保障社会监督、维护卫生公益成为医疗卫生法律的重要理念。1994年颁布的《中华人民共和国母婴保健法》是我国第一部为保护社会特殊群体的健康而制定的卫生法律，该法一改以往仅注重健康问题的普遍性而忽视差异性的观念，认识到社会弱势群体的健康权益对于社会公正的影响，将社会特殊群体的健康保障问题纳入法治的视野，保障生理和年龄弱势的公民的健康权益、帮助他们实现健康权利是卫生法的任务。

3. 医疗卫生体制和实施机制的变革

新中国成立后我国医疗卫生服务实行高度行政化管理。在计划经济体制环境下，医疗卫生服务机构全部为公有制，医疗卫生机构运行的费用主要来源于两方面，一是政府财政拨款或集体的经费补助，二是提供劳保医疗、公费医疗和合作医疗服务的业务收入。医疗卫生机构隶属于从中央到地方各级卫生行政部门，政府在人权、财权、事权等方面对医疗卫生机构实行严格管理和控制；同时，医疗卫生机构也成为具有行政级别的准行政机关。

改革开放以后，医疗卫生领域同经济领域一样进入改革时期，改革措施"百花齐放"，层出不穷，最主要的特征是"放权、让利、搞活"。"放权"即财权和管理权的下放，医疗卫生机构拥有更多的经营自主权；"让利"即以政策换补贴，政府在减少财政补助的同时，制定允许医疗卫生机构营利的政策；"搞活"即抓大放小，政府主要将医疗卫生资源投入到大城市、大医院，基层医疗卫生机构则通过政策支持自主灵活经营。

医疗卫生体制改革始于1979年，该年卫生部等三部委联合发出了《关于加强医院经济管理试点工作的通知》，开始尝试对医院实行"定额补助、经济核算、考核奖惩"的改革方案。1980年，国务院又批转了卫生部《关于允许个体医生开业行医问题的请示报告》，国营公立医院在医疗卫生领域一统天下的局面开始动摇。1992年9月，国务院下发《关于深化卫生改革的几点意见》，医疗改革朝着市场化方向迈进。从1993年到2000年，国家以"放权、让利、搞活"为特征的医疗卫生体制改革推动了医疗卫生事业的高速发展，同时医疗卫生过快增长、医疗卫生服务偏离公益性目标的问题逐渐显现。2000年国务院发布《关于城镇医疗卫生体制改革的指导意见》，该意见鼓励各类医疗机构合作、合并，组建医疗服务集团；营利性医疗机构医疗服务的价格放开，自主经营并照章纳税，在政策鼓励下，医疗卫生机构开始进行产权改革，医疗机构与政府的关系开始发生质的变化。

（二）我国医疗卫生法治建设得失评析

1. 医疗卫生立法之评析

新中国成立后我国为保障人民健康，进行了全面的医疗卫生制度建设，其重点在于医疗保障制度建设。在这个时期，我国进行了多项立法，建立了三大医疗保险制度。医疗卫生服务立法主要集中于公共卫生领域，这与新中国成立初期我国公共卫生问题突出的历史现实紧密相关。改革开放之前的医疗卫生立法数量较少，法律规范形式主要是行政规章，卫生法律仅制定了一部。卫生行政规章繁多而杂乱，稳定性不足，立法缺乏前瞻性和系统性。

1978年以后，我国开始重视医疗卫生领域的立法，并取得了不凡的成绩。这些成绩主要表现在：第一，基本实现医疗卫生各领域有法可依，为规范医疗卫生行为、依靠法治发展医疗卫生事业创造了条件。第二，医疗卫生法律体系趋于完整，医疗卫生法逐渐发展成为社会主义法律体系中重要的法律部门。第三，立法工作与时俱进，立法形式灵活务实，既包括针对新问题、新形势制定新法律，也包括针对变化了的法律环境及时修订法律规范，同时也做到了对过时、失效的法律进行清理。第四，实现了由单一卫生立法向多维度立法转变，在制定其他相关法律的时候兼顾对医疗卫生问题进行规范。第五，立法民主性明显增强，有关医疗卫生法律的制定和修改广泛听取有关机关、组织和公民的意见。与此同时，医疗卫生的立法也存在若干不足之处，第一，医疗卫生法律体系尚不健全，尤其缺乏关于我国医疗卫生制度架构的基本法，致使新中国成立以来我国医疗卫生制度不完整、医疗卫生事业的性质不稳定、国家与医疗卫生机构之间的关系不明确，医疗卫生政策目标难以得到有效落实。第二，立法工作较为被动，缺乏应有的前瞻性，一些重要立法呈现应急性、临时性特征。第三，立法缺乏系统性和协调性，不同部门的相关立法甚至相互冲突。第四，立法层次总体过低，全国人大制定的医疗卫生法律少，地方性法规、规章和部门规章多。总体而言，改革开放以来我国医疗卫生立法取得了巨大进步，医疗卫生领域逐渐实现了有法可依，根据国务院和全国人大的立法规划，今后一段时期将会有更多的医疗卫生法律相继出台。

2. 医疗卫生法治理念评析

改革开放以来我国医疗卫生法治理念从弱到强，取得了巨大进步，在依靠法治获得发展的理念支撑下，国家不仅重视立法，而且将法治精神注入立法、规范执法、保障法律监督，公民的关于医疗卫生的实体权利和程序权利均得到较大改善。尽管如此，我国医疗卫生法治理念还需进一步端正。在法治社会，法治的目的是公民的权利，实现公民权利是一切法律活动的核心。但是，我国宪法和法律没有明确承认公民享有健康权利，仅有少数的医疗卫生法律将立法目的规定为保护公民的健康权益，直接保护公民健康权利的立法还没有。在公民健康权利得不到承认的同时，政府的卫生行政权力得到立法的确认和保护，医疗卫生法的社会性还没有完全和彻底地展示出来，医疗卫生法在很大程度上就是政府医疗卫生“管理法”。将实现公民健康权利作为立法、执法和司法的目标是提高医疗卫生领域法治水平无法回避的问题。

3. 医疗卫生体制和运行机制评析

新中国成立后我国在短短几年中就建立了运行良好的医疗卫生体制。政府通过行政手段分配医疗卫生资源，国家财政和集体公益金确保医疗卫生机构的正常运行，实现了低水平、广覆盖的医疗服务和医疗保障网络，基本上解决了“看不上病”和“看不起病”的问题，提高了人民的健康水平。这种体制的成功之处在于，在经济水平绝对低下的情况下，仍能够保障人民的医疗需求，而且这种制度所提供的医疗服务是平等的、普遍的和可担负得起的。但是，在医疗卫生体制运转的同时也逐渐产生了一些问题。劳保医疗、公费医疗制度实行国家负责、单位包办、板块分割、封闭运行，严重缺乏效率，也造成了医疗卫生资源的严重浪费，国家和企业为此都背上了沉重的包袱。同时，医疗卫生服务体制行政色彩浓厚，医疗卫生服务缺乏灵活性和多样性，导致效率低、资源浪费严重。

70年代末我国开始进入改革阶段，政府逐步减少对医疗卫生机构的投入，[①] 医疗卫生机构的经费来源越来越依靠自身经营创收；同时医疗卫生机构实行首长负责制、承包制等多种管理经营制度。总体而言，医疗卫生领域的改革借鉴了国有企业改革及运作机制，而医疗卫生体制本身没有太大的改革，实行社会主义市场经济体制以后的改革措施更多地考虑了市场经济环境因素，在运作机制方面也没有发生根本的变化。医疗卫生运行体制和机制的变化与改革开放的时代精神相契合，也满足了医疗卫生事业发展的需要。但是政府过度放权让利导致监管的缺失，医疗卫生机构普遍存在管理混乱、效率低下、成本高昂的问题，也走上重效益、轻公平的发展道路。医疗卫生行政部门管理体制的调整有适应医疗卫生领域管理日益复杂和精细的一面，同时部门权力也存在不适当膨胀的一面，甚至一些权力的设置脱离了现有法律的约束。

（三）我国医疗卫生法治建设之未来发展

60年的医疗卫生法治建设道路曲折，既有成功的经验又有深刻的教训。成功之处在于我国曾经创造性地建立了方便、节俭的医疗卫生服务制度，一度抑制了看病难、看病贵的问题，使公民的健康权益得到了切实的保障。改革开放后的30年当中，我国逐步建立起医疗卫生法治秩序，医疗卫生立法日益得到重视，医疗卫生法律体系逐渐健全和完善，医疗卫生事业的社会性

---

① 参见卫生部《2007年中国卫生统计年鉴》，中国协和医科大学出版社2007年版。

得到加强并获得法律的承认和保障，医疗卫生改革通过法治得以顺利进行。但是，60年来的卫生法治状况总体而言失误大于成绩。医疗卫生是关系公民健康乃至生命安全的领域，这一领域是社会生活中最为重要且最缺乏法治的领域。医疗卫生立法数量少、层级低，一些重要的立法如医疗卫生主体法、医疗服务法等法律严重缺失，致使医疗卫生关系混乱、医疗卫生服务的性质不清，公民应有的健康权利得不到充分保障。此外，现有医疗卫生法律和医疗卫生执法环节还未将实现公民的健康权利作为目标，公民和社会在卫生法律关系中的地位尚未明确和获得有效保护。相对于经济领域的成功改革，医疗卫生体制改革总体上没能获得社会的认可，滞后的卫生法治理念难以适应新的社会形势，也难以有效防范重大医疗卫生事件的发生。

2009年3月17日，《中共中央、国务院关于深化医药卫生体制改革的意见》历经四年终于正式向全社会发布。这份政策性文件系统勾勒出我国医疗卫生制度发展的方向，框定医疗卫生制度四大体系，提出了完善体制的大致方案。我国是社会主义法治国家，推进医疗卫生领域的有效治理最终需要依靠法治。建立医疗卫生法治秩序、保护公民健康权利，需要通过法律引导改革和保障改革。将医疗卫生政策转换为医疗卫生法律，将法治理念通过法律体现出来、贯彻下去，坚持依法治理，医疗卫生事业才能回归正确方向，才能获得健康发展。

四、特殊群体保护法治60年

特殊群体保护法是社会法的重要组成部分，是有关老年人、妇女、未成年人、残疾人等保护的法律法规的概称。新中国成立以来，党和国家十分重视特殊群体的保护工作，特别是改革开放以后，国家先后颁布了一系列法律法规，形成了较为完整的立法体系。但与其他部门法相比，某些专项法规在一定程度偏于“宣誓”和“指导”性质，在执法和司法上也存在较大的“落差”。

1. 老年人保护

新中国成立后，国家颁布了一系列配套的包括老年社会保障、老年福利与服务、老年卫生、老年文化教育以及老龄产业等多方面内容的法律法规。据统计，全国人大及其常委会、国务院及其有关部门颁发的老龄法律、法规、规章等多达200余件，初步形成了以《宪法》为基础、以《老年人权益保障法》为主体，包括有关法律、行政法规、地方性法规、国务院部门规章、地方政府规章等在内的老龄法律法规体系框架。目前，关于老年人保护的基本法是1996年颁布实施的《老年人权益保障法》，另外还有一些专项法规，其他如宪法、刑法、民法通则、婚姻法、继承法、治安管理处罚法等，都有关于老年人权益保障的规定。在执法方面，一直以来，各省、自治区和直辖市都采取了一些切实可行的办法，使老年人充分享受到社会的尊重和关爱，使"老有所养、老有所医、老有所为、老有所乐"的目标正在逐步实现。但总体上看，老年服务体系仍不够健全，老龄事业的发展滞后于老年群体的需要，与快速增长的老年人口不相适应。在司法方面，由于《老年人权益保障法》多为原则和指导性条款，在法院适用不多。相反，民法通则等有关民事法律对老年人赡养、老年人生活救助起到了十分重要的保护作用，为老年人维权和处理老年人权益受侵害的事件提供了坚实的法律保障。

2. *妇女保护*

新中国成立以来，中国已形成以《宪法》为基础，以《妇女权益保障法》为主体，包括一批法律、行政法规和地方规章在内的维护妇女权益、促进男女平等的法律法规体系。[①] 改革开放前，在《宪法》和《婚姻法》中即有男女平等的规定。之后，在《民法通则》和《继承法》中进一步确立了这一原则。不仅如此，国务院还先后发布了一些保护妇女权益的专项法规，如1986年的《妇幼卫生工作条例》、1988年的《女职工劳动保护规定》、1990年的《女职工禁忌劳动范围的规定》等。但妇女保护法治的最大成就是1992年颁行（2005年12月修订）的《妇女权益保障法》。该法是妇女权益保护的基本法，使妇女在参与国家和社会管理程度方面进一步增强，妇女的受教育程度、健康状况和生命质量等明显改善。在执法方面，一直以来，各地都把妇女权益保障法和一些相关法律列入普法规划，加大执行力度，使妇女维权体制、机制和形式不断得以创新，妇女权利意识和平等意识不断增强。但从目前来看，要真正实现男女平等、彻底铲除性别歧视还有很长的路要走，特别是在妇女政治权益、城镇妇女劳动权益、农村妇女土地承包权及相关权益的保障上还需要大力加强。在司法方面，取得了一定成绩，

① 据统计，新中国成立以来，中国人大常委会共制定《母婴保健法》等11部涉及妇女权益保护内容的法律和两部相关法律决议，全国人大及其常委会还修订了婚姻法等7部法律，国务院制定了7件涉及保护妇女权益的行政法规，国务院有关部门还制定了百件左右的保护妇女权益的部门规章。

各级法院基本上能够依据法律规定，实现对妇女权益的倾斜保护或特别保护。但由于《妇女权益保障法》的一些条款过于笼统，可操作性不强，使这部法律的实施和在法院的适用受到很大制约，在一定程度影响了法治的效果。

3. 未成年人保护

中国的未成年人保护立法成果集中于20世纪90年代，其基本法是1991年的《未成年人保护法》和1999年的《预防未成年人犯罪法》，专项法规有国务院1990年发布的《幼儿园管理条例》、1991年的《禁止使用童工规定》、1994年的《未成年工特殊保护规定》和1998年关于印发《流动儿童少年就学暂行办法》的通知等。其他如中华人民共和国《宪法》、《刑法》、《收养法》、《婚姻法》、《民法通则》等也有大量关于未成年人保护的特别规定。在《未成年人保护法》颁布后，一些专门法如《矿山安全法》、《劳动法》、《广告法》、《监狱法》、《教育法》等，甚至《澳门特别行政区基本法》和《合伙企业法》也都有未成年人特别保护的规定。不仅如此，中国还积极参与联合国主持的《儿童权利公约》的起草制订工作，并于1990年8月29日正式签署了该公约。在执法方面，一直以来，各级政府对预防未成年人犯罪、组织开展未成年人法制教育、救助失学青少年、实施未成年人犯罪社区矫治等十分关注，取得了较为明显的成绩。目前，全国普及九年制义务教育的地区人口覆盖率达到98.5%，使未成年人的受教育状况明显改善；全国婴儿及5岁以下儿童死亡率也逐年下降，接近发达国家水平。但由于受经济发展水平的制约，未成年人的生存、保护和发展领域还存在不少问题，如贫困地区失学、辍学儿童的比例偏高，青少年心理咨询、健康和社会福利保障还需要进一步加强。在司法方面，各级法院为未成年人权利救济发挥了重要的保障作用，做了大量工作。为依法保护未成年人的合法权益，全国各地人民法院共建立了3000多个少年法庭，使未成年人的权利得到司法的特别关怀。不仅如此，在打击雇佣童工、拐卖儿童、虐待儿童等侵害未成年人人身权利的违法犯罪活动中，司法机关也发挥了重要的保障作用。

4. 残疾人保护方面

新中国成立以来，中国初步形成了以《宪法》为核心，以《残疾人保障法》为基础，以有关法律、法规、规章为配套的残疾人保护法律体系。目前，中国《宪法》、《刑法》（1997年修订）、《刑事诉讼法》（1996年修订）、《民法通则》、《教育法》、《公务员法》、《道路交通安全法》、《行政许可法》、《妇女权益保障法》等法律中，都有关于残疾人特别保护的规定。国务院及各部委先后颁布的关于残疾人保障的专项法规有：1984年的《关于对残疾人员个体开业给予免征营业税照顾的通知》、1990年的《社会福利企业管理暂行办法》、1994年的《残疾人教育条例》、1995年的《残疾人就业保障金管理暂行规定》、1997年的《残疾人专用品免征进口税收的暂行规定》、1999年的《关于进一步做好残疾人劳动就业工作的若干意见》和2001年的《城市道路和建筑物无障碍设计规范》等。2007年2月，国务院发布《残疾人就业条例》，以促进残疾人就业，保障残疾人的劳动权利，并将5月20日定为法定全国助残日。同年3月，中国常驻联合国代表、特命全权大使王光亚代表中国在《残疾人权利公约》上签字，使中国关于残疾人保护的法律体系进一步完善。在执法方面，一直以来，各级政府以贯彻实施《残疾人保障法》为主线，积极推进残疾人事业的发展，取得了一定成绩。特别是改革开放后，有关残疾人康复工作成效显著，残疾人劳动就业有了新进展，残疾人福利有了明显改善，残疾人自尊、自信、自强、自立的精神得到发扬。但残疾人和残疾人事业至今尚未被全社会充分理解，法律的有关规定难以落实，尤其是残疾人入学升学不易，劳动就业问题突出。在司法方面，各级法院为残疾人权利救济提供了较好保障，在打击侵犯残疾人权益的违法犯罪中也发挥了重要作用。但由于残疾人保障法中很多规定（包括法律责任）不明确，在残疾人的有关权益得不到保障时，不能向司法机关提起诉讼，致使他们在生活服务、文化娱乐、疾病护理和康复等方面的权利不能完全落到实处。

五、未成年人法治60年

未成年人法治是以未成年人的生存与发展为核心内容，包括未成年人权利保护制度、福利制度、司法制度在内的综合性制度。我国未成年人法治创建和发展是在国际和国内大环境的促动下展开的。创建之初，一方面，青少年犯罪问题日益凸显；另一方面，积极参与《儿童权利公约》的制定，在参与国际人权立法的过程中，越来越注重国际公约的保护标准，在立法和司法方面越来越注重对儿童权利的尊重和保护。严格地说，我国未成年人法治建设肇始于20世纪70年代粉碎“四人帮”之后，从新中国成立以来这60年中，我国未成年人法治经历了萌芽、创建、初步发展时期。

（一）未成年人法治发展状况

1. 未成年人保护立法及其特点

从新中国成立之初到70年代后期，在一些政策性文件中涉及对少年犯罪给予区别对待的内容，比如，1951年公安部《关于处理女犯、少年犯及青年犯的指示》、1960年最高人民法院、最高人民检察院和公安部《关于对少年儿童一般犯罪不予逮捕判刑的联合通知》等，但这样一些规定更多地是从刑事政策角度对少年犯罪的宽大处理，与现代意义上的未成年人法治的旨趣存在着很大不同，未成年人法治还处于萌芽阶段，也有人称之为刑事政策保护时期。

20世纪70年代末到80年代末，我国未成年人法治进入创建时期。针对“文化大革命”后青少年犯罪增长的严峻形势，[①] 1979年中央转发了《关于提请全党重视解决青少年违法犯罪问题的报告》；1981年中央批转《五大城市治安座谈会纪要》，确立了对青少年犯罪采取综合治理的对策，之后又制定了一些关于青少年教育和青少年犯罪研究的文件；1985年，中央发出《关于进一步加强青少年教育，预防青少年违法犯罪》的通知。中央对解决青少年犯罪问题的重视，推动了相关立法。与此同时，对青少年犯罪和保护问题的研究、中国青少年犯罪研究会等团体的建立，还有少年法庭的建构不仅满足了司法实践的需要，还提升了对青少年犯罪的认识，也加快了未成年人立法的步伐。这一时期我国还没有专门的未成年人保护法，对未成年人保护的法律规定散见于当时的宪法、婚姻法、刑法、刑事诉讼法等法律当中。

从80年代末90年代初到目前，我国未成年人法治进入初步发展阶段，保护未成年人的法律框架初步形成。1987年通过的《上海市青少年保护条例》是我国第一部专门性青少年保护法规。自此之后，各省、自治区和直辖市分别制定了未成年人保护性质的条例。团中央再次报送《关于建议制定青少年法律的报告》，1989年全国性未成年人保护立法起草工作正式开始，1991年通过了《未成年人保护法》。该法的通过和施行，促进了地方未

① 这一时期的一些规范性文件以及一些著作中，习惯采用“青少年”的称谓，包括未成年人和已满18岁的青年人，因此，涉及当时的论述，虽然文中尊重当时的习惯用法，但一些研究包括数据并不能准确的说明当时未成年人的真实状况，比如，青少年犯罪在全部犯罪中的比例，1983年为60.2%、1989年为70%等等，其中相当一部分是超过18岁的成年人所为。

成年人保护工作的开展和立法工作。与此同时，与未成年人保护相关的其他法律法规和各项制度也在不断地完善，1994年八届全国人大期间，预防青少年犯罪的立法列入规划，1999年通过了《预防未成年人犯罪法》。除了以上两部全国性专门立法和若干地方性未成年人法，还制定并修订了两部未成年人保护的专门性法律，即《收养法》和《义务教育法》。除此之外，出台了一系列保护儿童，促进其全面发展的法规和政策性文件，包括：《禁止使用童工规定》、《未成年工特殊保护规定》、《家庭寄养管理暂行办法》、《流动儿童少年就学暂行办法》、《公安机关办理未成年人违法犯罪案件的规定》、《关于进一步加强和改进未成年人思想道德建设的若干意见》、《关于进一步做好进城务工就业农民子女义务教育工作的意见》、《关于幼儿教育改革与发展的指导意见》、《关于审理未成年人刑事案件的若干规定》、《人民检察院办理未成年人刑事案件的规定》等。这一时期制定和修订了一批法律法规和规章，其中与未成年人保护相关的比如，民法通则、残疾人保障法、妇女权益保障法、婚姻法、刑法、刑事诉讼法、教育法、母婴保健法、继承法、治安管理处罚法、关于严惩拐卖、绑架妇女儿童的犯罪分子的决定等。这一时期的发展明显表现为未成年人立法的加强，尤其是立法中注入了儿童保护的新理念，体现了国际文件中提出的儿童保护的一些重要问题。一个以《宪法》为核心，以《未成年人保护法》、《预防未成年人犯罪法》、《义务教育法》、《母婴保健法》、《收养法》等有关儿童生存和发展的法律，以及大量相关的法规和政策措施相配套，形成了中国特色的儿童保护法律框架。

未成年人保护立法特点：首先，立法宗旨上经历了从预防治理青少年犯罪为主到以未成年人生存和发展为目的的过程。未成年人法治初创时期，儿童权利保护观念还十分淡薄，对未成年人的认识非常局限，基本上是围绕预防和遏制青少年犯罪这个主题进行。随着参与国际儿童权利保护立法以及总结国内儿童保护实践经验，在立法中逐步渗入保护儿童生存和发展的核心理念。其次，立法中注意借鉴国际未成年人保护理念、立法经验，在总结实践经验和尊重现实社会发展状况基础上不断完善各项立法。比如，2006年对《未成年人保护法》的修订是我国未成年人法治建设的又一次重大发展，融入了新的立法理念，兑现了对中国儿童的承诺。突出表现在：（1）立法理念的转变。强调对未成年人的特殊优先保护，将尊重儿童意见、平等保护等重要的原则纳入立法，体现了尊重儿童权利主体地位和价值的儿童观，丰富了参与权的概念。（2）司法保护以权利保护为着眼点。规定办理未成年人案件应当照顾其身心发展特点，尊重其人格尊严。（3）在强调儿童的自我保护的同时，还强调父母责任和家庭环境对未成年人生存和健康发展的重要性。并同时凸显了政府执法主体的地位，特别是国务院和地方各级政府要将未成年人保护工作纳入国民经济和社会发展规划以及年度计划，相关经费纳入本级政府预算等规定，强化了政府和社会责任。（4）加强了儿童福利内容。包括儿童教育、困境儿童保护等等。再次，法律内容上越来越注重儿童权利的全面保护。注意调动全社会力量，形成国家机关保护、家庭保护、学校保护、社会保护、司法保护、未成年人自我保护的保护网络。最后，立法体制上形成全国和地方相结合的两级立法体制。未成年人保护立法始于地方，不仅积累了经验，还增强了法律保护意识；全国性未成年人保护立法对地方立法具有指导作用，又进一步推动了地方未成年人法律保护工作。

2. 少年司法制度发展

“文化大革命”后，少年司法恢复了五 60 年代的一些成果，制定了一些有关少年司法的法律、法规、司法解释和政策；恢复和健全了少年管教所、工读学校等专门教育机构。1984 年，上海长宁区法院建立了第一个少年法庭，开创了我国少年司法制度的先河。这之后，少年司法制度的发展经历了三个阶段：一是试建和初步推广阶段（1984—1988 年）。长宁区少年法庭的经验在全国法院刑事审判庭推广。二是初建和迅速发展阶段（1988—1995 年）。少年法庭在全国普遍建立，到 1998 年底，全国共有 3694 个少年法庭。“两条龙”工作体系①开始形成和推广，少年司法制度基本完成了由地方性向全国性的转变。三是低谷和困境阶段（1995 年至今）。少年法庭普遍面临案源不足、人员和机构不稳定等困难。据此，1998 年法院开始进行集中审理未成年人刑事案件的尝试。从 2001 年起，在集中审理的探索上，又提出设立少年法院的构想并进行试点。这一阶段在困境中也有所发展，一是少年立法有较大发展。二是少年司法制度开始形成，完善了一些有别于普通司法制度的特色做法。如暂缓起诉、社会调查制度、监管令、社会服务令、圆桌审判模式等。三是加强了国际国内少年司法工作交流、合作与研究，少年司法改革成为司法改革的新热点。

① 涵盖公检法司于一体的“少年司法一条龙”和包括工会、共青团、妇联、教育系统、街道、乡镇管理部门等在内的，对失足少年实行帮教的“社会帮教一条龙”。

3. 未成年人法律的执行和监督

第一，未成年人法的执行。首先表现为组织保障的加强。为了切实保护儿童权益，我国立法、司法、政府各有关部门以及社会团体都建立了相应的机制。全国人大内务司法委员会负责妇女儿童权益保障的立法和执法监督检查。作为执法主体的中央和地方政府的各有关部门，设立了负责儿童工作的职能机构。除国务院妇女儿童工作委员会外，各省、自治区、直辖市也组建了妇女儿童工作委员会或未成年人保护委员会，组织并指导儿童权益保护工作的开展。其次，为履行国际义务，实施未成年人保护法，先后发布了《九十年代中国儿童发展规划纲要》和《中国儿童发展纲要（2001—2010年）》两个国家级行动计划。此外，《中国反对拐卖妇女儿童行动计划》（2008—2010）和《国家人权行动计划》（2009—2010）也促进了未成年人保护法的实施。除国家级计划之外，所有的省和绝大多数地区、市县都制定了本地区的儿童发展规划。最后，团中央、全国妇联等群众团体联合20个部委，采取多形式、多渠道开展未成年人保护法及其他相关法律法规的传播和落实。

第二，执法监督。（1）儿童保护协调机构。全国已有29个省、自治区、直辖市成立了由政府牵头，包括司法机关、政府职能部门和群众团体组织在内的协调机构——未成年人保护委员会。委员会的成立，在一定程度上解决了多头负责、力量分散、难以协调的矛盾，对《未成年人保护法》的贯彻执行起到积极作用。（2）执法检查。根据全国人大常委会执法检查工作部署，内务司法委员会组成执法检查组，于1992年、2008年对《未成年人保护法》的执法状况进行了检查。（3）检察机关对少年司法的监督工作涉及对公安机关办理未成年人刑事案件的立案、侦查活动和法院审理未成年人刑事案件的审判活动实行监督；对预审、羁押、审判、执行期间出现的违法现象和不利于未成年人健康成长的行为提出纠正意见；对虐待、侮辱人格、刑讯逼供、违规劳动、违法监管未成年人进行监督；对未成年犯管教所执行刑罚的活动是否合法实行监督等方面。

（二）未成年人法治发展中存在的问题

60年来，在未成年人法治建构中形成了自身的特点，积累了经验，取得了成绩，但在发展的初级阶段不可避免的会存在诸多不完善的方面，一些带有全局性的理论和实践问题需要及时通过立法的形式加以确立和调整，也需要在司法和实施中充实和完善。目前来看，未成年人法治建设在未成年人保护法、福利法、司法等方面仍然存在一些亟待解决的问题。

第一，受传统观念的影响，未成年人法治建构的指导思想仍然没有摆脱历史的局限性。在一些未成年人保护制度设计中，明显表现出指导思想上的偏差，比如，在未成年人监护制度、儿童福利制度中，存在两种极端的认识倾向，一种是过分强调父母家庭责任的“家庭自治”理论，忽视政府责任，政府专门机构和社会福利保障组织不能尽职尽责。另一种是“泛社会化”的责任要求，认为保护未成年人是国家和社会的共同责任，在实践中表现出职能部门之间互相推诿、逃避责任。再如，对少年司法制度性质的认识，多数观点还是认为少年司法制度更多地具有刑事性质。

第二，立法技术上缺乏完整性、系统性、规范性。多数涉及未成年人保护的立法都存在概括性原则性强、规范缺漏、内容缺乏协调性的问题，这种宜粗不宜细的立法取向不符合现代社会法治化和法律自身价值的要求，也导致了法的可操作性差，不便于实施的缺陷。比如，对有关儿童福利、儿童监护法律制度的规定，缺乏立法的体系建构，仅有的一些立法零散而又残缺不全。

第三，规范内容缺失。未成年人立法规范内容的缺失是和我国整体法律体系建构相关的，尽管我国整体立法步伐正在加快，但相对未成年人保护的规范内容仍存在“先天不足”，在未成年人权利保护、福利和司法保护方面仍然存在规范内容缺失的问题。联合国《千年宣言》确立的三个优先领域也是我国儿童发展存在的突出问题：一是发展不平衡。二是儿童生存和发展存在一些亟待解决的问题，包括困境儿童群体的权益得不到有效保护等。三是鼓励儿童参与发展得不到足够重视，在许多关乎儿童生存和发展的问题上，儿童还没有成为能动的主体。除了先天不足之外，未成年人保护的制度设计也没有能够根据新情况提出的立法内容作出充分及时的调整，比如，近十几年来在少年司法领域出现了一些在普通刑事司法中难以推行的改革，而在少年司法实践中已经得到不断完善并急需得到立法的明确，包括诸如犯罪前科消灭制度，社会调查制度，附条件不起诉制度（暂缓起诉），圆桌审判制度，判刑后的延伸帮教制度等。

第四，执行力度不够。法治发展不仅表现在立法上，还表现在法的实施等动态运行方面。除了立法技术性导致的操作性差之外，我国缺少一个独立的儿童权利保护机构也是执行力差的一个重要原因。另外，未成年人保护的司法介入不足，以保护未成年人权利为宗旨的专门性法院组织体系和司法程序还没有建立起来。

（三）未成年人法治发展展望

这些问题和挑战，需要从立法、执法、守法、制度建设等各个环节予以改进和完善。

第一，继续加强立法的系统性和规范性，制定和完善有关法律法规，根据经济、社会和儿童发展的新情况、新问题，修改相关法律法规。特别是将目前还停留在司法解释层面的内容上升到国家一级的立法层面。在立法上，进一步强化各级政府及有关部门的法律责任，增强立法的可操作性。并尽快成立一个独立的儿童权利保护机构，以便相关法律得到更好地落实执行。在立法以及涉及儿童的各项工作中贯彻儿童最大利益、平等保护、尊重儿童意见和参与要求、促进儿童全面发展的原则。

第二，继续推进未成年人保护法的实施和“儿童纲要”的进一步落实，促进平等发展。儿童发展纲要的实施，是中国履行儿童问题特别联大全球儿童发展目标的后续行动。在纲要实施中，要继续把工作重点放在农村，特别是西部贫困地区和少数民族地区，重点解决好贫困地区儿童在健康、教育、生存环境等方面存在的问题，提升西部贫困地区儿童的整体素质。将保护儿童权利、保障儿童福利作为促进儿童健康发展，预防犯罪的核心理念。

第三，完善儿童福利制度，关注弱势儿童群体的利益。进一步强调国家、社会、家庭等多方面保护未成年人的责任，特别是国家和社会对家庭提供帮助，并将这种责任落实到各个连贯的环节上。加强收养立法，设立一个以儿童最大利益为宗旨的收养申请、审查和调查制度。还应当加强“替代措施”的规定，对寄养或机构安置标准、儿童福利机构职工或寄养父母的条件作出具体规定。在康复和重返社会方面，着重加强预防性侵害、性虐待以及对由国家负责照看的儿童进行定期检查、对于遭受药品和毒品之害的儿童的康复等领域的立法。总之，应当采取多种措施扩大对困境儿童的社会保障力度，使流浪儿童、贫困儿童、孤残儿童等处于困境中的儿童得到更多的社会关怀和救助。

第四，完善少年司法制度、少年刑事实体法律制度和少年矫治制度。考虑确立少年保释制度、少年观护制度、少年犯罪的前科消灭制度、犯罪少年的司法救济机制和收容教养制度，考虑制定少年刑法、少年法院法或程序法等专门法律。在少年司法中注重少年的康复与重返社会问题，加强社区矫治和非监禁处遇的制度建设。加强对少年证人和少年被害人的保护。

六、环境法治60年

（一）改革开放前新中国的环境法治

第二次世界大战之后，环境问题逐渐成为国际社会共同关心的问题。1972年，联合国人类环境会议确立的共同责任、预防优先、谨慎发展等信念或者原则，不仅使新中国全面了解了全球环境恶化的趋势，而且使新中国充分了解了西方发达国家的先进环境保护理念。

本阶段，由于众所周知的原因，中国环境法治的发展断断续续，期间还遇到严重的破坏。总的来说，中国环境法治还是向前发展的。其发展具有如下特点：一是虽然指导思想相对落后，但在对污染的斗争过程中，《关于防止厂矿企业中矽尘危害的决定》（1956）、《污水灌溉农田卫生管理试行办法》（1961）、《防止沿海水域污染暂行规定》（1974）等以卫生保护为目的的立法逐步转化为以环境保护为目的的立法。如1972年的联合国人类环境会议之后，国务院提出了保护生态环境的"全面规划，合理布局，综合利用，化害为利，依靠群众，大家动手，保护环境，造福人民"32字方针。但在当时的政治气候下，环境保护是难有大的作为的。二是虽然立法零碎，不成体系，但已出台了《城市工业废水、生活污水管理暂行规定（草案）》（1964）等综合性的立法和《国务院关于加强对废弃物品收购和利用工作的指示》（1958）等专门性政策文件。

（二）改革开放初期中国的环境法治

初建环境法治秩序，大力推进环保体制改革，促进经济发展，是改革开放初期至联合国环境与发展大会召开和向市场经济体制转轨前中国环境法治的指导思想和中心任务。

1. 环境法治发展之历程

改革开放前，自然资源和生态保护的历史欠债很严重，环境法制建设也相当落后，因此，在中央酝酿改革开放重大决策的同时，也开始考虑环境保护秩序的初步建立问题。1978年3月，中国修订了宪法，在其中规定"国家保护环境和自然资源，防治污染和其他公害"，奠定了国家环境保护的宪法基础。如何按照宪法的规定，加强环境立法、执法、司法、守法等工作，随即成了需要全社会共同解决的课题。由于当时中国没有一部环境法律，在中央的支持下，国务院环境保护领导小组决定高屋建瓴，在1973年《关于保护和改善环境的若干规定（试行）》的基础上起草国家综合性《环境保护法》和《森林法》等相关法律。1979年9月13日，全国人大常委会原则通过《环境保护法（试行）》。该法第一次确立了国家、单位和个人的基本环境权利和义务，在法律的层次上确立了"全面规划，合理布局，综合利用，化害为利，依靠群众，大家动手，保护环境，造福人民"的环境保护方针，建立了环境保护行政管理体制，构建了环保法制的基本框架，明确了环境保护的原则和制度。该法的颁布，标志着中国环境保护法制化工作的全面启动，并朝着开放化和体系化的方向发展。

本阶段是我国社会主义法制建设的快速发展时期。首先，1982年12月修订的《宪法》把1978年《宪法》规定的环境保护对象扩大和明确化了，为其后二十多年中国全方位的环境立法提供了依据。其次，《海洋环境保护法》、《森林法》、《水法》、《渔业法》、《水污染防治法》、《大气污染防治法》、《草原法》、《野生动物保护法》、《土地管理法》、《水土保持法》等重要的环境法律、法规和规章如同雨后春笋般地被颁布、实施。再次，《民法通则》等国家一些重要的民事、行政、诉讼等基本法律与有关企业立法中也规定了环境保护的内容。尤其值得注意的是，国家在总结《环境保护法（试行）》实施经验和教训的基础上，于1989年12月颁布并实施了《环境保护法》，标志着我国环境法制的建设步入了正轨。与此同时，中国加大了环境外交的力度，参加了《濒危野生动植物国际贸易公约》、《保护世界文化和自然遗产公约》等重要国际环境公约和协定，与日本等周边国家签署了《保护候鸟及其栖息环境协议》等双边环保协定。这些举措，有效地扭转了资源开发、资源利用和环境保护无序的局面。

2. 环境法治发展之理论与实践热点

环境的概念和范围确定问题。《环境保护法（试行）》对"环境"的界定是："本法所称环境是指：大气、水、土地、矿藏、森林、草原、野生动物、野生植物、水生生物、名胜古迹、风景游览区、温泉、疗养区、自然保护区、生活居住区等。""指"字把环境和其中的资源等同，既没有体现两者的区别，也没有体现环境的系统性和动态性，很不科学。另外，单纯的列举式定义很繁杂，没有体现规律性。因此要求修改的呼声强烈。《环境保护法》第2条针对上述不足，采取概括和列举相结合的方法，规定："本法所称环境，是指影响人类生存和发展的各种天然的和经过人工改造的自然因素的总体，包括大气、水、海洋、土地、矿藏、森林、草原、野生生物、自然遗迹、人文遗迹、自然保护区、风景名胜区、城市和乡村等。”体现了定义和范围界定的相对科学性。

环境保护法的体系建设问题。《环境保护法（试行）》对污染防治、生态保护及资源保护与节约的规定是并重的。但随着机构改革的进行，资源保护、资源节约和相关的生态保护职权逐渐向土地、林业、海洋等资源管理部门集中，因此，《环境保护法》在界定“环境”的定义和范围时虽然纳入了一些自然资源，但对《环境保护法（试行）》规定的水、土地、矿藏、森林、牧草、野生动物和野生植物资源的保护措施问题，则采取了消极的回避态度，仅以“开发利用自然资源，必须采取措施保护生态环境”这一原则性规定予以应付。可见，《环境保护法》偏重于环境污染和生态破坏的法律防治。基于此，一些学者称《环境保护法》实质为污染防治和生态保护法。[①] 这为日后环境保护法和资源保护法体系的相对独立性奠定了基础。

环境法的部门法地位问题。《环境保护法（试行）》颁布不久，学界普遍认为，环境问题是经济活动的副产物，应归经济法调整。加上环境法研究当时主要是一种基于规范分析和法律制度的应用性研究，缺乏基础理论的建设，一些学者提出，环境法成为独立的部门法既无必要，也无基础。随着森林、水、草原等资源保护和大气、水等污染防治立法的快速发展，特别是《环境保护法》的颁布，一些学者在考察西方环境法的发展历程后提出，环境法不仅解决经济发展的问题，还解决人与环境之间的生态问题，其目的与经济法不同；环境法具有独特的原则、制度和技术性调整方法，与经济法有天壤之别，因此环境法应属于独立的部门法。[②] 1992年联合国可持续发展大会召开后，环境保护与经济发展立法的目的、制度和机制差别得到世界的公认，加上中国环境法体系的建设已初具规模，因此，环境法的独立部门法地位逐步得到中国法律界的承认。

环境法基本原则的发展问题。《环境保护法（试行）》确立了32字基本方针和“谁污染谁治理”的基本原则，学界基于此把环境法基本原则归纳为全面规划与合理布局、综合利用与化害为利、依靠群众保护环境及谁污染谁治理等原则。[③] 其后制定的专门环境与资源立法在各自的领域予以了具体

① 曹明德：《关于修改我国〈环境保护法〉的若干思考》，《中国人民大学学报》2005年第1期。

② 蔡守秋：《环境法是一个独立的法律部门》，《环境保护法法规与论文选编》，武汉大学出版社1987年版，第581页。

③ 韩德培主编：《环境保护法教程》（第二版），法律出版社1990年版，第51—64页。

化。1989年《环境保护法》虽然没有明确使用“原则”二字，但是它和其后制定的各专门环境与资源立法隐晦地规定或者体现了环保工作同经济建设和社会发展相协调、综合利用、公众参与和环境责任等贯穿环保工作全过程的基本准则，基本确立了环境法基本原则的体系。

环境犯罪主体的扩展问题。《环境保护法（试行）》规定了企、事业单位的环境义务和相应的行政责任。但在刑事责任主体的资格方面，仍然和1979年《刑法》保持一致，仅规定对造成危害的单位的领导人员、直接责任人员或者其他公民追究刑事责任，并没有承认单位的犯罪主体资格。原因是一些人认为，单位的意思表示是单位中人的意思表示，单位的行为是通过单位中人的行为来表现的，因此，犯罪的实现者是人而不是一个由人组成的单位。由于这一理论无法解释单位为何能成行政违法主体的现象，因此，要求把单位确定为犯罪主体的呼声很高。1987年《海关法》第47条借鉴国际经验予以了突破，对犯走私罪的企业、事业单位、国家机关、社会团体规定了“判处罚金，判处没收走私货物、物品、走私运输工具和违法所得”的刑事处罚。1988年《全国人民代表大会常务委员会关于惩治走私罪的补充规定》第5条对走私珍贵动物及其制品的单位及其直接负责的主管人员和其他直接责任人员均规定了刑事责任，从而认可了单位环境犯罪之主体资格。

3. 环境法治发展之特点

一是国家高度重视环境保护及其法制建设。在十一届三中全会召开后不久，中央就作出了制定《环境保护法（试行）》并建立环境立法体系的决策。结合我国环境形势严峻的现状，分别于1982年9月、1983年12月、1986年3月将“计划生育”、“环境保护”、“十分珍惜和合理利用每寸土地，切实保护耕地”确立为基本国策，把环境保护和与之相关的“计划生育”等工作提到了前所未有的高度。1987年“一个中心、两个基本点”基本路线的提出，加快了与经济发展密切相关的环境保护的立法进度。

二是环境法制建设先后以《环境保护法（试行）》和《环境保护法》为指导，针对海洋、土地、水、大气、草原、野生动物的保护问题制定专门法律法规，环境法体系的目的框架比较明确。本阶段，环境法制建设以宪法为依据，与刑法、诉讼法等部门法制建设同步，获得了宪法和相关部门法的有力支持，成为社会主义法律体系中新兴但发展迅速的重要组成部分。

三是吸收了协调发展、共同责任、污染预防等国际先进的环境法治理念，[①] 制定了“经济建设、城乡建设和环境建设同步规划、同步实施、同步发展，实现经济效益、社会效益、环境效益相统一”的指导方针；污染防治和生态保护的模式由治理为主转向预防为主、防治结合的模式，“预防为主，防治结合”、“谁污染，谁治理”和“强化环境管理”三大政策得到确立和强化；[②] 建立和发展了环境影响评价、环境保护计划、自然资源保护、污染预防与治理等原则和制度，独创了“三同时”等基本制度；采取了宏观调控、健全机构、发展环境科技、开展宣传教育、加大环保投入、开展国际合作等法治措施，严格执法程序，加大了执法力度，使环境保护与各项建设事业向着统筹兼顾、协调共进的方向迈进。[③]

4. *环境法治发展之实效*

本阶段，虽然环境法治建设有效地遏制了环境迅速恶化的势头，但随着中国人口的增长、经济的发展和人民消费水平的不断提高，工业化和城市化的进程使本来就已经短缺的资源和脆弱的环境面临着越来越大的压力 。在环境污染方面，水污染主要以工业污染为主，大气污染主要以煤烟型污染为主。[④] 在生态保护方面，以森林保护为例，由于 1981 年国家建立了植树造林的制度，1988—1990 年与 1984—1988 年相比，全国森林面积已从 12466 万公顷上升到 12867 万公顷，森林覆盖率从 12. 98% 上升到 13. 4% ，活立木蓄积量从 107 亿立方米上升到 108. 7 亿立方米。尽管如此，1990 年仍然有半数省、自治区的林木生长量大于消耗量，森林资源紧缺的矛盾仍未缓解。另外，1978—1992 年是林木产权纠纷的高发期，破坏森林的现象很普遍，如 1987 年全国受理森林案件 7. 46 万起，其中哄抢盗伐案件有 5 万多起，主要的原因是森林所有制变革和权属调整时[⑤]配套制度不完善、利益分配不均衡。[⑥]

（三）可持续发展和市场经济转轨期中国的环境法治

加强宏观管理，规范微观行为，巩固社会主义市场经济体制改革的成

---

① 参见 1972 年的《人类环境宣言》。

② 参见 1996 年 6 月国务院新闻办公室发布的《中国的环境保护（1996—2005）》白皮书。

③ 同上。

④ 参见 1990 年《中国环境状况公报》。

⑤ 引自 1996 年 6 月国务院新闻办公室发布的《中国的环境保护（1996—2005）》白皮书。

⑥ 彭珂珊：《中国森林资源退化问题分析》，《科学新闻》2007 年第 20 期。

果，保障改革开放，[①] 促进经济、社会和环境保护的可持续发展，是联合国环境与发展大会召开至加入 WTO 前中国环境法治的指导思想和中心任务。

1. 环境法治发展之历程

1992 年 6 月，联合国环境与发展大会召开，会议通过的《里约环境与发展宣言》、《21 世纪行动计划》、《联合国气候变化框架公约》、《联合国防止荒漠化公约》、《关于森林的原则声明》等法律文件确认了可持续发展的法律地位，会后中国发布了《中国环境行动计划》（1991—2000 年）、《中国 21 世纪议程》等行动方案，提出要建立体现可持续发展的环境法体系，并将环境立法列为新的优先项目计划。同年 10 月，党的十四大明确提出“我国经济体制改革的目标是建立社会主义市场经济体制”。1993 年 3 月修正的《宪法》明确宣布“国家实行社会主义市场经济”。1997 年 9 月，党的十五大报告提出：“进一步扩大社会主义民主，健全社会主义法制，依法治国，建设社会主义法治国家”，正式提出了“依法治国”的基本方略。这一方略在 1999 年修正《宪法》时得到了采纳。自此，市场经济、可持续发展、依法治国一起，开始共同影响中国环境法治的发展模式和方式。

本阶段，国家加大了环境法立、改、废的力度。在规划方面，全国人大 1996 年 3 月审议通过的《国民经济和社会发展“九五”计划和 2010 年远景目标纲要》把实施可持续发展作为现代化建设的一项重大战略。为了使可持续发展战略在中国经济建设和社会发展过程中得以实施，国务院于 1996 年 8 月和 2000 年 2 月分别通过了《国务院关于环境保护若干问题的决定》、《全国生态环境保护纲要》，为中国的环境保护设立了不同阶段的目标，作出了系统性的政策安排。在综合性立法方面，先后颁布了《建设项目环境保护管理条例》和《海洋环境保护法》。在自然资源和生态保护方面，先后颁布了《自然保护区条例》、《野生植物保护条例》、《海域使用管理法》，修订了《矿产资源法》、《土地管理法》、《关于保护森林资源制止毁林开垦和乱占林地的通知》、《渔业法》。在环境污染防治方面，先后颁布了《淮河流域水污染防治暂行条例》、《固体废物污染环境防治法》、《噪声污染防治法》，修订了《大气污染防治法》、《水污染防治法》。其他法律也加强了与环境立法的衔接力度，如 1997 年 3 月修订的《刑法》增加了“破坏环境和资源保护罪”，实现了环境犯罪立法模式的重大突破。

本阶段，中国多次参加《生物多样性公约》、《关于持久性有机污染物

① 李林：《改革开放 30 年中国立法的主要经验》，《学习时报》2008 年 8 月 11 日。

的斯德哥尔摩公约》、《关于消耗臭层物质的蒙特利尔议定书》、《鹿特丹公约》、《气候变化框架公约》的履约国际协调工作。截至2001年，已同美国、日本、加拿大等28个国家签订了35个双边环境合作文件和14个双边核安全合作文件。积极开展了环境保护领域的双边经济技术合作和引资，与APEC、ASEM、EU、OECD、世界银行、亚洲开发银行等开展了区域环境合作。①

2. *环境法治发展之理论与实践热点*

环境法的公益性问题。马克思主义经典观点认为，法是由统治阶级制定或者认可的，保护其整体意志和共同利益并镇压被统治阶级反抗的工具，②传统的中国法学观点以此为依据，提出法只具有阶级性而不具有公益性。难道法真的不为被统治阶级带来任何好处吗？环境法学者继法理学者③之后对这一问题进行了深入的探讨。众所周知，大气、水、森林等环境因素具有开放性，生态退化对任何阶级的人身和财产都有害。反之，环境改善对任何阶级的人身与财产都有好处，因此环境的法律保护措施体现了一定的公益性。④ 另外，为了缓和阶级矛盾，"聪明"的资产阶级也常会在立法中适当考虑无产阶级的环境福利需求。一些学者还指出，环境法的公益性并没有否定其阶级性。⑤ 1992年《里约环境与发展宣言》宣布世界各国应为当代人和后代人的利益保护环境，要求各国创造公众参与的条件，肯定了国际和国内环境保护的公益性。而环境保护需要法治建设，随后，环境法的公益性逐步得到广泛承认。

环境法的调整对象问题。《环境保护法》第1条规定："为保护和改善生活环境与生态环境，防治污染和其他公害，保障人体健康，……制定本法。"有的学者基于此提出，环境法除调整人与人的关系外，还调整人与环境的关系。⑥ 一些学者持反对态度，认为法律是人制定的社会关系调节器，只能反映人的意志，调整人的利益。由于环境无意思表示能力，人与环境之

---

① 参见2001年《中国环境状况公报》。

② 《列宁全集》（第13卷），人民出版社1986年版，第304页。

③ 如梁治平等著的《新波斯人信札》（贵州人民出版社1988年版）和张文显著的《法哲学范畴研究》（中国政法大学出版社1992年版），就有相关的论述。

④ Marie—Louise Larsson, The Law of Environmental Damage, Stockholm, Kluwer Law International, 1999, p. 403.

⑤ 蔡守秋主编：《环境资源法论》，武汉大学出版社1996年版，第6页。

⑥ 蔡守秋主编：《环境法教程》，法律出版社1995年版，第17页。

间不可能形成社会关系。环境属于人类，因此人与环境的关系在法律上还是人与人之间的社会关系。[①] 而主张派反驳，被纳入法律调整范围的环境属于社会化的环境，它与人的关系实质上是一种社会化的关系。在法律关系中，人是主体、环境是客体，人与环境是主、客体的关系，这种关系也属于法律关系。[②] 折中派学者提出，马克思主义法学并没有断言法只调整社会关系，所以，没有必要去纠缠人与环境的关系是否属于社会关系。由于环境法调整人对人和人对环境的行为，为了避免争端，最好从行为的角度去研究环境法的规范对象。[③]

可持续发展法律制度体系的构建问题。1992年联合国环境与发展大会以来，可持续发展的理念深入人心，建设促进经济、社会可持续发展的环境法律制度体系成为社会焦点。环境法律制度的建设必须服从基本原则的指导。那么，在可持续发展时代，环境法制建设的独特指导原则是什么？环境法界普遍认为，可持续发展是国际和国内环境法的基本原则。[④] 但一些主流法学者认为，环境法的基本原则应是一个相对明确和可操作的准则，具有一定的可适用性和可诉性，而可持续发展缺乏可适用性和可诉性，它不能成为一个基本原则。由于可持续发展具有全局性、抽象性和指导性的特点，因此它只能是环境法的目的价值。由于代内公平和代际公平是国际环境法确认的可持续发展是否实现的判断准则，因此，一些学者提出，应以代内公平和代际公平作为原则指导中国环境法律制度体系的构建。[⑤]

环保市场化的法律调整问题。在市场经济社会，只有把环境保护的规律和市场机制结合起来，使环保专业化、产业化、市场化，才能激活各方面的环保积极性，[⑥] 部分地克服公用地的悲剧。[⑦] 环保市场化导致政府、环保企业和服务对象间权利（力）义务的再分配，内涵包括：其一，政府监管手段要进行市场化取向，剥离一些本质上属于市场调整范围的职权。如把地方环卫单位转制为独立核算的市场主体，政府与环卫企业的关系转变为监管与

---

① 韩德培主编：《环境保护法教程》（第三版），法律出版社1998年版，第26页。

② 郭红欣：《环境保护法能够调整人与自然的关系——兼与李爱年教授商榷》，《法学评论》2002年第6期。

③ 常纪文：《再论环境法的调整对象》，《云南法学》2002年第4期。

④ 王曦编：《国际环境法》，法律出版社1998年版，第116页。

⑤ 常纪文：《环境法原论》，人民出版社2003年版，第143页。

⑥ 赵关良：《要坚持走可持续发展之路》，《中国环境报》2002年5月11日，第1版。

⑦ Amy Sinden, The Tragedy of the commons and the Myth of a provate property Solution, 78U. Colo. L. Rev. 533 (2007).

展，培育了法治文化，提高了全民的法治观念，运用法律救济权利成为全社会的共识，大力促进了法治社会的建设。

党的十七大报告高瞻远瞩地提出了全面落实依法治国方略，加快社会主义法治国家建设，这是我国社会主义法治建设事业的战略目标，也是我国进行社会主义法治建设的历史任务。为了全面推进中国特色社会主义法治建设，我们需要认真做好以下工作：第一，要高举中国特色社会主义旗帜。要切实以中国特色社会主义理论体系为指导，坚定地走中国特色社会主义道路，保证中国法治建设沿着中国特色社会主义的正确的政治方向前行。第二，要弘扬法治精神。法治的状况如何，关乎经济的发展、政治的昌明、文化的繁荣、社会的进步，直接影响到党的执政地位的巩固和国家的长治久安。整个国家，特别是党和国家的领导机构和领导人，都应该从历史责任感的高度不断地弘扬法治精神，充分发挥上行下效的榜样作用，使自觉遵守法律、自觉依法活动和自觉依法办事在全国蔚然成风，使实行法治成为每一个人、每一个组织的自觉行动。第三，要制约和监督权力。权力是法律授予的，不受监督的权力必然导致腐败。法治的重点就在于治权、治官，只有权力得到有效的制约和监督，才能保证权力在法治的范围内正确行使，才能铲除权力腐败滋生的土壤，确保社会主义人民国家永不褪色。第四，要推进法治科学发展。科学发展观的第一要义是发展，核心是以人为本，基本要求是全面协调可持续发展，根本的方法是统筹兼顾。要把科学发展观入宪，使科学发展观法治化，推动法治科学发展。用科学的法治化解矛盾，协调社会关系，促进城乡之间、地区之间、经济社会之间、人与自然之间协调发展，实现社会公平正义，推动和谐社会的建设。第五，要进一步发扬社会主义民主。社会主义法治是人民的法治，是民主的法治。人民民主是社会主义法治的基础，同时法治也是建设社会主义政治文明，发展社会主义民主的保障。我们应当在法治轨道上促进社会主义民主循序渐进地发展，同时通过社会主义民主的发展不断提高法治的人民性和民主性。第六，要更好地尊重和保障人权。人权是人根据其本质属性要求应当具有的权利，关系到亿万人民的切身利益。尊重和保障人权是国家的神圣职责，也是法治的最高价值。我们要进一步健全人权法治，把人民的各种权利发展好、实现好、维护好。惟如此，国家才能兴盛、社会才能和谐、人民才能幸福。第七，要坚持改善党的领导。社会主义法治建设是一项艰巨而光荣的伟大事业，共产党的领导是社会主义法治建设的根本保证，要把党的领导、人民当家作主和依法治国有机统一起来，从制度上和法律上保证党的基本路线和基本方针的贯彻实施，保证党始终发挥统揽全局、协调各方的领导核心作用。

中国社会科学院法学研究所是1958年在董必武同志的关怀下成立的国家级法学研究机构，是作为国家智囊团和思想库的中国社会科学院的重要组成部分。自成立以来，法学研究所的同志们就以感恩人民之情、报效祖国之志，积极探索中国社会主义法治建设中的理论和实践问题，为中国依法治国方略的形成和确立提供了智力支持和理论帮助。法学研究所所长李林同志领衔，由法学研究所数位同志共同撰写的《中国法治建设60年》，集他们多年勤奋耕耘的学术成果之精华，洋洋数十万言，涵盖了对中国社会主义法治建设各个领域的研究。作者们怀着对祖国和人民的拳拳赤子之心和对中国法治建设事业的满腔热忱，在书中全面展示了60年中国社会主义法治建设巨大成就的画卷，深入总结了60年中国社会主义法治建设的经验与教训，满怀希望地规划了中国社会主义法治建设的美好未来。该著作资料翔实、论证充分、理论功底深厚，具有很强的实证性、现实性、学术性和创造性，是一部蕴含着作者真知灼见、充满时代精神的优秀学术著作。我相信该著作的出版，将对我国全面落实依法治国基本方略，加快社会主义法治国家建设的伟业具有重要的推动意义。

是为序。

序

王家福*

1949年新中国的成立开辟了中华民族的新纪元，也创造了中国法治建设的新时代。经过全体中国人民的艰苦奋斗、锐意进取、开拓创新，建设起了中国特色社会主义法治。在这60年不平凡的岁月中，中国特色社会主义法治建设经历了创立初期百事待举的勃勃生机，经历了“左”的思潮猖獗下的法律无用论的困扰，经历了十年动乱的破坏，也经历了改革开放春风化雨下第一次将“中国实行法治”写入党的文件的喜悦，更经历了依法治国基本方略确立以来中国特色社会主义法治建设的繁荣与发展。

在当代中国，确立依法治国基本方略和建设社会主义法治国家目标是中国特色社会主义法治建设最重要的成就，是对马克思主义重要组成部分的科学社会主义理论的划时代发展。它标志着中国彻底地摈弃人治思想，坚定不移地走上了依法治国的康庄大道。以依法治国为核心内容，以执法为民为本质要求，以公平正义为价值追求，以服务大局为重要使命，以中国共产党的领导为根本保证的社会主义法治理念业已成为全社会的共识和全国人民的共同信念。

中国具有两千多年的封建社会历史，人治思想影响深远。要彻底清除人治思想、实行社会主义法治，是一项极其艰巨的任务，需要经过相当长时间的探索和锲而不舍的努力。以毛泽东同志为核心的党的第一代领导集体制定了新中国第一部社会主义宪法，实行社会主义宪制，提出了有法可依、有法必依的法治原则。但是，20世纪50年代后期开始盛行的个人崇拜和无法无天的“文化大革命”浩劫，对处于初创阶段的中国法治建设造成了严重的破坏。1978年改革开放的伟大实践使中国社会主义法治建设重新走上了蓬勃发展的道路。党的第二代领导集体的核心邓小平同志总结了“文化大革命”践踏法治的沉痛教训，代表广大人民的意愿明确指出，为了保障人民民主，必须加强法治，使民主制度化、法律化。不能把领导人的话当成法，不能把不赞成领导人的话叫做违法。人人有依照法律规定的平等权利和义

---

* 中国社会科学院学部委员，法学研究所终身研究员。

务，谁也不能犯法。属于法律范围的问题，要用法制来解决，由党直接管不合适。只有法制靠得住。要加强检察机关和司法机关，做到有法可依、有法必依、执法必严、违法必究。邓小平的以法治为核心的民主法制光辉思想指引我们国家沿着法治道路胜利前进。以江泽民同志为核心的党的第三代领导集体，继承和发展了邓小平的民主法制理论，从社会主义民主法治建设的实际出发，顺应改革开放和现代化建设的要求，把中国的社会主义法治建设进一步推向前进。江泽民同志在十五大报告中第一次明确提出，依法治国是党领导人民治理国家的基本方略，科学地界定了依法治国的内涵，提出了建设社会主义法治国家的伟大目标和原则，把依法治国，建设社会主义法治国家作为我们党社会主义初级阶段基本纲领的重要组成部分和政治体制改革的重要内容，科学论证了依法治国与党的领导和人民民主的关系。这一切使中国社会主义法治建设上升到了一个新的水平。十六大以来，以胡锦涛同志为总书记的党中央领导集体坚持以邓小平理论和“三个代表”重要思想为指导，提出了坚持以人为本、全面协调可持续的科学发展观和构建社会主义和谐社会的奋斗目标，为中国法治建设注入了新的活力。胡锦涛同志提出的依宪治国、科学执政、民主执政、依法执政、弘扬法治精神、社会主义法治理念、把党的领导、人民民主和依法治国有机结合起来等重大理论创新，把中国社会主义法治建设推向了更加全面、更加深化、更加坚实的新的发展阶段。中国的历史经验已经充分证明：中国法治建设的科学理论是数代中国共产党人在治国理政的实践中探索而获得的宝贵经验，坚持走中国特色社会主义法治道路是当代中国实现科学发展、社会和谐的必由之路。

60年来，中国人民在党的领导下，以科学的思想和独立的精神，创造了中国特色社会主义法治建设的历史性巨大成就。我国建立起了人民代表大会的根本政治制度。作为最高权力机关的人民代表大会代表人民依法有效地行使立法权、重大问题决定权、人事任免权、监督权。通过科学立法、民主立法，不断提高立法质量，使中国特色的社会主义法律体系日臻完善，向着良法善治的目标大踏步地迈进。我国创建了完善的社会主义行政制度，积极推进行政体制改革和行政机制创新，严格实行政企分开、政资分开、政事分开，进一步减少和规范行政审批，推进政府依法行政，使政府依法、有效地实行对经济和社会的管理，尽快建成法治政府。我国建立了健全的社会主义司法制度，不断深化司法体制和工作机制改革，合理配置司法职权，加强对审判活动的监督，健全错案追究制度，保证司法公正，促进独立公正权威的司法制度建设。我国进行了创造性的普法教育，竭力推进法律服务事业发

五、市场经济体制趋向完善进程中的经济法治（2001—2[illegible] …（384）
结语：简要的展望 ……（398）

第十章　中国社会法治60年 …… 常纪文等（399）
一、劳动法治60年 ……（399）
二、社会保障法治60年 ……（407）
三、卫生法治60年 ……（416）
四、特殊群体保护法治60年 ……（423）
五、未成年人法治60年 ……（426）
六、环境法治60年 ……（433）

第十一章　60年法治建设的中国经验 …… 李　林　冉井富（456）
一、前言：什么是60年法治建设的中国经验 ……（456）
二、坚持中国共产党的领导 ……（457）
三、实行人民代表大会制度 ……（461）
四、法的自治性日益增强 ……（464）
五、政府主导推动法治发展 ……（470）
六、经济发展带动法治进步 ……（474）
七、法律移植与自主创新相结合 ……（483）
八、中国特色与国际标准和谐统一 ……（487）
九、社会主义法治理念演化生成 ……（491）
十、总结：迈向中国共产党领导下的法律自治 ……（495）

第十二章　中国法治建设的问题、挑战与走势
…… 李　林　李洪雷　胡水君（497）
一、当前我国社会主义法治建设中存在的主要问题 ……（497）
二、我国社会主义法治建设面临的挑战 ……（499）
三、进一步推进我国法治建设、实施依法治国方略的总体思路 …（501）
四、推进我国社会主义法治建设、实施依法治国方略的战略重点 …（505）
五、推进社会主义法治建设、实施依法治国方略的保障 ……（517）

目　录

第一章　中国法治建设 60 年总论 …………………………… 李　林（1）
　一、60 年法治建设的历史回顾 …………………………………………（1）
　二、60 年中国法治建设的主要成就……………………………………（18）
　三、60 年中国法治建设的基本经验……………………………………（33）
　四、未来中国法治建设的主要任务 ……………………………………（43）

第二章　中国共产党领导法治建设 60 年 ……………………… 蒋熙辉（53）
　一、新中国成立初期的积极探索 ………………………………………（53）
　二、法治式微期的艰难探索 ……………………………………………（58）
　三、改革开放时期的法治探索 …………………………………………（61）
　四、十六大以来的科学发展与和谐法治 ………………………………（73）
　五、基本经验与执政规律 ………………………………………………（82）

第三章　中国立法 60 年 ……………………………………… 李　林（87）
　一、新中国立法体制的历史演变 ………………………………………（87）
　二、改革开放以来的立法发展 …………………………………………（94）
　三、中国特色社会主义法律体系 ………………………………………（101）
　四、新中国立法的主要经验 ……………………………………………（109）

第四章　行政法制 60 年：回顾与思考 ………………………… 冯　军（124）
　一、改革开放之前行政法制建设的历史教训 …………………………（124）
　二、行政法的产生与行政法治基本格局的奠定 ………………………（128）
　三、90 年代行政法治的积淀与发展 ……………………………………（135）
　四、新世纪行政法治的深化与成熟 ……………………………………（141）
　五、关于中国特色行政法治的思考 ……………………………………（148）

第五章　中国司法建设 60 年 ………………………………… 熊秋红（154）
　一、司法制度发展历程概述 ……………………………………………（154）

二、司法建设基本脉络梳理 …………………………………………… (158)
三、司法建设的历史成因 …………………………………………… (171)
四、司法建设与司法现代化 …………………………………………… (174)
五、司法建设与人权保障 …………………………………………… (178)
六、司法建设与依法治国 …………………………………………… (184)
七、司法建设的成效评价 …………………………………………… (188)
八、司法建设的未来展望 …………………………………………… (195)

第六章　中国法律服务发展60年 ………………………… 冉井富 (199)
前言 …………………………………………………………… (199)
一、改革开放以前的法律服务发展 ………………………………… (202)
二、改革开放以来法律服务的发展：律师业 ………………………… (208)
三、改革开放以来法律服务的发展：非律师法律服务 ………………… (221)
四、改革开放以来法律服务的发展：法律援助 ……………………… (228)
五、问题总结与未来展望 …………………………………………… (232)

第七章　中国宪法发展60年 ……………………………… 莫纪宏 (239)
一、新中国的建立与共同纲领 ……………………………………… (239)
二、新中国第一部宪法的诞生 ……………………………………… (266)
三、新中国宪法经过了曲折发展时期 ……………………………… (267)
四、1982年现行宪法的产生过程、主要内容和特点 ………………… (271)
五、以宪法修改为契机，全面贯彻落实十七大的基本精神 ………… (291)

第八章　新中国人权法治发展60年 ……………………… 刘海年 (297)
一、中国人民长期为人权而奋斗 …………………………………… (297)
二、新中国成立后中国人权事业实现了历史性的发展 ……………… (308)
三、十一届三中全会后谱写了人权事业的新篇章 …………………… (319)

第九章　中国经济法治60年 ……………………………… 陈　甦等 (338)
一、高度集中统一的计划经济体制下的经济法治（1949—1978） … (339)
二、改革开放起步年代的经济法治（1978—1984） ………………… (345)
三、社会主义商品经济体制下的经济法治（1984—1992） ………… (357)
四、社会主义市场经济体制确立时期的经济法治（1992—2001） … (370)

通则等法律，规定了人民法院和人民检察署的体制和职权，开始自上而下地建立各级人民法院和人民检察署的组织体系。

基层选举工作于1953年3月开始，到1954年5月胜利完成。到1954年8月，县级以上地方各级人民代表大会先后全部建立。“除台湾省尚未解放外，我国人民已经在25个省、内蒙古自治区、西藏地方、昌都地区，3个直辖市，2216个县和相当于县的行政单位，163个市，821个市辖区和224660个乡建立了自己的政权，此外还建立了65个县级以上民族自治地方的自治机关。”[①] 新中国成立后的五年中，人民民主政权建设的成就，使人民从未享有政治权利的地位转化为国家的主人、行使当家作主的权力，管理自己的国家。

2. 社会主义法制创立：1954年宪法颁布至1957年“反右”运动前

1954—1957年是中国社会主义法制的创立时期。这一时期颁布了新中国第一部社会主义类型的宪法。1953年初，中央人民政府委员会决定成立中华人民共和国宪法起草委员会，毛泽东任委员会主席，朱德、宋庆龄等32人任委员。1954年9月15日，宪法草案提交第一届全国人民代表大会第一次全体会议审议通过，为社会主义法制建立和发展提供了宪法基础，标志着新中国法制正式建立。

在1954年宪法制定前后，毛泽东说，一个团体要有一个章程，一个国家也要有一个章程，宪法就是一个总章程，是根本大法。宪法草案通过以后，全国人民每一个人都要实行，特别是国家机关工作人员要带头实行，首先是在座的各位（指参加中央人民政府委员会第22次会议的各位委员）要实行，不实行就是违反宪法。

这一时期，党的工作重心从阶级斗争转向经济建设。1956年中共八大召开，刘少奇在八大政治报告中指出：“我们目前在国家工作中的迫切任务之一，是着手系统地制定比较完备的法律，健全我们国家的法制”，“革命的暴风雨时期已经过去了，新的生产关系已经建立起来，斗争的任务已经变为保护社会生产力的顺利发展，因此社会主义革命的方法也就必须跟着改变，完备的法制就是完全必要的了。”

——开展立法工作。1954年宪法颁布后，宪法明确全国人大为行使国家立法权的唯一机关（1955年全国人大一届二次会议通过了《关于授权常务委员会制定单行法规的决议》，使全国人大常委会获得了立法授权），立

① 楼邦彦：《中华人民共和国宪法基本知识》，新知识出版社1955年版，第32页。

法权趋于集中统一。据统计，从1954年到1957年反右派斗争前，全国人大及其常委会、国务院制定的法律、法规和国务院各部委制定的较重要法规性文件共731件。[①] 这些法律、法规、条例的制定，充实了中国的法律体系，为新中国建立之初的经济、政治和社会建设步入法制轨道提供了法律依据和法治保障。一些重要的基本法律，如刑法、民法、民事诉讼法等也在抓紧起草。刑法到1957年已修改22稿，并发给人大代表征求意见；民法已完成大部分起草任务，并开始向有关单位征求意见；刑事诉讼法开始起草，并于1957年6月写出初稿。

——建立司法制度。在第一届全国人大第一次会议上，重新制定了《人民法院组织法》和《人民检察院组织法》。根据新的法院组织法，法院组织体系由三级（县级、省级、最高人民法院）改为四级（基层、中级、省高级、最高人民法院），并规定设立军事、铁路、水上运输等专门人民法院，实行四级二审制。最高人民法院是国家最高审判机关，负责监督地方各级人民法院和专门人民法院的审判工作。各级人民法院内设审判委员会，其任务是总结审判经验，讨论重大或疑难案件和其他有关审判工作的问题。

根据检察院组织法的规定，检察机关的领导体制由过去的“双重领导”（上级检察署和同级人民政府委员会）改为“垂直领导”（地方各级检察院和专门检察院在上级检察院的领导下，并且一律在最高检察院的统一领导下，进行工作），从上至下设立四级检察院，检察机关内部实行检察长领导下的检察委员会制。检察机关是国家的法律监督机关，负责一般法律监督、侦查监督、审判监督和监所监督等。

中国司法工作的一些基本原则和制度建立和发展起来。这些制度包括：公安、检察和法院三机关分工负责、互相监督、互相制约的制度，检察机关和审判机关独立行使职权的制度，法律面前人人平等原则，人民陪审员制度，公开审判和辩护制，合议庭制度和回避制度，两审终审制和死刑复核制，审判监督制等。这些制度至今仍是我国司法体制的重要基础。

加强公安建设。新中国成立初公安队伍是由军队转过来的。1954年宪法颁布后，公安力量实现了普通警察与武装警察的分离，主要负责维护社会治安。1957年全国人大常委会制定了《人民警察条例》，对人民警察的性质、任务和职权做了明确规定，从而使人民警察建设走上了正轨。

---

① 如城市居民委员会组织条例、户口登记条例、农业生产合作社示范章程、逮捕拘留条例、治安管理处罚条例等。

第一章　中国法治建设60年总论*

李　林**

一、60年法治建设的历史回顾

新中国法治是在彻底摧毁国民党政权旧法统前提下，根据马克思主义国家与法的理论和中国新民主主义革命实际，借鉴苏联社会主义法制模式建立起来的。1949年中华人民共和国成立后，伴随着中国政治、经济、社会和文化的曲折发展，新中国法治建设大致经历了两个阶段、六个时期。

（一）新中国成立到改革开放前的法制建设

1. 新中国法制奠基：中华人民共和国成立至1954年9月1954年宪法颁布前

从1949年10月中华人民共和国成立到1954年宪法颁布前，是中国社会主义法制的奠基时期。新中国建立初期，法制主要起着维护新生政权、巩固无产阶级专政、镇压阶级敌人的作用。新中国成立前的1949年2月，中共中央发布了《关于废除国民党的六法全书与确定解放区的司法原则的指示》，宣布“在无产阶级领导的工农联盟为主体的人民民主专政的政权下，国民党的六法全书应该废除，人民的司法工作不能再以国民党的六法全书为依据，而应该以人民的新的法律为依据”。这一规定，为彻底废除国民党政权的伪法统、六法全书及其立法、执法、司法制度，确立中华人民共和国政治制度的合法性，建立新中国的法律体系及其立法、执法、司法制度，廓清了障碍，奠定了基础。张友渔先生曾经指出：“解放初，我们废除国民党的‘六法全书’，这是完全正确的，因为‘六法全书’代表国民党的法统，不

---

* 参与本课题研究并提供部分初稿或资料的学者包括：刘作翔研究员、熊秋红研究员、李洪雷副研究员、吕艳滨副研究员、冉井富副研究员、蒋熙辉副研究员、高汉成副研究员、钟瑞华博士、刘洪岩副教授等人。对于他们的辛勤劳动和卓越贡献，笔者在此致以最诚挚的谢意！李林

** 中国社会科学院法学研究所研究员。

废除这个法统，我们就不能确立自己的革命法制。”

1949年9月，召开了中国人民政治协商会议第一届全体会议，通过了具有临时宪法性质的《共同纲领》，制定了《中央人民政府组织法》。《共同纲领》第17条明确规定：“废除国民党反动派政府一切压迫人民的法律、法令，制定保护人民的法律、法令，建立人民司法制度。”这两个宪法性法律及其他相关法律，奠定了新中国建国初期法律制度的基础。

为适应新中国成立初期政治斗争及其法制建设的需要，国家确立了政权过渡时期“多元性的立法体制”：中国人民政治协商会议制定根本法；中央人民政府制定并解释国家的法律、法令并监督其执行；政务院有权颁布决议和命令并审查其执行，废除或修改所属各部、委、署、院和各级地方政府与国家的法律、法令和政务院的决议、命令相抵触的决议和命令，向中央人民政府提出议案；根据地方政府组织通则，大行政区、省、市、县的人民政府委员会可制定法令、条例和单行法规，民族自治机关可制定单行法规。

这种立法体制提高了立法效率，从中央到地方的立法速度明显加快。例如，为组织建立国家政权方面的法律主要有：共同纲领、中国人民政治协商会议组织法、中央人民政府组织法、各界人民代表会议组织通则、大行政区人民政府委员会组织通则、政务院及所属各机关组织通则、人民法院暂行组织条例、最高人民检察署暂行组织条例、省各界人民代表会议组织通则、市各界人民代表会议组织通则、县各界人民代表会议组织通则等。为剿匪和镇压反革命以巩固政权、维护社会秩序方面的法律主要有：惩治反革命条例、管制反革命暂行办法、惩治土匪暂行条例、城市治安条例、农村治安条例。为恢复发展国民经济，稳定经济秩序，惩治贪污腐化行为方面的主要法律有：全国税政实施要则，关于统一财政经济工作的决定，妨碍国家货币治罪条例，禁止国家货币出入境暂行办法，救济失业工人暂行办法，劳动保险条例，私营企业暂行条例，惩治贪污条例，关于处理贪污、浪费及克服官僚主义错误的若干规定，暂行海关法等。土地改革、社会民主改革方面的法律有：土地改革法、关于划分农村阶级成分的决定、关于土地改革中对华侨土地财产的处理办法、婚姻法等。

新中国的司法制度是同新生人民政权一起建立的。1949年10月1日，中央人民政府委员会第一次会议任命沈钧儒为最高人民法院院长、罗荣桓为最高人民检察署署长。10月22日，最高人民法院和最高人民检察署举行成立大会，沈钧儒、罗荣桓分别就职。1951年，中央人民政府颁布了人民法院暂行组织条例、最高人民检察署暂行组织条例、地方各级人民检察署组织建立劳动改造制度。政府颁布了《劳动改造条例》和《劳动改造罪犯刑满释放及安置就业暂行处理办法》。这两个条例建立了我国的劳动改造制度，对劳动改造机关，劳动改造的方针、政策、办法以及劳改人员释放后的就业安置等做了具体规定。国务院发布《劳动教养问题的决定》，对收容审查和劳动教养的对象范围和方法做了规定。

——推进监察和法制工作。根据国务院组织法和地方人民代表大会、地方人民委员会组织法，在国务院设立监察部，在省、直辖市、设区的市人民委员会和专员公署设置监察机关，在工作特别需要的县和不设区的市由专署或省的监察机关重点派监察组，并受委派机关的垂直领导。1955 年 11 月，国务院颁布了《监察部组织简则》，对监察体制等做了具体规定，从而使国家监察工作开始走上程序化、法制化轨道。

1954 年 11 月，第一届全国人大常委会第二次会议批准设立国务院法制局。国务院颁布《国务院法制局组织简则》，对国务院法制局的任务、内部机构设置、体制、审议法规、会议制度等做了专门规定。

新中国的律师制度、公证制度相继建立起来。到 1957 年 6 月，全国已建立 19 个律师协会，817 个法律顾问处，有 2500 多名专职律师和 300 多名兼职律师；到 1957 年底，全国有 51 个市设立公证处，1200 多个市、县法院受理公证业务，有专职公证员近千名，共办理公证事项 29 万多件。国家仲裁制度初步建立，有关部门制定了《中国国际贸易仲裁委员会对外贸易仲裁委员会仲裁程序暂行规定》，对仲裁范围、仲裁员的产生、仲裁组织、裁决及执行等做了详尽规定。

——建立发展政法教育。政法教育是从培训干部开始的。1949 年 11 月，将朝阳大学改建成新中国第一所培养司法专门人才的大学——中国政法大学；[①] 1950 年创建了中国人民大学，该校法律系成为新中国建立的第一所正规法律教育系，本科法律教育开始启动。到 1957 年，全国高等政法院系已发展到 10 个，招生人数达到 8245 人。新中国成立后的 8 年中，政法院系毕业生达 13090 人，研究生 263 人。

---

① 朝阳大学创办于 1912 年，是民国曾经存在过的一所法律类大学。朝阳大学的法科当时非常出名，有“南东吴、北朝阳”的说法。1949 年，华北人民政府接管朝阳大学，在原址上成立了中国政法大学（与现在的中国政法大学没有传承关系）。1950 年 2 月，中国政法大学与华北大学、华北人民革命大学合并成立了中国人民大学，朝阳大学的校址校舍、教师、学生、图书等都归入中国人民大学法律系。

3. 社会主义法制受挫：“反右”运动至“文化大革命”结束前

1957—1976年是中华人民共和国历史由曲折走向挫折的20年。由于在国家工作的指导上出现了“左”倾错误，特别是“文化大革命”的“左”倾严重错误，人民代表大会制度一度遭到严重破坏，党和国家的工作、社会主义民主法制建设都受到严重影响，给我们留下了深刻教训。

1957年下半年，毛泽东同志对法治的态度和看法发生了根本改变。在1958年8月召开的北戴河（中共中央政治局扩大）会议上，毛泽东说：法律这个东西没有也不行，但我们有我们这一套，还是马青天那一套好，调查研究，就地解决，调解为主……大跃进以来都搞生产，大鸣大放大字报，就没有时间犯法了。对付盗窃犯不靠群众不行。不能靠法律治多数人，大多数人靠养成习惯。军队靠军法治不了人，实际上是1400人的大会（指中央军委扩大会议）治了人，民法、刑法那么多条，谁记得了。宪法是我参加制定的，我也记不得……我们的各种规章制度，大多数、百分之九十是司局搞的，我们基本上不靠那些，主要靠决议、开会，一年搞四次，不靠民法、刑法来维持秩序。人民代表大会、国务院开会有它们那一套，我们还是靠我们那一套，刘少奇提出，到底是法治还是人治？看来实际靠人，法律只能作为办事的参考。①

此后，中国社会主义法制建设逐渐倒退，主要表现：

其一，社会主义法制基本原则（如法律面前人人平等原则；公检法机关分工负责、互相制约原则；法院依法独立审判原则；检察院行使一般法律监督权，依法独立行使检察权原则；被告人有权获得辩护原则）遭到批判。

其二，立法工作逐步趋于停滞。全国人大及其常委会、国务院及其所属部门发布的规范性文件，1958年为143件，1965年仅有14件。从1958—1966年，不仅比较重要的法律一部都没有制定出来，而且刑法、刑事诉讼法、民法、民事诉讼法等基本法律的起草也停了下来。

其三，一些法制机构被撤销。1959年撤销了司法部、监察部、国务院法制局；律师、公证队伍被解散；公检法三机关来分工负责互相监督的司法制度被取消，代之以公检法三机关的合署办公。

其四，从1957年开始，破坏法制、侵犯公民权利、乱抓人、乱捕人的做法日渐盛行起来。

---

① 参见全国人大常委会办公厅编著《人民代表大会制度建设四十年》，中国民主法制出版社1991年版，第102页。

第五，这里所考察归纳的经验具有较强的主观性。也就是说，我们所归纳的经验，只是我们认为它们是我国 60 年法治建设历程中独特的、有价值的、全局性的经验，不同学者即使按照同样的标准进行归纳，结果也可能是不同的。当然，我们尽可能使这种归纳合情合理，并试图说服读者接受我们的判断和归纳。

根据上述原则，我们将新中国法治建设 60 年的经验归纳为以下八个方面：(1) 坚持中国共产党的领导；(2) 实行人民代表大会制度；(3) 法的自治性日益增强；(4) 政府主导推动法治发展；(5) 经济发展带动法治进步；(6) 法律移植与自主创新相结合；(7) 中国特色与国际标准和谐统一；(8) 社会主义法治理念演化生成等。下文将逐一考察这些经验。

二、坚持中国共产党的领导

新中国法治建设 60 年的首要经验，是始终坚持中国共产党对法治工作的领导。旗帜鲜明地坚持党的领导，是我国社会主义法治的政治基础和根本保障，是区别西方资本主义法治的根本特征。党的这一地位是历史地形成的，党对法治工作的领导是党领导全国各族人民建设社会主义国家的重要组成内容。回顾新中国 60 年来的历程，党对法治工作的领导主要体现在如下四个方面：

首先，党领导工农联盟，联合广大的爱国人士和民主人士，建立和巩固了人民民主专政的国家政权。法治是一种治国方略，是一种政权的组织和运作模式，因此，要实行法治，必须建立统一的国家政权。一个军阀割据、四分五裂的国家，不具备实行法治的政权基础，是不可能实行法治的。在西方国家历史上，现代法治是建立在民族国家基础上的，而民族国家的特点，是消除了封建社会国家权力弥散化的特点，建立了集中、统一、垄断的国家权力。在中国古代历史上，法制成就显著的时期，比如秦、汉、唐、宋、明、清等各个朝代，基本上都属于国家政权相对统一和稳固的时期。然而，在新中国成立前的 100 多年里，中国一直处于内忧外患、战火连天的岁月，许多仁人志士、阶级政党，都试图拯救人民于水火，建立独立、统一的民族国家，然而都没有成功。但是，自从中国共产党成立以来，中国革命形势就发生了彻底的改变。在中国共产党的领导下，中国人民相继取得了北伐战争、抗日战争和解放战争的胜利，建立了统一的国家政权。在随后的 60 年中，党领导全国各族人民，又取得了经济、政治、文化建设的一系列成就，巩固了人民民主专政的社会主义政权。正是由于统一强大的国家政权的建立和巩固，法治建设才有了政治基础和权力保证。

其次，党领导全国各族人民建立了基本的政治法律制度，构建了法治建设的制度框架，奠定了法治建设的制度起点。在新中国成立前后，党领导和团结各民主党派、爱国人士，成功召开政治协商会议，通过了《中国人民政治协商会议共同纲领》，组建了新兴的国家政权，成立了中央人民政府。随着经济上社会主义改造的成功，党又领导全国人民制定了社会主义性质的1954年宪法，建立了民主集中制的人民代表大会制度。“文化大革命”结束以后，党领导全国人民拨乱反正，逐步恢复和建立了各项社会主义法律制度，包括领导制定1982年宪法、颁布部门法典、恢复各项法律工作等等。在60年的发展历程中，党领导人民创造性地建立了一系列的具有中国特色的重要法律制度，如人民代表大会制度、民族区域自治制度、一国两制、共产党领导的多党合作政治协商制度等等。改革开放以来，尤其是1992年党的十七大确立社会主义市场经济发展目标以来，党又领导制定了一系列的市场经济法律制度，比如合同制度、担保制度、公司制度、证券制度等等，有力地保障和促进了社会主义市场经济的发展。我国加入世贸组织以后，党又领导全国人民大规模地清理、制定和修改现行法律，改革现行制度，为我国经济、政治和文化生活全面融入国际社会提供了坚实的法律基础。

第三，党领导国家确立了各个时期的法治发展战略。在改革开放初期，党领导确立了法治发展的“十六字方针”，即“有法可依，有法必依，执法必严，违法必究”。在这一方针的指引下，我国制定了大量的法律法规，恢复和完善了行政执法制度和司法制度，同时领导国家执法机关严格执行法律，维护社会的秩序和稳定，为我国法治的长远发展打下了坚实的制度基础。90年代中后期，党又领导全国人民确立了“依法治国，建设社会主义法治国家”的基本战略，为法治发展确立了长远的战略目标。在依法治国方针的指引下，加强依法执政、民主立法、依法行政、公正司法、法律监督，加强了法律工作人员的职业化和法律程序的正规化建设，法治朝着更加统一、完备、自治的方向发展。2004年，党又领导确认了尊重保障人权这一价值理念，并将“国家尊重和保障人权”写入了宪法修正案。

第四，党领导法治工作的各个环节。从法律调整过程看，法治工作包括多个环节，基本的环节有立法、行政执法、司法、法律监督等方面。而党对法治工作的领导，包括对法治工作各个环节的领导。党对立法工作的领导，主要是确保党的方针、路线和政策等主张与人民意志统一起来，准确及时地上升为国家意志，制定为法律。为了实现这一点，党对人大代表的选举、立法的规划、立法提案、会议议程等进行领导。党对行政执法、司法工作的领导，主要是确保正确执法、公正执法。在过去60年中，党的政策、特定时期国家的中心任务等，对执法工作也有重要的影响，党的领导还要确保执法人员能够结合党的政策和中心任务的要求，理解和适用法律。为了实现这一目标，各级党组织通常通过推荐和考核干部、协调各个机关的工作、颁布重要政策等方式，领导行政执法和司法工作。

在不同时期，党对法治工作的领导方式也是变化的，与时俱进的。在改革开放以前，我国长期是党政不分的，甚至以党代政、以党代法。最早提出党政分开主张的，是邓小平同志1980年8月在中央政治局扩大会议上的讲话《党和国家领导制度的改革》。在这篇讲话中，邓小平同志指出，要“着手解决党政不分、以党代政的问题。中央一部分主要领导同志不兼任政府职务，可以集中精力管党，管路线、方针、政策。这样做，有利于加强和改善中央的统一领导，有利于建立于各级政府自上而下的强有力的工作系统，管好政府职权范围的工作”。在党的十三大报告中，这一问题得到了更为全面的阐述：“党政分开即党政职能分开。党领导人民制定了宪法和法律，党应当在宪法和法律的范围内活动。党领导人民建立了国家政权、群众团体和各种经济文化组织，党应当保证政权组织充分发挥职能，应当充分尊重而不是包办群众团体以及企事业单位的工作。党的领导是政治领导，即政治原则、政治方向、重大决策的领导和向国家政权机关推荐重要干部。党对国家事务实行政治领导的主要方式是：使党的主张经过法定程序变成国家意志，通过党组织的活动和党员的模范作用带动广大人民群众，实现党的路线、方针、政策。党和国家政权机关的性质不同，职能不同，组织形式和工作方式不同。应当改革党的领导制度，划清党组织和国家政权的职能，理顺党组织与人民代表大会、政府、司法机关、群众团体、企事业单位和其他各种社会组织之间的关系，做到各司其职，并且逐步走向制度化。”尽管这一阐述比较原则，而后来的社会形势有了发展变化，但是党政分开的理念和实践，较先前的党政不分、以党代政的做法来说，仍然不啻为一个重大进步。

党政分开之后，党如何领导“政”？“政”的性质如何？“政”如何开展工作？党的十五大报告对这些问题做了回答：“建设有中国特色社会主义的政治，就是在中国共产党领导下，在人民当家作主的基础上，依法治国，发展社会主义民主政治。”《关于加强党的执政能力建设的决定》进一步提出，要“坚持党的领导、人民当家作主和依法治国的有机统一，不断提高发展社会主义民主政治的能力”。在这三个要素中，党的领导是人民当家作主和依法治国的根本保证，人民当家作主是社会主义民主的本质要求，依法治国是党领导人民治理国家的基本方略。通过这两个文件，党政分开发展成为三者有机统一，即党的领导、人民民主和依法治国的有机统一，统一为社会主义民主政治的思想。在三者有机统一的基础上，既要强调党政分开，即在职能和权责分工上，党与行政分开、党与司法分开、党与社会分开、党与企业分开；又要强调融合和统一，即党与国体融合、党与政体融合、党与人民融合、党与政治融合、党与意识形态融合。在统一的前提下分工，在分工的基础上融合；在政治上、组织上、思想上总体统一，在职能上、权责上具体分工。

在三者有机统一的基础上，如何加强和改善党的领导，关系到党的执政能力。为了提高党的执政能力，《关于加强党的执政能力建设的决定》提出，党的领导要做到“民主执政、科学执政、依法执政”。具体地说，党对法治工作的领导方式做了如下方面的调整：（1）要推进社会主义民主的制度化、规范化和程序化，保证人民当家作主，尊重和保障人权，保证人民依法享有广泛的权利和自由；（2）改革和完善决策机制，推进决策的科学化、民主化；（3）全党同志特别是领导干部要牢固树立法制观念，坚持在宪法和法律范围内活动，带头维护宪法和法律的权威，督促、支持和保证国家机关依法行使职权，在法治轨道上推动各项工作的开展，保障公民和法人的合法权益；（4）党对立法工作的领导，就是要使党的主张通过法定程序成为国家意志，从制度上、法律上保证党的路线方针政策的贯彻实施，使这种制度和法律不因领导人的改变而改变，不因领导人看法和注意力的改变而改变；（5）加强和改进党对政法工作的领导，就是要支持审判机关和检察机关依法独立公正地行使审判权和检察权，提高司法队伍素质，加强对司法活动的监督和保障；（6）党自身也要加强对权力运行的制约和监督，保证把人民赋予的权力用来为人民谋利益。总之，新时期党的领导方式可以归结“党总揽全局、协调各方”，一方面要支持人大、政府、政协和审判机关、检察机关依照法律和章程独立负责、协调一致地开展工作，及时研究并统筹解决它们工作中的重大问题；另一方面又要通过这些组织中的党组织和党员干部贯彻党的路线方针政策，贯彻党委的重大决策和工作部署。

三、实行人民代表大会制度

坚持人民代表大会制度，是我国社会主义法治的一项重要经验，一个显著特征。1949 年新中国成立后，根据国际无产阶级专政政权建设的经验，我国创建了人民代表大会制度，并长期实行这一制度。人民代表大会制度是我国的根本政治制度，其基本内容包括五个方面：（1）各级人大都由民主选举产生，对人民负责，受人民监督。（2）人大和它的常委会集体行使国家权力，集体决定问题，严格按照民主集中制的原则办事。（3）国家行政机关、审判机关、检察机关都由人大产生，对它负责，向它报告工作，受它监督。（4）中央和地方国家机构职能的划分，遵循在中央统一领导下，充分发挥地方的主动性、积极性的原则。（5）我国是一个统一的多民族国家，各少数民族聚居的地方实行民族区域自治。根据上述特点，我国的人民代表大会制度实行的是民主集中制原则。

民主集中制是和西方三权分立相对的。在西方资本主义国家，无论是在理念上，还是在实践中，法治都或多或少地包含着三权分立这一制度要素。由于民主集中制和三权分立相互对立，所以，需要结合三权分立的特点，才能更好地理解我国 60 年来所坚持的民主集中制这一法治经验。二者的不同，首先体现在价值理念上。三权分立强调的是通过不同权力之间的分立和制衡，增强私主体监督和制约公共权力异化的能力，实现公共权力和私主体之间的平衡，藉以保障公民的权利和自由。人民代表大会制度的民主集中制强调的是权力的一元化和统一性，藉以保障人民的意志和要求能够迅速、有效贯彻实施。

从两种不同的理念出发，两种制度的具体内容大异其趣。在典型的三权分立制度中，国家权力划分为性质不同的立法权、行政权和司法权三种权力，三种权力之间相互独立，各司其职。由于法律调整的不同环节分属不同的权力机关，任何一种权力的行使都要在一定程度上受制于另外两种权力，因此，权力的行使就变得容易监督和制约，法律获得了超然的权威和地位。而在我国的人民代表大会制度中，国家机关之间虽然权力不同，但是，这只是分工的不同，不同权力之间并不相互独立，并不相互平等，而是行政权、司法权等各种权力来源于人民代表会的权力，对其负责，向其报告工作，受其监督。

由于价值理念不同，制度内容殊异，两种制度的效果自然也不同。在三种分立体制下，常常看到这样的现象：议会制定的法律被法院宣布违宪而失效，政府的预算被议会否决，公职人员的行为被法院判决为非法，政府为了贯彻自己的政策而改组法院，等等。这些现象是有利有弊的。利在于公共权力之间的互相制约极大程度地保障了公民的权利和自由；弊则是权力互相牵制，难以迅速回应社会中的紧急问题，难以集中举国之力办大事。相反，在我国的人民代表制度下，经常出现的情况是，全国人大及其常委会制定的法律，中央和地方各级行政机关和司法机关迅速地、坚决地贯彻执行；在每年一次的人大会议上，行政首长、法院院长和检察院检察长都要向同级的人大代表会议做工作报告；全国人大常委会经常派出执法检查组，检查法律的施行情况，等等。显然，人民代表大会制度实现了民主基础上的集中，克服了权力之间相互的牵制和掣肘，全国的公共权力一盘棋，可以集中精力办大事。正是由于这一制度的支持，在过去改革开放的30年中，我们得以迅速颁布大量法律文件，并构建了社会主义法律体系；得以顺利地完成一系列重大的制度变革，使社会日新月异；得以在短短数十年中，完成了西方国家经历了数百年的现代化变迁。

在当今世界上，三权分立是一个强劲的话语。不必否认，三权分立的出现和盛行，是人类政治制度的巨大进步，是一项优秀的文明成果。同样，人民代表制度在我国成功的制度实践，表明人民代表大会制度是一项适合中国国情、具有强大生命力和优越性的基本政治制度，我们将长期坚持这一制度。这是因为，人民代表大会制度符合我国国情，具有一系列优越性。首先，人民代表大会制度具有广泛的代表性，各地区、各阶层、各民族、各方面的群众都能参与到国家的政治生活中来，参与到管理国家事务、管理经济和文化事业、管理社会事务上来。其次，人民代表大会制度的运行方式，有效地保障了人民当家作主的权利。目前，我国有近290万各级人大代表，他们都是兼职的，是人民中的一员，工作和生活在亿万人民群众之中，同人民群众保持着密切联系，了解人民群众的意见和要求，他们的提案和意见能够切实体现人民的意志，充分反映人民的呼声，有利于维护人民的权益，真正体现了人民当家作主。第三，人民代表大会制度有利于集中全国人民的力量办大事，有利于保证国家机关协调高效运转。正如邓小平同志精辟指出的那样："社会主义国家有个最大的优越性，就是干一件事情，一下决心，一做出决议，就立即执行，不受牵扯。"第四，人民代表大会制度有利于我国社会主义制度的巩固，有利于国家的团结、稳定和统一。我国是一个幅员辽阔、民族众多的大国，人民代表大会由各民族选出的代表组成，法律上保证每个民族都有代表参与国家政权，有利于巩固和发展平等团结互助的社会主义民族关系，保护各少数民族的合法权益，促进少数民族地区的经济和社会发展，实现全国各族人民的大团结。

尽管人民大会制度是我国60年来的成功经验，但是必须承认，这项制度还处在不断的发展完善之中。这里举两个例子。首先是全国人大及其常委会如何监督法规和司法解释的合宪性和合法性问题（简称合法性问题）。在我国当前，国务院可以制定行政法规，地方人大及其常委会可以制定地方性法规，少数民族自治地方的人大及其常委会可以制定自治条例和单行条例，最高人民法院和最高人民检察院可以制定司法解释。根据民主集中制的原则，根据《宪法》和《立法法》的规定，这些法规和司法解释必须符合各自的权限范围，并不得和先法和法律相抵触，如果超越权限，或者和先法和法律不一致，全国人大常委会有权予以撤销。实践中，为了履行这一职责，建立健全法规和司法解释备案审查制度，维护社会主义法制的统一，全国人大常委会委员长会议于2000年10月制定了《行政法规、地方性法规、自治条例和单行条例、经济特区法规备案审查工作程序》。2005年12月，全国人大常委会委员长会议又对《行政法规、地方性法规、自治条例和单行条例、经济特区法规备案审查工作程序》进行了修订，并制定了《司法解释备案审查工作程序》。根据这两个法律文件，对于法规、司法解释的合法性，法规、司法解释的制定机关可以提请审查；全国人大专门委员会认为备案的法规同宪法或者法律相抵触的，可以主动进行审查；国家机关和社会团体、企业事业组织以及公民认为法规、司法解释同宪法或者法律相抵触，可以向全国人大常委会书面提出审查要求或者审查建议。然而，这一制度在实际中，存在一些不足。比如，法规和司法解释的审查结果基本上是不公布的，社会公众很难知晓这一监督情况。近年来公民个人上书请求全国人大常委会审查法规和司法解释的事件时有发生，但基本上听不到全国人大常委会及其法规备案审查机构的回应。此外，在实践中，如果审查发现同上位法相抵触的法规，反馈给地方人大常委会后，全国人大常委会办公厅很少收到反馈意见，只有很少的地方根据审查意见进行了纠正，多数情况是地方人大以各种理由坚持自己的意见。[①] 这些问题表明，虽然在理论上，全国人大及其常委会有权监督国务院等有关部门制定规范性法律文件的权力，有权维护法律法规体系的和谐一致，但是，具体在制度上如何落实和保障这一权力和职

① 蔡定剑：《中国人民代表大会制度》，法律出版社2003年版，第311页。

责，还需要在实践中不断探讨。

其次是同级人大及其常委会如何监督法院审判工作的问题。二者的关系概括地说就是：在性质上，人大是国家权力机关，人民法院是审判机关，在同级之间，前者的权力高于后者的权力，后者由前者产生，对前者负责，受前者监督。然而，《宪法》和《人民法院组织法》对人大如何监督法院的工作没有作出具体的规定，这给实践中监督工作的开展带来了困难。一些地方前些年采取所谓“个案监督”的形式，[①] 2006 年 8 月颁布的《各级人民代表大会常务委员会监督法》（本节以下简称《监督法》）否定了这种形式，这一变化表明同级人大对审判工作的监督走了一段弯路。《监督法》规定，同级人大及其常委会对“两院”工作的监督，主要是通过听取和审议“两院”专项工作报告、执法检查等形式，督促司法机关完善内部监督制度，重点解决审判工作、检察工作中群众反映强烈、带有共性的问题，促进公正司法。全国人大法律委员会主任委员杨景宇解释说：“这样做，既能发挥人大常委会依法监督‘两院’工作的职能，增强监督实效，又能保障法院、检察院依法独立行使审判权、检察权。”[②]

四、法的自治性日益增强

60 年来法治发展的经验，还体现为一条主线：法的自治性日益增强。为了清楚地演示这一变迁，首先需要说明一下法律自治这一概念。

在现代西方国家，虽然法律理论流派众多，但是基本都承认西方国家的法律具有相当的自治性。而法的自治性这一概念的提出，则可以追溯到韦伯的法律社会学理论。在考察法律的类型时，韦伯提出了自治性和普遍性这两个指标。其中，自治性是指一种法律制度“使用内在于这种法律制度之中的决策标准”的程度，高度自治的法律是形式的，另一个极端则是实质的。普遍性是指是否确立普遍使用的规范体系，是否“按照一种统一的决策标准来处理所有类似案件”。如果一种法律是按照事先确立的规范处理类似的问题，那么就是理性的法；反之，对于同样的问题没有统一适用的规范，那

---

① 参见朱景文主编《中国法律发展报告——数据库和指标体系》第四章“审判”部分，中国人民大学出版社 2007 年版。

② 崔丽、程刚（记者）：《监督法热点问题释疑：为何未规定个案监督内容》，《中国青年报》2006 年 8 月 28 日。

么这种法律就是非理性的。通过这两个指标的交叉组合，韦伯提出四种法律类型：实质非理性的法，实质理性的法，形式非理性的法，形式理性的法。在此基础上，韦伯指出，现代西方法是高度形式理性化的法，即一种高度自治的、逻辑自洽的法律规范体系。韦伯进一步分析说，西方国家一系列的社会条件，促成了法律的形式理性化。这些条件包括：教会法的发展，促成了法律的理性化；法律与政治的分离，法律与宗教的分离，法律职业群体的出现，特殊的法律方法和法律理论，成就了法律的高度自治。①

韦伯之后，一些西方著名法学家也借用自治性的概念考察西方法律传统。首先是伯尔曼，他在《法律与革命——西方法律传统的形成》一书的导论中，将西方法律传统的主要特征概括为十个方面。但是，他接着写到，自 20 世纪中后期以来，这些传统正在受到挑战，截至现在，只有其中的四个仍然构成西方法律的基本特征，即法律独立于政治、宗教等社会制度的自治性，自治的法律职业群体，兴旺的法律教育，不断传承和累积的法律学问。② 其次是昂格尔，他将法律划分为习惯法、官僚法和法律秩序（或法律制度）。其中，法律秩序的产生是与现代欧洲自由主义的形成相联系的。对于其特征，昂格尔认为："作为法律秩序的法律不仅具备公共性和实在性，而且具备普遍性和自治性。"③ 第三是诺内特和塞尔兹尼克，两位学者在《转变中的法律与社会——迈向回应型法》一书中，创造性地提出压制型法、自治型法和回应型法的法律划分方式。两位学者认为，现代西方社会的法律属于自治型法，其基本特点体现为法律与政治分离、规则模型、以程序为中心、忠于法律等方面。两位学者还认为，在现在社会中。自治型法虽然优于压制型法，但是也存在一些问题，而改革的方向是迈向回应型法。④

总结自韦伯以来西方学者的论述，西方法律传统的特征可以归结为两个方面，即普遍性和自治性。而法律之所以实现了自治性，主要由于六个方面的因素：（1）逻辑自洽的、完备的法律规则体系，任何法律问题都可以从

---

① 参见［德］马克斯·韦伯《经济与社会》（下卷），林荣远译，商务印书馆 1997 年版，第 1—216 页。

② 哈罗德·J. 伯尔曼：《法律与革命——西方法律传统的形成》，贺卫方等译，中国大百科全书出版社 1993 年版，第 1—53 页。

③ ［美］R. M. 昂格尔：《现代社会中的法律》，吴玉章、周汉华译，译林出版社 2001 年版，第 45—55 页。

④ ［美］诺内特、塞尔兹尼克：《转变中的法律与社会——迈向回应型法》，张志铭译，中国政法大学出版社 1994 年版，第 31—127 页。

法律自身找到解决方案；（2）法律与政治、宗教以及其他社会制度相分离，法律规则体系特征显著，具有独特的理论基础和效力根据；（3）发达的法律职业群体，包括法官、律师、检察官等，具有相对独立的地位，专门负责法律事务；（4）特殊的思维模式，发达的法律技术，这些思维模式和法律技术为法律职业群体所掌握和信奉；（5）发达的法律学术，负责总结、发展、弘扬法律原理和法律技术；（6）发达的法律教育，衔接法律职业和法律知识两个要素。在西方国家的历史上，正是因为上述因素的发展，西方的法律传统日渐形成；正是基于上述因素的独特性，西方法律制度有别于非西方国家。

如果根据上述要素来考察我国60来的法律实践，可以看出，我国法律的自治性是日益增强的。这是因为，上述要素总体上都是朝着有利于法律自治的方向变迁的。在这些要素中，有几项的变化十分显著，不必赘言。这几项包括：（1）新中国成立60年来，尤其是改革开放以来，法律规范体系日益丰富、完备，截至现在，基本上所有的法律问题，或者在法律的具体规定中，或者根据法律原理，都能找到解决问题的方案；（2）由于法律教育的发展和职业准入门槛多次提高，法律职业群体的文化素质和专业水平都越来越高，在数量上，律师队伍也是逐年增长的；（3）法律学术和法律教育日益发展的趋势也是显著的。[①] 此外，在前述六项指标中，法律与政治的关系，法律职业群体的自治地位等的变化，也是越来越有利于法的自治的，但是这两个方面的变化稍显复杂，需要略做申说。

首先是法律与政治的关系。在过去60年中，法律与政治的关系主要体现为法院与党的关系、法院与同级人大的关系、法院与同级政府的关系。更具体地说，体现为党的意志、同级人大的意志、同级政府的意志，影响法院判决的能力。其中，党和法院的关系可以概括领导与被领导的关系，然而这种关系的具体内涵也是发展变化的。在改革开放之前，尤其在“文化大革命”期间，在很大程度上，党的政策就是法，法院就是党的组织，法院完全从属于党。在这种情况下，法律完全没有自治性可言。改革开放以来，由于强调党政分开，强调健全法制，强调依法治国，使得这种情形逐步改观。发展到改革开放30年后的今天，社会主义法律体系已基本完备，法院判决

① 对于上述变化，朱景文教授主编的《法律发展报告——数据库和指标体系》提供了详尽的数据可以证明。朱景文主编：《中国法律发展报告——数据库和指标体系》，中国人民大学出版社2007年版。

已经可以“有法可依”了；此外，法律实务工作已经有了自己的机构体系和法律职业群体。当然，更重要的是，党的文件对党与法院的关系做了更有利于法律自治的界定。中共中央《关于加强党的执政能力建设的决定》（2004年9月）提出，要按照党总揽全局、协调各方的原则，改革和完善党的领导方式，党委既要保障审判机关、检察机关依照法律和章程独立负责、协调一致地开展工作，及时研究并统筹解决他们工作中的重大问题，又要通过这些组织中的党组织和党员干部贯彻党的路线方针政策，贯彻党委的重大决策和工作部署。党的十七大报告重申，为了全面落实依法治国基本方略，加快建设社会主义法治国家，要维护社会公平正义，维护社会主义法制的统一、尊严、权威，要保证审判机关、检察机关依法独立公正地行使审判权、检察权。这些变化表明，在有利于法律自治的方向上，党和法院的关系也有重大发展。当然，这种自治是有限度的，因为法院和党仍然是领导和被领导的关系，党管干部的原则仍然涵盖司法队伍。

之所以说地方法院和同级人大的关系也影响到法的自治性，是因为法律、行政法规等主要的法律是在全国的层面上形成的公共利益，而地方人大在很大程度考虑的是地方的利益，所以，如果地方人大具有迫使同级法院履行自己的决议的能力，事实上就可能危害法院坚持根据更高位阶的法律、行政法规判决案件的能力。而回顾法治发展的历程，地方法院和同级人大的关系事实上在很大程度上削弱了法的自治性。两个例子可以说明这种削弱，一个例子河南种子案，一个例子是各地一度盛行的“个案监督”。然而，这种关系在最近也有了有利于法律自治的变化，那就是2006年《监督法》的颁布实施。该法排除了地方人大及其常委会对同级法院的“个案监督”形式，减轻了法院坚持依法裁判的压力。然而，目前的自治能力依然是有限的。这是因为，在性质上，同级法院仍然是在同级人大基础上产生的，对其负责，受其监督。

从正式的制度上说，自从1954年宪法颁布之后，法院和同级政府之间是平行，互不隶属的。但是，从实际情况来看，法院很难对地方政府说不。这是因为，第一，地方政府掌握着财权，掌握着司法经费和司法人员的福利。更要紧的是，除了基本工资以外，司法所需的其他经费保障，并无刚性的制度保障，需要临时性的协商和申请。第二，虽然司法和行政是平行的权力，但是二者的实际地位相差悬殊。一般来说，地方政府的首长在党委常委中排名第二，而且通常还有多名副职的政府首长进常委，但是，现在除了一些地方公安局长能进常委以外，检察长和法院院长都进不了常委。然而，公安局长通常被认为属于行政机关，甚至一些地方的公安局长还兼任党委的政法委书记。由于这种悬殊地位，地方政府首长实际上还可以利用党委这一资源，影响或者干预法院的工作。而这种影响或者干预通常是不利于法律自治的，因为地方政府是以地方利益为立场的，和全国性的法律必然会有冲突。而且行政性的思维模式主要是讲效率、重结果，和法院守中立、重程序的理念也是有差别的。

实际上，在地方政治力量面前，法律的自治地位比正式制度上所展示的还要弱一些。这是因为，一方面，由于党的领导作用，同级党委和同级人大、同级政府之间，形成了一个不可分割的联盟。尤其是党委和政府，二者在实际工作中，界限已经很模糊。如果说，在实际中，党委书记也是行政工作的一把手，大概不会有人有异议。这三种权力的地位分别都比法院要高，而三者结合起来，其强势地位就更是远非法院所能比拟、所能抗衡。在实际中，党委可以利用行政资源，影响法院的经费供应；利用对人大的领导地位，控制司法工作的人事任免。同样，人大和政府也可以进一步利用其党内地位，利用党委这一权力资源，影响司法工作。另一方面，法院内部的行政化管理模式，进一步放大了司法权力的劣势。这一问题涉及下面要说明的另一个问题，即法律职业群体的地位变化。

在我国当前，法律职业群体可以分为两种类型，一种是可以称为司法干部的法官和检察官，另一种是民间性质的律师。这三者以及人民警察、司法行政干部，在改革开放之前，都共享一个统一称谓：政法干部。在这个称谓中，其实“干部”二字最关键，因为都是干部，就统一按照干部的方式进行选任和管理。所以在当时，法律职业并无特别的身份特征，政法干部之间互相流动很正常，也很频繁；即使是政法干部和非政法干部之间的流动，也是经常的。由于按照一般的干部进行选任和管理，所以政法干部并无特别的独立性和自治性，政法干部的知识和思维模式和一般干部相比，也是大同小异。改革开放之后，这种情形逐步发生变化。最先开始的变化是律师队伍从政法干部中分离出来，成为一种社会性职业。随着律师职业准入的逐步严格，律师队伍的专业化水平也日渐提高。其次的变化是在干部队伍中，法官、检察官的特殊身份逐步被强调，职业准入的专业知识要求也日渐提高。1995年2月《法官法》和《检察官法》的颁布，具有标志性意义，而日渐严格的职业准入更具有实质意义。2002年实行法官、检察官、律师、公证员统一适用的司法考试之后，法律职业群体的发展又迈出了一大步。司法考试一方面提高了法官、检察官的职业准入门槛；另一方面，也加强了法律职业之间的认同感，特殊的知识和信念，成为法律职业群体区别其他职业的显著特征。

随着法律职业专业化水平的不断提高，法律职业的独立性、自治性也在逐步增强。这种变化最显著的，是律师队伍。在正式制度上，律师有自己的自治组织，有关的法律也规定了律师的权利保障。但是在实际中，法律的实施打了一些折扣。首先是律师自治的范围目前还是很有限的，还有很多事务，而且是更为关键的事务，掌握在司法行政机关手中。而且，即使是律师协会负责的事务，因为律师协会半官方的性质，司法行政机关仍然可以发挥影响。其次是法律规定的律师权利，由于受到《刑法》、《刑事诉讼法》等相关条款的影响，以及目前刑事诉讼构造模式的制约，在实际中并没有得到很好的落实，侵害律师权益的事件屡有发生。然而，最近发生了一个影响重大的事件，即在2007年10月，《律师法》修正案通过，增加了很多保障律师权益、加强律师自治的内容。这些条款在2008年6月开始施行以来，上述情形已有所改观。

相对于律师群体来说，法官、检察官的独立性还要弱一些。这是因为，一方面，法官、检察官的职务没有刚性的保障。比如《法官法》规定，如果法官“经考核确定为不称职”，或者“被辞退”，就“应当依法提请免除其职务”。这种规定实际上很笼统，可以理解为法官没有独立身份保障。另一方面，法院、检察院内部总体上属于行政化的管理方式。以法院为例来说，各种考核指标，错案追究制，案件判决审批制度，审判委员会制度，法官之间事实上的行政等级划分，等等，强化了法院内部管理的行政属性。这种行政化的模式一方面使得法官没有独立于法院的地位；另一方面，使得同级的党委、人大、政府对法院的领导、监督或者影响可以在这种模式下，通过法院的领导，作用到办案的法官个人。

综合上述因素，我们可以看到，新中国成立60年来，尤其是改革开放以来，法律的自治性有了很大程度的增强。但是也要看到，目前法律自治的程度还是比较低的，是一种有限的法律自治。基于这种有限的法律自治，一方面，法院要公正、中立、依法独立审判；另一方面，“面对新形势、新任务，人民法院要在新的历史起点上实现各项工作的与时俱进，必须把党的事业至上、人民利益至上、宪法法律至上作为始终坚持的指导思想”。[①] 对于

---

① 摘自最高人民法院院长王胜俊的讲话。参见《王胜俊：“三个至上”是法院始终坚持的指导思想》，《法制日报》2008年6月23日。

党和政府在不同时期的中心任务，法院不能置身事外。在80年代初期，法院要服从“严打”的部署，为社会治安的根本好转而调整审判策略；在改革的攻坚阶段，法律要为经济建设保驾护航；在当前形势下，法院要维护社会稳定的大局，加强调解工作，做到案结事了，等等。在地方上，一个企业是否破产，一家公司是否应当还债，身负地方发展大任的党和政府的意见不能置之不理。在基层工作中，在农业税没有免除的时候，经常可以看到人民法庭和乡政府、村干部一道去村子里追讨债务的情况；在计划生育政策推行困难的地区，也能看到法庭的工作人员深入乡村讲解人口政策、讨要罚款的场景。

总之，一方面，法的自治性显著增强；另一方面，在法律与政治之间，依然维持法律有限的自治性，坚持法律的自治性和开放性的有机统一。凡事有利也有弊，保持法律的适度的开放性，是加强党的领导的需要，是提升政府工作效率的需要，社会主义集中力量办大事的需要，因此，在相当长的时期内，仍将维持法律的适度开放性，这是60年来法治发展的一项重要经验。

五、政府主导推动法治发展

在政府和民间社会多种力量的推动下，我国法治不断发展，这是法治建设60年来又一条重要经验。

在各种社会力量中，老一辈无产阶级革命家，包括邓小平、叶剑英、华国锋、胡耀邦、彭真等人，他们的指示和倡议，对于法治建设的启动和发展，具有重要意义。首先，在改革开放初期，在华国锋、叶剑英、邓小平等同志的支持下，胡耀邦同志主持开展的冤假错案平反工作，是我国政府重视法制、尊重人权的重要体现，也是法制工作的重要起点。其次，邓小平同志对制度的强调，对民主与法制的关系的论述，构成了我国改革开放初期民主法治建设的指导思想。邓小平深切地感受到要避免再次出现“文化大革命”式的悲剧，只有加强民主、厉行法制。他先后提出了一系列重要的法律观点，特别是他在1978年12月中共中央工作会议闭幕会上关于民主和法制的讲话内容，比较系统地阐述了其法治思想，标志着邓小平法治思想的形成。[①] 邓小平同志1980年8月在中央政治局扩大会议上所作的《党和国家

① 邓小平：《解放思想，实事求是，团结一致向前看》，《邓小平文选》，人民出版社1983年版，第130—143页。

领导制度的改革》的讲话中，提出了许多关于制度改革的设想，比如要着手解决党政不分、以党代政的问题，解决领导干部终身制问题，解决权力过分集中的问题，等等。[①] 由于这篇讲话的内容意义重大，所以被党的十三大报告确定为进行政治体制改革的指导性文件。而 1992 年春邓小平同志的南方讲话，更是指明了市场经济的发展方向，而市场经济的发展，又为法治发展提供了社会基础，最后孕育了依法治国的理念，成为法治发展不竭的动力之源。第三，彭真等老一辈无产阶级革命家对于法治建设也有许多重要论述，比如，强调“不仅要靠党的政策，而且要依法办事”；[②]“我们办事，第一要靠集体，第二要靠法制”；[③]“没有社会主义法制，社会主义制度、人民的合法的自由和权利就没有保障”，[④] 等等，这些讲话和论述对于推动新时期的法制发展意义重大。

其次，政府自上而下的组织和推动，是我国法治建设的主导力量。按照国内现有相关研究的惯例，这里的“政府”，宜作最宽泛的理解，包括党的组织和所有的国家机关。回顾 60 年来的法治建设，政府在法治建设中的作用，是全方位的。具体包括：（1）作出法治发展的战略规划，比如改革开放初期“有法可依、有法必依、执法必严、违法必究”方针的制定，20 世纪 90 年代中期“依法治国，建设社会主义法治国家治国方略”的确立，2004 年“国家尊重和保障人权”入宪，等等，都是政府关于法治发展的战略规划。（2）组织实施各项具体的法治工作。法治生活千头万绪，涉及社会生活的各个层面、各个领域，比如法律的立、改、废，法律的实施和推广，法律职业群体的发展，法律教育，法治宣传，等等，这些工作都是在政府的组织下推进和完成的。（3）需要特别提到的一项工作，是普法教育。我国的普法教育，是在特定的社会历史条件下党和国家领导的大规模、群众性普及法律常识活动，一项宏大的社会工程。自 1985 年开启以来，普法教育历经“一五”普法、“二五”普法、“三五”普法、“四五”普法和“五

---

① 邓小平：《党和国家领导制度的改革》，《邓小平文选》，人民出版社 1983 年版，第 280—302 页。

② 彭真：《不仅要靠党的政策，而且要依法办事》，《论新中国的政法工作》，人民出版社 1992 年版，第 362 页。

③ 彭真：《对立法干部培训班学员的讲话》，《论新中国的政法工作》，人民出版社 1992 年版，第 384 页。

④ 彭真：《进一步实施宪法，严格按照宪法办事》，《论新中国的政法工作》，人民出版社 1992 年版，第 358 页。

五”普法。普法教育的存在表明，我国法治建设不同于西方自下而上、自然演化的法治生成模式。为了和这种模式相区别，一些学者将我国的法治发展称为政府推进型法治发展模式。从过去法治发展的实际进程来看，从普法教育的大规模开展来看，这种概括有一定的道理。

第三，法学家为法治的发展提供了重要的智识支持。各国的法治建设都离不开专家的作用，但是在我国，这种作用尤其显著。这是因为，一方面，我国法治建设中，法律移植的比例较大，而专家和学者更有条件学习和接受西方国家的法律知识；另一方面，我国总体上遵循的是大陆法系成文法典的传统，这种传统和英美法系相比，更多地依赖于法律理论，是法学家法。回顾改革开放以来的法治建设历程，法学家的贡献主要体现在四个方面：（1）在立法工作中发挥重要作用，几乎所有的法律草案都有法学家的参与，离开法学家的参与，立法工作是不可想象的。（2）法学家为法律实施中的问题的解决，提供智识支持。比如，最高人民法院和最高人民检察院都成立了专家咨询委员会，一些地方法院的法官遇到疑难案件也常常向法学家请教。（3）举办讲座，为国家干部普及法律常识。这种讲座上至中央，下至基层。随着法治建设的不断推进，这种讲座越来越多，成为推进法治建设的一个重要方式。其中，最为著名的是中国社会科学院法学研究所王家福研究员1996年2月8日在中共中央法制讲座上主讲《关于依法治国、建设社会主义法治国家的理论和实践问题》，提出了依法治国的主张，为随后国家确立依法治国，建设社会主义法治国家的治国方略，起到了重要的推动作用，而依法治国的确立又可以说是30年法治建设的最大成就。

除了自上而下的组织和推动之外，大量的事例表明，由于30年来不断的法治宣传和法律教育，法律常识日益普及，法治观念日益深入人心，截至今天，社会公众已经反过来成为监督公共权力、推动法治建设的不可忽视的力量。而且，随着互联网的日益发展、舆论表达环境的日渐宽松，这种民间力量仍在快速增长。这样的事例是多方面的，在此有两类事例值得一提。

首先是对于社会上出现的各种可能存在腐败、滥用公权力的事件，舆论一片哗然，公众紧追不舍，极大程度地制约了公共权力的腐败和恣意。最近几年中影响比较大的事件包括陕西夫妻看黄碟事件（2002年），广东孙志刚事件（2003年），陕西“假宝马彩票”事件（2004年），湖北佘祥林杀妻冤案（2005年），陕西周正龙假老虎事件（2007年），交通部高官深圳猥亵少女事件（2008年），云南“躲猫猫”事件（2009年），湖北邓玉娇事件（2009年），浙江胡斌飙车事件（2009年），等等。由于以网民为主体的社会公众强烈关注，这些事件的处理结果在一定程度都体现了法治的进步。然而，这些事件中所展现出来的民间力量也让政府颇感忧虑，如何引导这股力量朝着建设性的方向发展，是今后国家与市民社会互动的一个新兴领域，也是今后法治建设的一个重要课题。

其次是对于一些涉及公平与正义的制度性问题，社会公众密切关注，一些民间人士甚至上书提出立法建议，有的志士则提起公益性的诉讼“讨个说法”。这方面的事例也是大量的、频繁发生的。例如，在前面提到的孙志刚事件之中，许志永、俞江、滕彪三位博士联名上书全国人大常委会，要求对《城市流浪乞讨人员收容遣送办法》进行违宪审查，废除收容遣送制度。又比如，1999 年《公路法》修改之后，规定国家采用依法征税的办法筹集公路养护资金，具体的实施办法和步骤由国务院规定，同时删除了旧法有关公路养护费的规定。然而，交通部门沿袭多年的做法，每年仍然收取养路费。为此，2006 年 10 月 30 日，中国青年政治学院副教授、北京展达律师事务所律师周泽，以特快专递的方式向全国人大常委会法制工作委员会递交了一份法规审查建议书，要求审查养路费征收法规、规章违法问题，并撤销现行养路费征收法规、规章。周泽律师的做法得到了社会公众的广泛声援。截至 2009 年 1 月 1 日，养路费终于停止，燃油税终于开征，这一改革和以周泽为代表的社会公众的关切是分不开的。再比如，1993 年 11 月，财政部、原国家计委即明令取消火车站厕所收费，但铁道部自行发文，允许对火车站候车室厕所进行收费，于是河南青年葛锐 1999 年 4 月一纸诉状把郑州铁路局推上了郑州市二七区人民法院，要求其赔礼道歉，并退回自己曾交付的 3 毛钱如厕费。案件虽然几经反复，但是葛锐最后还是赢了官司。随后，原河南省计委依法作出了将郑州火车站违法收取的 174. 94 余万元站内厕所如厕费全部没收的行政处罚。

总之，回顾新中国 60 年来的历史进程，法治的发展是在多种社会力量的综合作用下向前推进的。在改革开放初期，无产阶级革命家邓小平同志等在民主法治建设的启动上，在民主法治建设的方向上，发挥了十分重要的作用；而法治工作的规划和落实，则是政府主导完成的；政府的法治工作始终离不开法学家的智识支持，法学家是法治工作的智囊团、思想库；而在改革开放的后期，民智已经开启，法治已经扎根，民间力量已经成长为推动法治发展的重要力量，从法治建设的客体一跃成为法治建设的主体，大有“喧宾夺主”之势。

六、经济发展带动法治进步

回顾新中国成立60年来、尤其是改革开放30年来的法治发展，可以看到在很大程度上，经济发展是法治进步的根本动力，经济发展带动了法治进步。以下通过考察经济与法治的发展历程以及它们的相互联系来说明。

新中国成立后截至1956年，我国在经济上基本上完成了对生产资料私有制的社会主义改造，实现了有计划的公有制经济。随后直到改革开放前的20年时间里，基本上都维持着这种一大二公、高度集权的经济体制。在这种体制下，生产资料实行公有制，生产和销售按照行政性的指令进行，无需产权保护和交易秩序方面的法律。在农村地区，实行政社合一的人民公社制度，在城市里则是单位统管一切，无论是农民还是市民，都完全失去了经济上的独立性，而所属的集体又被编入了更大的行政序列中而失去其独立性。在这种体制下，一方面是纠纷比较少，二是即使发生纠纷，一般也是通过行政调处的方式解决。由于公社和单位都拥有强大的经济资源和行政资源，因此，这种行政调处具有解决纠纷的强大能力。在这种背景下，法律完全失去了用武之地，法院、律师都成了可有可无的东西。从图11-1来看，在改革开放前的20年中，法院所受理的民事案件非常之少。以扣除了人口因素影响的民事诉讼率来看，在比较低的1968年只有1.2件/万人，而且长期维持在低水平，和改革开放以来的民事诉讼率水平相差悬殊。

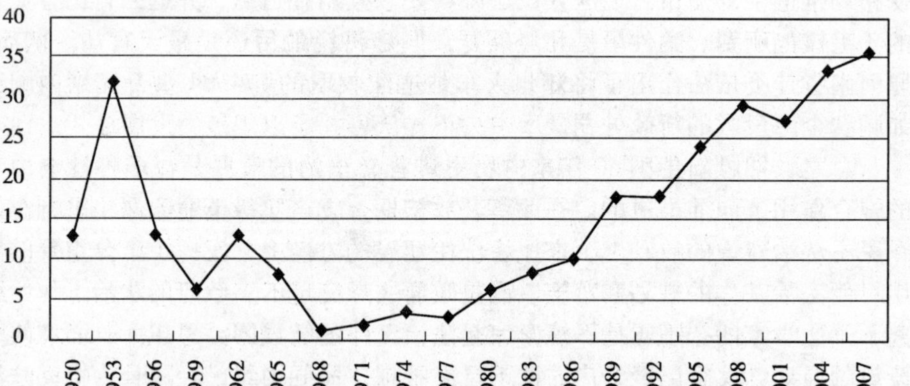

图11-1 不同时期民事诉讼率对比（民事案件收案数/万人）

然而，自从改革开放以来，经济体制发生了很大的变化，并带动法律制度不断发展。30年来的经济发展主要集中在两个方面，一个是改革，即改革国内的生产关系；另一个开放，从早期的吸收外资和技术，发展到后来加入世界贸易组织。两个方面结合起来产生了两个显著的社会变化，其一是带来经济的快速发展，其二是带来政治、法律、文化等上层建筑的深层变革。概括起来，经济的改革和发展又可分为不同的阶段。

1. 1978—1991：有计划的商品经济

在这一时期，经济的发展主要体现为四条主线：引进外资和技术，农村土地承包到户，发展非国有商品经济，城市国有企业改革。

改革开放的号角是引进外资和技术，这项举措在一定程度解决了经济发展的资金和技术瓶颈。1978年7月6日至9月9日，国务院召开务虚会，研究加快四个现代化建设问题，强调要放手利用国外资金，大量引进国外先进技术设备。1979年7月15日，中共中央、国务院批转广东省委、福建省委关于对外经济活动实行特殊政策和灵活措施的报告，决定先在深圳、珠海试办出口特区，待取得经验后，再考虑在汕头和厦门设置特区。1980年5月16日，中共中央、国务院批转《广东、福建两省会议纪要》，正式将“出口特区”改名为“经济特区”。1988年4月13日，七届全国人大一次会议通过了设立海南省和建立海南经济特区的决定。13天后，中共海南省委员会和海南省人民政府正式挂牌。通过这一系列的政策和措施，开放的范围和程度逐步扩大，东部沿海地区的发展日新月异，成为中国经济发展的火车头。

农村包产到户的改革是和对外开放同步进行的另一项重大改革。然而，这项改革并不是在全国有计划地统一推进的，而是呈现为一些地区率先大胆尝试，继而全国各地效仿，最后中央正式认可并予以规范的发展模式。1978年末，安徽省凤阳县小岗村18户农民冒着坐牢的危险在大包干协议上按下手印，由此拉开了土地承包的大幕。对于是否应当实行土地承包，当时在认识上还有激烈的分歧，对于土地承包在发展农村经济方面的效果，当时也很难判断，所以，中央早期对土地承包问题的对策是不搞一刀切，不由中央统一下命令的方针，搞还是不搞，怎么搞，允许各地自己去选择，但要求各地领导对群众自发搞包产到户的，不要去压制，不要去纠正。同时，中央以很大的关注，对包产到户进行总结指导。鉴于实践证明包产到户在释放农村生产力方面的巨大意义，1982年1月1日，中共中央批转《全国农村工作会议纪要》，肯定包产到户等各种生产责任制都是社会主义集体经济的具体形式。1983年1月2日，中共中央发出《当前农村经济政策的若干问题》的文件，肯定联产承包制是在党的领导下我国农民的伟大创造。

随着沿海城市经济的快速发展和农村土地承包改革的巨大成功，集体经济、个人经济等非国有经济开始发展和繁荣。1981年10月17日，中共中央、国务院发出《关于广开门路，搞活经济，解决城镇就业问题的若干决定》，提出今后必须着重开辟在集体经济和个体经济中的就业渠道。中共中央1984年10月20日通过的《关于经济体制改革的决定》进一步为这种形式的经济鸣锣开道："我们要迅速发展各项生产建设事业，较快实现国家繁荣富强和人民富裕幸福，必须调动一切积极因素，在国家政策和计划的指导下，实行国家、集体、个人一起上的方针，坚持发展多种经济形式和多种经营方式"，"全民所有制经济的巩固和发展决不应以限制和排斥其他经济形式和经营方式的发展为条件"，"当前要注意为城市和乡镇集体经济和个体经济的发展扫除障碍，创造条件，并给予法律保护"，"特别是在以劳务为主和适宜分散经营的经济活动中，个体经济应该大力发展"。正是在这些政策的引导和鼓励之下，集体经济和个人经济迅速发展，在提升经济总量、转移劳动力、增加居民收入等方面，都发挥了十分重要的作用。

在这一阶段最晚出场，也是最为复杂、最为艰巨的经济改革，是如何搞活国有大中型企业。国有企业改革的焦点，是如何解决在计划经济条件下政府管得过多、管得过死，使得企业缺乏活力，不能应对社会对产品的需求变化这一问题。为了解决这一问题，1980年9月2日，国务院批转国家经委《关于扩大企业自主权试点工作情况和今后意见的报告》，要求从1981年起把扩大企业自主权的工作在国营工业企业中全面推开。1981年7月31日，国务院批准《关于在湖北省沙市市进行经济体制改革综合试点的报告》，沙市于是成为我国第一个进行经济体制改革综合试点的城市。由于农村经济改革取得了成功，经过几年的试点之后，中央决定在1984年全面加快以城市为重点的经济体制改革。作为这次改革的纲领性文件的是中共中央《关于经济体制改革的决定》，该文件指出了当前经济的弊端，主要体现为：政企职责不分，条块分割，国家对企业统得过多过死，忽视商品生产、价值规律和市场的作用，分配中平均主义严重。针对这些弊端，该文件提出了改革的措施：（1）所有权和经营权分离，扩大企业的自主权，增强企业的活力；（2）建立自觉运用价值规律的计划体制，发展社会主义商品经济；（3）建立合理的价格体系，充分重视经济杠杆的作用；（4）实行政企职责分开，正确发挥政府机构管理经济的职能；（5）建立多种形式的经济责任制，认真贯彻按劳分配原则。在接下来的几年中，正是围绕这些措施的运用进行改革攻坚的，国家的经济形势也在曲折中前进。

2. 1992—2001：*全面建立和发展社会主义市场经济*

这一阶段经济体制上的变化，是社会主义市场经济的提出、确立和发展。社会主义市场经济的提出，一方面是前一阶段有计划的商品经济的发展的逻辑必然；另一方面，也和邓小平同志的高瞻远瞩和强烈推动有关。然而，无论如何，从现在回过头来看，勇敢地跨出这一步，对我国政治、经济、文化领域的影响都是极其深远的，而这种深远的影响，最终又在法律方面体现出来，成为推动法制转型的深刻的社会基础。

关于什么是社会主义市场经济体制，江泽民同志在党的十四大报告中指出："就是要使市场在社会主义国家宏观调控下对资源配置起基础性作用，使经济活动遵循价值规律的要求，适应供求关系的变化；通过价格杠杆和竞争机制的功能，把资源配置到效益较好的环节中去，并给企业以压力和动力，实现优胜劣汰；运用市场对各种经济信号反应比较灵敏的优点，促进生产和需求的及时协调。"在这种体制之下，"全民所有制和集体所有制经济为主体，个体经济、私营经济、外资经济为补充，多种经济成分长期共同发展"；"以按劳分配为主体，其他分配方式为补充，兼顾效率与公平"。而社会主义市场经济的培育和发展，需要解决四个方面的问题：（1）转换国有企业特别是大中型企业的经营机制，把企业推向市场，增强它们的活力，提高它们的素质。（2）加快市场体系的培育，包括继续大力发展各类商品市场，特别是生产资料市场，积极培育包括债券、股票等有价证券的金融市场，发展技术、劳务、信息和房地产等市场，尽快形成全国统一的开放的市场体系；加强市场制度和法规建设，坚决打破条条块块的分割、封锁和垄断，促进和保护公平竞争。（3）深化分配制度和社会保障制度的改革，统筹兼顾国家、集体、个人三者利益，理顺国家与企业、中央与地方的分配关系，建立各类社会保障制度。（4）加快政府职能的转变。转变的根本途径是政企分开。凡是国家法令规定属于企业行使的职权，各级政府都不要干预。下放给企业的权利，中央政府部门和地方政府都不得截留。政府的职能，主要是统筹规划，掌握政策，信息引导，组织协调，提供服务和检查监督。

3. 2001 年至今：*发展外向型经济，融入国际经济体系*

这一阶段的标志性起点，是 2001 年 11 月 10 日在卡塔尔多哈举行的世界贸易组织（WTO）第四届部长级会议通过了中国加入世界贸易组织的法律文件。自此之后，我国成为世界贸易组织新成员，我国对外开放事业进入一个新的阶段。加入世贸组织，充分展示了我国顺应经济全球化潮流、主动参与国际竞争与合作的积极姿态。加入世贸组织这一举措，为我国赢得了更加良好的国际环境，有力地扩大了对外开放，促进了经济体制改革和经济结构的战略性调整，有利于增强我国经济发展活力和国际竞争力，总体上符合我国的利益需要。

加入世界贸易组织，对我国来说意义是多方面的，比如有利于维护我国的经济利益，有利于推进我国经济体制改革，有利于扩大出口贸易，有利于引进外资，有利于激发中国企业的竞争意识，有利于我国技术进步，有利于国民生产总值（GDP）的增长，有利于扩大就业机会，等等。与此同时，我国也必须兑现一些承诺，这些承诺主要包括：逐步降低关税，取消部分产品的配额许可证管理，扩大外资可进入的服务业领域，尊重和保障知识产权，增强公共权力透明度，等等。截至现在，入世已经将近八年了，中国政府用决心和行动完成了入世承诺，逐步赢得了国际社会对中国市场经济地位的认可。

上述各个阶段经济的发展，对当时的法治工作和后来依法治国的确立和发展，都产生了重大的影响。这些影响在不同的阶段各有侧重，但又是一脉相承的，前一阶段的影响为后一阶段的发展积蓄了力量，后一阶段的法治成就又是前一阶段经济改革的逻辑必然。然而，为了叙述的方便和节约篇幅，这里将这些因素对法治发展的影响总括起来予以考察。

首先，这种影响体现为一大批直接支持经济改革或者与之配套的法律的制定。在发展社会主义市场经济的目标确立之前，这些法律主要包括：《中外合资经营企业法》（1979年），《个人所得税法》（1980年），《中外合资经营企业所得税法》（1980年），《经济合同法》（1981年），《外国企业所得税法》（1981年），《商标法》（1982年），《中外合资经营企业所得税法》（1983年），《专利法》（1984年），《涉外经济合同法》（1985年），《外资企业法》（1986年），《民法通则》（1986年），《企业破产法（试行）》（1986年），《技术合同法》（1987年），《中外合作经营企业法》（1988年），《所有制工业企业法》（1988年），《中外合资经营企业法》（1990年），《著作权法》（1990年），《外商投资企业和外国企业所得税法》（1991年），《税收征收管理法》（1992年），等等。

在确立社会主义市场经济发展目标之后，我国制定的直接调整经济活动的法律更多，更是成倍地增长。其中主要的有：《公司法》（1993年），《对外贸易法》（1994年），《广告法》（1994年），《商业银行法》（1995年），《票据法》（1995年），《保险法》（1995年），《合伙企业法》（1997年），《价格法》（1997），《证券法》（1998年），《合同法》（1999年），《个人独资企业法》（1999年），《信托法》（2001年），《政府采购法》（2002年），《农村土地承包法》（2002年），《证券投资基金法》（2003年），《劳动合同法》（2007年），《物权法》（2007年），等等。实际上，其他有些法律虽然不直接调整经济活动，但是也间接地和经济体制改革有关。比如，《刑法》的历次修订，都有经济发展方面的内容；《行政许可法》虽然调整的直接对象是行政管理，但是，管理的对象很多都是经济活动。

其次，从历次宪法修改的具体内容中，可以看到经济体制改革对法治和人权事业的巨大推动作用。1982年宪法制定之后，又经过了四次修改，其中每次所涉及的内容，主要都是对经济改革试点成果的肯定，通过宪法确认后全面推广。其中，1988年通过了第一次修正案，共两个条款，都是为经济体制改革顺利开展而制定的，其中一条是确认私营经济的法律地位的，另一条规定土地的使用权可以依法转让。

1993年的宪法修正案共有9条，其中有3条和经济体制改革没有直接的关系（一条是关于政协制度，一条关于县乡每届人大的任期，一条关于劳动义务），其余6条全部是关于经济体制改革的。这6条分别是：（1）关于社会主义初级阶段的理论；（2）国有经济取代国营经济；（3）确认农村经济改革的成果；（4）确立社会主义市场经济的宪法地位；（5）调整有关国有企业的表述；（6）增强集体企业的自主权。

1999年的宪法修正案共有6条，其中3条是关于经济体制改革的。其中一条规定国家的所有制形式，一条调整农村家庭联产承包责任制的表述，再一条是调整文字表述以提高非公有制经济的地位。其余3条和经济体制改革没有直接关系，其中一条是调整文字表述并引入邓小平理论；一条是确立依法治国，建设社会主义法治国家这一基本方略；再一条是调整反革命罪的表述，使之和刑法修正案一致。这三条虽然和经济活动没有直接的关系，但是显然，它们或者是经济体制改革的指导思想，或者是经济体制改革发展所带来的成就，反过来对经济发展也有保障和促进作用。

2004年的宪法修正案共有14条，这14条的内容分别是：（1）确立“三个代表”重要思想的宪法地位；（2）提出了“社会主义事业的建设者”这一更具包容性的概念；（3）因公共利益需要征用或者征收土地应当予以补偿；（4）提升非公有经济的地位；（5）提升公民财产法律保护的程度；

(6) 关于建立社会保障制度；(7) 人权入宪；(8) 关于特别行政区的人大代表；(9) 关于紧急状态；(10) 关于紧急状态；(10) 文字表述技术调整；(12) 关于紧急状态；(13) 统一地方各级人民代表大会任期；(14) 国歌入宪。归纳这14个条款可以看到，扣除技术性的调整和关于紧急状态的规定以外，其余的条款都和经济体制改革有一定的联系，而且这些条款还有一个共同的特点，那就是都体现了对“私”权利的保障的提升。

总结四次宪法修正案，可以发现两个特点：一是宪法修改和经济体制改革的发展关系密切，甚至可以下结论说，正是经济体制改革不断发展，推动了宪法内容的修改变化；二是越往后，增加的法治和权利保障条款越丰富，这说明经济体制改革的发展不仅要求直接相关的法律作出相应调整，而且促成法治、人权目标的形成和发展。

第三，经济体制改革改变了社会的结构，使得原有的政府、社会、集体、个人之间的关系，逐步发生了根本性的变革，生成和发展了有利于人权和法治的社会条件。在农村地区，由于家庭联产承包责任制全面推广，人民公社和生产大队的经济属性逐步弱化，甚至消失。于是，1983年10月12日 中共中央、国务院发出《关于实行政社分开、建立乡政府的通知》，乡、镇政府逐步建立，人民公社体制废除。《村民委员会组织法（试行）》于1987年颁布，村委会的功能也缩小为村民自治组织。这些体制上的变革，使得农民在很大程度上改变了对于集体经济组织的从属地位，变成了相对独立的经营主体和利益主体。在城市，一方面，国有企业和政府的关系发生了变化，政府退出了经营者的行业，成为面对所有市场主体的管理者，企业上缴的利润分化成了利和税，财政不再为企业托底，资不抵债的企业可以径行破产；另一方面，由于企业单位人事权的扩大，随着劳动力市场的培育发展，职工和企业之间的关系也在发生变化，职工不再属于企业，职业不再一定终身，企业也不再包管一切。

第四，社会结构的变迁，导致纠纷解决方式的选择发生变化。在计划经济时代，个人之间很少有经济往来，大量的经济活动主要发生在个人和集体、集体和集体之间。然而，由于个人和个人、集体和集体之间存在着行政上的联系——或者存在隶属关系，或者存在共同的上级——于是，发生纠纷之后，就可以也很容易通过行政的方式调处。即使个人之间发生纠纷，比如婚姻家庭纠纷，因为在农村的集体经济组织或者城市的单位，都具有极大的权威，可以有效解决这类纠纷，所以一般也用不着去法院。这种情况并非理论上的推理，而是在实际中体现出来了。如图11-1所示，自20世纪70年代后期以来，民事诉讼率（每1万人口1年所发生的民事一审收案数量）显著地、持续地增长。从具体的数据来说，1977年的民事诉讼率为2.1件/万人，2007年增长到35.8件/万人，增长了12.8倍。当然，这种增长既有纠纷数量增长的原因，也有选择诉讼的纠纷比例增加的原因，是两方面的原因合力的结果。[①] 而民事诉讼率增长的结果，使得司法在社会中的作用日益增强，而与之一同变化的，还有法律在生活的权威提升，还有公共权力更多地受到监督，等等。

第五，商品经济和市场经济的发展孕育和增强了权利意识和规则意识。改革开放以来，无论是农民，个人工商户，私营企业，还是国有企业，都在一定程度上变成了自主经营、自负盈亏的经济主体，经济主体的任何决策和行为，都将和自己的利益直接挂钩。由此而来的变化，一是经济主体提高经营业绩的主动性、积极性增强了；二是人们的利益诉求、权利意识增强了。市场经济提高了效率，但是对于保障弱势群体的责任，则交给了国家，由国家通过社会保障制度予以帮助和救济，由此也孕育和增强保护弱势群体的权利观念。与此同时，规则意识也增强了。因为在计划经时代，生产和交换都是根据行政指令进行的，而这种指令并非反复适用的规范性文件。在市场经济中，经济主体需要自主地和其他主体进行重复多次的交换，而要保证这种交换能够顺利实施，必须确定交换的规则，并且得到双方的遵守，于是，反复的规则实践导致人们的规则意识逐步增强。

第六，除了民事诉讼率不断增长之外，还产生了一种新型的社会纠纷：行政诉讼。在计划经济年代，行政诉讼是不可想象的，因为无论是个人还是企业，都行政性地隶属于集体经济组织或者政府机关，由于他们经济上的非独立性和行政上的从属性，他们是不能也不必去告自己的上级组织的。然而，经济体制改革完全改变了这种局面，无论是个人还是企业，都逐步获得了独立的地位，具有独立的利益，对于行政机关的违法行为，逐步有了资格和动机去法院起诉。正是由于社会结构的这一变化，《行政诉讼法》于1989年4月颁布，1990年10月开始实施。当然，在此之前，各地法院比照民事诉讼程序，已经开始受理民告官的纠纷了。如图11-2所示，1987年以来，行政诉讼率总体上是逐年上升的，这在一定程度上体现了经济主体日益摆脱了各种行政隶属性质的地位，有了自己独立的利益诉求；另一方面，这也体

① 这个问题的深入分析，参见冉井富《当代中国民事诉讼率变迁研究——一个比较法社会学的视角》，中国人民大学出版社2005年版。

现了在新的社会条件下，司法权力被赋予了一种新的职能：监督和制约行政权力。①

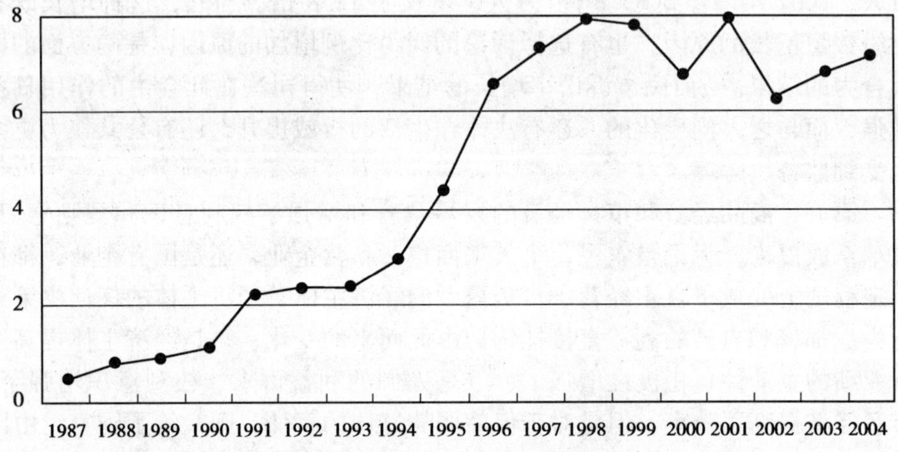

图11-2　1987—2004年行政诉讼率变化

第七，市场经济的运行机制，以及权利意识和规则意识要求限制和制约公共权力。在市场经济中，经济主体是以价格为信号，根据市场的需求开展经营活动的，而相对来说，公权部门通常不处在生产经营的第一线，并不熟悉瞬息万变的市场行情，在这种情况下，公权部门恣意的指令，很可能不符合生产经营的最佳策略。另外，很多项目的生产和经营都具有长期性，比如投资一个汽车厂，仅仅把工厂建起来就得花几年的时间，而一个企业敢于做几年甚至几十年的规划，是基于对制度和政策的稳定性的预判。在这种情况下，如果没有规则，或者规则朝令夕改，就可能让很多经济主体蒙受损失。再一个是权利意识的增强，也强烈地反感公权部门的恣意和侵害。总之，这三个方面因素的增强都有一个共同的指向，就是监督和制约公共权力，给予经济主体必要的自治权限，国家机关严格依照事先公布的、稳定的、合理的法律行使权力。

第八，所有上述因素的增强，都会产生一个共同的指向，那就是依法治国，实现社会主义法治国家。在1992年前，我国实行的是有计划的商品经济，上述这些因素还处于初步的孕育阶段，这些因素还没有最后汇合起来达

① 图表来源参见朱景文主编《中国法律发展报告——数据库和指标体系》第四章“审判”部分，中国人民大学出版社2007年版。

到要求依法治国的高度。然而，1992 年以后，我国确立了社会主义市场经济的发展方向，在随后大力发展社会主义市场经济的过程中，上述因素日益增强，最后形成一种主观的认识和客观的需求，那就是依法治国。在这一实际历程中，虽然依法治国的目的和范围并不限于市场经济，但却是市场的发展孕育和催生出来的。当然，由于二者的内在联系，依法治国的确立，会反过来矫正和促进市场经济的发展。

第九，依法治国方略确立之后，经济发展并没有停止继续推进法治进步的步伐。自 2001 年我国加入世界贸易组织以来，考虑到入世的承诺以及日益频繁的国际政治、经济、文化交往的需要，我国将法治的发展纳入全球视野，国际标准日益成为国内法治建设的重要参考因素。自入世以来，我国大幅修订了包括外资法、外贸法在内的多个法律法规，制定、修订、废止了 2000 余件法律、行政法规和部门规章，清理了 19 万多件地方性法规、地方政府规章和其他政策措施。新制定的《行政许可法》，对政府行为的透明度提出了更加严格、具体的要求。凡执行的必须是公开的，极大地提高了法律、法规和政策的透明度。显然，没有加入世贸组织这一事件，没有全球化大潮的推动，我国的法治建设也会朝着这个方向发展，但是入世的承诺和对外政治、经济、文化交往的迫切需要，极大程度地加快了发展的步伐。

总之，新中国 60 年法治建设的实践表明，法治建设的成就，人权旗帜的高扬，在很大程度上是在经济体制改革的带动下快速实现的。这一条经验或许可以印证邓小平的哲言：发展才是硬道理。先从经济入手，通过解放和发展生产力带动法治上层建筑的变革，正是这句哲言的实践。

七、法律移植与自主创新相结合

在很大程度上，中国近代以来的法治建设主要依赖于法律移植。改革开放以来，大量借鉴和移植西方法律制度仍然是我国法治建设的主要措施之一。然而，仅有法律移植，并不能建立我国的社会主义法律体系。这是因为，一方面，传统文化观念对于正义和利益有着特定的表达方式，这种表达方式由于特定社会结构的支持而顽强地继续存在。当外来法律和传统文化观念不符时，就形成了社会规范多元竞争的格局，以至于正式法律艰难运行，其实效被极大地抵消。另一方面，中国当下有着特殊的政治和经济结构，移植来的法律不能当然地适用这种结构，因此，如何实现外来法律和现实国情对接，实现外来法律的本土化改造，如何从中国自己国情出发创造法律制度，是中国法治建设60年来的重大课题。在解决这些问题的过程中，我们积累了丰富经验，归纳起来就是：不排斥法律移植，坚持自主创新，走法律移植与自主创新相结合的法治发展道路。

60年来我国移植的西方或者苏联东欧的法律制度不胜枚举。首先可以看到，我们所运用的法律知识多来自国外。这些继受而来的知识，小至法律概念、法律词语，比如公司、法官、时效、权利、义务、有限责任、紧急避险等等；中至一些法律理念、法律原理，比如时效原理，公司有限责任原理，罪刑法定理念，无罪推定理念，律师自治理念，保护刑事被告人权利理念等等；大至法学学科体系，比如现在的宪法、行政法、民法、刑法、诉讼法等学科划分，很大程度上来自苏联和大陆法系。

其次是大量的法律制度是从国外移植而来的。翻开许多法律，都可以看到其中相当比例的条款是学习国外的做法，当然主要是西方发达国家的做法。比如说，由人民检察院实施法律监督的制度主要学习苏联；法官、检察官、律师、公证员任职资格考试合而为一，主要是学习英美法系的做法；律师自治是主要学习国际通行的惯例；由法院审理行政机关和管理相对人之间的纠纷的行政诉讼，也是学习国际上通行的做法，等等。

然而，我国移植的法律制度，多多少少都有一些本土化的改造，有一些自己的创造，鲜有完全照搬的。比如，律师自治是国际通行做法，但律师自治的权限、律师自治组织和司法行政机关的关系、律师自治的程序等，有自己特色。又比如，无罪推定是西方国家的法治要求，我国只是在一定程度上吸收其合理内核，调整为“人民法院统一定罪原则”，即“未经人民法院依法判决，对任何人都不得确定有罪”。再比如，证据展示（Discovery）是司法改革过程中引进的一项诉讼制度，旨在防止诉讼突袭、维护审判公正、节约司法资源，但由于我国有审判监督程序，缺乏刚性的证据时效制约，以及法院相对于检察机关缺乏足够的权威等，使得所移植的证据展示制度已有很大程度的变化。

此外，还可以看到许多制度出自我们的独创，这些独创性制度既确保了我国法律制度对中国国情的切合，也拓展了法治的经验和模式，为国际上其他国家解决类似问题提供了借鉴。这些独创性的制度也是大量的，这里举9个例子，以资说明：

1. 人民代表大会制度。关于人民代表大会制度的具体内容，前面已有介绍。需要说明的是，我国实行的人民代表大会制度，是马克思主义国家学说和我国政治实践相结合的伟大创造，是近代以来中国政治发展的必然结果，是中国共产党带领各族人民长期奋斗的重要成果。这里既有国际无产阶级专政经验的借鉴，也有我国人民自己的创造，但是从总体上说，它是一项独具特色的中国经验。

2. 民族区域自治制度。我国的民族区域自治制度在1947年就已运用于提前解放的内蒙古自治区，新中国成立后，中国政府开始在少数民族聚居的地方全面推行民族区域自治。所谓民族区域自治，是指在国家的统一领导下，各少数民族聚居地方实行区域自治，设立自治机关，行使自治权。民族区域自治是我国的一项基本政治制度，也是根据历史，立足国情，独创的一项政治法律制度。民族问题是一个十分复杂、十分棘手的问题，世界上许多国家、许多地区，因为民族问题未能妥善解决，带来了世代的仇恨，带来了纷争和动荡。然而，我国由于成功地实行了民族区域自治，使得各个民族在统一的祖国大家庭里，既和睦相处、和衷共济、和谐发展，又各得其所、各尽其能、各展所长。

3. "一国两制"。所谓"一国两制"是指在一个中国的前提下，国家的主体坚持社会主义制度；香港、澳门、台湾是中国不可分割的组成部分，它们作为特别行政区保持原有的资本主义制度和生活方式。"一国两制"的提出，是一个伟大的科学构想。随着《中英联合声明》和《中葡联合声明》的签署，随着香港、澳门的回归，这一构想成功地得到了落实和实践。"一国两制"的提出和实践，体现了中国人民的政治智慧，为世界上其他国家解决类似问题提供了成功的范例。

4. 人民调解制度。人民调解是我国民事程序法律制度系统中的重要组成部分，是我国人民独创的又一个法律制度。新中国成立60年来，人民调解在解决人民内部矛盾、化解民间纠纷、维护社会稳定，促进经济发展方面作出了突出贡献，深受广大人民欢迎。人民调解制度包含了我国数千年来的文化传统，但它直接的来源是解放前革命根据地的红色政权。我国《宪法》第111条第2款规定："居民委员会、村民委员会设人民调解、治安保卫、公共卫生等委员会，办理本居住地区的公共事务和公益事业，调解民间纠纷，协助维护社会治安，并且向人民政府反映群众的意见、要求和提出建议。"从宪法的高度确立人民调解，体现了这一制度在我国社会生活的特殊地位。

5. 信访制度。所谓信访，最早是人民群众来信来访的统称，随着通讯手段的发展和社会主体的多元化，现在指公民、法人或者其他组织采用书信、电子邮件、传真、电话、走访等形式，向各级人民政府、县级以上人民政府工作部门反映情况，提出建议、意见或者投诉请求，依法由有关行政机关处理的活动。和人民调解一样，在中国，信访既是一项传统，在古代“告御状”、“京控”中可以看到其影子；又是新中国政权的一项创造，有着新的内涵和功能。信访制度最早建立于50年代，此后一直延续至今。早期信访强调的是下情上达，强调的是政府和群众的联系，而如今随着改革开放带来社会矛盾的复杂化和尖锐化，信访实事上被社会公众作为正常渠道之外的一种权利救济机制在使用。在正常法律救济之外，始终保持这一非常规渠道，使之制度化，并且每年有如此规模的群众使用这一渠道，确实是一项中国特色的本土经验。

6. 马锡伍审判方式。马锡伍审判方式虽然创造于解放前，但是对解放后中国民事诉讼制度有着深刻的影响。自改革开放以来，尤其是20世纪80年代后期开始的以正规化为特征之一的审判方式改革以来，马锡伍审判方式受到批判，一度衰落。本世纪以来，随着“司法为民”这一方针的贯彻，马锡伍审判方式再度被关注，一些地方法院也尝试着践行马锡伍审判方式。[①] 在过去60年中的绝大多数时间里，我国民事诉讼都体现了马锡伍审判方式的特点，因此马锡伍审判方式既是一项中国制造，又是一项中国特色。

7. 审判监督程序。审判监督程序又称再审程序，是指人民法院、人民检察院对于已经发生法律效力的判决和裁定，如果发现在认定事实或适用法律上确有错误，依法提出并进行重新审理的程序。审判监督程序并不是每个案件的必经程序，只有对于已经发生法律效力而且确有错误的判决和裁定才能适用。审判监督程序是一项中国特色，是实事求是、有错必究的原则在程序设置中的具体体现。然而，由于审判监督程序否定司法判决的既判力，损害司法权威，浪费诉讼资源，所以近年来，该程序的提起受到了更为严格的条件限制。

8. 审判委员会。审判委员会是我国特有的审判组织形式，它是本院决定案件处理的最高审判组织，是审判业务方面的决策机构，指导和监督全院审判工作。其任务是总结审判工作经验，讨论重大或疑难案件以及其他有关审判工作的问题。审判委员会作为审判工作的一个集体领导机构，在讨论、决定重大、疑难案件，总结审判经验和其他有关审判工作方面发挥了一定的

① 例如，河南法院即有此举。参见陈海发、冀天福（记者）《走出法院把矛盾解决在当地，河南全面推行马锡伍审判方式》，《人民法院报》2008年6月18日。

积极作用。然而，审判委员会的工作方式存在审和判分离的情形，使得审判工作权责不清，并违反了言词直接审理原则，因而受到一些学者的批评。

9. 管制刑。我国刑罚体系中的管制是一种不予关押，但是限制人身自由的刑罚方法。管制刑是我国所独创，产生于新民主主义革命时期，并在新中国成立后的刑事立法中得以进一步的发展和完善。然而，新形势下，由于社会的政治经济基础发生了很大的变化，社会结构进行了新的整合，管制刑在司法实践中适用愈来愈少，或者虽然适用但其执行难以到位，以致不少学者开始对管制刑的设置是否必要、是否适宜提出了质疑。尽管如此，多数学者仍然赞成保留这一独特刑种，因为，这是一项中国特色，符合中国国情；另一方面，保留管制刑也符合世界上刑罚轻量化的发展趋势。

上面列举的我国独具特色的9项制度创造足以说明，我国在大量移植国外法律的同时，仍然坚持自主创新。在理论上，法治建设不能为了移植而移植，不能为了创新而创新；移植的法律未必就先进，创新的法律也未必就是合理的，符合当下国情才是检验标准；移植和创新都很难一步到位，需要在实践中不断总结经验，不断修改完善。

总之，新中国60年来，我们一方面是实行拿来主义，虚心学习国外的先进经验，并根据国情予以改造；另一方面，重视自己的传统文化和现实资源，坚持自主创新。将这两个方面统一于法治建设实践中，是60年法治建设的一条重要经验。

八、中国特色与国际标准和谐统一

人类正在步入全球化时代：全球经济日益一体化，世界性的文化和伦理共识日益增强，人类命运日益休戚与共。为了应对这些变化，各种国际标准大量涌现，遵守和执行这些国际标准，日益成为民族国家无法回避的义务。而所谓国际标准，是指在全球化时代，除了国家法以外，还有各种并非国家制定的超国家法、跨国民间法。

1. 超国家的法

超国家法包括两种形式，一种是政府间的法，即传统意义上的国际法，其调整对象是国家政府间的关系。这种法虽然在形式和性质上没有什么变化，但是在全球化时代其数量远远大于过去任何时期。另一种是各国共同法即世界法，是各个国家法律中一致的部分。过去这类世界共同法是通过法律移植、法律文化传播的，而二战以来，这类共同法的制定和实施不完全是民族国家政府的事，国际组织在其中起了重要的作用：既负责提出有关的国际标准，又负责评估和监督国际标准的实施。对于世界共同法的效力，有学者指出："任何国际组织都不是世界政府，但是国际组织也并不完全是一种'没有长牙齿的'虚幻的力量，它不仅管理跨越边境的国际事务，甚至调整国家边境以内的事务。世界贸易规则、国际人权法、人道主义法的发展充分证明了这一点。传统的国际法由于缺乏有效的执行机制，许多国际问题只好诉诸武力或相互报复解决。二战后、特别是冷战结束后国际法的发展表明这只'没有牙齿的老虎'正在长牙齿。前南法庭、卢旺达法庭和国际刑事法院的设立，世贸组织争端解决机制的建立，以及一些国家国内法院对国外事务的管辖权，所有这些发展都使得国际法正在变硬，正在变成一种有强制力保证的、可以执行的规则。"① "政府间国际组织虽然是基于成员国签订的条约建立起来的，但是它一旦建立就成为有别于其成员国的相对独立的实体。政府间国际组织在国际社会承担和履行着多种职能，其中包括造法或准造法的职能"。超国家组织是各成员国共同让渡其主权范围内的权力而成立的联合体。尽管超国家组织是建立在国际条约基础上的，但由于各成员国已向它转让了主权范围内的权力，而使它成为凌驾于成员国之上的"准国家（quasi-state）"。②

2. 跨国民间法

在全球化时代，民间力量跨国的交往和融合发展迅速，由此出现大量具有跨越国境的约束力的民间法，这里暂且称之为跨国民间法。跨国民间法主要有两种类型。一种是国际商事习惯法，主要包括跨国公司的内部规则、国际行业组织的规则、标准化合同、国际仲裁机构的仲裁、国际商事公约等。国际商事习惯法本是古已有之，然而，19世纪以降，随着民族国家的巩固和加强，国际商事习惯和其他民间法一道，被整合进了国内法。但是，二战以后，国际商事习惯法出现了"返祖"现象，纷纷突破各民族国家国内法的差异，在国家主权之外形成了统一的、自治的国际商事习惯。③ 另一种跨国民间法是国际非政府组织制定和实施的规则。二战后，各种国际非政府组织大量产生，各自在国际社会的不同领域发挥作用。与此同时，国际非政府

---

① 朱景文：《全球化与法治国家的历史演进——国内与国际的连接》，《学习与探索》2006年第1期。

② 黄文艺：《法律国际化与法律全球化辨析》，《法学》2002年第12期。

③ 参见冯玉军《法律全球化的实现途径刍议》，《求是学刊》2004年第1期。

组织也在相关的领域制定了大量规则，形成和维护着特定的社会秩序。譬如说，国际红十字会在国际救灾、捐助方面，具有相应的规则体系，形成了特定的秩序；国际奥委会在国际体育运动方面发挥着制定规则、维持秩序的重要作用，等等。

全球化趋势日益加剧的同时，中国实行改革开放的基本国策，中国的经济、政治和文化日益融入国际社会。自2001年加入世界贸易组织以来，中国融入国际社会的步伐加快，并且难以逆转。然而，全球化的进程以及改革开放的政策给中国的法治建设带来了一个矛盾，即中国特色和国际标准之间的矛盾。一方面，中国有自己的基本国情，有自己的文化传统，有自己的现实利益，中国希望自己的法治实践更多地体现这些因素；另一方面，国际社会在经济、政治和文化领域，形成了或者正在形成基本共识，这些共识最后体现为各种各样的国际标准，这些国际标准通常作为国际义务，要求在各主权国家贯彻和实施。然而，由于历史的原因，西方国家在当前的国际经济和政治秩序中占有主导地位，所以这些国际规则更多地体现了西方国家政治经济的发达水平和文化历史传统。当遇到中国这样文化历史传统积淀深厚的发展中大国时，这些国际义务的履行难免会存在相当的困难。

在我国法治建设的历史进程中，中国特色和国际标准之间的矛盾和斗争广泛存在于经济、政治、环保、卫生、人权、文化等社会生活的各个领域，在这种矛盾和斗争中妥协、演变和发展，构成了我国法治建设的一个显著特征。比如在经济领域，由于我国的法规规定，对进口汽车零件超过整车价值总额的60%的，按28%的税率征税，结果导致了一场基于WTO规则的诉讼。又比如，中国政府要求今年前半年4万亿投资主要用于采购国内产品，结果遭到世行的质疑，等等。在环保领域，中国作为发展中国家，应当实行怎样的排放政策，在国际公约和国际舆论中，不乏争论。在卫生领域，如何与世界卫生组织合作，传染病患者和可疑患者采取什么样的隔离措施等等，过去乃至现在，我们都吃过不少苦头。在人权领域，如何保障司法独立、维护律师权利、禁止酷刑等方面，中国的制度和实践与国际司法准则之间，更是长期存在着紧张关系。在文化领域，是否应当以及如何监管网络，如何实行信仰自由政策等方面，也存在着中国特色和国际标准之间的矛盾和斗争。

实践出真知，正是在这种长期的矛盾和斗争中，中国政府总结出了处理这类问题的经验，即立足国情，坚持中国特色和国际标准和谐统一。具体地说，主要采取三种措施解决这类矛盾。

第一种措施是只要我国的条件允许，坚持与国际接轨，勇于承担国际义务，做负责任的大国。应该说，这样的情形要占多数。随着改革开放的深入，在绝大多数情况下，都能够并且实际承担和履行了国际标准的要求。比如，从“非典”后期以来，我国政府和世界卫生组织密切配合，切实按照世界卫生组织各种文件的要求，履行信息通报、参与科研、提取毒株等方面的义务。又比如，奥林匹克运动会以及各类单项世界运动会制定了众多的国际准则，包括反兴奋剂规则、裁判规则、运动员规则、环保规则等等，我国历来都是切实遵守这些规则的典范。再比如，我国2001年11月加入世界贸易组织以来，我国政府即着手进行制度改革和法规清理，用实际行动表明了我国政府承担公约义务、兑现入世承诺的决心和能力。

第二种措施是根据我国政治、经济、文化的特色和发展水平，暂缓加入一些国际公约，或者在加入国际公约的同时，对某些条款声明保留。比如，《公民权利和政治权利国际公约》是一项重要的人权国际公约，具有广泛的国际影响，中国政府已经于1998年10月签署了这一公约，但我国政府一直未提交全国人大常委会审议通过。再比如，全国人大常委会2001年3月27日批准《经济、社会及文化权利国际公约》，但是提出了3项声明，其中一项是“中华人民共和国政府对《经济、社会及文化权利国际公约》第八条第一款（甲）项，将依据《中华人民共和国宪法》、《中华人民共和国工会法》和《中华人民共和国劳动法》等法律的有关规定办理”。之所以提出这项声明，很大程度上是因为该条款规定了自由组织工会和罢工权，而这与我国宪法和有关法律的规定不符。

第三种措施是根据我国国情，对国际标准的一般要求作出变通处理。比如说，司法独立是被世界各国所广泛认可的国际人权规则，联合国许多公约文件，包括《世界人权宣言》、《公民权利和政治权利国际公约》、《关于司法机关独立的基本原则》等，都对此做了专门规定。我国在原则遵循该规则的前提下，结合现实国情做了一定的调整和变通。首先，我国《宪法》、《人民法院组织法》、《人民检察院组织法》和三大诉讼法等，都明确规定，人民法院依法独立行使审判权、人民检察院独立行使检察权，不受行政机关、社会团体和个人干涉。其次，我国的司法独立和国际通行的司法独立之间，在内涵上有一定差别。这种差别体现为：（1）国际通行的司法独立指的是审判独立，而中国的司法独立不仅包括人民法院独立行使审判权，还包括人民检察院独立行使检察权；（2）国际通行的司法独立指的是法官个人独立，而中国的司法独立是指法院、检察院作为一个整体独立行使职权；（3）国际通行的司法独立指的是独立于社会上所有的机关、组织和个人，而中国的人民法院、人民检察院需要接受党的领导，需要接受同级人大及其常委会的监督，对其负责，向其报告工作。①

再比如，无罪推定是各主权国家尊重和保障人权的基本义务，联合国的《世界人权宣言》、《公民权利和政治权利国际公约》、《联合国少年司法最低限度标准规则》、《联合国保护死刑犯权利的保障措施》、《联合国禁止酷刑和其他残忍、不人道或有辱人格的待遇或处罚公约》、《联合国保护所有遭受任何形式拘留或监禁的人的原则》等文件，都做了专门规定。根据这些规定和国际上通行的做法，无罪推定原则包括三个方面内容：（1）由控诉被告人犯罪的机关或人员提供确实充分的证据来证明被告人被控犯罪事实；（2）刑事被告人享有沉默权；（3）审判机关依照法律程序对被告人是否犯有被控犯罪行为作最后认定。我国 1996 年修订《刑事诉讼法》时，明确吸收了该原则的基本精神。修正后的《刑事诉讼法》对该原则表述为："未经人民法院依法判决，对任何人都不得确定有罪。"显然，我们所吸收的是无罪推定原则中的第三点，对于第一点和第二点含义，根据国情，暂时做了保留。②

类似的事例还有很多，不一一列举。总之，面对国际标准，只要我们条件具备，就勇于担责，乐于接轨。但对于我国国情不允许，或一时不允许执行国际标准时，我国暂缓加入相关国际组织或公约文件，或者加入时声明保留某些条款，或者将国际标准作出符合国情的调整或变通。通过这些措施，努力在日益全球化的时代，实现中国国情和国际标准的和谐统一。

九、社会主义法治理念演化生成

法治发展，理念先行。在西方国家历史上，法治发展所取得的成就，很大程度上得益于启蒙思想和注释法学的推动。同样，回顾新中国 60 年的历程，制度完善的每一次进步，法治发展的每一分成就，都和当时的理念密切相关。在当前推进依法治国、建设社会主义法治国家的进程中，不断发展、总结和提升我们的法治理念，具有十分重要的意义。由中共中央政法委员会组织编写的《社会主义法治理念读本》一书的正式出版发行，应时而出，

---

① 参见陈光中、[加] 丹尼尔·普瑞芳廷主编《联合国刑事司法准则与中国刑事法制》，法律出版社 1998 年版，第 81—99 页。

② 同上书，第 100—115 页。

回应了这种需要。[①] 本书系统回答了社会主义法治理念的理论基础、科学内涵和对立法、执法、司法、守法、法律监督、法学教育与研究以及党的执政等各领域的要求，具有较强的理论说服力和实践指导意义。该书的出版，标志着社会主义法治理念与时俱进、不断发展；标志着社会主义法治理念有了系统的总结和阐述；标志着社会主义理念演化生成，并具备了向法律工作人员和社会公众进行普及教育的统一教材。而社会主义法治理念的演化生成，既是我国法治建设的一项重大成就，有了这一理念的指导，依法治国将更加坚定，法治建设将更少反复；也是我国法治建设的一项基本经验，因为该理念有着不同的生成历程，不同的理论来源，不同的本质内涵。

社会主义法治理念的生成殊为不易，从新中国成立以来发展至今，经历了曲折的历程。新中国成立前后，党十分重视法制建设。解放前夕中共中央《关于废除国民党的六法全书与确定解放区的司法原则的指示》要求废除六法全书，同时指出，人民的司法工作，应该以人民的新的法律作依据，在人民的法律还不完备的情况下，司法机关应当根据纲领、法律、命令、条例、决议等办案，在纲领、法律、命令、条例、决议也缺乏规定的情况下，再根据新民主主义的政策办案。在这个规定的指导下，新中国成立初期，党和国家制定了宪法、婚姻法、人民法院组织法等一批法律，组建了人民法院、人民检察院、法律顾问处、公证处等法律机构，法治发展呈现出良好的势头。然而好景不长，随着1957年反右运动的开展，一股否定法制的极“左”思潮迅速蔓延开来，导致法律虚无主义盛行，并在“文化大革命”期间登峰造极。

“文化大革命”结束以后，中央果断停止了“以阶级斗争为纲”的意识形态，国家的方针路线调整为“一个中心两个基本点”，法治工作也随即步入恢复和发展的轨道。历经“文化大革命”动荡之后，人们痛定思痛，认识到法律和制度的重要性，法治观念随之发生变化。我们党重视法治建设的原因，在于看到了制度在维护社会稳定和秩序方面的重要意义，因为“这种制度和法律不因领导人的改变而改变，不因领导人的看法和注意力的改变而改变”，这样就可以防止类似“文化大革命”悲剧的发生。在党的十三大报告中，法治建设的意义不再限于稳定和秩序，而是上升到政治体制改革的高度，通过政治体制改革保障和推进经济体制改革深入。到了1997年党的十五大政治报告，法治观念再发展为“依法治国”，“建设社会主义法治国

① 《社会主义法治理念读本》，中国长安出版社2009年版。

家”，由此产生了质的飞跃。这是因为，依法治国有着丰富的内涵，它不再限于维稳和改革，不再限于保障经济发展，而是上升为治国基本方略，上升为人民当家作主的基本方式，它将带来经济、政治、文化和社会生活的全新面貌。依法治国观念确立之后，又经过了十多年发展。在这段时间里，国家从不同方面丰富和发展了依法治国的内涵。其中重大发展包括2004年3月人权入宪，以及同年9月中共中央发布《关于加强党执政能力建设的决定》，提出党“必须坚持科学执政、民主执政、依法执政，不断完善党的领导方式和执政方式”，要“坚持党的领导、人民当家作主和依法治国的有机统一，不断提高发展社会主义民主政治的能力”。这些表述从两个方面发展了依法治国的观念：一是要坚持党的领导；二是要通过依法执政改善党的领导。到此为止，社会主义法治理念的发展已经很全面、很丰富，但如何归纳、整理、提升，成了发展社会主义法治理念的当务之急。在这一形势下，中共中央政法委员会编写的《社会主义法治理念读本》恰逢其时。随着这本书的正式出版，社会主义法治理念的演化生成也宣告完成。

社会主义法治理念是在马克思主义的指导下，在社会主义法治实践的基础之上，吸收多种法律文化综合发展而成的。社会主义法治理念的形成，首先得益于马克思主义的指导。马克思主义在这里要做宽泛的理解，既包括马克思主义的基本原理，也包括在中国不同历史阶段的发展，即毛泽东思想、邓小平理论、“三个代表”重要思想和科学发展观。在很大程度上，社会主义法治理念是这些理论和思想在法治建设问题上的具体化。其次，社会主义法治理念不竭的生命之源是社会主义法治实践。存在决定意识，观念源于实践，这是历史唯物主义的一个基本原理。正是在社会主义法治建设过程中，通过对问题的克服，对挫折的反思，对成功的总结，然后进行理论升华，形成了社会主义法治理念。第三，其他法律文化中的合理内核，也是社会主义法治理念的重要来源。在我国社会主义法治理念形成过程中，三种法律文化产生过一定的影响。第一种是我国的传统法律文化。虽然这种法律文化总体上是封建性质的，应当摈弃，但是也有一些观念至今仍有现实意义，比如说“和为贵”的观念，“民贵君轻”的思想，“法不阿贵”的原则，等等。第二种是苏联的法律文化。由于很长一段时间同属社会主义阵营，这种文化对我国社会主义法治理念的演化生成产生过不可忽视的影响，比如必须设置专门的法律监督机关的理念，就是来自这种文化。第三种是西方资本主义法律文化。随着依法治国方略的确立，随着社会主义市场经济的深入发展，这种文化的影响越来越大。学习西方的法律文化既是必要的，也是可能的。当然，两种社会制度毕竟有着本质不同，我国所借鉴和学习的，只是其中的合理成分，而不是全盘照搬。

综合《社会主义法治理念读本》一书以及其他相关文献的阐述，社会主义法治理念的内涵包括如下八个方面：（1）依法治国理念。依法治国是社会主义法治的基本内容，是党领导人民治理国家的基本方略。树立依法治国理念，就是在全社会和全体公民中树立尊重法律权威、严格依法办事的思想观念，使广大人民群众在党的领导下依照宪法和法律规定，通过各种途径和形式管理国家事务，管理经济文化事务，管理社会事务，保证国家各项工作依法进行，逐步实现社会主义民主的规范化、程序化和法制化。依法治国的基本要素包括良法之治、法律至上、依宪治国、法律平等、依法办事等五个方面。（2）保障人权理念。保障人权是社会主义法治的价值基点。具体地说，保障人权理念包括以人为本、执政为民、执法为民、制度保障、立足国情等六个方面的内容或要求。（3）人民民主理念。人民民主是社会主义法治的政治前提。人民民主理念的内涵包括：必须坚持和完善人民代表大会制度；发展基层民主，保障人民享有更多更切实的民主权利；完善公民有序参与制度，保障公民的知情权、参与权、表达权、监督权，保障公民参与立法，参与国家事务和社会公共事务的管理；必须把保障最广大人民的根本利益、保障人民群众的合法权益作为社会主义法治建设的根本落脚点。（4）依法行政理念。依法行政是社会主义法治的关键环节。要做到依法行政，行政机关行使职权必须做到合法行政、合理行政、程序正当、高效便民、诚实守信和权责统一。（5）公正司法理念。公正司法是社会主义法治的必然要求。要做到公正司法，司法机关必须做到合理合法、平等对待、程序公正、及时高效、独立权威等五个方面的要求。（6）自觉守法理念。自觉守法是社会主义法治的社会条件。自觉守法理念要求公民在工作和生活中，遵守法律的禁止性规定，不做法律禁止的行为；积极履行法律义务，包括法定的义务和约定的义务；勇于承担法律责任，自觉履行行政机关的决定、法院的裁判和仲裁机关的裁决，维护法律权威；在各种社会场合，要有规则意识，要尊重社会的公序良俗；要积极依法行使权利，对于侵害自己的权益和损害他人、公共利益的行为，敢于利用法律武器做斗争；在人民内部矛盾中，在分清是非的前提下，提倡宽容和忍让，不提倡缠讼和斤斤计较。培养公民的自觉守法理念，需要加强普法教育，需要在全社会培养公民意识。（7）社会和谐理念。社会和谐是社会主义法治的理想目标。社会和谐理念，就是按照民主法治、公平正义、诚信友爱、充满活力、安定有序、人与自然和谐相处的要求，构建和实现社会主义和谐社会的思想和观念。要实现社会和谐，必须走科学发展的道路，必须实现社会的公平正义，必须提倡服务大局的观念，必须努力促进社会生活中人际关系的和谐。(8) 党的领导理念。党的领导是社会主义法治的根本保证。坚持党的领导，就是必须在制度上和法律上维护和保证党在国家中的执政地位，保证党始终发挥总揽全局、协调各方的领导核心作用，保证党的主张和人民意志相统一，并通过法定程序使党的主张上升为国家意志，成为一切国家机关、社会组织和公民必须遵守的具有普遍约束力的法律，从而保证党的基本路线和方针政策的贯彻实施，实现对国家和社会的领导。全面贯彻依法治国基本方略，必须改革和完善党的领导方式，坚持依法执政，实现党的领导与依法治国的有机统一。

十、总结：迈向中国共产党领导下的法律自治

前面分别考察了中国法治 60 年来八个方面的经验，正是这些经验，既构成了中国社会主义法治 60 年建设的成就，也构成了当今中国社会主义法治的独特内涵。如果有人问，在所有这些经验中，最重要的经验是什么？我们的回答是：迈向中国共产党领导下的法律自治。

首先，几乎所有变化都有一个共同指向：增强法律自治性。具体地说，越来越完备的法律体系，越来越公正的诉讼程序，越来越严格的职业准入，越来越多的律师，日益发展的法律教育，《律师法》修改加强对律师权益的保障，公众关注腐败事件的视角，社会各界对司法权超越地方权力的呼吁，《监督法》对“个案监督”的否定等等，无不指向法律自治性的增强。在一定程度上，增强法律自治性也是社会主义法治发展的必然要求。因为只有增强法律自治性，才能提高法律规定的可预测性，才能发挥法律规范性调整的优势；只有增强法律自治性，才能将社会势力的对比排除在法律决策的考虑之外，实现法律决定的公平和公正；只有增强法律自治性，才能确保司法机关有能力监督和制约强大的行政权力，保障公民的权利和自由；只有增强法律自治性，才能跳出庸俗的法律工具主义泥沼，提高法律权威，形塑法律信仰。而改革开放以来法律自治性不断增强这一事实和趋势，也确实暗合了社会主义法治发展的上述要求。

其次，法律自治性不断增强的同时，必须始终坚持中国共产党的领导。坚持党的领导是实现依法治国的政治保证，是建设法治社会和法治国家的政治前提。在 60 年法治建设历程中，始终旗帜鲜明地坚持党的领导，这一点

从未动摇过，从未含糊过。当然，党的领导方式不是一成不变的。在历史上，曾经出现过“党的政策就是法”、“砸烂公、检、法”这样的法律虚无主义，使得国家法治建设走了一些弯路，令人痛心。中共中央《关于加强党的执政能力建设的决定》提出，党要坚持依法执政，要坚持依法治国，领导立法、带头守法、保证执法，不断推进国家经济、政治、文化、社会生活的法制化、规范化。在我国，中国共产党是执政党，具有无可比拟的先进性，拥有强大的政治资源，因此坚持党的领导，有利于保证依法治国的顺利开展，有利于使法律保持适度的开放性。凡事过犹不及，过度的自治将会使法律变得封闭，不能及时回应现实的要求和人民的呼声。坚持党的领导，可以在法的开放性和自治性之间，取得适度平衡。

总之，新中国60年的法治建设历程，是一个法的自治性不但增强的历程，也是始终坚持并不断改进党的领导的历程。通过自治性的增强，依法治国日益推进；通过党的领导，依法治国保持了社会主义本色，法律更加贴近不断发展变化的现实生活。坚持党的领导、人民当家作主和依法治国的有机统一，坚持党领导下的法律自治，是60年来最重要的经验。

第十二章　中国法治建设的问题、挑战与走势

李　林　李洪雷　胡水君*

一、当前我国社会主义法治建设中存在的主要问题

新中国成立 60 年来，儿其是改革开放 30 多年来，中国特色社会主义民主和法制建设取得显著成就，“依法治国、建设社会主义法治国家”的基本方略得到确立，中国共产党依法执政能力显著增强，以宪法为核心的中国特色社会主义法律体系基本形成，人权的法制保障机制正在完善和健全，促进经济发展与社会和谐的法治环境不断改善，依法行政和公正司法水平不断提高，对权力的制约和监督得到加强。但与此同时，我们也应清醒地看到，由于历史社会原因以及主客观条件的限制，我国法治建设仍然面临诸多挑战和目前亟待解决的问题。

1. 宪法作为国家根本法的权威尚未牢固确立，漠视宪法权威、违反宪法规范的行为仍屡见不鲜，行之有效的宪法监督和违宪审查机制尚待建立。此外，我国现行宪法条文本身也存在一些与全面落实依法治国基本方略不相适应的内容，需要适时地予以修改和完善。

2. 法制缺乏权威、实效性差，许多法律形同虚设，法律实施效果差，有法不依、执法不严、违法不究、有法不用的现象还很严重。全社会的法律意识特别是领导干部的法制观念有待加强，一些领导干部的素质、能力和作风与新形势新任务的要求还不适应。如何解决法律实效问题已成为法治建设的主要矛盾之一。

3. 立法的公正性、科学性还有欠缺，立法结构不够合理。部门利益、地方利益影响甚至主导立法过程，立法中的地方保护主义和部门保护主义现象趋于强化，“行政权力部门化、部门权力利益化、部门利益合法化”的现

---

* 李洪雷，中国社会科学院法学研究所副研究员，法学博士；胡水君，中国社会科学院法学研究所副研究员，法学博士。

象比较严重，一些明显带有部门或集团利益痕迹的立法，把畸形的利益格局或权力关系合法化，“立法谋私”、“立法不公”严重影响了法律的权威和公众对法律的信心。

4. 立法决策与改革决策还没有实现相互统一，立法进程与改革发展进程还不完全适应。片面强调用立法巩固改革成果，不注意在法制的轨道内进行改革，用政策取代法律、违法改革等现象比较普遍，既影响改革方案的民主性、科学性和审议性，也影响法制的权威。

5. 立法的修改和废止工作不及时，导致很多立法落后于经济社会形势的发展。我国现行的法律法规大多制定于我国市场经济体制发育初期，囿于各种主、客观条件，立法者对于市场经济的规律和要求的认识尚不深刻，对于建设和谐社会的重要性重视不足。这就导致了许多立法带有浓重的计划经济体制的痕迹，或者不符合建设和谐社会的要求。

6. 立法结构不够合理。近年来经济立法速度很快，公民基本权利保护、市场监管、社会管理、社会保障、公共服务、环境保护和财政税收等方面的立法严重滞后。随着社会主义和谐社会的推进，国家对于社会保障和公共服务的财政支出日益增多，如果不能在机构、程序和监督等方面为之提供有效的法制保障，必将导致大量的浪费和腐败。一些立法对不同的社会成员、法律主体区别对待，没有平等保护各方面的利益。各个法律部门之间、每个法律部门内部不同立法之间的体系性、协调性不足，法律冲突现象严重。

7. 根据法治原则的要求，只有通过立法的形式才能限制公民权利自由、创设公民义务。但目前行政机关在行政立法（行政法规、规章）之外制定的行政规范性文件（“红头文件”）中，存在大量限制公民权利和自由、创设公民义务的规定，不符合法治原则的要求，但缺乏有效的监督和救济渠道。

8. 司法体制和工作机制还不能适应人民群众日益增长的合理司法需求，司法权的地方化、行政化和功利化现象比较突出，外部干预司法的现象不同程度存在，司法不公、司法腐败、打官司难、打官司贵、执行难的问题仍然较为普遍，严重制约了司法在维护公平正义、促进社会和谐方面作用的发挥。司法还没有完全成为公民信赖的有效的权利救济形式，一个独立公正高效权威的司法体制尚待形成。司法之外的替代性纠纷解决机制还没有真正确立起来。

9. 在行政执法方面，法律生效后往往还要靠上级机关层层动员、发文件才能实施，没有行政指令即便有法定职责也不执法，有了行政指令就大搞

"集中整治"、突击执法、运动式执法，不该管的也要管，不该罚的也要罚，执法活动缺乏应有的一致性和公正性。"自费"执法现象仍然存在，由于根据罚没款确定拨款数额导致"收支两条线"的规定流于形式，一些部门受利益驱动，以违法养执法、以执法护违法，加剧了社会上的违法和失序现象。在行政执法后果方面，不论执法是否到位，执法部门都不承担责任，干多干少一个样，干好干坏一个样，甚至执法状况越差，导致问题越多，反而更有可能得到升格、增编、扩权的机会。克服和防止行政法制人治化的倾向，已经成为我国行政法治建设的一项当务之急。

10. 法律监督的体制、机制不健全，监督手段和措施不完善，监督效力不强。监督机构缺乏必要的独立性，党政干预比较严重，官官相护相当普遍；越是涉及公民切身利益和社会全局的执法部门，越是不受监督，否则就被斥为影响国策的落实或是有悖于社会稳定。纠纷解决渠道不够通畅，现有的纠纷解决机制实效性不足。

11. 法律发展存在地区不均衡现象，司法执法队伍的业务素质在东西部之间和城乡之间存在着较为明显的差异，中西部地区的法律工作依然存在严重经费短缺、人才流失等问题。

二、我国社会主义法治建设面临的挑战

上述问题表明，我国仍然处于由人治向法治转型的过程之中，依法治国的方略尚待就进一步实施，实现建成社会主义法治国家的目标尚需付出长期艰苦的努力，不仅如此，我们也要正视推动我国法治建设所面临的制约因素。

第一，建设社会主义法治国家，在世界上并没有成功的先例。这在制度建设方面提出了远比借鉴、采用世界上已有现成经验更为复杂艰巨的任务，需要用极大的实践智慧与创新性知识来努力探索完成。按照西方经典的法治理论，法治国家只能建立在以多党制和私有制为基础的社会中。中国提出的"社会主义 + 法治国家"的目标模式是史无先例的，没有直接的经验可借鉴。实现这个目标，关键在于找到"社会主义"与"法治国家"之间的制度"结合点"。过去 30 年，中国逐步完善了共产党领导的多党合作政党制度，完善和加强了人民代表大会制度，提出并努力推进包括建立法治政府在内的各种法治建设措施。这些都为建设社会主义法治国家提供了基础性的体制框架。然而，中国仍然面临着下一步要解决的制度性难题，比如，执政党

如何实现依法执政，处理执政党与国家权力机关和司法机关的关系？一句话，如何在制度上程序上实现坚持党的领导、人民当家作主与依法治国的有机统一，无疑将继续考验中国人的政治智慧。

第二，中国是一个有着13亿人口的发展中大国，大国社会转型有着特殊的复杂性。以前研究转型问题的理论大都不加批判地假设：转型国家能够在全国范围内整体划一地实施某种转型政策，而新建立的制度将以相同的方式同步适用于整个国家内部的空间，并获得相同的成效。这些理论大都忽略了大国社会转型与“体制转轨”本身所具有的特殊的复杂性和艰巨性，忽略了大国社会内部的不平衡和法律效果的差异。20世纪90年代的实践情况表明，与其他中小国家的转型情况不同，中国和俄罗斯两个大国的“转型”过程要复杂得多、艰难得多。如何通过法治驾驭大国的转型秩序，缓和社会矛盾，减少转型成本，降低和化解各种风险因素，依然是实施依法治国基本方略所面临的重要任务。

第三，中国的法治建设并不单纯是一个国内问题，而与复杂的国际政治因素紧密交织，如何处理好法治建设和政治稳定与外部安全的复杂问题，处理好法治建设与国内国际两个层面相互交织的矛盾关系，同样是一种艰巨考验。历史上，大国崛起都伴随着世界政治经济格局的变化和利益的重新分配，并不可避免地以战争方式赢得利益，国际社会自然也会依照此种逻辑看待中国的崛起，并寻机干预遏制。中国作为正在崛起的社会主义大国，其所面临的国际环境就更为艰难。另外，中国尚未实现国家完全统一，且内部依然存在与外部相勾结的少数分裂势力。这些因素都在一定程度上制约着中国法治建设和法律改革的政策空间和改革时间表，使中国必须谨慎对待任何可能带有“冒险性”的法律改革措施，必须妥善处理好近期改革与长期改革的行动次序与目标衔接，必须在确保内部稳定与外部安全的条件下，分步有序地推进法律改革，特别是一些政治领域的法律改革。

第四，由于“无法可依”问题的基本解决，中国今后将会长期面临快速建立起来的法律制度与法律秩序和法治精神生长缓慢的矛盾，长期面临法律制度构建与法律绩效“不同步”所带来的社会失序问题。过去60年，中国制定了大量的法律法规，基本形成了社会主义法律体系，无法可依问题已经基本解决。然而，迅速建立起来的法律制度却难以同步或较快地形成其所期待的相应法律秩序。传播法治理念、培育法治文化、完善法律运行机制，降低法律运行成本，提高法律实施效能，树立司法公信力，彻底解决有法不依、执法不严、违法不究的问题，仍是一项长期艰巨的任务，需要付出10

年、20 年乃至更多的时间成本。

三、进一步推进我国法治建设、实施依法治国方略的总体思路

（一）战略目标

进一步推进社会主义法治建设、实施依法治国方略是社会主义民主政治的基本要求，是发展社会主义市场经济的必然选择，也是新中国现代化建设的必然要求。1999 年宪法修正案第 13 条规定："中华人民共和国实行依法治国，建设社会主义法治国家。"这意味着我国在现阶段以及今后较长的时期内还不是一个成熟的法治国家，实施依法治国基本方略，在可预见的将来，其总的战略目标应当是成功地建成社会主义法治国家，在全社会实现法治。具体说来，我国实施依法治国基本方略的战略目标是：

第一，推动并实现我国社会由人治向法治的历史性转型与跨越。我国有着数千年的封建专制历史，人治的文化传统根深蒂固。摒弃人治，确立法治的主导地位，对于我国实现现代化和民族的伟大复兴具有十分重大的历史意义。把依法治国提到"治国基本方略"的高度，就是要在思想、政治和法律上彻底摒弃人治，并通过积极实施依法治国基本方略，大力推动我国社会由人治向法治转型并最终实现法治，也即邓小平所设想的那种"制度和法律不因领导人的改变而改变，不因领导人的看法和注意力的改变而改变"的状态。

第二，推动并实现党的领导、人民当家作主和依法治国的完全统一。我国能否建成社会主义法治国家，取决于党的领导、人民当家作主和依法治国三者之间的关系，其中，党与后两者的关系是关键和核心。否定和放弃党的领导，不可能建成社会主义的民主和法治。我国法治发展道路突出地表现为三者之间相辅相成的辩证统一。实施依法治国基本方略的战略目标之一，就是要探索并找到在宪法和法律范围内实现党的领导的最佳途径和方式，最终实现三者的有机融合与完全统一。

第三，建成能够有效制约和监督权力的法治体系与法治文化。我国已经通过宪法和法律建立了依法治国的基本体系，但这一体系远未达到健全和成熟的程度，法治体系的有效性不足，权力不受制约监督的现象还普遍存在。实施依法治国基本方略，不仅要求逐步建成一套足以在体制上机制上有效遏制、消除权力滥用和权力腐败现象的法治体系，而且还要培育保障法治体系

有效运转的法治文化，并使之成为主流社会思潮与社会核心价值之一。

第四，形成具有中国特色并得到国际公认的法治发展道路与法治模式。在社会主义条件下建设法治是前无古人的伟大创举，不少人对我国在坚持社会主义原则前提下能否建成法治国家持怀疑甚至否定的态度。我国实施依法治国基本方略的战略目标之一，就是要通过成功的法治实践，实现我国法治发展道路的特殊性与法治普遍性的有机统一，从而在理论上回答对中国法治发展道路和模式的疑问，使我国的法治体系、法治道路与法治模式得到全世界的普遍认同。

（二）指导思想

推进社会主义法治建设、实施依法治国基本方略，是一个有立也有废，有所变也有所不变，有革故也有鼎新，有固本也有开创，有机遇也有风险的动态综合过程。在此过程中，实施依法治国基本方略的指导思想是：依法治国，建设社会主义法治国家，是中国社会主义现代化事业的重要组成部分。落实依法治国基本方略，必须坚持以中国化的马克思主义和科学发展观为指导，坚持解放思想，实事求是，与时俱进的思想路线；必须坚持以人为本，全面维护和促进人权；必须从国情和实际出发，使法治建设与改革开放和现代化建设不同时期的阶段性目标相适应；必须科学设计、统筹安排，分步稳妥推进，发挥法律在保障和促进经济社会全面协调可持续发展方面的作用；必须始终坚持党的领导、人民当家作主和依法治国的有机统一。

实施依法治国基本方略，应当增强世界眼光和战略意识，在充分认识法律体系相对独立化的现代发展趋势的同时，高度重视法律与政治、经济、道德、社会、文化之间的相互制约和影响，高度重视依法改革以及通过宪法和法律为改革提供坚强保证。在广泛吸收借鉴古今中外法律文化和法律制度的精华的同时，高度重视中国自身的文化传统、社会现实和发展特点，既统筹兼顾，坚持“两手抓”，也按照现代化的前进方向分清主次，突出重点，着重从国家层面尊重保障人权与制约规范政治权力这两个基本方面展开法治实践和制度建设，推进法治文明与物质文明、精神文明协调发展，更有效地通过法律维护国内国际两个大局。

（三）基本原则

在上述思想指导下，推进社会主义法治建设、实施依法治国基本方略的基本原则主要包括：

1. 坚持党的领导、人民当家作主与依法治国的有机统一。这是中国实施依法治国基本方略必须坚持的根本原则。在中国这样一个大国，坚持中国共产党的领导，发挥执政党总揽全局、协调各方的领导核心作用，是实施依法治国基本方略的根本政治保证。同时，党在宪法和法律范围内活动，依法执政，是实施依法治国基本方略的根本内容和中心环节。人民民主是社会主义的生命。坚持民主与法治相结合，是邓小平理论的一个基本观点，是社会主义实践的一个历史经验。历史表明，抛开法治搞“大民主”，只会导致秩序混乱、法制破坏、妨碍生产和生活的政治动荡局面；而抛开民主搞法治，或者在依法治国进程中不同时推进民主，则会步入法律工具主义的误区，严重损伤法律在国家政治生活中的价值正当性。

2. 实施依法治国基本方略，必须与中国改革开放和现代化建设不同时期的阶段性目标相适应，必须与社会全面和谐可持续发展相适应，分步有序推进。这是社会和谐发展的基本规律。国际经验表明，社会现代化是一个不断释放风险因素的过程。推进依法治国基本方略的落实，要正确处理好长远目标与合理步骤的关系，处理好法律改革与社会全面协调可持续发展的关系，处理好国内和国际两个层面因素之间的关系，既通过依法治国方略的逐步落实为经济社会发展创造安定有序的法治环境，又通过经济社会发展为依法治国方略的下一步推进开辟更广阔的社会空间。

3. 实施依法治国基本方略，必须把社会主义法治国家建设与尊重保障人权结合起来，把充分实现人权作为依法治国、建设社会主义国家的重要目标。实施依法治国基本方略，应该遵循《世界人权宣言》和国际人权公约的基本精神，完善保障人权的各项法律法规，依法平衡推进经济、社会和文化权利与公民权利和政治权利的协调发展，促进个人人权和集体人权的均衡发展。坚持以人为本，坚持立法执法为民，坚持司法公正，把维护好人民权益作为根本出发点和落脚点，着力解决人民最关心、最直接、最现实的利益问题，为中国人权事业开辟新的前景。

4. 实施依法治国基本方略，必须坚持借鉴外部经验与探索中国特色社会主义法治道路相结合。依法治国，是当代人类政治法律文明发展的重要组成部分，也是中国人民按照本国国情自主选择的创造性实践。应该看到，与我国正处于工业化中期的经济文化水平相适应，我国的一些具体法律制度和社会法治化水平与后工业化时代的西方发达国家的法治化水平相比，仍有一段不小的差距。所以，一方面，落实依法治国基本方略，必须广泛吸收和借鉴历史上和当代世界其他国家法治文明的有益成果，兼收并蓄、博采众长，为中国在21世纪成为政治文明和制度文明大国创造基础条件。另一方面，又必须尊重人民的实践首创精神，尊重本土经验，注意把域外经验与中国国情、特别是不同发展阶段的现实情况相结合，处理好借鉴经验与立足国情、积极承继与开拓创新的关系，决不能盲目照搬照抄和简单移植。

（四）实施步骤

按照在20世纪80年代确立的现代化建设“三步走”战略部署，我国已提前完成了“前两步”的阶段性战略目标，实现了从温饱到小康的历史性跨越，目前正处在实现第三步走战略目标的全面建设小康社会、加快推进社会主义现代化的新的发展阶段。与前两步走的总共20年相比，第三步发展战略的历史时间更长，一直延续到20世纪中叶。总体来说，第三步走战略又分为两个具体发展阶段，一是到建党一百年时，建成惠及十几亿人口的更高水平的小康社会，这要经历近20年的时间；二是到新中国成立一百年时，人均国内生产总值达到中等发达国家水平，基本实现现代化，这要经历近30年的时间。

第三步走的两个战略发展阶段，是与我国未来经济、政治和社会发展的预期进程相适应的。21世纪头20年，是我国为基本实现现代化打造坚实基础的重要战略机遇期。按照中央部署，在全面建设小康社会阶段，到2010年，我国将实现国民生产总值比2000年翻一番，形成比较完善的社会主义市场经济体制，形成中国特色社会主义法律体系，扩大基层民主；到2020年，我国将实现人均国内生产总值比2000年翻两番，实现人均GDP从1000美元到3000美元的所谓“转型风险期”的重要跨越。届时，依法治国基本方略得到全面深入落实，法治政府建设取得显著成效，基层民主制度更加完善，法律与社会全面协调发展的制度化机制基本形成。21世纪上半叶的后30年，将是我国经济实现再一个国民生产总值翻两番，政治上全面推进民主政治建设的重要历史时期。邓小平在1987年曾经指出：“大陆在下个世纪，经过半个世纪以后可以实行普选。现在我们县以上实行的是间接选举，县级和县以下的基层才是直接选举。”从直接选举的问题看，第三步走的两个战略发展阶段中，第一阶段是县级和县以下实行直选的基层民主阶段，第二阶段是地市级、省级乃至全国实行直选的高级普选阶段。在基层民主阶段，县级和县以下“直选”将全面有序推进，并在后期的换届选举中不断完善。其间，香港特别行政区第五任行政长官将于2017年由普选产生，《香港特别行政区基本法》规定的香港特别行政区立法会的“全部议员由普选产生的目标”在此之后也将得以实现。这在很大程度上将为高级普选阶段中国内地省市的直接选举提供参照。

按照这样一种大的战略部署，实施依法治国基本方略总体上可以分为两个阶段和若干具体步骤。

1. 全面落实依法治国基本方略阶段（目前至2020年）

这一阶段的战略目标是：中国特色社会主义法律体系完备并得到严格实施；基本建成法治政府；初步形成公正、高效、权威的社会主义司法体制，建立健全包括司法和人民调解在内的多元纠纷解决体系和公民权利的救济渠道；包括基层民主在内的社会主义民主政治更加制度化、规范化和程序化，社会主义政治制度的优势得到更大显现，为深化政治体制改革提供宪法和法律保证并提供相应的法律发展空间；中央与地方关系法治化并维护中央的统一领导。届时，我国将成为人民享有更加充分民主权利、具有较高文明素质和精神追求的国家，成为各方面制度较为完善、社会更加充满活力而又安定团结的国家。这一阶段大约持续到2020年，可以按照五到六年为一进程进一步分出两个步骤。

2. 建设和实现社会主义法治国家阶段（2020—2050年）

这一阶段的战略目标是：国家各项工作全面法治化，宪法法律得到良好实施，政治和行政权力依法有效运行并受到有效民主监督；地市级、省级乃至全国循序渐进地依法实现普选；执政党与人大、与司法、与企业、与社会的关系顺畅运行，形成更为完善的中国特色社会主义民主政治制度和运行机制，实现“使这种制度和法律不因领导人的改变而改变，不因领导人看法和注意力的改变而改变”的政治体制改革的设计目标，形成高度权威公正独立的司法制度体系。届时，中国将全面迈向一个人人享有平等人权的法治社会，一个公民平等参与国家管理的民主自由、公正和谐的法治社会，一个人民具有良好科学素养和道德风尚的法治社会，一个致力于世界和平发展的法治社会。上述目标的实现，将与中国经济文化社会的持续全面进步和综合国力的全面提高相伴随，将与中国作为一个物质文明、精神文明和制度文明大国崛起的历史进程相同步。这一阶段大约持续到2050年，可以按照十年为一进程进一步分出两到三个步骤。

四、推进我国社会主义法治建设、实施依法治国方略的战略重点

依法治国基本方略是一个全方位的国家法律发展战略，涉及诸多方面的

内容。大体来讲，实施依法治国基本方略主要包括牢固树立宪法权威、加强立法、依法行政、中央与地方关系法治化、司法改革、权力制约和人权保护、政法队伍建设、法律宣传教育、恪守国际法、依法执政等十个战略重点。

（一）牢固树立宪法权威，发挥宪法在依法治国中的引领作用

实施依法治国基本方略，首先要全面贯彻实施宪法。这是建设社会主义政治文明的一项根本任务，也是建设社会主义法治国家的一项基础性工作。从“市场经济”入宪、“依法治国”入宪、“人权”入宪的变革历史看，宪法得以充分实施和不断完善的重要推动力来自改革开放。一方面，改革开放得到宪法的保障和规范，宪法为深化改革、扩大开放、促进发展提供坚实的根本法律保障；另一方面，宪法本身在改革开放的历史实践中也成为改革的对象，依法治国基本方略只有在改革开放的不断深化中才能得以全面落实。

1. 修改和完善宪法

宪法是国家根本法，关乎整个国家根本制度和政治稳定，决定着国家的未来发展。宪法需要稳定并且具有最高权威，修改宪法是需要慎之又慎的国家大事。在我国改革开放实践中，随着经济政治社会形势的变化，宪法也须适时进行修改。新中国成立后，我们制定了1954年宪法，以后又经过1975年、1978年和1982年3次全面修改。1982年宪法颁布以来已经历4次修改，但在新的历史时期，宪法的有些规定在某些方面仍然表现出与现实情况不相适应，应根据新形势新任务的新要求，总结历次修宪经验特别是成立宪法修改委员会进行修宪的经验，立足长远对现行宪法适时而谨慎地予以必要修改和补充，为依法治国提供与时俱进的宪法基础。必要时，还可根据中国特色社会主义建设与发展的需要，考虑在全面总结我国社会主义现代化建设以及现行宪法实施经验的基础上，全面修改现行宪法，为国家政治经济社会长期发展奠定坚实稳固的宪政基础。

2. 加强宪法的实施和监督

要发挥宪法的根本法作用，归根结底在于保证宪法实施以及对宪法实施进行有效监督。现行宪法对加强宪法的实施和监督规定了明确的宪法原则，立法法还规定了对违反宪法的行政法规、地方性法规、自治条例和单行条例的具体审查程序。但在实践中，宪法和立法法规定的这一制度还有待进一步完善。今后的重要任务是，如何具体落实宪法和立法法关于违宪审查的规定，由全国人大常委会正式启动法律、法规的违宪审查程序，及时发现和纠

正各种违宪现象。同时，全国人大常委会应当正式启动宪法解释程序，对涉及宪法权威的重大问题作出宪法解释，以维护现行宪法的权威性和稳定性。为了健全宪法保障和监督机制，可以考虑在全国人大下面增设宪法委员会，作为保证宪法实施和加强对宪法实施监督的专门委员会，协助全国人大及其常委会搞好违宪审查和宪法解释工作，增强宪法的实效，纠正一切违反宪法的行为。

（二）继续加强立法，形成并完善中国特色社会主义法律体系

有法可依是依法治国的前提。截至2009年初，我国已有生效法律230部，涵盖了各个法律部门，实体法与程序法、经济立法与社会立法日趋协调，国家治理基本实现了有法可依。但也应看到，我国宪法变动过于频繁，法律的快速制定与快速修改同时存在，仍有很多法律需要制定和修改，立法质量也有待进一步提高。在实施依法治国基本方略过程中，根据经济、政治和社会发展的现实需要，加强法律的制定和修改，进一步提高立法质量，仍是首当其冲的任务。

坚持科学立法、民主立法，坚持制定法律与修改法律并重，进一步完善中国特色社会主义法律体系。首先，转变立法观念，从片面追求立法数量的立法观，转向注重立法质量的立法观；从片面追求经济效益的立法观，转向以人为本、全面协调可持续发展的立法观；从片面强调经济立法的立法观，转向兼顾经济立法与社会立法的立法观。其次，加快全国人大及其常委会制定法律的步伐，保证全国人大及其常委会制定的法律在社会主义法律体系中的基础地位，强化国家法律对人权和公民权利的保障。第三，完善法律法规的清理、修改制度和法律编纂制度，加快法律、法规和规章的清理工作。第四，突出立法重点，完善国家组织机构设置和编制、中央与地方关系、社会保障、生态环境保护、税收调节、公共财政、市场监管等方面的法律制度。第五，进一步改进立法程序和立法机制，建立健全立法协调制度、对立法重大原则问题的请示报告制度、立法助理制度、立法听证制度，扩大公众的立法参与，增强立法的全局性，从源头上防止立法中的部门和地方保护主义。设立法专家咨询委员会，充分发挥专家学者在立法中的作用。第六，进一步加强立法监督，维护国家法律的统一和权威。

（三）全面推进依法行政，建设法治政府

依法行政、建设法治政府是依法治国的关键环节，对实现社会主义法治

国家具有决定性意义。依法行政的核心是规范行政权力的行使，保障公共利益和维护个人权利。改革开放以来，我国的依法行政工作取得了重要进展，但与完善社会主义市场经济体制、建设社会主义政治文明的要求还存在较大差距。实施依法治国基本方略，必须进一步推进法治政府建设。按照《全面推进依法行政实施纲要》，我国将在2014年左右基本建成法治政府。此后，预计要再经过5年至10年的努力，法治政府建设才可能全面进入“绩效显现期”。

1. 深化行政管理体制改革，优化政府职能

推进政企分开、政资分开、政事分开、政府与市场中介组织分开，充分发挥市场在资源配置中的基础性作用，减少和规范行政审批，减少政府对微观经济运行的干预，加强对行业组织和中介机构的引导和规范，加强政府对国有垄断行业的监管，完善政府的经济调节、市场监管、社会管理与公共服务职能。简化公共服务程序，健全各种预警和应急机制，增强政府在环境保护、质量安全、医疗、卫生、教育、就业和社会保障等方面的作用，完善政府的社会管理和公共服务职能。继续深化大部门体制改革，加强独立监管机构建设，健全部门间协调配合机制，加强行政组织法制和编制法制建设，着力解决机构重叠、职责交叉、层次过多、政出多门，相互扯皮问题，实现政府职责、机构和编制的法定化。积极推进事业单位改革，实行事业单位分类管理。改革社会团体管理体制，加强规范和分类监管，发挥各类社会团体在沟通政府与社会各界联系、提高社会自我管理能力、促进社会和谐等方面的作用。

2. 完善行政决策机制，增强决策的民主化和科学化

理顺决策体制，科学界定党委、人大与政府等机关的决策范围和关系，完善重大决策的规则和程序。建立社情民意反映制度，建立与群众利益密切相关的重大事项的决策公开制度和听证制度，明确听证制度的议事规则，建立听证意见的反映与反馈机制。加强行政决策咨询机构建设，建立由不同专业的专家组成的统一专家咨询制度，逐步推广“政府法律顾问制度”，在重大问题的决策上，将听取专家的咨询意见规定为决策的必经程序。实行决策的论证制和责任制，健全行政决策评价制度，明确行政决策评价的标准和基本程序，确定必要的机构和人员，建立相应的决策评价跟踪机制，评估包含决策实施是否导致违宪、违法行为等内容。健全和完善应急决策体系和机制，完善应急决策预案和法律法规。

3. 加强行政程序法制建设，规范行政行为

加快行政组织法律的制定和修改，适时制定《行政组织基本法》，实现行政组织的依法管理。加快行政管理体制改革的步伐，制定《行政改革法》，实现改革决策与法制建设的统一。理顺行政执法体制，完善行政执法手段，健全行政执法程序，强化行政执法监督，研究制定《行政程序法》。落实《政府信息公开条例》，尽早启动制定《政府信息公开法》，推进透明政府建设。加快制定《个人信息保护法》，加强个人信息保护。大力推动电子政务建设，抓紧制定《电子政务法》。推进综合行政执法，纠正“自费”执法现象，切实改变多头执法、重复执法问题。加快制定《行政强制法》，规范行政强制执行和即时强制。制定《行政调查与检查法》，规范行政调查与检查行为，减轻市场主体守法负担，制定《行政收费法》，规范行政收费行为。严格实行收支两条线管理制度，行政罚没收入必须上缴国库，财政机关不得以任何形式返回。控制行政执法机关的自由裁量权，推广裁量基准制度，对法律法规赋予行政机关的行政裁量权进行细化，明确执法的具体标准并予以公布，防止自由裁量权的滥用。

4. 强化行政执法监督，充分保障行政管理相对人的权利

修改《行政诉讼法》，扩大行政诉讼受案范围，加强对规章和规范性文件的监督，严格司法审查标准，加强对滥用职权的行政行为的控制。修改《行政复议法》，扩大行政复议范围，完善管辖、证据规则等制度，增强审理组织的独立性，保障行政复议的专业性、权威性与公正性。完善并严格执行行政赔偿和补偿制度，修改《国家赔偿法》，扩大国家赔偿范围，提高国家赔偿标准，规范行政补偿程序，明确补偿的原则和标准，规定行政补偿经费来源。制定《行政裁判所法》，在土地、环保、税务和公安等领域建立专门性的行政裁判机构，并保障其独立性。修改《行政监察法》，加强行政机关内部的监督监察机制。制定《行政绩效考核法》，完善行政绩效考核制度，推行行政执法责任制，将行政执法职责分解到具体执法机构和每个执法岗位。研究制定《公众政治参与法》，扩大公众有序的政治参与，全方位加强对行政执法的监督。

（四）实现中央与地方关系法治化，调动中央和地方两个积极性

中央与地方的关系是我国政治和经济生活中长期以来带有全局性的一个重大问题。处理好这一关系，对于在中央统一领导下充分发挥中央和地方两个积极性，维护国内政局稳定具有重要意义。我国是实行人民代表大会制度

的单一制国家，各级行政首长既对上级和中央政府负责，又对同级人民代表大会负责，这样一种双重领导体制在党的统一领导和间接选举制度下并不发生大的冲突。但随着自下而上民主进程的推进，特别是当省级出现直选而国家层面尚未出现直选时，中央与地方关系就可能由行政体制问题变为严峻的政治体制问题。在直选扩及地方政府行政首长的情况下，这一问题将更为突出。我国目前有《反分裂国家法》、《香港特别行政区基本法》、《澳门特别行政区基本法》和《民族区域自治法》，但没有其他专门用来调整中央与大陆地区地方关系的法律。无论就目前现状，还是就未来发展而言，实现中央与地方关系的法治化，加强和维护中央的法律权威都是一个紧迫任务。中央与除港、澳、台之外的其他地方关系的法治化可考虑在2020年之前实现，以便为下一阶段的民主政治建设和依法治国进程创造有利条件。

1. 按照在中央的统一领导下，充分发挥地方的主动性、积极性的宪法原则，合理划分中央和地方在经济调节、市场监管、社会管理、公共服务等方面的职权范围，明确各自的事权、财权和决策权，做到权力和责任相统一，并力求规范化、法治化。属于全国性和跨省的事务，由中央统管，以保证国家法制统一、政令统一和市场统一。属于面向本行政区域的地方性事务，由地方管理，以提高工作效率、降低管理成本、增强行政活力。属于中央和地方共同管理的事务，区别不同情况，明确各自的管理范围，分清主次责任。根据经济社会事务管理责权的划分，逐步理顺中央和地方在财税、金融、投资和社会保障等领域的分工和职责。强化预算管理和监督，进一步规范财政转移支付以及中央垂直管理部门和地方政府的关系。

2. 改善中央对地方的领导方式，依法有效维护中央权威和中央的统一领导。适应现代社会分工和职能分化的客观需要，推进中央政府职能转变，使中央政府从不适合管理的领域中撤出，加强其在提供公共安全、公共产品、公共服务等方面的职能，打造管理有效、调控有力的精干政府。按照《立法法》规定，国家法律和行政法规的效力高于地方性法规，中央可以更加注重通过国家立法和行政法规来规制和指导地方。重视发展以中央为主导的中央与地方的合作、协商和契约式关系，综合运用财政和货币政策，提高宏观调控水平，加强对地方履行公共管理职能的引导，确保中央政令的执行实效。

3. 依法推进乡镇机构改革和“省管县”改革，进一步扩大和提升基层自治和基层民主，实现基层自治和基层民主的制度化、法律化。“扩大社会主义民主”、“基层民主制度更加完善”是十七大确定的全面建设小康社会的奋斗目标。目前，我国在村委会、居委会实现自治和直选，在乡镇和县级实行人民代表直选，而实际上，自1998年以来我国一些地方出现了直选乡长、镇长的事件，甚至还出现了直选县长的提案。应当在认真研究基层选举经验的基础上，在2020年之前在有条件的地方逐步推行县级以下地方国家机关领导人直选的民主实践，进一步扩大和丰富社会主义民主政治的内涵。

（五）深化司法改革，建设高效公正权威的司法体制

法治社会的司法是监督审查其他国家权力的一种重要国家权力形式，也是公民权利的最终法律救济形式。然而，我国司法权的这两项基本职能的发挥都不充分。各级人民法院除按照宪法对同级人大负责并受上级人民法院监督外，实际上隶属于并在经费上严重依赖于同级地方政府，这种现实体制不利于司法权对其他国家权力的监督审查，也容易带来司法的地方化、行政化甚至商业化。与此紧密相关的是，公民权利在受到侵犯时往往不能通过司法得到权威而有效的最终救济，由此不断导致大量涉法涉诉信访案件和群体性事件的发生。虽然经过十几年的司法改革，司法体制现今仍然是实施依法治国基本方略的一个瓶颈。现阶段，首先以满足人民群众的司法需求为改革目标，从解决社会反映最强烈的司法腐败和司法不公问题入手，进行体制内的机制改革，并局部性地改革或调整现有司法体制。在下一阶段，在深入研究司法改革内容并在社会政治条件成熟时，再进行深层面的司法改革。

1. 改革司法机关的工作机制和人财物管理体制，完善司法机关的机构设置、职权划分和管理制度。按照专职化的要求，改革司法工作的行政管理模式以及法官和检察官管理体制，使法官和检察官从过多的外部政治和社会职能以及内部行政管理中分离出来，维护司法活动的专门性。按照《法官法》、《检察官法》划分法官和检察官等级，改变按照行政级别划分法官和检察官的状况，使法官、检察官、律师共同形成一个独立于政府公务员系统的专门法律职业系统，克服司法的行政化。建立健全人民法院、人民检察院的业务经费由国家财政统一保障、分别列入中央财政和省级财政预算的体制，为依法独立公正行使审判权和检察权提供物质保障，彻底改变司法机关受制于政府的现状，消除司法的地方化和商业化。

2. 适时建立国家行政法院，切实加强司法权对行政权的监督和制约，为权利受到侵犯的行政相对人提供有效的权利救济途径。国家行政法院直属最高人民法院，不按行政区划设置，不对地方人大负责，对劳动教养、收容教养、收容教育等行政强制措施采取行政机关申请、行政法院决定的模式，

扩大行政诉讼的受案范围，强化司法机关在保障公民人身权利中的积极作用。

3. 改革司法体制，健全巡回审判，扩大简易程序适用范围，落实当事人权利义务告知制度，加强司法救助，合理扩大减免诉讼费的范围，加大减免力度，方便群众诉讼。加强司法民主建设，健全公开审判、人民陪审员、人民监督员等制度。改革执行体制，克服“执行难”问题，加快社会保障体系建设，为依法判决提供可执行的社会基础。严肃追究徇私枉法、失职渎职等行为的法律责任，完善刑事赔偿与司法赔偿制度，维护司法廉洁。健全各项诉讼程序制度，保证审判公正，提高诉讼效率。

4. 正确处理司法与调解、信访以及其他社会纠纷解决机制的关系，强化国家层面的正式司法制度建设。调解和信访是中国自古以来解决争端的传统方式，在我国现代化建设中对于平息争端、维护社会稳定方面也起到了重要作用；在美国等外国的司法实践中，调解也受到了相当重视。但是，并不能因此把调解、信访以及其他纠纷解决机制作为司法的替代方式或者以此作为延缓乃至阻碍加强正式司法体制建设的理由。在基本实现现代化的道路上，要把建立健全国家层面的高效权威独立公正的司法体制作为发挥其他纠纷解决机制的前提和基础，在国家司法体制下发挥调解、信访等的补充辅助作用，而不是在其他社会纠纷解决机制下发挥司法的补充辅助作用。

（六）完善权力制约和监督机制，尊重和保障人权

权力制约与权利保护是依法治国的两个相互联系的基本方面。权力制约旨在更好地保护人权和公民权利，而要切实保护人权和公民权利，必须完善权力制约和监督机制。把政治权力有效地置于制约和监督之下，使政治权力在宪法和法律范围内依法行使，是实施依法治国基本方略要达到的重要目标。

1. 健全组织法制和程序规则，从制度和实践上增强对政治权力的法律制约实效。党组织和党政领导带头模范遵守宪法和法律，自觉接受人民监督。建立违宪审查机制，加强对宪法实施的监督，追究一切违反宪法的行为。在选举实践中，依法切实加强选民或选举单位对人大代表的监督和罢免。完善基层民主实践，充分发挥人民民主对于政治权力的制约力量。贯彻落实《监督法》，加强各级人大常委会对“一府两院”的审议和监督。结合《监督法》和基层直选，推进人民代表专职化建设，增强人民代表大会的审议职能。进一步从制度和实践上保证行政诉讼的实效，使违法行使的行政权

力有效地受到司法审查。

2. 健全和拓宽监督渠道，增强对政治权力的监督合力和实效。充分发挥司法、监察、审计等部门的监督职能，着重加强对领导干部特别是主要领导干部、人财物管理使用、关键岗位的监督，健全质询、问责、罢免、经济责任审计、引咎辞职等制度。加大查办腐败案件工作力度，依法重点查处滥用职权、贪污受贿、失职渎职案件，健全预防和惩治腐败的长效法律机制。依法保障公民的批评、建议、检举、控告和申诉权，完善信访举报法规制度建设。落实党内监督条例，完善规范领导干部行为制度、案件检查制度、违纪行为惩处制度、党内民主和党内监督制度。推行政务公开制度，提高公权力行使的透明度。有效发挥人民政协和新闻舆论的监督作用。

3. 进一步健全和完善公民基本权利的法律保障机制，加强人权保护的法律法规的制定和实施工作，全面保护公民的人身、财产、政治、经济、社会、文化权利以及其他合法权益。健全《经济、社会和文化权利国际公约》实施制度，在条件成熟的情况下，适时批准《公民权利和政治权利国际公约》。强化人权保障立法，制定《人权保障法》，完善人权保障的国内法体系。参照国际经验，建立国家人权机构，整合现有人权保障机构和机制资源，统一协调我国的人权事务，加强人权对外交流与合作，推进我国人权事业。加强刑事司法程序中的人权保障。依法保障人民依法直接行使民主权利，管理基层公共事务和公益事业。完善社会保障制度，保障群众基本生活，实现公民的社会权利。牢牢把握发展这个党执政兴国的第一要务，通过推动经济和社会发展，为人权和公民基本权利的实现创造良好的经济和社会基础。加强和谐社会建设，维护社会公平正义，依法保证全体社会成员平等参与、平等发展的权利。改进和畅通公民权利救济渠道和保护机制，健全法律援助制度，切实加强对困难群体的法律援助和保护力度。

（七）加强法律职业建设，提高政法队伍业务素质和道德水平

实施依法治国基本方略，需要进一步推进政法队伍的职业化建设。改革开放以来，我国的法律职业建设成效明显，但仍存在一些需要加强的方面。

1. 推进法官和检察官专职化建设，提升法官和检察官的法律职业意识、职业技能和职业道德。我国法官和检察官的数量在2000年大体达到顶点，此后有所下降，以目前国内近700所法律院系的发展规模看，这两只队伍在未来有用以更新的足够专职来源。要严格依法公开选拔初任法官、检察官任职人选，完善法律职业准入制度和法官和检察官遴选制度，提升法官和检察

官队伍的整体法律素质。在司法系统内部促进法律专职工作与日常行政管理工作的适度分离，在实践中推行并完善法官、检察官助理制度，进一步发挥人民陪审员在事实认定和法律适用方面的积极作用。增强职业教育和职业培训实效，着力培养法官和检察官的法律思维模式和习惯。加强法官和检察官职业道德规范建设，完善行业自律机制，健全有效的等级考评和奖惩制度。

2. 完善法律职业保障机制，提升法官、检察官和律师的职业地位。严格执行《法官法》和《检察官法》关于法官依法审判案件、检察官依法履行检察职责，不受行政机关、社会团体和个人干涉的规定，确保司法过程中法官和检察官的职业权力和法律威严。建立健全适合法律职业特点的法官、检察官人事管理和经费保障体制，提升法官和检察官的工资保险福利待遇。加紧完善政法编制制度，缓解部分地区案多人少矛盾。通过定向选拔、委托培养、定期工作、定向流动等办法，克服中西部地区法律人才短缺和断层现象。特别加强律师在刑事辩护案件中的人身权利保障。

3. 完善律师制度，促进律师业的发展，提升我国法律服务水平。随着依法治国基本方略的全面实施和经济社会文化发展的需要，我国律师和律师事务所的数量会越来越多，可以考虑允许律师事务所以公司形式发展，促进律师事务所的发展规模和资源整合，形成高水平的、国际化的律师事务所。应当充分发挥律师协会在律师行业自律、对律师和律师事务所实施考核奖惩方面的积极作用，促进律师行业健康发展。保障律师依法执业的权利，提高律师作为社会主义法律工作者的社会地位和政治地位，充分发挥律师的社会中介作用，强化律师的法律服务功能。

（八）深化法制宣传教育，形成自觉守法学法用法的社会氛围

法制宣传教育是宪法规定的加强社会主义精神文明建设的重要内容，也是依法治国，建设社会主义法治国家的一项基础性工作。在实施依法治国基本方略过程中，应进一步加强法制宣传教育这一基础工作，在公民中广泛开展法律知识和法治理念教育，增强公民意识和法治观念，树立社会主义民主法治、自由平等、公平正义理念。

1. 在公民中进一步普及法律知识和守法教育，特别是加强法治理念教育，弘扬法治精神。既要在全社会普及法律知识，也要着力提升公民的法律观念和用法意识。进一步宣传宪法，强化全体公民的宪法意识，通过对公民基本权利和义务的宣传教育来维护社会主义核心价值，增强公民的权利义务观念。加强公民教育，特别是公民意识教育，并以此提升公民利用法律、通

过司法途径维护自己权益的自觉性。加强民主、选举、人权、法治宣传，养成公民通过民主法治方式理性有序参政议政的自觉性。在青少年中间加强人权法治教育，加强预防违法犯罪教育。

2. 加强对党政领导和公务员队伍的法制宣传和社会主义法治理念教育，增强党政干部的人权保护意识和依法行政、依法执政观念。坚持和完善集体学法、任前法律知识考核、法律知识年度考核、重大决策前法律咨询审核等制度，推进领导干部法制教育制度化、规范化，发挥领导干部带头学法用法的表率作用。在各级党校、行政学院和干部院校加强廉政、法治教育，加强对公务员录用前的运用法律知识能力测试和录用后的法律知识考核和培训，加强对政法干警的法治理念教育，增强执法人员的人权意识和程序观念。加强政府绩效管理、效能管理和行政问责制度建设，努力提高党政领导干部和公务员的领导素质和业务水平，提高政府管理工作的效率。

3. 进一步加强法学教育和法律职业教育，繁荣法学研究。法学教育和研究，作为依法治国的一项基础工程，关系国家法治的长久兴衰。推进法学教育的教学体系和教学方法更新，遵循科研和教学的自身发展规律，改革完善教学科研行政管理体制。发展和完善法律硕士教育。强化法律职业教育的培训职能，发展专职教师队伍，加强机构间的资源整合，提升教育质量和培训实效，做好法学教育与法律职业教育在法律人才培养方面的分工和衔接，实现法律职业教育向侧重技能培养和知识更新的岗位培训转变。

进一步加强法学基础理论研究和应用对策研究，加强对我国法治国情的调查研究和对外国法治状况的比较研究，加强对法学研究事业的引导、规划和投入，促进法学新兴学科和交叉学科的成长，在加强法学对外交流与合作的同时，着力造就优秀学术人才队伍，着力增强我国法学的自主创新能力。

（九）恪守国际法，积极参与构建公正合理的国际法体系

当代中国的发展离不开世界，世界的发展也需要中国。随着国际交往、合作和冲突日益频繁，处理国家间关系和国际事务的国际法，其作用变得越来越重要，世界各国越来越重视利用国际法来维护本国权益。对于中国的发展来说，国际法构成了依法治国基本方略的重要一环。一方面，中国加入越来越多的国际组织和国际条约，对于国内法以及国内法律体制提出了新的要求，由此促使和带动了国内法律变革；另一方面，在广泛开展政治、经济、科技、文化领域的国际交流与合作，反对霸权主义和强权政治，应对人类共同的环境、能源等问题的过程中，中国也迫切需要更有效地利用国际法掌握

处理国际事务的主动权，以此维护本国利益和民族尊严，促进世界和平与发展。

1. 恪守国际法和国际公认的国际关系准则，加强国内法与国际法的衔接。按照我国加入的国际公约的要求，加快完善国内法律、法规和规章的修改和清理工作，履行我国应尽的义务。进一步按照市场经济和世贸组织规则的要求，加快内外贸一体化进程，形成稳定、透明的涉外经济管理体制，创造公平和可预见的法治环境，确保各类企业在对外经济贸易活动中的自主权和平等地位。依法管理涉外经济活动，强化服务和监管职能，进一步提高贸易和投资的自由、便利程度。按照通行的国际经贸规则，扩大市场准入，依法保护合作者权益。

2. 积极主动地参与国际法规则以及国际法运行体制的变革和构建，改变国际法体系中不合理和不利于中国的因素，维护国家主权、安全和发展利益。应当加快熟悉和善于运用国际规则和国际惯例，积累反倾销与反补贴调查的应对经验，推动建立健全妥善应对国际贸易争端的机制，主动运用国际通行规则和国际贸易救济措施发展和保护自己。支持完善国际贸易和金融体制，推进贸易和投资自由化便利化，通过磋商协作妥善处理经贸摩擦。

加强对国际法原理、解释体制和运行机制的研究，提炼国际法原理的中国理论和中国表述，促进国际规则的演变，增强在国际争端解决中的应对能力，熟练运用国际争端解决机制维护本国利益，妥善回应国际社会对属于我国主权范围内的事务的关注，捍卫国家主权和领土完整。

3. 积极参与有关国际事务和国际规则的磋商和制定，推动涉及人类共同生存方面的国际法规则和机制的形成，维护全球的公共安全和可持续发展。积极在联合国等重要国际组织中发挥作用，按照和平共处五项原则和其他公认的国际关系准则同世界各国发展友好互利合作。继续加强国际司法协助与合作。在保护环境、保障人权、节约使用资源、反恐、反种族歧视、防核扩散、打击毒品犯罪、打击海盗等方面与世界其他国家一道，推动国际和地区合作，增强中国参与处理国际事务的能力。

（十）加强党的执政能力建设，提高依法执政水平

在新的历史条件下，依法执政是党执政的一个基本方式，是依法治国基本方略的重要内容。在实施依法治国基本方略的过程中，理顺并处理好党与法、党与民、党与政的关系，将是长期而根本的任务。

1. 依宪执政，维护宪法权威。宪法是治国安邦的总章程，是中国共产

党执政兴国的根本法律基础和制度保证。党的各级组织以及全体党员必须带头遵守宪法和法律，以宪法为根本的活动准则，依宪治国、依宪执政，自觉维护宪法权威和尊严，保证宪法实施。不断发展和完善党中央向全国人大常委会提出修宪建议的宪法惯例。按照党的领导、人民当家作主与依法治国相结合的要求，旗帜鲜明地提出建设中国特色社会主义宪政的发展战略，推动社会主义政治文明健康有序地向前发展。

2. 深化以保证人民当家作主为根本，以增强党和国家活力、调动人民积极性为目标的政治体制改革，进一步扩大人民民主，完善民主监督机制，提高参政议政实效。规范党委与人大、政协和人民团体的关系。支持人大依法履行国家权力机关的职能，保障人大代表依法行使职权，切实加强人民代表大会的审议职能，通过法定程序使党的主张成为国家意志，使党组织推荐的人选成为国家政权机关的领导人员。发挥党委和党组的领导核心作用，支持政协、工会、共青团和妇联等依照法律和各自章程开展工作。支持民族自治地方依法行使自治权。加强决策的透明度和公众参与度，在制定和出台与群众利益密切相关的文件时多进行法律咨询和倾听公众意见，增强决策的民主化和法治化程度。落实党内监督条例，加强民主监督。

3. 改善党的领导和执政方式，支持和保证国家机构依法运行，不断推进国家各项工作法治化。加强党对各级国家机关的政治、思想和组织领导，按照总揽全局、协调各方的原则，发挥党委和党组对国家机关的领导核心作用，通过国家机关中的党组织和党员干部贯彻党的路线方针政策，贯彻党委的重大决策和工作部署，统筹和促进各国家机关协调一致地开展工作。规范党政机构和各类领导小组和协调机构的设置，改善党对政法工作的领导，支持人大和政府依法履行职权，支持审判机关和检察机关依法独立公正地行使审判权和检察权，总揽而不包办、协调而不替代。

五、推进社会主义法治建设、实施依法治国方略的保障

推进社会主义法治建设、实施依法治国基本方略，应该与中国改革开放和现代化建设不同时期的阶段性目标相适应，有领导、分步骤、适时有序地推进。操之过急、草率行事或徘徊不前都是不可取的。实现社会主义法治国家的理想目标，既有赖于立法、行政、司法各部门的积极努力，也有赖于经济、政治、文化和社会的发展和持续发展；既有赖于人民群众的广泛自觉参与和积极支持，也有赖于党的坚强领导。在依法治国、建设社会主义法治国

家的过程中，要把党的领导、各级国家机关的主动推进和人民群众的广泛参与结合起来，把法律改革与社会发展结合起来，形成保障依法治国基本方略向前推进的整体合力。

（一）进一步加强党对实施依法治国基本方略的领导

党的领导是中国政治的特点和优势。在中国这样一个大国，要完成依法治国基本方略的宏大战略，必须坚定不移地坚持中国共产党的领导，充分发挥党总揽全局、协调各方的领导核心作用。建设社会主义法治国家，是党的重大历史使命。加强党对实施依法治国基本方略的领导，要从战略高度深刻认识依法治国基本方略对于完成党的事业、维护人民根本利益和实现中华民族伟大复兴，具有重大而深远的历史意义。

中央在适当时候召开依法治国工作会议，就发展社会主义民主政治、全面落实依法治国基本方略、深化司法体制改革、加快建设社会主义法治国家等问题作出专门决定。在中央成立实施依法治国基本方略领导小组，专门负责依法治国基本方略的统筹规划和协调实施，保证党对实施依法治国基本方略的领导。

在中央统一领导和部署下，制定《实施依法治国基本方略规划纲要》，明确实施依法治国基本方略的指导思想、总体目标、基本原则、实施步骤和现阶段的具体措施，为全面实施依法治国基本方略提供宏观指导。

进一步加强我们党民主执政、科学执政和依法执政的能力建设，研究并制定依法执政纲要，领导和指导全党和地方党组织的依法执政工作。

进一步加强和充分发挥政法委员会在领导和协调政法工作方面的作用，明确职权、完善程序、加强监督，从制度上程序上既保障党对法院、检察院、公安、安全、司法行政等机关工作的领导，又保障和监督它们依法行使职权、承担责任。

进一步加强中央政法委员会在领导中国特色社会主义法治建设、法制改革与发展、法学研究、法学教育和普法依法治理等方面的作用，在深入调研的基础上设计并推进中国法制的整体改革；设计并推广依法治国和法治建设评价指标体系。

（二）进一步推进改革开放，为实施依法治国基本方略创造良好的经济、政治、文化和社会条件

依法治国基本方略，只有在不断深化改革、继续扩大开放的环境中才能

最终实现。实施依法治国基本方略，必须维护好改革发展稳定的大局。特别是在全面建设小康社会这一重要战略机遇期，要一心一意地抓紧推动国民经济健康快速发展，为国家的长远发展打下更加扎实的经济基础。要适应国内外形势新变化，坚持不懈地把改革创新精神贯彻到治国理政的各个环节，继续推进经济体制、政治体制、文化体制和社会体制改革创新，破除一切妨碍科学发展的思想观念和体制机制弊端，促进社会全面进步，为实施依法治国基本方略提供更加有利的物质、政治和精神保证。

尤其要加快政治和法律领域关键环节的改革步伐。修改宪法、改革政治体制、完善人民代表大会制度、改革行政管理体制、改革司法体制，是实施依法治国基本方略必须统筹安排、协调推进的五个最为基本的方面，应当按照长远规划逐步取得阶段性进展。在现行宪法框架下，民主科学立法、依法执政、法治政府、高效权威公正的司法体制、基层自治和基层民主，有必要也有可能在全面建设小康社会阶段获得实质性突破，以便为到中华人民共和国建国100周年基本实现社会主义民主法治国家的目标奠定更加稳固的制度基石。

（三）进一步调动民众运用法律的积极性和自觉性，形成实施依法治国基本方略自下而上的推动力

依法治国是人民当家作主的事业。实施依法治国基本方略，既需要自上而下的宏观规划和组织落实，也需要自下而上的具体实践和参与推动。尊重人民的主体地位，通过改进制度和完善机制，把人民吸引和疏导到依法办事的道路上来，使人民自觉沿着法治轨道开展民主实践和实现权利诉求，这是实施依法治国基本方略的重要内容和根本社会保证。

调动民众运用法律的积极性和自觉性，不能仅限于教育和灌输，更主要的还在于使权利诉求机制变得方便、有效而且有力。长期存在的大量信访和群体性事件，在很大程度上反映出司法救济途径以及其他权利诉求的法律形式没有得到优化，不能被人民用来最有效地维护自己的权利。改变人民对于司法和法律的冷漠和不信任，疏通人民与法律轨道之间的制度堵塞，是使依法治国基本方略实施获得民众广泛支持和参与的必经之路。

（四）进一步加强对中国民主法治进程的实证分析和理论研究，科学实施依法治国基本方略

在实施依法治国基本方略的总体框架下，仍有很多具体、细致和复杂因

素需要分析和研究，仍有很多现实的理论需要辨别、障碍需要消除。例如，中国现阶段的法治国情究竟是什么状况，我们还缺乏像经济统计和社会调查那样的量化指标支持；社会主义民主和法治如何协调发展，是法治要快、民主要稳，还是其他推进模式；司法改革是否必须向司法独立方向发展？在中国这样一个大国，直选是否一定比间接选举更优越？这些都是在改革中已经出现但仍需进一步思考和研究的问题。

进入新世纪新阶段，我国发展呈现出一系列新的阶段性特征，未来发展也还会遇到种种可以预料和难以预料的困难和风险，这要求我们动态地、发展地把握依法治国基本方略的实施过程。科学规划和实施依法治国基本方略，既不能把书本论断当作束缚自己思想和手脚的教条，也不能把实践中已见成效的东西看成完美无缺的模式，既要有改革发展的意愿和勇气，更要有改革发展的深谋远虑和科学态度。实施依法治国基本方略不可能一蹴而就，联系实际加强对中国民主政治现实状况和发展趋势的科学把握，是建成中国特色社会主义民主法治国家的一个重要理论条件。